My First Book of...

JUNGLE ANIMALS

There are lots of animals in this picture.

Point to all the different animals.

All these animals live in the jungle—or close by!

lion

zebra

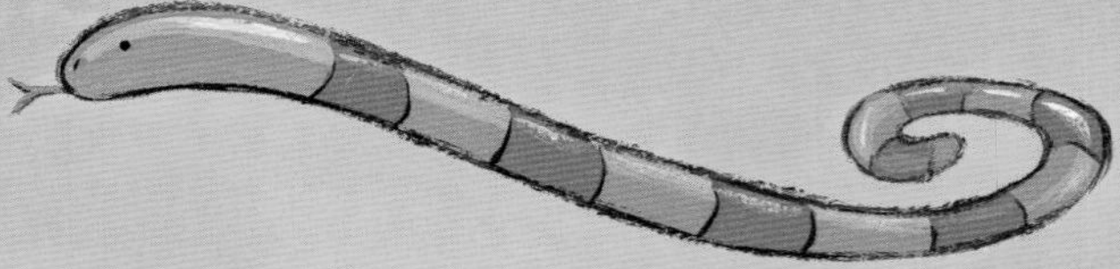

snake

elephant

monkey

Say each one's name out loud.

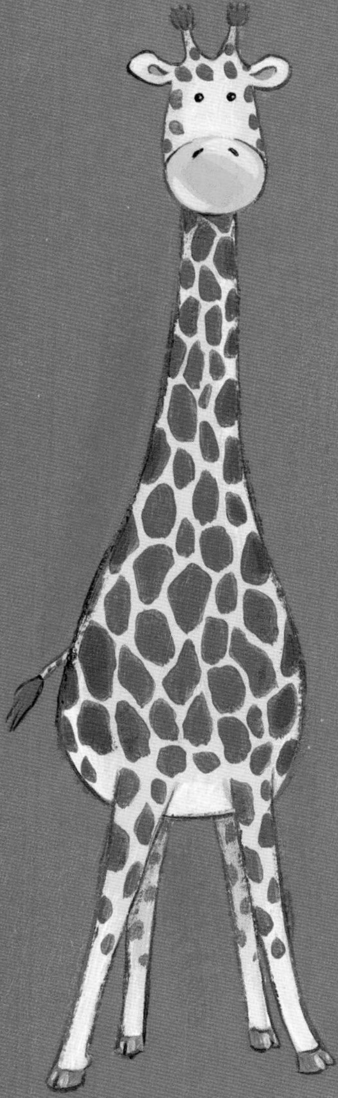

giraffe

parrot

hippopotamus

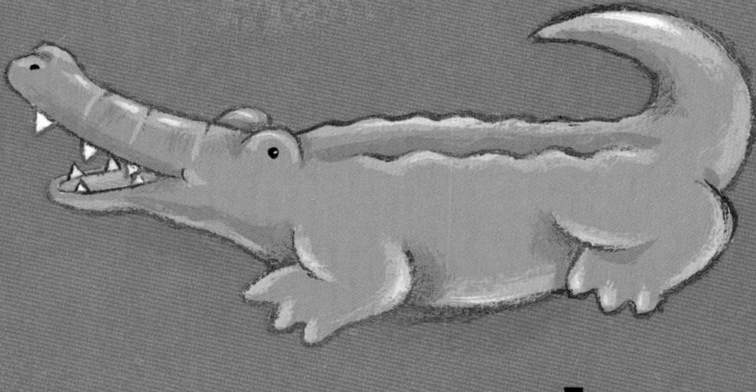

crocodile

A daddy lion has long fur around his face, called a mane. Point to the daddy lion.

A mommy lion is called a lioness.
Point to the mommy lion.

A parrot has bright, colorful feathers.

Can you make your arms
ap like a crocodile's jaws?

Can y
blue pa

An elephant's nose
is called a trunk.

What are these elephants doing?
They are using their trunks
to squirt the water!

Zebras have lots of black and white stripes.

Can you spot another striped animal in the picture? Can you find a creature with spots?

These playful monkeys love to jump, swing, and climb in the tall trees.

Try to act like
a playful monkey.

Giraffes have long necks and legs, to help them reach the leaves on the trees.

Pretend to be a tall giraffe.
Stretch up as high as you can.

Snakes have no arms or legs.
They slide and slither along.

How many snakes can you spot in this picture? Point to each one.

Hippopotamuses are very big.
This hippo is bathing
in the pool to keep cool.

Point to a small creature in the picture.

Can you make a noise like each of these jungle animals?

Make each noise
as loudly as you can!

Which jungle animal
is your favorite?

SEHEN IM VERGLEICH.
TRANSFORMATIONEN VON BLICKEN IN DER PERSISCHEN UND WESTEUROPÄISCHEN BUCHMALEREI

Vera Beyer

Reimer

Gedruckt mit Mitteln aus dem Emmy Noether-Programm der Deutschen Forschungsgemeinschaft

Bibliografische Information der Deutschen Nationalbibliothek
Die Deutsche Nationalbibliothek verzeichnet diese Publikation in der Deutschen Nationalbibliografie; detaillierte bibliografische Daten sind im Internet über http://dnb.d-nb.de abrufbar.

Lektorat: Anna Felmy und Christine Jakobi-Mirwald
Herstellerische Betreuung: Marie-Christin Selig
Layout und Umschlaggestaltung: Judith Gärtner unter Verwendung der Abbildungen 22, 41, 65 und 96.
Druck: Beltz Grafische Betriebe GmbH, Bad Langensalza
Schriften: Bembo, Helvetica Neue (e-Text)
Papier: 135 g/m² Magno Volume

Gedruckt auf alterungsbeständigem Papier

ISBN 978-3-496-01623-6

INHALT

»Ich habe dir dein Bild gezeigt, damit du dein Bild von mir berichtigst!«
—Niẓāmī, *Iskandarnāmah*

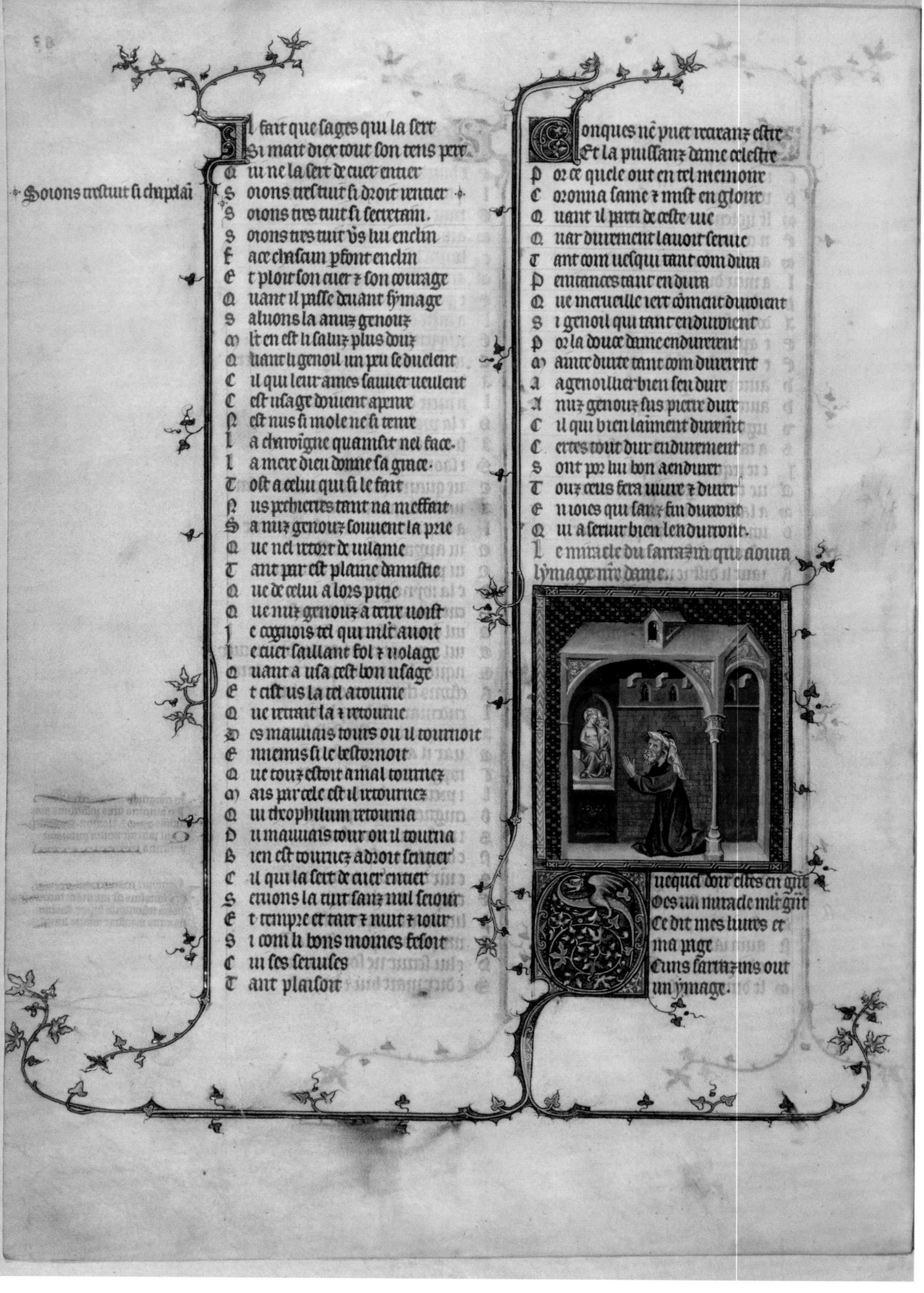

Soions trestuit si chapelai

Il fait que sages qui la sert
Si maint diex tout son tens pert
Qui ne la sert de cuer entier
Soions trestuit si droit entier
Soions tres tuit si certain.
Soions tres tuit vers lui enclin
Face chascun parfont enclin
Et ploit son cuer et son courage
Quant il passe devant s'ymage
Saluons la a nuz genouz
Mlt en est li saluz plus douz
Quant li genoil un pou se duelent
Cil qui leur ames sauver veulent
Cest usage doivent aprendre
Nest nus si mole ne si tendre
La chavigne qu'ainsit nel face.
La mere dieu donne sa grace.
Tost a celui qui si le fait
Nus prehieres tant na meffait
Sa nuz genouz souvent la prie
Que nel retort de vilanie
Tant par est plaine damistie
Que de celui a lors pitie
Que nuz genouz a terre voit
Je cognois tel qui mlt avoit
Le cuer saillant fol et volage
Quant a usa cest bon usage
Et cist us la tel atourne
Que retornt la et retourne
Des mauvais tours ou il tournoit
Meismes si le bestornoit
Que touz estoit a mal tournez
Mais par cele est il retournez
Qui theophilum retourna
Du mauvais tour ou il tourna
Bien est tournez a droit sentier
Cil qui la sert de cuer entier
Servons la tuit sanz nul sejour
Et tempre et tart et nuit et jour
Si com li bons moines fesoit
Cui ses servises
Tant plaisoit

Onques ne puet recreanz estre
Et la puissanz dame celestre
Por ce que le out en tel memoire
Corona same et mist en gloire
Quant il parti de ceste vie
Quar durement l'avoit servie
Tant com vesqui tant com dura
Penitances tant endura
Que merveille iert coment duroient
Si genoil qui tant enduroient
Por la douce dame enduroient
Maintes durte tant com duroient
Agenoillier bien sen duroit
A nuz genouz sus pierre dure
Cil qui bien l'aiment durement
Certes tout dur endurement
Sont por lui bon a endurer
Touz ceus fera vivre et durer
En joies qui sanz fin duront
Qui a servir bien l'enduront.
Le miracle du sarrazin qui aoura l'ymage nostre dame.

Uuequel doit estes en gist
Oes un miracle mlt gent
Ce dit mes livres et ma page
Uns sarrazins out un ymage.

Abb. 1 – »Sarazene« verehrt ein Marienbild, Gautier de Coincy, *Les Miracles de Nostre Dame*, Paris 1. Hälfte 14. Jh., Paris, Bibliothèque nationale de France (BnF), Nouv. acq. fr. 24541, fol. 67v.

PROLOG

Eine Miniatur aus einer französischen Handschrift der *Miracles de Nostre Dame* von Gautier de Coincy aus dem 14. Jahrhundert (Abb. 1) zeigt dem Text zufolge einen *»sarrazin«*, der mit erhobenen Händen vor einem Bild in einer Nische kniet, »das unserer Lieben Frau ähnelt«.[1] *»Sarrazin«* kann, wie etwa Lieselotte Saurma gezeigt hat, alle Arten von Häretikern bezeichnen.[2] Hier allerdings wird die Figur insbesondere durch den Turban klar als Muslim präsentiert. Der Text betont, dass der »Sarazene« das Marienbild aufgrund seiner Schönheit verehrt, ohne daran zu glauben, dass die Dargestellte die Mutter Gottes sei. Diese Beschreibung entspricht dem seinerzeit gängigen Stereotyp, dass »Sarazenen« Bilder aufgrund ihrer materiellen Schönheit verehren und nicht aufgrund des Dargestellten – was als Idolatrie verstanden wird. Christen hingegen wüssten, dass der Prototyp zu verehren ist und nicht das materielle Bild. Damit ist Idolatrie nicht allein eine Frage des richtigen Bildes – das ist das Marienbild ja für den Autor durchaus –, sondern der richtigen Ansicht von Bildern.

Dass es ein Muslim ist, dem Bildanbetung zugeschrieben wird, mag heute irritieren. Damals aber war es, das hat die Forschung verschiedentlich aufgewiesen,[3] gang und gäbe, auch wenn es wenig mit einer muslimischen Bildpraxis zu tun hat. Die

Innerhalb des Haupttextes wurden sämtliche fremdsprachlichen Zitate ins Deutsche übersetzt. Wenn nicht anders angegeben, sind die Übersetzungen meine. Zu den Transkriptionen in dieser Arbeit vgl. Fußnote 5, zur Schreibweise von Eigennamen und Datierungen Fußnote 31. Die Recherchen zu dieser Arbeit wurden 2014 abgeschlossen. Danach erschienene Publikationen konnten nur noch in einzelnen Fällen berücksichtigt werden.

1 Gautier de Coincy, *Les miracles de Nostre Dame*, Genf 1955–70, Bd. III, I Mir 32, V. 5 – übersetzt von Isabelle Dolezalek.

2 Vgl. Lieselotte E. Saurma-Jeltsch, »Saracens. Opponents to the Body of Christianity«, in: *The Medieval History Journal* 13/1, 2010, S. 55–95.

3 Vgl. z. B. Suzanne Conklin Akbari, »The Other's Images. Christian Iconoclasm and the Charge of Muslim Idolatry in Medieval Europe«, in: Anja Eisenbeiß, Lieselotte E. Saurma-Jeltsch (Hrsg.), *Images of Otherness in Medieval and Early Modern Times. Exclusion, Inclusion and Assimilation*, Berlin 2012, S. 121–132, oder von kunsthistorischer Seite das Kapitel »Idols of the Saracens« in: Michael Camille, *The Gothic Idol. Ideology and Image Making in Medieval Art,* Cambridge 1990, S. 129–164, sowie allgemeiner zur Konstruktion von religiöser Alterität durch die Zuschreibung von Idolatrie Katharina Ch. Schüppel, »›Idolatrie‹ als Denk- und Bildform religiöser Alterität: Europas Blick auf das Fremde im Mittelalter«, in: Maria Effinger, Cornelia Logemann, Ulrich Pfisterer (Hrsg.), *Götterbilder und Götzendiener in der Frühen Neuzeit. Europas Blick auf fremde Religionen*, Ausst.-Kat. Heidelberg, Universitätsbibliothek, 15.2.2012–25.11.2012, Heidelberg 2012, S. 48–57.

Zuschreibung der Bildanbetung ist vielmehr als Projektion zu verstehen, in der inakzeptable Anteile der eigenen religiösen Bildpraxis – namentlich die Gefahr, das Bild anstelle des Dargestellten zu verehren – auf Gruppen außerhalb der eigenen übertragen werden, um sich davon abzugrenzen.[4] Das wäre freilich auch für die heutige Zuschreibung der Bilderfeindlichkeit zu diskutieren. Die Zuschreibung der Bildanbetung ist also als Alteritätskonstruktion zu verstehen, die auf Projektion und Ausgrenzung des Eigenen basiert.

Eine Miniatur aus einer persischen Handschrift des *Manṭiq ul-Ṭayr* von Farīd ul-Dīn ʿAṭṭār[5] aus dem 15. Jahrhundert zeigt ebenfalls eine Person, die mit erhobenen Händen vor einem Bild in einer Nische kniet (Abb. 2). Dem Text zufolge handelt es sich um einen byzantinischen Mönch, der ein *»but«*, ein Götzenbild, anbetet. Wiederum wird also einem Andersgläubigen Idolatrie zugeschrieben. Die Projektion beruht auf Gegenseitigkeit.

Die Gegenüberstellung dieser Miniaturen soll an dieser Stelle andeuten, worum es dieser Arbeit geht: Im Vergleich verschiedener regionaler und historischer Darstellungen desselben Topos, wie in diesem Falle der Andersgläubigen als Bilderanbeter, sollen neben eigenen Projektionen auch Projektionen Anderer in den Blick gerückt werden. Dabei sind auch die Differenzen dieser Projektionen nicht zu übersehen; doch dazu später.[6]

Angedeutet sei vorab nur noch, dass sich die Bilder in beiden Fällen nicht darauf beschränken, den jeweils Anderen als Götzendiener darzustellen. Vielmehr geht es in beiden Fällen darum, den Anderen mithilfe von Bildern eines Besseren zu belehren, sprich die eigene Sichtweise von Bildern zu vermitteln und den Blick des Anderen auf das Bild zu verändern. So inszenieren die Bilder, wie noch zu sehen sein wird, ihre Fähigkeit, Angehörigen der jeweils anderen Religion einen Blick zu vermitteln, der über die materielle Beschaffenheit eines Bildes hinaus dessen geistige Dimension erfasst. Schließlich ist es allein der richtige Blick auf Bilder, der entscheidet, ob man sich der Idolatrie schuldig macht – oder nicht. Diese Vermittlung der eigenen Sichtweise, so behaupten es zumindest die Texte, hat in beiden Fällen Erfolg: Die Götzendiener konvertieren. Bilder werden als erfolgreiche Instrumente der Vermittlung der eigenen Normen des Blickes präsentiert. Es geht in diesen beiden Miniaturen – und das gilt auch für dieses Buch – also nicht nur um Projektionen. Bei genauerem Hinsehen geht es auch darum, wie Bilder Sichtweisen vermitteln – und verändern.

4 Ich danke den Beteiligten der Vortragsreihe »Ein Gott – kein Bild? Konstitutionen von Bildpraxis zwischen Judentum, Christentum und Islam« (Basel und Berlin 2010) für die guten Diskussionen in diesem Punkt.

5 Die Umschrift folgt in dieser Arbeit weitgehend dem System des *International Journal of Middle East Studies (IJMES)*. Zugunsten der Wiedererkennbarkeit bestimmter Namen und Begriffe wurde ث allerdings nicht als ṯ wiedergegeben, sondern als th. Ich danke Gerald Grobbel für die Korrektur meiner Umschrift, die verbleibenden Fehler sind meine.

6 Ich komme auf diese Miniaturen im letzten Kapitel dieser Arbeit – Kapitel V »Idole der Anderen« – zurück.

Abb. 2 – Ein Mönch aus »Rūm« adressiert ein Idol, ʿAṭṭār, *Manṭiq ul-Ṭayr*, Herat Ende 15. Jh. (?), London, British Library (BL), Add. 7735, fol. 75v.

EINLEITUNG

> Ich habe den für die Kunstgeschichte relevanten Paradigmenwechsel in der postkolonialen Theoriebildung betont, der vom »Bild des Anderen« zur Selbstreflexion des kolonialen Unbewussten in der Disziplin führt. Während sich die postkoloniale Theorie mit ihrer radikalen Selbstbezüglichkeit lange auf der sicheren Seite einer postideologischen Diskursanalyse wähnte, wird deren Problematik heute jedoch immer deutlicher: die Negation der Realität der Anderen in einer Theorie, die das Fremde nur noch als Projektion des Eigenen denkt.[7]

Victoria Schmidt-Linsenhoff beschreibt 2005 in dieser Passage das Dilemma, dass die Entlarvung von Bildern als Projektionen noch keinen Blick auf eine Realität jenseits dieser Projektion eröffnet. Auch die im Prolog gezeigten »Bilder der Anderen« mögen Projektionen von ausgegrenzten Anteilen der eigenen Bildpraxis reflektieren. Mit Realitäten einer anderen Bildpraxis haben sie nicht viel zu tun.

Zeigt man solche Bilder in einem kunsthistorischen Kontext, dann kommt oft eine zweite Praxis der Projektion hinzu: die mediale Projektion von Bildern, einst durch Diaprojektoren, nun durch Beamer. Der kritischen Reflexion dieser Praxis ist zu verdanken, dass sie das mediale Unbewusste der Disziplin in seinen historischen, eurozentrischen und maskulinen Formationen aus den dunklen Hörsälen ans Licht gebracht hat.[8] Die Realitäten anderer Bildpraktiken allerdings vermag auch diese Reflexion der eigenen Projektionen nicht in den Blick zu rücken.

7 Victoria Schmidt-Linsenhoff, »Das koloniale Unterbewusste in der Kunstgeschichte«, in: Irene Below, Beatrice von Bismarck (Hrsg.), *Globalisierung – Hierarchisierung. Kulturelle Dominanzen in Kunst und Kunstgeschichte*, Marburg 2005, S. 52–60, hier S. 36–37.

8 Vgl. z.B. Heinrich Dilly, »Lichtbildprojektion – Prothese der Kunstbetrachtung«, in: Irene Below (Hrsg.), *Kunstwissenschaft und Kunstvermittlung*, Gießen 1975, S. 153–172; Silke Wenk, »Zeigen und Schweigen. Der kunsthistorische Diskurs und die Diaprojektion«, in: Sigrid Schade (Hrsg.), *Konfigurationen: Zwischen Kunst und Medien*, München 1999, S. 292–305; Robert S. Nelson, »The Slide Lecture, or the Work of Art History in the Age of Mechanical Reproduction«, in: *Critical Inquiry* 26/3, 2000, S. 414–434; Susanne Neubauer, »Sehen im Dunkeln – Diaprojektion und Kunstgeschichte«, in: *Georges-Bloch-Jahrbuch des Kunsthistorischen Instituts der Universität Zürich* 9–10, 2002–2003, http://doi.org/10.5169/seals-720047, Stand 12.2.2019.

Die Frage bleibt allerdings, was passiert, wenn man ein Bild aus einem historisch oder regional anderen kulturellen Kontext in Form eines Diapositivs oder einer Powerpoint-Folie zwischen Projektionsapparat und Schirm bugsiert. Oder gar zwei. Oder mehr. Was passiert, wenn man die eben angeführten Miniaturen abphotographiert und als Dias oder Bilddateien auf eine weiße Fläche projiziert – oder im Rahmen einer wissenschaftlichen Arbeit wie dieser reproduziert? Sie werden aus dem Kontext der Handschriften herausgerissen, in ihrer Größe verändert, ihrer Materialität beraubt und in Lichtbilder transformiert …, kurz: Sie werden dem medialen Blickdispositiv einer modernen, westeuropäischen Wissenschaftskonvention untergeordnet.

Zugleich habe ich eben behauptet, dass diese Bilder eigene Sichtweisen vermitteln und den Blick des Anderen auf Bilder zu verändern beanspruchen. Die angeführten Miniaturen reklamieren beispielsweise die Kapazität, Angehörigen der jeweils anderen Religion einen Blick zu vermitteln, der über die materielle Beschaffenheit eines Bildes hinaus dessen geistige Dimension erfasst. Dieser Behauptung, dass Bilder Blicke verändern können, will diese Arbeit nachgehen. Sie verfolgt also das Postulat, dass Bilder selbst nicht nur Gegenstände der Betrachtung sind, sondern auch selbst bestimmte Vorgaben machen, wie sie idealiter anzusehen sind, dass sie selber als Dispositive fungieren.[9]

Folgt man dieser Annahme, dann schiebt man mit einem Bild ein Blickdispositiv in den bestehenden Apparat ein, und es lässt sich beobachten, wie sich das Dispositiv des Bildes zum Dispositiv der Projektion verhält: So wenig die Dominanz der Dispositive der westeuropäischen Kunstgeschichte kleinzureden ist, so sei darauf insistiert, dass diese die Blickdispositive anderer Bilder überlagern – und, im Laufe einer Reihe von Projektionen, womöglich unterschiedliche Blickdispositive verschiedener Bilder. Und so wenig es möglich ist, zu unterscheiden, was das eigene und was das Dispositiv des Bildes ist, so mögen zwischen den Bildern doch nach und nach eine Reihe von Differenzen erkennbar werden, in denen kein fremdes Bild als solches und keine »Realität der Anderen« ersichtlich wird, sich aber vielleicht neben der Wiederholung des eigenen auch kulturelle Differenzen zwischen Blickdispositiven andeuten.[10]

9 Diese These ist sowohl von rezeptionsästhetischer als auch von hermeneutischer und poststrukturalistischer Seite vertreten worden. Vgl., um nur einzelne kanonische Positionen zu benennen, z. B. Wolfgang Kemp, *Der Anteil des Betrachters. Rezeptionsästhetische Studien zur Malerei des 19. Jahrhunderts*, München 1983, Gottfried Boehm, »Sehen. Hermeneutische Reflexionen«, in: Ralf Konersmann (Hrsg.), *Kritik des Sehens*, Leipzig 1999 [1997], S. 272–298 insbesondere S. 293, und Michel Foucault, »Die Hoffräulein«, in: ders., *Die Ordnung der Dinge. Eine Archäologie der Humanwissenschaften*, Frankfurt a. M. 1999 [1966], S. 30–45.

10 Es geht also darum, den Linsen der Projektion etwas entgegenzusetzen, ohne freilich zu meinen, man könnte sie absetzen. Robert Nelson hat dem Band *Visuality Before and Beyond the Renaissance* den Untertitel *Seeing as the Others Saw* gegeben und überschreibt seine Einleitung mit einem Motto aus Henry David Thoreaus *Walden*, das mit dem folgenden Satz beginnt: »Could a greater miracle take place than for us to look through each other's eyes for an instant?«. Und er kommentiert dies folgendermaßen: »That dream is impossible, of course, even if it forever fuels the entertainment industry. Our knowledge of the Other is always mediated by many factors, not the least the conceptual language we use and apply to other cultures. However, this does not imply that partial knowledge of the perception of others cannot be gained. […] By negotiating between present and past, us and them, we can better understand both.« Robert S. Nelson, »Descartes's Cow and Other Domestications of the Visual. Introduction«, in: Robert S. Nelson (Hrsg.), *Visuality Before and Beyond the Renaissance. Seeing as the Others Saw,* Cambridge 2000, S. 1–21, hier S. 3.

Die Behauptung der beiden angeführten Miniaturen, den Blick der Betrachtenden von seiner Materialverhaftung auf eine geistige Ebene zu lenken, mag zunächst der kunsthistorischen Praxis der Diaprojektion entsprechen, die den Blick von der Materialität des Werkes auf die künstlerischen Ideen lenkt – und selbst zu der in Bezug auf die kunsthistorische Projektion so oft zitierten platonischen Tradition[11] ließen sich die Miniaturen womöglich in Verbindung bringen. Wenn allerdings die geistige Ebene in der persischen Miniatur mit der Figur des Engels im Rand des Blattes visualisiert wird, dann wird zugleich deutlich, dass Durchschaubarkeit und Transparenz einer Oberfläche, wie sie das moderne Dispositiv der Bildprojektion verspricht, hier nicht die Mittel der Wahl sind, um eine geistige Dimension zu visualisieren – und das moderne Dispositiv eines klar begrenzten Bildes seinerseits genau diese Ränder meist ausklammert, die hier zu diesem Zweck genutzt werden.[12]

Mit dem Fokus auf Blickdispositive von Bildern aus verschiedenen historischen und regionalen Kontexten will diese Arbeit also eruieren, inwiefern Bilder anderer historischer und regionaler Kontexte Differenzen im Verhältnis zum eigenen Blickdispositiv aufweisen können. Damit stellt sich die Frage, inwiefern die Blickdispositive dieser Bilder eigene Projektionen konterkarieren[13] und die Spezifik des eigenen Dispositivs erkennbar werden lassen können.[14] Die Arbeit fragt also nach einem blickkritischen Potential von Bildern und versucht eine bildwissenschaftliche Antwort[15] auf die seitens der *Subaltern Studies* wiederholt formulierte Frage nach Möglichkeiten der Wahrnehmung eines »anderen« Blickes.[16]

11 Vgl. z.B. Neubauer, »Sehen im Dunkeln«, S. 179 und 185.

12 Vgl. hierzu auch meinen Aufsatz »Signifikante Uneinheitlichkeit. Verhältnisse von Bildfeld und Randillustration in persischen und niederländischen Handschriften«, in: David Ganz, Felix Thürlemann (Hrsg.), *Das Bild im Plural. Mehrteilige Bildformen zwischen Mittelalter und Gegenwart*, Berlin 2010, S. 67–86

13 Olga Bush hat in ihrer Einleitung zu »Gazing Otherwise« die Tatsache, dass eine Inschrift der Alhambra den Betrachter in der ersten Person adressiert – »I am unique…« –, als Widerspruch gegenüber einer Lacanianischen Blicktheorie verstanden, die in diesem Palast nur ein Objekt des Begehrens sieht. Dieser steht für sie für die »agency of the objects« (S. 14), die gegenüber westlichen Annahmen einen »reciprocal gaze« einführt. Olga Bush, »Prosopopeia: Performing the Reciprocal Gaze«, in: Avinoam Shalem, »Amazement. The Suspended Moment of the Gaze«, in: Olga Bush, Avinoam Shalem (Hrsg.), Themenheft: *Gazing Otherwise: Modalities of Seeing In and Beyond the Lands of Islam, Muqarnas* 32, 2015, S. 13–19.

14 Vgl. hierzu auch Ella Shohat, Robert Stam, »Narrativizing Visual Culture. Towards a Polycentric Aesthetics«, in: Nicholas Mirzoeff (Hrsg.), *The Visual Culture Reader*, London 2013 [1998], S. 37–59: »The point is not to embrace completely the other perspective but at least to recognize it, acknowledge it, take it into account, be ready to be transformed by it. By counterpointing embodied cultural perspectives, we cut across the monocular and monocultural field of what Donna Haraway has characterized as ›the standpoint of the master, the Man, the One God, whose Eye produces, appropriates and orders all difference.‹« (S. 56).

15 Diese Frage nach Bildern als Voraussetzungen von Blicken und einem blickkritischen Potential von Bildern baut selbstredend auf die im Rahmen des NFS Bildkritik – eikones in Basel geführten Diskussionen zur Bildkritik als Frage nach den Bedingungen der Möglichkeiten von Bildern auf. Vgl. zum Konnex von Bildkritik und einer Geschichte der visuellen Wahrnehmung auch in dieser Hinsicht Gottfried Boehm, »Zwischen Auge und Hand. Bilder als Instrumente der Erkenntnis«, in: ders. (Hrsg.), *Wie Bilder Sinn erzeugen. Die Macht des Zeigens*, Berlin 2007, S. 94–113.

16 Vgl. zur Übertragung der von Spivak so eindringlich formulierten Frage (Gayatri Chakravorty Spivak, *Can the Subaltern Speak? Postkolonialität und subalterne Artikulation*, hrsg. v. Hito Steyerl, übers. v. Alexander Joskowicz u. Stefan Nowotny, Wien 2011 [1988]) auf visuelle Artikulationen im Bereich der Filmwissenschaften beispielsweise E. Ann Kaplan, *Looking for the Other. Feminism, Film, and the Imperial Gaze*, New York 1997 sowie Inge E. Boer, *After Orientalism. Critical Entanglements,*

Die Frage nach »alternativen visuellen Regimen« ist selbstverständlich »keine neue Sache«. Das konstatierte Hal Foster bereits 1988 nicht zuletzt in Bezug auf Panofskys Überlegungen zur Konventionalität der Perspektive.[17] Auch das Potential »alternativer Visualitäten«, zu einer »letztbegründungsfeindlichen *[anti-foundational]*«[18] Kritik an einer »perzeptualistischen« Naturalisierung[19] sowie zu einer »›Archäologie‹ der Formation«[20] des eigenen Blickes beizutragen, wurde bereits damals diskutiert. Gerade im Hinblick auf nicht-europäische Blickkonzepte wurden dabei jedoch die Schwierigkeiten der Frage nach »alternativen Visualitäten« deutlich: In der Diskussion von 1988, die Fosters Band *Vision and Visuality* dokumentiert und die hier als arbiträres Beispiel aus einer breiten Diskussion herangezogen sei, zieht Norman Bryson ausgehend von der zeitgenössischen Philosophie Nishitanis, die er in der Chan-Malerei des 15. Jahrhunderts beispielhaft visualisiert sieht, ein nicht-europäisches Blickkonzept heran.[21] Und mir scheint es kein Zufall, dass insbesondere dieser Versuch auf die Risiken der Alterisierung[22], Idyllisierung[23] und Depolitisierung von »alternativen Visualitäten, seien sie im Unbewussten oder dem Körper, der Vergangenkeit (z. B. dem Barock) oder dem Nicht-Westen (z. B. Japan) lokalisiert«,[24] aufmerksam machte. Damit stehen neben der »Kritik visueller Regime«[25] eine »Kritik der Suche nach alternativen Visualitäten«[26] und die Frage nach »Alternativen zur Suche nach alternativen visuellen Regimen«[27] im Raum. Neben der Forderung, die »Alternativen« im Kontext einer »Politik der Schau«[28] zu verstehen, geht es auch darum, so die letzten Sätze von Fosters Einleitung, »Differenz

Productive Looks 2003, speziell S. 14–15. Im Bereich statischer Bilder vgl. beispielsweise in Bezug zur Photographie Sara Stevenson, »The Empire Looks Back. Subverting the Imperial Gaze«, in: *History of Photography* 35/2, 2011, S. 142–156 oder zur Kartographie Barbara Bender, »Subverting the Western Gaze. Mapping Alternative Worlds«, in: Robert Layton, Peter Ucko (Hrsg.), *The Archaeology and Anthropology of Landscape. Shaping Your Landscape*, London 2004, S. 31–45.

17 Foster, »Preface«, S. xiv.

18 Foster charakterisiert dieses als »a critique of the historical concepts posited by a discipline (e.g., art history, for instance) as its natural epistemological grounds«. Hal Foster, »Preface«, in: ders. (Hrsg.), *Vision and Visuality*, Seattle 2009 [1988], S. xiii.

19 Vgl. zu einer solchen Kritik von semiotischer Warte z. B. Norman Bryson, *Vision and Painting. The Logic of the Gaze*, New Haven 1983. Er bezieht sich hier insbesondere auf Ernst Hans Gombrichs, *Kunst und Illusion. Zur Psychologie der bildlichen Darstellung*, Berlin 2002 [1959] sowie dessen Band *Bild und Auge. Neue Studien zur Psychologie der bildlichen Darstellung*, Stuttgart 1984 [1982]. Zu einer Kritik dieser Einordnung Gombrichs vgl. z. B. Christopher S. Wood, »Art History Reviewed VI: E. H. Gombrich's ›Art and Illusion: A Study in the Psychology of Pictorial Representation‹, 1960«, in: *The Burlington Magazine*, 12/2009, S. 836–839.

20 Foster, »Preface«, S. xiii.

21 Norman Bryson, »The Gaze in the Expanded Field«, in: Hal Foster (Hrsg.), *Vision and Visuality*, Seattle 2009 [1988], S. 86–113.

22 Vgl. die Diskussion auf S. 133–136 dieses Bandes sowie Fosters Reaktionen darauf in seinem Vorwort.

23 Hierzu insbesondere Brysons Diskussionsbeitrag auf S. 129.

24 Foster, »Preface«, S. xiv.

25 Zur Geschichte einer Kritik des Sehens in der europäischen Philosophie vgl. auch Martin Jay, *Downcast Eyes. The Denigration of Vision in Twentieth-Century French Thought*, Berkeley 1994 [1993]. Zu einer Kritik an dessen Fortschreibung der Unterscheidung zwischen griechischen und semitischen Verhältnissen zum Sehen vgl. Nadia Al-Bagdadis Einleitung zu Nadia al-Bagdadi, Aziz Al-Azmeh (Hrsg.), Themenheft: *Le Regard dans la Civilisation Arabe Classique/Mapping the Gaze: Considerations from the History of Arab Civilization Introduction, The Medieval History Journal* 9/1, 2006, S. 11–15.

26 Foster, »Preface«, S. xiv.

27 Foster, »Preface«, S. x.

28 Foster, »Preface«, S. xii.

nicht auszuschließen, sondern zu erschließen, sodass diese Alternativen nicht mehr nur als Gleiche angeeignet oder als Fremde strikt auf Abstand gehalten werden, sondern verschiedene Visualitäten im Spiel gehalten werden können und die Differenz im Sehen wirksam bleibt.«[29]

Um dieser Frage nach differierenden Blickdispositiven nachzugehen, untersucht diese Arbeit Darstellungen von Akten des Sehens aus der persischen[30] und der westeuropäischen, genauer gesagt, bis auf eine Ausnahme nordwesteuropäischen Buchmalerei des 13. bis 16. Jahrhunderts.[31] Innerhalb dieser Bildkulturen, die in dieser Arbeit verglichen werden sollen, wurden Darstellungen ausgewählt, die auf gemeinsame Überlieferungen rekurrieren:[32] auf Traumtheorien der griechischen Philosophie, Vorstellungen eines Vorhangs vor dem Thron Gottes, Narrative von Bildern Alexanders des Großen oder von begehrenden Blicken auf Josef von Ägypten. Damit sollen als *tertia comparationis* keine abstrakten und mithin für Dekontextualisierungen anfälligen Kategorien des Sehens verwendet werden, sondern historische Topoi, die in beiden Kontexten aufgegriffen und transformiert wurden. Denn mit den Transformationsgeschichten solcher Topoi rücken Veränderungen des *tertium comparationis* selbst in den Blick, sodass im Sinne der *histoire croisée* dem Risiko entgegengearbeitet wird, eigene, vermeintlich neutrale

29 Hal Foster, »Preface«, S. xiv.

30 Leider gibt es keine deutsche Entsprechung des englischen Wortes »persianate«, das Marshall Hodgson ebenso wie »islamicate« in Entsprechung zur Verwendung des Wortes »italianiate« verwendet hat, um zu unterstreichen, dass damit Bezug, aber nicht notwendig eine ethnische, sprachliche oder religiöse Zugehörigkeit gemeint ist. Vgl. Marshall G.S. Hodgson, *The Venture of Islam*, Chicago 1974, Bd. 2, S. 293–314.

31 Um den historischen und regionalen Entstehungskontext dieser Arbeit nicht zu verschleiern, werden Datierungen ebenso wie Begriffe und Eigennamen – wie beispielsweise Alexander, Josef oder auch Gott –, die in dieser Arbeit als *tertia comparationis* fungieren, in der in ihrem deutschsprachigen Entstehungskontext üblichen Form nach der christlichen Zeitrechnung und in der deutschen Schreibweise angegeben und dann jeweils ins Verhältnis zu den historischen Bezeichnungen gesetzt. Eine durchgängige Verwendung der regionalen Bezeichnungen wäre zwar im Einzelnen korrekter, birgt aber das Risiko, die Bezüge zwischen den Bildern in den Hintergrund treten zu lassen oder, in Monica Juneja und Margrit Pernaus Worten, »to fix the alien once and for all in unapproachable alterity«. Monica Juneja, Margit Pernau, »Lost in Translation? Transcending Boundaries in Comparative History«, in: Heinz-Gerhard Haupt, Jürgen Kocka (Hrsg.), *Comparative and Transnational History: Central European Approaches and New Perspectives*, Oxford/New York 2009, S. 105–132, hier S. 111. Entscheidender erscheint mir zudem die Kontextualisierung der jeweiligen Verwendung der Begriffe innerhalb eines narrativen und historischen Kontexts.

32 Hier liegen zwar Forschungen zur bildlichen Rezeption insbesondere biblischer Ikonographien im persischen Kontext vor (Friederike Weis, »Christian Iconography Disguised: Images of Nativity and Motherhood in Mer'āt al-Qods and Akbarnāme Manuscripts of 1595–1605«, in: *South Asian Studies* 24, 2008, S. 109–118; Rachel Milstein, *La Bible dans l'art islamique*, Paris 2005; Thomas W. Arnold, *The Old and New Testaments in Muslim Religious Art*, London 1932), vergleichende Studien bleiben aber selten. Vgl. hierzu Joseph Gutmann, »On Biblical Legend in Medieval Art«, in: *Artibus et Historiae* 19/38, 1998, S. 137–142; Meyer Schapiro, »The Angel with the Ram in Abraham's Sacrifice: A Parallel in Western and Islamic Art«, in: ders. (Hrsg.), *Late Antique, Early Christian and Medieval Art. Selected Papers,* London 1980, S. 288–318, und neuerdings aus kritischerer Warte: Firuza Abdullaeva, »Kingly Flight: Nimrūd, Kay Kāvūs, Alexander, or Why the Angel has the Fish«, in: *Persica* 23, 2009/2010, S. 1–29 sowie die Forschungen von Annette Hoffmann zu Exodusdarstellungen in der jüdischen, christlichen und islamischen Buchkunst, die für Dezember 2019 zur Publikation in dem Band Annette Hoffmann (Hrsg.), *Exodus. Border Crossing in Jewish, Christian and Islamic Texts and Images* angekündigt sind. Ansonsten finden sich Untersuchungen zur Rezeptionsgeschichte der diskutierten Topoi – darauf komme ich dann jeweils in den Kapiteln zu sprechen – zum Teil im Bereich der Philosophie und Literaturgeschichte.

respektive universale Kategorien auf andere Kontexte zu übertragen. Zugleich kann in den Differenzen und Interferenzen der Rezeptionsgeschichten eines gemeinsamen Topos zwischen zwei kulturellen Kontexten eine Verflochtenheit aufgewiesen werden, die sich nicht in eine Alterität oder Identität der Kulturen auflösen lässt.

Zur Kritik des Vergleichs

Eine kritische Revision der Modalitäten des Vergleichs ist für ein solches Unterfangen schon deshalb ebenso dringlich wie grundlegend, da das Problem der Projektion in der Kunstgeschichte – das habe ich bislang ausgeklammert – traditionell ein Problem der Doppelprojektion impliziert, in der zwei Projektoren meist desselben Modells zwei Bilder nebeneinander projizieren.[33] Damit werden diesem Dispositiv nicht nur einzelne Bilder unterworfen, sondern es werden in diesem Dispositiv zudem zwei unterschiedliche Bilder einander angeglichen,[34] um zugleich in der Dualität die Differenzen zu fokussieren.[35]

Die Risiken eines solchen vergleichenden Blickes für transkulturelle Perspektiven sind in der Geschichte vergleichender Ansätze in der Kunstgeschichte leider überdeutlich geworden. So wurden vergleichende Ansätze, um nur die gravierendsten Fälle zu nennen, von Joseph Strzygowski, der 1934 die »Gesellschaft für vergleichende Kunstforschung« gründete, aber auch von Dagobert Frey für nationalistische Argumentationen herangezogen. Freys 1949 publizierte »Grundlegungen zu einer vergleichenden Kunstwissenschaft« beispielsweise dokumentieren auf exemplarische Weise[36] einen

33 Vgl. zur Geschichte der kunsthistorischen Doppelprojektion unter vielem anderen beispielsweise die Magisterarbeit von Lena Bader, *Vergleichendes Sehen – Zu den Anfängen der Doppelprojektion und den Fragen der Kunstgeschichte heute*, Magisterarbeit, Berlin 2004 und Heinrich Dilly, »Lichtbildprojektion – Prothese der Kunstbetrachtung«, der besonders die Effekte der Dekontextualisierung und Formalisierung zugunsten der Vergleichbarkeit der Betrachtung betont, für die insbesondere der vergleichende Ansatz von Heinrich Wölfflins *Kunstgeschichtlichen Grundbegriffen* immer wieder als prägend angesehen wurden. Vgl. Heinrich Wölfflin, *Kunstgeschichtliche Grundbegriffe. Das Problem der Stilentwicklung in der neueren Kunst*, Basel 2004 [1915]. Hans Christian Hönes hat vor kurzem herausgearbeitet, wie kritisch Wölfflin selbst diesen Ansatz später sah – und wie sein Universalismus dabei einer Akzeptanz der Andersartigkeit weicht, die freilich in ihren Begründung in Rassenunterschieden ebenso problematisch ist. Hans Christian Hönes, »Bloß zufällig. Kritik und Selbstkritik des Bildvergleichs bei Wölfflin«, in: Matthias Bruhn, Gerhard Scholtz (Hrsg.), *Der vergleichende Blick. Formanalyse in Natur- und Kulturwissenschaften*, Berlin 2017, S. 55–68. Zur Praxis des Vergleichens in der Kunstgeschichte im Allgemeineren vgl. z. B. Johannes Grave, »Vergleichen als Praxis. Vorüberlegungen zu einer praxistheoretisch orientierten Untersuchung von Vergleichen«, in: Angelika Epple, Walter Erhart (Hrsg.), *Die Welt beobachten. Praktiken des Vergleichens*, Frankfurt a. M. 2015, S. 147–154. Jenseits dieser Aufsätze verfolgen die beiden zuletzt genannten Bände die Praktiken des vergleichenden Sehens über die Kunstwissenschaft und über die Wissenschaft hinaus.

34 Peter Geimer beschreibt das als den »Punkt, an dem ›vergleichendes Sehen‹ in ›Gleichheit aus Versehen‹ übergeht«. Peter Geimer, »Vergleichendes Sehen oder Gleichheit aus Versehen. Analogie und Differenz in kunsthistorischen Bildvergleichen«, in: Lena Bader, Martin Gaier, Falk Wolf (Hrsg.), *Vergleichendes Sehen*, München 2010, S. 45–70, hier S. 50.

35 Vgl. zu den Implikationen der Betrachtung von Bildpaaren auch Felix Thürlemann, »Bild gegen Bild. Für eine Theorie des vergleichenden Sehens«, in: Aleida Assmann, Ulrich Gaier, Gisela Trommsdorff (Hrsg.), *Zwischen Literatur und Anthropologie. Diskurse, Medien, Performanzen*, Tübingen 2005, S. 163–174.

36 Die Diskussion zum Vergleich als Grundlage nicht nur der Wissenschaften der westeuropäischen

anthropologischen Universalismus, der durch Universalisierungen von Vergleichskategorien – wie beispielsweise »des Körpers« und »des Raums« – als »stillschweigendem Maßstab«[37] Hierarchisierungen begründet. In Kombination mit Vorstellungen geschlossener Kulturkreise, in denen Frey »charakterologische Konstanten« »individueller Kulturkreise« als »Wesenhaftes vom Entlehnten« abzusondern bestrebt ist, werden damit nationalhegemoniale Bestrebungen legitimiert.[38]

Probleme der Universalisierung von Kategorien sind aber nicht nur in früheren Ansätzen aufzuweisen. Auch in aktuellen Ansätzen zu einer globalen Kunstgeschichte wird, das ist verschiedentlich angemerkt worden, immer wieder deutlich, welche Risiken es birgt, von anthropologischen Konstanten als *tertium comparationis* auszugehen.[39] Als prominentes Beispiel sei nur David Summers' *Real Spaces*[40] genannt, der Kunst auf »grundlegende Eigenschaften des Körpers«[41] zurückführt und daraus ein universelles Raumkonzept ableitet, das er zur Grundlage eines kulturübergreifenden Vergleichs macht.[42] Christopher Wood verweist in einem Aufsatz zur Rezeption Strzygowskis in Bezug auf die neueren Tendenzen einer globalen Kunstgeschichte auf

Moderne und ihrer Hegemonialansprüche in allgemeinerer Hinsicht hat vor kurzem der Sonderforschungsbereich »Praktiken des Vergleichens. Die Welt ordnen und verändern« aufgegriffen. Vgl. hierzu Angelika Epple, Walter Erhart (Hrsg.), *Die Welt beobachten. Praktiken des Vergleichens*, Frankfurt a. M. 2015.

37 Dipesh Chakrabarty, »Europa provinzialisieren. Postkolonialität und die Kritik der Geschichte«, in: ders. (Hrsg.), *Europa als Provinz. Perspektiven postkolonialer Geschichtsschreibung*, übers. v. Robin Cackett, Frankfurt a. M. 2010, S. 41.

38 Dagobert Frey, *Grundlegung zu einer vergleichenden Kunstwissenschaft*, Wien 1949, hier S. 9–11. Zur Einordnung der Geschichte vergleichender kunsthistorischer Ansätze im interdisziplinären Kontext vgl. Joachim Rees, »Vergleichende Verfahren – verfahrene Vergleiche. Kunstgeschichte als komparative Kunstwissenschaft – eine Problemskizze«, in: Elke Anna Werner, Monica Juneja, Matthias Bruhn (Hrsg.), Themenheft: *Universalität der Kunstgeschichte? kritische berichte* 40/2, 2012, S. 32–47.

39 Vgl. z.B. Susanne Leeb, »Weltkunstgeschichte und Universalismusbegriffe: 1900/2010«, in: Elke Anna Werner, Monica Juneja, Matthias Bruhn (Hrsg.), Themenheft: *Universalität der Kunstgeschichte? kritische berichte* 40/2, 2012, S. 13–25, S. 17–18. Zu Parallelen zwischen Ansätzen einer Weltkunstgeschichte um 1900 und um 2000, namentlich jenen von Belting, Summers und Onians vgl. auch Ulrich Pfisterer, »Origins and Principles of World Art History: 1900 (and 2000)«, in: Kitty Zijlmans, Wilfried van Damme (Hrsg.), *World Art Studies. Exploring Concepts and Approaches*, Amsterdam 2008, S. 69–89.

40 David Summers, *Real Spaces. World Art History and the Rise of Western Modernism*, London 2003. Vgl. zu einer Kritik dieses Ansatzes z.B. Monica Juneja, »Kunstgeschichte und kulturelle Differenz. Eine Einleitung«, in: Elke Anna Werner, Monica Juneja, Matthias Bruhn (Hrsg.), Themenheft: *Universalität der Kunstgeschichte? kritische berichte* 2, 2012, S. 6–12, S. 7 sowie trotz grundsätzlich deutlich positiverer Einschätzung James Elkins, »Rezension zu David Summers, *Real Spaces. World Art History and the Rise of Western Modernism*, London 2003«, in: *Art Bulletin* LXXXVI/2, 2004, S. 373–381, nochmals publiziert in James Elkins (Hrsg.), *Is Art History Global?*, New York 2007. Seltener kommentiert, aber nicht weniger problematisch ist meines Erachtens der Ansatz der »World Aesthetics« beispielsweise Wilfried van Dammes. Vgl. Wilfried van Damme, »World Art Studies and World Aesthetics: Partners in Crime?«, in: Lauren Golden (Hrsg.), *Raising the Eyebrow: John Onians and World Art Studies. An Album Amicorum in His Honor*, Oxford 2001, S. 309–319 sowie Wilfried van Damme, »Introducing World Art Studies«, in: Kitty Zijlmans, Wilfried van Damme (Hrsg.), *World Art Studies. Exploring Concepts and Approaches*, Amsterdam 2008, S. 23–61.

41 Elkins, »Rezension zu David Summers, *Real Spaces*«, S. 375.

42 Leeb, »Weltkunstgeschichte und Universalismusbegriffe: 1900/2010«, S. 17–18. Ich teile ihre Einschätzung, dass der Rückgriff auf neuro- und kognitionswissenschaftliche Ansätze vergleichbar funktioniert und »wie auch Summers Gefahr [läuft], denselben Universalismus des allumfassenden Gesetzes zu wiederholen, der die Suche nach Wissenschaftlichkeit schon um 1900 prägte.« (S. 18).

> das Risiko des neuen »Anthropologismus«, der wenig mit der akademischen Disziplin gemein hat, die in den Vereinigten Staaten unter dem Titel »Anthropologie« bekannt ist. Das impliziert [...] nicht nur die Störung des prekären und wertvollen Skeptizismus der konstruktivistischen Position, ein schwererrungener Vorteil, den man nicht willkürlich aufgeben will, sondern auch ein drastisches Unterschätzen der grundlegenden Entfremdung von Artefakten von ihren anthropologischen Ursprüngen, die Entfremdung, die im Falle der Kunstwerke noch dramatisiert wird.[43]

So klar die Problematik der Universalismen und Kulturalismen vergleichender Ansätze auch ist, so schwierig bleibt es, diesen Problemen zu entgehen. Insofern ist es mehr als verständlich, wenn in der Folge Kunsthistoriker und Kunsthistorikerinnen insbesondere im deutschsprachigen Raum in der zweiten Hälfte des 20. Jahrhunderts von transkulturell vergleichenden Ansätzen Abstand nahmen.[44] Das implizierte allerdings meist die partikularisierende,[45] wenn nicht eurozentrische Ausklammerung von transkulturellen Bezügen – zumindest über den europäischen Kontext hinaus –, die erst in den letzten Jahren unter der Prämisse der Transferanalyse wieder in den Blick rückten.[46]

Die Transferanalyse wurde insbesondere in den Geschichtswissenschaften in der dezidierten Abgrenzung von den Grundannahmen vergleichender Ansätze entwickelt. Michel Espagne beispielsweise formulierte in Texten wie »Sur les limites du comparatisme« oder »Transferanalyse statt Vergleich« eine harsche Kritik an einem »identitären« Standpunkt der vergleichenden Geschichtswissenschaft, die noch immer von abgeschlossenen kulturellen Entitäten ausgehe, die zudem zumeist an Nationalitäten gekoppelt blieben.[47] Er fordert stattdessen, nicht etwa nur, wie in der Beziehungsgeschichte,

43 Christopher S. Wood, »Strzygowski und Riegl in den Vereinigten Staaten«, in: Maria Theisen (Hrsg.), *Wiener Schule. Erinnerung und Perspektiven* (Wiener Jahrbuch für Kunstgeschichte 53/2004), Wien 2005, S. 217–233, hier S. 232.

44 Selbst im aktuellen Band zum Vergleich in der Kunstgeschichte aus angelsächsischer Warte, der die Problematik etwas unbelasteter anzugehen scheint, ist nur ein Aufsatz enthalten, der im engeren Sinne transkulturell vergleicht. Vgl. Jeremy Tanner, »Narrative, Naturalism, and the Body in Classical Greek and Early Imperial Chinese Art«, in: Jaś Elsner (Hrsg.), *Comparativism in Art History*, Abingdon 2017, S. 180–224.

45 Vgl. zum Problem der Partikularisierung als Reaktion auf eine Universalisierung von Kategorien auch Almut Höfert, »Europa und der Nahe Osten. Der transkulturelle Vergleich in der Vormoderne und die Meistererzählungen über den Islam«, 2008, revidiertes Manuskript des Aufsatzes, in: *Historische Zeitschrift* 287/3, 2007, S. 561–597, hier S. 7.

46 Einen zentralen Beitrag auf konzeptueller, aber auch auf institutioneller Ebene hat hierzu nicht nur für den deutschsprachigen Raum das Kunsthistorische Institut in Florenz, namentlich Gerhard Wolf sowie Hannah Baader geleistet. Vgl. hierzu z.B. Gerhard Wolf, »Alexandria aus Athen zurückerobern? Perspektiven einer mediterranen Kunstgeschichte mit einem Seitenblick auf das mittelalterliche Sizilien«, in: Margit Mersch, Ulrike Ritzerfeld (Hrsg.), *Lateinisch-griechisch-arabische Begegnungen. Kulturelle Diversität im Mittelmeerraum des Spätmittelalters*, München 2010 sowie Hannah Baader, »Universen der Kunst, künstliche Paradiese der Universalität. Florenz, seine Sammlungen und Global Art History I« und Gerhard Wolf, »Kunstgeschichte, aber wo? Florentiner Perspektiven auf das Projekt einer Global Art History II«, in: Elke Anna Werner, Monica Juneja, Matthias Bruhn (Hrsg.), Themenheft: *Universalität der Kunstgeschichte? kritische berichte* 40/2, 2012, S. 48–59 und 60–68. Im Zuge des Projektes *Bilderfahrzeuge. Aby Warburg's Legacy and the Future of Iconology* wurde zuletzt verstärkt der Fokus auf Bilder und deren Transfer gerichtet. Vgl. Andreas Beyer, Horst Bredekamp, Uwe Fleckner, Gerhard Wolf (Hrsg.), *Bilderfahrzeuge. Aby Warburgs Vermächtnis und die Zukunft der Ikonologie*, Berlin 2018.

47 Michel Espagne, »Sur les limites du comparatisme en histoire culturelle«, in: *Genèses* 17, 1994,

die Verhältnisse zwischen kulturellen Entitäten zu untersuchen, sondern – verkürzt resümiert – in der Beobachtung des Transfers die Transformationen von Kulturen zu beobachten, die eben weder in zeitlicher noch in räumlicher Hinsicht als abgeschlossen gelten können.[48]

Die Frage bleibt allerdings, ob man den transkulturellen Vergleich damit zu den Akten legen kann und soll. Es ist immer wieder konstatiert worden, dass Verflechtung, selbst unter kolonialen Herrschaftsverhältnissen, nicht zu vollständiger Assimilierung führen muss, und Monica Juneja und Margrit Pernau argumentieren, dass der Vergleich »einen wichtigen, wenn nicht den einzigen Weg darstellt, in der relationalen Geschichte Ungleichheiten im Fokus zu behalten«.[49] Zudem stellt sich in methodologischer Hinsicht die Frage, ob es möglich ist, nicht zu vergleichen. Bénédicte Zimmermann und Michael Werner beispielsweise hinterfragen, ob eine Transferanalyse tatsächlich ohne Vergleich auskommt – oder ob eine solche Ausgrenzung nicht umgekehrt das Risiko des impliziten und mithin meist unreflektierten Vergleichs eingeht.[50] Deshalb schlagen sie in ihrem Konzept der *histoire croisée* eine Verbindung von Transferanalyse und vergleichendem Vorgehen vor, in der die Transferanalyse zur Relativierung von Kategorien und Einheiten des Vergleichs herangezogen wird: Ausgehend von den Gegenständen entwickelte Analysekategorien sollen in ihrer Veränderung im Transfer beobachtet werden.[51] Die Analyse des Transfers eröffnet damit nicht nur die Möglichkeit,

S. 112–121, sowie Michel Espagne, »Transferanalyse statt Vergleich. Interkulturalität in der sächsischen Regionalgeschichte«, in: Hartmut Kaelble, Jürgen Schriewer (Hrsg.), *Vergleich und Transfer. Komparatistik in den Sozial-, Geschichts- und Kulturwissenschaften*, Frankfurt a. M. 2003, S. 419–438. Vgl. zum Konnex der Entwicklung vergleichender Ansätze und der Entwicklung der Nationalstaaten im 19. Jahrhundert gerade über die Konstitution von autonomen und homogenen Vergleichsgrößen auch Juneja, Pernau, »Lost in Translation? Transcending Boundaries in Comparative History«, S. 107.

48 Ähnliche Kritik findet sich in Ansätzen der »Entangled«, »Connected« und »Global History« sowie insbesondere von Seiten der *Postcolonial Studies* an der Disziplin der vergleichenden Literaturwissenschaft. Vgl. hierzu, um nur ein Beispiel aus dieser breiten und fortlaufenden Debatte herauszugreifen, Natalie Melas, *All the Difference in the World. Postcoloniality and the Ends of Comparison*, Stanford 2006. Zu Reaktionen der vergleichenden Literaturwissenschaft auf diese Kritik vgl. z.B. Rita Felski, Susan Stanford Friedman (Hrsg.), *Comparison. Theories, Approaches, Uses*, Baltimore 2013.

49 Juneja, Pernau, »Lost in Translation? Transcending Boundaries in Comparative History«, S. 118.

50 Michael Werner, Bénédicte Zimmermann, »Vergleich, Transfer, Verflechtung. Der Ansatz der Histoire croisée und die Herausforderung des Transnationalen«, in: *Geschichte und Gesellschaft. Zeitschrift für Historische Sozialwissenschaft* 28/1, 2002, S. 607–636. Vgl. zu den Implikationen der Tendenz, nicht zu vergleichen, auch Susan Stanford Friedman, »Why Not Compare?«, in: Rita Felski, Susan Stanford Friedman (Hrsg.), *Comparison. Theories, Approaches, Uses*, Baltimore 2013, S. 34–45. Zum Verhältnis von Transferanalyse und Vergleich vgl. unter anderem Matthias Middell, »Kulturtransfer und Historische Komparatistik – Thesen zu ihrem Verhältnis«, in: *Comparativ* 10/1, 2000, S. 7–41, sowie von Seiten der vergleichenden Literaturwissenschaft mit einem besonderen Fokus auf intertextuelle Bezüge z.B. Christiane Solte-Gresser, Hans-Jürgen Lüsebrink, Manfred Schmeling (Hrsg.), *Zwischen Transfer und Vergleich. Theorien und Methoden der Literatur- und Kulturbeziehungen aus deutsch-französischer Perspektive*, Stuttgart 2013. Zu einer selbstkritischen Darstellung der vergleichenden Geschichtswissenschaft vgl. beispielsweise auch Heinz-Gerhard Haupt, Jürgen Kocka, »Historischer Vergleich: Methoden, Aufgaben, Probleme. Eine Einleitung«, in: dies. (Hrsg.), *Geschichte und Vergleich. Ansätze und Ergebnisse international vergleichender Geschichtsschreibung*, Frankfurt a. M. 1996, S. 9–45.

51 Eine vergleichbare Forderung formulieren im Bereich der *Postcolonial Studies* Monica Juneja und Margrit Pernau: »The fundamental difference with regard to traditional comparative analysis,

die kulturellen Einheiten des Vergleichs zu unterlaufen, sondern auch die Kategorien des Vergleichs zu relativieren.[52]

Diesen Vorschlag greift die vorliegende Arbeit auf, indem sie keine abstrakten Kategorien des Blicks als *tertia comparationis* verwendet,[53] sondern Topoi der Darstellung von Blicken, die in der persischen wie in der westeuropäischen Buchmalerei aufgegriffen wurden – den Blick durch den Vorhang vor dem Thron Gottes, den Blick Alexanders auf das eigene Portrait oder den der Frau des Potifar auf den schönen Körper Josefs. Zunächst verweist die Tatsache, dass diese Topoi sowohl im westeuropäischen als auch im persischen Kontext rezipiert wurden, auf gemeinsame Geschichten. So hat das »Dritte des Vergleichs« zumindest so viel mit Homi K. Bhabhas *third space* gemeinsam, dass es im Sinne von Juneja und Pernau der »ausdrücklichen Beunruhigung« kultureller Differenzen zuträglich ist sowie der »Weigerung, zu der Verfestigung der fließenden Grenzen zwischen Sprachen und Kulturen beizutragen.«[54] Die Analyse der Transfergeschichten gemeinsamer Topoi stellt also die Grenzen kultureller Einheiten wie Persien oder Westeuropa in Frage.[55] Dass für solche regionalen Kontexte in dieser Arbeit moderne Bezeichnungen gewählt werden, weist nicht nur den Entstehungskontext dieser Arbeit auf, sondern verweist auch darauf, dass »transkulturelle« Bezüge hier primär die Überschreitung aktueller kultureller Unterscheidungen beschreiben. »Transkulturell« bezeichnet in dieser Arbeit also, in erster Linie Ansätze, Beziehungen und Bezüge zwischen Artefakten zu beobachten, die in modernen, oft auf das 19. Jahrhundert zurückzuführenden kulturellen und institutionellen Kategorien – etwa einer »islamischen Kunst«[56] oder einer »europäischen Kunstgeschichte« – getrennt behandelt

which poses the construction of a tertium comparationis as the precondition to comparison, is that we claim that both the language and the commonality needed to evolve only in the course and as a result of comparative activity.« Juneja, »Kunstgeschichte und kulturelle Differenz«, S. 115. Sie kommentieren dies folgendermaßen: »If this sounds overly optimistic, critics may perhaps be reminded that we have no alternative but to work as if communication were possible, even while recognizing that power relations continue to be at work and influence our research, and then set out to improve what we are doing.«

52 Vor dem Hintergrund dieser Revision der eigenen Analysekategorien habe ich auch entschieden, eine einheitliche Struktur der Kapitel in dieser Arbeit aufzugeben, um je nach Gegenstand unterschiedliche Argumentationsstrukturen verfolgen zu können.

53 Vgl. zur Problematik, westliche Theorien des Blicks auf andere kulturelle Kontexte zu übertragen, auch James Elkins, »The End of the Theory of the Gaze«, unpublizierter Essay, 2009, http://www.jameselkins.com/images/stories/jamese/pdfs/the-visual-gaze.pdf, S. 24–26, Stand 31.3.2014.

54 Juneja, Pernau, »Lost in Translation? Transcending Boundaries in Comparative History«, S. 114–115.

55 Die Geschichten der Etablierung dieser kulturellen Einheiten, in denen Bilder freilich eine wichtige Rolle spielen, können im Rahmen dieser Arbeit nicht verfolgt werden. Vgl. zu Europa z. B. Michael Wintle, *The Image of Europe: Visualizing Europe in Cartography and Iconography throughout the Ages*, New York 2009. Zur Etablierung einer persischen Kultur vgl. beispielweise Abbas Amanat, Farzin Vejdani (Hrsg.), *Iran Facing Others. Identity Boundaries in a Historical Perspective*, New York 2012. Zur Funktion von Bildern in diesem Prozess wäre auch hier zu beobachten, inwiefern etwa durch die Evokation von als spezifisch persisch interpretierten Bildtraditionen in der Abgrenzung von der mit dem Arabischen identifizierten Nachbar- und ehemaligen Besatzerkultur, aber auch in der Zirkulation von Bildmodellen eine Einheit inszeniert wird. Zur (kunst-)historischen Konstruktion der Originalität der islamischen Kunst und der europäischen mittelalterlichen Kultur vgl. Avinoam Shalems Vergleich der Historiographien Ernst Herzfelds und Henri Pirennes im Kontext der Zwischenkriegszeit: Avinoam Shalem, »Intersecting historiographies. Henri Pirenne, Ernst Herzfeld, and the myth of origin«, in: Elsner (Hrsg.), *Comparativism in Art History*, S. 109–129.

56 Zur Entstehungsgeschichte dieser Kategorie vgl. z. B. Martina Müller-Wiener, *Die Kunst der islamischen Welt*, Stuttgart 2012, S. 17–18.

wurden, ohne dass diese Unterscheidungen notwendigerweise etwas mit der historischen Rezeption und Zirkulation der Artefakte zu tun haben. Vielmehr lässt sich umgekehrt in der Zirkulation beobachten, wie solche Unterscheidungen – nicht zuletzt durch Strategien von Aneignung und Abgrenzung – etabliert werden.[57]

Eine solche Transfergeschichte kann aber nicht nur die Einheiten des Vergleichs relativieren, sondern auch die Vergleichsgrößen. Denn wenn die *tertia comparationis* Topoi sind, die in beiden Kontexten rezipiert wurden, dann sind deren Veränderungen im Zuge dieser Rezeptions- und Transformationsgeschichten zu beobachten.[58] So wird etwa zu verfolgen sein, wie der Blick, den die Frau des Potifar dem alttestamentlichen Text zufolge auf Josef geworfen hat, im Kontext der Reformation in Deutschland zum Inbegriff der Verführung des Fleisches wird, der es zu widerstehen gilt. In der persischen Buchmalerei des 16. Jahrhunderts indes ist der Blick dieser Frau zu einem Beispiel der Transformation eines körperlichen in ein wünschenswertes geistiges Begehren geworden, sodass die Frau am Ende Josefs Ehefrau werden kann. Es ist also zu beobachten, wie das *tertium comparationis* selbst – der Topos des Blickes dieser Frau – sich im Laufe seiner Rezeption in unterschiedlichen Kontexten verändert.

Neben den Veränderungen der *tertia comparationis* im transregionalen Transfer kann man verfolgen, wie diese innerhalb regionaler Kontexte über einen längeren Zeitraum hin transformiert wurden. Während die *histoire croisée* primär die Transformationen in räumlichen Transferprozessen fokussiert, nimmt diese Arbeit also auch zeitliche Transfer- und Transformationsprozesse in den Blick.[59] So sind kulturelle Differenzen sowohl in transregionalen als auch in historischen Transfer- und Transformationsprozessen zu verorten und zu verstehen.[60] Damit wird deutlich, dass kulturelle Differenzen nicht nur auf regionale Kontexte zurückzuführen sind, die heute oft in ethnischen und religiösen Kategorien wie »islamisch« und »christlich« oder »europäisch« homogenisiert werden, sondern auch auf historische Unterschiede innerhalb regionaler Kontexte.[61] So relativiert sich etwa die Annahme einer Andersartigkeit der

57 Vgl. zu einem solchen Konzept von Transkulturalität und der entsprechenden Kritik am Transkulturalitätskonzept von Wolfgang Welsch z.B. Monica Juneja, Michael Falser, »Kulturerbe – Denkmalpflege: transkulturell. Eine Einleitung«, in: dies. (Hrsg.): *Kulturerbe und Denkmalpflege transkulturell. Grenzgänge zwischen Theorie und Praxis*, Bielefeld 2013, S. 17–26.

58 Die Arbeit greift hier insbesondere auf den Transformationsbegriff des Sonderforschungsbereiches »Transformationen der Antike« zurück. Vgl. Lutz Bergemann, Martin Dönike, Albrecht Schirrmeister, Georg Toepfer, Marco Walter, Julia Weitbrecht, »Transformation. Ein Konzept zur Erforschung kulturellen Wandels«, in: Hartmut Böhme, Lutz Bergemann, Martin Dönike, Albrecht Schirrmeister, Georg Toepfer, Marco Walter, Julia Weitbrecht (Hrsg.), *Transformation. Ein Konzept zur Erforschung kulturellen Wandels*, München 2011, S. 39–56.

59 Ich danke den Kolleginnen und Kollegen des SFB *Episteme in Bewegung. Wissenstransfer von der Alten Welt bis in die Frühe Neuzeit* für die Diskussionen zum Verständnis von Transfer als transregionalem und historischem Transformationsprozess.

60 Vgl. zu diesem Problem sowie zur spezifischen Problematik vergleichender Untersuchungen europäischer und nahöstlicher Beispiele Höfert, »Europa und der Nahe Osten«.

61 Die historischen und regionalen »Kulturalitäten des Auges«, die oft getrennt verhandelt werden, haben auch Marius Rimmele und Bernd Stiegler in den beiden ersten Kapiteln ihrer Einführung in »Visuelle Kulturen« nebeneinandergestellt. Vgl. Marius Rimmele, Bernd Stiegler, *Visuelle Kulturen – Visual Culture zur Einführung*, Hamburg 2012.
Zu einer historischen Differenzierung von Konzepten des Sehens liegt insbesondere für die Neuzeit eine große Zahl von Beiträgen vor, von denen hier nur arbiträre Beispiele genannt werden können: Peter Bexte, *Blinde Seher. Wahrnehmung von Wahrnehmung in der Kunst des 17. Jahrhunderts*, Dresden/Basel 1999; Jonathan Crary, *Techniken des Betrachters. Sehen und Moderne*

persischen Bildkulturen im Verhältnis zu den historischen Veränderungen innerhalb der nordwesteuropäischen Bildkulturen des 13. bis 16. Jahrhunderts.[62] Die eben angedeutete Differenz zwischen dem verführerischen Blick der Frau des Potifar und dem geistigen Begehren ihres persischen Pendants beispielsweise wird sich nicht mit dem Transfer des Narrativs zwischen dem Nahen Osten und Europa erklären lassen, sondern die Gründe sind eher in den Transformationen exegetischer Überlegungen zu Bibel und Koran im Kontext von reformiertem Humanismus und sufistischer Poesie zu suchen. Damit wird die historische Konstitution kultureller Differenzen beobachtbar. Vor dem Hintergrund dieser Differenzen lassen sich dann wiederum spätere transregionale Transferprozesse verstehen, so etwa das safavidische Unverständnis gegenüber den europäischen Enthaltsamkeitsvorstellungen, das sich in der persischen Rezeption europäischer Aktdarstellungen im 17. Jahrhundert abzeichnet. Das aber kann in dieser Arbeit nur am Rande angedeutet werden.

Wichtig ist mir zudem, dass der Vergleich der diachronen Transformationsgeschichten gemeinsamer Topoi es erlaubt, auch dann Bezüge zwischen Bildkulturen aufzuweisen, wenn diese keinen besonders intensiven oder direkten Kontakt pflegten.[63] Denn damit rücken Bezüge zwischen Bildkulturen in den Blick, die keine »gute Beziehung« haben und in einer transfergeschichtlich geprägten transkulturellen Kunstgeschichte marginal bleiben.[64] Die Arbeit nutzt die Transferanalyse also, um die Einheiten und Kategorien des Vergleichs zu relativieren. Umgekehrt erlaubt es die vergleichende Analyse von Transferprozessen wiederum, diese über den Moment des direkten Kontaktes hinaus zu verfolgen und damit neben regionalen auch historische Differenzen etwa innerhalb der französischsprachigen Rezeptionsgeschichte des Alexanderromans oder der persischen Rezeption der Josefsgeschichte zu berücksichtigen. Auf diese Weise möchte die Arbeit dazu beitragen, Ansätze einer kritischen Revision

im 19. Jahrhundert, Dresden/Basel 1996 [1990]; Uta Brandes (Hrsg.), *Sehsucht. Über die Veränderung der visuellen Wahrnehmung*, Göttingen 1995; Erna Fiorentini, »Modus Videndi. Ein historischer Versuch zwischen Sehen und Verbildlichen, in drei Akten«, in: Matthias Bruhn, Kai-Uwe Hemken (Hrsg.), *Modernisierung des Sehens. Sehweisen zwischen Künsten und Medien*, Bielefeld 2008, S. 125–139 sowie Svetlana Alpers, *Kunst als Beschreibung. Holländische Malerei des 17. Jahrhunderts*, Köln 1985 [1983], die zudem eine regionale Differenzierung in diesen historischen Sehmodellen unterstreicht.

62 Idealiter würde man zudem die Dualität des Vergleichs aufbrechen, indem man drei Kulturen vergleicht. In diesem Fall läge die byzantinische Bildkultur nahe, zumal sie in dieser Arbeit immer wieder, sei es in der Funktion des Vorbildes oder auch des Gegenbildes, eine Verbindung darstellt. Sie einzubeziehen würde die Verflechtung der beiden hier untersuchten Kulturen unterstreichen. Dass ich das nicht tue, liegt schlicht an meiner fehlenden Expertise in diesem Feld und der Tatsache, dass meine zeitlichen und institutionellen Kapazitäten darin aufgingen, mir neben meinem Hintergrund in der europäischen Kunstgeschichte die persische Bildkultur so weit wie möglich zu erschließen.

63 Im Verhältnis zu den engen Kontakten zwischen Persien und Europa im Bereich der Kunst etwa in der safavidischen Zeit hat die Forschung für die timuridische Zeit, auf die ich den Schwerpunkt gelegt habe, bislang wenig Bezüge aufgewiesen. Gülru Necipoğlu hat allerdings in den letzten Jahren verstärkt auf die europäisierenden Bilder in den Diez- und Topkapı-Alben aufmerksam gemacht. Vgl. z. B. Gülru Necipoğlu, »Persianate Images between Europe and China: The ›Frankish Manner‹ in the Diez and Topkapı Albums, ca. 1350–1450«, in: Friederike Weis, Julia Gonnella, Christoph Rauch (Hrsg.), *The Diez Albums. Contexts and Contents*, Berlin 2017, S. 529–591.

64 Salopp gesagt, begegnet dies dem Risiko, dass eine transkulturelle Öffnung der Kunstgeschichte zwar nicht mehr die Zugehörigkeit zu einem begrenzten Kulturkreis, wohl aber »gute Beziehungen« für eine Berücksichtigung in der Forschung voraussetzt.

des Vergleichs auf die kunstgeschichtliche Praxis des vergleichenden Sehens zu übertragen.[65] Das ist umso dringlicher, da die Kunstgeschichte, wie zuletzt wiederholt konstatiert wurde, über das historische Problem, nicht nicht vergleichen zu können, hinaus in besonderem Maße von einem »disziplinären Imperativ des vergleichenden Sehens«[66] geprägt ist.

Ziel dieser Arbeit ist also, durch die Analyse von Blicken, die Bilder in unterschiedlichen kulturellen Kontexten in Bezug auf gemeinsame Topoi vorschlagen, zum einen die eigenen Projektionen im Verhältnis zum Blickdispositiv von Bildern aus anderen kulturellen Kontexten zu relativieren. Zum anderen sollen die Transformationsgeschichten dieser Topoi von Blicken den Universalismen und Dualismen des transkulturellen Vergleichs entgegenarbeiten. Es geht damit im Sinne einer transkulturellen Kunstgeschichte, die »die Frage der Relationalität in den Mittelpunkt«[67] stellt, um eine Relativierung kunstgeschichtlicher Konzepte.[68]

In meinem Versuch, mit dem vorgeschlagenen Ansatz methodische Probleme des Vergleichs zu konterkarieren, sei nicht unterschlagen, dass damit andere Probleme auftauchen: Folgt man der Rezeption der ausgewählten Topoi in den persischen und westeuropäischen Bildkulturen, so führt dies zu Bildern aus unterschiedlichsten regionalen, historischen und textuellen Zusammenhängen: von Herat bis Schiras, von Toledo bis Nürnberg, vom 13. bis zum 16. Jahrhundert, von Epen über mystische Gedichte und moralisch-didaktische Werke bis zu Gebetbüchern. An einer Stelle schien es mir gar geboten, angesichts der Konjunktur der Josefsdarstellungen in diesem Medium neben der Buchmalerei die Druckgraphik hinzuzuziehen … Diese Diversität mag bezeugen, wie breit und wie unterschiedlich gemeinsame Topoi rezipiert wurden. Sie impliziert in der Praxis dieser Arbeit aber auch, dass in der Auswahl der Beispiele und Aspekte Kontingenzen unvermeidlich sind und die regionalen und historischen Kontexte der

65 Zur Geschichte und Funktion des vergleichenden Sehens innerhalb der europäischen Kunstgeschichte vgl. insbesondere Bader, Gaier, Wolf, *Vergleichendes Sehen*; Lena Bader, »›die Form fängt an zu spielen …‹ Kleines (wildes) Gedankenexperiment zum vergleichenden Sehen«, in: *Bildwelten des Wissens. Kunsthistorisches Jahrbuch für Bildkritik* 7/1, 2009, S. 35–44 und Thürlemann, »Bild gegen Bild. Für eine Theorie des vergleichenden Sehens«. Vgl. zum Status des vergleichenden Sehens bei Aby Warburg, der auch zum Teil als früher Ansatz einer transkulturellen Kunstgeschichte angeführt wird, Thomas Hensel, »Aby Warburg und die ›Verschmelzende Vergleichsform‹«, in: Lena Bader, Martin Gaier, Falk Wolf (Hrsg.), *Vergleichendes Sehen*, München 2010, S. 469–490 sowie das Kapitel »Archäologie des vergleichenden Sehens« in: Thomas Hensel, *Wie aus der Kunstgeschichte eine Bildwissenschaft wurde. Aby Warburgs Graphien*, Berlin 2011. Warburgs Ideal einer »verschmelzenden Vergleichsform« hat in ihrer Tendenz, Differenzen in einer Figur zu umschließen, deutliche Parallelen zu den Zielen seiner transkulturellen Betrachtungen zur Kunst der nordamerikanischen Pueblo-Kulturen, die er in einer Randnotiz zu seinem Vortrag als »vergleichende Suche nach dem ewig gleichen Indianertum in der hilflosen menschlichen Seele« charakterisiert. Ulrich Raulff, »Nachwort«, in: Aby Moritz Warburg, *Schlangenritual. Ein Reisebericht*, Berlin 1996, S. 83. Vgl. hierzu auch Salvatore Settis, »Kunstgeschichte als vergleichende Kulturwissenschaft. Aby Warburg, die Pueblo-Indianer und das Nachleben der Antike«, in: Thomas W. Gaehtgens (Hrsg.), *Künstlerischer Austausch* (Akten des XXVIII. Internationalen Kongresses für Kunstgeschichte), Bd. 1, Berlin 1993, S. 139–158, hier S. 151.

66 Heinrich Dilly, »Einführung«, in: Hans Belting, Heinrich Dilly, Wolfgang Kemp, Willibald Sauerländer, Martin Warnke (Hrsg.), *Kunstgeschichte. Eine Einführung*, Berlin 2008 [1985], S. 14 zitiert auch bei Thürlemann, »Bild gegen Bild. Für eine Theorie des vergleichenden Sehens«, S. 163.

67 Juneja, »Kunstgeschichte und kulturelle Differenz«, S. 11.

68 Zu Notwendigkeit und Möglichkeiten einer solchen Revision der Parameter der westeuropäischen Kunstgeschichte im Vergleich vgl. z. B. Elsner (Hrsg.), *Comparativism in Art History*, 2017.

Miniaturen ebenso wie die Forschung zum Sehen nur in denjenigen ausgewählten Aspekten recherchiert und diskutiert werden konnten, die mir als Kontext oder Korrektiv des jeweiligen Topos besonders relevant erschienen.[69] Um vergleichen zu können, musste ich mich zudem auf die Darstellungen der ausgewählten Topoi konzentrieren und konnte die Gesamtzusammenhänge der Handschriften meist nur insofern heranziehen, als sich hier die Grenzen der Vergleichbarkeit manifestieren. Nicht zuletzt muss ich mich zugunsten des Versuchs, die Chancen und Risiken eines revidierten Ansatzes des »Sehens im Vergleich« in exemplarischen Analysen auszuloten, auch darin beschränken, die Kritik des Vergleiches in den verschiedenen Disziplinen weiter zu verfolgen. Das ist der Preis und eine meines Erachtens notwendige, wenn auch nie zufriedenstellende Konsequenz meines Ansatzes und des Versuchs, Vergleiche nicht im Nebeneinander verschiedener Perspektiven eines Sammelbandes anzustellen, sondern in einer Monographie zu verbinden.

Zur Kritik des Blicks

Um die Blickdispositive von Bildern zu untersuchen, nutzt die Arbeit rezeptionsästhetische Instrumente der Analyse der Perspektiven, die Bilder Betrachtenden[70] nahelegen – womit auch auf methodischer Ebene offenkundig wird, dass sie innerhalb der deutschsprachigen Kunstgeschichte enstanden ist. Zugleich kann sie auf Untersuchungsansätze zu bildlichen Blickkonzepten zurückgreifen, die zuletzt speziell im Feld der mittelalterlichen Kunstgeschichte entwickelt wurden.[71] Nicht zuletzt greift die

69 Stanley Abe und Jaś Elsner haben dieses chronische Problem des transkulturellen Vergleichs letzthin sehr lakonisch als »specific problem of how much can one scholar know« formuliert und die Notwendigkeit betont, in diesem Bereich mit anderen Wissenschaftlerinnen und Wissenschaftlern zusammenzuarbeiten. Stanley Abe, Jaś Elsner, »Introduction: Some Stakes of Comparison«, in: Jaś Elsner (Hrsg.), *Comparativism in Art History*, S. 10. Damit will ich nicht die Grenzen meiner Fähigkeiten entschuldigen, wohl aber bereits an dieser Stelle der Deutschen Forschungsgemeinschaft danken, die es mir ermöglicht hat, diese Grenzen zumindest ein Stück weit dadurch zu kompensieren, dass ich für einige Jahre im Kontext meiner Emmy-Noether-Nachwuchsgruppe mit Simon Rettig, Isabelle Dolezalek, Margaret Shortle und Nicoletta Fazio in einem Team mit verschiedenen regionalen und sprachlichen Kenntnissen zusammenarbeiten durfte. Ihnen verdanke ich, dass ich nicht schon viel eher an meine Grenzen gestoßen bin.
Die Grenzen dieser Arbeit überstieg es leider auch, die imperialen und kolonialen Bedingungen zu reflektieren, die etwa die Biographien der Manuskripte oder auch die Geschichte des Verlages geprägt haben und damit mitbestimmen, was im Rahmen dieser Arbeit zu sehen ist.

70 Auch wenn diese Arbeit die historischen Betrachterinnen und Betrachter mangels Quellen weitgehend ausklammern muss, so sei doch zumindest sprachlich der Vorstellung entgegengearbeitet, man habe sich mittelalterliche Betrachtende und Illuminierende grundsätzlich männlich vorzustellen, welche im europäischen Kontext widerlegt und im persischen zumindest fraglich ist. Vgl. hierzu beispielsweise die Forschung von Gabriela Signori wie z.B. Gabriela Signori, »Bildung, Schmuck oder Meditation. Bücher, Seidenhüllen und Frauenhände in der flämischen Tafelmalerei des 15. Jahrhunderts«, in: Andrea Löther u.a. (Hrsg.), *»Mundus in imagine«. Festschrift für Klaus Schreiner zum 65. Geburtstag*, München 1996, S. 125–168, oder dies. (Hrsg.), *Die lesende Frau*, Wiesbaden 2009.

71 Vgl. hierzu insbesondere die Arbeiten der Forschungsgruppe »Kultbild« (z.B. David Ganz, Thomas Lentes (Hrsg.), *Sehen und Sakralität in der Vormoderne*, Berlin 2011) sowie von Silke Tammen (z.B. »Blick und Wunde – Blick und Form. Zur Deutungsproblematik der Seitenwunde Christi in der spätmittelalterlichen Buchmalerei«, in: Kristin Marek, Raphaèle Preisinger, Marius Rimmele, Katrin Kärcher (Hrsg.), *Bild und Körper im Mittelalter*, München 2008 [2006], S. 85–114) und Barbara

Arbeit Ansätze auf, rezeptionsästhetische Zugriffe mit einem Verständnis von Malerei als Dispositiv zu verbinden.[72] Denn wenn es darum geht, die Funktion von Blicken in der Konstitution kultureller Verhältnisse zu reflektieren, dann war wohl kaum etwas wegweisender als der machttheoretische Dispositivbegriff Michel Foucaults[73] und seine Rezeption insbesondere im Feld der *Gender* und *Postcolonial Studies*. In dieser Verbindung von rezeptionsästhetischen und dispositivkritischen Ansätzen greift sie einen Faden der Rezeption der Rezeptionsästhetik wieder auf, der Anselm Haverkamp zufolge in der nordamerikanischen Entwicklung der *Postcolonial Studies* im Anschluss an die französischen Theoreme abgerissen ist.[74] Und vielleicht kann sie ihn in die dort

Schellewald (z.B. »Im Licht der Sichtbarkeit. Mosaik und Bildtheorie in Byzanz. Die Wirkung des Mosaiks und seine Domestizierung«, in: *Newsletter des NCCR ›Mediality. Medienwandel – Medienwechsel – Medienwissen. Historische Perspektiven‹ der Universität Zürich* 5, 2011, S. 10–17). Im Bereich der persischen Buchkunst hat Persis Berlekamp eine Analyse der Sehweisen vorgelegt, die Handschriften von Qazvīnīs *Wunder der Schöpfung* den Betrachtern nahe legen und sie in Bezug auf die Konzepte des Textes diskutiert. Vgl. Persis Berlekamp, *Wonder, Image, and Cosmos in Medieval Islam*, New Haven 2011. Zu Blickkonzepten in den nahöstlichen Künsten vgl. auch Olga Bush, Avinoam Shalem (Hrsg.), Themenheft: *Gazing Otherwise: Modalities of Seeing In and Beyond the Lands of Islam, Muqarnas* 32, 2015. Zudem hat im Bereich der islamischen Kunstgeschichte Gülru Necipoglu-Kafadar Blickweisen analysiert, die in architektonischen Zusammenhängen evoziert werden: Gülru Necipoglu-Kafadar, »Framing of the Gaze in Ottoman, Safavid and Mughal Palaces«, in: *Ars Orientalis* 23, 1993, S. 303–342.

72 Vgl. zum Konnex von Rezeptionsästhetik und Dispositivbegriff vor allem Louis Marin, »Figures de la réception dans la représentation moderne de peinture«, in: ders. (Hrsg.), *De la représentation*, hrsg. v. Daniel Arasse, Alain Cantillon, Giovanni Careri, Danièle Cohn, Pierre-Antoine Fabre u. Françoise Marin, Paris 1994, S. 313–328, S. 316–317. Louis Marin zieht rezeptionsästhetische Thesen – hier Wolfgang Isers – für ein Verständnis von Malerei, in diesem Falle der Poussins, als »prospektives Dispositiv« heran, das seine Rezeption antizipiert. Im deutschsprachigen Raum haben Steffen Bogen und David Ganz den Dispositivbegriff in Verbindung mit rezeptionsästhetischen Fragen in die kunstwissenschaftliche Bildtheorie eingeführt, wobei sie auf medienwissenschaftliche Ansätze zurückgreifen. Vgl. Steffen Bogen, »Schattenriss und Sonnenuhr. Überlegungen zu einer kunsthistorischen Diagrammatik«, in: *Zeitschrift für Kunstgeschichte* 68, 2005, S. 153–176, S. 162–167, und David Ganz, *Medien der Offenbarung. Visionsdarstellungen im Mittelalter*, Berlin 2008, S. 20–22. In medientheoretischer Hinsicht wird damit eine Funktion von Bildern als Dispositiv beobachtbar, die sie selbst in dem Moment noch aufweisen, in dem sie losgelöst von ihrem Trägermedium auf den Folien von Diapositiven und Powerpoints erscheinen – sprich eine Funktion als Dispositiv, die in der Darstellung zu erkennen ist. Womit freilich die Notwendigkeit nicht in Abrede steht, der Verschleierung der medialen Bedingungen eines Bildes in der kunsthistorischen Projektionspraxis entgegenzuarbeiten. Vgl. zu stärker medial orientierten Ansätzen, Bilder als Dispositive zu verstehen, im Bereich der Kunstgeschichte z.B. Wolfram Pichler, Ralph Ubl, »Vor dem ersten Strich. Dispositive der Zeichnung in der modernen und vormodernen Kunst«, in: Werner Busch, Oliver Jehle, Carolin Meister (Hrsg.), *Randgänge der Zeichnung*, München 2007, S. 231–255. Auch die zahlreichen medienwissenschaftlichen Untersuchungen zu Dispositiven des Sehens berücksichtigen zum Teil kunsthistorische Bildbeispiele insbesondere der Renaissance. Vgl. z.B. Ralph Köhnen, *Das optische Wissen. Mediologische Studien zu einer Geschichte des Sehens*, Paderborn 2009.

73 Vgl. hierzu implizit Michel Foucault, *Überwachen und Strafen. Die Geburt des Gefängnisses*, Frankfurt a. M. 1976 [1975] und explizit Michel Foucault, *Dispositive der Macht. Michel Foucault über Sexualität, Wissen und Wahrheit*, Berlin 1978. Sophia Prinz hat vor kurzem den vielversprechenden Vorschlag gemacht, die Ansätze einer »Geschichte der Wahrnehmung« aus Foucaults früheren diskurstheoretischen Schriften mit seinen späteren Überlegungen zu Praktiken des Subjektes weiterzudenken, um so die Wechselbeziehungen zwischen Dispositiv und Subjekt in den Blick zu rücken. Vgl. Sophia Prinz, *Die Praxis des Sehens. Über das Zusammenspiel von Körpern, Artefakten und visueller Ordnung*, Berlin 2014.

74 Anselm Haverkamp, »Als der Krieg zuende war. Dekonstruktion als Provokation der Rezeptionsästhetik«, in: Dorothee Kimmich, Bernd Stiegler (Hrsg.), *Zur Rezeption der Rezeptionstheorie*,

weiterentwickelte Diskussion um die Funktion von Blickdispositiven in der Konstitution kultureller Verhältnissetzungen wieder einführen. Indem sie dabei die dezidiert kunstgeschichtliche Weiterentwicklung der Rezeptionsästhetik aufgreift, die insbesondere Wolfgang Kemp in der Zwischenzeit vorangetrieben hat,[75] bringt sie zugleich deren Möglichkeiten in die Dispositivkritik ein, spezifisch bildlich organisierte Dispositive des Blicks in ihrer Funktion zu erfassen.

Mit dem Fokus auf die Dispositive der Schau, die ein Bild selbst den Betrachtenden vorschlägt, will die Arbeit das Potential von Bildern ausloten, nicht nur als Projektionsfläche der Betrachtenden zu fungieren, sondern ihnen auch eine etwas andere Perspektive vorzuschlagen. Es geht also darum, rezeptionsästhetische Möglichkeiten einer Art von *close reading* von Blickdispositiven zu eruieren, das im Sinne von Spivaks Verständnis der vergleichenden Literaturwissenschaft[76] als »kulturelle Technik des Kommunizierens mit dem ›Anderen‹«[77] fungieren kann. Dabei soll es freilich nicht darum gehen, einer Universalisierung von Blickkonzepten »autochthone«[78] Sehweisen entgegenzusetzen. Vielmehr geht es darum, Blicke als Instrumente der Appropriation und der Ausgrenzung in der Aushandlung von kulturellen Verhältnissen zu verstehen. Die Arbeit versteht die Analyse von Blicken also in Margaret Olins Sinne als »nützlich, um formale und soziale Theorien zu verbinden, da ›Blick‹ [›*gaze*‹] anders als ›Visualität‹ [›*opticality*‹] ein Begriff beider Seiten ist.« Und: »Er signalisiert den Versuch, ethische Aspekte zu adressieren, die in der visuellen Analyse eines Werkes erschlossen werden können«.[79]

Der Zwickmühle, dass man auch die bildlichen Blickdispositive mit dem eigenen Blick untersucht, ist dabei freilich nicht zu entkommen. Sie wird noch dadurch verschärft, dass zu den ausgewählten Handschriften kaum Quellen vorliegen, die Aufschluss über die historischen Betrachtenden und die Rezeptionssituation geben, weshalb ich diesen Aspekt weitgehend ausklammern und mich auf die impliziten Betrachtenden beschränken musste. Vielleicht birgt das aber auch eine Chance. Susanne von Falkenhausen zumindest hat in ihrer Analyse von Praktiken des Sehens in Kunstgeschichte und *Visual Culture Studies* argumentiert: Wenn »die Spannung zwischen dem interpretierenden Subjekt und der Fremdheit des Objekts wachgehalten wird, erzeugt

Berlin 2003, S. 39–62. Wolfgang Kemp hat sich auf ähnliche Weise gewundert, dass die film- und medienwissenschaftlichen Analysen von Blickdispositiven keinen Bezug beispielsweise auf Alois Riegls rezeptionsästhetische Ansätze erkennen lassen. Wolfgang Kemp, »Augengeschichten und skopische Regime. Alois Riegls Schrift ›Das Holländische Gruppenporträt‹«, in: *Merkur* 513, 1991, S. 1162–1167.

75 Vgl. z.B. Wolfgang Kemp, *Der Anteil des Betrachters. Rezeptionsästhetische Studien zur Malerei des 19. Jahrhunderts*, München 1983, sowie Wolfgang Kemp (Hrsg.), *Der Betrachter ist im Bild. Kunstwissenschaft und Rezeptionsästhetik*, Berlin 1992 [1985].

76 Gayatri Chakravorty Spivak, *Death of a Discipline*, New York 2003, beispielsweise S. 50–53.

77 Oliver Lubrich, »Comparative Literature – in, from and Beyond Germany«, in: *Comparative Critical Studies* 3/1–3, 2006, S. 47–67, S. 48. Haun Saussy hat im Hinblick auf die Konjunktion des Konzeptes der Weltliteratur zu Fragen einer hegemonialen Wissenspolitik lapidar angemerkt: »the more we talk, the less we know how to listen«. Vgl. hierzu z.B. Haun Saussy (Hrsg.), *Comparative Literature in an Age of Globalization*, Baltimore 2006, S. ix.

78 Spivak, *Death of a Discipline*, S. 15. Zur Kritik an Spivak in dieser Hinsicht vgl. z.B. Djelal Kadir, »Comparative Literature in an Age of Terrorism«, in: Haun Saussy (Hrsg.), *Comparative Literature in an Age of Globalization*, Baltimore 2006, S. 68–77, hier S. 75–76.

79 Margaret Olin, »Gaze«, in: Robert S. Nelson, Richard Shiff (Hrsg.), *Critical Terms for Art History*, Chicago 2003 [1996], S. 208–219, hier S. 209.

sie eine Verunsicherung, welche die Kritikfähigkeit gegenüber jenen Macht- und Diskursverhältnissen wesentlich hervorbringt, aus denen unsere Gegenstände hervorgehen und in denen wir arbeiten.«[80]

Was sich allerdings aufweisen lässt, sind die Konnotationen bestimmter Formen etwa des durchschauenden, vergleichenden oder begehrenden Blickes in bestimmten gesellschaftlichen Kontexten in sozialer, normativer und politischer Hinsicht. Dazu macht sich diese Arbeit die »doppelte skopische Qualität«[81] zunutze, in der Bilder nicht nur in ihrer Darstellungsform eine Perspektive nahelegen, sondern auch explizit Szenen illustrieren können, die Blicke thematisieren. Diese Darstellungen von Blicken stehen im Buch oft unmittelbar neben Beschreibungen dieser Szenen. Das ermöglicht es, den Betrachtungsmodus, den ein Bild vorgibt, nicht nur im Verhältnis zu zeitgenössischen wissenschaftlichen, philosophischen und theologischen Theorien des Sehens zu diskutieren, sondern im konkreten Bezug auf eine meist literarische Beschreibung des Blickes, auf die sich das Bild selbst bezieht. Die literarischen Texte operieren oft an der Schnittstelle von philosophischen Diskursen und populärem Gedankengut. Daher vermitteln sie einen gewissen Eindruck davon, in welcher Form, in welchen Details und in welchen Exemplifikationen Vorstellungen des Sehens in einer Gesellschaft und damit im Umfeld des Malers zirkulierten.[82] Um die von einem Bild in rezeptionsästhetischer Hinsicht vorgeschlagenen Blickkonzepte in Bezug auf ihren jeweiligen historischen und regionalen Kontext zu verstehen, zieht die Arbeit also einen Kontext im engsten Sinne, nämlich den illustrierten Text als Schnittstelle zwischen Bild und kulturellem Kontext, heran.[83]

Im gegenwärtigen Bestreben einer transkulturellen Öffnung der Kunstgeschichte möchte die Arbeit damit zu einer spezifischen lokalen und historischen Kontextualisierung von Blickkonzepten vor dem Horizont ihres Transfers im globalgeschichtlichen Sinne beitragen. Diese Kontextualisierung widersetzt sich nicht zuletzt Vorstellungen einer universellen Verständlichkeit visueller Kunst, die in Prozessen der Kulturalisierung im Sinne einer Ablösung des Kulturellen vom Politischen insbesondere in transkultureller Hinsicht oft dazu beigetragen haben, Bilder als depolitisierte Medien humanitärer Gemeinsamkeiten zu instrumentalisieren.[84]

In dieser historischen und regionalen Kontextualisierung ist nicht zu übersehen, dass kulturelle Kontexte auch auf lokaler Ebene keineswegs homogen sind – die zeitgleiche Verfügbarkeit von verschiedensten Bewertungen von Extra- und Intramissionstheorien des Sehens im westeuropäischen Kontext des 13. Jahrhunderts ist ein

80 Susanne von Falkenhausen, *Jenseits des Spiegels. Das Sehen in Kunstgeschichte und Visual Culture Studies*, München 2015, S. 26–27. Hier könnte man Parallelen und Differenzen zu phänomenologischen Ansätzen zur Wahrnehmung des Fremden wie etwa von Bernhard Waldenfels diskutieren.

81 David Ganz, »Einführung«, in: David Ganz, Thomas Lentes (Hrsg.), *Sehen und Sakralität in der Vormoderne*, Berlin 2011, S. 8–19, hier S. 12.

82 Ich danke Oya Pancaroğlu für die guten Gespräche zu dieser Frage.

83 Vgl. zu einem solchen Ansatz, visuell evozierte Sichtweisen in Bezug auf den Text einer Handschrift zu kontextualiseren, auch Berlekamp, *Wonder, Image, and Cosmos in Medieval Islam*.

84 Vgl. zu dieser Problematik beispielsweise Jessica Winegar, »The Humanity Game: Art, Islam, and the War on Terror«, in: *Anthropological Quarterly* 81/3, 2008, S. 651–681 sowie zum Problem der Kulturalisierung in transkulturellen Zusammenhängen z. B. Shu-Mei Shih, »Global Literature and the Technologies of Recognition«, in: *PMLA* 119/1, 2004, S. 16–30, hier S. 22–25.

prominentes Beispiel.[85] So ist zu untersuchen, ob Bilder sich auf jeweils verfügbare Modelle des Sehens beziehen, und wenn ja, auf welche. Vor allem aber ist zu beobachten, wie sie sich dazu verhalten und inwiefern die Modelle der Schau, die sie vorschlagen, denen des Textes entsprechen und inwiefern sie – gerade in der Reflexion ihrer eigenen Visualität – davon abweichen.[86] Das gilt umso mehr, als Miniaturen zum Teil Texte illustrieren, die wesentlich älter sind als sie selber – so sind etwa die Texte Niẓāmīs mehr als 200 Jahre älter als die hier diskutierten bebilderten Handschriften. Es stellt sich also die Frage, wie die Bilder den Text und seine Vorstellungen von Blicken in ihrem aktuellen Kontext interpretieren und kommentieren.

Dass die Arbeit die Bilder in Bezug auf ihre narrativen Kontexte diskutiert, entspricht zumindest in der persischen Buchkultur auch dem Befund, dass die persische Buchmalerei – und hier folge ich Gülru Necipoğlu – eher mit den ästhetischen Diskursen der Dichtung zu tun hat als mit optischen Überlegungen.[87] Damit verhält sie sich komplementär zu den Ansätzen, eine transkulturelle Geschichte des Sehens auf der Basis des wissenschaftsgeschichtlichen Transfers von insbesondere arabischen Sehtheorien zu schreiben, um die sich vor allem David C. Lindberg verdient gemacht hat.[88] Diese hat es ermöglicht, Neuerungen in der Malerei der frühen Neuzeit[89] auch vor dem Hintergrund der Rezeption arabischer Optik, namentlich der Theorien Ibn al-Haythams (lat. Alhazen), zu diskutieren.[90] Diese Diskussion schreibt freilich den Fokus auf die Zentralperspektive fort, der auch in der Forschung zu Bildern als Blickdispositiven oft zu

85 Vgl. z. B. Suzanne Conklin Akbari, *Seeing Through the Veil. Optical Theory and Medieval Allegory*, Toronto 2004, S. 35–37 sowie auf methodischer Ebene Nelson, »Descartes's Cow and Other Domestications of the Visual«, S. 9, der auch bezüglich des heutigen Kontexts auf eine Studie aufmerksam macht, der zufolge »a significant proportion of educated Americans believe in extramission«.

86 Vgl. hierzu auch Silke Tammen, »Sehen und Bildwahrnehmung im Mittelalter«, in: Ulrich Pfisterer (Hrsg.), *Metzler-Lexikon Kunstwissenschaft. Ideen, Methoden, Begriffe*, Stuttgart 2011, S. 474–479, sowie exemplarisch Silke Tammen, »Ornamentgitter und Christuskörper«, in: Vera Beyer, Christian Spies (Hrsg.), *Ornament. Motiv – Modus – Bild*, München 2012, S. 212–225.

87 Sie konstatierte, dass im persischen Kontext »the pictorial arts were not conceptualized as a field of applied optics« (S. 37), sondern eher mit den ästhetischen Diskursen von Dichtung, Musik und Kalligraphie verbunden (S. 28). »They came closer to poetry, conceptualized as a mode of imaginative creativity arousing pleasurable wonder, than to the science of optics, with its own geometry of the gaze.« (S. 41) Necipoğlu, »The Scrutinizing Gaze«.

88 Vgl. z. B. David C. Lindberg, *Theories of Vision from al-Kindi to Kepler*, Chicago 1996.

89 Auch zur die Diskussion von Visualitätstheorien der Renaissance könnnen hier nur arbitäre Beispiele genannt werden: John Hendrix, Charles H. Carman (Hrsg.), *Renaissance Theories of Vision*, Farnham 2010, sowie für den nordalpinen Kontext Wolfgang Christian Schneider (Hrsg.), *»Videre et videri coincidunt«. Theorien des Sehens in der ersten Hälfte des 15. Jahrhunderts*, Münster 2011.

90 Vgl. zur Rezeption arabischer Theoreme in der europäischen Malerei beispielsweise Klaus Bergdolt, »Bacon und Giotto. Zum Einfluß der franziskanischen Naturphilosophie auf die Bildende Kunst am Ende des 13. Jh.«, in: *Medizinhistorisches Journal. Internationale Vierteljahresschrift für Wissenschaftsgeschichte* 24, 1989, S. 25–41, Frank Büttner, »Die Macht des Bildes über den Betrachter. Thesen zu Bildwahrnehmung, Optik und Perspektive im Übergang von Mittelalter zur Frühen Neuzeit«, in: Wulf Oesterreicher, Gerhard Regn, Winfried Schulze (Hrsg.), *Autorität der Form – Autorisierungen – institutionelle Autoritäten*, Münster 2003, S. 17–36, Frank Fehrenbach, »Fürst der Sinne. Macht und Ohnmacht des Sehens in der italienischen Renaissance«, in: Horst Bredekamp, John M. Krois (Hrsg.), *Sehen und Handeln*, Berlin 2011, S. 141–154, hier S. 143–144, sowie zur nordalpinen Malerei z. B. bei Rudolf Preimesberger, »Zu Jan van Eycks Diptychon der Sammlung Thyssen-Bornemisza«, in: *Zeitschrift für Kunstgeschichte* LIV, 1991, S. 459–489, hier S. 476, und zuletzt Hans Belting, *Florenz und Bagdad. Eine westöstliche Geschichte des Blicks*, München 2008.

beobachten ist.[91] Panofsky[92] und Foucault mögen daran nicht ganz unschuldig sein.[93] Problematisch wird dies, wenn der Eindruck entsteht, die Zentralperspektive sei die einzige Möglichkeit der Kunst, »den Blick ihrer Betrachter abzubilden« und »dem Betrachter und dessen eigener Weltsicht einen Spiegel vorhalten zu können«.[94]

So sind Perspektive und Zentralperspektive in ihren unterschiedlichen Konnotationen und Bewertungen in dieser Arbeit durchaus ein Thema – etwa wenn es um das Durchschauen von Oberflächen im Zusammenhang der Gottesschau geht oder um den distanzierten männlichen Blick auf den weiblichen Körper im Zusammenhang der Josefsdarstellung. Sie sind aber ein Thema und eine Möglichkeit unter vielen, den Blick ins Bild zu setzen, und zwar sowohl innerhalb der westeuropäischen Bildkulturen als auch im Vergleich mit den persischen. Wenn in dieser Arbeit ein Thema zentral ist, dann ist es am ehesten die Verhandlung der Verhältnisse zwischen äußeren und inneren Prozessen der Wahrnehmung[95] und deren normative Bewertung – was im westeuropäischen Kontext ebenfalls mit der Rezeption der Optik Ibn al-Haythams zu tun haben mag.[96]

91 Auch hier können angesichts der großen Anzahl von Publikationen nur zwei Beispiele genannt werden: Hubert Damisch, *L'origine de la perspective*, Paris 1989 [1987], und Frank Büttner, »Der Blick auf das Bild. Betrachter und Perspektive in der Renaissance«, in: Michael Neumann (Hrsg.), *Anblick, Augenblick*, Würzburg 2005, S. 131–163.

92 Erwin Panofsky, »Die Perspektive als ›symbolische Form‹ [1924/25]«, in: Erwin Panofsky, *Deutschsprachige Aufsätze*, hrsg. von Karen Michels und Martin Warnke (Studien aus dem Warburg-Haus 1), Berlin 1998, S. 664–757.

93 Vgl. zu einer Kritik der Dominanz dieser Raum- und Blickvorstellungen im Hinblick auf die mittelalterliche Buchmalerei auch Cornelia Logemann, *Heilige Ordnungen. Die Bild-Räume der »Vie de Saint Denis« (1317) und die französische Buchmalerei des 14. Jahrhunderts*, Köln u. a. 2009, z. B. S. 14–21. Zur Kritik einer zu stark auf eine räumliche Positionierung des Betrachters fokussierten Blickanalyse siehe auch Elkins, »The End of the Theory of the Gaze«.

94 Belting, *Florenz und Bagdad*, S. 282. Indem Belting die Bedeutung arabischer Optik für die Perspektivkonzeption der Renaissance betont hat, hat er einen wichtigen Beitrag dazu geleistet, die fundamentale Bedeutung der arabischen Optik für die europäischen Bildkulturen bekannter zu machen, die freilich auch anderen Forschenden nicht entgangen ist (vgl. Fußnote 90). Die Annahme einer islamischen und persischen Bilderfeindlichkeit, die nur mentale Bilder zu denken erlaubt und nicht, diese mit materiellen Bildern zu verbinden (Belting, *Florenz und Bagdad*, S. 11–12), ist allerdings – es ist an dieser Stelle wohl redundant, das zu sagen – falsch und essentialisierend. Die persische Bildkultur kennt Bilder nicht nur als weltliche »Fortsetzung des Textes« (S. 92), sondern auch Portraits, Fresken, Darstellungen Mohammeds in illustrierten Gebetsbüchern, vom Buch unabhängige Bilder etc. Durch die Rückführung von unterschiedlichen künstlerischen Interessen auf vermeintlich ahistorische Regeln einer Religion werden Differenzen zu einer »grundsätzlich anderen Art« (S. 298) essentialisiert. Wenn dieser »islamischen Kultur« zudem eingeschränkte Originalität und ein an die Leine des Textes gelegter Betrachter zugeschrieben werden, der »die Welt nicht auf eigene Faust erforschen« (S. 96) konnte, dann kann ich mich des Eindrucks nicht erwehren, dass entgegen aller Beteuerung, die persische Kunst sei »nicht einfach zurückgeblieben, sondern biete eine Alternative« (S. 96), mit den westeuropäischen Kriterien negative Konnotationen mitschwingen. Vgl. zur Kritik an Beltings Buch auch Gülru Necipoğlu, »The Scrutinizing Gaze in the Aesthetics of Islamic Visual Cultures: Sight, Insight, and Desire«, in: Olga Bush, Avinoam Shalem (Hrsg.), Themenheft: *Gazing Otherwise: Modalities of Seeing In and Beyond the Lands of Islam, Muqarnas* 32, 2015, S. 23–61, Frank Büttner, Rezension von Hans Belting, Florenz und Bagdad. Eine westöstliche Geschichte des Blicks, in: *Kunstchronik* 2/2009, S. 82–89 sowie David J. Roxburghs Rezension, »Two-Point Perspective«, in: *Art Forum* 50/8, 2012, S. 61–64. Ich will nicht behaupten, dass diese Arbeit in der Begrenzung ihrer Expertise nicht auch manche Klischees fortgeschreibt. Ich hoffe jedoch, dass der genaue Blick auf die Bilder und Kontexte manch andere korrigiert.

95 Auf die Problematik der Annahme, andere Bildkulturen würden diese Aspekte nicht verbinden, komme ich am Ende dieser Arbeit zurück. Vgl. S. 299–300 dieser Arbeit.

96 Vgl. zum Konnex dieser heute meist disziplinär getrennt betrachteten Aspekte beispielsweise im Hinblick auf den westeuropäischen Kontext des 14. Jahrhunderts Katherine H. Tachau, *Vision*

Zeitlich zeichnet sich ein verstärktes Interesse an visueller Wahrnehmung – inklusive der Rezeption Ibn al-Haythams und der zunehmenden Illustration von Topoi des Sehens – im westeuropäischen Kontext seit dem Ende des 13. Jahrhunderts ab. In der persischen Buchmalerei ist seit dem 14. Jahrhundert zumindest in den erhaltenen Beständen eine massive Steigerung der Menge von bebilderten Handschriften zu beobachten. Die frühen Historiographen der persischen Kunstgeschichte geben diese Zeit gar als Beginn der persischen Buchmalerei an. Im Zuge dieser Ausweitung der malerischen Produktion werden hier ebenso wie im westeuropäischen Kontext die Normen der visuellen Wahrnehmung reflektiert – wozu auch hier alte Topoi herangezogen werden, die sich zum Teil mit jenen decken, die in Westeuropa rezipiert wurden. Daher setzt die Arbeit mit ihrem Untersuchungszeitraum hier ein. Dass die spätesten Beispiele dieser Arbeit mit den Josefsdarstellungen aus deren Hochphase im 16. Jahrhundert stammen, ist kontingenter. Allerdings nehmen zu dieser Zeit in Westeuropa zunehmend andere Medien als die Buchmalerei die zentrale Position in der Rezeption dieser gemeinsamen Topoi ein – weshalb ich an dieser Stelle abschließend druckgraphische Beispiele einbezogen habe. Die Mehrzahl der Beispiele stammt aber wohl nicht zufällig aus der Zwischenzeit, namentlich aus dem 15. Jahrhundert, das die Kunstgeschichten in beiden Kontexten als fundamental für die weitere Geschichte der Malerei beschreiben. Damit erstreckt sich diese Arbeit von der verstärkten Auseinandersetzung mit Normen der visuellen Wahrnehmung im Konnex mit der Ausweitung der Buchillustration seit dem Ende des 13. Jahrhunderts bis zur Legitimation eines körperlichen und begehrenden Blickes im Kontext von Humanismus und Sufismus im 16. Jahrhundert.

Zum Aufbau der Arbeit

Wie bereits angedeutet, fokussiert die Arbeit als *tertium comparationis* in ihren drei Hauptkapiteln jeweils einen Topos des Sehens, den Bilder in beiden Kontexten aufgreifen, sodass dessen Transformationen deutlich werden: den Blick durch den Vorhang vor dem Thron Gottes, den Blick der Königin Kandake auf das Portrait Alexanders und den Blick der Frau des Potifar auf die Schönheit Josefs. Zwei kurze Kapitel am Anfang und Ende der Arbeit haben die Funktion, die Fluchtpunkte eines idealen und eines verwerflichen Blickes zu fokussieren, zwischen denen sich die genannten Konzepte des Blicks im Spannungsfeld von Identifikation und Abgrenzung bewegen: Als idealer Blick wird das innere Sehen von Traumbildern angeführt, als abzulehnen die immer wieder als fremd ausgegrenzte Verehrung von Idolen als rein materiellen Bildern.

Im ersten Kapitel der Arbeit steht also die Frage im Mittelpunkt, welche Rollen inneren Bildern und in gewissem Sinne »reinen« Projektionen in Form von Träumen zugeschrieben werden und wie sie sich zu der visuellen Wahrnehmung von Bildern verhalten. Als zentrale Beispiele, jeweils aus der Zeit um 1400, wird hier zum einen die

and Certitude in the Age of Ockham. Optics, Epistomology and the Foundations of Semantics 1250–1345, Leiden 1988. Vgl. zu einer Analyse von Visualität, die die Komplementarität von technischen und anderen Konzepten des Sehens – wie beispielsweise den zeitgleichen Entwicklungen von Zentralperspektive und Dämonologie – fokussiert, aus ideengeschichtlicher Warte zur frühen Neuzeit Stuart Clark, *Vanities of the Eye. Vision in Early Modern European Culture*, Oxford/New York 2009.

für die persische Buchmalerei wegweisende Illustration von Khvājū-yi Kirmānīs *Rawẕat ul-Anvār* (Istanbul, Topkapı, H. 2154, fol. 20v) herangezogen. Zum andern geht es um die Titelminiaturen einer Handschrift von Guillaume de Deguilevilles *Pèlerinage de la vie humaine* (Arras, Bibliothèque municipale, Ms. 845).[97] Auf beiden Seiten ist dabei nicht nur eine Rezeption antiker Traumtheorien zu verfolgen. Vielmehr ist die Frage, inwiefern die Traumdarstellungen, die in beiden Texten auf den jeweils ersten Miniaturen zu sehen sind, jeweils als Modell für ein Bildkonzept fungieren, das als Sinnbild Blicke auf eine Sphäre jenseits des sinnlich Wahrnehmbaren eröffnet. Die Funktion von Träumen werden dann im persischen Kontext im Rahmen der Diskussionen um die Bedeutung von Visionen im *Kubravī*-Sufismus kontextualisiert und in Frankreich im Kontext der zunehmend ambivalenten Diskussion um den Wahrheitsgehalt von Träumen, aber auch der visuellen Wahrnehmung im Allgemeineren, im Laufe des 13. Jahrhunderts.

Im zweiten Kapitel werden Darstellungen der Schau Gottes aus einem *Miʿrājnāmah* (Paris, BnF, Suppl. turc 190) und den *Très Belles Heures de Notre-Dame* (Paris, BnF, Ms. Nouv. acq. lat. 3093) untersucht, die jeweils in der ersten Hälfte des 15. Jahrhunderts entstanden sind. Angesichts des Vorhangs, der in beiden Fällen vor dem Thron Gottes inszeniert wird, geht es um die Frage, unter welchen Bedingungen eine Fläche auf etwas an sich Unsichtbares hin durchschaut werden kann. Dabei ist zu diskutieren, inwiefern die Öffnung des Vorhangs im westeuropäischen Kontext mit der durch Christus eröffneten Möglichkeit der Schau Gottes assoziiert ist – und inwiefern diese Option mit einer Durchschaubarkeit der Bildfläche enggeführt wird. Was die Darstellung des Vorhangs im persischen Kontext anbelangt, ist zu erörtern, inwiefern er einer Passage von einer räumlichen und körperlichen zu einer zunehmend ortlosen Schau entspricht, die als Voraussetzung der Gottesschau beschrieben wird – und inwiefern sich die Miniatur als deren Vermittlerin empfiehlt. In den bildlichen Rezeptionen der jüdischen Vorstellung eines Vorhangs vor dem Thron Gottes sind also sehr unterschiedliche Modalitäten des Durchschauens dieses Vorhangs zu beobachten, die in den spezifischen lokalen und historischen Diskursen um die Schaubarkeit Gottes zu verstehen sind.

Das dritte Kapitel fokussiert die Szene des Alexanderstoffs, in der eine Königin – im europäischen Kontext Kandake, bei Niẓāmī Nūshābah genannt – Alexander mit seinem Bild konfrontiert (z. B. London, BL, Add. 27261, fol. 225v von 1410/11 und Kupferstichkabinett Berlin, 78 C 1, fol. 61v vom Ende des 13. Jahrhunderts). Hier geht es darum, inwiefern in dieser Gegenüberstellung von Bild und Person vergleichende Blicke provoziert werden und welche Funktionen diesen zukommen. Es wird zu beobachten sein, dass der vergleichende Blick im französischsprachigen Kontext darauf abzielt, die Unterschiede zwischen dem zum Verwechseln ähnlichen Bild und seinem Vorbild zu erkennen – und damit die eigene Betrachtung von Bildern von jener der fremden Königin abzugrenzen, die Abbild und Vorbild nicht zu unterscheiden scheint. Hier ist also aufzuweisen, wie der vergleichende Blick zur Abgrenzung der

97 Um den Lesenden dieser Studie die Zuordnung der Miniaturen zu einem Text zu erleichtern, gebe ich in dieser Arbeit – auch in den Bildunterschriften – meist die Bezeichnung des illustrierten Textes, also beispielsweise *Pèlerinage de la vie humaine* oder *Iskandarnāmah* an und nicht die Bezeichnung der Gesamthandschriften wie beispielsweise einer Anthologie oder *Khamsah*, die weitere Texte umfassen.

eigenen Blickpraxis von der idolatrischen Verehrung eines Abbildes eingesetzt wird. In Niẓāmīs *Iskandarnāmah* hingegen ist zu beobachten, wie es sich dieses Narrativ aneignet, um ein Verständnis von Blicken als Erkenntnisinstrument zu inszenieren: Inwiefern hilft der Blick auf Alexanders Portrait dabei, unter den anwesenden Figuren Alexander zu erkennen? Genauer gesagt stellt sich die Frage, inwiefern die Miniatur das im Text formulierte Ideal umsetzt, dass Alexander in der genauen Betrachtung des Portraits zu erkennen ist – und zwar weniger physisch als in seinem Charakter. In diesem Kapitel werden also anhand der Transformationen des Motivs in Text und Bild unterschiedliche Funktionen eines vergleichenden Sehens herausgearbeitet – von der Abgrenzung gegenüber einer mangelnden Unterscheidung von Bild und Abbild bis zum Instrument physiognomischer Erkenntnis. Zu beobachten ist dabei auch, dass die idolatrische Sichtweise der Königin, von der es sich abzugrenzen gilt, einer Frau im Orient zugeschrieben wird, während Niẓāmī die Fähigkeit zur physiognomischen Erkenntnis in seine unmittelbare Nachbarschaft verlegt. Damit rückt das Spannungsfeld zwischen Orientalisierung und Aneignung von Sehweisen in den Blick.

Im vierten Kapitel wird der Blick fokussiert, den die Frau des Potifar, die im persischen Kontext den Namen Zulaykhā trägt, dem Alten Testament zufolge auf den als schön beschriebenen Josef wirft. Im Mittelpunkt steht dabei die Frage, inwiefern dieser Blick auf körperliche Schönheit in den Darstellungen mit Diskursen der Schuld verbunden wird – und inwiefern er von den jeweiligen Bildern »entschuldigt« wird. So wird am Beispiel von Sebald Behams Darstellung von 1544 erörtert, wie im Spannungsfeld von Humanismus und Protestantismus im deutschen Kontext des 16. Jahrhunderts eine paradoxe Konstruktion eines flüchtigen Blickes inszeniert wird. Dabei ist eine Distanzierung des männlichen Betrachters vom körperlichen Begehren nach dem dargestellten weiblichen Körper zu beobachten, die Parallelen zu dem von feministischer Seite beschriebenen Aufkommen des voyeuristischen Blicks zu dieser Zeit aufweist. In der Darstellungsweise des Motivs im Kontext des mystisch geprägten Epos Jāmīs ist unterdessen, wie an Bihzāds Miniatur von 1488 zu zeigen ist, die Transformation eines physischen in ein geistiges Begehren zu erkennen – und zwar auch auf Seiten der Frau. Dabei ist auch zu eruieren, inwiefern die Modalitäten der trennenden oder transformierenden Oberfläche, in denen sich die Bilder jeweils als Medien inszenieren, den Betrachtenden die entsprechenden Möglichkeiten der Entschuldigung des Blickes auf eine körperliche Schönheit vermitteln.

Nimmt man die drei Studien der Hauptkapitel zusammen, dann wird deutlich, wie die drei Topoi des Vorhangs vor dem Thron Gottes, des Blickes auf das Portrait Alexanders und des Blickes auf den schönen Körper Josefs in den westeuropäischen Bildkulturen mit Blickdispositiven in Verbindung gebracht werden, die in Westeuropa später auch für die Kunstgeschichte als wissenschaftliche Disziplin – auch in ihrem Blick auf die nahöstliche Kunst[98] – grundlegend wurden. Im Blick durch den Vorhang vor dem Thron Gottes wird ein Modus des durchschauenden Blicks thematisiert, der im westeuropäischen Beispiel als ein Blick verstanden wird, der die Bildoberfläche

98 Vgl. zum Transfer von Blickkonzepten der europäischen Kunstgeschichte in die neue Disziplin der »islamischen Kunstgeschichte« Eva Troelenberg, »Arabesques, Unicorns, and Invisible Masters: The Art Historian's Gaze as Symptomatic Action«, in: Olga Bush, Avinoam Shalem (Hrsg.), Themenheft: *Gazing Otherwise: Modalities of Seeing In and Beyond the Lands of Islam, Muqarnas* 32, 2015, S. 213–232.

durchschaut. Der Blick auf Gott wird also in einer Perspektive eröffnet, die auch in teleologischen Narrativen der westeuropäischen Kunstgeschichte gerne zum Fluchtpunkt erklärt wird. Im Blick Kandakes, der Bild und Person Alexanders vergleicht, wird ein vergleichender Blick thematisiert – und dieser wird im westeuropäischen Beispiel eingesetzt, um sich von einer Bildpraxis, in diesem Falle einer fremden Frau, zu distanzieren. Der vergleichende Blick wird als ein Instrument der Abgrenzung präsentiert. Auch hier drängt sich die Frage nach Parallelen zur Funktion vergleichender Blicke in der kunsthistorischen Praxis auf. Und wenn dieses Kapitel das längste dieser Arbeit ist, so liegt dies nicht zuletzt an der spezifischen Relevanz dieses Modus des Blickes für die vorliegende Arbeit. Der begehrende Blick, den die Frau des Potifar alias Zulaykhā auf Josef wirft, impliziert das Risiko, sich des körperlichen Begehrens schuldig zu machen – und provoziert Konstruktionen eines »unschuldigen Blickes«. Im westeuropäischen Beispiel wird dabei die Strategie der Entschuldigung des Blickes in der Flucht des Betrachters aus dem Bild reflektiert. Dieser Rückzug des Betrachters in eine distanzierte Betrachterposition ist nicht zuletzt von feministischer Seite als paradigmatisch für die westeuropäischen Bildkulturen beschrieben worden.

Die ausgewählten Topoi des Blicks sind also keineswegs unabhängig von den Modalitäten des Blicks, die als perspektivischer, als vergleichender und als unschuldiger Blick die westeuropäische Kunstgeschichte geprägt haben. Gerade in dieser engen Verbindung mit den Dispositiven der Disziplin hat die vergleichende Rekonstruktion ihrer Transformationen das Potential, in den Blick zu rücken, in welchen historischen, regionalen und normativen Kontexten die jeweiligen Blickdispositive entstanden sind – und diese im Verhältnis zu anderen kulturellen Optionen zu relativieren. Vielleicht lässt sich so die eben angedeutete Chance nutzen, in der Unsicherheit eines »dialogischen« Blicks auf andere Bilder im Sinne von Falkenhausen die eigenen Arbeitsinstrumente zu reflektieren.[99]

Im letzten Kapitel schließlich kommt die Arbeit auf die einfangs angesprochenen Bilder von »Bildanbetern« zurück. Mit dem Idol thematisieren sie das Bild, das in den Blickdiskursen der vorherigen Kapitel immer wieder als Gegensatz zum Ideal des Traumbildes angeführt wurde, welches im ersten Kapitel besprochen wird. Anhand von Darstellungen der Anbetung von Kultbildern in Handschriften von Gautier de Coincys *Miracles de Nostre Dame* und Farīd ul-Dīn ʿAṭṭārs *Manṭiq ul-Ṭayr* aus dem 14. und 15. Jahrhundert soll hier exemplarisch aufgewiesen werden, wie die Verehrung eines rein materiellen Bildes jeweils als eine Betrachtungsweise inszeniert wird, die der eigenen Kultur fremd ist. Zugleich gilt es aber die These zu verfolgen, dass sich die Miniaturen selbst als legitime Bilder inszenieren, die den Blick von der materiellen auf eine geistige Ebene lenken. Das Kapitel geht also der Frage nach, inwiefern die Darstellung der Idolatrie der anderen in beiden Kontexten als Ausgangspunkt dient, um die Kapazität des jeweils eigenen Bildes zu inszenieren, die Betrachtenden von einer Verhaftung am materiellen Bild zu einer Erkenntnis des wahren Gottes zu führen. Damit adressiert dieses Kapitel abschließend nicht nur die reziproke Geschichte gegenseitiger Zuschreibungen, sondern fokussiert auch noch einmal, wie Bilder nicht nur als Objekte, sondern auch als Agenten und machtpolitische Instrumente der Vermittlung von Blickdispositiven in der Etablierung kultureller Hegemonien fungieren.

99 Vgl. von Falkenhausen, *Jenseits des Spiegels*, z. B. S. 19–27.

In der Gegenseitigkeit der Zuschreibung von Götzenverehrung deutet sich an, dass es sich dabei ebenso wie die Zuschreibung der Bilderfeindlichkeit in der Moderne um einen Akt der Abgrenzung handelt, der nichts mit der jeweiligen Praxis zu tun haben muss. Und wenn die Darstellungen der Götzenverehrung am Ende beide als Instrumente der Bekehrung fungieren, so konterkariert dies die lange Geschichte der Essentialisierung von Blick- und Bildpraktiken und Verboten in Bezug auf religiöse Dogmen.[100]

Damit geht es der vorliegenden Studie darum, in Analysen der Transformationsgeschichten von Topoi des Blickens in der persischen und westeuropäischen Buchmalerei Kategorien des Vergleichs zu relativieren und die Abgrenzung der Vergleichskulturen zu unterlaufen. Vor allem aber verfolgt sie im Fokus auf Blicke, die Bilder den Betrachtenden auf den jeweiligen Topos nahelegen, inwiefern diese Blicke als Korrektiv der eigenen Projektionen und des eigenen Blicks fungieren können. So erprobt die Arbeit im transkulturellen Vergleich von Blickdispositiven einen bildwissenschaftlichen Ansatz zur transkulturellen Entgrenzung der Kunstgeschichte und eruiert umgekehrt das blickkritische Potential von Bildern anderer regionaler und historischer Kontexte für die Bildwissenschaft.

100 Vgl. zur Essentialisierung des Bilderverbots z. B. Finbarr Barry Flood, »Between Cult and Culture: Bamiyan, Islamic Iconoclasm, and the Museum«, in: *The Art Bulletin* 84/4, 2002, S. 641–659. Ausführlicher ist dies für die jüdische Kunst aufgewiesen worden. Vgl. Margaret Rose Olin, *The Nation Without Art. Examining Modern Discourses on Jewish Art (Texts and Contexts)*, Lincoln 2001 sowie Kalman P. Bland, *The Artless Jew. Medieval and Modern Affirmations and Denials of the Visual*, Princeton 2000. Nadia Al-Bagdadi hat den Konnex zwischen der Zuschreibung des Bilderverbotes und einer allgemeineren Ocularphobie der »Semiten« diskutiert (und im folgenden Themenheft mit verschiedenen exemplarischen Beiträgen konterkariert). Vgl. Nadia al-Bagdadi, »Introduction«, in: Nadia al-Bagdadi, Aziz Al-Azmeh (Hrsg.), Themenheft: *Le Regard dans la Civilisation Arabe Classique/Mapping the Gaze: Considerations from the History of Arab Civilization Introduction, The Medieval History Journal* 9/1, 2006, S. 1–16.

I WOVON AUTOREN ANFANGS TRÄUMEN. EINFÜHRENDE BEMERKUNGEN ZUR INNEREN SCHAU

Die Arbeit geht davon aus, dass Blicke heutiger Betrachtender wesentlich von inneren Bildern und ihren Projektionen geprägt sind. Angesichts dieser Annahme stellt sie die Frage, welche Rolle bei der visuellen Wahrnehmung inneren Bildern in den hier fokussierten historisch und regional differierenden Blickkulturen zugeschrieben wird.[101] Um dem nachzugehen, soll in diesem einleitenden Kapitel eine Bildform untersucht werden, die sowohl in den persischen als auch in den westeuropäischen Bildkulturen als beispielhaft für solche inneren Bilder galt: das Traumbild. Genauer gesagt geht es um Darstellungen von Träumen von Autoren. Mit dem Motiv des träumenden Autors wird nicht nur die Schau eines inneren Bildes fokussiert, sondern zugleich die Frage adressiert, inwiefern das Traumbild als Modell von poetischen, womöglich aber auch visuellen Bildern präsentiert wird.[102] Die Darstellungen sind jeweils auf einer der ersten Seiten eines Textes zu sehen. Daher ist zudem zu diskutieren, inwiefern die Traumdarstellungen nicht nur visualisieren, dass der folgende Text als Traum einzuordnen ist, sondern auch als Vorbilder fungieren, die eine Sichtweise der folgenden Miniaturen vorgeben.[103]

Aus dem persischen Kontext wird eine Miniatur aus einer Handschrift von drei *Mathnavīs* Khvājū-yi Kirmānīs (1290–1352) untersucht, die 1396 am jalāyiridischen Hof in Bagdad entstand und sich heute im *Bahrām Mīrzā-Album* befindet (Abb. 3). Die Originalhandschrift (London, BL, Or. 18113) enthält zwei mystische Texte mit zum

101 Die Funktion des inneren Auges im Allgemeineren ist in der Forschung insbesondere in Bezug auf die religiöse Sehpraxis verschiedentlich diskutiert worden. Vgl. z. B. Thomas Lentes, »Inneres Auge, äußerer Blick und Heilige Schau«, in: Klaus Schreiner (Hrsg.), *Frömmigkeit im Mittelalter. Politisch-soziale Kontexte, visuelle Praxis, körperliche Ausdrucksformen*, München 2002, S. 179–220; David Ganz, »Oculus interior. Orte der inneren Schau in mittelalterlichen Visionsdarstellungen«, in: Katharina Philipowski, Anne Prior (Hrsg.), *Anima und sêle. Darstellungen und Systematisierungen von Seele im Mittelalter*, Berlin 2006, S. 113–144, hier S. 114 sowie das Kapitel zu inneren Augen in Gudrun Schleusener-Eichholz, *Das Auge im Mittelalter*, München 1985, S. 953–1075.

102 Zum Topos des inspirierenden Traumes in allgemeinerer Hinsicht vgl. z. B. Marlen Schneider, Christiane Solte-Gresser (Hrsg.), *Traum und Inspiration. Transformationen eines Topos in Literatur, Kunst und Musik*, München 2018.

103 Steffen Bogen hat zu Bibelfrontispizen festgestellt: »Narrative Bibelfrontispize scheinen ein bevorzugter Ort gewesen zu sein, Wahrnehmungs- und Erkenntnisprozesse der Bildrezeption auf dargestellte Visionsereignisse zu beziehen.« Steffen Bogen, *Träumen und Erzählen. Selbstreflexion in der Bildkunst vor 1300*, München 2001, S. 178.

Abb. 3 – Der Autor träumt, ehemals Khvājū-yi Kirmānī, *Rawżat ul-Anvār*, Baghdad 1396, heute *Bahrām Mīrzā-Album*, Istanbul, Topkapı, H. 2154, fol. 20v.

Teil narrativen Passagen, sowie das Epos *Humāy u Humāyūn* (1331).[104] Aus dem französischen Kontext wurde ein Frontispiz der *Pèlerinage de la vie humaine* (1330–31/1335) von Guillaume de Deguileville[105] ausgewählt, und zwar aus einer Anthologie, die heute in der Stadtbibliothek von Arras aufbewahrt wird (Abb. 4–5). Die Anthologie entstand um 1400 und damit zur gleichen Zeit wie das persische Beispiel in Nordfrankreich und enthält neben der kompletten Trilogie von Guillaume de Deguileville aus *Pèlerinage de Jhesuchrist*, *Pèlerinage de la vie humaine* und *Pèlerinage de l'âme* Exzerpte aus dem *Roman de la rose* und eine Übersetzung von Boethius' *Consolatio philosophiae* sowie einige kürzere Texte.[106]

Ich will nicht verschweigen, dass ich diesen Vergleich vor dem Hintergrund eines deutlichen quantitativen Unterschieds anstelle: Während Darstellungen träumender Autoren im persischen Kontext eine Seltenheit sind,[107] ist ihre Darstellung im westeuropäischen Kontext nicht nur in illuminierten Handschriften der *Pèlerinage de la vie humaine* häufig.[108] Allerdings handelt es sich bei dem persischen Blatt nicht um irgendeine

104 Die Handschrift wurde unter Bahrām Mīrzā neu gebunden, wobei die Anordnung der Gedichte verändert wurde und einige Blätter entnommen wurden (vgl. Yves Porter, »The Illustration of the *Three Poems* of Khwājū Kirmānī: A Turning Point in the Composition of Persian Painting«, in: Francis Richard, Maria Szuppe (Hrsg.), *Écrit et culture en Asie Centrale et dans le monde turco-iranien, Xe–XIXe siècles* (Writing and culture in Central Asia) and the Turko-Iranian world, 10th–19th centuries), Paris 2009, S. 359–374, S. 363). In dieser Handschrift befindet sich nur am Anfang des *Rawẓat ul-Anvār*, des »Gartens des Lichts«, eine *shamsah*, das heißt eine Seite mit einer ornamentalen Rosette, die in der persischen Buchmalerei typischerweise am Buchanfang zu finden ist. Daraus schließt Teresa Fitzherbert, dass sich dieses Gedicht ursprünglich am Anfang der Handschrift befand (Teresa Fitzherbert, »Khwājū Kirmānī (689–753/1290–1352). An *Éminence Grise* of Fourteenth Century Persian Painting«, in: *Iran* XXIX, 1991, S. 137–151, S. 150, Fußnote 40). Das vermutlich zu diesem Zeitpunkt entnommene Blatt mit der Darstellung des träumenden Autors wäre gemäß der Rekonstruktion von Verna Prentice (vgl. Verna Prentice, »A Detached Miniature from the *Masnavis* of Khwaju Kermani«, in: *Oriental Art* 27/1, 1981, S. 60–66) dann in der ursprünglichen Version auf dem damaligen fol. 2v zu finden. Damit handelt es sich hier nicht im klassischen Sinne um eine Titelminiatur – an dieser Stelle befand sich in dieser Handschrift, wie gesagt, eine ornamentale Rosette – wohl aber um die erste Miniatur der Handschrift. Zu klassischen Frontispizen im persischen Kontext vgl. Marianna Shreve Simpson, »In the Beginning. Frontispieces and Front Matters in Ilkhanid and Injuid Manuscripts«, in: Linda Komaroff (Hrsg.), *Beyond the Legacy of Genghis Khan*, Leiden/Boston 2006, S. 248–268, sowie die Einzelstudie von Serpil Bağci, »A New Theme of the Shirazi Frontispiece Miniatures: The Dīwān of Salomon«, in: *Muqarnas* 12, 1995, S. 101–111, oder Robert Hillenbrand, »Erudition Exalted: The Double Frontispiece to the Epistles of the Sincere Brethren«, in: Linda Komaroff (Hrsg.), *Beyond the Legacy of Genghis Khan*, Leiden/Boston 2006, S. 183–212.

105 Ursula Peters hat darauf hingewiesen, dass der Text von Guillaume de Deguileville im Vergleich zum *Roman de la rose* nur indirekte Andeutungen zu einer Identifikation des Erzählers mit dem Autor macht. Vgl. Ursula Peters, *Das Ich im Bild. Die Figur des Autors in volkssprachigen Bilderhandschriften des 13. bis 16. Jahrhunderts*, Köln 2008, S. 146.

106 Eine vollständige Aufstellung findet sich unter Anne-Marie Bouly de Lesdain, Géraldine Veysseyre, »Arras, Bibliothèque municipale, 0532 (0845)«, in: *Jonas. Répertoire des textes et manuscrits médiévaux en langue d'oc et d'oïl*, http://jonas.irht.cnrs.fr/manuscrit/3328, Stand 2.1.2014.

107 Neben der hier diskutierten Miniatur verzeichnet das Shahnama Project eine Darstellung von 1441, in der Firdawsī seinen Vorgänger Daqīqī im Traum sieht (Kairo, Nationalbibliothek, Ms. Ta'rikh Farisi, no 59, fol. 289v). Vgl. zu diesem »autorisierenden Traum« Firdawsīs Olga M. Davidson, »Dream as a Narrative Device in the Shāhnāma«, in: Louise Marlow (Hrsg.), *Dreaming Across Boundaries. The Interpretation of Dreams in Islamic Lands*, Boston u.a. 2008, S. 133–135.

108 Vgl. zur Darstellung des träumenden Künstlers als Topos der Inspiration auch Maria Ruvoldt, *The Italian Renaissance Imagery of Inspiration. Metaphors of Sex, Sleep, and Dreams*, Cambridge 2004.

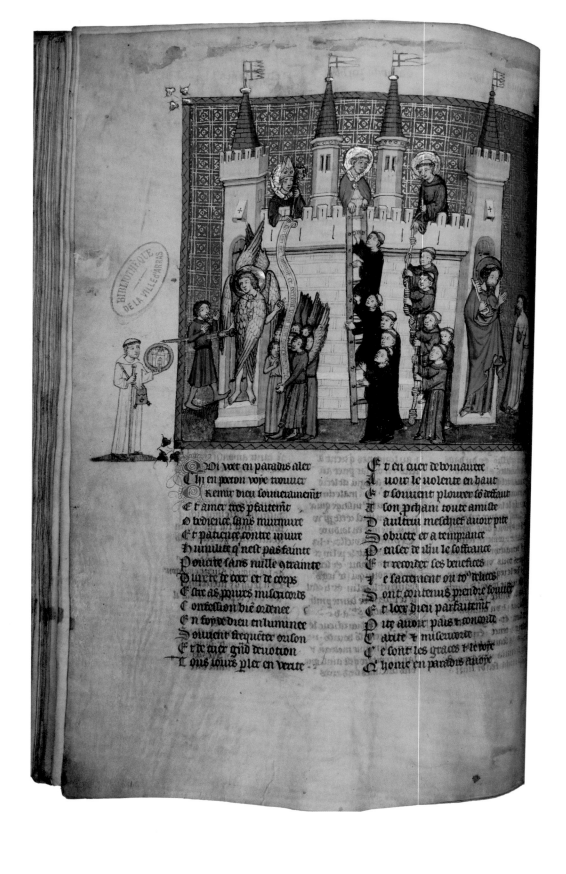

Qui voet en paradis aler
Chi en porton voye trouuer
Cremir dieu souuerainement
Et amer tres parfaitement
Obedience sans murmure
Et patience contre iniure
Humilite q' nest pas fainte
Pouerte sans nulle contrainte
Purete de coer et de corps
Estre as poures misericors
Confession bie ordenee
En foy de dieu enluminee
Souuent frequenter orison
Et de cuer grand deuotion
Tous iours per en verite

Et en cuer debonairete
Auoir le volente en haut
Et souuent plourer son deffaut
A son pechain toute amiste
Dautrui meschief auoir pite
Sobriete et a temprance
Penser de ihu le soffrance
Et recorder ses benefices
Le sacrement ou to' delices
Sont contenus prendre souuent
Et loer dieu parfaitement
Pite auoir pais et concorde
Carite et misericorde
Ce sont les graces et le voye
Q' home en paradis auoye

Abb. 4–5 – Der Autor betrachtet das himmlische Jerusalem, der Autor predigt und der Autor träumt, Guillaume de Deguileville, *Pèlerinage de la vie humaine*, Nordfrankreich ca. 1400, Arras, Bibliothèque municipale, Ms. 845, fol. 75v und 76r.

Miniatur, sondern um ein Blatt, das schon im 16. Jahrhundert als so bezeichnend für die persische Miniaturmalerei angesehen wurde, dass es aus der ursprünglichen Handschrift ausgeschnitten und stellvertretend für die jalāyiridische Malerei in Bahrām Mīrzās »Album der Maler der Vergangenheit und der Gegenwart« eingeklebt wurde, das sich heute im Topkapı befindet.[109]

1 Entgrenzte Blicke. Der Traum des Autors in einer Illustration von Khvājū-yi Kirmānīs *Rawẕat ul-Anvār*

Die persische Miniatur illustriert folgenden Passus von Khvājū-yi Kirmānīs *Mathnavī Rawẕat ul-Anvār, Garten des Lichts* (1342), mit dem der Text auf diesem Blatt endet:

> Der Schlaf, dieser nächtliche Dieb, verschloss mir die Tür der Pupille; er verband mir das Auge, sodass ich die Augen der Sterne nicht mehr sehen konnte. Ich sah, wie der Engel aus diesem glänzenden Fenster [d. h. dem Himmel] sich dem Gewölbe der Erde zuwandte. Er kam wie der leuchtende Vollmond zu mir aufs Dach. Er brachte mir eine Botschaft vom Hof Gottes.[110]

Es wird beschrieben, wie dem Autor im Schlaf ein Engel erscheint, der ihm eine Botschaft Gottes übermittelt. Dabei wird betont, dass die Augen geschlossen und damit an der Wahrnehmung des Firmamentes gehindert gewesen seien. Teresa Fitzherbert hat die Szene als Darstellung der Inspiration des Dichters gedeutet.[111] Zudem weckt die Schilderung Assoziationen mit dem Engel Gabriel, der Mohammed zur Verkündigung des Korans besucht. Der Autor inszeniert auf diese Weise – ebenso wie Niẓāmī in seinem *Makhzan ul-Asrār*, das sich Khvājū zum Vorbild genommen hat[112] – Parallelen zwischen seiner Inspiration und der göttlichen Eingabe eines heiligen Textes.

109 Prentice, »A Detached Miniature from the *Masnavis* of Khwaju Kermani«.

110 *Khvājū-yi Kirmānī*, »Rawẕat ul-Anvār«, in: *Khamsah-yi Khvājū-yi Kirmānī*, hrsg. v. Saʿīd Niyāz-i Kirmānī, Kirman 1991, S. 42, V. 853–855 – übersetzt von Gerald Grobbel. Vgl. zu dieser Passage auch Fitzherbert, »Khwājū Kirmānī (689–753/1290–1352)«, S. 140.

111 Vgl. Fitzherbert, »Khwājū Kirmānī (689–753/1290–1352)«, Pl. XIXa. Khvānsārī zufolge wurde dieser Traum als Ankündigung interpretiert, dass der Träumende als Dichter weltweiten Ruhm erlangen werde. Fitzherbert, »Khwājū Kirmānī (689–753/1290–1352)«, S. 140. Eine Rezeption der Miniatur in diesem Sinne ist in der Darstellung der Inspiration Saʿdīs in der *Haft Aurang*-Handschrift der Freer Gallery zu beobachten. Vgl. hierzu Margaret A. Shortle, *Illustrated Divans of Hafiz. Islamic Aesthetics at the Intersection of Art and Literatur*, 1450–1550, Dissertation Boston University 2018, S. 260–272, sowie Marianna Shreve Simpson, *Sultan Ibrahim Mirza's* Haft Awrang. *A Princely Manuscript from Sixteenth-Century Iran*, New Haven/London 1997, S. 377.

112 Niẓāmīs *Makhzan ul-Asrār (Schatzkammer der Geheimnisse)* weist in seinem Proömium Parallelen zwischen prophetischer und poetischer Inspiration auf, indem er insbesondere die Himmelsreise Mohammeds mit der Reise in die eigene Seele des Dichters vergleicht. Vgl. hierzu auch Renate Würsch, *Niẓāmīs Schatzkammer der Geheimnisse. Eine Untersuchung zu Makhzan ul-asrār*, Wiesbaden 2005, S. 203–207 sowie J. Christoph Bürgel, »Nizami über Sprache und Dichtung. Ein Abschnitt aus der ›Schatzkammer der Geheimnisse‹, eingeleitet, übertragen und erläutert«, in: Richard Gramlich (Hrsg.), *Islamwissenschaftliche Abhandlungen. Fritz Meier zum sechzigsten Geburtstag*, Wiesbaden 1974, S. 9–28.

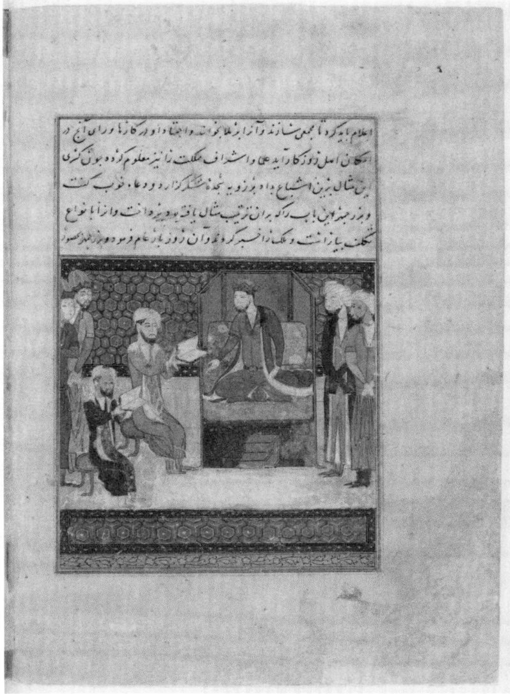

Abb. 6 – Khusraw I. und Burzūyah, *Kalīla u Dimna*, Baghdad 1392, Paris, BnF, Suppl. pers. 913, fol. 11v.

Abb. 7 – Gabriel und Mohammed, Rashīd ul-Dīn, *Jāmiʿ ul-Tawārīkh*, Tabriz 1314, Edinburgh, University Library, Ms. Arab 20, fol. 45v.

Abb. 8 – Himmelfahrt des Propheten, *Kalīla u Dimna*, Baghdad oder Tabriz 2. Hälfte 14. Jh., Paris, BnF, pers. 376, fol. 2v.

Dieser Parallelisierung entspricht die Miniatur, indem sie die Tradition der Autorendarstellungen (vgl. z. B. Abb. 6), welche übrigens auf spätantike Vorbilder zurückzuführen ist,[113] mit Elementen kombiniert, die aus Darstellungen des Propheten bekannt sind. Dabei erinnert sie einerseits an Darstellungen der Verkündigung des Korans an Mohammed durch den Engel Gabriel (Abb. 7) und andererseits, insbesondere in der Gestaltung der Engel im rechten Bildstreifen, an Darstellungen der Himmelfahrt Mohammeds (Abb. 8), der *miʿrāj*, die Khvājūs Vorbild Niẓāmī explizit mit der poetischen Inspiration vergleicht. Genauere Bezüge sind dabei allerdings schwer nachzuzeichnen, da aus dem 14. Jahrhundert nur wenige bebilderte Handschriften erhalten sind.

Besonders deutlich sind die Parallelen zu den Darstellungen der *miʿrāj* (Abb. 9) und des Besuchs Gabriels bei Mohammed (Abb. 20)[114] in den ersten beiden Miniaturen einer knapp vier Jahrzehnte jüngeren *Miʿrājnāmah*-Handschrift, die 1436/37 in Herat entstand und auf die ich im folgenden Kapitel ausführlicher zu sprechen kommen werde. So sind beispielsweise die Engel auf der Darstellung der *miʿrāj* in der ersten Miniatur der Handschrift ebenso wie in der Khvājū-Illustration und vielen späteren Darstellungen der Himmelfahrt vor einem tiefblauen Sternenhimmel mit goldenen

113 Vgl. hierzu Robert Hillenbrand, »The Classical Author Portrait Islamicized«, in: Thomas F. Madden, James L. Naus, Vincent Ryan (Hrsg.), *Crusades – Medieval Worlds in Conflict*, Farnham/Burlington 2010, S. 47–74.

114 Vgl. S. 79 dieser Arbeit.

Abb. 9 – Himmelfahrt Mohammeds, *Miʿrājnāmah*, Herat 1436, Paris, BnF, Suppl. turc 190, fol. 9r.

Wolkenformationen zu sehen und haben Schalen in den Händen, deren Inhalt sie hier zum Teil über Mohammed ergießen.

Jenseits dieser ikonographischen Bezüge fällt in der Analyse der jalāyiridischen Miniatur (Abb. 3) auf, dass klar unterschieden wird zwischen einem Innenraum, in dem der schlafende Dichter zu sehen ist und der gut zwei Drittel der Bildfläche einnimmt, und einem Außenraum, in dem in einem rechten Bildstreifen eine nächtliche Landschaft mit einigen Engeln am Himmel gezeigt wird: Eine durchgehende Linie, die von keinem Bildelement überschnitten wird, trennt die beiden Zonen. Diese Unterscheidung wird der kodikologischen Analyse Yves Porters zufolge noch dadurch unterstrichen, dass diese Trennlinie auch die Grenze des Schriftspiegels markiert und der Außenraum sich damit außerhalb des Schriftspiegels befindet.[115]

So deutlich die Abgrenzung markiert wird, so wird die Trennung der Räume zugleich unterlaufen, indem nämlich die Metapher des Fensters, die der Text für den Himmel verwendet, im wörtlichen Sinne umgesetzt wird: Im Hintergrund des Innenraumes öffnet sich ein Fenster, in dem ein weiterer Ausschnitt der nächtlichen Landschaft sowie ein Engel, der in den Innenraum blickt, zu sehen sind. In Form einer klar umrissenen Fensteröffnung in der ornamentierten Rückwand des Raumes wird so eine Verbindung zwischen den beiden Zonen hergestellt. Da im Text von einem Traumbild die Rede ist, in dem ein »Engel aus diesem glänzenden Fenster sich dem Gewölbe

115 Porter, »The Illustration of the Three Poems of Khwājū Kirmānī«, S. 369.

der Erde zuwandte«, liegt es nahe, dieses Fenster, das eine Verbindung zwischen dem nächtlichen Himmel mit den Engeln und dem Bereich des Schlafenden herstellt, mit dem Traumbild zu assoziieren.

Einen Kontext für das Verständnis dieser Darstellung eines Traumes bietet die Traumkonzeption Najm ul-Dīn Kubrās (+ 1221), denn Khvājū-yi Kirmānī wird von seinen Biographen immer wieder als Schüler von Shaykh Rukn al-Dīn ʿAlāʾ al-Dawla al-Simnānī (1261–1336) beschrieben, der wiederum als Anhänger Kubrās gilt.[116] Fritz Meier zufolge teilen die beiden eine »starke Vorliebe für Medien und eine Kapazität visionärer Erfahrung«.[117] Dabei zeichnet sich Kubrās Traumverständnis dadurch aus, dass es im Unterschied zu früheren sufistischen Ansätzen Träume nicht nur diskutiert, wenn sie eine verbale Belehrung enthalten, sondern auch rein bildhafte Erscheinungen berücksichtigt.[118] In Kubrās *Fawāʾiḥ al-Jamāl, Düfte der Schönheit*[119] werden Träume dabei als eine Form des mystischen Erlebens beschrieben, in der der Mensch »sich mit dem Herzen im Jenseits und mit dem Leib im Diesseits«[120] befindet. Im Schlaf passiert dabei nach Kubrā Folgendes:

> Schläft dieser [der Mensch, V. B.] jedoch ein, so geht der Geist an seinen ursprünglichen Wohnort und in seine gleichartige, gottnahe Heimatwelt, wo er sich dadurch, dass er mit den (andern) Geistern zusammentrifft und die geistigen Inhalte (maʿānī) und das Übersinnliche erkennt, erholt. Die geistigen Inhalte, die er auf diesem Weggang in die höhere Welt (ʿālam al-malakūt) antrifft, siehst du in Abbildern (amṯila) aus der Sinnenwelt.[121] Das ist das Geheimnis der Traumdeutung.[122]

Träume sind für Kubrā also – und hier sind bereits gewisse Parallelen zu westeuropäischen Vorstellungen dieser Zeit zu erkennen[123] – Sinnbilder (*mithāl, pl. amthila*), die im

116 Fitzherbert, »Khwājū Kirmānī (689–753/1290–1352)«, S. 142 sowie Jamal J. Elias, *The Throne Carrier of God. The Life and Thought of ʿAlāʾ ad-dawla as-Simnānī*, Albany 1995, S. 52.

117 Fritz Meier, »ʿAlāʾ al-Dawla al-Simnānī«, in: *Encyclopaedia of Islam* 2, hrsg. von P. Baerman u. a., Leiden/Boston 1960–2007, www.encquran.brill.nl/entries/encyclopaedia-of-islam-2/ala-al-dawla-al-simnani-SIM_0493, Stand 26.3.2014, zitiert auch bei Fitzherbert, »Khwājū Kirmānī (689–753/1290–1352)«, S. 142. Vgl. zum Konzept der Vision bei al-Simnānī auch Elias, *The Throne Carrier of God. The Life and Thought of ʿAlāʾ ad-dawla as-Simnānī*, S. 135–141.

118 Fritz Meier, in: *Die Fawāʾiḥ al-ǧamāl wa-fawātiḥ al-ǧalāl des Naǧm ad-Dīn al-Kubrā. Eine Darstellung mystischer Erfahrungen im Islam aus der Zeit um 1200 n. Chr.*, hrsg. v. Fritz Meier, Wiesbaden 1957, S. 241.

119 Ich danke Isabelle Dolezalek für ihre Übersetzung des Titels.

120 Fritz Meier, in: *Die Fawāʾiḥ al-ǧamāl wa-fawātiḥ al-ǧalāl des Naǧm ad-Dīn al-Kubrā. Eine Darstellung mystischer Erfahrungen im Islam aus der Zeit um 1200 n. Chr.*, hrsg. v. Fritz Meier, Wiesbaden 1957, S. 96.

121 Regula Forster wies mich darauf hin, dass der arabische Text hier auf einen Koranvers anspielt (6:73 »der über das, was verborgen, und was allgemein bekannt ist, Bescheid weiß«). Kubrā spielt hier also ebenso wie die Traumdarstellung der Miniatur mit Parallelen zu Verkündigung des Koran.

122 Kubrā, *Risāla ila ʾl-hāʾim, amr 9, 71a 9–71b 4*, zitiert in: *Die Fawāʾiḥ al-ǧamāl wa-fawātiḥ al-ǧalāl des Naǧm ad-Dīn al-Kubrā. Eine Darstellung mystischer Erfahrungen im Islam aus der Zeit um 1200 n. Chr.*, S. 97. Ich kann hier nicht weiter auf die Differenzierungen der verschiedenen Formen visionärer Erfahrungen eingehen, die Kubrā einführt und die nachhaltig rezipiert wurden.

123 Vgl. z. B. Suzanne Conklin Akbaris Ausführungen zu Alanus zwischen 1168 und 1176 verfasstem *De Planctu Naturae* in: Akbari, *Seeing Through the Veil*, S. 19.

wörtlichen Sinne von sinnlich wahrnehmbaren »Abbildern aus der Sinnenwelt« »geistige Inhalte« einer höheren Welt vermitteln. Traumbilder machen für den Schlafenden also eine jenseitige Welt im Diesseits sichtbar.

Dabei ist allerdings zu betonen, dass Träume für Kubrā nur eine Art Vorstufe für den Normalsterblichen sind: »Was aber der gewöhnliche Mensch entsprechend der Stärke seines niederen Daseins nur im Schlafe erfährt, das erfährt der Mystiker, weil sein unedles Dasein (Natur) schwach und sein edles Dasein stark geworden ist, zwischen Wachen und Schlafen.«[124] Oder wie es Fritz Meier reformuliert: »Wie der Träumer verlässt zwar auch der Mystiker in gewissem Sinne den Leib, behält aber die Qualitäten der verschiedenen Sinneswahrnehmungen«.[125] Der Mystiker sieht also Kubrā zufolge mit eigenen Augen, was der Träumende im Traum sieht.[126]

In Khvājūs Text findet sich ein vergleichbares Insistieren auf einer Transzendierung der sinnlich wahrnehmbaren Welt beispielsweise in Überschriften wie »Das Überschreiten heraus aus dem begrenzten Reich [d. h. der irdischen Welt] und die Zuwendung zur unbegrenzten Welt«.[127] Allerdings handelt es sich dabei um eine Vorstellung, die man auch den in der persischen Gesellschaft des 14. Jahrhunderts sehr populären sufistischen Haltungen im Allgemeineren zuschreiben könnte. Teresa Fitzherbert hat die enorme Häufigkeit von Traumdarstellungen in Khvājūs Epen aufgewiesen und damit in Verbindung gebracht, dass Khvājū Anhänger des Kubravī-Sufismus war.[128] Deutlichere Parallelen zu Kubrā weist Khvājūs eben zitierte Schilderung des inspirierenden Traumes auf. Nicht nur wird die Vision des Dichters mit der des Propheten verglichen und damit mit einem Einblick in eine göttliche Sphäre assoziiert. Indem diese als Traum eines Schlafenden deklariert wird, differenziert der Dichter zudem klar zwischen sich und einem Propheten. Der Dichter bekommt hier also Kubrās Vorstellung entsprechend im Schlaf etwas zu sehen, was der Prophet im wachen Zustand sah. Der Traum stellt einen prophetischen Blick in Aussicht, der dem Betrachter mit seinen physischen Augen noch nicht zugänglich ist.[129]

Inwiefern aber ist ein solches Traumkonzept nicht nur in Khvājūs Text, sondern auch in der Miniatur zu erkennen, die gut ein halbes Jahrhundert nach dem Text

124 *Kubrā, Fawā'iḥ al-ǧamāl wa-fawātiḥ al-ǧalāl*, in: *Die Fawā'iḥ al-ǧamāl wa-fawātiḥ al-ǧalāl des Naǧm ad-Dīn al-Kubrā. Eine Darstellung mystischer Erfahrungen im Islam aus der Zeit um 1200 n. Chr.*, hrsg. v. Fitz Meier, S. 98, arab. S. ١٨–١٩.

125 Fritz Meier, in: *Die Fawā'iḥ al-ǧamāl wa-fawātiḥ al-ǧalāl des Naǧm ad-Dīn al-Kubrā. Eine Darstellung mystischer Erfahrungen im Islam aus der Zeit um 1200 n. Chr.*, hrsg. v. Fritz Meier, Wiesbaden 1957, S. 98.

126 Vgl. zu vergleichbaren Vorstellungen des Traumes als Antizipation eines unkörperlichen Sehens in der europäischen Tradition z. B. Gudrun Schleusener-Eichholz, *Das Auge im Mittelalter*, Bd. 1, S. 335–338.

127 »Kamālnāmah«, in: *Khamsa-yi Khvājū-yi Kirmānī*, hrsg. v. Sa'īd Niyāz-i Kirmānī, Kirmān 1991, S. 126 – übersetzt von Gerald Grobbel. Vgl. hierzu auch Fitzherbert, »Khwājū Kirmānī (689–753 / 1290–1352)«, S. 148.

128 Fitzherbert hat bereits angemerkt, dass Simnānīs Traumvorstellungen hier bedeutsam gewesen sein könnten: »Although the device of inspirational dream or the night visit was well established before Khwājū [...], the association with Simnānī may also have been significant in this respect.« Fitzherbert, »Khwājū Kirmānī (689–753 / 1290–1352)«, S. 143. Sie verweist darauf, dass allein im Epos *Humāy u Humāyūn* vier Szenen mit Träumen oder Visionen vorkommen.

129 Vgl. zu vergleichbaren Vorstellungen des Traumes als Antizipation eines unkörperlichen Sehens in der europäischen Tradition z. B. Gudrun Schleusener-Eichholz, *Das Auge im Mittelalter*, Bd. 1, S. 335–338.

am Hof Sultan Aḥmads (1383–1410) entstand, dessen eigene poetische Texte ebenfalls deutliche sufistische Inklinationen erkennen lassen?[130] Es war bereits festzustellen, dass die Miniatur mit ikonographischen Mitteln einen Bezug zwischen der Traumerscheinung des Dichters und der Himmelsreise des Propheten herstellt. Weiter ist bemerkenswert, dass das Traumbild in Form eines Fensters dargestellt wird – das heißt, in einer Form, in der man normalerweise einen Ausblick auf eine Realität zu sehen bekommt. Damit mag sich andeuten, dass man das, was im Traum erscheint, potentiell auch im wachen Zustand sehen kann. Vor allem aber zeigt sich in diesem Fenster ein Ausschnitt aus dem Bereich, der ansonsten außerhalb des Bereiches des Träumenden jenseits des Schriftspiegels zu sehen ist. Das legt nahe, dass die Miniatur die Funktion des Traumbildes visualisiert, das »Jenseits« im »Diesseits« sichtbar zu machen: Im Rahmen des Traumbildes wird ein Ausschnitt aus einer »jenseitigen« Sphäre in die »diesseitige« Sphäre des Träumenden eingeführt, wird innerhalb der sinnlich wahrnehmbaren Welt ein Ausblick auf eine jenseitige Welt eröffnet.

In der genaueren Analyse fallen außerdem formale Parallelen zwischen dem Traumbild im Fenster und der Miniatur selbst ins Auge: So werden beispielsweise beide von demselben roten Vorhang mit gestreifter Borte am oberen Rand gerahmt, und der farbliche Aufbau der blauen Hintergründe von Nachthimmel und ornamentalen Wandfliesen über einem beigen Boden weist deutliche Entsprechungen auf.[131] Angesichts dieser Parallelen in der Inszenierung des Traumbildes und der Miniatur selbst stellt sich die Frage, inwiefern in dieser Handschrift nicht nur die Dichtung mit einem prophetischen Traum verglichen wird, sondern auch die Miniaturen mit Traumbildern. Stellt das Konzept des Traumes als Sinnbild auch eine Möglichkeit dar, die sinnlich wahrnehmbare Visualität der Bilder zu verstehen? [132] Können auch die Miniaturen dieser Handschrift als *mithāl*, als Sinnbilder für eine übersinnliche Sphäre verstanden werden?

Um diesen Fragen nachzugehen, sei kurz eine zweite Miniatur aus einer etwas späteren Handschrift von Khvājū-yi Kirmānīs *Mathnavīs* herangezogen (Wien, Österreichische Nationalbibliothek, N. F. 382, fol. 10v – Abb. 66,)[133] auf die ich in Kapitel III noch ausführlicher zu sprechen kommen werde.[134] In dieser Handschrift ist zwar nicht die bislang diskutierte Traumszene illustriert, wohl aber eine Szene, in der explizit von Bildern die Rede ist und davon, wie man sie betrachten soll: Es geht darum, wie dem Helden Humāy von einer Fee ein Bild der Prinzessin Humāyun gezeigt wird, in das er sich sofort verliebt, was in der Folge zu einer langen Suche nach dem Vorbild

130 Vgl. hierzu Deborah E. Klimburg-Salter, »A Sufi Theme in Persian Painting: The Diwan of Sultan Ahmad Jalayir«, in: *Kunst des Orients* XI, 1977, S. 44–84, hier S. 61–80.

131 Man könnte hier weiter fragen, inwiefern hier auch Ornamente als Sinnbilder *(mithāl)* fungieren, in denen eine Sphäre jenseits des sinnlich Wahrnehmbaren inszeniert wird. Vgl. zu einem solchen Ansatz, Ornamente als *mithāl* zu verstehen, Carol Bier, »Art and *Mithāl*: Reading Geometry as Visual Commentary«, in: *Iranian Studies* 41/4, 2008, S. 491–509.

132 Interessanterweise wurde auch dem Kalligraphen dieses Manuskriptes, Mīr ʿAlī, zugeschrieben, er sei durch einen Traum zu der neuen Schriftform des *nastaʿlīq* inspiriert worden: »Legends tell that a dream of flying geese, interpreted for him by Hazrat ʿAli, inspired him to perfect the style so that he can be called, not the inventor, but the first calligrapher of nastaʿliq«. Annemarie Schimmel, *Calligraphy and Islamic Culture*, New York/London 1984, S. 29. Ich danke Simon Rettig für diesen Hinweis.

133 Vgl. S. 206 dieser Arbeit.

134 Vgl. Kapitel III. 6 »›Man kann nicht jede Gestalt lieben‹. Begehrte Bilder in der persischen Buchkunst«.

Abb. 10 – Humāy vor dem Schloss Humāyūns, Khvājū-yi Kirmānī, *Humāy u Humāyūn*, Baghdad 1396, London, BL, Add 18113, fol. 18v.

dieses Bildes führt. Diese Funktion, ein vorerst unerreichbares Vorbild vor Augen zu führen, kommt der eben beschriebenen Funktion eines Traumbildes sehr nahe. Zudem wird das Bild Humāyuns in der Wiener Miniatur an einem sehr ähnlichen Ort gezeigt, an dem im Londoner Blatt das Traumbild erscheint: Es ist ebenfalls auf der Rückwand des Raumes platziert und unterscheidet sich nur graduell von den Fensteröffnungen in dieser Fläche. Dem Text zufolge befindet sich über dem Bild zudem eine Inschrift, in der unter anderem zu lesen ist: »Schau auf diese Gestalt um des inneren Sinnes willen! [...] Trenne dich von der Gestalt, sodass du zum inneren Sinn gelangst.«[135]

135 Khvājū-yi Kirmānī, *Humāy u Humāyūn,* hrsg. v. Kamāl ʿAinī, Teheran 1969, S. 32 – übersetzt von Gerald Grobbel. Vgl. zu diesem Passus auch Teresa Fitzherbert, »*The Life of Khwaju Kirmani (689–1290/753–1352) As Reflected in His Poetry, With Particular Reference to the Masnavi Humay u*

Demnach soll »die äußere Form ihn dazu führen, zum inneren Sinn zu gelangen«.[136] Khvājū empfiehlt an dieser Stelle also angesichts von Bildern einen ähnlichen Modus der Schau, wie Kubrā in Bezug auf Träume.

Eine Illustration der späteren tatsächlichen Begegnung zwischen Humāy und Humāyun findet sich wiederum in unserer Ausgangshandschrift (Abb. 10). Nun könnte man vermuten – und auf ersten Blick scheint sich das zu bestätigen –, dass die persönliche Begegnung die Mittlerfunktion des Bildes überflüssig macht. Allerdings hat Yves Porter gezeigt, dass die Geliebte in dieser Miniatur ebenso wie die Sphäre des Traumes in der ersten Miniatur außerhalb des Schriftspiegels platziert ist.[137] Und Teresa Fitzherbert hat in ihren Lektüren des Epos herausgearbeitet, dass die Geliebte in der Darstellung Khvājūs als unsterbliches Urbild des Menschen verstanden werden kann.[138] Vor dem Hintergrund dieser Lesart kann man die Positionierung des Geliebten in der Miniatur so verstehen, dass wiederum eine Sphäre der Urbilder und geistigen Inhalte *(maʿānī)* jenseits des Schriftspiegels inszeniert wird.[139] Allerdings ist diese Ebene nur unterschwellig angelegt – man kann auch einfach darüber hinwegsehen und es als Darstellung einer profanen Liebesgeschichte betrachten.[140] Man würde wohl kaum auf die Idee kommen, das Aufblicken zur Geliebten als Blick über die Grenze des Schriftspiegels hinaus mit einem Blick über das Reich der Abbilder hinaus in das Reich des Übersinnlichen zu verstehen – wäre da nicht ein Frontispiz, das die Grenze des Schriftspiegels explizit als Trennung zwischen zwei Räumen inszeniert, die nur in der Form des Traumbildes überschritten wird. Im Frontispiz wird die Miniatur also nicht nur

Humayun« (Teil 1) und »The Paintings in the British Library's Khwaju Kirmani Manuscript of 1396 (Add. 18113) Approached Through the Text.« (Teil 2), Masterarbeit, Edinburgh 1980, Addendum, S. 10. Ich danke Teresa Fitzherbert vielmals, dass sie mir diese Arbeit zur Verfügung gestellt hat.

136 J. Christoph Bürgel, »Humay and Humayun. A Medieval Persian Romance«, in: Gherando Gnoli (Hrsg.), *Proceedings of the First European Conference of Iranian Studies in Turin 1987*, Rom 1991, S. 346–357, S. 348.

137 Yves Porter, »La réglure (mastar): de la ›formule d'atelier‹ aux jeux de l'esprit«, in: *Studia Islamica* 96, 2003, S. 55–74, hier S. 69.

138 Fitzherbert, »Khwājū Kirmānī (689–753/1290–1352)«, hier S. 142.

139 In Bezug auf die Frage, ob der Liebende seinerseits dem Bereich der Urbilder oder dem Bereich der diesseitigen Abbilder zuzuordnen ist, ist man bei dieser Miniatur mit einer gewissen Ambivalenz konfrontiert: Auf den ersten Blick nämlich nimmt man an, dass das verbleibende Textfeld die rechte obere Ecke des Schriftspiegels markiert und der Geliebte sich folglich innerhalb des Schriftspiegels befindet. Diese These vertrat auch Yves Porter in seinem Aufsatz von 2003 (Yves Porter, »La réglure (mastar)«, S. 69). So gesehen wäre eine Trennlinie zwischen dem Urbild der Geliebten jenseits und dem Abbild des Liebenden diesseits des Schriftspiegels eingezeichnet, die der Liebende in seinem Wunsch, sich mit seinem Urbild zu vereinen, zu überschreiten sehnt. 2009 konnte Yves Porter allerdings in einer Analyse des Gesamtmanuskriptes zeigen, dass dieses Schriftfeld überraschenderweise außerhalb des Schriftspiegels gesetzt wurde und sich der Schriftspiegel vielmehr mit den Mauern des Gartens deckt (Porter, »The Illustration of the Three Poems of Khwājū Kirmānī«, S. 365). Unter dieser Prämisse befindet sich auch der Geliebte außerhalb des Schriftspiegels, und das Feld innerhalb des Schriftspiegels wird mit dem Palast identifiziert, den es auf dem Weg zueinander zu durchqueren gilt. Ich frage mich, ob diese Doppeldeutigkeit als eine Andeutung zu verstehen ist, dass die Position des Liebenden zwischen der weltlichen Sphäre der Abbilder und seiner Herkunft aus der Welt der Urbilder changiert.

140 Die Ambivalenz wird dadurch verstärkt, dass das Narrativ in Khvājūs Text nicht wie etwa in der *Pèlerinage de la vie humaine* explizit als Traum präsentiert, sondern nur die Poesie Khvājūs im Allgemeinen eingangs mit einer »traumhaften« Inspiration assoziiert wird. Vgl. zur Rolle solcher »oblique expressions« und »poetics of analogy« in der Entwicklung der persischen Hofpoesie im Allgemeineren und bei Khvājūs Vorbild Niẓāmī im Besonderen insbesondere Julie Scott Meisami, *Medieval Persian Court Poetry*, Princeton 1987, hier S. 20 und 30.

explizit mit einem Traumbild und dessen Funktion in Verbindung gebracht, sondern es macht die Betrachtenden auch darauf aufmerksam, dass Bilder nicht nur die sichtbare Welt zeigen, sondern auch als Sinnbilder fungieren können, die zwischen »Diesseits« und »Jenseits« vermitteln. In dieser Hinsicht fungiert die Darstellung des schlafenden Dichters als Illustration von Khvājū-yi Kirmānīs Konzept von »traumhafter« Dichtung und gleichzeitig als Vorbild für die Wahrnehmung der anderen Miniaturen der Handschrift. Sie wird zum Sinnbild für die sinnbildliche Funktion des visuell wahrnehmbaren Mediums der Miniatur. Die Eingangsminiatur des *Gartens des Lichts* kann also als einführender Hinweis darauf verstanden werden, dass die Miniaturen wie Traumbilder als »Abbilder aus der Sinnenwelt« anzusehen sind, die zugleich als Sinnbilder geistige Inhalte aus einer »höheren Welt« vermitteln.[141]

2 Der Blick in den Spiegel. Wegweisende Visionen in einer Handschrift von Guillaume de Deguilevilles *Pèlerinage de la vie humaine*

In der erwähnten nordfranzösischen Anthologie, die um 1400 zusammengestellt wurde und heute in der Stadtbibliothek von Arras aufbewahrt wird,[142] befinden sich neben der kompletten Trilogie von Guillaume de Deguilevilles *Pèlerinages* auch Exzerpte aus dem *Roman de la rose* und eine Übersetzung von Boethius' *Consolatio philosophiae*, die beide ebenso wie die *Pèlerinage de la vie humaine* zu den am häufigsten kopierten Texten der Zeit gehören,[143] sowie ein paar kürzere Texte.[144] Nach der *Pèlerinage de Jhesuchrist* und einigen kürzeren Texten befinden sich auf fol. 76r zwischen der einführenden Rubrik und dem Beginn des Textes der *Pèlerinage de la vie humaine* zwei Darstellungen, eines predigenden und – wie schon zu Beginn der *Pèlerinage de Jhesuchrist* (fol. 3v) und wie im Folgenden dann auch zu Beginn der *Pèlerinage de l'âme* (fol. 161r) – eines träumenden Mönches in etablierter Ikonographie (Abb. 11).[145] In der linken Spalte unterhalb der Darstellung der Predigt beginnt mit den folgenden Versen ein Monolog des Pilgers:

> Jenen in diesem Land, die hier kein Zuhause haben, sondern alle – Reiche, Arme, Weise und Törichte, Könige und Königinnen – wie St. Paul sagt,

141 Teresa Fitzherbert erwägt: »perhaps the carefully positioned paintings in the British Library manuscript should be also understood as punctuating the text with elaborate pause marks – the impact of the visual image in the midst of text used to focus the reader's attention upon the underlying meanings«. Fitzherbert, »Khwājū Kirmānī (689–753/1290–1352)«, S. 149.

142 Vgl. zu dieser Handschrift insbesondere Emilie Fréger, Anne-Marie Legaré, »Le manuscrit d'Arras (BM, ms 845) dans la tradition des manuscrits enluminés du Pèlerinage de l'Ame en vers: spécificité iconographique et milieu de production«, in: Frédéric Duval (Hrsg.), *Guillaume de Digulleville. Les pèlerinages allégoriques*, Rennes 2008, S. 331–347 und Robert L. A. Clark, Pamela Sheingorn, »Were Guillaume de Digulleville's Pèlerinages ›Plays‹? The Case for Arras Ms. 845 as Performative Anthology«, in: *European Medieval Drama* 12, 2008, S. 109–147. Die vollständige Handschrift ist online unter https://dlmm.library.jhu.edu/viewer/ einzusehen, Stand 13.3.2019.

143 Vgl. Clark, Sheingorn, *»Were Guillaume de Digulleville's Pèlerinages ›Plays‹?«*, in: *European Medieval Drama* 12, 2008, S. 109–147, S. 116.

144 Eine vollständige Aufstellung findet sich unter Anne-Marie Bouly de Lesdain, Géraldine Veysseyre, »Arras, Bibliothèque municipale, 0532 (0845)«, in: *Jonas. Répertoire des textes et manuscrits médiévaux en langue d'oc et d'oïl*, http://jonas.irht.cnrs.fr/manuscrit/3328, Stand 2.1.2014.

145 Vgl. Peters, *Das Ich im Bild*, S. 140–162.

Abb. 11 – Der Autor predigt und der Autor träumt, Guillaume de Deguileville, *Pèlerinage de la vie humaine*, Nordfrankreich ca. 1400, Arras, Bibliothèque municipale, Ms. 845, fol. 76r.

> Pilger und Pilgerinnen sind, will ich eine Vision erzählen, die ich kürzlich hatte, während ich schlief. Während ich wach war, hatte ich den wunderschönen Rosenroman gelesen, studiert und eingehend betrachtet. Ich bin sicher, dass er es war, der den entscheidenden Anstoß zu diesem Traum gab, von dem ich gleich berichten will. […] Nun hört von der Vision, die ich während meines religiösen Lebens in der Abtei von Chaalis hatte, als ich im Bett lag.[146]

In der rechten Spalte beginnt dann unterhalb der Darstellung des Träumenden die eigentliche Schilderung der Vision:

> Als ich schlief, träumte ich, dass ich ein Pilger war, der begeistert war, in die Stadt Jerusalem zu ziehen. In einem Spiegel, der mir maßlos groß erschien, sah ich diese Stadt von ferne.[147]

Der Übergang von der extradiegetischen Adressierung der Lesenden zur diegetischen Erzählebene, auf der der Traum beschrieben wird, wird also durch eine Doppelminiatur vermittelt, in der erst ein Redner zu sehen ist, der zu sitzenden und herantretenden Zuhörern spricht, und dann ein Träumender.[148] Neben dieser Figur, die im Bett liegt, ist – dem Text entsprechend – in einem Spiegel die Stadt Jerusalem zu sehen. Damit wird nicht nur Jerusalem, sondern auch die Sphäre des Traumes im Allgemeineren im

146 Guillaume de Digulleville , *Pèlerinage de vie humaine* 1, transkribiert v. Béatrice Stumpf nach der Handschrift BnF fr. 1818, www.cnrtl.fr/corpus/digulleville/VieHumaine.pdf, Stand 7.1.2014, V. 1–14 und 31–34.

147 Guillaume de Digulleville , *Pèlerinage de vie humaine 1*, V. 35–42.

148 Vgl. zu dieser vermittelnden Funktion von Titelminiaturen von *Pèlerinage de la vie humaine*-Handschriften im Allgemeineren Herman Braet, »Les images inaugurales dans les manuscrits enluminés *du Pèlerinage de vie humaine* en vers«, in: Frédéric Duval (Hrsg.), *Guillaume de Digulleville. Les pèlerinages allégoriques,* Rennes 2008, S. 43–52, speziell S. 44.

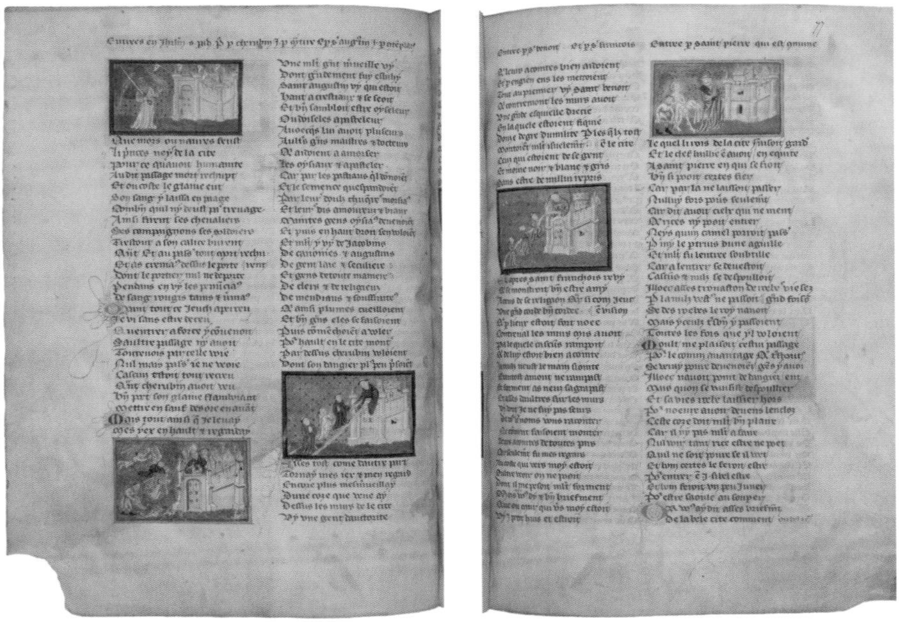

Abb. 12–13 – Guillaume de Deguileville, *Pèlerinage de la vie humaine*, Nordfrankreich ca. 1400, Arras, Bibliothèque municipale, Ms. 845, fol. 76v und 77r.

Rahmen eines Spiegels in die Welt des Schlafenden eingeführt.[149] Damit macht die Miniatur den Spiegel, den der Protagonist dem Text zufolge im Traum sieht, zum Rahmen des Traumbildes selbst und führt Traum- und Spiegelbild damit eng. Diese bildinterne Rahmung fällt dann mit dem Umblättern weg: Auf der folgenden Seite ist Jerusalem an der gleichen Stelle der Seite vollformatig in den Miniaturen zu sehen (Abb. 12–13).

Ursula Peters hat unterstrichen, dass die Ikonographie des träumenden Autors in den Handschriften der *Pèlerinage de la vie humaine* auf die Ikonographie des träumenden *Amant* zu Anfang des *Roman de la rose* zurückgreift, welcher auch im Text explizit als das Buch genannt wird, das der Autor vor dem Einschlafen gelesen habe. Die Kombination mit der Predigtszene jedoch mache deutlich, dass es im Gegensatz zum sinnlich geprägten Traum des *Roman de la rose* um ein »spirituell-gelehrtes« Traumverständnis gehe.[150] Ebenso wie in der Khvājū-Illustration wird also auch hier der träumende Autor dezidiert mit religiösen Konnotationen in Verbindung gebracht, um der folgenden Traumdarstellung Glaubwürdigkeit zu verleihen.[151]

149 Diese Identifikation von Traum und Spiegel ist hier nicht neu. Akbari hat sie beispielsweise in Alanus de Insulis *De planctu Naturae* aufgewiesen. Akbari, *Seeing Through the Veil*, S. 10.

150 Peters, *Das Ich im Bild*, S. 153. Werner Gewande spricht von diesem Text als »geistlichem Gegenbild« des Rosenromans, zitiert nach Peters, *Das Ich im Bild*, S. 140. Vgl. zum Verhältnis der Frontispize von *Pèlerinage de la vie humaine* und *Roman de la rose* auch Braet, »Les images inaugurales dans les manuscrits enluminés du *Pèlerinage de vie humaine* en vers«, S. 45.

151 Jenseits dieser speziellen Ikonographie ist über Autorendarstellungen in westeuropäischen Handschriften verschiedentlich konstatiert worden, wie Autorendarstellungen speziell im Typus am

Die Abgrenzung des geistigen Traumverständnisses der *Pèlerinage de la vie humaine* vom sinnlich basierten Traumverständnis des *Roman de la rose*[152] entspricht der unterschiedlichen Funktion des Spiegels, in dem in beiden Texten das Objekt erscheint, nach dem die Hauptfigur innerhalb des Textes streben wird: Im Rückgriff auf die mittelalterliche Ikonographie der Gegenüberstellung eines »hilfreichen Spiegels der Voraussicht [...] und des gefährlichen Spiegels der narzisstischen Selbstbezogenheit«[153] eröffnet der Spiegel in der *Pèlerinage de la vie humaine* einen Blick auf das himmlische Jerusalem, während der Erzähler am Anfang des *Roman de la rose* in der Quelle des Narziss die Rose erblickt.[154] Der Anblick der Rose führt dazu, dass der Erzähler von Amor mit den Pfeilen des »süßen Blicks«, des »*douz regarz*«[155] getroffen wird, der ihn zu seinem Vasallen macht. Die Aussicht auf das heilige Jerusalem veranlasst den Erzähler zu seiner Pilgerfahrt. Während der Spiegel zu Beginn des *Roman de la rose* als Instrument der sinnlichen Verführung fungiert, setzt ihn die *Pèlerinage de la vie humaine* an dieser Stelle als Medium der Erkenntnis ein.[156]

Dieselbe Spannbreite möglicher Funktionen findet sich in den zeitgenössischen Debatten um die Bewertung von Spiegeln, ebenso wie in jenen um die Funktion von Träumen.[157] Letztere spitzen sich im spätmittelalterlichen Kontext zunehmend zu: Im Anschluss an die Rezeption der Traumtheorien des Aristoteles im 13. Jahrhundert ist eine zunehmende Skepsis gegenüber Träumen festzustellen, wofür Steffen Bogen den Rosenroman als paradigmatisch betrachtet.[158] Ihm zufolge rekurriert nicht nur der Text des Rosenromans auf die aristotelische Kritik am Status von Träumen als Visionen,[159] sondern auch »das Betrachten von Bildern musste nicht unbedingt visionsgläubig als Analogon der Offenbarung verstanden werden, sondern konnte auch visionsskeptisch als Analogon einer noch nicht vollständig geleisteten Unterscheidung von Traum und Wirklichkeit aufgefasst werden«.[160] Suzanne Conklin Akbari geht noch weiter: Ihr zufolge ist der Rosenroman ein Beispiel für die zunehmend kritische Diskussion über die »frühmittelalterliche Annahme, dass das Sehen bruchlos zwischen

Schreibpult den *auctoritas*-Anspruch von Evangelistenportraits auf die poetische Autorschaft übertragen. Vgl. z. B. Ursula Peters, »Werkauftrag und Buchübergabe. Textentstehungsgeschichten in Autorbildern volkssprachiger Handschriften des 12. bis 15. Jahrhunderts«, in: Gerald Kapfhammer, Wolf-Dietrich Löhr, Barbara Nitsche (Hrsg.), *Autorbilder. Zur Medialität literarischer Kommunikation in Mittelalter und Früher Neuzeit*, Münster 2007, S. 27.

152 Vgl. zu einem Überblick über die Forschung zur Traumdarstellung im Rosenroman Bogen, *Träumen und Erzählen. Selbstreflexion in der Bildkunst vor 1300,* S. 302.

153 Akbari, *Seeing Through the Veil*, S. 7.

154 Guillaume de Lorris, Jean de Meun, *Der Rosenroman*, übers. u. eingeleitet v. Karl August Otto, München 1976, S. 154–155. Zum Spiegel im Rosenroman im Kontext bildtheoretischer Diskussionen vgl. Gerhard Wolf, *Schleier und Spiegel. Traditionen des Christusbildes und die Bildkonzepte der Renaissance*, München 2002, S. 224–225.

155 de Lorris, de Meun, *Der Rosenroman*, S. 122–123.

156 Damit greift sie ebenfalls auf einen Topos zurück. Vgl. zu diesem Topos des Spiegels als Metapher der Erkenntnis beispielsweise Elena Filippi, Harald Schwaetzer (Hrsg.), *Spiegel der Seele. Reflexionen in Mystik und Malerei*, Münster 2012.

157 Vgl. hierzu z. B. Steven F. Kruger, *Dreaming in the Middle Ages*, Cambridge 2005 [1992], S. 83–122 sowie S. 136–140 in Bezug auf die Parallelen zwischen Traum und Spiegel. Dabei verweist er darauf, dass Ibn al-Haytham den wahren Traum und den Spiegel assoziiere (S. 136).

158 Bogen, *Träumen und Erzählen. Selbstreflexion in der Bildkunst vor 1300*, S. 301–326.

159 Er zitiert hier die Aussagen der Personifikation der Natur zu diesem Thema: Bogen, *Träumen und Erzählen. Selbstreflexion in der Bildkunst vor 1300*, S. 306 und 318.

160 Bogen, *Träumen und Erzählen. Selbstreflexion in der Bildkunst vor 1300*, S. 319.

Subjekt und Objekt vermittle«,[161] die spätestens ab dem 13. Jahrhundert nicht zuletzt im Zuge der Übersetzung von optischen Theorien aus dem Arabischen zu beobachten ist. Wenn die *Pèlerinage de la vie humaine* also ihre Darstellung des visionären Traumes der Traumdarstellung des Rosenromans explizit entgegensetzt, dann ist dies als Abgrenzung von der Ikonographie einer Handschrift zu verstehen, die als exemplarisch für die Traumskepsis der Zeit betrachtet werden kann. Die dezidierte Abgrenzung der Illustrationen der *Pèlerinage de la vie humaine* von denen des Rosenromans ist also als eine Strategie der Verteidigung des Status von Bildern als Vision in einem historischen Kontext zu verstehen, in dem dieser in besonderem Maße angezweifelt wurde.

Angesichts dieser zunehmenden Skepsis ist es von besonderer Dringlichkeit, die Unterscheidung zwischen einem täuschenden und einem erkenntnisbringenden Traum sowie zwischen einem täuschenden und einem erkenntnisbringenden Spiegel jeweils unzweifelhaft aufzuweisen. Daher geht Guillaume de Deguileville dieses Problem offensiv an: Indem er – das haben Fabienne Pomel und Anne-Marie Legaré ebenso gezeigt wie Steven Kruger – Spiegel in der *Pèlerinage de la vie humaine* einerseits als täuschende Attribute von Müßiggang und Stolz, aber andererseits als Medium der Vision am Anfang sowie als Element am Knauf seines Stabes der Hoffnung einsetzt, thematisiert er explizit die Bandbreite möglicher Funktionen des Spiegels vom täuschenden materiellen Bild und Element des reinen Selbstbezugs bis zum erkenntnisfördernden Instrument in Bezug auf eine Sphäre jenseits der Welt.[162] Letzteres wird dabei explizit mit Christus als Spiegel ohne Flecken verglichen und Christus so als reinste und von der Sünde ungetrübte Widerspiegelung Gottes auf Erden und damit als Vorbild für den Menschen präsentiert.[163] Die Vorstellung eines reinen Spiegels, in dem sich der Glanz Gottes spiegelt, ist – das sei vorausgeschickt – auch im persischen Kontext zu finden, und ich werde im dritten Kapitel darauf zurückkommen.[164]

Zu diskutieren ist an dieser Stelle, wie die Eingangsminiatur selbst sicherstellt, dass der Spiegel, in dem das heilige Jerusalem zu sehen ist, eindeutig der erkenntnisfördernden Sorte zuzuordnen ist. Die Handschrift setzt hierzu eine zusätzliche Miniatur ein, die wohl von einer anderen Hand stammt:[165] Neben dem Bild auf fol. 76r mit der etablierten Ikonographie des schlafenden Mönches vor dem Rundspiegel, in dem das

161 Akbari, *Seeing Through the Veil*, S. 19 sowie ausführlicher S. 45–113. Sie konstatiert dies bereits im Teil von Guillaume de Lorris, um dann in Jean le Meuns Text eine zunehmende Übertragung dieser Skepsis auf die Funktion der Allegorie zu beschreiben.

162 Kruger, *Dreaming in the Middle Ages*, S. 138–139 sowie Anne-Marie Legaré, Fabienne Pomel, »Les miroirs du *Pèlerinage de Vie humaine*. Le texte et l'image«, in: Fabienne Pomel (Hrsg.), *Miroirs et jeux de miroirs dans la littérature médiévale*, Rennes 2003, S. 125–155, S. 135–141.

163 »Le haut pommel est Jhesuchrist / Qui est, so com la lettre dist / Un miroir qui est sans tache, / Où chascun puet veoir sa face, / Où tout le monde soi mirer«. Guillaume de Digulleville, *Pèlerinage de vie humaine 1*, V. 3691–3795. Vgl. hierzu Legaré, Pomel, »Les miroirs du *Pèlerinage de Vie humaine*«, S. 133–134, die auch darauf hinweisen, dass dies ein Rekurs auf das Buch der Weisheit ist, in dem die Weisheit folgendermaßen beschrieben wird: »Sie ist der Widerschein des ewigen Lichts, der ungetrübte Spiegel Gottes, das Bild seiner Vollkommenheit.« (Buch der Weisheit 7,26)

164 Vgl. das Unterkapitel III. 5 »Un-/Vergleichbares. Spiegelbildlichkeit im altfranzösischen Prosa-Alexanderroman, Niẓāmīs *Iskandarnāmah* und Guillaumes *Pèlerinage de la vie humaine*«.

165 Vgl. z. B. Michael Camille, *The Illustrated Manuscripts of Guillaume de Digulleville's »Pèlerinages« 1330–1426,* Dissertation 1984, S. 147. Clark und Sheingorn vertreten im Unterschied zu Camille die These, dass diese großformatigen Miniaturen eingefügt wurden, als die Anthologie aus früheren Handschriften zusammengestellt wurde. Clark, Sheingorn, »Were Guillaume de Digulleville's Pèlerinages ›Plays‹?«, S. 136–145.

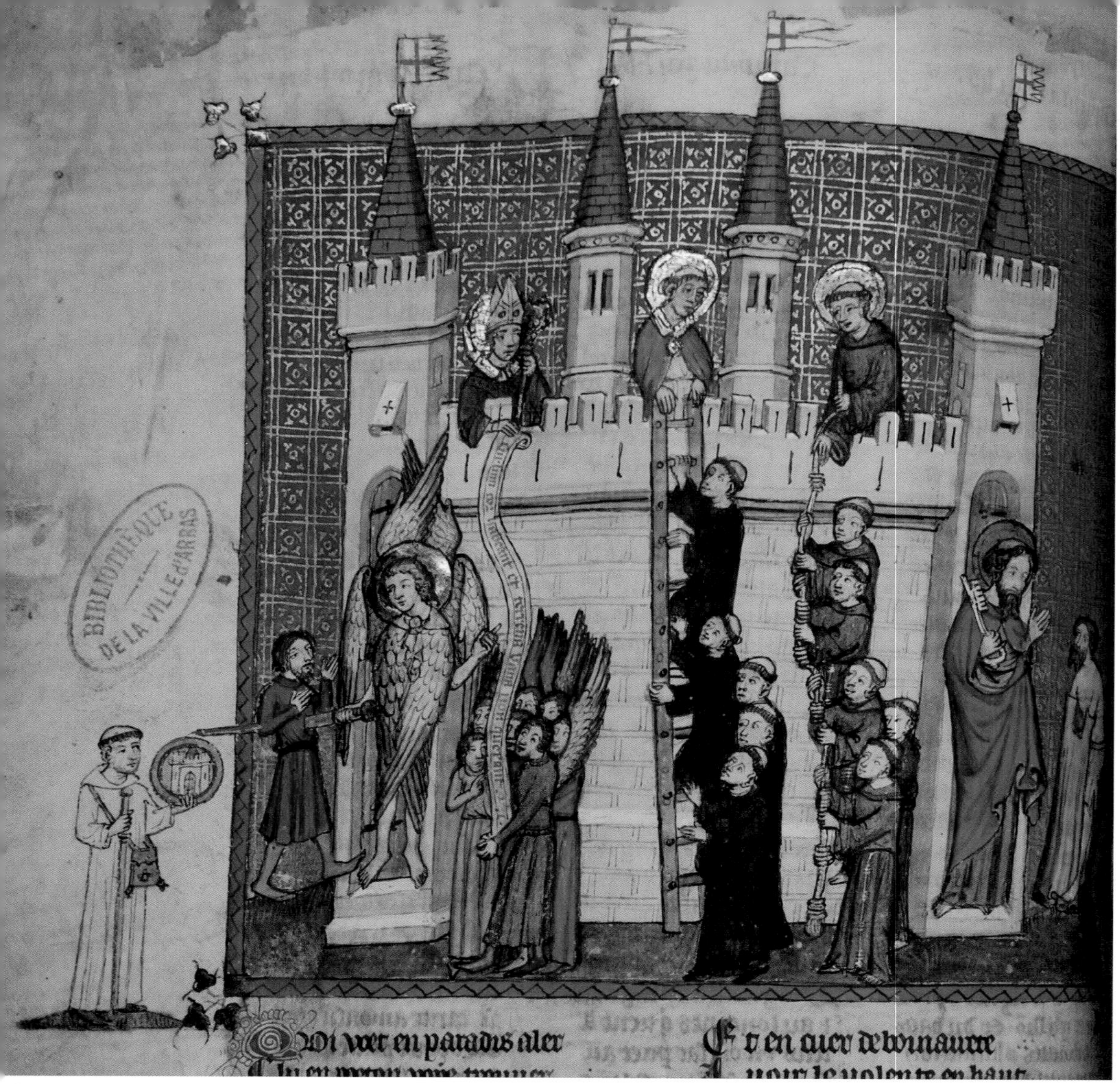

Abb. 14 – Detail aus Abb. 4.

heilige Jerusalem zu sehen ist, steht links auf fol. 75v eine weitere Miniatur, die das himmlische Jerusalem zeigt (Abb. 4 und 14). Darunter ist ein Fragment der *Voie de Paradis* eingefügt.[166] Links im Rand erscheint der Erzähler mit dem Pilgerstab in der einen und einem Rundspiegel, der eine Pforte des himmlischen Jerusalems reflektiert, in der anderen Hand. Dabei hält er den Rundspiegel so, dass sich dieser zwischen ihm und der Pforte innerhalb der Miniatur befindet. So wird dem Text entsprechend der Mittlerstatus betont, den der Spiegel zwischen dem Träumenden und dem heiligen Jerusalem einnimmt – und es wird veranschaulicht, dass Spiegelbilder es, bildlich gesprochen, ermöglichen, die Grenze zwischen der diesseitigen und einer jenseitigen Sphäre zu durchschauen. Damit demonstriert die Miniatur, dass der Spiegel nicht etwa ein Trugbild auf einer glänzenden materiellen Oberfläche präsentiert, sondern als ein

166 Lesdain, Veysseyre, »Arras, Bibliothèque municipale, 0532 (0845)«.

Medium anzusehen ist, das einen beschränkten Durchblick auf eine Sphäre jenseits dieser Welt eröffnet.[167] Zugleich wird durch die Positionierung des Erzählers im Rand unterstrichen, dass diese Perspektive zu diesem Zeitpunkt der Reise nur »durch den Spiegel [*par le biais du miroir*]«[168] eröffnet wird.[169] Der Spiegel ist, in den Worten von Legaré und Pomel, als »bevorzugtes Medium [...] das Emblem der indirekten Vision«[170]. So kann man festhalten, dass die Arasser Anthologie dem üblichen Miniaturenprogramm der *Pèlerinage de la vie humaine* ein zusätzliches Frontispiz voranstellt. Dieses visualisiert explizit, dass es sich bei dem Traum- und Spiegelbild, das den Pilger leitet, um einen Ausblick auf eine Sphäre jenseits der materiellen Welt handelt. Der narzisstischen Täuschung, der der Autor des *Roman de la rose* nachläuft, wird in der *Pèlerinage de la vie humaine* ein Bild entgegengesetzt, das einen Einblick in eine jenseitige Sphäre vermittelt.

Zwischen dem Pilger im Rand und der Pforte des heiligen Jerusalem innerhalb der Miniatur steht aber nicht nur der Spiegel, der den Rahmen des Bildes zu durchschauen ermöglicht. Vor der Pforte steht innerhalb der Miniatur auch ein Cherub, dessen Schwert gerade einen Prinzen durchbohrt und mit der Spitze über den Bildrand hinweg in Richtung Pilger zeigt. So macht das Schwert des Cherubs deutlich, dass die Bedingung für einen unmittelbaren Zugang zum heiligen Jerusalem der Tod ist.[171] Damit wird der Spiegel hier in genau der Funktion verwendet, die ihm im ersten Korintherbrief zugeschrieben wird: »Jetzt schauen wir in einen Spiegel und sehen nur rätselhafte Umrisse, dann aber schauen wir von Angesicht zu Angesicht.« (1. Kor 13,12).[172] Der Spiegel eröffnet einen mittelbaren Blick auf etwas, das uns erst nach dem Tode unmittelbar zugänglich ist.[173] Dementsprechend ist am Ende der *Pèlerinage de la vie*

167 Susan K. Hagen hat dieses Verständnis des Spiegels mit optischen Traktaten des Hochmittelalters in Verbindung gebracht, die das Spiegelbild als »Erscheinung eines Gegenstandes jenseits seines Ortes« beschreiben. Susan K. Hagen, *Allegorical Remembrance. A Study of The Pilgrimage of the Life of Man as a Medieval Treatise on Seeing and Remembering*, Athen 1990, S. 26. Sie verweist hier auf Pecham. Lindberg zufolge ist dies ein Topos, der sich bis zu Seneca zurückverfolgen lässt (vgl. Lindberg, *Theories of Vision from al-Kindi to Kepler*, S. 87). Entscheidend ist dabei, dass der zu sehende Gegenstand nicht dem Medium des Spiegels zuzuschreiben ist. Hagen zufolge wird das bildlich dadurch betont, dass der Gegenstand beispielsweise in einer Illustration aus dem Ms. 376 der Bibliothèque nationale den Rahmen und die Oberfläche des Spiegels überschreitet (Hagen, *Allegorical Remembrance*, S. 27). In unserem Beispiel ist das nicht im Spiegel, wohl aber in der Miniatur der Fall. So könnte man diese Überschreitung der Bildgrenzen im Anschluss an Hagen möglicherweise als Verweis darauf verstehen, dass die Sicht, die uns Bilder eröffnen, zwar begrenzt ist, wohl aber eine jenseits dieser Medien existierende Realität zeigt.

168 Legaré, Pomel, *»Les miroirs du Pèlerinage de Vie humaine«*, S. 128.

169 Zur Tradition der ›marginalen‹ Betrachterfiguren in der Darstellung von Visionen und der Bandbreite ihrer möglichen Konnotationen vgl. Peter K. Klein, »Visionary Experience and Corporeal Seeing in Thirteenth-Century English Apocalypses: John as External Witness and the Rise of Gotic Marginal Images«, in: Colum Hourihane (Hrsg.), *Looking beyond. Visions, Dreams, and Insights in Medieval Art and History*, Princeton 2010, S. 177–201 sowie Ganz, *Medien der Offenbarung*, Kapitel 6 sowie 7.2.

170 Legaré, Pomel, »Les miroirs du *Pèlerinage de Vie humaine*«, S. 128.

171 Dabei wäre zu diskutieren, inwiefern dieser Cherub in Bezug auf die Wächterfiguren zu verstehen ist, die der Rosenroman an die Stelle der Traumboten setzt. Vgl. Bogen, *Träumen und Erzählen. Selbstreflexion in der Bildkunst vor 1300*, S. 307.

172 Ich danke Christian Heck für diesen Hinweis.

173 Zudem sind in der Miniatur Mönche zu sehen, die die Mauern auf verschiedene Weisen überwinden, sowie Arme, die Petrus durch ein weiteres Tor hereinlässt, was der Erzähler auf die Notwendigkeit der Armut und das Gleichnis bezieht, dem zufolge eher ein Kamel durch ein Nadelöhr geht, als ein Reicher in das Reich Gottes gelangt (V. 174–177).

Abb. 15 – Cherub, *Sex al[a]e Cherubin*, Nordfrankreich ca. 1400, Arras, Bibliothèque municipale, Ms. 845, fol. 160v.

humaine nicht nur zu lesen, dass die Tür zu eng ist und Körper und Seele nicht zusammen hindurch gehen können (V. 13460), sondern auch, dass man nun »an der Pforte und der Tür [sei], die man vor langer Zeit im Spiegel gesehen« habe (V. 13471–2).

In der Arasser Anthologie folgen auf das Ende der *Pèlerinage de la vie humaine* zunächst zwei Gedichte, in denen es um den Tod geht, bevor die *Pèlerinage de l'âme* beginnt. Zwischen der Ankündigung und Kapitelübersicht der *Pèlerinage de l'âme* und dem Textbeginn eingeschoben ist zudem ein kurzes Gedicht mit dem Incipit *»Sex al[a]e Cherubin«*. Darüber ist eine großformatige Darstellung eines Cherubs zu finden, dessen Flügel mit den Tugenden beschriftet sind (Abb. 15).[174] Da sich diese Miniatur auf der Versoseite vor dem Beginn des Textes der *Pèlerinage de l'âme* befindet, nimmt

174 Vgl. Camille, *The Illustrated Manuscripts of Guillaume de Digulleville's »Pèlerinages«*, S. 148 sowie Clark, Sheingorn, »Were Guillaume de Digulleville's Pèlerinages ›Plays‹?«, S. 142–143.

sie zugleich die Position des Frontispizes dieses Textes ein. Genau an der Stelle, wo, im Anschluss an die Thematisierung des Todes, die Seele den Körper hinter sich lässt, um ihre Himmels- und Höllenreise anzutreten, setzt die Anthologie also das Bild eines Cherubs ein. Während sich der Cherub zu Beginn der *Pèlerinage de la vie humaine* als Traumbild ankündigte, tritt er den Lesenden nun formatfüllend vor Augen, sodass visualisiert wird, dass er sich nun an der Pforte befindet, »die man vor langer Zeit im Spiegel gesehen hat«. Es wird also nicht nur das Frontispiz der *Pèlerinage de la vie humaine* als »vorausschauendes« Bild inszeniert, sondern es wird in dieser Kapazität im Verlauf der Zeit der Lektüre auch bestätigt: Im Moment des Todes begegnet man dem besagten Cherub. Damit hat dieses Frontispiz meines Erachtens nicht nur die strukturelle Funktion eines visuellen Querverweises zwischen den verschiedenen Texten, die Michael Camille den Frontispizen in dieser Handschrift zugeschrieben hat,[175] sondern dieses Frontispiz unterstreicht auch die Funktion von Bildern als Spiegel, in denen etwas vermittelt wird, was erst später unmittelbar zu sehen ist. In den Frontispizen der *Pèlerinages* wird also explizit mit dem Verhältnis von erinnerten inneren und aktuell sichtbaren Bildern gespielt.

Robert L. A. Clark und Pamela Sheingorn haben angedeutet, dass diese Antizipation von Bildern, die die Lesenden erst später unmittelbar zu sehen bekommen, bereits in der Titelseite zu erkennen ist, die der Handschrift als Ganzer vorangestellt wird: Auf ihr sind die Zehn Gebote illustriert, und zugleich sind in einer »diagrammatischen Synthese« im Sinne Camilles zehn Pfeile auf den Betenden gerichtet (Abb. 16). Diese sind Clark und Sheingorn zufolge möglicherweise auf die Bedrohung durch die zehn Pfeile Amors zu beziehen, die im *Roman de la rose* beschrieben und auf fol. 259r der Handschrift auch illustriert werden.[176]

Im Anschluss an diese Überlegungen zur Funktion der Frontispize bleibt die Frage, welche Funktion den folgenden Miniaturen im Laufe der Pilgerreise zwischen diesen textübergreifenden Frontispizen zukommt. In Bezug auf den Text ist festzuhalten, dass das Spiegelbild, das dem Pilger zu Beginn das Ziel seiner Pilgerfahrt vorgibt, nicht einfach am Ausgangspunkt der Reise zurückbleibt, sondern ihm sicherheitshalber sowohl in der Erinnerung als auch faktisch im Knauf seines Pilgerstabes mit auf den Weg gegeben wird.[177] Auch die im Laufe der Lektüre folgenden Traumbilder

175 Camille, *The Illustrated Manuscripts of Guillaume de Digulleville's »Pèlerinages«*, S. 152.

176 Clark, Sheingorn, »Were Guillaume de Digulleville's Pèlerinages ›Plays‹?«, S. 139. Camille unterstreicht zudem den Bezug zwischen der Darstellung des heiligen Jerusalem zu Beginn der *Pèlerinage de la vie humaine* und der Darstellung des Schlosses der Eifersucht im Frontispiz der *Roman de la rose*-Passagen. Camille, *The Illustrated Manuscripts of Guillaume de Digulleville's »Pèlerinages«*, S. 150–152. Während die Tradition der Darstellung des träumenden Autors in einer Doppelminiatur zu Beginn der *Pèlerinage de la vie humaine* auf die Ikonographie des *Roman de la rose* zurückgreift und sich zugleich durch die Ergänzung der Predigtszene davon abgrenzt, scheint sich der Spieß umzudrehen, wenn das Frontispiz der Rosenroman-Passagen hier abweichend von dessen traditioneller Ikonographie nach dem Vorbild des Frontispizes der *Pèlerinage de la vie humaine* gestaltet wird. Es entspricht aber auch der Strategie der Anthologie, durch die Auswahl der Passagen die Differenz zwischen den Texten von Jean le Meun und Guillaume de Deguileville zu verschleifen und den früheren Text Jeans dem »spirituellen Korrektiv« Guillaumes unterzuordnen. Clark, Sheingorn, »Were Guillaume de Digulleville's Pèlerinages ›Plays‹?«, S. 114. So könnte mit dem Frontispiz des Schlosses der *Roman de la rose* auch visuell als vielleicht profanere, aber nicht unbedingt gegensätzliche Variante inszeniert werden.

177 Vgl. zu einer ausführlicheren Funktion der Erinnerung in den *Pèlerinage de la vie humaine* Hagen, *Allegorical Remembrance.*

Abb. 16 – Zehn Gebote, Nordfrankreich ca. 1400, Arras, Bibliothèque municipale, Ms. 845, fol. 1v.

von den Erlebnissen auf dieser Reise können nach Rosemond Tuve – in der Tradition der Entsprechung von Spiegel und Allegorie – als eine »Welt wahrer geistiger Bedeutung [angesehen werden], die sich in der realen wahrnehmbaren Welt ankündigt«.[178] Es handelt sich also, das ist weitgehend unumstritten, um allegorische Darstellungen, die simultan als sinnliche Gegenstände und als Symbole von Ideen angesehen werden müssen. Der Kritik einer »nicht vollständig geleisteten Unterscheidung zwischen Traum und Wirklichkeit«[179] scheint die *Pèlerinage de la vie humaine* also das Bildkonzept der Allegorie entgegenzusetzen, das der Funktion der Traumvision im Hinblick auf von Gott gegebene Ziele entspricht.[180]

Clark und Sheingorn haben betont, dass die Arasser Anthologie einen Großteil der in den Text integrierten Illustrationen mit der Rubrik »*actor*« assoziiert habe. »Diese Platzierung koppelt die Stimme der Narration an das Auge des Träumenden, sodass der Leser-Betrachter die Traumvision eher durch den Träumenden als durch die einzelnen Figuren ›sieht‹.«[181] Das führt dazu, dass »diese Miniaturen zeigen, was der Träumende zu sehen angibt, das heißt, sie helfen dem Leser-Betrachter die visuelle Erfahrung der

178 Rosemond Tuve, *Allegorical Imagery*. Some Mediaeval Books and Their Posterity, Princeton 1974 [1966], S. 199.

179 Bogen, *Träumen und Erzählen. Selbstreflexion in der Bildkunst vor 1300*, S. 319.

180 Hier könnte man wiederum nach einer vergleichbaren Funktion der Allegorie in der persischen Literatur fragen. Vgl. hierzu Meisami, *Medieval Persian Court Poetry*.

181 Clark, Sheingorn, »Were Guillaume de Digulleville's Pèlerinages ›Plays‹?«, S. 127.

Traumvision zu rekonstruieren«.[182] Auch durch ihre Platzierung im Text wird also unterstrichen, dass die Miniaturen keine Realität darstellen, sondern eine Traumvision.[183]

Vor diesem Hintergrund ist es zu verstehen, dass den Leserinnen und Lesern in dieser Handschrift zu Beginn der *Pèlerinage de la vie humaine* mit der Darstellung eines Spiegels ein sinnlich wahrnehmbares Bild einer jenseitigen Welt vor Augen gehalten wird, das als emblematische Veranschaulichung von dessen Bildverständnis angesehen werden kann. Und vielleicht sogar als emblematisch für die Handschrift selbst: Eine Rubrik des Arasser Kodex zumindest bezeichnet die Trilogie, in der im Übrigen alle drei Teile mit einem Traum beginnen, selbst als »*biaus miroirs de sauvement*«, »schöne Spiegel der Rettung«.[184] Der Spiegel wird den Lesenden also mit auf den Weg gegeben, um ihn daran zu erinnern, dass die Traumbilder ebenso wie die Miniaturen nicht allein als Abbilder der Welt, sondern als Allegorien eines Weges zu verstehen sind, der zum heiligen Jerusalem führt.[185]

Die Konzepte von Traumbildern entsprechen sich in den beiden hier diskutierten Handschriften von Guillaumes *Pèlerinage de la vie humaine* und Khvājūs *Mathnavīs* also darin, dass sie Träume als Sinnbilder für sinnlich nicht wahrnehmbare Sphären inszenieren und Traumbilder damit als ideale Bilder präsentieren. Vor allem aber exemplifizieren die Darstellungen des Traumbildes in den Miniaturen, die in den beiden Handschriften am Anfang des Textes platziert sind, jeweils ein Bildverständnis, das diesem Traumverständnis entspricht: Bilder können etwas vermitteln, was gegenwärtig nicht sinnlich wahrnehmbar ist, und eröffnen damit einen Ausblick auf etwas, was erst später – im Falle des französischen Kodex nach dem Tod und im Fall des persischen infolge zunehmender Annäherung an die Eigenschaften des Propheten – unmittelbar zu sehen ist. Zugleich verändert die Erinnerung an diese Bilder die Wahrnehmung der folgenden Miniaturen – sei es, indem sie auf Überschreitungen des Schriftspiegels aufmerksam macht, die Transzendierungen des Sichtbaren bedeuten, sei es, indem sie bei der Thematisierung des Todes die anfangs vorhergesagte Konfrontation mit dem

182 Clark, Sheingorn, »Were Guillaume de Digulleville's Pèlerinages ›Plays‹?«, S. 130.

183 In anderen Manuskripten von Guillaumes Trilogie (z. B. BnF fr. 14976) und insbesondere in der *Pèlerinage de Jhesuchrist* haben Clark und Sheingorn eine ähnliche Funktion für die Glossen dieses Textes aufgewiesen, während sie den Bildern hier eher die körperliche Erfahrung visualisieren. Vgl. Robert L. A. Clark, Pamela Sheingorn, »Encountering a Dream-Vision: Visual and Verbal Glosses to Guillaume de Digulleville's Pelerinage de Jhesuchrist«, in: Sarah Blick, Laura D. Gelfand (Hrsg.), *Push Me, Pull You. Imaginative and Emotional Interaction in Late Medieval and Renaissance Art*, Leiden/Boston 2011, S. 3-38, hier S. 12.

184 Legaré, Pomel, »Les miroirs du *Pèlerinage de Vie humaine*«, S. 125. Patricia Eberle hat ausgeführt, dass der *Roman de la rose* von le Meun auch als *Mirouer aus Amoureus* bezeichnet wird und der Spiegel als paradigmatisch für sein Poesieverständnis gelten kann. Sie zeigt weiter, wie dieses Verständnis von den optischen Diskursen der Zeit insbesondere von Grosseteste geprägt ist. Daraus ergibt sich ihr zufolge ein Verständnis des Spiegels als Multiplikator der Spezien im Sinne von Bildern und Formen, der durchaus auch Brechungen aufweisen könne. Vgl. Patricia J. Eberle, »The Lovers' Glass. Nature's Discourse on Optics and the Optical Design of the *Romance of the Rose*«, in: *University of Toronto Quarterly* XLVI/3, 1977, S. 241–262.

185 Vgl. zum Allegorieverständnis dieses Textes insbesondere Hagen, *Allegorical Remembrance*, S. 145–218. Hagen sieht wiederum eine Verbindung zwischen der allegorischen Lesbarkeit des Textes und zeitgenössischen Wahrnehmungstheorien, insbesondere denjenigen Pechams: Letztere gehen davon aus, dass nichts Visuelles erkannt werden kann, ohne dass die Vernunft die sinnlich wahrgenommenen Formen mit den erinnerten Universalien in Verbindung bringt (vgl. Hagen, *Allegorical Remembrance*, S. 29). Ebenso seien in einer allegorischen Lesart die sinnlich wahrnehmbaren Gestalten mit übersinnlichen Konzepten in Verbindung zu bringen.

Cherub vergegenwärtigt. Damit eröffnen die Miniaturen als Horizont und Vorbild auch für die folgenden Bilder eine doppelte Lesart als sinnlich wahrnehmbare Abbilder und heilsorientierte Sinnbilder. Die Miniaturen thematisieren also nicht nur die Funktion von Träumen als »vorbildliche« innere Bilder, sondern sie präsentieren sich in einer solchen Funktion und demonstrieren innerhalb der Handschrift, wie erinnerte Bilder die visuelle Wahrnehmung prägen.

Diese Funktion von Sinnbildern, visuell Wahrgenommenes mit geistigen Inhalten in Verbindung zu bringen, wird immer wieder als vergleichendes Verfahren beschrieben. So hat beispielsweise Julie Scott Meisami dargelegt, dass für die Funktion von Metaphern als »Darstellung des inneren Wesens der Dinge« in der persischen Poesie das Verfahren des Vergleichens jenseits von Ähnlichkeit grundlegend ist.[186] Damit könnte man fragen, inwiefern hier nicht nur ein Sehen im Vergleich zu beobachten ist, sondern auch ein Sehen als Vergleich, als beständiges Abgleichen äußerer und innerer Bilder.

Angesichts dieser Parallelen zwischen den Traumdarstellungen in beiden Handschriften steht die Frage im Raum, inwiefern sie auf gemeinsame Vorbilder zurückzuführen sind. Inwiefern greifen etwa die Traumvorstellungen Khvājū-yi Kirmānīs und Guillaume de Deguilevilles auf Modelle zurück, die zwischen beiden Kontexten zirkulierten? Untersuchen ließe sich dies möglicherweise an der Rezeption der Traumtheorien Ibn Sīnās (lat. Avicenna).[187] So ist über Khvājū-yi Kirmānī überliefert, dass er – noch vor seiner Zeit bei dem besagten Simnānī – in einer Sufibruderschaft gelernt habe, deren Gründer ein direkter Kontakt mit Ibn Sīnā zugeschrieben wird.[188] Kathryn Lynch hat zudem betont, wie wichtig die Traumtheorie Ibn Sīnās, die im Westen im 12. Jahrhundert verfügbar wurde, für die Entwicklung eines Konzeptes der Imagination war, das in seinem Bezug auf die Vernunft und im Rückgriff auf die Erinnerung die richtige Deutung von Träumen erlaubt.[189]

Es sind aber nicht nur gemeinsame Vorbilder zu eruieren, sondern es ist auch anzumerken, wie in beiden Kontexten die anzustrebenden, idealen inneren Bilder von Trugbildern abgegrenzt werden, die mit den niederen, triebhaften Aspekten menschlicher Liebe in Verbindung gebracht werden: Guillaume de Deguileville präsentiert seinen Traum einer Pilgerfahrt als geistigen Gegenentwurf zu Jean le Meuns Träumen von leiblicher Liebe. In Khvājū-yi Kirmānīs Epen ist eine solche Abgrenzung ebenfalls zu beobachten,[190] allerdings eher sukzessiv in einem Prozess der Läuterung menschlicher Liebe, der gewisse Parallelen zu einem Liebeskonzept höfischer Minne aufweist.

186 Vgl. z.B. Meisami, *Medieval Persian Court Poetry*, S. 37.

187 Dieser rekurriert seinerseits wiederum auf griechische Traumtheorien, die auch in Westeuropa rezipiert wurden. Damit läge es, wie noch oft in dieser Arbeit, nahe, die Rezeption der griechischen Theoreme in der byzantinischen Bildkultur als Drittes hinzuzuziehen, was den Rahmen meiner regionalen Kompetenzen übersteigt. Vgl. zum Verhältnis von Träumen und Sehen in der byzantinischen Bildkultur z.B. Barbara Schellewald, »Der Traum vom Sehen«, in: Sebastian Egenhofer, Gottfried Boehm (Hrsg.), *Was ist ein Bild? Antworten in Bildern. Gottfried Boehm zum 70. Geburtstag*, München 2012, S. 184–187.

188 Fitzherbert, »Khwājū Kirmānī (689–753/1290–1352)«, S. 141. Sie verweist auch darauf, dass Brown vermutet, dass der *Garten des Lichts* am Schrein dieses Shaykhs geschrieben wurde (S. 138).

189 Kathryn L. Lynch, *The High Medieval Dream Vision. Poetry, Philosophy, and Literary Form*, Stanford 1988, S. 66–67. Vgl. zur Rezeption Ibn Sīnās in beiden Kontexten auch das Unterkapitel III.5 »Un-/Vergleichbares. Spiegelbildlichkeit im altfranzösischen Prosa-Alexanderroman, Niẓāmīs *Iskandarnāmah* und Guillaumes *Pèlerinage de la vie humaine*.«

190 Vgl. Fitzherbert, »Khwājū Kirmānī (689–753/1290–1352)«.

Damit deutet sich aber zugleich ein Unterschied an: Denn ein auf Läuterung abzielendes Konzept von Liebe wurde gerade von der zweiten Version des *Roman de la rose* in den Hintergrund gedrängt, und die Liebe wurde weniger als Ideal denn als Trieb interpretiert. Eben dieses Verständnis von Liebe sucht sich Guillaume de Deguileville als Gegenbild.[191] Damit konstruiert Guillaume die geistige Liebe in Opposition zu der sinnlichen Liebe des Rosenromans, während Khvājū-yi Kirmānī einen Übergang zwischen sinnlicher und geistiger Liebe inszeniert. Ich werde auf diesen Aspekt zurückkommen, wenn am Ende des dritten und vor allem im vierten Kapitel die Verehrung eines Bildes des Geliebten legitimiert werden soll. Dabei wird es darum gehen, dieses Verhältnis zum Bild – im Zweifelsfalle in Bezug auf das Modell des Traumbildes – von der Verehrung eines Idols abzugrenzen.[192]

Mit dem Idol ist das Gegenbild genannt, das der reinen, inneren Schau des Traumbildes immer wieder als Gegenstand eines rein äußerlichen Sehens entgegengesetzt wird. Nachdem in diesen einleitenden Bemerkungen zur Darstellung von Traumbildern in der persischen und französischen Buchmalerei ein Blick auf Bilder fokussiert wurde, der in beiden Bildkulturen als ideales Modell inszeniert wird, wird das Gegenbild des Idols in den abschließenden Bemerkungen dieser Arbeit fokussiert. Damit bewegen sich die Analysen dieser Arbeit zwischen den beiden Polen des Traumbildes, das als vorbildliches Modell angegeben wird, und der Verehrung von Idolen, von der es sich abzugrenzen gilt. Freilich ist die Instabilität dieser Polarisierung nicht zu übersehen, wenn sich die Inszenierung des Traumbildes als wegweisendes Ideal beständig an der Abgrenzung vom äußeren Schein abarbeitet und umgekehrt das Idol immer wieder in ein wegweisendes Bild transformiert wird. Das bislang thematisierte Ideal des Traumbildes ist also ebenso wie das Idol nicht als Voraussetzung oder Rahmen der diskutierten Blickkulturen zu verstehen, sondern als Randprodukt ihrer Konstruktion. Nachdem also an dieser Stelle deutlich wurde, wie beide Bildkulturen einen Blick konstruieren, der der physischen Schau vorausgeht und diese dauerhaft prägt, soll es im folgenden Kapitel darum gehen, wie ein solcher Blick in Sphären jenseits der materiellen Welt bis zu Gott selbst vordringen kann, ohne damit einen Idolatrieverdacht zu provozieren.

191 Stephen Perkinson hat unterstrichen, dass Guillaume in seiner *Pèlerinage de la vie humaine* auch der Ansicht widerspricht, »dass die Qualitäten der Seele einer Person in den Eigenschaften seines oder ihres Körpers portraitiert werden könne« (S. 145). Er sieht dessen Vehemenz als symptomatisch für die zunehmende Akzeptanz dieser Ansicht im 14. Jahrhundert an. Auf den Konnex einer solchen Kritik am Portrait und einer Liebe zu Bildern komme ich in den in der folgenden Fußnote genannten Kapiteln zu sprechen.

192 Vgl. die Kapitel IV. 1.3 »Zwischen Traumbild und Idol« und V »Idole der Anderen« dieser Arbeit.

II DURCHSCHAUENDE BLICKE. VORHÄNGE VOR DEM THRON GOTTES ALS BEDINGUNGEN DER GOTTESSCHAU

In einer persischen Miniatur (Abb. 17) ist eine grün gekleidete Figur zu sehen, die sich inmitten goldener Flammen oder Wolkengebilde vor blauem Grund verneigt, so tief, dass sich die gefalteten Hände unterhalb der Knie befinden. Die Miniatur stammt aus einer Handschrift des *Miʿrājnāmah*, einer Beschreibung der Himmelfahrt Mohammeds, die 1436/37 am Hof Shāh Rukhs, einem Sohn Timurs, in Herat entstand. Sie zeigt den Moment, in dem Mohammed »Gott den Erhabenen mit den Augen [s]eines Herzens schaute«[193] – so die auf Mitteltürkisch[194] in uigurischer Schrift geschriebene Zeile über der Miniatur. Es wird also nahegelegt, dass es sich hier um eine Darstellung der Gottesschau handelt.

Das Fehlen einer Angabe im Bild, wohin Mohammed schaut, mag erstaunen: ein Indiz für die Erwartung, entsprechend der neuzeitlichen westeuropäischen Bildtradition auch in Darstellungen der Gottesschau den Geschauten im Bild zu sehen. Will man die Verhältnisse zwischen persischen und westeuropäischen Darstellungen der Gottesschau genauer in den Blick nehmen, so ist erst einmal anzumerken, dass im westeuropäischen Kontext eine Vielzahl von Beispielen zur Auswahl steht, während es sich bei der oben beschriebenen Miniatur um die einzige mir bekannte persische Darstellung handelt.[195] Ebenso bemerkenswert ist, dass die persische Miniatur zu einem Zeitpunkt – 1436/37 – entsteht, als die Darstellungen der Gottesschau in Westeuropa besonders

193 Übersetzung aus Max Scherberger, *Das Miʿrāğnāme. Die Himmel- und Höllenfahrt des Propheten Muhammed in osttürkischer Überlieferung*, Würzburg 2003, hier S. 99.

194 Christiane J. Gruber spricht von Tschagatai-Türkisch. Vgl. Christiane J. Gruber, *El »Libro de la Ascension« (Miʿrajnama) Timurida/The Timurid Book of Ascension (Miʿrajnama)*, Valencia 2008. Subtelny hingegen hat argumentiert, »that the Middle Turkic idiom [...] is closer to Khwarazmian Turkish than to Chaghatay, thus reflecting an earlier stage«. Maria E. Subtelny, »The Jews at the Edge of the World in a Timurid-era *Miʿrājnāma*. The Islamic Ascension Narrative as Missionary Text«, in: Christiane J. Gruber, Frederick S. Colby (Hrsg.), *The Prophet's Ascension. Cross-Cultural Encounters with the Islamic Miʿrāj Tales*, Bloomington 2010, S. 52. Diese Frage müssen andere klären. Ich danke Karin Rührdanz für den Hinweis auf diesen Text.

195 Auch Christiane J. Gruber führt in ihrer umfassenden Studie zur Darstellung der *miʿrāj* in der islamischen Literatur und Kunst kein weiteres Beispiel hierfür an. Vgl. Christiane J. Gruber, *The Prophet Muhammad's Ascension (Miʿrāj) in Islamic Art and Literature, ca. 1300–1600*, Dissertation, University of Pennsylvania, 2005.

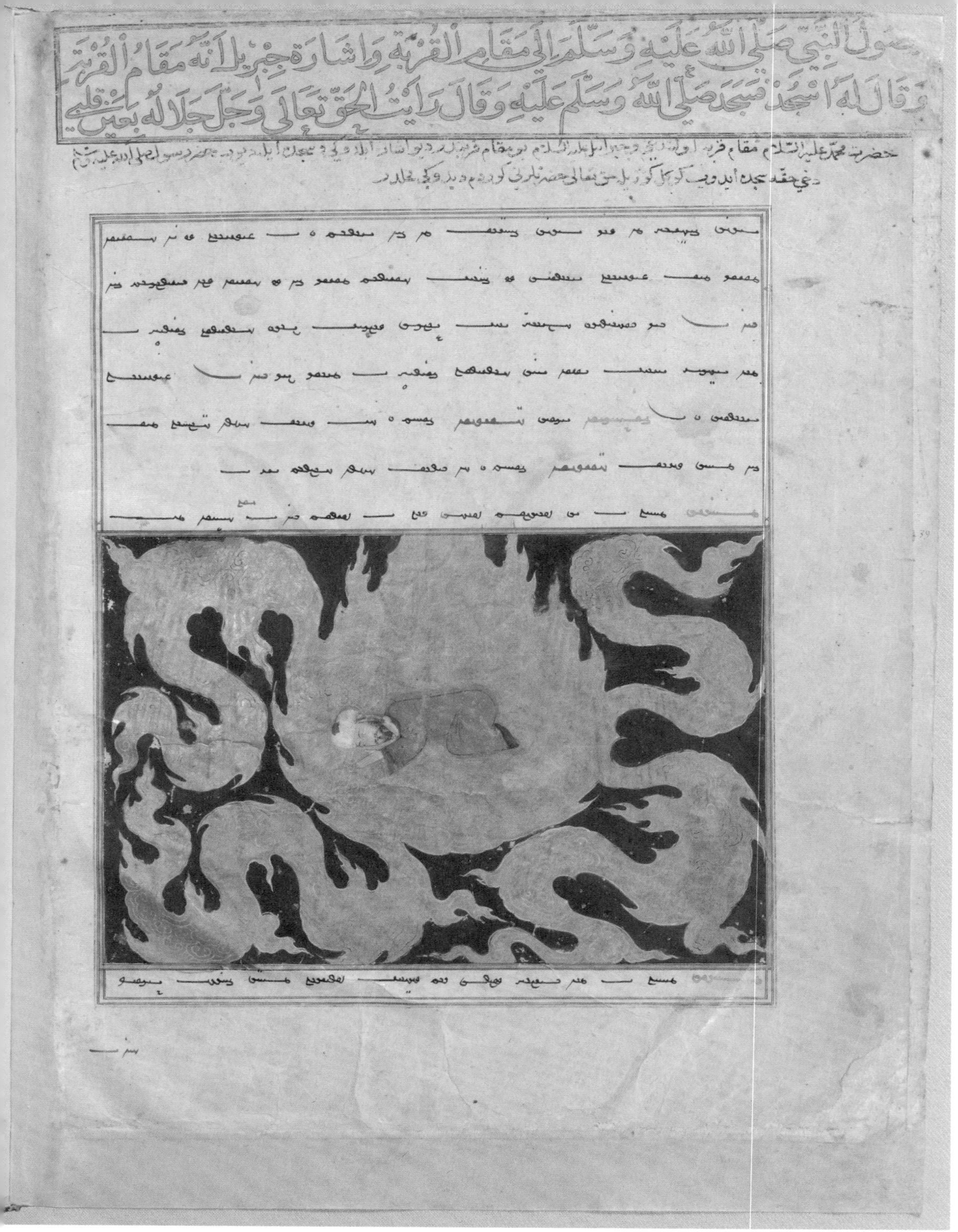

Abb. 17 – Mohammed schaut Gott, *Mi'rājnāmah*, Herat 1436, Paris, BnF, Suppl. turc 190, fol. 36v.

häufig werden. So finden sich etwa allein unter den Miniaturen, die zwischen dem Ende des 14. und der Mitte des 15. Jahrhunderts im Kontext der *Très Belles Heures de Notre-Dame* entstanden, fünf Darstellungen, in denen Menschen den Blick auf Gottvater richten – einfache Repräsentationen Gottvaters nicht eingerechnet.

Wenn ich mich entschieden habe, dieses persische Blatt mit der Eingangsminiatur des Turiner Gebetbuches (Abb. 18) zu vergleichen – jenem Teil der *Très Belles Heures de Notre-Dame*, der 1904 beim Brand der Turiner Bibliothek zerstört wurde –, dann heißt das nicht, dass ich sie als repräsentativ für die Vielzahl und Vielfalt von Darstellungen der Gottesschau im christlichen Kontext ansehe.[196] Ich ziehe dieses Blatt heran, weil es neben den offensichtlichen Unterschieden deutliche Parallelen zu der persischen Darstellung aufweist: Vor allem wird die Gottesschau in dieser Miniatur ebenso wie in der persischen mit dem Durchqueren eines Vorhangs vor dem Thron Gottes assoziiert. Diese Parallele erlaubt es nicht nur, auf gemeinsame Traditionen zu verweisen, sondern sie ermöglicht es auch zu diskutieren, inwiefern die Position dieses Vorhangs jeweils paradigmatisch ist für eine Funktion von Bildern als Medium der Gottesdarstellung in diesen beiden Kulturen. Wenn im Folgenden also zuerst die Darstellung der Gottesschau und anschließend die des Vorhangs in beiden Kontexten untersucht wird, dann steht zur Diskussion, wie die Bilder die Bedingungen darstellen, unter welchen eine Schau auf einen an sich unsichtbaren Gott gewährt wird – und inwiefern der Vorhang diese Modalitäten der Schau Gottes visualisiert.

1 Blicke ins Bild. Zur Darstellung Gottvaters im himmlischen Zelt im Turiner Gebetbuch

Die Miniatur aus dem Turiner Gebetbuch entstand, nachdem der Gesamtbestand der *Très Belles Heures de Notre-Dame*, die ursprünglich von Johann von Berry – einem Sohn Johanns II. und Bruder Karls V. – in Auftrag gegeben wurden, aufgeteilt wurde und der unvollendete Teil in die Hände flämischer Künstler gelangt war.[197] In der so entstandenen Blattfolge ist sie die erste Miniatur. Die Hauptminiatur, von der heute nur noch eine Schwarz-Weiß-Abbildung erhalten ist, zeigt ein Zelt, das nach vorne hin von zwei stehenden Engeln, Gabriel mit einer Lilie und Michael mit einem Schwert in der Hand, geöffnet wird, sodass eine männliche Figur mit langem hellem Haar und Bart zu sehen ist. Deren rechte Hand ist zum Segen erhoben, die linke ruht auf einer Sphaira. Der Kontext der Handschrift legt es nahe, diese Figur als Darstellung

196 Vgl. zur Tradition der Darstellungen der Gottesschau im europäischen Mittelalter z. B. Herbert L. Kessler, *Spiritual Seeing. Picturing God's Invisibility in Medieval Art,* Philadelphia 2000, sowie im Kontext der Visionsdarstellung Ganz, *Medien der Offenbarung*.

197 Auf genauere Diskussionen um Entstehungsort, Entstehungszeit und Zuschreibung möchte ich mich an dieser Stelle nicht einlassen, da dies den Rahmen dieser Arbeit sprengt. Vgl. hierzu auf der einen Seite Eberhard König, *Die Très Belles Heures von Jean de France, Duc de Berry. Ein Meisterwerk an der Schwelle zur Neuzeit*, München 1998; Gabriele Bartz, Angelo Giaccaria, François Huot, Eberhard König (Hrsg.), *Die Blätter im Louvre und das verlorene Turiner Gebetbuch*, Luzern 1994, S. 11–60, und auf der anderen Seite die Position von Anne H. van Buren, »Die Entstehung des eyckschen Gebet- und Messbuchs«, in: Anne H. van Buren (Hrsg.), *Heures de Turin-Milan. Inv. No 47 Museo Civico d'Arte Antica, Turino*, Bd. 2, Luzern 1996, S. 37–216.

Gottvaters zu identifizieren. Denn in ihren Trinitätsdarstellungen[198] machen die *Très Belles Heures de Notre-Dame*, und speziell der zweite, in Flandern bearbeitete Teil, die Differenz zwischen Christus und Gottvater bis auf eine Ausnahme[199] dadurch deutlich, dass insbesondere Haarfarbe und Bartlänge einen Altersunterschied markieren. So kann man dieses Bild Gottvaters im himmlischen Zelt in die Entwicklung einer Repräsentation Gottvaters als alter Mann in der westeuropäischen Kunst des 14. Jahrhunderts einordnen, die Thomas Sternberg folgendermaßen zusammenfasst:

> Das Gottvaterbild entwickelt sich vor allem im 14. Jahrhundert in der Ausdifferenzierung verschiedener Altersstufen im Trinitätsbild und wird später theologisch legitimiert durch den »Alten der Tage« der Daniel-Apokalypse, für den Bildformulierungen im uneindeutigen Zusammenhang mit dem Christustypus vorlagen.[200]

Für meine Argumentation ist von besonderer Bedeutung, dass mit dieser Entwicklung Darstellungen der Gottesschau möglich werden, die nicht nur Christus, sondern auch Gottvater als zu Schauenden zeigen. In den *Très Belles Heures de Notre-Dame* ist diese Schau zweimal Gegenstand der Hauptminiaturen, und zwar auf den beiden letzten Bildseiten des in Paris verbliebenen Teils, p. 225 und p. 240 (Abb. 19). Jeweils vier Figuren blicken auf eine oberhalb des Bildfeldes eingesetzte Darstellung des Gnadenstuhls im ersten und Gottvaters im zweiten Fall.[201] In der Eingangsminiatur des verbrannten Turiner Gebetbuches rückt die Repräsentation Gottvaters ins Zentrum der Hauptminiatur, während die Betrachterposition in die Initiale verlegt wird. Hier ist eine vor einem Buch kniende Figur – Anne von Buren zufolge der Auftraggeber[202] – zu sehen, die den Blick nach rechts oben auf die Figur Gottvaters gerichtet hat. Unterstützt wird die Bezugnahme zwischen Betendem und Gottvater in den beiden Bildfeldern durch einen Engel im linken Randstreifen, der Gott mit seinem Blick adressiert und mit seiner rechten Hand in einer Geste des Empfehlens auf den Betenden verweist. Mit dieser Verschiebung der Betrachterfiguren von der Hauptminiatur in die Initiale, die sich zwischen den letzten Blättern des Pariser Teils und dem ersten des Turiner

198 *Très Belles Heures de Notre-Dame*, Paris, Bibliothèque nationale, Ms. Nouv. acq. lat. 3093, p. 225; *Turiner Gebetbuch*, ehemals Turin, Biblioteca Nazionale, K. IV. 28, fol. 43r; *Missale*, Turin, Museo Civico, fol. 84v und fol. 113r; aber auch der Darstellung Gottvaters mit Schmerzensmann auf dem Blatt RF 2025 des Louvre.

199 *Missale*, Turin, Museo Civico, fol. 87r. Hier sind Christus und Gottvater beide im Christustypus dargestellt.

200 Thomas Sternberg, »Bilderverbot für Gott, den Vater?«, in: Eckhard Nordhofen (Hrsg.), *Bilderverbot. Die Sichtbarkeit des Unsichtbaren*, Paderborn 2001, S. 59–115, hier S. 93. Vgl. zur Diskussion um Gottvaterdarstellungen in der christlichen Bildkultur auch die Arbeiten François Boespflugs wie z. B. François Boespflug, »... Du père au fils ne doit avoir nulle différence ... A propos du christomorphisme de la représentation de Dieu a la renaissance«, in: Alain Girard, Le Blévec, Daniel (Hrsg.), *Les Charteux et l'art; XIVe–XVIIIe siècle* 1989, S. 326–345.

201 Interessant ist, dass die Gottesfigur in der Darstellung der Erschaffung der Welt im *bas-de-page* von p. 225 im Unterschied zur Hauptminiatur, wie auch auf der Miniatur auf fol. 87 des heute in Turin befindlichen Missale, im Christustypus mit braunem Haar darstellt wird. Das unterstreicht die Möglichkeit einer parallelen Verwendung beider Möglichkeiten der Gottesschau im 15. Jahrhundert. Hinweise darauf, dass die Darstellung eines alten Mannes in dieser Handschrift umgekehrt auch noch als Darstellung Christi verstanden werden könnte, sehe ich allerdings nicht.

202 Van Buren, »Die Entstehung des eyckschen Gebet- und Messbuchs«, S. 165.

Abb. 18 – Gottvater im himmlischen Zelt, *Turiner Gebetbuch*, Flandern 1. Hälfte 15. Jh., ehemals Turin, Biblioteca Nazionale, K. IV. 28, fol. 14r.

Abb. 19 – Anbetung Gottes, Frankreich um 1400, *Très Belles Heures de Notre-Dame*, Paris, BnF, Nouv. acq. lat. 3093, p. 240.

Gebetbuches abzeichnet, wird eine Rückenansicht des Betrachters in eine Profilansicht transformiert. In rezeptionsästhetischer Hinsicht impliziert das, dass den Betrachtenden vor dem Bild keine direkte räumliche Identifikationsfigur mehr angeboten wird. Da sich diese Figur jedoch, genau wie einst die Betrachter und Betrachterinnen dieses Blattes, vor einem Buch befindet, präfiguriert sie die Position der Betrachterinnen und Betrachter dennoch und schlägt ihnen, wenn auch räumlich gesehen indirekt, vor, den Blick von der Schrift nach oben auf die Darstellung Gottvaters hin zu heben. Dieser Blick auf die Figur Gottvaters wird den Betrachterinnen und Betrachtern vor dem Buch umso näher gelegt, als Gottvater weiterhin frontal auf ihn und nicht auf den Betrachter in der Initiale ausgerichtet ist.[203]

203 Diese doppelte Adressierung des Betrachters – in der Identifikationsfigur in der Initiale und in

In welchem Kontext ist diese Schau Gottvaters zu sehen? Einen Hinweis gibt der Text des Blattes. Er lautet: »Gott, hab Erbarmen mit mir Sünder [Lk 18,13]. Bewahre uns heute, o Herr, vor der Sünde. Erhöre mein Gebet. Und«.[204] Es handelt sich um ein Tagesgebet, das darum bittet, an diesem Tag vor Sünde bewahrt zu werden.[205] Nun könnte man die These vertreten, dass mit der Darstellung Gottvaters schlicht der Adressat der Bitte dargestellt wird – und der Blick des Betenden als eine reine Geste der Adressierung und nicht etwa der Schau anzusehen sei. Wenn die Darstellung Gottvaters aber ausgerechnet von jener Person angeschaut wird, die um Sündelosigkeit bittet, dann stellt sich die Frage, ob hier womöglich außer dem Adressaten der Bitte auch der »Lohn« der Sündelosigkeit, die Gottesschau nach dem Tode, die *visio beatifica*, in Aussicht gestellt wird.

Die Bedingungen und Modalitäten der *visio beatifica* wurden auch im 14. und 15. Jahrhundert immer wieder diskutiert, sei es, dass unter den Päpsten Johannes XXII. und Benedikt XII. in der ersten Hälfte des 14. Jahrhundert debattiert wurde, ob die Gottesschau direkt nach dem Tod oder erst nach dem Jüngsten Gericht und der Auferstehung des Leibes stattfinde,[206] sei es, dass Mitte des 15. Jahrhunderts im Umkreis von Nikolaus Cusanus' Schrift *De visione Dei* der sogenannte »Mystikerstreit« um die Frage entbrannte, welche Rolle Intellekt und Affekt bei der Gottesschau spielen. Ein Bezugspunkt ist, wie Christian Trottmann betont hat, auch in diesen Debatten insbesondere im 13. Jahrhundert die Rezeption Ibn Sīnās,[207] der auch für die persische *Miʿrāj*-Vorstellung eine wichtige Rolle spielt.[208]

Die Positionierung des Betrachters im separaten Feld der Initiale jedenfalls mag unterstreichen, dass es sich – anders als in der Schau des Christustypus in der folgenden Miniatur (Abb. 25)[209] – nicht um eine diesseitige und unmittelbare, sondern um eine zukünftige Schau handelt, die einem die Miniatur in Aussicht stellt.[210] Das wird

der Ausrichtung des Dargestellten auf einen Betrachter vor dem Buch – lässt sich auch auf Leserinnen und Leser beziehungsweise auf die Rezeption des Textes übertragen: Der Text ist zwar, fast selbstverständlich, frontal auf die Leserinnen und Leser des Buches ausgerichtet. Dadurch aber, dass die Identifikationsfigur des Anbetenden in die Initiale und in das nach rechts hin ausgerichtete Profil gesetzt wird, steht der Text auch vor dieser Figur und wird ihr einem Spruchband entsprechend klar zugeordnet. So legt die Miniatur den Text dem dargestellten Betenden und der Person vor dem Buch zugleich in den Mund – was Anne H. van Burens These stützt, dass hier der Auftraggeber und mithin Nutzer des Buches dargestellt ist. Vgl. Anm. 69.

204 *»Deus propicius esto michi peccatori. Dignare domine die isto sine peccato nos custodire. Domine exaudi orationem meam. Et.«* Transkription und Übersetzung nach François Huot, Gisela Kluitmann, »Die Texte. Transkriptionen und Übersetzung«, in: Gabriele Bartz, Angelo Giaccaria, François Huot, Eberhard König (Hrsg.), *Die Blätter im Louvre und das verlorene Turiner Gebetbuch*, Luzern 1994, S. 77.

205 König, Bartz, *Die erhaltenen Blätter und der verbrannte Kodex*, S. 27.

206 Vgl. hierzu insbesondere Christian Trottmann, *La vision béatifique. Des disputes scolastiques à sa définition par Benoît XII*, Rom 1995.

207 Vgl. Trottmann, *La vision béatifique.*

208 Vgl. hierzu Tobias Nünlist, *Himmelfahrt und Heiligkeit im Islam. Eine Studie unter besonderer Berücksichtigung von Ibn Sīnās Miʿrāǧ-nāmeh*, Bern 2002.

209 Sowohl König und Bartz als auch van Buren nehmen an, dass sich zwischen diesen beiden Miniaturen einst ein weiteres, heute verlorenes Blatt mit einem Gebet für die Nacht befand, das ebenfalls eine Darstellung Gottes zeigte. Vgl. König, Bartz, *Die erhaltenen Blätter und der verbrannte Kodex*, S. 27 und van Buren, »Die Entstehung des eyckschen Gebet- und Messbuchs«, S. 165 und 206.

210 Vgl. zu einer vergleichbaren Ausgrenzung der lebenden Menschen von der direkten Schau Gottes z.B. eine Illustration der Gottesschau aus einer *Omne-Bonum*-Handschrift des 14. Jahrhunderts,

auch dadurch bekräftigt, dass die Figur Gottvaters hier nicht, wie wiederum in der folgenden Miniatur, ohne weiteres zu sehen ist, sondern sich in einem Zelt befindet, das gerade von zwei Engeln geöffnet wird. Im Unterschied zu den beiden letzten Miniaturen des Pariser Teils (vgl. Abb. 19) ist die Darstellung Gottvaters dabei innerhalb des Hauptfeldes und nicht mehr in einer Erweiterung desselben zu sehen. So wird der Blick auf Gottvater nicht mehr als Öffnung des Blickfeldes über die Grenzen der Hauptminiatur hinaus präsentiert, sondern als Blick aus dem Feld der Initiale in die Hauptminiatur hinein. Die D-Initiale markiert dabei als erster Buchstabe des Wortes *Deus* die Präsenz Gottes in der Schrift[211] und gibt die Ebene der Schrift zugleich als Ausgangspunkt der Schau an. Dass es sich um einen Blick von der Oberfläche der Schrift in ihre räumliche Öffnung hinein handelt, wird in der Figur des Engels rechts im Rand unterstrichen, der zwischen dem Betrachter und der Gottesschau vermittelt und dezidiert vor dem Hintergrund des Pergaments lokalisiert ist. Dieser Blick in die Hauptminiatur hinein wird dabei als Öffnung einer an sich undurchschaubaren Oberfläche, einer an einen Vorhang erinnernden Zeltplane, inszeniert, sodass die Assoziation von Vorhang und Bildfläche deutlich wird. Somit wird als Bedingung der Möglichkeit der Gottesschau das Durchschauen einer an sich undurchsichtigen Oberfläche präsentiert, das nicht nur – und darauf komme ich noch zurück – auf den Vorhang, sondern auch auf die Oberfläche der Miniatur selbst bezogen werden kann.

2 Ortloses Sehen. Zur Darstellung der Gottesschau im Pariser *Miʿrājnāmah*

Die timuridische Miniatur stammt, wie gesagt, aus einer Handschrift des *Miʿrājnāmah*, wörtlich übersetzt: einem Buch von der Himmelfahrt Mohammeds, das 1436/37 am Hof Shāh Rukhs entstand. Neben dem Text des *Miʿrājnāmah* enthält diese Handschrift das hagiographische Werk *Tadhkirat al-awliyāʾ* von Farīd ul-Dīn ʿAṭṭār, ebenfalls in mitteltürkischer Übersetzung in uigurischer Schrift, und damit zwei sehr populäre religiöse Schriften. Erzählungen von der Himmelfahrt Mohammeds sind in den islamischen Kulturen so zahl- wie variantenreich, und man findet sie in einer Spannbreite, die von Werken der Populärliteratur bis zu philosophischen Werken, etwa Ibn Sīnās, reicht.[212] Eine anonyme Variante wurde als *Buch über die Leiter Mohammeds* auch in Europa bekannt.[213]

die Cynthia Hahn diskutiert. Vgl. Cynthia Hahn, »Visio Dei. Changes in Medieval Visuality«, in: Robert S. Nelson (Hrsg.), *Visuality Before and Beyond the Renaissance. Seeing as the Others Saw*, Cambridge 2000, S. 169–196, S. 187–188 und Abb. 39. David Ganz hat betont, dass in mittelalterlichen Visionsdarstellungen das Verhältnis verschiedener Modi der Schau, in seinem Fall insbesondere körperlicher und geistiger Schau, weniger auf mimetische Weise als über einen topologischen »Diskurs der Orte vermittelt [wird], insbesondere über die Definition von Innen- und Außenverhältnissen«. Vgl. David Ganz, »Oculus interior«, S. 114.

211 Ich danke David Ganz für den Hinweis.

212 Vgl. zu diesen verschiedenen Traditionen z. B. Gruber, *The Prophet Muhammad's Ascension*, S. 15–62 sowie Nünlist, *Himmelfahrt und Heiligkeit im Islam*; B. Schrieke, J. E. Bencheikh, J. Knappert, Ch. H. de Fouchécour u. a., »Miʿrādj«, in: *Encyclopaedia of Islam 2*, hrsg. von P. Baerman u. a., Leiden/Boston 1960–2007, www.brillonline.nl/subscriber/entry?entry=islam_COM-0746 und http://www.brillonline.nl/subscriber/entry?entry=islam_COM-1432, Stand 12.2.2008.

213 Es wurde Mitte des 13. Jahrhunderts aus dem Arabischen ins Spanische und anschließend ins

Der Text nimmt Bezug auf den Beginn der 17. Sure des Koran, der lautet: »Gepriesen sei der, der mit seinem Diener (d.h. Mohammed) bei Nacht von der heiligen Kultstätte (in Mekka) nach der fernen Kultstätte (in Jerusalem), deren Umgebung wir gesegnet haben, reiste«.[214] Diese Reise zur »fernen Kultstätte« wurde darüber hinaus im Rekurs auf die entsprechenden Ḥadīthe mit einer anschließenden Reise in den »Himmel« assoziiert.[215] Ein Teil der Erzählungen ist dabei so aufgebaut, dass Mohammed zuerst sieben Himmel durchläuft und dabei früheren Propheten wie zum Beispiel Abraham, Moses, Johannes oder Jesus begegnet. Anschließend tritt er vor Gottes Thron und schaut Gott. Danach wird oft von einem Besuch Mohammeds im Paradies und in der Hölle erzählt. Dieser Struktur folgt auch die vorliegende Handschrift,[216] die die verschiedenen Etappen dieser Reise in insgesamt 61 Miniaturen illustriert.[217]

Innerhalb dieser Schilderungen der *miʿrāj* wurde immer wieder diskutiert, ob diese Reise körperlich vollzogen wurde oder vielmehr eine Vision gewesen sei. Dass diese Diskussion auch am Anfang des 15. Jahrhunderts virulent war, manifestiert sich unter anderem darin, dass Shāh Rukhs Neffe Iskandar Sulṭān zwei einflussreiche Denker seiner Zeit um eine Stellungnahme zu dieser Frage bat.[218] Weiter besteht in den Texten, die in ihrem Bericht von der Himmelsreise Mohammeds auch dessen Gottesschau beschreiben, Uneinigkeit, ob diese Schau eine geistige oder eine körperliche gewesen sei.[219] Einige – wie der vorliegende – unterstreichen, dass Mohammed Gott mit dem Herzen geschaut habe. Andere Texte, wie beispielsweise die Schilderung der Himmelfahrt Mohammeds in Niẓāmīs *Makhzan ul-Asrār,* »Schatzkammer der

Lateinische und Französische übersetzt, wobei die arabische sowie die spanische Version nicht erhalten sind. Ausführlich diskutiert wurde die Frage, inwiefern Dantes *Göttliche Komödie* auf diesen Text rekurriert. Vgl. Christian Heck, *L'échelle céleste dans l'art du Moyen Âge. Une image de la quête du ciel*, Paris 1997, S. 98–100. Heck führt auch eine Illustration auf, die darstellt, wie Gabriel den schlafenden Mohammed besucht (Abb. 30), ich danke ihm für diesen Hinweis.

214 Die Koranstellen in dieser Arbeit sind wiedergegeben nach: *Der Koran*, übers. v. Rudi Paret, Stuttgart 1966.

215 Vgl. den Kommentar Adel Theodor Khourys in: *Der Koran,* übers. u. kommentiert v. Adel Theodor Khoury, Gütersloh 1998, Bd. 9, S. 129–130.

216 Den Status dieser Handschrift innerhalb der persischen Buchkunst hat Christiane J. Gruber in ihrer Monographie ausführlich diskutiert. Gruber, *The Timurid Book of Ascension (Miʿrajnama)*, insbesondere S. 293–310.

217 Das *Miʿrājnāma* ist also nicht wie ein Stundenbuch ein reines Gebetsbuch. Christiane J. Gruber hat allerdings angemerkt, dass der Text dieser Handschrift stärker auf die Tradition narrativer Ḥadīth-Sammlungen und namentlich auf al-Sara'is *Nahj ul-Farādīs* Bezug nimmt als auf die persische Tradition poetischer *miʿrāj*-Erzählungen wie Mīr Ḥaydars *Miʿrājnāmah*. Vgl. Gruber, *The Timurid Book of Ascension (Miʿrajnama)*, S. 277. Die Vielzahl arabischer Gebete, die in den Text integriert sind, verweist dabei auf die Funktion der Handschrift als Gebetsanleitung (S. 282). Auch für die Bilder hat Gruber aufgewiesen, dass die Unterscheidung zwischen einer narrativen und einer ikonischen Bildkunst, die nicht zuletzt von Hans Belting wieder ins Feld geführt wurde, hier nicht haltbar ist. Vielmehr spielt die Handschrift mit einer unterschiedlichen Akzentuierung beider Aspekte, wenn sie beispielsweise die Bildformate variiert: Während sie die narrativeren Szenen gemäß der Tradition der Illustration historischer Texte als Querformate in den Text einschiebt, haben die Szenen, die den Propheten in Momenten der Kontemplation zeigen, eine fast vollformatige Dimension, die die Lesenden zwingt, im Lesen einen Moment innezuhalten und den Propheten bei der Anbetung zu betrachten. So bekommen diese Bilder »fast ikonischen Status, der visuelles Denken erfordert« (S. 307).

218 Vgl. hierzu Gruber, *The Timurid Book of Ascension (Miʿrajnama)*, S. 264 sowie Priscilla P. Soucek, *Illustrated Manuscripts of Nizamis's Khamseh 1386–1482*, New York 1971, S. 284–285.

219 Vgl. z.B. Gruber, *The Prophet Muhammad's Ascension (Miʿrāj) in Islamic Art and Literature, ca. 1300–1600*, S. 62.

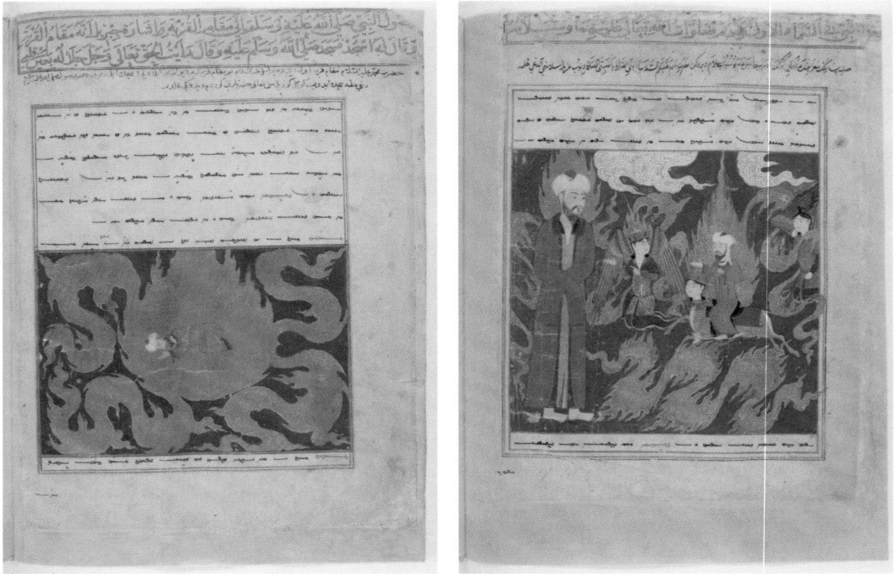

Geheimnisse«, vertreten die Position, dass er Gott auch körperlich erblickt habe.[220] Diese Positionierungen sind vor dem Hintergrund der anhaltenden Diskussionen um die Frage zu verstehen, inwiefern es Menschen überhaupt möglich ist, Gott zu sehen. Auf der einen Seite argumentieren beispielsweise die Muʿtaziliten, dass etwas, um gesehen werden zu können, Substanz oder Akzidenz sowie einen Ort haben müsse. Da Gott weder Akzidenz noch Substanz noch einen Ort habe, sei er folglich auch nicht sichtbar.[221] Dagegen vertritt, um nur eine Position der Gegenseite zu nennen, al-Ashʿarī die Meinung, »dass Sichtbarkeit keineswegs auf Substanzen und Akzidenzien beruhe, sondern alles Existierende charakterisiere – und Gott existiere«.[222] Große Einigkeit besteht jedoch in einem Punkt: Auf dieser Erde kann Gott von Menschen nicht geschaut werden; die *ruʾyat allāh*, die Gottesschau, ist erst nach dem Tode möglich. Die Frage ist nur, ob Mohammed eine Ausnahme darstellt und ihm diese Schau auf eben jener Himmelsreise zuteil wurde.

Die hier zu diskutierende und einzige mir bekannte Illustration der Szene der Gottesschau selbst befindet sich in einer Handschrift, die ausdrücklich betont, Mohammed habe Gott mit dem Herzen geschaut.[223] Angesichts der Tatsache, dass kein

220 Vgl. Würsch, *Niẓāmīs Schatzkammer der Geheimnisse*, S. 175.

221 Daniel Gimaret, »Ruʾyāt Allāh«, in: *Encyclopaedia of Islam* 2, hrsg. v. P. Baerman u. a., Leiden/Boston 1960–2007, http://www.brillonline.nl/subscriber/entry?entry=islam_SIM-6353, Stand 11.2.2008.

222 Daniel Gimaret, »Ruʾyāt Allāh«. Vgl. zu dieser Debatte auch: A. K. Tuft, »The Ruʾyā Controversy and the Interpretation of Qurʾān«, in: *Hamdard Islamicus* 3, 1983, S. 3–41.

223 In der Vielzahl der illustrierten Niẓāmī-Handschriften hingegen, die Position für eine körperliche Schaubarkeit Gottes beziehen, ist keine Illustration der Szene der Gottesschau bekannt. In

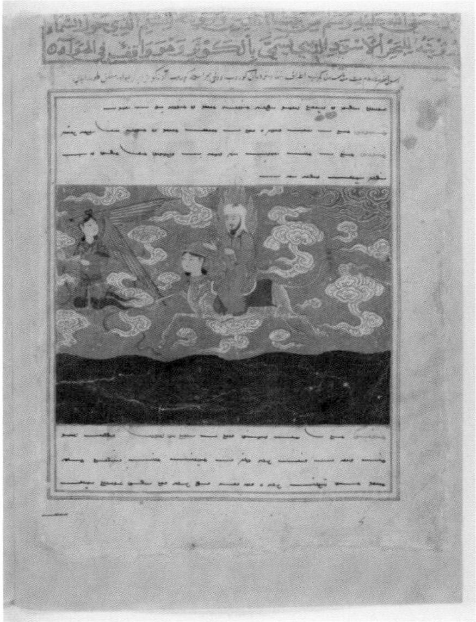

Abb. 20–23 – V. r. n. l. : Gabriel besucht Mohammed in Mekka und kündigt seine Himmelfahrt an, Mohammed fliegt über den See Kavthar, Mohammed begegnet dem Propheten Adam, Mohammed schaut Gott, *Mi'rājnāmah*, Herat 1436, Paris, BnF, Suppl. turc 190, fol. 3v, 7v, 9v und 36v.

Gegenüber der Schau zu erkennen ist, könnte man vielleicht vermuten, dass in diesem Bild primär die Nicht-Schaubarkeit Gottes dargestellt wird. Ich möchte jedoch die These vertreten, dass dieses Bild vielmehr einen Modus darstellt, in dem Gott geschaut werden kann.

Um dies zu belegen, ist genauer zu analysieren, was auf diesem Bild (Abb. 17 und 23) neben der Figur des Schauenden zu sehen ist: Die Figur des Propheten befindet sich im Zentrum des Bildfeldes und inmitten einer amorphen goldfarbigen Flammen- oder Wolkenform mit heller Binnenzeichnung, deren obere Spitze die Bildgrenzen schneidet. Diese Form nimmt in überdimensionierter Weise die Form der Nimben auf, die die Propheten in dieser Handschrift auszeichnen. Neben diversen kleineren Zungen geht sie dann in vier lange Flammen- oder Wolkenbänder über, die sich in Richtung der vier Ecken der Bildfläche erstrecken und diese ausfüllen, wobei sie die Bildgrenzen zum Teil leicht überschreiten. In der doppelten Assoziierbarkeit von Wolken und Flammen kombinieren diese Formen, die starke Bezüge zu ostasiatischen Bildformen aufweisen, Konnotationen von Himmel und Licht.[224] Formal zeichnen sich

gewisser Hinsicht ist man also mit dem paradoxen Phänomen konfrontiert, dass die Gottesschau Mohammeds in einem Text illustriert wird, in dem die Unkörperlichkeit dieser Schau vertreten wird, während in einem Text, der die Körperlichkeit dieses Sehens vertritt, diese Schau trotz einer Vielzahl an Illustrationen nicht dargestellt wird.

224 Vgl. zu der doppelten Ikonographie von Wolken und Licht im Hinblick auf eine Darstellung Gottes Christiane J. Gruber, »Realabsenz. Gottesbilder in der islamischen Kunst zwischen 1300 und 1600«, in: Eckhard Leuschner, Mark R. Hesslinger (Hrsg.), *Das Bild Gottes in Judentum, Christentum und Islam. Vom Alten Testament bis zum Karikaturenstreit*, Petersberg 2009, insbesondere die Unter-

die Flammen-Wolken durch ihre sehr offene Gestaltbildung aus, die mit dem blauen Grund, der hinter ihnen zu sehen ist, in einer starken Wechselwirkung steht. So tritt die blaue Negativform zwischen den goldenen Partien zum Teil fast gleichwertig auf. Hinzu kommt, dass die Wolken weder Volumen noch Überlagerungen zeigen, sodass keinerlei räumliche Ordnung zu erkennen ist. Auf diese Weise widersetzen sie sich Vorstellungen von Körperlichkeit und Raum. So entsteht der Eindruck, Mohammed habe keinen Boden unter den Füßen – zumal in seiner Verneigung die Hände noch unter den Knien zu liegen kommen. Man hat es mit einer auch für den persischen Kontext außergewöhnlich unräumlichen und unkörperlichen Darstellung zu tun.

Inwiefern kann ein solcher Darstellungsmodus mit Vorstellungen der Gottesschau in Verbindung gebracht werden? Der Text der vorliegenden Handschrift macht keine genaueren Angaben, wie man sich die Schau Gottes vorzustellen hat; zu diesem Thema ist hier nicht mehr zu lesen als: »Und als ich die unmittelbare Nähe Gottes erreichte und mich zu Boden warf, schaute ich Gott den Erhabenen mit den Augen meines Herzens.«[225] Um weiter zu kommen, wäre zurückzuverfolgen, wie und in welchen Kontexten sich die Darstellungsweise dieser Szene entwickelt hat – zumal zumindest fraglich ist, ob die Illuminierenden den auf Mitteltürkisch in uigurischer Schrift geschriebenen Text überhaupt lesen konnten.[226] In Bezug auf die Frage, ob andere Beschreibungen der Himmelfahrt Mohammeds herangezogen worden sein könnten, die häufiger illustriert wurden, ist man jedoch mit der Schwierigkeit konfrontiert, dass keine weitere Darstellung des Momentes der Gottesschau selbst bekannt ist.

Eine der wenigen erhaltenen früheren Darstellungen des *miʿrāj* Mohammeds[227] weist allerdings starke Parallelen zur Darstellung der Gottesschau in der Pariser Handschrift auf: Es handelt sich um eine Illustration von Niẓāmīs *Makhzan ul-Asrār*, »Schatzkammer der Geheimnisse«, aus einer heute in der British Library in London aufbewahrten Anthologie, die 1410/11 in Schiras gefertigt wurde (Abb. 24), und zwar für Iskandar Sulṭān, der, wie gesagt, auch eine Kontroverse zu der Frage initiierte, ob Mohammed Gott körperlich oder geistig geschaut habe. Ein Bezug ist insofern denkbar, als sein Onkel Shāh Rukh Iskandar Sulṭāns Skriptorium nach dessen Absetzung 1414 »nach Herat gebracht [hat] und die Handschriften [...] den Herater Künstlern als Modelle [dienten]«.[228] Diese *miʿrāj*-Darstellung am Anfang der Handschrift stellt die himmlische Sphäre in den oberen beiden Bilddritteln dar. Darin platziert sie die Figur Mohammeds in goldenen Wolkenformationen vor blauem Grund, die in den Nimbus

kapitel »In und über den Wolken« und »Göttliche Lichter und majestätische Farben«, S. 162–173.

225 *Miʿrājnāmah*, übersetzt in: Scherberger, *Das Miʿrāğnāme*, S. 99.

226 Hier differieren die Einschätzungen von Tomoko Masuya, die der Ansicht ist, die Handschrift sei mit sehr hoher Wahrscheinlichkeit von persischen Malern illustriert worden (vgl. Tomoko Masuya, »The Miʿrādj-nāma Reconsidered«, in: *Artibus Asiae* LXVII/1, 2007, S. 39–53, hier S. 51), und Christiane J. Gruber, die stärker einen Maler aus dem *bakhshī*-Milieu, das heißt mit zentralasiatischem Hintergrund und möglichen Tschagatai-Kenntnissen, erwägt. Vgl. Gruber, *The Timurid Book of Ascension (Miʿrajnama)*, S. 274. Ich danke Regula Forster für ihren Hinweis auf diese Problematik.

227 Vgl. zu anderen früheren Darstellungen Gruber, *The Prophet Muhammad's Ascension (Miʿrāj) in Islamic Art and Literature, ca. 1300–1600*, S. 63–239.

228 Lâle Uluç, *Turkman Governors, Shiraz Artisans and Ottoman Collectors. Sixteenth Century Shiraz Manuscripts*, Istanbul 2006, S. 396. Vgl. auch Soucek, *Illustrated Manuscripts of Nizamis's Khamseh 1386–1482*, S. 368. Es wurde auch diskutiert, ob das Herater *Miʿrājnāmah* von Iskandar Sulṭāns Hofschreiber Mīr Ḥaydar zusammengestellt wurde. Christiane Gruber hat dieser Annahme aber widersprochen. Vgl. Gruber, *The Timurid Book of Ascension (Miʿrajnama)*, S. 262–265.

Abb. 24 – Himmelfahrt Mohammeds, Niẓāmī, *Makhzan ul-Asrār*, Schiras 1410/11, London, BL, Add. 27261, fol. 6r.

Mohammeds übergehen. In ihrer raum- und körperlosen Darstellung weisen die Wolken deutliche Parallelen zu jenen des Pariser Kodex auf. Im Unterschied zum Pariser Blatt sind in der Londoner Illustration jedoch neben Mohammed auch Engel sowie der *burāq* dargestellt, jenes Wesen, das Mohammed auf seiner Himmelsreise trägt. Daneben sind im unteren Teil des Bildes die Kaaba und andere architektonische Elemente zu erkennen. Der irdische Teil ist dreidimensional und mithin räumlich und körperlich dargestellt: Diagonalen führen den Blick in die Tiefe und beschreiben die Gegenstände in dreidimensionaler Form. Damit steht die irdische Sphäre im Kontrast zu der wie auch in der Pariser Handschrift betont raum- und körperlos dargestellten Himmelssphäre. Auf diese Weise wird deutlich, wovon (sich) Mohammed abhebt und wohin ihn die Reise führt. So kann man in der raum- und körperlosen Himmelssphäre des Londoner Blattes gewissermaßen das Ziel angedeutet sehen, das die Pariser Darstellung der Gottesschau dann zeigt.

Betrachtet man die Pariser Handschrift in der Abfolge ihrer Miniaturen von Anfang an, dann stellt man fest, dass der Prozess der Ablösung von der irdischen Sphäre auch innerhalb dieser Handschrift nachzuvollziehen ist: Die Miniatur, in der Gabriel Mohammed erscheint (Abb. 20)[229], ist wesentlich deutlicher räumlich gestaltet als die folgenden, und auch das Figureninventar reduziert sich in der Abfolge zunehmend (vgl. z. B. v. r. n. l. Abb. 21 und 22). In der zunehmenden Annäherung an die höchste göttliche Sphäre (Abb. 23) wird also immer mehr auf räumliche Gestaltung und die Darstellung von Figuren verzichtet. Der Verzicht auf eine figürliche Begleitung entspricht dabei der Narration: Gabriel, der Mohammed von der Erde abholt und ihn durch die Himmel begleitet, sagt an der letzten Station vor Mohammeds Gottesschau: »Ich überschreite diesen Ort nicht!«[230]

Der Rekurs auf die Niẓāmī-Illustration der Londoner Anthologie zeigt jedoch nicht nur einen Bildtypus, auf den das Pariser *Miʿrājnāmah* eventuell zurückgriff.[231] Vielmehr stellt sich auch die Frage, ob in Niẓāmīs Text anders als im *Miʿrājnāmah* selbst Ausgangspunkte für ein Verständnis von Raum- und Körperlosigkeit in der Annäherung an Gott zu finden sind. In dieser Hinsicht ist zunächst festzustellen, dass Niẓāmīs *Makhzan ul-Asrār, Schatzkammer der Geheimnisse*, die in der zweiten Hälfte des 12. Jahrhunderts verfasst wurde, die Modalitäten, unter welchen Bedingungen und in welcher Form eine Annäherung an Gott und schließlich eine Schau Gottes möglich sei, sehr viel expliziter formuliert als die bekannten *Miʿrājnāmah*-Handschriften. So betont Niẓāmī zu Beginn der *Makhzan ul-Asrār*, wie schon erwähnt, dass es sich bei der Schau Gottes um eine körperliche handle:

229 Die Beschreibungen der Abbildungen beziehen sich auf Gruber, *The Timurid Book of Ascension (Miʿrajnama)*, S. 371–372.

230 *Miʿrājnāmah*, übersetzt in: Scherberger, *Das Miʿrāǧnāme*, S. 98.

231 Deutlich bezieht sich diese Handschrift auch auf die *Miʿrājnāmah*-Illustrationen, die im Album H. 2154 der Topkapı-Saray-Bibliothek erhalten sind. Vgl. Gruber, *The Prophet Muhammad's Ascension (Miʿrāj) in Islamic Art and Literature, ca. 1300–1600*, S. 220. Insofern könnte man in dieser Handschrift zwei Bezugspunkte aufweisen: die Tradition der *Miʿrājnāmah*-Illustrationen und die sich im 14. Jahrhundert etablierende Tradition, die Beschreibungen der Himmelfahrt Mohammeds in poetischen Texten wie eben beispielsweise von Niẓāmī zu illustrieren.

Der Körper eilte in die Gottesnähe,
das Auge wurde so, dass das Wahnbild es nicht fand.
[...]
Unabhängig davon, dass es zu billigen wäre –
er sah Gott, und Gott war zu sehen.
Ihn sieht man ohne Akzidens und Substanz;
Denn er ist jenseits von Akzidens und Substanz.
Ihn zu sehen darf vor dem Auge nicht verstecken
die Blindheit jemandes, der das Sehen abgelehnt hat.
Das Sehen des Angebeteten ist zu billigen,
zu sehen, zu sehen und zu sehen ist er.
[...]
Mohammed sah, aber nicht mit einem anderen Auge,
sondern mit diesem Auge jenes Auge.[232]

Bedeutsamer für meine Frage ist jedoch, wie stark Niẓāmī betont, dass das Sehen Gottes ort- und richtungslos zu sein hat:

Das Sehen jenes Vorhangs [*pardah*] war ortlos.
Das Gehen jenes Weges war zeitlos.
Jeder, der in jenem Vorhang den Blickgegenstand fand,
fand in Richtung der Richtungslosigkeit den Weg.
Unglaube wär's, leugne seine Eigenschaften nicht!
Ort wär's, stifte ihm nicht Richtungen.
Er ist aber nicht festgesetzt an einem Ort.
Jeder, der nicht so ist, ist nicht Gott.[233]

Ausführlicher noch formuliert Niẓāmī diese Vorstellung einer ort- und richtungslosen Schau in einer anderen seiner Schilderungen der Himmelfahrt Mohammeds zu Beginn des Epos der *Sieben Prinzessinnen*:

Er sah den Verehrten in Wirklichkeit.
Er wusch das Auge von allem, was er [bis anhin] gesehen hatte.
Das Auge verharrte an keinem Punkt.
Ohne dass er nicht von links oder rechts ein »*salām*« vernahm.
Unten und Oben, Vorne und Hinten, Links und Rechts,
wurden zu einer einzigen Seite. Die sechs Seiten schwanden dahin.
Wie sollen die sechs Seiten ihre Flammen züngeln lassen.
Sowohl die Welt als auch die Seiten fliehen dahin.
Der Richtungslose hat mit Richtung nichts zu tun.
Deshalb wurde jener Bereich richtungslos.

232 Übersetzung aus Renate Würsch, *Niẓāmīs Schatzkammer der Geheimnisse*, V. 42, 52–55 u. 69, S. 189–194. In ihren Erläuterungen merkt Würsch an, dass Niẓāmī damit eine Gottesvorstellung erkennen lasse, die jener der oben als Opponenten der Muʿtaziliten erwähnten Ashʿariten nahekomme (Würsch, *Niẓāmīs Schatzkammer der Geheimnisse*, S. 175).

233 *Makhzan ul-Asrār*, übersetzt in: Würsch, *Niẓāmīs Schatzkammer der Geheimnisse*, V. 56–59, S. 194.

Solange der Blick den Raum wahrnahm,
War sein Herz von Erregtheit und Unruhe nicht frei.
In dem Ausmaß, wie die Richtung vor dem Auge schwindet,
Stellt sich richtungsloses Schauen ein.[234]

So kann man festhalten, dass Niẓāmī nicht nur die Körperlichkeit der Schau, sondern auch die Ort- und Richtungslosigkeit Gottes und dieses Sehens betont. Man kann das als Reaktion auf die muʿtazilitische Argumentation verstehen, dass man Gott deshalb nicht sehen könne, weil er nicht körperlich und begrenzt, sondern allumfassend und überall sei.[235] Das streitet Niẓāmī nicht ab, sondern er betont ausdrücklich, dass auch er Gott nicht als körperlich und begrenzt ansehe. Er begreift dies jedoch nicht als Grund, warum man Gott nicht schauen könne, sondern beschreibt einen ort- und richtungslosen Modus der Schau. So sehr Niẓāmī also die Körperlichkeit der schauenden Menschen betont, so sehr bezweifelt er die Körper- und Räumlichkeit des Geschauten.

Ein solcher Modus der Schau, der weder auf einen klar begrenzten Körper ausgerichtet ist, noch sich an räumlichen Dimensionen orientiert, weist deutliche Parallelen zu dem Modus des Schauens auf, der in der Darstellung der Himmelssphäre im oberen Bildteil der *Miʿrāj*-Illustration in der genannten, mehr als zwei Jahrhunderte jüngeren Handschrift der *Schatzkammer der Geheimnisse* (Abb. 24) nahegelegt wird – und zwar gerade im Kontrast zu dem räumlichen und an Körpern orientierten Sehen der Darstellung der irdischen Sphäre in der unteren Bildhälfte.[236] Umso mehr entspricht er der Sehweise, die einem von der Miniatur in der Pariser *Miʿrājnāmah*-Handschrift abverlangt wird und die ich als radikalisierte Form des raum- und körperlosen Darstellungsmodus des oberen Teils der Londoner Illustration ansehe: In der *Miʿrājnāmah*-Illustration ist man mit einem Bild konfrontiert, das dem Blick keinen Anhaltspunkt für eine räumliche Orientierung mehr bietet. Wenn der Text also schreibt, dass »Unten und Oben, Vorne und Hinten, Links und Rechts [...] zu einer einzigen Seite« werden, so bleiben auf der Fläche freilich vier von sechs Richtungen präsent; die räumliche Einordnung der schauenden Figur wird jedoch ebenso auf ein Minimum reduziert wie die plastische Gestaltung ihres Umfeldes. Niẓāmīs Postulat einer Raum- und Körperlosigkeit Gottes könnte also als verbales Vorbild der bildlichen Darstellungen der Annäherung Mohammeds an Gott verstanden werden – wobei die bildliche Charakterisierung des zu Schauenden unabhängig davon zu sein scheint, ob der Text der jeweiligen Handschrift eine körperliche oder eine geistige Schau vertritt.[237]

234 Nünlist, *Himmelfahrt und Heiligkeit im Islam*, V. 63–69, S. 378–379.

235 Vgl. Würsch, *Niẓāmīs Schatzkammer der Geheimnisse*, S. 175–176 und 193.

236 Bei aller Reduktion der räumlichen Angaben dominiert freilich dennoch eine Richtung: In der Armhaltung des Engels in der rechten oberen Bildecke, der Geste der Figur Mohammeds und schließlich dem Fingerzeig Gabriels wiederholt sich ein deiktischer Verweis auf die Reiserichtung nach rechts oben. Hierauf hat mich Silke Tammen aufmerksam gemacht, der ich an dieser Stelle sehr herzlich für ihre kritische Lektüre dieses Textes danken möchte. Mögliche Implikationen des derart unterstrichenen Reiseverlaufs entgegen der Leserichtung habe ich bislang leider nicht klären können.

237 Für das Motiv der Wolken hat Christiane J. Gruber auf ikonographischer Ebene ähnliches aufgewiesen: Gottes »Verbindung mit den Wolken dient dazu, ihn als ein räumlich und intellektuell nebelhaftes Wesen zu beschreiben. Tatsächlich sind Wollen quantitativ mit der Natur des Göttlichen vergleichbar: Sie sind wahrnehmbar und daher real, aber unkörperlich und daher ungreifbar.« Gruber, *Realabsenz. Gottesbilder in der islamischen Kunst zwischen 1300 und 1600*, S. 162.

3 Durchschaubar. Zur Öffnung des Vorhangs in der Miniatur des Turiner Gebetbuches

Die Körper- und Raumlosigkeit des zu Schauenden, die die timuridische Handschrift präsentiert, unterscheidet sich deutlich von der Körperlichkeit und Räumlichkeit, die die flämischen Illuminierenden im Turiner Stundenbuch einsetzen, um Gottvater darzustellen. Nicht nur ist Gottvater ebenso wie die Engel und der Betende in der Initiale in einer klar konturierten Körperlichkeit und plastisch modellierten Dreidimensionalität wiedergegeben. Auch wird mit dem Zelt ein dreidimensionaler Raum aufgespannt, in dem die Gottvaterfigur zu verorten ist. Und mehr noch: Ganz im Gegensatz zu der persischen Miniatur scheint ein Schauen in einen Raum, in dem ein kompakter dreidimensionaler Körper zu verorten ist, die Gottesschau hier geradezu zu ermöglichen: Gerade die Öffnung auf diesen Raum hin wird als Bedingung der Möglichkeit der Gottesschau inszeniert. Damit wird für die Gottesdarstellung dezidiert ein Modus der Raumdarstellung herangezogen, der sich im westeuropäischen Raum zu ebendieser Zeit durchsetzt.

Nun ist an der Tatsache, dass die persische Malerei ein derart perspektivisches Raumkonzept nicht entwickelt und auch später nur sehr partiell übernommen hat, oft genug der Unterschied zwischen der persischen und der westeuropäischen Malerei festgemacht worden. Problematisch wird das, wenn westliche Kunstgeschichten, die diese Perspektive als teleologischen Fluchtpunkt ihrer Entwicklung ansehen, damit eine gewisse Rückständigkeit assoziieren oder dies auf religiöse Restriktionen, namentlich »das islamische Bilderverbot« zurückführen.[238] Relativiert man diesen Status der Perspektive und schreibt ihre Erfolgsgeschichte weniger der Genialität ihrer Erfindung als einer Geschichte der politischen Dominanz westeuropäischer Männer seit der frühen Neuzeit zu, dann ist die Perspektive im 15. Jahrhundert als eine Option unter vielen zu verstehen, die die persischen Bildkulturen aus den angeführten Gründen nicht interessierte (und die flämischen Maler und Malerinnen offenbar auch nur in bestimmten Aspekten). So stellt sich umgekehrt die Frage, aus welchen Gründen diese Darstellungsoption im christlichen, westeuropäischen Kontext denkbar und attraktiv wird.[239]

Dazu sei der Kontext dieser Öffnung auf den Raum Gottes hin etwas genauer in den Blick genommen: Das Bild demonstriert, dass eine solche Schau in den Raum Gottes möglich ist, weil sich die Plane, die diesen Raum bildet, nach vorne hin öffnet. Die Vorstellung einer Öffnung der Zeltplane beziehungsweise eines Vorhangs[240] weist im christlichen Kontext zunächst Parallelen zur Argumentation des Hebräerbriefes auf.[241] Der Brief betont den Unterschied zwischen dem Alten Bund, in dem nur der Hohepriester allein das Allerheiligste betreten durfte, und dem Neuen Bund, in dem Christus einem jeden Gläubigen den Weg in das Heiligtum eröffnet hat: So wird die alttestamentliche Praxis in Anlehnung an Ex 26,33 folgendermaßen beschrieben:

238 Vgl. z. B. Belting, *Florenz und Bagdad*. Zur Kritik an dieser Essentialisierung vgl. Fußnote 94.

239 Vgl. zu einem solchen Ansatz in Bezug auf physische Ähnlichkeit Steven Perkinson, *The Likeness of the King. A Prehistory of Portraiture in Late Medieval France*, Chicago 2009, z. B. S. 21.

240 In diesem Bild scheinen zwei Elemente des Heiligtums, der Zeltstoff und der Vorhang, die in Hebr 9 sowie in Ex 26 unterschieden werden, zusammengelegt zu sein.

241 Vgl. z. B. Kessler, *Spiritual Seeing*, S. 99. Für den wegweisenden Hinweis danke ich Andreas Matena.

> Hinter dem zweiten Vorhang aber war ein Zelt, das sogenannte Allerheiligste; mit dem goldenen Rauchopferaltar und der ganz mit Gold überzogenen Bundeslade [...]. In das zweite Zelt aber geht nur einmal im Jahr der Hohepriester allein hinein [...]. (Hebr 9,3f und 7)

Im Neuen Bund dagegen sei Christus »als Hohepriester der zukünftigen Güter« (Hebr 9,11) durch sein eigenes Blut in diesen Tempel eingegangen. In der Folge sei man zum Eintreten aufgefordert: »Wir haben also die Zuversicht, Brüder, durch das Blut Jesu in das Heiligtum einzutreten. Er hat uns einen neuen und lebendigen Weg erschlossen durch den Vorhang hindurch, das heißt durch sein Fleisch.«[242] (Hebr 10,19f). Dabei rekurriert der Hebräerbrief auf die Evangelien von Matthäus (Mt 27,51) und Markus (Mk 15,38), die das Zerreißen des Tempelvorhangs im Moment des Kreuzestodes Christi beschreiben. Otfried Hofius hat herausgestellt, dass sich die Konzeption des Vorhangs im Hebräerbrief nicht nur auf den Vorhang im jüdischen Tempel bezieht, sondern auch auf die Vorstellung, dass ein ebensolcher Vorhang vor dem Urbild des Tempels im Himmel, nämlich dem Thron Gottes, zu finden sei.[243] Deshalb impliziere die Öffnung des Vorhangs durch Christus nicht nur Zugang zum irdischen Allerheiligsten, sondern auch die Möglichkeit der Gottesschau (vgl. Hebr 12,14).

So gesehen entspricht es der Argumentation des Hebräerbriefs, dessen intensive Rezeption im lateinischen Mittelalter Johann Konrad Eberlein aufgewiesen hat,[244] wenn das Bild aus dem Turiner Gebetbuch eine Öffnung des Vorhangs vor dem himmlischen Thron Gottes darstellt. Die Annahme, dass in dieser Handschrift auf das Argument des Hebräerbriefes, durch Christus sei eine Gottesschau möglich geworden, Bezug genommen wird, wird durch ein zweites Blatt des Gebetbuches, fol. 46v (Abb. 25), verstärkt: Hier ist im Chor eines Kirchenraumes eine Darstellung Gottes

242 Die deutsche Übersetzung der Bibelstellen folgt der Ausgabe: *Die Bibel. Altes und Neues Testament, Einheitsübersetzung*, hrsg. im Auftrag der Bischöfe Deutschlands u.a., Freiburg i. Br. u.a. 1980. Vgl. zur Auslegung des Hebräerbriefes beispielsweise Erich Grässer, »An die Hebräer« in: Norbert Brox u.a. (Hrsg.), *Evangelisch-katholischer Kommentar zum Neuen Testament*, Bd. VVII/3, Zürich/Neukirchen-Vluyn 1997, S. 11–19.

243 Hofius bezieht sich hier unter anderem auf folgende Stelle: »Denn Christus ist nicht in ein von Menschenhand errichtetes Heiligtum eingegangen, in ein Abbild des wirklichen, sondern in den Himmel selbst, um jetzt für uns vor Gottes Angesicht zu erscheinen« (Hebr 9,24). Vgl. Otfried Hofius, *Der Vorhang vor dem Thron Gottes. Eine exegetisch-religionsgeschichtliche Untersuchung zu Hebräer 6,19f. und 10,19f*, Tübingen 1972, insbesondere S. 73–75. Er zeigt auf, dass diese Vorstellung in Schriften des antiken Judentums zu finden ist, und geht davon aus, dass der Hebräerbrief hier frühere jüdische Vorstellungen aufgreift. Er diskutiert weiter, inwiefern hier gnostische Vorstellungen eines Vorhangs zwischen Himmel und Erde eine Rolle spielen. Im Gegensatz beispielsweise zu Grässer, »An die Hebräer«, S. 11–19, der diese These stark macht, hält Hofius sie nicht für plausibel. Johann Konrad Eberlein hat jedoch aufgezeigt, dass Interpretationen des Vorhangs als Himmelsgrenze in mittelalterlichen Schriften häufig zu finden sind (vgl. Johann Konrad Eberlein, *Apparitio regis – revelatio veritatis. Studien zur Darstellung des Vorhangs in der bildenden Kunst von der Spätantike bis zum Ende des Mittelalters*, Wiesbaden 1982, S. 86–87). Auch in der Buchmalerei hat Kessler verschiedene Darstellungen dieses Vorhangs aufgeführt. Kessler, *Spiritual Seeing*, beispielsweise S. 58 sowie Pl. IVa und Fig. 5.4. und 5.7. Renate Würsch hat vergleichbare Konnotationen des Vorhangs vor dem Thron Gottes bei Niẓāmī aufgewiesen (Würsch, *Niẓāmīs Schatzkammer der Geheimnisse*, S. 140–141), sodass die Frage im Raum steht, inwiefern und auf welche Weise in beiden Traditionen gnostische Vorstellungen rezipiert wurden. Vgl. zu dieser Vorstellung auch Robert Eisler, *Weltenmantel und Himmelszelt. Religionsgeschichtliche Untersuchungen zur Urgeschichte des antiken Weltbildes*, München 1910, S. 252–256.

244 Vgl. Eberlein, *Apparitio regis – revelatio veritatis*, S. 85–87.

Abb. 25 – Gotteserscheinung mit Stifter, Flandern 1. Hälfte 15. Jh., *Turiner Gebetbuch*, ehemals Turin, Biblioteca Nazionale, K. IV. 28, fol. 46v.

zu sehen, Eberhard König zufolge »im Sinne des Genter Altars [der hier als Vorbild angenommen wird, V. B.] ohne Spezifizierung seiner Person«.[245] Dass die Figur dabei braunhaarig ist und Züge der Christusfigur aus dem vorausgehenden Trinitätsbild übernimmt, ordnet sie in eine Tradition ein, die den Christustypus als – lange Zeit vorherrschende – Möglichkeit der Darstellung Gottes aufweist.[246] Neben dieser thronenden Gottesfigur kniet ein Beter. Man hat es also mit einer ähnlichen Konstellation zu tun wie in der Eingangsminiatur. Nur dass die Gottesfigur hier Züge Christi trägt und nicht mehr in einer himmlischen Sphäre, sondern in einem irdischen Kirchenraum verortet ist. Außerdem ist der Betende nun nicht mehr in der Initiale, sondern innerhalb desselben Bildes zu sehen. Er blickt jedoch nicht direkt auf die Gottesfigur,[247] was in ähnlichen Kontexten als Betonung einer geistigen Schau interpretiert wurde.[248] Wieder einmal wird in dieser Handschrift betont, dass die Vorstellung einer Schau auf eine Verkörperung Gottes nicht implizieren muss, dass die Betrachtenden selbst diese körperlich erfahren.[249] Immer wieder wird im Verhältnis zwischen dem schauenden Körper der Betrachtenden und der sichtbaren Verkörperung Gottes eine kategorische Differenz markiert – sei es, dass Gottvater in einer Erweiterung jenseits des Rechteckes der Hauptminiatur dargestellt wird, sei es, dass der Betrachter im separaten Feld der Initiale zu sehen ist, sei es, dass ausgerechnet in dem Moment, in dem der Betrachter und die Gottesfigur in Form des Christustypus im gleichen irdischen Raum zu sehen sind, kein direkter beziehungsweise kein körperlicher Blick dargestellt ist.[250]

Entscheidend für mein Argument ist jedoch, dass im *bas-de-page* dieser Miniatur auf fol. 46v die Anbetung der Bundeslade dargestellt ist, und zwar in unverhüllter Form (Abb. 26). Anne H. van Buren hat dies darauf zurückgeführt, dass der Maler unfähig gewesen sei, eine verhüllte Bundeslade darzustellen.[251] Mir scheint plausibler, die

245 Eberhard König, *Die Très Belles Heures von Jean de France, Duc de Berry*, S. 118.

246 Vgl. Sternberg, »Bilderverbot für Gott, den Vater?«.

247 Vgl. zu einem »disconnected gaze« von Stifterfiguren auch Craig Harbison, »Visions and Meditations in Early Flemish Painting«, in: *Simiolus* 15/2, 1985, S. 87–117, hier insbesondere S. 100–101. Barbara Welzel hat betont, dass ein direkter Blick zu dieser Zeit als Ausnahme zu bewerten ist. Barbara Welzel, »Vor den Bildern und in den Bildern. Die Gemälde von Jacques Daret in Arras 1435«, in: Frank Büttner, Gabriele Wimböck, *Das Bild als Autorität – Die normierende Kraft des Bildes*, Münster 2004, S. 124.

248 Vgl. z.B. Bret Rothstein, »Vision and Devotion in Jan van Eyck's Virgin and Child with Canon Joris van der Paele«, in: *Word & Image* 15/3, 1999, S. 262–276 und Thomas Lentes, »Inneres Auge, äußerer Blick und Heilige Schau«, insbesondere S. 213–214. Diese Debatten um das Verhältnis geistiger und körperlicher Schau erinnern in manchen Punkten an die Diskussionen um die Frage, inwieweit die Gottesschau Mohammeds eine körperliche oder eine geistige gewesen sei. Vgl. S. 77–78 dieser Arbeit. Ein Votum für eine innere Schau ist, wie gesagt, auch eine mögliche Erklärung für den zu Boden gerichteten Blick Mohammeds in der Darstellung der Gottesschau im Pariser *Miʿrājnāmah*.

249 Ich danke Anja Eisenbeiß für ihren Hinweis in dieser Sache.

250 Jeffrey F. Hamburger hat solche »pictorial barriers«, die den direkten Blick verhindern, in van Eycks Van-der-Paele-Madonna sowie auf die Platzierung des Stifters im separativen Flügel im Dresdener Triptychon als Ausweis der Skepsis gerade im Moment der zunehmenden Annäherung von religiösen Bildern als »an empirical experience« gedeutet. Jeffrey F. Hamburger, »Seeing and Believing: The Suspicion of Sight and the Authentication of Vision in Late Medieval Art«, in: Alessandro Nova, Klaus Krüger (Hrsg.), *Imagination und Wirklichkeit: Zum Verhältnis von mentalen und realen Bildern in der Kunst der frühen Neuzeit*, Mainz 2000, S. 48–50.

251 »Der Illuminator sah sich offenbar nicht in der Lage, die Bundeslade innerhalb des Vorhangs darzustellen, und begnügte sich mit einem Kompromiss, indem er das Tuch von den Tragstangen der Lade herabhängen ließ.« Van Buren, »Die Entstehung des eyckschen Gebet- und Messbuchs«, S. 169. Eine Darstellung der verhüllten Bundeslade entspricht ihr zufolge der Typologie der

Abb. 26 – Detail aus Abb. 25.

Darstellung der enthüllten Bundeslade in diesem Kontext vor dem Hintergrund des Hebräerbriefes christologisch zu deuten, in dem Sinne, dass Christus mit dem Kreuzestod seiner Kirche einen Weg durch den Vorhang eröffnet.[252] Unterstrichen werden könnte diese These noch durch die Beobachtung von Gabriele Bartz und Eberhard König, dass auf der Stirnseite der Lade eine Kreuzigungsszene dargestellt sei, das heißt, der Moment, in dem der Vorhang zerreißt.[253] Dass die Lade überhaupt – wie König und Bartz betonen: entgegen einem Bilderverbot – nicht nur mit Cherubim, sondern mit einer Vielzahl von Figurinen geschmückt ist, verweist darauf, dass auf diesem Blatt neben der Schaubarkeit der Lade ebenso, mit Bezug auf Christus, das alttestamentliche Abbildungsverbot in Frage gestellt wird.[254] Dass dies nicht nur für das irdische Heiligtum der Bundeslade, sondern auch für das himmlische Heiligtum gilt, demonstriert die Hauptminiatur. Indem sie Gottvater in Form eines Christustypus zur Schau stellt, visualisiert sie das Argument, dass das alttestamentliche Bilderverbot mit dem Neuen Testament seine Gültigkeit verliert, da Gott in seinem Sohn für Menschen auf dieser Erde sichtbar wurde.[255]

Klasse C der *rota in medio rotae*, die die verhüllte Bundeslade als Typus für Christus anführt, »der die bei Konsekration gebrauchten Worte spricht«, was dem illustrierten Text entspricht, der um die Gnade der Teilhabe am Messopfer bittet. Vgl. ebd., S. 151 und 169 sowie Floridus Röhrig, »Rota in medio rotae. Ein typologischer Zyklus aus Österreich«, in: *Jahrbuch des Stiftes Klosterneuburg* 5, 1965, S. 7–113, S. 95.

252 Ein ähnliches Argument deutet sich für eine Darstellung der Bundeslade in einem Octateuch des 12. Jahrhunderts (Vatican, BAV, Cod. gr. 746, fol. 443r) bei Kessler an. Kessler, *Spiritual Seeing*, S. 12.

253 König, Bartz, *Die erhaltenen Blätter und der verbrannte Kodex*, S. 36.

254 David Ganz wies mich zudem darauf hin, dass die jüdische Lade hier die Form eines christlichen Reliquiars des Spätmittelalters hat und dass man, indem man der jüdischen Lade die Form eines christlichen Kultgegenstandes gibt, die eigene Kultpraxis der Zurschaustellung von Reliquiaren in ein figurales Verhältnis zu einem direkt von Gott verordneten Kult des Allerheiligsten im Judentum stellt.

255 Vgl. zum Zusammenhang der Darstellung der Bundeslade und der Legitimation von Gottesdarstellungen auch Herbert L. Kessler, »Through the Temple Veil: The Holy Image in Judaism and Christianity«, in: *Kairos. Zeitschrift für Judaistik und Religionswissenschaft* II/XXXIII, 1990, S. 53–77.

Die Zusammenstellung der enthüllten Bundeslade und einer Darstellung Gottes mittels eines Christustypus auf diesem Blatt legt es nahe, auch für die Eingangsminiatur anzunehmen, dass die christologische Öffnung des Tempelvorhangs auf die ebenfalls durch Christus ermöglichte Öffnung des Vorhangs vor dem Thron Gottes verweist. So wird die Schau auf Gottvater in der Vermittlung durch Christus dargestellt.

Eine solche Darstellung des Vorhangs vor dem Thron Gottes ist allerdings nicht in einem essentialisierenden Bezug auf religiöse Dogmen zu verstehen, sondern vielmehr als spezifische historische Positionierungen der flämischen Buchmalerei des 15. Jahrhunderts. So ist schon zur expliziten Abgrenzung von einer als jüdisch dargestellten Umgangsweise mit dem Vorhang im Tempel in der flämischen Handschrift anzumerken, dass diese wohl eher dem eigenen Abgrenzungsbedürfnis als den historischen Tatsachen entspricht: So hat beispielsweise Herbert Kessler betont, dass der Vorhang vor der Bundeslade im jüdischen Kontext keineswegs immer geschlossen dargestellt ist – in Dura Europos beispielsweise ist er geöffnet. Die spätere Darstellung des Allerheiligsten als Verschlossenes sei auf jüdischer Seite als Reaktion auf und Abgrenzung gegen die christliche Appropriation der Tabernakeldarstellungen zu deuten.[256] Und die Rekurse auf den Hebräerbrief im Kontext der Produktion der flämischen Handschrift sind wohl vor dem Hintergrund zu verstehen, dass sich, wie eingangs aufgeführt, die Darstellung Gottvaters selbst zu diesem Zeitpunkt gerade erst etabliert. Die Tatsache, dass Gottvater im Turiner Stundenbuch noch oft im Christustypus dargestellt ist, macht deutlich, dass sich die vom Christustypus zu unterscheidende Darstellung Gottvaters als älterer Mann mit Bart auch in dieser Handschrift noch nicht vollständig durchgesetzt hat. Die Darstellung Gottvaters – die man so gerne der Nichtdarstellung Gottes in der islamischen Tradition entgegensetzt – ist in diesem Kontext also keineswegs als Selbstverständlichkeit zu verstehen. Vielmehr ist der Vorhang Teil eines Legitimations- und Abgrenzungsdiskurses, der mehr mit der eigenen denn mit einer anderen Bildkultur zu tun hat.

Anzumerken scheint mir noch, dass auf fol. 14r des Turiner Gebetbuchs der Vorhang, anders als in vielen anderen Darstellungen, zugleich ein Zelt ist.[257] Damit verbindet er nicht nur zwei Elemente des alttestamentlichen Heiligtums, sondern auch die aus dem Alten Testament stammende Vorstellung des »Zeltens« Gottes unter den Menschen mit einer christologisch gedachten Öffnung des Vorhangs im Anschluss an den Hebräerbrief. Zudem bringt der Hebräerbrief, wie auch Marius Rimmele zuletzt betont hat,[258] den Vorhang explizit mit dem Fleisch Christi in Verbindung: Der neue Weg

Vgl. zur Funktion des Schleiers in der Spätantike auch Moshe Barasch, »Der Schleier. Das Geheimnis in den Bildvorstellungen der Spätantike«, in: Aleida und Jan Assmann (Hrsg.), *Schleier und Schwelle. Bd. 2: Geheimnis und Offenbarung*, München 1998, S. 179–201.

256 Kessler, »Through the Temple Veil. The Holy Image in Judaism and Christianity«, S. 75.

257 Die Öffnung der Stoffbahnen des Zeltes wiederholt sich in der Öffnung des Mantels, der die Figur Gottvaters »zeltartig« umgibt, und es ist womöglich kein Zufall, dass dem betenden Auftraggeber in der Miniatur auf fol. 46v jene Seite zugekehrt ist, auf der sich der Mantel in einem schmalen Spalt bis nach unten öffnet. Diese Beobachtung verdanke ich David Ganz.

258 Rimmele hat dabei unterstrichen, dass in der Rezeption des Hebräerbriefes seit Origenes – beispielsweise bei Ludolf von Sachsen Ende des 14. Jahrhunderts – oft zwei Vorhänge angenommen wurden, von denen der am Eingang des Tempels bei der Passion zerriss, während der vor dem himmlischen Heiligtum noch verschlossen ist. Marius Rimmele, »Der verhängte Blick. Meister Franckes Hamburger Schmerzensmann und das Motiv des zweiten Vorhangs«, in: David Ganz, Thomas Lentes (Hrsg.), *Sehen und Sakralität in der Vormoderne*, Berlin 2011, S. 164–181. Vgl. hierzu auch

gehe »durch den Vorhang hindurch, das heißt durch sein Fleisch« (Hebr 10,20). Damit stellt sich die Frage, ob in der vorliegenden Miniatur die Inkarnation womöglich auf eine recht wörtliche Weise dargestellt ist, nämlich als Gottvater im Zelt des Fleisches Christi. Dann hätte die Entscheidung, den Vorhang als Teil eines Zeltes zu präsentieren, das Gottvater nicht nur ver-, sondern auch umhüllt, mit einer Vorstellung der Präsenz Gottes im Fleisch Christi und mithin in der Stofflichkeit unserer Welt zu tun. Die Darstellung des Vorhangs als Zelt wäre dann nicht mehr nur als Referenz an die alttestamentlichen Zelte zu verstehen. Sie würde auch der Tatsache entsprechen, dass man sich Gott dem Neuen Testament zufolge nicht mehr nur hinter dem Vorhang des Allerheiligsten, sondern im Fleisch Christi vorzustellen hat.[259]

Vor allem aber impliziert die Darstellung des Vorhangs als Zelt, dass die vorhangartige Öffnung einen Einblick in einen Raum erlaubt. So kann man den Vorhang im Anschluss an Klaus Krüger zum einen als motivisches Element betrachten, zum anderen aber auch als Verdoppelung einer Bildoberfläche,[260] die nicht einfach nur mit einer Dualität von Opazität und Transparenz spielt, sondern die sich dezidiert als eine Oberfläche präsentiert, die einen Blick auf einen innerhalb dieser Oberfläche aufgespannten Raum eröffnet. Vor dem Hintergrund der vorgeschlagenen Interpretation dieses Blattes könnte man weiter fragen, inwiefern sich die Bildfläche in der flämischen Miniatur ebenso wie der Vorhang als notwendige, aber zugleich zu überwindende Begrenzung der Schau darstellt.[261] Die Transparenz der Bildfläche, die sich im nordwesteuropäischen Raum im 15. Jahrhundert zunehmend etabliert und die als zu durchschauende Fläche jenseits der Ebene der Schrift immer mehr Platz auf der Seite beansprucht, wird also im Turiner Gebetbuch, das als paradigmatisch für diese Tendenz angesehen wird, mit theologischen Konnotationen aufgeladen: Die Transparenz der Bildfläche wird als eine durch Christus eröffnete Perspektive und als eschatologische Überwindung einer Sichtbegrenzung der sterblichen Welt präsentiert.[262] Die Bildfläche – und vielleicht auch das Pergament als solches[263] – wird mit dem *integumentum*, dem verhüllten Wortsinn des Alten Testaments, assoziiert, das in einer christologischen Perspektive zu überwinden ist.

Barbara Schellewald, »Hinter und vor dem Vorhang. Bildpraktiken der Enthüllung und des Verbergens im Mittelalter«, in: Claudia Blümle/Beat Wismer (Hrsg.), *Hinter dem Vorhang. Verhüllung und Enthüllung seit der Renaissance – von Tizian bis Christo*, Ausst.-Kat. Düsseldorf, Museum Kunstpalast 1.10.2016–22.1.2017, München 2016, S. 124–131. Zu früheren Beispielen dieser Engführung im Anschluss an den Hebräerbrief vgl. insbesondere Kessler, *Spiritual Seeing*, S. 99–101.

259 Vgl. zum Verhältnis von Schleier und *Vera Icon* Wolf, *Schleier und Spiegel*.

260 Vgl. Klaus Krüger, *Das Bild als Schleier des Unsichtbaren. Ästhetische Illusion in der Kunst der frühen Neuzeit in Italien*, München 1997, insbesondere das Kapitel »Voraussetzungen: Bild und Schleier im christlichen Verständnis des Mittelalters«. Vgl. hierzu auch Johannes Endres, Barbara Wittmann, Gerhard Wolf (Hrsg.), *Ikonologie des Zwischenraums. Der Schleier als Medium und Metapher*, München 2005 sowie zuletzt auch Claudia Blümle, »Das Bild als Vorhang«, in: Blümle/Wismer (Hrsg.), *Hinter dem Vorhang*, S. 30–39.

261 Vgl. Krüger, *Das Bild als Schleier des Unsichtbaren*, S. 16 und Endres, Wittmann, Wolf, *Ikonologie des Zwischenraums*, S. VIII.

262 Diese Interpretation der Öffnung des Vorhangs weist gewisse Parallelen auf zu Daniel Arasses Hypothese, dass die Entwicklung der Zentralperspektive nicht zufällig entscheidend in Darstellungen der Verkündigungen vorangetrieben wurde. Demzufolge wurde eben auch hier die Perspektive mit der Menschwerdung Christi in Verbindung gebracht. Vgl. Daniel Arasse, *L'annonciation italienne. Une histoire de perspective*, Paris 1999.

263 Ich danke Silke Tammen für den Hinweis.

4 »... der in jenem Vorhang den Blickgegenstand fand«. Zur Vorhangdarstellung im Pariser *Miʿrājnāmah*

Auch in der persischen Handschrift spielt das Vorhangmotiv – und auch das Zelt – eine zentrale Rolle im Kontext der Gottesschau. Der Text des Pariser *Miʿrājnāmah* beschreibt, wie Mohammed auf dem Weg zum Thron Gottes Vorhänge durchschreitet:

> Ich ging weiter und sah 70.000 Vorhänge: Einige davon aus Licht, einige aus Feuer, einige aus Hyazinth, einige aus Perlen und einige aus Gold. Jeder Vorhang wurde von 70.000 Engeln bewacht. Immer wenn ich zu einem Vorhang kam, näherte sich ein Engel, ergriff meine Hand und führte mich hindurch. Auf diese Weise ging ich durch 70.000 Vorhänge hindurch und erblickte schließlich den Thron Gottes. [...] Um den Thron herum erblickte ich 70.0000 Zelte. Jedes Zelt war siebzigmal so dick wie diese Erde. Zwischen einem Zelt und einem anderen lag ein Weg, für den man 50.000 Jahre braucht.[264]

Auch Niẓāmī beschreibt, wie Mohammed in der Annäherung an Gott einen Vorhang durchquert:

> Der Weg zur Unerschaffenheit begann vor dem Schritt,
> den Vorhang [*pardah*[265]] der Schöpfung hob er hinweg.
> Er steckte, als er den Weg über den äußersten Punkt hinausging,
> den Kopf aus dem Kragen der Natur heraus.[266]

Die Metapher des »Kragens der Natur« könnte dabei nahelegen, die hier beschriebenen Textilien im Sinne der Körperlichkeit des Menschen zu lesen. Das scheint mir aber zu kurz zu greifen. Denn es ist in demselben Abschnitt auch von einem »Kragen«[267] oder auch »Ärmel«[268] des Gottesthrones die Rede. Das macht deutlich, dass Niẓāmī hier – ebenso wie der Text der *Miʿrājnāmah*-Handschrift – auf den koranischen und sufistischen Topos rekurriert, dass Gott hinter einem Vorhang sei. Textilien fungieren also nicht nur als Kleidungsmetaphern für den menschlichen Körper, sondern allgemeiner als Metaphern für die Schöpfung, hinter der sich Gott verbirgt. Es gilt also nicht nur, aus dem »Kragen« der eigenen Körperlichkeit herauszuschauen, sondern auch, hinter den »Vorhang« der Schöpfung zu blicken.

In der reich bebilderten Handschrift der Bibliothèque nationale ist man allerdings damit konfrontiert, dass die Schilderung und Illustration des Durchquerens der

264 *Miʿrājnāmah*, übersetzt in: Scherberger, *Das Miʿrāğnāme*, S. 101–102, ich habe die Übersetzung im Anschluss an Anmerkungen Ablet Semets leicht verändert und danke ihm für seine Erläuterungen des Originaltextes.

265 Vgl. zum Begriff *pardah* in Niẓāmīs *Makhzan ul-Asrār* im Allgemeineren Würsch, *Niẓāmīs Schatzkammer der Geheimnisse*, S. 139–144. Zudem unterstreicht sie, dass zuvor auch ein Vorhang vor Jesus beschrieben wird, und »zerreißt man diesen Vorhang, so wird man ›auf Flügeln Jesu‹ zu höheren Sphären getragen« (S. 136).

266 *Makhzan ul-Asrār*, übersetzt in: Würsch, *Niẓāmīs Schatzkammer der Geheimnisse*, V. 43–44, S. 189–190.

267 *Makhzan ul-Asrār*, übersetzt in: Würsch, *Niẓāmīs Schatzkammer der Geheimnisse*, V. 31, S. 187.

268 *Makhzan ul-Asrār*, übersetzt in: Würsch, *Niẓāmīs Schatzkammer der Geheimnisse*, V. 39, S. 188.

Vorhänge und Zelte nach der Szene der Gottesschau angeordnet ist: Es wird zuerst die Gottesschau beschrieben (fol. 36v – Abb. 27), dann eine kurze Unterredung mit Moses (fol. 38v – Abb. 28),[269] das Durchschreiten der Vorhänge (fol. 42r – Abb. 29), jenes der Zelte (fol. 42v – Abb. 30) und dann die Szene, in der Mohammed vor den Thron Gottes tritt (fol. 44r – Abb. 31). Diese ungewöhnliche Szenenfolge könnte damit zu tun haben, dass im Text der Handschrift an dieser Stelle – wie Christiane J. Gruber im Vergleich mit seiner Vorlage, al-Sara'is *Nahj ul-Farādīs* gezeigt hat – eine längere Debatte über die Frage nach der Gestalt (*ṣūrat*) Gottes und ihrer theologischen Interpretation durch eine Beschreibung von Mohammeds Aufstieg zum Thron Gottes ersetzt wird.[270] Die deutlichen Parallelen zwischen der Illustration der Verbeugung Mohammeds vor dem Thron Gottes (fol. 44r – Abb. 31) und der Illustration der Gottesschau (fol. 38v – Abb. 27) deuten jedenfalls darauf hin, dass zumindest bei den Illuminierenden ein Bewusstsein vorhanden gewesen sein könnte, dass an dieser Stelle eine Szene der Gottesschau zu erwarten ist. Bemerkenswerte Unterschiede zwischen den beiden Miniaturen bestehen nur darin, dass das zweite Bild die Ausdehnung der Wolken beziehungsweise Flammen im Verhältnis zur Figur noch deutlich steigert und die Farbe des Hintergrundes nicht mehr blau – wie in den meisten Bildern –, sondern rot ist, was der in der Handschrift benannten Beschaffenheit des Gottesthrones, rotem Rubin,[271] entspricht.

Auf jeden Fall aber ist festzuhalten, dass vor dem Thron Gottes Vorhänge und Zelte angeordnet sind, sodass Gemeinsamkeiten mit der flämischen Darstellung der Gottesschau zu erkennen sind. Damit stellt sich die Frage, inwiefern die Vorstellung eines Vorhangs vor dem Thron Gottes, die hier aufgegriffen wird, im persischen ebenso wie im flämischen Kontext einen Bezug zur jüdischen Vorstellung eines Vorhangs vor dem Thron Gottes hat – wie schon früh und immer wieder angenommen wurde. Direkterer Bezugspunkt ist wahrscheinlich der 51. Vers der 42. Sure des Koran,[272] in dem steht, es stehe »keinem Menschen an, dass Gott mit ihm spricht, es sei denn (mittelbar) (oder: (unmittelbar)?) durch Eingebung, oder hinter einem Vorhang, oder indem er einen Boten sendet«. Es bleibt zu eruieren, inwiefern der Vorhang vor Gott an dieser Stelle auf jüdische und / oder christliche Vorstellungen eines Vorhangs vor dem Thron Gottes zurückgreift. Für eine andere Stelle des Koran ist ein solcher Bezug eines Vorhangs auf den Vorhang im Tempel diskutiert worden: So hat Angelika Neuwirth die Überlegung angestellt, dass sich der Vorhang, hinter dem sich Maria versteckt (Sure 19,17), eine »Reminiszenz der Mariengeschichte des Protoevangeliums [des Jakobus] sein [könnte], wo Maria einen Vorhang im Tempel webt.«[273] Die Beschreibung dieses zu webenden Vorhangs im Protoevangelium

269 Es geht hier darum, dass Gott Mohammed anfangs befielt, von seinen Getreuen täglich fünfzig Gebete zu verlangen, und Moses Mohammed rät, Gott zu bitten, diese Anzahl auf fünf zu reduzieren – was Mohammed dann in mehreren Rücksprachen auch erreicht.

270 Gruber, *The Timurid Book of Ascension (Mi'rajnama)*, S. 285. Pavet verweist zudem auf eine *Mi'rājnāmah*-Handschrift (seinerzeit Suppl. turc 181 der BnF), in der das Durchqueren der Vorhänge vor der Szene der Gottesschau angeordnet sei. Vgl. Abel Pavet de Courteille, *Mirâdj-nâmeh. Récit de l'ascension de Mahomet au ciel composé A.H. 840 (1436/1437). Texte turk-oriental, publié pour la première fois d'après le manuscript ouïgour de la Bibliothèque National et traduit en français*, Paris 1882, S. 35–36.

271 Vgl. Scherberger, *Das Mi'rāǧnāme*, S. 101.

272 Vgl. auch Würsch, *Niẓāmīs Schatzkammer der Geheimnisse*, S. 189.

273 Angelika Neuwirth, *Der Koran als Text der Spätantike. Ein europäischer Zugang*, Berlin 2011 [2010],

des Jakobus wiederum weist an der Stelle, an der es um die Beschreibung seiner Beschaffenheit geht, gewisse Parallelen zur derjenigen des Vorhangs in der *Miʿrāǧnāmah*-Handschrift auf:[274] In beiden ist von den Komponenten Gold und Hyazinth die Rede.[275]

Die Annahme, dass Bezüge zu jüdischem Gedankengut und nicht nur auf altorientalische Topoi bestehen, wird innerhalb der vorliegenden *Miʿrāǧnāmah*-Handschrift durch weitere Elemente gestützt.[276] So ist auf einer Miniatur wenige Seiten zuvor (Abb. 32) ein vierköpfiger Engel mit dem Gesicht eines Menschen, eines Löwen, eines

S. 481. Ich danke auch Michael Marx, Arbeitsstellenleiter des Projektes »Corpus Coranicum« für seine Hinweise.

274 Thomas Rainer hat mich zudem darauf hingewiesen, dass auch der Vorhang vor dem Tabernakel in der jüdischen Buchmalerei zum Teil regenbogenfarbig dargestellt ist.

275 »›Lost mir hier, wer verweben soll das Gold, das Reine (unbefleckte, Amiant), das feine Leinen (Bussion), die Seide (Sirikoun), das Blaue (Hyakinthon), das Scharlachrot (Kokkinon) und das wahre Purpur (Porphuran).‹ Und sie wählten Maria für das wahre Purpur und das Scharlach.« Protoevangelium des Jakobus 10,3, übersetzt von Wieland Willker, 2000, http://trobisch.com/david/wb/pages/home/uni-landau/einfuehrung-nt/evjakobus.php, Stand 14.3.2014.

276 Ein anderes Beispiel wäre, dass die in dieser Handschrift geschilderten Stationen der Himmelsreise, in denen der Reisende von früheren Propheten begrüßt wird, ebenfalls in antiken jüdischen Schriften wie dem *Testament des Isaak* zu finden sind. Vgl. Hofius, *Der Vorhang vor dem Thron Gottes*, S. 13. Auch sei an dieser Stelle angemerkt, dass die für die Gottesschau verwendeten Begriffe der Schau im Hebräischen (*rā'āh*) und im Arabischen (*ru'ǧā*) die gleichen Wurzeln haben. Vgl. Hans Fuhs, »ra'ah«, in: Heinz-Josef Fabry, Helmer Ringgren (Hrsg.), *Theologisches Wörterbuch zum Alten Testament* 1973–2000, S. 225–266, Sp. 227–228 und 250–252 sowie D. Gimaret, »ru'yat allāh«.

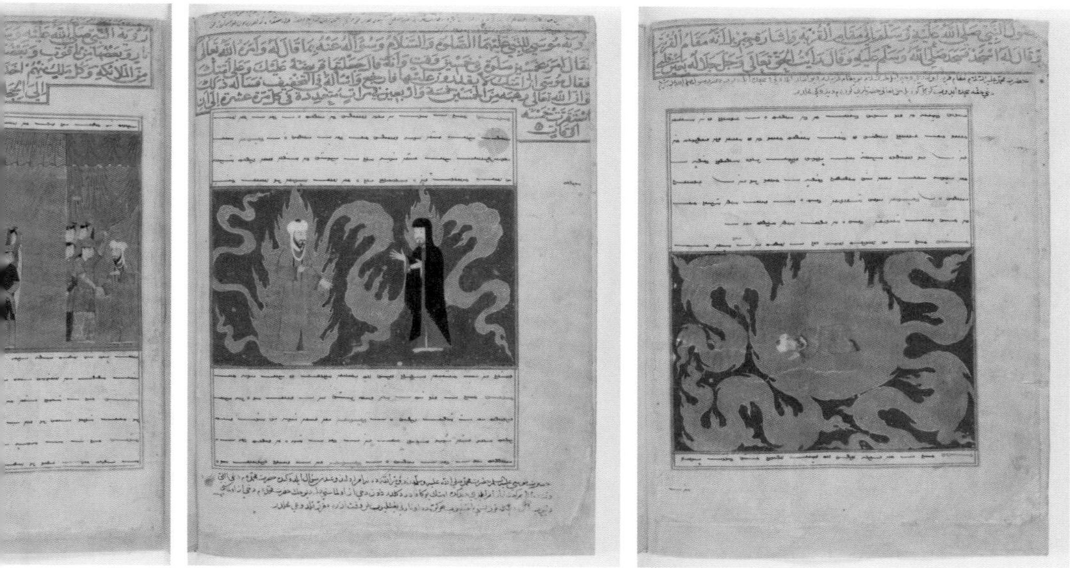

Abb. 27–31 – V. r. n. l.: Mohammed schaut Gott, Moses hilft Mohammed in seinen Verhandlungen um die Anzahl der täglichen Gebete, Mohammed durchquert die siebzigtausend Vorhänge, Mohammed sieht siebenhunderttausend Zelte, Mohammed betet vor dem Thron Gottes, *Miʿrājnāmah*, Herat 1436, Paris, BnF, Suppl. turc 190, fol. 36v, 38v, 42r, 42v und 44r.

Stieres und eines Vogels zu sehen. Max Scherberger verweist darauf, dass dieser Engel »die vier Wesen zu verkörpern [scheint], die nach einer Äußerung des sechsten Imāms Jaʿfar al-Ṣādiq (+ 765) den Thron Gottes tragen«.[277] Eine noch präzisere Beschreibung eines solchen Engels mit genau diesen vier Gesichtern und den entsprechenden Blickrichtungen findet sich jedoch, wie Abel Pavet bemerkt,[278] in Ezechiel 1,10: »Und ihre Gesichter sahen so aus: Ein Menschengesicht (blickte bei allen vier nach vorn), ein Löwengesicht blickte bei allen vier nach rechts, ein Stiergesicht blickte bei allen vier nach links und ein Adlergesicht bei allen vier (nach hinten).«

Jenseits der Frage, ob zu rekonstruieren ist, inwiefern die Vorstellung eines Vorhangs vor dem Thron Gottes in den *Miʿrāj*-Erzählungen auf jüdisches Gedankengut zurückgreift, ist jedoch festzuhalten, dass die Vielzahl der motivischen Parallelen auf eine intensive Zirkulation von Topoi zwischen den vorderorientalischen Religionen hinweist,[279] deren unterschiedliche Rezeption in den mittelalterlichen Bildkulturen verglichen werden kann.

277 *Miʿrājnāmah*, übersetzt in: Scherberger, *Das Miʿrāǧnāme*, S. 96.

278 Vgl. Pavet de Courteille, *Mirâdj-nâmeh*, S. 34–35, Anm. 21. Allerdings ist im türkischen Originaltext nicht von einem Adler, sondern von einem Phönix die Rede. Vgl. Scherberger, *Das Miʿrāǧnāme*, S. 96.

279 So hat beispielsweise Theodor Klauser die umstrittene These aufgestellt, dass auch die jüdische Vorstellung eines Vorhangs vor dem Thron Gottes nicht nur auf alttestamentliche Vorstellungen des Vorhangs im Tempel zurückgehe, sondern auch auf Palasteinrichtungen und Hofzeremonielle beispielsweise sassanidischer, das heißt persischer Höfe. Vgl. Theodor Klauser, »Der Vorhang vor dem Thron Gottes«, in: *Jahrbuch für Antike und Christentum* 3/4, 1960, S. 141–142.

Abb. 32 – Mohammed trifft den vierköpfigen Engel, *Miʿrājnāmah*, Herat 1436, Paris, BnF, Suppl. turc 190, fol. 32v.

Der Bezug auf jüdische Vorstellungen ist in der Pariser *Miʿrājnāmah*-Handschrift aber nicht allein auf gemeinsame Narrative zurückzuführen, sondern auch auf eine gemeinsame Geschichte im historischen Sinne: Maria E. Subtelny hat argumentiert, dass die ihres Erachtens sehr viel frühere persische Version, die der mitteltürkischen Übersetzung in dieser Handschrift zugrunde liegt, »ursprünglich an die persischsprachigen Juden gerichtet war, die im Iran oder in Zentralasien lebten, um diese zum Islam zu bekehren«.[280] In einer Strategie des »positiven Arguments« wurden ihr zufolge in der

280 Maria E. Subtelny, »The Jews at the Edge of the World in a Timurid-era *Miʿrājnāma*. The Islamic Ascension Narrative as Missionary Text«, in: Christiane J. Gruber, Frederick S. Colby (Hrsg.), *The Prophet's Ascension. Cross-Cultural Encounters with the Islamic Miʿrāj Tales*, Bloomington 2010, S. 51. Ich danke Karin Rührdanz für den Hinweis auf diesen Text.

Hochphase der Islamisierung des iranischen Raumes im 9. und 10. Jahrhundert gezielt »gemeinsame Glaubensinhalte und geteilte Wahrheiten«[281] unterstrichen, um die Kompatibilität der Religionen zu betonen. Damit wurde suggeriert, dass ein Bekenntnis zum Islam dem eigenen zoroastrischen, jüdischen oder christlichen Glauben nicht widerspricht. Von einer solchen Konversion ist auch in der Erzählung von Mohammeds Besuch bei den Juden am Ende der Welt[282] die Rede.[283] Dementsprechend sei die nie kanonisierte Geschichte der Himmelfahrt Mohammeds variabel gestaltet worden.[284] Während das besagte *Buch über die Leiter Mohammeds* an arabischsprachige Christen im muslimischen Spanien adressiert war,[285] wurden im Hinblick auf die zentralasiatischen Juden in der vorliegenden Version etwa die alttestamentlichen Propheten besonders betont; anstelle von Jesus ist neben Johannes im zweiten Himmel dessen Vater Zacharias anzutreffen ...[286] Wenn in diesem Text also der gemeinsame Topos des Vorhangs vor dem Thron Gottes zu finden ist, dann hat dies nicht nur mit gemeinsamen Texttraditionen zu tun, sondern auch mit einer gemeinsamen Gegenwart. Im Unterschied zu den Miniaturen des Turiner Gebetbuches geht es dabei um eine strategische Annäherung und nicht um eine Abgrenzung von jüdischen Vorstellungen, wobei man im Hinblick auf eine gemeinsame Gegenwart auch hinsichtlich des Turiner Gebetbuchs die Frage stellen kann, inwiefern die Abgrenzung von jüdischen Vorstellungen nicht nur zur Legitimation der eigenen Bildpraxis diente, sondern auch beispielsweise vor dem Hintergrund der antisemitischen Politik Karls VI. zu verstehen ist. Im persischen Kontext jedenfalls dient der Bezug auf den gemeinsamen Topos nicht der Abgrenzung, sondern der Annäherung im Zuge von Bekehrungsversuchen. Transkulturelle Elemente sind also nicht nur als gemeinsamer kultureller Hintergrund zu verstehen, sondern auch in ihrer Funktion als politische Instrumente der Bekehrung in einer geteilten Geschichte.

Zum Zeitpunkt der Produktion der Handschrift freilich liegt diese Geschichte der Islamisierung der iranischen Juden, auf die Subtelny den Text zurückführt, schon mehrere Jahrhunderte zurück. Aktuell war allerdings die Islamisierung der timuridischen Herrschaft, die Shāh Rukh, an dessen Hof die Handschrift entstand, in seinem Bestreben um Legitimation als muslimischer Herrscher vorantrieb.[287] In diesem Zusammenhang kann man die reich bebilderte Handschrift mit zwei der prominentesten religiösen Texte als »handfesten Beweis für den neubekundeten Einsatz der Timuriden für den Islam«[288] verstehen.

Zugleich kann die Tatsache, dass es sich um eine mitteltürkische Übersetzung in uigurischer Schrift handelt, auch als Ausweis der Aufrechterhaltung ihrer turko-mongolischen Identität verstanden werden. Kurz: »die Transkription der mitteltürkischen Übersetzungen zweier einflussreicher religiöser Werke in uigurischer Schrift kann als Symbol einer Symbiose von zwei kulturellen Systemen angesehen werden, in denen

281 Subtelny, »The Jews at the Edge of the World«, S. 66.

282 Diese Geschichte weist zudem Parallelen zur Alexandergeschichte auf. Subtelny, »The Jews at the Edge of the World«, S. 62–64.

283 Subtelny, »The Jews at the Edge of the World«, S. 59–62.

284 Subtelny, »The Jews at the Edge of the World«, S. 51.

285 Subtelny, »The Jews at the Edge of the World«, S. 54.

286 Subtelny, »The Jews at the Edge of the World«, S. 64–65.

287 Vgl. z. B. Subtelny, »The Jews at the Edge of the World«, S. 54, sowie Gruber, *The Timurid Book of Ascension (Miʿrajnama)*, S. 261.

288 Subtelny, »The Jews at the Edge of the World«, S. 66.

die Timuriden simultan funktionierten – dem Turko-Mongolischen und dem Persisch-Islamischen.«[289] Christiane Gruber hat aufgewiesen, dass diese Symbiose auch in den Miniaturen zu erkennen ist, die einerseits – wie auch ich anfangs gezeigt habe – Parallelen zu timuridischen Darstellungstraditionen aufweisen, aber auch Elemente aus den buddhistischen Bildkulturen Zentralasiens und Chinas aufgreifen, sodass sie signifikant von den üblichen Stilen der timuridischen Buchmalerei abweichen.[290] Hier werden also neben den ikonographischen auch stilistische Bezüge genutzt, um Verbindungen von kulturellen Traditionen zu inszenieren. Damit, so Gruber, könne eine persisch-islamische Leserschaft diese Miniaturen »als Fortsetzung der islamischen Themen sehen, die aus der ilkhānidischen Tradition übernommen wurden, während eine turko-mongolische Leserschaft die sorgfältige Adaption und Absorption von zentralasiatischen buddhistischen Motiven erkennen würde«.[291]

Damit deutet sich an, dass neben den in dieser Arbeit betrachteten Bezügen zwischen der persischen und der westeuropäischen Buchmalerei ebenso enge Bezüge zwischen den persischen und den östlicheren asiatischen Bildkulturen bestehen. Zugleich wird deutlich, dass die sogenannte persische Buchmalerei keineswegs homogener ist als die westeuropäische, sondern ebenso heterogene Traditionen umfasst und verbindet.

Gruber hat weiter diskutiert, inwiefern auch chinesische Teilnehmer an den Audienzen mögliche Adressaten dieser Referenzen auf die buddhistische Bildkultur gewesen sein könnten, da Shāh Rukh recht enge Beziehungen zum chinesischen Hof pflegte. In diesen Kontakten sind auch Bemühungen zu erkennen, die Ming-Herrscher zur Konversion zu bewegen.[292] So hat Gruber erwägt, inwiefern die eben genannte Geschichte von Mohammeds Besuch bei den Juden am Ende der Welt im timuridischen Kontext mit China assoziiert wurde.[293] Damit würde die Bekehrungsgeschichte der Himmelfahrtserzählung vom Kontext des Textes, in dem es um die Bekehrung der Juden ging, in den Kontext der Handschrift übertragen, in dem Shāh Rukh die Bekehrung Chinas anstrebte. Auch im Kontext der timuridischen Handschrift und womöglich auch in der Gestaltung von deren Miniaturen sind transkulturelle Elemente also gegebenenfalls als politische Instrumente der Aushandlung kultureller und religiöser Verhältnisse zu verstehen.

Kommt man nun auf den Vergleich der Vorhangdarstellungen in der persischen und der flämischen Miniatur zurück, dann kann man zuerst einmal konstatieren, dass auch in der persischen Miniatur ein Engel den Vorhang lüftet (Abb. 33). In der dadurch entstehenden Öffnung ist Mohammed zu sehen. Die Ausrichtung seines Körpers legt nahe, dass er durch diesen Vorhang nach vorne getreten ist. Und man könnte annehmen, dass in der Folge die drei weiteren Vorhänge, die sich nach links – das heißt in Leserichtung – anschließen, angehoben werden, sodass Mohammed immer ein Stück weiter nach vorne treten kann. Dass die Vorhänge nach links hin je ein Stück weiter vorne stehen, lässt sich allerdings allein daraus ableiten, dass die kleineren Engel im Hintergrund von dem jeweils linken Vorhang überschnitten werden. Die drei linken bekrönten Engel

289 Subtelny, »The Jeiws at the Edge of the World«, S. 53–54.
290 Gruber, *The Timurid Book of Ascension (Mi'rajnama)*, S. 353.
291 Gruber, *The Timurid Book of Ascension (Mi'rajnama)*, S. 353.
292 Gruber, *The Timurid Book of Ascension (Mi'rajnama)*, S. 290.
293 Gruber, *The Timurid Book of Ascension (Mi'rajnama)*, S. 289–290.

Abb. 33 – Mohammed durchquert die siebzigtausend Vorhänge, *Mi'rājnāmah*, Herat 1436, Paris, BnF, Suppl. turc 190, fol. 42r.

im Vordergrund ordnen sich diesem räumlichen Gefüge jedoch nicht unter, sondern stehen vor den Vorhängen. Auch zwischen den Vorhängen selbst ist keinerlei räumlicher Abstand zu erkennen, ganz im Gegenteil: Die Felder schließen ohne jede Markierung eines Zwischenraumes aneinander an. Einzig ihre recht variantenreich gezeichneten Falten spannen eine minimale räumliche Tiefe auf. Weiter gesteigert wird die Reduktion der Räumlichkeit dadurch, dass das Gold des Hintergrundes, das mit dem Lüften des ersten Vorhangs hinter diesem zum Vorschein kommt, genau der Farbe des anschließenden zweiten Vorhangs entspricht. So geht die Standfläche Mohammeds nahtlos in den zweiten goldenen Vorhang über, und ausgerechnet dieser Vorhang ist als einziger ohne Falten dargestellt – was den Unterschied zwischen Hintergrund und Vorhang weiter nivelliert. Wenn die Betrachtenden sich nicht schon angesichts der Position Mohammeds gefragt haben, wie er denn noch weiter nach vorne treten will, dann werden sie spätestens hier in ihrem Versuch kapitulieren, die Gegenstände in diesem Bild in eine räumliche Ordnung zu bringen.

Vielleicht haben sie es aber auch gar nicht erst versucht. Schließlich ist schon auf den ersten Blick offensichtlich, dass dieser Vorhang keinen Raum eröffnen will. Er präsentiert sich vielmehr als Ordnung der Oberfläche. Dementsprechend ist auch nicht die Öffnung der Vorhänge dominant, sondern die Anordnung ihrer Farbflächen in vier exakt gleich breiten Spalten. Und wenn eine dominante Richtung des Durchschreitens angegeben ist, dann verläuft diese in der Fläche von rechts nach links statt im Raum von hinten nach vorne. Unter diesen Bedingungen ist die Öffnung des Vorhangs als eine Öffnung zum rechten Bildrand hin zu interpretieren, wo sich nicht zufällig der Scheitelpunkt der Öffnung befindet.

Insgesamt ist die Miniatur also von drei Aspekten geprägt: von räumlicher Desorientierung, ausgeprägter Flächenordnung und der Inszenierung der Sukzession von rechts nach links. In der Analyse der Darstellung der Gottesschau in dieser Handschrift hatte ich im Hinblick auf eine fehlende räumliche Ausrichtung die These formuliert, dass diese als notwendige Bedingung der Gottesschau verstanden werden kann, wenn man Niẓāmī dahingehend folgt, dass Gottesschau gerade nicht implizieren darf, Gott Ort oder Richtungen zuzuordnen. Wenn in der Darstellung des Durchschreitens der Vorhänge auf den Thron Gottes hin nun explizit auf Raumangaben verzichtet wird, die andere Miniaturen in dieser Handschrift durchaus einsetzen, dann ist dies meines Erachtens als Markierung der Annäherung an eine solche richtungslose Sphäre Gottes zu verstehen.

Dass im Verzicht auf Raumangaben die Flächigkeit des Bildes auf besondere Weise betont wird, könnte man dabei als reinen Nebeneffekt ansehen. Wenn jedoch ausgerechnet Vorhänge in einer flächigen Ordnungsstruktur angeordnet werden und dabei keinerlei Abstand zwischen Bildfläche und Vorhängen markiert wird, dann macht das dezidiert darauf aufmerksam, dass es sich auch bei der Bildfläche um eine zweidimensionale Fläche handelt. So kann man wie schon in der flämischen Miniatur eine Parallele zwischen der Inszenierung des Vorhangs und der Funktion der Bildfläche konstatieren. Während im flämischen Bild aber Vorhang wie Bildfläche die Öffnung auf einen innerhalb dieser Oberfläche aufgespannten Raum hin inszenieren, betonen Vorhang und Bildfläche in der persischen Miniatur ihre flächige Qualität. Wobei kurz angemerkt sei, dass sich auf der Rückseite dieser Oberfläche die Darstellung der Zelte befindet, sodass Vorhang und Zelte, deren Verbindung in der flämischen Miniatur diskutiert wurde, auch hier buchkünstlerisch enggeführt werden.

Angesichts der Parallelen zwischen Vorhang und Bildfläche kann man auch hier danach fragen, inwiefern die Funktion des Bildes in der Annäherung an Gott mit jener des Vorhangs vergleichbar ist. Diese Funktion ist dabei meines Erachtens nicht hinreichend erklärt, wenn man darauf insistiert, dass durch die Vorhänge Opazität inszeniert und den Betrachtenden der Blick auf die angestrebte Schau verstellt werde. Vielmehr wäre zu fragen, inwiefern das Bild, indem es in der Art der Darstellung der Vorhänge seine eigene Flächigkeit betont, auch sich selbst als Mittel der Annäherung an Gott inszeniert: In seiner Eigenschaft als flächiges Medium kann es Betrachtende ebenso wie die Vorhänge von einem räumlichen Modus des Sehens in einen – wenn auch nicht völlig richtungslosen, so doch auf zwei Dimensionen reduzierten und mithin unräumlichen – Modus des Sehens überführen, der für die Gottesschau notwendig ist. Das heißt, gerade in seiner unräumlichen Flächigkeit hat das Bild eine besondere Kapazität, das raumlose Sehen zu veranschaulichen. So stellt sich das Bild als das optimale Medium dar, um Betrachtenden den Modus des Sehens nahezubringen, der eine Annäherung an Gott erlaubt.[294] Damit funktioniert das Bild so wie der Vorhang, anhand dessen Niẓāmī dieses spezifische, zum Ziel der Gottesschau führende Sehen erklärt:

> Das Sehen jenes Vorhangs war ortlos.
> Das Gehen jenes Weges war zeitlos.
> Jeder, der in jenem Vorhang den Blickgegenstand fand,
> fand in Richtung der Richtungslosigkeit den Weg.[295]

Wer also mit einem vorhangartigen Bild wie dem vorliegenden umzugehen weiß, der ist auf dem besten Wege zur Gottesschau.[296]

Schließlich bewegt sich auch Mohammed in dem minimalen Maß, in dem eine räumliche Bewegung angegeben wird, keineswegs durch die Vorhänge in einen vor den Betrachtenden verhüllten Raum hinein, sondern zur Oberfläche hin – und so nah an sie heran, dass kaum mehr ein Zwischenraum zu erkennen ist, in dem er noch weiter gehen könnte. Das heißt, die Annäherung an Gott ist als eine Bewegung nach vorne dargestellt, als eine Annäherung an die Bildoberfläche, und nicht etwa weg von ihr in eine räumliche Tiefe. So wird die Bildfläche nicht etwa als eine zu überwindende, sondern gewissermaßen als angestrebte Dimension inszeniert.

294 Schriftliche Quellen, die solche Reflexionen über den Status von Bildern aufweisen, liegen meines Wissens im persischen Kontext erst aus späteren Zeiten vor. Besonders explizit werden Bild und Schleier in Dūst Muḥammads Vorwort zum *Bahrām Mīrzā*-Album (ca. 1544/45) verglichen, wobei immer wieder auf die Kapazität von Bildern verwiesen wird, auf transzendente Archetypen dessen, was sie darstellen, zu verweisen. Vgl. David J. Roxburgh, *Prefacing the Image. The Writing of Art History in Sixteenth-Century Iran*, Leiden 2001, insbesondere S. 189–200. Über Aḥmad Mūsā, dem Dūst Muḥammads Illustrationen eines *Miʿrājnāmah* aus dem frühen 14. Jahrhundert zuschreibt, ist dort sogar zu lesen, dass er den »Vorhang vom Gesicht der Bilder aufgehoben« habe. Vgl. auch David J. Roxburgh, »Concepts of the Portrait in the Islamic Lands, ca. 1300–1600«, in: Elizabeth Cropper (Hrsg.), *Dialogues in Art History, from Mesopotamian to Modern: Readings for a New Century*, New Haven 2009, S. 118–137, hier S. 121.

295 *Makhzan ul-Asrār*, übersetzt in: Würsch, *Niẓāmīs Schatzkammer der Geheimnisse*, V. 56–57, S. 194.

296 Zur didaktischen Funktion von *Miʿrājnāmah*-Illustrationen vgl. auch Gruber, *The Prophet Muhammad's Ascension (Miʿrāj) in Islamic Art and Literature, ca. 1300–1600*, beispielsweise S. 157. Allerdings sieht sie die didaktische Funktion dieser Bilder stärker darin, dass den Betrachtern bestimmte Gesten zur Nachahmung nahegelegt werden.

5 Bedingungen der Möglichkeit von Blicken im Vergleich

Anhand der Darstellung der Vorhänge in der Eingangsminiatur des Turiner Gebetbuches und dem Pariser *Miʿrājnāmah* lassen sich unterschiedliche Bedingungen der Möglichkeit der Gottesschau gegenüberstellen: Im Turiner Gebetbuch wird die christologisch interpretierbare Öffnung des Vorhangs als Bedingung der Möglichkeit einer Schau Gottes in körperlicher und räumlicher Form dargestellt.[297] Im Pariser *Miʿrājnāmah* stellt der Vorhang den Modus des ortlosen Sehens dar: Er eröffnet dem, der den »Blickgegenstand« darin findet, den Weg zur Gottesschau.[298]

Dabei wird der Vorhang in der flämischen Miniatur mit einem Zelt assoziiert, das die Darstellung Gottvaters umschließt, während in der persischen Handschrift die Zelte – ebenso wie die Vorhänge, als deren Rückseite sie sich präsentieren – als zu durchschreitende Ebene präsentiert werden (fol. 42v), sodass in einem Fall eher ein Einblick, im anderen eher ein Durchblick durch den Stoff suggeriert wird. Die Analysen haben gezeigt, inwiefern hier unterschiedliche Auffassungen des Verhältnisses von Gott und Stofflichkeit angedeutet werden: Der Vorhang vor dem Thrones Gottes wurde im persischen Kontext mit der Schöpfung in Verbindung gebracht, hinter der sich Gott verbirgt, während er im flämischen Kontext mit der Inkarnation assoziiert wurde, in der Gott zu sehen ist.

Diese Darstellungen des Vorhangs sind allerdings nicht in einem essentialisierenden Bezug auf religiöse Dogmen zu verstehen, sondern vielmehr als spezifische historische Strategien der flämischen und timuridischen Buchmalerei des 15. Jahrhunderts in den jeweiligen religiösen und künstlerischen Diskursen: So ist das christologische Verständnis der Öffnung des Vorhangs als Bedingung der Gottesschau, wie gesagt, Teil eines Legitimations- und Abgrenzungsdiskurses im Zuge der Etablierung der Darstellung Gottvaters in der flämischen Buchmalerei. In Bezug auf den persischen Text ist in den Rückgriffen auf jüdische Überlieferung kein Interesse an Abgrenzung zu erkennen, sondern Subtelny zufolge vielmehr eine Annäherung an jüdische Vorstellungen im Kontext von Bemühungen um die Bekehrung von Juden, die die timuridische Handschrift dann womöglich mit dem aktuellen Wunsch, die Ming-Herrscher vom Islam zu überzeugen, in Verbindung bringt.

Wenn Illuminierende in diesen spezifischen historischen Kontexten auf wesentlich frühere Texte – sei es der Hebräerbrief oder Niẓāmīs *Makhzan ul-Asrār* – zurückgreifen, dann könnte das nicht nur dazu gedient haben, den Vorhang selbst – sei es im Sinne des *integumentum* oder des *pardah* – als Bedingung der Möglichkeit oder vielleicht auch als Deckmäntelchen der dargestellten Gottesschau zu inszenieren. Es könnte auch damit zu tun haben, dass der Vorhang nicht nur die dargestellte Gottesschau, sondern auch das darstellende Bild legitimiert: Indem die Öffnung des Vorhangs nicht nur als Motiv, sondern als emblematisch für eine entsprechende Funktion der Bildfläche

297 Johann Konrad Eberlein versteht das Motiv des geöffneten Vorhangs als »bildliche[n] Ausdruck der fundamentalen erkenntnistheoretischen Begründung der christlichen Theologie« und als »bildliche Entsprechung der das Denken des Mittelalters beherrschenden Methode der Allegorese«. Eberlein, *Apparitio regis – revelatio veritatis*, S. 94.

298 Umgekehrt wird die Fläche in der christlichen Miniatur ebenso wie der Vorhang als zu überwindende Begrenzung der Schau dargestellt, während die räumliche Darstellung in der persischen Handschrift als zu überwindende irdische Dimension präsentiert wird.

betrachtet wird, könnte sie den Darstellungsmodus des Bildes als mediale Bedingung der Gotteserkenntnis präsentieren.[299]

In der flämischen Miniatur steht zur Diskussion, inwieweit das Durchschauen der Bildfläche parallel zur Konzeption des geöffneten Vorhangs als durch Christus eröffnete Perspektive über die Grenzen der alttestamentlichen Gottesvorstellung hinaus und auf eine Dimension jenseits der sterblichen Welt zu interpretieren ist. Dabei ist nicht zu übersehen, dass die Ordnung der Fläche – die Anordnung der Engel beispielsweise macht dies deutlich – mit dieser Öffnung ebensowenig aufgehoben wird wie das Alte Testament durch das Neue und stattdessen die Öffnung vielmehr im doppelten Sinne in der flächigen Ordnung aufgeht. Ebenso wie der Vorhang kann die Bildfläche somit mit dem *integumentum*, dem verhüllten Wortsinn des Alten Testaments, wie auch mit der sterblichen Welt assoziiert werden, als eine Oberfläche, in der sich eine christologische Perspektive eröffnet.

Damit verbindet sich die Perspektive, die oft genug angeführt wurde, um die europäische Malerei von persischen und anderen Malereien abzugrenzen, hier mit einer Darstellung Gottvaters, die demselben Zweck gedient hat. Versteht man diese Inszenierung der Perspektive in ihrer Funktion als bildliche Legitimationsstrategie in der Phase der Etablierung der Darstellung Gottvaters im 15. Jahrhundert, dann eignet sie sich allerdings nicht mehr dazu, essentialisierende Thesen von christlichen oder westlichen und islamischen Bildkonzepten zu stützen, sondern vielmehr dazu, die Maßstäbe und Fluchtpunkte der Kunstgeschichte zu historisieren.

In der persischen Miniatur markiert der Vorhang eine Passage von einer räumlichen und körperlichen zu einer zunehmend ortloseren Sphäre und zu einem raumlosen Schauen. Ein auf Räumlichkeit und Körperlichkeit ausgerichtetes Sehen ist hier also der Ausgangspunkt, während die Flächigkeit des Vorhangs einen Modus des Sehens schult, der der Gottesschau dienlich ist.[300] Flächigkeit wird also nicht als eine zu durchschauende Ebene, sondern als optimales Feld der Gottesschau präsentiert. Damit entspricht der Vorhang wiederum der Art und Weise, wie das Bild funktioniert. Denn auch das Bild selbst präsentiert sich in der persischen Miniatur dezidiert als flächiges Medium, in dem die Richtungen »zu einer Seite« werden. Als solches erscheint es prädestiniert, den Modus des Sehens darzustellen, der eine Gottesschau ermöglichen kann.

Die persische und die flämische Kunst teilen also nicht nur das Interesse am Vorhang vor dem Thron Gottes. Sie teilen auch die Strategie, diesen Vorhang mit der

299 Christiane J. Gruber hat vergleichbare Abstraktionstendenzen in verbalen und bildlichen Darstellungen Mohammeds beschrieben: »Such methods of abstracting the prophetic body as deployed in poetry and the pictorial arts were not just linked to prohibitory impulses; they could also elevate the viewer's vision beyond the realm of form while simultaneously overcoming the disloyalty of mimetic depiction.« Christiane J. Gruber, »Between Logos (Kalima) and Light (Nūr): Representations of the Prophet Muhammad in Islamic Painting«, in: *Muqarnas* 26, 2009, S. 229–262, hier S. 249.

300 Das Verhältnis von Flächigkeit und Räumlichkeit ist also in keinem der beiden Kontexte als Opposition zu verstehen, sondern hinsichtlich der Gottesschau in der Darstellung nur unterschiedlich konnotiert. Dabei entsprechen diese Konnotationen wohl eher künstlerischen Präferenzen als theologischen. So hat mich Lieselotte E. Saurma beispielsweise darauf hingewiesen, dass die Raumlosigkeit Gottes in der europäischen Mystik ebenso betont wird. Zur Funktion einer geometrischen Ordnung als Legitimation in der westeuropäischen Tradition vgl. auch Andreas Gormans, »*Visus perfectus* – oder die Kunst, den Sündenfall vergessen zu machen«, in: David Ganz, Thomas Lentes (Hrsg.), *Sehen und Sakralität in der Vormoderne*, Berlin 2011, S. 240–265, sowie zu Darstellungen von Visionen Madeline Caviness, »Images of Divine Order and the Third Mode of Seeing«, in: *Gesta* 22/2, 1983, S. 99–120.

Oberfläche des Bildes selber engzuführen und damit an der Oberfläche des Bildes den Blick einzufordern, der die Gottesschau erlaubt. So funktioniert die Bildoberfläche in beiden Fällen als Dispositiv. Die Vorstellungen, wie diese Oberfläche zu durchqueren ist, differieren freilich. Einmal gilt es, sie zu durchschauen, einmal gilt es, ihre Flächigkeit als Weg zur Raumlosigkeit zu verstehen. Damit wird deutlich, dass die Perspektive, die in der Teleologie der europäischen Kunstgeschichte zum Ideal wurde, nur ein Weg zum Heil ist – und keineswegs die einzige Option, Blicke im Bild darzustellen.[301]

6 Zum Übergang: Himmelfahrt und *ḥajj*. Von der Darstellung des reisenden Propheten zur Aussicht für vorbildliche Pilger

Die Darstellung der Gottesschau ist im persischen Kontext, wie gesagt, eine Seltenheit. Zum Topos werden Darstellungen des Moments der Himmelfahrt, des Aufsteigens – und sie werden, das sei in Bezug auf die Überlegungen zu Beginn dieser Arbeit angemerkt, oft als erste Miniaturen einer Handschrift eingesetzt. Ob die Präferenz für den Moment der Himmelfahrt allein auf eine Scheu vor der Darstellung der Gottesschau zurückzuführen ist, erscheint fraglich – schließlich hätte die Pariser *Miʿrājnāmah* hierfür ein Modell geboten. Umgekehrt stellt sich die Frage, inwiefern das manifeste Interesse an Darstellungen des Überganges zwischen irdischer und himmlischer Sphäre in der persischen Buchkunst auch darauf zurückführbar ist, dass sich die Kunst mit genau diesem Moment identifiziert. Das gilt sowohl für die Poesie wie, zu dieser Zeit in zunehmendem Maße, auch für die Malerei. Beide, so meine These, inszenieren sich als Schwellen- und Mittlerinstanzen zwischen irdischer und himmlischer Welt.

Bei der Poesie ist die Sache recht eindeutig: Die Identifikation der Dichtung mit dem Moment der Himmelfahrt des Propheten wird von Niẓāmī nicht nur dadurch unterstrichen, dass er jedem seiner Epen eine Beschreibung der Himmelfahrt vorausstellt, sondern er formuliert die Parallele zwischen Poesie und Prophetie – sowie übrigens zu Schleiern – auch explizit, wenn es beispielsweise im Anschluss an die Beschreibung der Himmelfahrt in der *Schatzkammer der Geheimnisse* heißt:

> Die Rätseln Schleier webt, die Poesie,
> Abglanz des Schleiers ist der Prophetie.[302]

Zudem konstruiert der Autor strukturelle Parallelen, beispielsweise zwischen der Reise durch die sieben Klimazonen der Hauptfigur Bahrām Gūr in den *Sieben Prinzessinnen* und der Reise des Propheten durch die sieben Sphären, die im *Proömium* beschrieben wird.[303] Das unterstreicht die Annahme, dass die Erzählungen – wie beispielsweise das Epos *Laylī u Majnūn* –, die auf die Beschreibung der Himmelfahrt folgen, als Berichte

301 In Bezug auf die Diskussion um die Risiken, die es birgt, sich Artefakten anderer Kunstgeschichten mit westeuropäischen Vorstellungen und Begriffen zu nähern, sei also angemerkt, dass auch die Artefakte selbst bei genauem Hinsehen zumindest dazu beitragen können, diese Vorstellungen zu historisieren und zu relativieren.

302 Die Übersetzung ebenso wie die These stammen aus: Bürgel, »Nizami über Sprache und Dichtung«, S. 22. Vgl. hierzu auch Gruber, *The Prophet Muhammad's Ascension*, S. 240–241.

303 Gruber, *The Prophet Muhammad's Ascension*, S. 241.

Abb. 34–35 – Pilger an der Kaaba, Anthologie, Schiras 1410/11, London, BL, Add. 27261, fol. 362v u. 363r.

von Reisen zu Gott zu verstehen sind. Damit stellt sich die Frage, inwiefern die bislang diskutierte Reise in eine göttliche Sphäre und vor allem die dabei gewonnenen Perspektiven allein dem Propheten vorbehalten sind und inwiefern und unter welchen Bedingungen sie auch im persischen Kontext allen Betrachtenden zugänglich sind.

Die Darstellung des Betrachters in der Initiale der flämischen Miniatur verdeutlicht, dass die im Bild präsentierte Schau prinzipiell jedem zugänglich ist, aber erst nach dem Tode und nur in der im Gebet auf der Seite ausgedrückten Hoffnung auf Bewahrung vor Sünden. Um der Frage, inwiefern der beschriebene Modus der Gottesschau jedem zugänglich ist, auch bei den persischen Darstellungen nachzugehen, sei den Darstellungen der Himmelfahrt Mohammeds im Anschluss an die Analysen der Gottesschau dieses Unterkapitel gewidmet – und es wird sich zeigen, dass sich daraus zugleich ein Übergang zwischen den Fragen der Annäherung an Gott in diesem und der Thematik der Alexanderdarstellung im folgenden Kapitel ergibt.

Zunächst sei im Hinblick auf die Frage, inwiefern die im Bild inszenierte Schau allen Betrachtenden zugänglich ist, eine weitere Miniatur hinzugezogen – und zwar aus der Handschrift von Niẓāmīs *Schatzkammer der Geheimnisse*, in der sich auch die bereits diskutierte Illustration der Beschreibung der Himmelfahrt Mohammeds (Abb. 24) befindet. Neben den Texten Niẓāmīs enthält die Handschrift unter anderem einen Teil mit religiösen Anweisungen, der mit einer Darstellung von Pilgern in Mekka illustriert ist (Abb. 34–35).

Vergleicht man diese Illustration mit der Himmelfahrtsdarstellung der Handschrift, stellt man fest, dass sich zwar das Verhältnis von Himmel zu Erde verschoben hat, das Bildinventar aber ansonsten weitestgehend gleich geblieben ist: Im unteren Bildteil sind die Kaaba und die sie umgebenden Gebäude und Mauern zu sehen, im oberen ein Himmel voller verwirbelter Wolken und Engel, die dazwischen hervorschauen. Nur ist nicht mehr der himmelfahrende Mohammed dargestellt, sondern Pilger an der Kaaba. Dass sich das Bildmuster der Himmelfahrtsdarstellung auf fol. 6r in der Darstellung der Pilgerfahrt auf fol. 362v wiederholt, suggeriert, wie auch Gruber ausführt, eine gewisse Vergleichbarkeit zwischen der Annäherung an Gott, die der Pilger bei seiner Reise nach Mekka erfährt, und jener des Propheten bei seiner Himmelsreise.[304] Folgt man der Argumentation, dass die Annäherung an Gott in den Himmelfahrtsdarstellungen als Anstreben einer raum- und körperlosen Sphäre dargestellt wird, dann deutet dieses Bild an, dass der Übergang in eine Dimension von Ort- und Körperlosigkeit nicht nur vom Propheten vollzogen wurde, sondern auch gewöhnlichen Pilgern in Aussicht gestellt wird.[305]

Zugleich zitiert die Miniatur noch ein zweites Motiv: Die Darstellung eines Pilgers, der den Ring an der Tür der Kaaba erfasst, entspricht, wie schon Adel T. Adamova bemerkte,[306] der Beschreibung und der Ikonographie von Niẓāmīs epischem Helden Majnūn, der ebenfalls zur Kaaba pilgert – eine Erzählung, die in der Anthologie auch enthalten ist.[307] Die Darstellung der Pilgerfahrt, ein seltenes Motiv, kombiniert also den Darstellungsmodus der Himmelfahrt mit der Darstellung Majnūns.[308] Damit schlägt die Miniatur offenbar mit Majnūn einen prominenten Pilger nach Mekka als Modell für die Annäherung an Gott vor.

Ob die Kombination des Bildmusters der Himmelfahrtsdarstellung mit der Majnūn-Ikonographie in dieser Illustration einer Pilgeranweisung der Ausgangspunkt für den Erfolg dieser Zusammenstellung in späteren Majnūn-Illustrationen war (vgl. z. B. Abb. 36)[309] oder ob die Miniatur ihrerseits auf frühere Illustrationen des Majnūn-Narrativs zurückgreifen konnte, lässt sich mangels erhaltener Belege nicht abschließend klären. Dass dieses Bildmodell jedoch zu einem sehr frühen Zeitpunkt seiner Geschichte sowohl zur Illustration der Beschreibung Majnūns an der Kaaba als auch zur Visualisierung einer Pilgeranweisung verwendet wurde, macht deutlich, dass der Übergang von einer räumlichen in eine unräumliche Sphäre nicht nur als Illustration eines Erlebnisses des Propheten oder Majnūns verstanden wurde, sondern auch als eine Perspektive für die diesen Anweisungen folgenden Lesenden. Dass die Darstellung des vorbildlichen Pilgers an Majnūn erinnert, verweist umgekehrt darauf, dass auch die

304 Vgl. Gruber, *The Prophet Muhammad's Ascension (Miʿrāj) in Islamic Art and Literature, ca. 1300–1600*, S. 260–263. Gruber sieht auch in der *Miʿrāj*-Darstellung selbst eine Kombination der Topoi von *miʿrāj* und *ḥajj*.

305 Karin Rührdanz hat mich darauf hingewiesen, dass eine solche Körper- und Raumlosigkeit im späteren 15. Jahrhundert von der Bedingung der Schau zur Bedingung der Einswerdung mit Gott im ekstatischen Tanz der Sufis wird.

306 Adel T. Adamova, »The Hermitage Manuscript of Nizami's Khamza Dated 835/1431«, in: *Islamic Art* 5, 2001, S. 53–132.

307 Vgl. zur Funktion der Kaaba in der Erzählung von Laylī und Majnūn auch Ali Asghar Seyed-Gohrab, *Laylī and Majnūn. Love, Madness and Mystic Longing in Niẓāmī's Epic Romance*, Leiden/Boston 2003, insbesondere das Kapitel: »Religious Vocabulary Describing the Lovers' Relationship«, S. 227–234.

308 Vgl. zu den visuellen Strategien dieser Anthologie, seinem Spiel mit der Erinnerung, »Mutationen und Hybriden« und verschiedenen »Graden von Ko- und Interdependenz« zwischen Text und Bild David Roxburgh, »The Aesthetics of Aggregation: Persian Anthologies of the Fifteenth Century«, in: *Princeton Papers: Interdisciplinary Journal of Middle Eastern Studies* 8, 2001, S. 119–142.

309 Vgl. hierzu auch Richard Ettinghausen, »Die bildliche Darstellung der Kaʿba im islamischen Kulturkreis«, in: *Zeitschrift der deutschen morgenländischen Gesellschaft ZDMG* 87, 1934, S. 111–137.

Abb. 36 – Majnūn an der Kaaba, Niẓāmī, *Laylī u Majnūn*, Herat 1445/46, Istanbul, Topkapı, H. 781, fol. 111v.

Darstellungen Majnūns möglicherweise sowohl als Illustrationen eines Narrativs als auch als Vorbilder angesehen wurden.

Angesichts dieser Funktion Majnūns als Identifikationsfigur für Betrachtende ist es wiederum interessant, dass auch Darstellungen Majnūns an der Kaaba häufig auf die Ikonographie der *Miʿrāj*-Darstellungen zurückgreifen, die einen Übergang von einer räumlichen und körperlichen Welt in eine Sphäre jenseits von Raum und Materie präsentieren. Und so soll im Folgenden eine solche Illustration herangezogen werden, um der Frage weiter nachzugehen, inwiefern dieser Übergang auch den Betrachtenden selbst in Aussicht gestellt wird.

Die Illustration Majnūns an der Kaaba stammt aus einer Handschrift, die 1431 ebenfalls für Shāh Rukh in Herat angefertigt wurde und sich heute in St. Petersburg befindet (Abb. 37). Das Bild ist wie die bisherigen vom Zusammentreffen zweier Sphären geprägt, einer flächigen, ornamentalen himmlischen und einer räumlichen, körperlichen irdischen. Allerdings sind diese beiden Sphären nicht einfach übereinander angeordnet, sondern der Raum dehnt sich über die im Hochformat angegebenen Bildgrenzen nach links hin aus, sodass der Eindruck entsteht, ein hochformatiges und ein querformatiges Bildfeld seien ineinandergeschoben worden, wobei der Innenhof der Kaaba die Schnittmenge bildet.

Allerdings geht die Rechnung nicht glatt auf, denn das System von Horizontalen und Vertikalen wird von einer Diagonale durchkreuzt: Die hintere Begrenzungsmauer des Hofes führt zunächst nach links über das Bildfeld hinaus, legt sich anschließend an ihrem äußersten Punkt um ein Minarett, um dann diagonal nach rechts unten wieder

Abb. 37 – Majnūn an der Kaaba, Niẓāmī, *Laylī u Majnūn*, Herat 1431, St. Petersburg, Staatliches Museum Eremitage, VR-1000, fol. 175r.

in das im oberen Teil markierte Bildfeld hineinzuführen. Am unteren Bildrand schließt diese Mauer wiederum genau mit der linken Kante des Schriftfeldes ab und trifft dort auf die Mauer, die parallel zu den Schriftfeldern am vorderen Bildrand nach rechts führt und so den Raum für die dahinterliegende Architektur ausweist.

So definiert diese Diagonale eine Distanz zwischen Hinter- und Vordergrund – und verlegt mithin die beiden Schriftblöcke auf verschiedene räumliche Ebenen. Sie markiert sowohl die räumliche Tiefenerstreckung dieses Bildes als auch die Ausdehnung nach links über den Schriftspiegel hinaus. Auf diese Weise inszeniert das Bild einen Übergang zwischen Raum und Fläche und zwischen einem offenen und einem dezidiert als Bild gerahmten Feld. Das gerahmte Bildfeld weist sich dabei explizit als eine Instanz aus, die sich jenseits der vordergründigen Räumlichkeit der materiellen Welt verortet. Der Übergang von der horizontalen, räumlichen, irdischen Ebene zu der im Rahmen des Bildes inszenierten vertikalen, flächigen, himmlischen Sphäre wird hier jedoch nicht Mohammed zugeschrieben. Es ist vielmehr die Figur Majnūns, die mit den Händen, die die Türgriffe der Kaaba erfassen, an die himmlische Sphäre heranreicht. Deutlicher noch als in der Schiraser Anthologie nähert sich in diesem Bild also der vorbildliche Pilger – eine den Betrachtenden deutlich näherstehende und, bildlich betrachtet, nicht so abgehobene Figur wie der Prophet – der Grenze zwischen irdischer und himmlischer Sphäre.

Darüber hinaus überschreitet der Kubus der Kaaba in dieser Miniatur die Grenze zwischen den beiden Sphären – und hier scheint mir ein bemerkenswerter Unterschied zu den Darstellungen der Kaaba in der Illustration der Pilgerfahrt sowie den *Miʿrāj*-Darstellungen zu liegen. In letzteren war sie klar einer räumlichen, irdischen Sphäre zugeordnet, in der sich der Pilger befindet und die Mohammed auf seiner Himmelsreise hinter sich lässt. In der Petersburger Darstellung Majnūns hingegen rückt die Kaaba in eine Zwischenposition zwischen irdischer und himmlischer Sphäre: Sie ragt weit aus dem irdischen Raum in die himmlische Sphäre hinein, antizipiert in ihrer Tür das Gold des Himmels und scheint an ihrem obersten Rand gar durchsichtig zu werden und den goldenen Grund des Himmels durchscheinen zu lassen.

Die Figur der Kaaba vermittelt aber nicht nur zwischen unten und oben, irdischer und himmlischer Sphäre, sondern auch zwischen Raum und Fläche. Sie ist in diesem Blatt nicht nur, wie in den Himmelfahrtsdarstellungen üblich, ein räumlicher Gegenstand, sondern ihre Front ist zugleich so auf dem Blatt positioniert, dass sich ihre Vorderseite in die linke Textspalte einschreibt. Eine solche Orientierung der Bildgegenstände an der Anordnung der Schrift ist in der persischen Miniaturmalerei keine Seltenheit. In diesem Bild bedeutet sie jedoch, dass sich die Kaaba in eine Flächenordnung einreiht, die sich über verschiedene Raumebenen erstreckt, denn während der Betrachtende den oberen Textblock auf der Ebene des Hintergrundes verortet, scheint sich der untere Textblock auf einer Ebene mit der Mauer ganz im Vordergrund zu befinden. So unterstreicht die Position der Kaaba die durchgehende Ordnung der Textblöcke in der Fläche – über den Raum hinweg.

In der Einschreibung der Konturen der Kaaba in die Flächenordnung des Textes greift das Blatt möglicherweise auf einen anderen Typus von Majnūn-Darstellungen zurück (vgl. z. B. Abb. 38), der Adamova zufolge schon durch ein Beispiel von 1370 belegt ist[310] und somit womöglich dem bisher diskutierten vorausgeht. Er zeichnet sich

310 Adamova, »The Hermitage Manuscript of Nizami's Khamza«, S. 65 sowie Karin Ådahl, *A Khamsa of*

Abb. 38 – Majnūn an der Kaaba, Niẓāmī, *Laylī u Majnūn*, Schiras 1420, Berlin, Museum für Islamische Kunst, I. 4628, fol. 305r.

dadurch aus, dass auf eine Himmelsdarstellung fast oder vollständig verzichtet wird und die Darstellung der Kaaba in völlig flächiger Form das Feld von etwa zwei Textspalten einnimmt. So wird ein starker Bezug zur Ebene der Schrift und in dem abgebildeten Blatt auch zur Breite der Spalten hergestellt. Insofern könnte man die Petersburger Darstellung der Kaaba nicht nur in motivischer, sondern auch in formaler Hinsicht als Kombination des flächigen Typus der Majnūn-Darstellungen und der räumlichen Positionierungen der Kaaba in den Himmelfahrtdarstellungen verstehen. Entscheidend scheint mir aber, dass die Kaaba im Petersburger Blatt als Bindeglied in der Dualität sowohl zwischen Erde und Himmel als auch zwischen Raum und Fläche eingesetzt wird. Denn auf diese Weise wird nicht nur der Pilger statt des Propheten zum Protagonisten der Handlung, sondern auch das angestrebte Ziel wird dezidiert als Ort des entsprechenden Übergangs zwischen Erde und Himmel sowie Raum und Fläche präsentiert.

Die Struktur des Bildes selbst weist dabei mehrere Parallelen zur Funktion der Kaaba als Bindeglied zwischen Himmel und Erde auf. Besonders deutlich wird dies in der Rahmung auf der rechten Seite des Bildes: Hier umreißen die rahmenden Linien den Schriftspiegel und vermitteln dabei zugleich zwischen den beiden Raumebenen von Hinter- und Vordergrund. So markiert die Rahmung des Bildes ebenso wie die Frontseite der Kaaba eine Ordnung der Fläche, die den Raum in der Vertikalen übergreift. Zugleich wird das durch diese Rahmung ausgewiesene Feld des Schriftspiegels

Nizami of 1439. Origin of the Miniatures – A Presentation and Analysis, Uppsala 1981, S. 72–73. Das entsprechende Blatt von 1370 befindet sich leider in der schwer zugänglichen Keir Collection.

von der fluchtenden Diagonale, die unten links am Schriftblock ansetzt, gesprengt. Ebenso führt auch die Seitenwand der Kaaba, die links von der Front in die Tiefe führt, über das Spaltenformat hinaus – und zwar genau parallel zu der Diagonale der Mauer. Damit sind sowohl in der vertikalen, an den Schriftfeldern orientierten Flächenordnung als auch in der räumlichen Dimension, die diese Ordnung sprengt, Parallelen zwischen der Bildstruktur und der Darstellung der Kaaba zu erkennen. So inszeniert sich das Bild wie das Motiv der Kaaba als Übergang zwischen Raum und Unraum, Körper und Körperlosigkeit. Die Funktion der Bildstruktur und die bildliche Funktion der Kaaba werden in diesem Bild als vergleichbar präsentiert – wobei dahingestellt bleibe, ob das Motiv der Kaaba dabei die Funktion des Bildes exemplifiziert oder ob sich das Bild mit der Funktion der Kaaba identifiziert.

Wenn man an dieser Stelle wiederum den Text Niẓāmīs hinzuzieht und daraufhin befragt, wie er das dargestellte Objekt beschreibt, dann kann man im Anschluss an Ali Asghar Seyed-Gohrab stark verkürzt festhalten, dass Niẓāmīs Beschreibung der Kaaba im hier illustrierten Epos *Laylī u Majnūn* auf den sufistischen Topos rekurriert, nach dem es eine äußere und eine innere Kaaba gibt.[311] Dabei sei die innere der äußeren Kaaba vorzuziehen, da die Verehrung der äußeren Kaaba eine gewisse Gefahr für das richtige Verständnis der Einheit Gottes darstelle.[312] Diese sufistische Skepsis gegenüber einer Verehrung der äußeren Kaaba setzt Seyed-Gohrab – das sei kurz am Rande angemerkt, da ich auf diesen Aspekt noch zurückkommen werde – in Bezug zu der Weigerung von Iblīs, Adam anzubeten, die in der sufistischen Tradition ebenfalls nicht als Ungehorsam gedeutet wird, sondern als Ablehnung, jemand anderen als Gott anzubeten.[313]

In einem solchen Kontext stellt sich die Frage, ob die Darstellung der Kaaba zwischen einer räumlichen und einer unräumlichen Dimension innerhalb des Bildes mit dem Übergang von einer äußeren zu einer inneren Kaaba in Verbindung zu bringen ist, die der Text evoziert. Zudem wäre zu diskutieren, inwiefern sich das Bild selbst als ein Medium präsentiert, das sich eignet, die Betrachtenden von dem äußeren, gegenständlichen Objekt der Kaaba, dessen Verehrung dem Text zufolge unter Idolatrieverdacht fällt, zu einem inneren Bild der Kaaba zu führen. Potentiell erklärt das Bild damit, dass es nicht als äußeres Objekt zu verehren ist, sondern auf ein inneres Bild verweist. Vielleicht könnte seine Betrachtung die körperliche Pilgerfahrt sogar erübrigen, indem es sie in eine geistige Pilgerfahrt zu einem inneren Bild überführt.[314]

311 Ettinghausen hat festgehalten, dass auch auf anderen, späteren Darstellungen der Kaaba Formulierungen dieses Topos zu finden sind. So führt er zwei Fliesen aus dem 18. und 19. Jahrhundert an, auf denen folgende Verse geschrieben stehen: »Gib das Herz hin, denn es ist die größte Pilgerfahrt! Ein Herz ist besser als tausend Kaʿbas. Die Kaʿba ist zwar die Gründung des Gottesfreundes, des Sohnes Azars (Ibrāhīms), Das Herz aber der Schauplatz des größten Majestätischen!« Ettinghausen, *Die bildliche Darstellung der Kaʿba im islamischen Kulturkreis*, S. 119.

312 Vgl. Seyed-Gohrab, *Laylī and Majnūn*, S. 227–234. Neben den Quellen, die Seyed-Gohrab hierzu anführt, sind auch in bestimmten Positionen der Philosophiegeschichte, wie beispielsweise der Ibn ʿArabīs, Modelle zu finden, in denen die Kaaba als Schnittstelle zwischen irdischer und himmlischer Welt oder als paradoxer Ort der Annäherung an Gott, der doch ohne Ort ist, beschrieben wird. Vgl. hierzu Michel Chodkiewicz, »Le Paradoxe de la Kaʿba«, in: *Revue de l'Histoire des Religions* 222/IV, 2005, S. 435–461, S. 435–461.

313 Seyed-Gohrab, *Laylī and Majnūn*, S. 232. Vgl. auch S. 237 dieser Arbeit.

314 Ich danke Kilian Schmidtner für einen Vortrag zu Bildern als alternativen Pilgerorten, den er meines Wissens leider nicht veröffentlicht hat.

So sei am Ende dieses ergänzenden Unterkapitels festgehalten, dass diese Darstellung Majnūns an der Kaaba den Darstellungsmodus von Himmelfahrtsdarstellungen aufgreift, die einen räumlich und plastisch angelegten Bereich mit einem flächig und amorph gestalteten Feld verbinden. Diese Zusammenstellung lässt sich im Kontext der Darstellung der *miʿrāj* mit Beschreibungen eines Übergangs von einer räumlichen Dimension in eine unräumliche Sphäre innerhalb des illustrierten Textes in Verbindung bringen, in dem sich das Bild als geeigneter Mittler zwischen beiden Modi darstellt.

Mit der Übertragung dieses Bildmodells auf die Illustration einer Pilgeranweisung sowie auf die Darstellung Majnūns an der Kaaba wird nicht mehr nur der Prophet beim Übergang zwischen irdischer und himmlischer Sphäre dargestellt, sondern es nähert sich ein vorbildlicher Pilger dieser Schwelle. Damit wird deutlich, dass der im Hinblick auf die Gottesschau im Pariser *Miʿrājnāmah* beschriebene Übergang auch in der persischen Buchmalerei nicht nur dargestellt, sondern auch den Lesenden und Betrachtenden in Aussicht gestellt wird. Das Bild selbst präsentiert sich dabei als Vermittler, indem es den Betrachtenden eine Perspektive anbietet, ihr räumliches Sehen in eine unräumliche Form zu überführen.

Das eröffnet neue Möglichkeiten der Annäherung an Gott. Insbesondere hinsichtlich der Pilgerfahrt zur Kaaba stellt sich damit die Frage, inwiefern diese Transformation des Sehens auch mit der Substitution der äußeren durch eine innere Kaaba in Verbindung zu bringen ist, die der illustrierte Text Niẓāmīs nahelegt. In diesem Fall würde das Bild einen Modus aufzeigen, wie sich die idolatrieverdächtige gegenständliche Kaaba in ein inneres Bild überführen ließe.

III VERGLEICHENDE BLICKE. KANDAKES ALEXANDERPORTRAIT ZWISCHEN FREMDEM IDOL UND EIGENER IMAGINATION

Dieses Kapitel fokussiert die Konfrontation Alexanders des Großen mit seinem eigenen Portrait und den vergleichenden Blick, den diese Konfrontation evoziert. Damit wählt es einen sehr engen Fokus innerhalb der bebilderten Handschriften von Alexanderromanen. Daher sollen zuvor Streiflichter auf drei weitere Ikonographien geworfen werden, um den Horizont der Aneignung der Figur Alexanders in persischen und westeuropäischen Kontexten zumindest anzudeuten und zugleich drei Problemfelder – die heutige Unterscheidung von sakralen und säkularen Figuren, gewisse Asymmetrien des Vergleichs und die Verortung des Narrativs in der lokalen Historie – aufzuweisen.[315]

1 Aneignungen Alexanders in der Buchmalerei des persischen und französischen Sprachraums

In einem ersten Schritt soll im Anschluss an das letzte Kapitel verfolgt werden, wie Alexander anstelle von Majnūn an der Kaaba als religiöse Identifikationsfigur eingesetzt wird. In einem zweiten Schritt wird gezeigt, dass Darstellungen zwar nicht der *ḥajj*, aber der Himmelfahrt Alexanders, im französischsprachigen Kontext zum Teil eine vergleichbare Funktion übernehmen, nämlich die, Alexander mit einem monotheistischen Gott zu assoziieren und ihn an der Grenze von irdischer und himmlischer Sphäre zu situieren. Im dritten Unterkapitel sei schließlich kurz angedeutet, wie Verflechtungen der Historie Alexanders mit der lokalen Geschichte die literarische und

315 Vergleichende Ansätze zum Alexanderstoff haben sich auf literaturwissenschaftlicher Seite in Sammelbänden manifestiert. Vgl. Margaret Bridges, J. Christoph Bürgel (Hrsg.), *The Problematics of Power. Eastern and Western Representations of Alexander the Great,* Bern u.a. 1996 und Laurence Harf-Lancner, Claire Kappler, François Suard (Hrsg.), *Alexandre le Grand dans les littératures occidentales et proche-orientales*, Nanterre 1999. In Bezug auf Miniaturen wäre neben dem bereits zitierten Aufsatz von Abdullaeva ein Aufsatz von Evangelos Venetis zu nennen (Evangelos Venetis, »The Portrait of Alexander the Great in Pseudo Callisthenes' Romance in the Codex of Venice and in some Persian Miniatures«, in: *Graeco-Arabica* 7–8, 1999, S. 543–554), der sich auf die Feststellung beschränkt, keines der beiden Portraits sei realistisch und im persischen Kontext zeichne sich zum Teil ein »gutes« und zum Teil ein feindliches Verhältnis zu Alexander ab.

künstlerische Rezeption des Alexanderstoffes prägen, wenn beispielsweise persische Handschriften die eigene Geschichte der Eroberung Persiens durch Alexander darstellen und französischsprachige Handschriften im Kontext der Kreuzzüge die Ritterlichkeit Alexanders betonen.

Vorbild Alexander

Das vorherige Kapitel hat gezeigt, wie Bilder einen Übergang von einer räumlichen in eine unräumliche Sphäre inszenieren, und festgestellt, dass dieser Übergang in der Tradition der persischen Buchmalerei nicht nur dem Propheten bei seiner Himmelfahrt zugedacht, sondern auch Pilgern in Aussicht gestellt wird – und zwar wiederum nicht nur dem vorbildlichen Pilger Majnūn, sondern, etwa in religiösen Anweisungen, auch den geneigten Leserinnen und Lesern selbst. Die flexible Besetzbarkeit der Position des Pilgers manifestiert sich auch darin, dass die persische Buchmalerei an dieser Stelle auch Alexander den Großen einsetzt: Marianna Shreve Simpson hat nachgezeichnet, wie der eben diskutierte Darstellungstypus, der in der Schiraser Anthologie lose und in den Niẓāmī-Handschriften unmittelbar mit der Figur Majnūns verknüpft ist, für Darstellungen Alexanders an der Kaaba verwendet wurde (vgl. z.B. Paris, BnF, Suppl. pers. 1112, fol. 243r – Abb. 39). Zuerst wird das Bildmodell zur Illustration von Niẓāmīs *Iskandarnāmah* – das heißt einem zweiten Epos innerhalb von Niẓāmīs *Khamsah*, seiner Zusammenstellung von fünf epischen Gedichten – verwendet,[316] anschließend dann auch zur Illustration des Alexandernarrativs in *Shāhnāmah*-Handschriften. Dabei verschiebt sich der Schwerpunkt der Darstellung: »Die persischen Maler mögen ihre Aufgabe eher in der Repräsentation der heiligen Moschee und Kaaba während der *ḥajj* gesehen haben, bei der ein königlicher Anhänger anwesend ist, und weniger in der Darstellung eines Königs des *Shāhnāmah*, der das Haus Gottes besucht«.[317] Diese Verschiebung von der Illustration der Erzählung einer außergewöhnlichen Figur auf die Inszenierung einer jedem zugänglichen räumlichen Situation impliziert auch hier, dass sich die Betrachtenden selbst in die Szene hineinversetzen können:

> Der unmittelbar zu erkennende Schauplatz dieser *Shāhnāmah*-Illustrationen mag es zeitgenössischen Lesenden und Betrachtenden erlaubt haben, sich selbst an den Ort und in die Rolle Alexanders zu versetzen, sodass sie aus dem griechisch-persischen Eroberer, Herrscher und Wahrheitssuchenden schließlich die Quintessenz eines »Jedermann« der islamischen Welt machen.[318]

316 Vgl. hierzu insbesondere die 1439 datierte Khamsah, die heute in Uppsala aufbewahrt wird und Miniaturen sowohl von Majnūn (fol. 138v) als auch von Alexander (fol. 298r) an der Kaaba enthält, welche eine sehr ähnliche Bildform aufweisen. Vgl. Ådahl, *A Khamsa of Nizami of 1439*, hier S. 28–29 und 34, Abb. 9 und 19. Vgl. hierzu auch Marianna Shreve Simpson, »From Tourist to Pilgrim. Iskandar at the Ka'ba in Illustrated Shahnama Manuscripts«, in: *Iranian Studies* 43/1, 2010, S. 127–146, hier Fußnote 46.

317 Simpson, »From Tourist to Pilgrim«, S. 146.

318 Simpson, »From Tourist to Pilgrim«, S. 146.

Abb. 39 – Alexander an der Kaaba, Niẓāmī, *Iskandarnāmah*, Schiras ca. 1450–60, Paris, BnF, Suppl. pers. 1112, fol. 243r.

Voraussetzung für diese Identifikation ist freilich, dass sich die Figur Alexanders innerhalb der persischen Literaturgeschichte »vom Touristen zum Pilger« – so der Titel von Simpsons Text – entwickelt: Firdawsī beschreibt Alexander um die Jahrtausendwende als Christen; beim Besuch am Hof der andalusischen Königin Qaydāfah beispielsweise schwört er auf christliche Symbole. Dieser Anachronismus ist vermutlich auf Quellen zurückzuführen, die Firdawsī benutzte; er kann zum Teil auch damit erklärt werden, dass es Firdawsī ein Anliegen war, Alexander als Monotheisten darzustellen, der von seinem Lehrer Aristoteles zur Verehrung eines einzigen Gottes bekehrt wurde.[319] Die Darstellung als Christ »mag erklären, warum Firdawsī Alexander zur Kaaba gehen lässt, ohne dort wirklich etwas zu tun – das heißt, ohne irgendeines der Rituale zu vollziehen, die traditionell Teil der muslimischen *ḥajj* sind«.[320] In Niẓāmīs *Iskandarnāmah* von 1191 hingegen zeugt Alexanders Verehrung der Kaaba von seinem muslimischen Glauben.[321] Darüber hinaus betont Niẓāmī, Gott selbst habe Alexander einen Propheten genannt. Er rekurriert dabei auf die übliche Deutung der in Sure 18,83 des Korans erwähnten Figur »mit den zwei Hörnern« als Alexander.[322] Hier wird, das sei kurz

319 Simpson, »From Tourist to Pilgrim«, S. 129.

320 Simpson, »From Tourist to Pilgrim«, S. 129.

321 Zur Transformation Iskandars in der persischen Literatur und insbesondere bei Niẓāmī vgl. auch Yuriko Yamanaka, »From Evil Destroyer to Islamic Hero. The Transformation of Alexander the Great's Image in Iran«, in: *Annals of Japan Association for Middle East Studies* 8, 1993, S. 55–87.

322 Vgl. J. Christoph Bürgel, »Conquérant, philosophe et prophète. L'image d'Alexandre le Grand dans

angemerkt, deutlich, dass die Unterscheidung von sakralen und säkularen Figuren bei Niẓāmīs Alexander nicht greift. Jedenfalls kann Niẓāmīs Alexander als derart vorbildlicher Muslim in derselben Ikonographie dargestellt werden wie der vorbildliche Pilger Majnūn, und diese Ikonographie etabliert sich im 15. Jahrhundert so weit, dass sie im 16. Jahrhundert auch wieder auf Illustrationen der entsprechenden Szene im *Shāhnāmah* zurückwirkt. »Kurz: Bis zum Ende des 16. Jahrhunderts, wenn nicht früher, werden Illustrationen Alexanders an der Kaaba innerhalb des *Shāhnāmah*, Alexanders an der Kaaba in der *Khamsah* und Majnūns an der Kaaba in der *Khamsah* potentiell austauschbar«.[323]

Vor dem Hintergrund dieser Entwicklung ist es nicht erstaunlich, wenn eine Darstellung Alexanders an der Kaaba aus einer zwischen 1450 und 1460 illuminierten Handschrift von Niẓāmīs *Iskandarnāmah* (Paris, BnF, Suppl. pers. 1112, fol. 243r – Abb. 39) viele Parallelen zu der eben diskutierten, etwa 20 Jahre früheren Petersburger Illustration Majnūns an der Kaaba aufweist (St. Petersburg, Eremitage, VR-1000, fol. 175r – Abb. 37):[324] Die Anordnung und Haltung der Hauptfigur und der beiden Figuren links und rechts von ihr, die beiden Engel im Bereich des Himmels und die Positionierung der Kaaba vor einer Reihe heller Nischen sind in den beiden Bildern so gut wie spiegelsymmetrisch.[325] Die Figur Alexanders legt hier sogar das Königsgewand ab, das sie üblicherweise von Majnūn unterscheidet, und trägt ebenfalls ein weißes Pilgertuch.[326] Die vordere, von Zinnen gekrönte Abgrenzungsmauer der Kaaba präsentiert sich in der *Iskandarnāmah*-Illustration allerdings nicht als Fortsetzung des Textblocks, sondern wird hinter den Schriftspiegel verlegt, sodass nur noch die hier etwas höher angesetzten Zinnen über die Schriftfelder hinaus ragen. Damit wird umso deutlicher, dass die Mauer der Kaaba mit der Schreibfläche enggeführt und das Blatt mit dem Ort der Kaaba identifiziert wird.

Noch weiter wird diese Identifikation des Blattes mit dem Ort der Kaaba in einer Miniatur getrieben, die etwa ein Jahrhundert später, vermutlich im türkischen Kontext[327] entstand (Dublin, Chester Beatty, Per 222, fol. 130v – Abb. 40). Hier werden alle vier Seiten des Bildfeldes mit den Mauern enggeführt, die die Kaaba umgeben.[328]

l'épopée de Nezâmi«, in: Christophe Balaÿ, Claire Kappler, Živa Vesel Vesel (Hrsg.), *Pand-o Sokhan. Mélanges offerts à Charles-Henri de Fouchécour*, Teheran 1995, S. 65–78, hier S. 66 und Parivash Jamzadeh, *Alexander Histories and Iranian Reflections. Remnants of Propaganda and Resistance*, Leiden/Boston 2012.

323 Simpson, »From Tourist to Pilgrim«, S. 145.

324 Soucek hat die Miniatur als gespiegelte und »abbreviated version« des Petersburger Blattes beschrieben. Vgl. zum Bezug zwischen den Miniaturen Soucek, *Illustrated Manuscripts of Nizamis's Khamseh 1386–1482*, S. 498–499.

325 Auch Details wie die Tatsache, dass am Bildrand des jüngeren Blattes ein Minarett angeschnitten wird, rekurrieren auf die Positionierung des Minaretts als »Eckpfeiler« des von den Mauern aufgespannten Bildfeldes in der älteren Miniatur – auch wenn erstere das Bildfeld nicht über den Schriftspiegel hinaus zieht.

326 Damit scheint diese Miniatur eine Ausnahme von der von Simpson formulierten Regel darzustellen, derzufolge »*Khamsa* illustrations always present the king in his royal garb and accesories (such as his crown) and never in *ihram*.« Simpson, »From Tourist to Pilgrim«, S. 141.

327 Vgl. E. Blochet und B.W. Robinson, in: John Arthur Arberry, B.W. Robinson, E. Blochet, J.V.S. Wilkinson (Hrsg.), *The Chester Beatty Library. A Catalogue of the Persian Manuscripts and Miniatures*, Bd. 3, Dublin 1962, S. 2.

328 Dabei deckt sich auf der rechten, äußeren Seite nicht wie an den anderen Seiten die Unterkante der Mauer mit den Konturen des Bildfeldes, sondern die Oberkante und das Bildfeld werden hier um die Breite des Mauerstreifens nach außen erweitert.

Abb. 40 – Alexander an der Kaaba, Niẓāmī, *Iskandarnāmah*, Türkei (?) 1552, Dublin, Chester Beatty Library, Per 222, fol. 130v.

Dabei präsentiert dieses Blatt seine Gegenstände nicht wie die bisher diskutierten Bilder mehr oder weniger einheitlich in einer parallelperspektivisch gestalteten Ansicht schräg von oben, sondern kombiniert eine strenge Aufsicht an den Rändern mit einer reinen Frontalansicht des zentralen Gegenstandes der Kaaba innerhalb des Bildfeldes. Ettinghausen hat diesen Darstellungsmodus, in dem »der Moscheehof in Aufsicht, die einzelnen Gebäude jedoch in Ansicht wiedergegeben«[329] sind, als eine Variante der topographischen Darstellung der Kaaba beschrieben. Dieser ist Ettinghausen zufolge primär in Pilgerbüchern – er führt unter anderem ein Beispiel aus einem Pilgerzeugnis von 1432 an – und auf Fliesengemälden zu finden und damit mit einer religiösen Praxis

329 Ettinghausen, *Die bildliche Darstellung der Ka'ba im islamischen Kulturkreis*, S. 117.

assoziiert.[330] Die Miniatur inszeniert also nicht nur Alexander als Modell eines vorbildlichen Pilgers, sondern sie nutzt einen Darstellungsmodus aus Pilgerbüchern, um den Schriftspiegel mit der Einfriedung der Kaaba gleichzusetzen und damit auch die Lesenden in die Position eines Pilgers zu versetzen. Dass den Lesenden eine Position vor den Mauern der Kaaba zugeschrieben wird, wird noch dadurch unterstrichen, dass zwei Betrachterfiguren im Zwischenraum zwischen den beiden Reihen der den Hof begrenzenden Arkaden präsentiert werden, die den Blick der Betrachtenden auf die Kaaba präfigurieren und eine Identifikation erlauben. Während die Szene innerhalb des Textes also nur einen Zwischenstopp auf dem Weg von Arabien in den Jemen darstellt und dazu dient, Alexander als Muslim auszuweisen, bieten die Miniaturen Alexander als Identifikationsfigur an und versetzen die Lesenden in die Position des Pilgers.

Himmelfahrten Alexanders und anderer

Wenn ich auf den letzten Seiten verfolgt habe, wie Alexander anstelle von Majnūn an der Kaaba als religiöse Identifikationsfigur eingesetzt wird, dann nicht, weil mir aus dem europäischen Kontext Darstellungen Alexanders an der Kaaba bekannt wären.[331] Anhand einer ganz anderen Ikonographie – der sogenannten »Himmelfahrt Alexanders«[332] – möchte ich allerdings zeigen, dass der Figur Alexanders im französischsprachigen Kontext zum Teil durchaus ähnliche Funktionen zugewiesen werden.

So schreibt beispielsweise der altfranzösische Prosa-Alexanderroman die Tatsache, dass Alexander in seinem Greifenflug nicht abstürzt, sondern wohlbehalten landet, dem Umstand zu, dass er, als es brenzlig wird, Gott – »den allmächtigen Gott, der ihm in Mazedonien erschienen war (*aparust en la semblance*)« – um Hilfe bittet. Victor M. Schmidt merkt zu diesem Passus Folgendes an:

> Die Stockholmer Handschrift aus dem 14. Jahrhundert, die einige für das Verständnis des Textes zentrale Ergänzungen enthält, fährt hier fort: »den er sah vor dem Bischof der Juden außerhalb von Jerusalem«. Die Erwähnung dieser Erscheinung bezieht sich wohl auf einen Moment während Alexanders Besuch in Jerusalem, wo er vor dem Hohepriester Jadus niederkniet, um ihm Ehre zu erweisen. Diese Handlung sorgte für Ver-

330 Vgl. Ettinghausen, *Die bildliche Darstellung der Kaʿba im islamischen Kulturkreis*, S. 115–120. Ich danke Hiba Adib für die Einblicke in ihre entstehende Dissertation zu Darstellungen Mekkas in Pilgerbüchern.

331 Allerdings ist in Thomas von Kents Alexanderroman, auf den ich im Folgenden ausführlicher eingehen werde, die Rede »d'une noire pere un ymage esgarda« (V. 1128–1129), welcher Michael Camille zufolge mit der muslimischen Verehrung des schwarzen Steines der Kaaba zu assoziieren ist. Camille, *The Gothic Idol*, S. 140. Camille entnimmt diese Stelle Dorothee Metlitzki, *The Matter of Araby in Medieval England*, New Haven 2005 [1977], S. 294.

332 Forschungen zu den europäischen Beschreibungen der sogenannten Himmelfahrt Alexanders liegen im Bereich der Literaturwissenschaft in großer Breite vor. Genannt seien hier nur die Monographien von Chiara Settis Frugoni, *Historia Alexandri elevati per griphos ad aerem. Origine, iconografia e fortuna di un tema*, Rom 1973 und Victor M. Schmidt, *A Legend and its Image. The Aerial Flight of Alexander the Great in Medieval Art* (Mediaevalia Groningana 17), Groningen 1995; für eine Zusammenstellung der Aufsätze siehe Susanne Friede, *Die Wahrnehmung des Wunderbaren. Der Roman d'Alexandre im Kontext der französischen Literatur des 12. Jahrhunderts* (Beihefte zur Zeitschrift für romanische Philologie 317), Tübingen 2003, S. 162.

> wunderung, worauf Alexander anmerkte, dass er nicht dem Hohepriester selbst Ehre erweise, sondern dem Einen, in dessen Namen er handle. Und er habe den Mann erkannt, weil Gott ihm, während er vor seinen Eroberungen in Mazedonien war, in Gestalt eines Hohepriesters im Traum erschienen sei und ihm versichert habe, dass er mit seiner Hilfe die Perser besiegen werde.[333]

Schon im Text wird Alexander also verschiedentlich als Verehrer eines monotheistischen Gottes präsentiert und dessen Anrufung als Grund angeführt, warum Alexander seine »Himmelfahrt« unbeschadet übersteht.

Die Illustrationen des Greifenflugs Alexanders in einer Gruppe von Handschriften des altfranzösischen Prosa-Alexanderromans vom Ende des 13. Jahrhunderts, die sich heute in Berlin, Brüssel und London befinden (Berlin, Kupferstichkabinett, Ms. 78 C 1, fol. 66r – Abb. 41, Brüssel, Bibliothèque royale, Ms. 11040, fol. 69v und London, BL, Ms. Harley 4979, fol. 70v), unterstreichen die Assoziation mit einem christlichen Kontext dadurch, dass sie, wie wiederum Schmidt gezeigt hat, auf Darstellungsmuster der Himmelfahrt Christi zurückgreifen. Genauer gesagt, greifen sie auf einen »östlichen Typ der Himmelfahrtsdarstellung« zurück, in dem die Figur Christi vollständig zu sehen ist und »thronend innerhalb einer Mandorla von Engeln in den Himmel getragen wird«.[334] Dementsprechend präsentieren sie Alexander frontal auf einem Flugapparat, der entgegen den Angaben des Textes eher einem Thron als einem Käfig ähnelt.[335] Es ist hier also eine Engführung Alexanders mit Christus zu beobachten, die mit Niẓāmīs Bestreben, Alexander nicht nur als idealen Herrscher zu präsentieren, sondern ihm, wie Bürgel argumentiert, den Status eines Propheten zuzuschreiben,[336] vergleichbar sein könnte.

Allerdings hat Schmidt betont, dass Alexander in diesem Darstellungsmodell nicht notwendig als »zweiter Christus (*alter Christus*)«[337] anzusehen ist. Vielmehr gehe es darum, eine bestimmte Bedeutung von der Darstellung der Himmelfahrt Christi auf jene der Himmelfahrt Alexanders zu übertragen; es gehe um die Anerkennung als König des Himmels und der Erde.[338] Das impliziert meines Erachtens auch die Übertragung einer Haltung der Betrachter: Schließlich zitieren die Darstellungen neben der Weise, in der Alexander dargestellt wurde, vor allem die Betrachterfiguren, die in Himmelfahrtsdarstellungen üblicherweise in der unteren Bildhälfte zu sehen sind, und ihre Haltung des *aposkopein*, eine schon aus der Antike bekannte Geste der vor die Stirn gehaltenen Hand als Ausdruck des gespannten Schauens, die in der mittelalterlichen Kunst häufig bei den Betrachterfiguren der Himmelfahrt Christi zu sehen ist (vgl. z. B. Abb. 42).[339] Ebenso wie beim Besuch Alexanders an der Kaaba werden also auch in diesen Darstellungen der Himmelfahrt Alexanders Betrachterfiguren

333 Schmidt, *A Legend and its Image*, S. 100.
334 Schmidt, *A Legend and its Image*, S. 106.
335 Schmidt, *A Legend and its Image*, S. 106–107.
336 Bürgel, »Conquérant, philosophe et prophète«.
337 Schmidt, *A Legend and its Image*, S. 106.
338 Und im Falle Alexanders, der nach seiner Himmelfahrt noch die Tauchfahrt angehen wird: des Meeres. Schmidt, *A Legend and its Image*, S. 107.
339 Schmidt, *A Legend and its Image*, S. 106. Zum Gestus des *aposkopein* vgl. Ines Jucker, *Der Gestus des Aposkopein. Ein Beitrag zur Gebärdensprache in der antiken Kunst*, Zürich 1956.

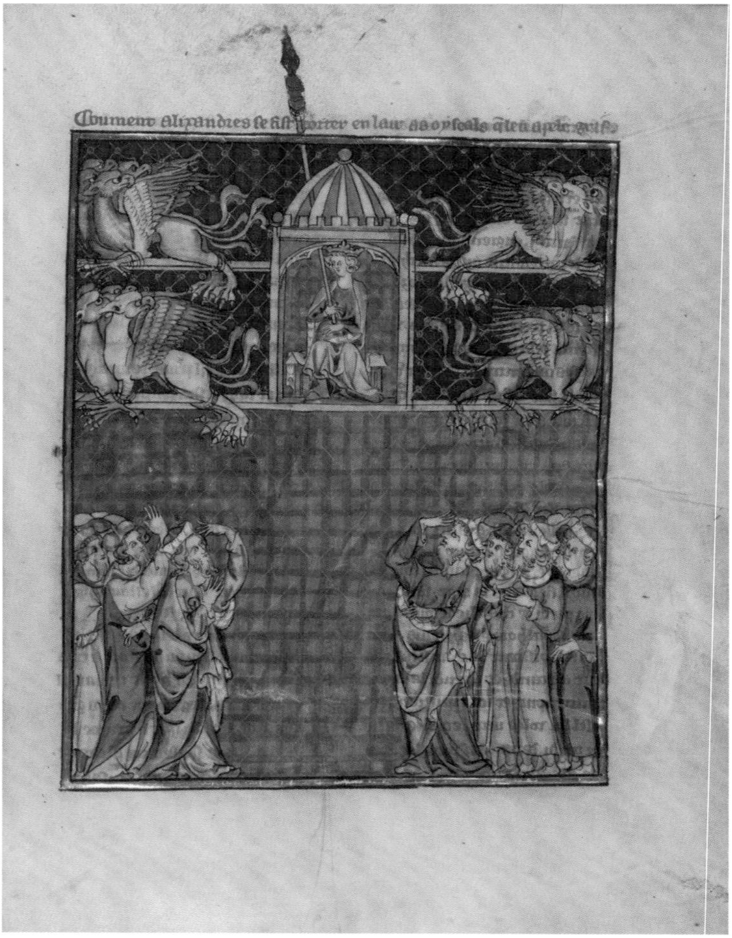

Abb. 41 – Greifenflug Alexanders, *Altfranzösischer Prosa-Alexanderroman*, Flandern oder Niederlande Ende 13. Jh., Berlin, Kupferstichkabinett, Ms. 78 C 1, fol. 66r.

eingesetzt, mit denen sich die Betrachtenden des Buches identifizieren können.[340]

Weiter wird im Vergleich der Darstellungen der Himmelfahrt des Berliner Alexanderromans (Abb. 41) und Alexanders Besuch an der Kaaba im Pariser *Iskandarnāmah* (Abb. 39) deutlich, wie stark in beiden Darstellungen die Beziehung zwischen irdischer und himmlischer Sphäre ist. In beiden wird mittels einer durchgezogenen Waagerechte knapp oberhalb der Mitte des Bildes eine Grenze zwischen zwei Sphären gezogen, die

340 Vgl. zur Funktion von Betrachterfiguren, die ich ihm Rahmen dieser Arbeit nicht weiter verfolgen kann, Beate Fricke/Urte Krass (Hrsg.), *The Public in the Picture/Das Publikum im Bild. Involving the Beholder in Antique, Islamic, Byzantine, Western Medieval and Renaissance Art/Beiträge aus der Kunst der Antike, des Islam, aus Byzanz und dem Westen*, Berlin 2015, das einen Beitrag von Alberto Saviello zu Betrachterfiguren in der persischen Buchmalerei enthält.

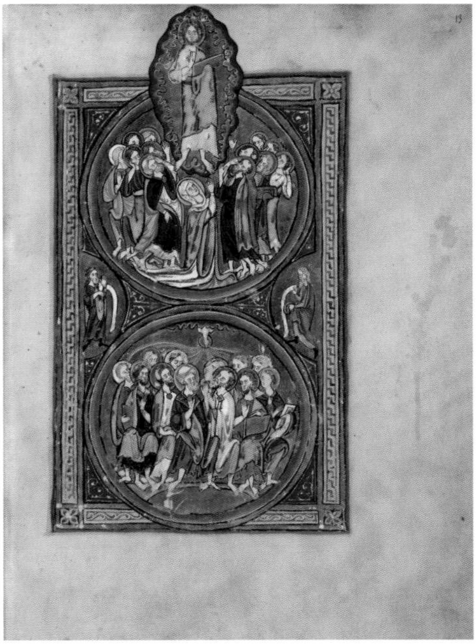

Abb. 42 – Himmelfahrt Christi (oben), Psalter, Paris 1. Viertel 13. Jh., Paris, BnF, Nouv. acq. lat. 1392, fol. 13r.

durch verschiedene Hintergrundfarben unterschieden werden. Auf dieser Grenze ist jeweils die Figur Alexanders platziert. Auf der französischsprachigen Seite ist es der Kubus, in dem Alexander fliegt, mit dem der rote Hintergrund der irdischen Sphäre in den blauen Hintergrund der himmlischen vordringt. Und in der persischen Miniatur ist es der schwarze Kubus der Kaaba, deren Türgriffe Alexander gerade hält, der aus der irdischen Sphäre in die himmlische hineinragt. Dabei ist es in der Illustration des altfranzösischen Alexanderromans die Darstellung Alexanders selbst, die auf eine Ikonographie des auffahrenden Christus rekurriert, während es in der *Iskandarnāmah* der Darstellungsmodus der himmlischen Sphäre ist, der an *Miʿrāj*-Darstellungen erinnert.

Auf beiden Seiten aber wird betont, dass sich Alexander nicht grundsätzlich von den Figuren unterscheidet, die ihn beobachten: In der persischen Handschrift ist er nur durch eine Stufe aus der Reihe von identisch gekleideten Pilgern herausgehoben. Und auch in der altfranzösischen Handschrift ist Alexander in den gleichen Farben gekleidet wie die Betrachter. Zudem macht die Tatsache, dass er den rötlichen Hintergrund der irdischen in die himmlische Sphäre importiert, in Kombination mit der Lücke, die sich in der entsprechenden Größe unterhalb von ihm in der Betrachterreihe auftut, sehr deutlich, dass hier ein Element aus dieser Reihe in die himmlische Sphäre verlegt wurde.

In beiden Fällen wird Alexander also nicht nur als idealer Herrscher präsentiert, dem eine religiöse Legitimation zugesprochen wird. Auch dient der Rekurs auf die jeweiligen Ikonographien der Himmelfahrt nicht nur dazu, zu unterstreichen, dass

Alexander die Kaaba nicht als Tourist besucht habe, ebenso wie sein Besuch in den himmlischen Sphären nicht schlichter Neugier geschuldet sei. Vielmehr haben diese Anspielungen in den Alexanderdarstellungen in beiden Fällen die Funktion, den Betrachtenden selbst ein Modell der Überschreitung der Grenze von irdischer und himmlischer Sphäre in Aussicht zu stellen.

Damit wird fast schon didaktisch verdeutlicht, dass die Rückprojektion der modernen Unterscheidung von sakralen und säkularen Sphären[341] in den westeuropäischen Darstellungen Alexanders ebenso unzutreffend ist wie in den persischen, genau wie an der Stelle, an der ein persischer Dichter seine Inspiration mit der Verkündigung des Korans vergleicht. Die Zirkulation von Ikonographien zwischen religiösen, historischen und poetischen Themen macht damit klar, dass das oft zitierte Argument, die persische Buchkultur habe Figuren erlauben können, da es sich um eine rein säkulare Kunst handle,[342] nicht nur dem theologischen Bilderverbot einen zu großen Einfluss auf die Praxis zuschreibt, sondern auch von einer Unterscheidung ausgeht, die historisch so nicht besteht. Die Transformationsgeschichten der gemeinsamen Topoi widersprechen der Separierung von sakralen und säkularen Bildkulturen also ebenso wie der von christlichen und islamischen.

Nun liegt die Frage auf der Hand, warum ich dieses Phänomen nicht anhand von Darstellungen der Himmelfahrt Alexanders in der persischen Buchmalerei diskutiere. Der Grund ist schlicht, dass mir dort bislang keine bekannt ist.[343] Wie ist das zu erklären? Zunächst ist es möglich, dass dieser Teil des Narrativs in der persischen Tradition nicht überliefert wurde. So hat beispielsweise Martina Müller-Wiener betont, dass »diese Episode […] in der frühesten erhaltenen Fassung des Alexanderstoffes, die den arabischen und persischen Versionen zugrunde liegt, dem im 3. nachchristlichen Jahrhundert entstandenen Alexanderroman des Pseudo-Callisthenes, nicht enthalten«[344] ist. Allerdings gilt dies auch für die Tauchepisode, die sehr wohl rezipiert wurde.[345] Insofern ist schwer zu sagen, ob das Fehlen von Darstellungen der Himmelfahrt Alexanders

341 Ich danke Almut Höfert für wichtige Hinweise und gute Gespräche nicht nur in diesem Punkt.

342 Vgl. zu diesem Topos und dem Widerspruch, in dem zentrale Handschriften der nahöstlichen Buchkunst dazu stehen, auch Persis Berlekamp, *Wonder, Image, and Cosmos in Medieval Islam*, S. ix.

343 Vgl. Abdullaeva, *Kingly Flight*, S. 19: »In the Muslim literature Alexander is never metioned as an aviator, but only as a diver and then only in very few sources«. Martina Müller-Wiener hat allerdings einzelne Darstellungen der Greifenfahrt Alexanders auf verschiedenen Objekten im Umfeld der Artukidenschale nachgewiesen. Vgl. Martina Müller-Wiener, »›Spiegel des Alexander und Weltenbecher‹. Der Spiegel des Artuq Šāh und die Attribute des idealen Herrschers«, in: Marion Frenger, Martina Müller-Wiener (Hrsg.), *Von Gibraltar bis zum Ganges: Studien zur Islamischen Kunstgeschichte in memoriam Christian Ewert* (Bonner Asienstudien Bd. 7), S. 173–197, hier S. 184–187. Zudem hat François de Polignac betont, dass im arabischen Kontext zwar keine Greifenfahrt Alexanders zu finden ist, sehr wohl aber eine Himmelfahrt, die al-Ṭabarī der Greifenfahrt Nimruds symmetrisch entgegensetzt. Vgl. François de Polignac, »Cosmocrator L'Islam et la légende antique du souverain universel«, in: Margaret Bridges, J. Christoph Bürgel (Hrsg.), *The Problematics of Power. Eastern and Western Representations of Alexander the Great,* Bern u.a. 1996, S. 149–164, hier S. 154.

344 Müller-Wiener, »Spiegel des Alexander und Weltenbecher«, S. 186. Sie führt weiter aus: »G. Millet sieht in ihr eine nachträgliche Ergänzung, die er in das 5. oder 6. Jahrhundert datiert. Als mögliche Quelle nennt er eine armenische Fassung des Alexanderstoffes […].« Vgl. Gabriel Millet, »L'ascension d'Alexandre«, in: *Syria* 4/2, 1923, S. 85–133.

345 Richard Stoneman, *Alexander the Great. A Life in Legend*, New Haven/London 2010, S. 116.

Abb. 43 – Kay Kāvūs wird von den Adlern in den Himmel getragen, Firdawsī, *Shāhnāmah*, Schiras ca. 1435, Cambridge, Fitzwilliam Museum, Ms. 22-1948, fol. 25v.

Abb. 44 – Kay Kāvūs wird von den Adlern in den Himmel getragen, Firdawsī, *Shāhnāmah*, Schiras oder Isfahan Anfang 17. Jh., Paris, BnF, Suppl. pers. 490, fol. 62r.

im persischen Kontext Unkenntnis oder Desinteresse zuzuschreiben ist. Zumindest aber hat Firuza Abdullaeva angemerkt, dass einige persische Alexandernarrative nach Niẓāmī das mit der Himmelfahrt im westeuropäischen Kontext meist kombinierte Motiv der Tauchfahrt auf eine sehr vergleichbare Weise einsetzen: So ist es beispielsweise in Navā'īs (1441–1501) *Sadd-i Iskandarī* diese Tauchfahrt, die Alexander zu einem Heiligen und Propheten macht.[346]

Weiter ist festzuhalten, dass zwar Alexander im persischen Kontext nicht in die Lüfte steigt, die Konstruktion eines Fluggeräts, das einen König mit Hilfe von Raubvögeln, denen man ein Stück Fleisch vor den Schnabel hält, in die Lüfte befördert, im persischen Kontext aber sehr wohl präsent ist. Wolfgang Lochner vermutet, dass es sich hierbei um einen persisch-arabisch-jüdischen Topos handelt, der auch in das Alexandernarrativ eingebaut wurde.[347] So schreibt im persischen Kontext beispielsweise Firdawsī König Kay Kāvūs einen Flug mit einer solchen Konstruktion zu. Vergleicht man die Illustrationen dieses Topos (Abb. 43 und 44) mit den Darstellungen der

346 Abdullaeva, *Kingly Flight*, S. 23. Sie verweist hierzu auch auf Sunil Sharma, *Amir Khusraw. The Poet of Sufis and Sultans* (Makers of the Muslim World Series), Oxford 2005, S. 57.

347 Vgl. Wolfgang Lochner, *Fliegen. Das große Abenteuer der Menschheit*, München 1970, S. 25–26, zitiert auch in den Ausführungen zu dieser Frage bei Karin Luck-Huyse, *Der Traum vom Fliegen in der Antike*, Stuttgart 1997, S. 126–128.

Abb. 45 – Kay Kāvūs fällt zurück auf die Erde, Firdawsī, *Shāhnāmah*, Isfahan (?) ca. 1335, New York, Metropolitan Museum of Art, Ms. 1974.290.9v.

Himmelfahrt Alexanders aus dem französischsprachigen Kontext, dann fallen sowohl gewisse Parallelen in der Inszenierung von Betrachterfiguren ins Auge als auch, vor allem im safavidischen Kontext, ein vergleichbarer Rekurs auf die Ikonographie der Himmelfahrt, in diesem Falle Mohammeds (vgl. Abb. 24). Allerdings impliziert dieser Verweis auf die Himmelfahrt Mohammeds keine Anerkennung. Man hat es in diesem Fall vielmehr als Hybris zu verstehen, sich derart mit dem Propheten zu vergleichen: Das Abenteuer endet mit einem Absturz (vgl. New York, Metropolitan, Ms. 1974.290.1-42, 2003.330.1-7 – Abb. 45).[348] Und anstelle von positiven Konnotationen weisen die Illustrationen Abdullaeva zufolge enge Bezüge zum Narrativ des sündigen biblischen

348 Vgl. zu Illustrationen dieser Szene in Shāhnāma-Handschriften auch die hervorragende Datenbank des Shahnama Project in Cambridge unter http://shahnama.caret.cam.ac.uk.

Nimrud auf, dem König Babylons, welchem neben dem Turmbau ebenfalls ein entsprechender Flug zugeschrieben wird.[349] Die positiven Konnotationen, die das Motiv im französischsprachigen Kontext zumindest in einigen Fällen[350] annahm, sind im persischsprachigen Kontext also nicht zu finden. Der Vergleich von Alexanderdarstellungen in persisch- und französischsprachigen Handschriften lässt also – darauf werde ich im Unterkapitel »Un-/Vergleichbares« noch ausführlicher zurückkommen – Asymmetrien in den Bezügen zwischen beiden Traditionen erkennen: Dieselbe narrative Funktion, wie beispielsweise die Positionierung Alexanders an der Grenze von irdischer und himmlischer Sphäre, wird in verschiedenen bildlichen Motiven – der Darstellung seiner *ḥajj* auf der einen und der Himmelfahrt auf der anderen – umgesetzt. Umgekehrt wird ein bestimmtes Motiv – wie die »Himmelfahrt« eines Herrschers – mit sehr unterschiedlichen Besetzungen, Konnotationen und Bewertungen versehen.

Alexander in Persien. Fremde und eigene Herrscher im Vergleich

Trotz der aufgewiesenen Asymmetrien gibt es diverse Szenen, die sowohl in persischen als auch in westeuropäischen Alexandermanuskripten illustriert werden. Da Alexander der Große eine historische Figur ist, deren Handeln zumindest für die persische Geschichte nicht unbedeutend war, die aber auch die Franken immer wieder als ihren Vorfahren angeben,[351] zeichnet sich in den Narrativierungen seiner Geschichte eine enge Verflechtung transregionaler und regionaler Historien ab. So zeigt die Transformationsgeschichte des Alexanderstoffes auf exemplarische Weise, dass ein Narrativ nicht als neutrale Fiktion zu verstehen ist, sondern in der engen Verflechtung mit lokalgeschichtlichen Zusammenhängen.[352] Deutlich wird das beispielsweise in persischen Darstellungen des Verhältnisses von Alexander zu dem von ihm besiegten persisch-achämenidischen Herrscher Dareios III. Im persischen Kontext nämlich wird, wie beispielsweise Minoo S. Southgate betont hat, in der Rezeption des Texts von Pseudo-Kallisthenes, der im 3. Jahrhundert nach Christus vermutlich in Alexandria entstand,[353] jener Teil weggelassen, der Alexander zum Kind der Frau des mazedonischen Königs Philipp II., Olympia, und des ägyptischen Königs Nectanebus macht. Stattdessen wird in vielen persischen Versionen eine Episode eingeführt, die erzählt, dass Dārāb, der spätere Vater des Dareios – dem persischen Dārā –, nach seinem Sieg über Philipp dessen Tochter geheiratet, diese aber kurz darauf aufgrund ihres faulen Atems wieder

349 Vgl. Abdullaeva, *Kingly Flight*, S. 9–16. Vgl. zu Darstellungen königlicher Greifenflüge auch Anna Caiozzo, *Réminiscences de la royauté cosmique dans les représentations de l'Orient médiéval*, Kairo 2011, S. 42–49.

350 Luck-Huyse betont, dass Deutungen des Greifenflugs als Hybris durchaus auch im europäischen Kontext häufig waren (Luck-Huyse, *Der Traum vom Fliegen in der Antike*, S. 122). Thomas Noll argumentiert auch zu bestimmten Darstellungen der Greifenfahrt Alexanders entsprechend, vgl. Thomas Noll, *Alexander der Große in der nachantiken bildenden Kunst*, Mainz 2005, S. 10–18.

351 Vgl. Charles Russell Stone, *From Tyrant to Philosopher-King. A Literary History of Alexander the Great in Medieval and Early Modern England*, Turnhout 2013, S. 96.

352 Vgl. hierzu auch Markus Stock, »The Medieval Alexander. Transcultural Ambivalences«, in: ders. (Hrsg.), *Alexander the Great in the Middle Ages. Transcultural Perspectives*, Toronto/Buffalo/London 2016, S. 3–12.

353 David J. A. Ross, *Alexander Historiatus. A Guide to Medieval Illustrated Alexander Literature*, Frankfurt a. M. 1988 [1963], S. 5–6.

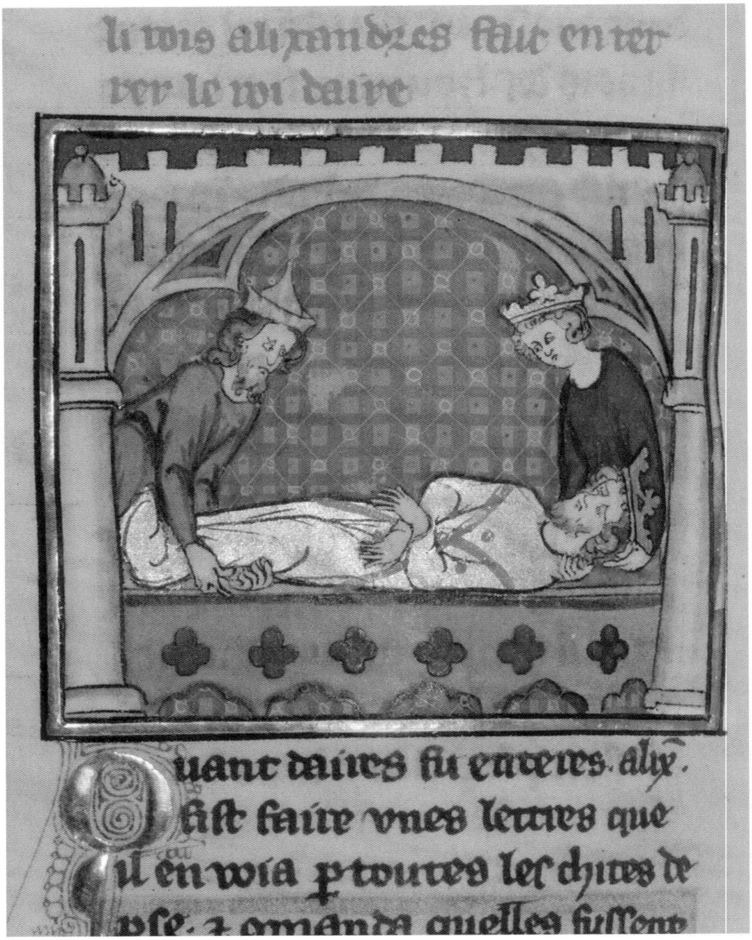

Abb. 46 – Alexander begräbt König Dareios, *Altfranzösischer Prosa-Alexanderroman*, Frankreich 13. Jh., Berlin, Kupferstichkabinett, 78 C 1, fol. 36v.

verstoßen und zu ihrem Vater zurückgesandt habe, ohne zu wissen, dass sie mit Alexander schwanger war. Somit wird Alexander als älterer Bruder des später von einer anderen Frau des Dārāb geborenen persischen Herrschers Dareios präsentiert – woraus sich ein legitimer Anspruch auf den persischen Thron ergibt.[354] Diesen persischen

354 Minoo S. Southgate, »Portrait of Alexander in Persian Alexander-Romances of the Islamic Era«, in: *Journal of the American Oriental Society* 97/3, 1977, S. 278–284, S. 279. Vgl. hierzu auch Claude-Claire Kappler, »Alexandre dans le Shāh Nāma de Firdousi. De la conquête du monde à la découverte de soi«, in: Margaret Bridges, J. Christoph Bürgel (Hrsg.), *The Problematics of Power. Eastern and Western Representations of Alexander the Great*, Bern u.a. 1996, S. 165–190. Niẓāmīs und Jāmīs Versionen erwähnen dies allerdings nicht, hier ist Alexander schlicht der Sohn Philipps. Vgl. Southgate, »Portrait of Alexander in Persian Alexander-Romances of the Islamic Era«, S. 279, Fußnote 13.

Abb. 47 – Alexander und der sterbende Dareios, Niẓāmī, *Iskandarnāmah*, Herat 1450–60, Berlin, Staatsbibliothek, Ms. Diez A. fol. 7, fol. 276r.

Texten zufolge hat Alexander Persien also nicht einfach erobert, sondern war immer schon sein rechtmäßiger Herrscher – was positive Konnotationen erlaubt.

Die Illustrationen betreffend ist erst einmal festzustellen, dass mehrere Momente der Interaktionen zwischen Alexander und Dareios – wie beispielsweise die Trauer Alexanders um Dareios (Abb. 46 und 47) – in beiden Kontexten illustriert wurden. Das könnte mit der Annahme von David J. A. Ross zu tun haben, dass

> nicht nur diese [nahöstlichen V. B.] Berichte von Alexander ebenso wie die meisten europäischen Alexanderbücher letztlich auf den Pseudo-Callisthenes zurückzuführen sind, sondern es sogar Indizien dafür gibt, dass die große Anzahl von illuminierten Manuskripten ihre Ikonographie zumindest zum Teil dem ursprünglichen antiken Bildzyklus entlehnt

> haben, der so weit verbreitete Verwendung in der Illustration des Pseudo-Callisthenes und seiner Abkommen in Europa gefunden hat.[355]

Zugleich zeugen sehr unterschiedliche Quantitäten der Illustrationen der Szenen von divergierenden Interessen – so sind beispielsweise unter den erhaltenen Illustrationen des *Shāhnāmah* im 14. und 15. Jahrhundert 22 Illustrationen zu finden, in denen Alexander neben dem von Verrätern tödlich verwundeten Dareios kniet und damit den Respekt vor seinem Halbbruder zum Ausdruck bringt. Hingegen ist in diesen Handschriften – denen es ansonsten ebensowenig wie den westeuropäischen Handschriften an Kampfdarstellungen mangelt – keine einzige Illustration des Kampfes zwischen Alexander und Dareios zu finden.[356] Eine weitere Parallele findet sich in der Stilisierung von Dareios als Exemplum des schlechten Herrschers im Gegensatz zu Alexander als idealem Herrscher in beiden Kontexten.[357] Während dieser schlechte Herrscher im persischen Kontext allerdings in einer früheren Epoche der eigenen Geschichte situiert wird, die durch Alexander überwunden wurde, ist er in den westeuropäischen Alexanderhandschriften ein fremder Herrscher, vom dem man sich abgrenzt.

Angesichts der Transformationen des persischen Alexandernarrativs vor dem Hintergrund seiner Bezüge auf die persische Geschichte stellt sich im Zusammenhang mit den französischsprachigen Versionen die Frage, inwiefern auch hier die lokale Geschichte die Darstellung Alexanders geprägt hat. Nicht, dass der historische Alexander in der französischen Geschichte eine Rolle gespielt hätte. Der aktuelle politische Kontext jedoch ist nicht unwesentlich für die Rezeption des Narrativs. So wurde insbesondere die Bedeutung der Kreuzzüge für Transformationen des Alexandernarrativs diskutiert: Inwiefern wurde Alexander in verschiedenen Versionen und Handschriften als »Proto-Kreuzfahrer«[358] inszeniert, der die Kreuzzüge einerseits legitimiert und zugleich die »mittelalterliche Angst vor der asiatischen Bedrohung und dem Verlust des lateinischen Königreichs verkörpert«[359] – wie Mark Cruse in Bezug auf eine franko-flämische Handschrift der Bodleian Library (Bodley 264) aus dem 14. Jahrhundert argumentiert hat? Weiter könnte man diskutieren, inwiefern die Konzeption der »Ritterlichkeit«, die in den französischsprachigen Alexanderromanen besonders stark herausgearbeitet wird, vor dem jeweiligen zeitgenössischen und lokalen Hintergrund und dessen Verständnis von Ritterlichkeit zu verstehen ist. Es wäre aber auch zu diskutieren, inwiefern sie zugleich auf gemeinsame Traditionen des Ritterromans[360] zurückgreift.

355 Ross, *Alexander Historiatus*, S. 2. Zu finden ist diese Bemerkung allerdings im Ausdruck seines Bedauerns über die dementsprechend arbiträre – und rein pragmatische – Ausklammerung dieser »orientalischen« Traditionen, sodass leider weder Belege noch differenzierte Angaben folgen.

356 Vgl. die Datenbank des Shahnama Project, http://shahnama.caret.cam.ac.uk/new/jnama/index/depiction/memohl:1107772630/cescene:-1551214484, Stand 20.2.2013.

357 Vgl. Southgate, »Portrait of Alexander in Persian Alexander-Romances of the Islamic Era«, S. 280 und Catherine Croizy-Naquet, »Darius ou l'image du potentat perse dans *Le roman d'Alexandre* de Paris«, in: Laurence Harf-Lancner, Claire Kappler, François Suard (Hrsg.), *Alexandre le Grand dans les littératures occidentales et proche-orientales*, Nanterre 1999, S. 161–172. Zur Inszenierung Alexanders als Idealherrscher in nahöstlichen Kontexten vgl. z.B. Müller-Wiener, »Spiegel des Alexander und Weltenbecher«.

358 Mark Cruse, *Illuminating the Roman d'Alexandre. Oxford, Bodleian Library, MS Bodley 264. The Manuscript as Monument*, Cambridge 2011, S. 145.

359 Cruse, *Illuminating the Roman d'Alexandre*, S. 146.

360 Vgl. zu dieser These beispielsweise Metlitzki, *The Matter of Araby in Medieval England*.

Damit wäre die Ritterlichkeit Alexanders ebenso zwischen gemeinsamen Traditionen und lokalen Aktualisierungen zu verorten wie Niẓāmīs Inszenierung von »Alexander als Philosoph« im Spannungsfeld von gemeinsamen Textgrundlagen und Niẓāmīs spezifischer Position in der Rezeption der griechischen Philosophie im persischen Kontext des 12. Jahrhunderts. So hat Maud Pérez-Simon beispielsweise in der Handschrift Harley Ms. 4979 aufgewiesen, wie Alexander in seiner Darstellung als Ritter »offenkundig aktualisiert wurde, um die Eigenschaften eines mittelalterlichen Königs zu verkörpern«.[361] Und Bürgel hat unterstrichen, wie Niẓāmī Alexander im Kontext der persischen Rezeption der griechischen Philosophie heranzieht, um ihm seine eigene Lesart der verschiedenen griechischen Philosophen – Aristoteles, Sokrates, Apollonius, Platon, Thales, Porphyrius und Hermes – in den Mund zu legen, die dieser nach Persien mitgebracht haben soll.[362] Diese Fragen aber führen über die Grenzen der vorliegenden Arbeit hinaus und sollen hier nur den Horizont der unterschiedlichen transkulturellen Bezüge des Alexandernarrativs andeuten, vor dem im Folgenden eine einzelne Szene in ihrer Darstellung von Blicken auf Bilder zu diskutieren ist.

2 Kandakes Alexanderportrait im Pseudo-Kallisthenes als *tertium comparationis*

Nachdem in diesem Kapitel bislang allenfalls von Figuren die Rede war, die Alexander betrachten und den Betrachtenden als Identifikationsfiguren für die Betrachtung Alexanders angeboten werden, soll es nun um eine Szene gehen, die den Blick selbst in den Fokus rückt, indem sie explizit die Betrachtung eines Portraits Alexanders thematisiert. Die Rede ist von einer Szene, in der eine Königin Alexander mit seinem eigenen Portrait konfrontiert.[363] Sowohl in der persischen als auch in der westeuropäischen Buchmalerei findet sich ein Narrativ illustriert, in dem Alexander sich verkleidet als sein eigener Bote an den Hof einer Königin begibt. Sie besitzt allerdings bereits ein Portrait von ihm, erkennt ihn deshalb – und konfrontiert ihn, als er seine Identität leugnet, mit seinem eigenen Bild.[364]

361 Maud Pérez-Simon, »Beyond the Template. Aesthetics and Meaning in the Images of the *Roman d'Alexandre en prose* in Harley MS. 4979«, in: *Electronic British Library Journal*, 3.11.2011, http://www.bl.uk/eblj/2011articles/pdf/ebljarticle32011.pdf, Stand 26.3.2014, S. 13.

362 Vgl. J. Christoph Bürgel, »L'attitude d'Alexandre face à la philosophie grecque dans trois poèmes épiques persans: le Roman d'Alexandre de Nizâmî, l'A'ina-Iskandarî de Amîr Khusraw Dihlawî et le Khiradnâma-i Iskandarî de Djâmî«, in: Laurence Harf-Lancner, Claire Kappler, François Suard (Hrsg.), *Alexandre le Grand dans les littératures occidentales et proche-orientales*, Nanterre 1999, S. 53–59 und Bürgel, »Conquérant, philosophe et prophète«.

363 Diese Szene ist im Kontext der verschiedenen Topoi zu den Portraits Alexanders zu verstehen. Vgl. hierzu Andrew Stewart, *Faces of Power. Alexander's Image and Hellenistic Politics*, Berkeley 2007. Zudem danke ich Patric-Alexander Kreuz für seine archäologischen Kommentare zu meinen Überlegungen.

364 Rieger hat angemerkt, dass beispielsweise in der Handschrift Royal 19. D. 1 des altfranzösischen Prosa-Alexanderromans der British Library auf fol. 12 zu lesen ist, dass auch schon Dareios ein Marmorbild Alexanders anfertigen ließ. Angelica Rieger, *L'Ystoire du bon roi Alexandre. Der Berliner ›Alexanderroman‹: Handschrift 78 C 1 des Kupferstichkabinetts Preußischer Kulturbesitz Berlin*, Stuttgart u.a. 2002, S. 154, Fußnote 1. Meines Wissens gibt es aber keine Illustrationen dieser Szene, sodass ich sie hier nicht weiter berücksichtigen kann. Im Vergleich ist allerdings

Diese Gemeinsamkeit kann man ebenso wie die bereits angeführten auf eine beidseitige Rezeption eines als »Pseudo-Kallisthenes« bekannten Textes zurückführen. Denn man hat es mit einem Text zu tun, dessen Derivate extrem weit – »von Java bis Frankreich«,[365] wie Ross schreibt – verbreitet waren. So ist es nicht erstaunlich, dass sich sowohl in persischen als auch in französischen Varianten des Narrativs Rückgriffe auf diesen griechischen Text abzeichnen. Das griechische Original ist in fünf Redaktionen überliefert, von einer sechsten existiert eine Vielzahl von Derivaten. Dabei unterstreicht Ross, dass »keine davon den Roman in seiner ursprünglichen Fassung darstellt und wahrscheinlich selbst der ursprüngliche Text nicht die früheste Biographie Alexanders in Romanform«[366] ist. Vielmehr geht er davon aus, dass im 3. Jahrhundert n. Chr. verschiedenste Materialien in die Hände eines alexandrinischen Autors fielen, welcher sie mit lokalen Narrativen von der Geburt und Abstammung Alexanders und eben auch von dessen Abenteuern mit Kandake kombinierte.[367]

Im sogenannten Pseudo-Kallisthenes ist erst einmal Folgendes über die Entstehungsgeschichte des Portraits zu lesen:

> Nachdem Kandake über Alexander gehört hatte, dass er die Städte durchzog und so bedeutende Könige unterwarf, sprach sie einen ihrer griechischen Maler an und befahl ihm loszuziehen, um ihn zu treffen, ihn heimlich zu malen (ζωγραφῆσαι) und Kandake nach seiner Rückkehr das Bild zu geben. Als sie es wiederum entgegengenommen hatte, legte sie es an einen geheimen Ort.[368]

Bevor Alexander selbst an Kandakes Hof kommt, befreit er – verkleidet als Antigonos, Chef seiner Leibwache – noch die Frau ihres Sohnes Kandaules, der ihn daraufhin mit zu seiner Mutter nimmt. Dort bewundert Alexander den prächtig geschmückten Palast, seine Kostbarkeiten und Kunstwerke, unter denen sich auch lebensechte Bronzestatuen befinden. Alexander gibt dazu den Kommentar ab, dass dies in Griechenland sicherlich – so die Zusammenfassung Wilhelm Wilmanns – »zu bewundern sei, aber nicht in einem lande, dem die natur selbst solche schätze in fülle biete. die königin kann nicht umhin das urteil als treffend anzuerkennen, ist aber doch einigermaßen verstimmt und straft den könig, indem sie ihn in ihrer antwort unvermutet mit seinem

festzuhalten, dass Iskandar auch bei Firdawsī verkleidet an den Hof Dārās kommt. Allerdings wird er bei Firdawsī nicht aufgrund eines Portraits erkannt, sondern durch Personen, die bereits an seinem Hof waren. Dabei wird unterstrichen, dass seine Gestalt unverwechselbar ist. Vgl. Kappler, »Alexandre dans le Shāh Nāma de Firdousi«, S. 172.

365 Ross, *Alexander Historiatus*, S. 5. Dieser »Guide to Medieval Illustrated Alexander Literature« ist für die nicht-nahöstlichen illustrierten Handschriften recht hilfreich. Nahöstliche Handschriften sind darin aber aufgrund ihrer schweren Zugänglichkeit und mangelnder Sprachkenntnisse ausgeklammert, wie Ross dies im Vorwort begründet, vgl. Ross, *Alexander Historiatus*, S. 2.

366 Ross, *Alexander Historiatus*, S. 5.

367 Ross, *Alexander Historiatus*, S. 5–6.

368 Pseudo-Callisthenes, *Historia Alexandri Magni: Recensio vetusta*, hrsg. v. Guilelmus Kroll, Berlin 1958 [1926], S. 116–117 – übersetzt von Sophia Vassilopoulou. Kroll legt seiner Edition die Handschrift A der BnF (grec. 1711) zugrunde. Diese Handschrift aus dem 11. Jahrhundert ist Ross zufolge das früheste erhaltene Beispiel für die Rezension α, auf der alle anderen Rezensionen und Derivate basieren. Vgl. Ross, *Alexander Historiatus*, S. 6 und 85.

wahren namen nennt«.[369] So steht im Text:

> Kandake ärgerte sich und sagte: »Du sprachst die Wahrheit, Alexander.« Dieser war verblüfft über den Namen und wandte sich ab. Sie wiederum sagte: »Warum wandtest du dich ab, als du Alexander genannt wurdest?« Er sagte: »Ich, Dame, werde Antigonos gerufen, ich bin der Bote Alexanders.« »Selbst wenn du Antigonos gerufen wirst, für mich bist du König Alexander; ich werde dir sogleich zeigen [warum].« Sie nahm ihn bei der Hand, führte ihn in ihre Schlafkammer hinein und sagte »Erkennst du deine eigenen Züge [χαρακτῆρα] wieder? Warum zitterst du? Warum bist du erschüttert?«[370]

Es liegt also ein historischer Text vor, auf den sowohl die westeuropäischen als auch persischen Handschriften Bezug nehmen, sodass der Vergleich in diesem Kapitel einen konkreten Bezugspunkt hat. Ziel ist dabei nicht, eine Transformationsgeschichte des Pseudo-Kallisthenes-Stoffes bis zu den persischen und französischsprachigen Handschriften des 13. bis 15. Jahrhunderts nachzuzeichnen – das kann es angesichts der Vielzahl unbekannter und womöglich verlorener Zwischenstufen[371] auch nicht sein. Vielmehr geht es auch an dieser Stelle darum, die spezifischen Differenzen ebenso wie die Gemeinsamkeiten zwischen den verschiedenen Miniaturen und ihrer gemeinsamen Vorlage in ihren jeweiligen Kontexten zu verstehen.[372] Deshalb gilt es, das Pferd von hinten, das heißt von den Illustrationen her, aufzuzäumen und letztere dann in ihrem Bezug auf den jeweils illustrierten Text und dessen Position innerhalb der Rezeptionsgeschichte des Pseudo-Kallisthenes zu verorten.[373]

Thematisch hat man es an dieser Stelle – zum ersten Mal im Rahmen dieser Arbeit – mit einer Szene zu tun, in der eine Figur der Erzählung auf ein materiell vorhandenes Bild blickt. Das macht es möglich, mit den Illustrationen dieses Textes die

369 Wilhelm Wilmanns, »Alexander und Candace«, in: *Zeitschrift für deutsches Altertum und deutsche Literatur* 45/3, 1901, S. 229–244, S. 230–231.

370 Pseudo-Callisthenes, *Historia Alexandri Magni: Recensio vetusta*, S. 121 – übersetzt von Sophia Vassilopoulou. Ich danke ihr auch für die Diskussion des griechischen Textes und des Wortes χαρακτῆρα.

371 Vgl. hier die Übersicht bei Rieger, *L'Ystoire du bon roi Alexandre*, S. 260–261.

372 Eine gegenseitige Kenntnis von Darstellungen der Szene ist unwahrscheinlich. Es ist zwar denkbar, dass Darstellungen Alexanders aus französischsprachigen Handschriften im persischen Kontext rezipiert wurden – so könnte etwa Rashīd ul-Dīn in seinen Handschriften des *Jāmiʿ ul-Tawārīkh* eventuell auf illustrierte Handschriften beispielsweise der *Histoire ancienne jusqu'à césar* zurückgegriffen haben, die im 13. Jahrhundert in Acre produziert wurden. Vgl. Sheila Blair, *A Compendium of Chronicles: Rashid-al Din's Illustrated History of the World*, London 1995, S. 53–54. Es ist auch bekannt, dass der osmanische Herrscher Bayezid I. Ende des 14. Jahrhunderts im Austausch für den gefangengenommenen Sohn des burgundischen Herzogs Philipp des Kühnen Tapisserien aus Arras verlangte, die Szenen aus der Alexandergeschichte darstellten. Nach Timurs Sieg über die Osmanen gelangten diese dann an dessen Hof in Samarkand. Vgl. Necipoğlu, »The Scrutinizing Gaze«, S. 41. Dass darunter Darstellungen von Kandake und dem Portrait Alexanders waren, ist jedoch sehr unwahrscheinlich.

373 Man hat es hier also vielleicht im weitesten, aber auch in einem sehr konkreten Sinne mit einer »an Übersetzungsprozessen orientierte[n] transkulturellen Bildwissenschaft« (Birgit Mersmann, »Bildkulturwissenschaft als Kulturbildwissenschaft. Von der Notwendigkeit eines inter- und transkulturellen Iconic Turn«, in: *Zeitschrift für Ästhetik und allgemeine Kunstwissenschaft* 49/1, 2004, S. 91–109, hier S. 109) zu tun.

spezifische visuelle Wahrnehmung von materiellen Bildern zu fokussieren. Nachdem also mit dem Traumbild die Schau innerer Bilder und mit der Gottesschau der Extrempunkt einer dem Normalsterblichen im Diesseits nicht zugänglichen Schau eines monotheistischen Gottes Thema war, rückt mit den Illustrationen der Konfrontation Alexanders mit seinem eigenen Portrait die Wahrnehmung eines materiellen Bildes in den Blick, das eine sterbliche Person darstellt.

Bevor ich mit der Analyse der einzelnen Miniaturen beginne, sei aber noch eines angemerkt: Im Vergleich der Varianten dieses Narrativs fällt auf, dass hinsichtlich des Portraits und der Tatsache, dass es Alexander – im persischen Kontext Iskandar, im französischsprachigen Alisandre, Alexandre oder ähnlich genannt – darstellt, große Einigkeit herrscht. Ebenso schnell stellt man aber auch fest, dass das für seine Betrachterin nicht gilt: Am Namen dieser Herrscherin scheiden sich nämlich nicht nur zwischen Persien und Westeuropa, sondern auch zwischen den meistillustrierten Versionen dieser Szene innerhalb der persischen Literaturgeschichte – Firdawsīs *Shāhnāmah* und Niẓāmīs *Iskandarnāmah* – die Geister: In lateinischen und westeuropäischen Texten finden sich hier meist Transkriptionen des griechischen Κανδάκη als Kandake, Candasse oder Ähnliches.[374] Bei Firdawsī ist ihr Name – Bürgel nimmt an, »durch eine Verlesung der arabischen Schrift«[375] – zu Qaydāfah geworden. Niẓāmī nennt sie Nūshābah. Julia Rubanovich wies darauf hin, dass Nūshābah »Wasser des Lebens« bedeutet und dies »im Zusammenhang mit Alexanders vergeblichem Streben nach Unsterblichkeit«[376] zu verstehen sein könnte.

Neben diesen unterschiedlichen Benennungen bewegen sich auch die Verortungen der Königin im persischen Kontext zwischen Andalusien, wo sie Firdawsī imaginiert, und der Stadt Barda, wo sie Niẓāmī platziert. Andalusien steht dabei in einer längeren perso-arabischen Tradition, Kandakes Reich am »Ende der Welt« zu platzieren – sei dies mit Andalusien im Westen oder mit China im Osten der damaligen islamischen Welt.[377] Barda hingegen liegt unweit vom Geburtsort Niẓāmīs, Ganja[378] – und damit gerade nicht in weiter Ferne, sondern in der nahen Umgebung.[379] In jenen westeuropäischen Versionen, um die es hier gehen wird, scheinen solche Platzierungen weniger zu interessieren: Sie belassen Kandake meist, wie beispielsweise der altfranzösische Alexanderroman, in Meroe – der meroitischen Hauptstadt am Mittellauf des Nils,

374 Dabei handelt es sich ursprünglich um die Amtsbezeichnung einer nordostafrikanischen Herrscherin, die allerdings schon in der Apostelgeschichte als Eigenname verwendet wird. Vgl. Catherine Gaullier-Bougassas, »Alexandre et Candace dans le Roman d'Alexandre de Paris et le Roman de toute Chevalerie de Thomas de Kent«, in: *Romania* 112, 1991, S. 18–44, hier S. 24. Der Eigenname Cleophis/Cleophilis wird an manchen Stellen zusätzlich verwendet.

375 J. Christoph Bürgel, »Krieg und Frieden im Alexander-Epos Nizāmīs«, in: Margaret Bridges, J. Christoph Bürgel (Hrsg.), *The Problematics of Power. Eastern and Western Representations of Alexander the Great,* Bern u.a. 1996., S. 95.

376 Julia Rubanovich, »Re-writing Alexander and Candace in Medieval Persian Literature«, in: Markus Stock (Hrsg.), *Alexander the Great in the Middle Ages. Transcultural Perspectives*, Toronto/Buffalo/London 2016, S. 123–152, S. 133. Bürgel übersetzt den Namen als »Nektartrunk«. Ilyās Ibn-Yūsuf Nizāmī Ganǧawī, *Das Alexanderbuch. Iskandarname*, übers. v. Johann Christoph Bürgel, Zürich 1991, S. 191.

377 Vgl. Rubanovich, »Re-writing Alexander and Candace«, S. 136–137.

378 Vgl. Bürgel in seinen Anmerkungen zu Nizāmī Ganǧawī, *Das Alexanderbuch*, S. 658.

379 Zu Rubanovichs These, dass auch Barda als Ende der Welt angesehen werden könne, siehe Fußnote 563.

die auch im Pseudo-Kallisthenes als ihr Sitz angegeben ist.[380] Oder sie verzichten ganz auf entsprechende Angaben, wie beispielsweise Thomas von Kent.[381]

Die unterschiedliche Benennung und Verortung der primären Betrachterin eines Bildes mag zunächst wenig bedeutsam erscheinen. Es wird jedoch zu diskutieren sein, inwiefern die Differenzen in den Betrachtungsweisen von Alexanders Portrait sowie in den Intentionen des vergleichenden Sehens, die im Folgenden zu beobachten sind, gerade mit der Verortung der Königin und der darin implizierten Distanz zwischen der fiktiven Betrachterin und den imaginierten Betrachterinnen und Betrachtern der Handschriften zusammenhängen.

3 Zwischen Idol und Identifikation. Vergleichende Blicke auf Kandakes Alexanderportrait in französischsprachigen Handschriften

Im Laufe des 13. Jahrhunderts lässt sich im westeuropäischen Kontext ein zunehmendes Interesse an der Darstellung der Konfrontation Alexanders mit seinem Portrait feststellen: In diesem Zeitraum entstand nicht nur die früheste mir bekannte Illustration dieser Szene (Cambridge, Trinity College, O. 9. 34, fol. 36v – Abb. 54), sondern vor allem gibt es gegen Ende des Jahrhunderts eine auffällige Häufigkeit von Darstellungen der Szene – und zwar insbesondere in Handschriften des sogenannten altfranzösischen Prosa-Alexanderromans.[382] Dieser entstand in diesem Jahrhundert als freie Adaption der zweiten Redaktion der *Historia de Preliis*, J^2.[383] Deshalb fokussiert dieses Kapitel eine gegen Ende des 13. Jahrhunderts entstandene Illustration des altfranzösischen Prosa-Alexanderromans (Berlin, Kupferstichkabinett, Ms. 78 C 1, fol. 61v – Abb. 48). Anschließend werden zwei Illustrationen von Handschriften des *Roman de toute chevalerie* von Thomas von Kent aus derselben Zeit diskutiert, um zu beobachten, inwiefern sich die Funktionen unterscheiden, die dem vergleichenden Blick, den die Gegenüberstellung von Alexander und seinem Portrait provoziert, in den verschiedenen Kontexten zugeschrieben werden.

Dabei verfolge ich die These, dass aus dem Verlauf des Narrativs – von der Produktion des Portraits Alexanders, das der Königin in dessen Abwesenheit überreicht wird und das ihr in diesem Moment als Ersatz für eine persönliche Begegnung gedient haben mag, bis zu der Möglichkeit, dieses Portrait zu nutzen, um den schließlich anwesenden Alexander zu erkennen – sehr unterschiedliche Funktionen von Bildern herausgegriffen werden, um daraus sehr unterschiedliche Anforderungen an den Blick abzuleiten: von einem differenzierenden Blick als Instrument der Abgrenzung vom

380 Vgl. hierzu Pseudo-Callisthenes, *Le roman d'Alexandre. La vie et les hauts faits d'Alexandre de Macédoine*, übers. u. kommentiert v. Gilles Bounoure u. Blandine Serret, Paris 1992, S. 99 und insbesondere S. 254–255, Fußnote 22.

381 Vgl. Gaullier-Bougassas, »Alexandre et Candace«, S. 24–25.

382 Vgl. Berlin, Kupferstichkabinett, Ms. 78 C 1, fol. 61v (Abb. 48), Brüssel, Bibliothèque royale, 11040, fol. 64v (Abb. 50) und London, BL, Harley 4979, fol. 65r (Abb. 51) sowie jenseits von Handschriften des altfranzösischen Prosa-Alexanderromans Venedig, Biblioteca Museo Correr, Correr 1493, fol. 73r (Abb. 53), Cambridge, Trinity College, O. 9. 34, fol. 36v (Abb. 54) und Paris, BnF, fr. 24364, fol. 78r (Abb. 55).

383 Vgl. hierzu Ross, *Alexander Historiatus*, S. 54–57.

idolatrischen Blick einer orientalisierten Kandake bis zu einem wiedererkennenden Blick als Instrument der List.

Anschließend werde ich noch kurz auf Darstellungen der Szene aus dem 15. Jahrhundert eingehen, aus dem erneut mehrere Miniaturen zu diesem Motiv erhalten sind, und die historischen Differenzen im Verhältnis zu den Illustrationen des 13. Jahrhunderts erörtern. Damit fokussiert diese Arbeit Phasen und Versionen, in denen sich ein besonderes Interesse an dieser Szene abzeichnet, ohne dabei den Anspruch erheben zu können, alle oder auch nur möglichst viele erhaltene Miniaturen aufzuführen.[384]

3.1 Un-/Unterscheidbar. Illustrationen des altfranzösischen Prosa-Alexanderromans Ende des 13. Jahrhunderts

Die heute im Kupferstichkabinett von Berlin aufbewahrte Handschrift (78 C 1) zeigt die besagte Szene auf fol. 61v (Abb. 48). Sie illustriert die Redaktion II des altfranzösischen Prosa-Alexanderromans und entstand wahrscheinlich Ende des 13. Jahrhunderts in Flandern oder den Niederlanden.[385] Sie ist eng verwandt mit zwei weiteren Handschriften dieses Textes, die die Szene ebenfalls zeigen (Brüssel, Bibliothèque royale, 11040, fol. 64v – Abb. 50 und London, BL, Harley 4979, fol. 65r – Abb. 51)[386] und auf die ich noch zu sprechen kommen werde. Angelica Rieger hat die These aufgestellt, dass diese Handschrift von einer adeligen Mutter oder Großmutter als Geschenk für ein Kind in Auftrag gegeben worden sein könnte, womöglich für den späteren Bischof von Noyon, Fulcaud de Rochechouart, dem sie das Wappen auf dem ersten Blatt zuschreibt.[387] Sie begründet diese Vermutung mit der großen Rolle, die Mutterfiguren in dieser Handschrift spielen. In der Konfrontation mit Kandake äußert sich diese darin, dass Alexander sich bei ihrem Anblick an seine Mutter erinnert fühlt.[388] Zugleich eigne sich die Handschrift in besonderer Weise für ein erzieherisches Anliegen: So stelle Alexander als »Inbegriff aller höfischen und ritterlichen Tugenden«[389] eine Identifikationsfigur dar, aus deren Fehlern – wie der Missachtung mütterlichen

384 Die nötige Recherche und Sichtung einer großen Zahl von Handschriften war im Rahmen dieser vergleichenden Untersuchung zu verschiedenen Topoi von Blicken nicht zu bewältigen. Komplett ausklammern musste ich leider aus besagten Gründen wiederum die Illustrationen dieser Szene in byzantinischen sowie armenischen Handschriften (vgl. auch Fußnote 62), so spannend auch etwa ein Blick auf die Darstellung der Herstellungsgeschichte von Kandakes Portrait in der byzantinischen Handschrift (Venedig, Institut Hellénique Cod. Gr. 5, fol. 143r und 143v) gewesen wäre, von der André Xyngopoulos aufgrund verschiedener ikonographischer Bezüge annimmt, dass sie in der zweiten Hälfte des 14. Jahrhunderts in der Levante hergestellt wurde (vgl. André Xyngopoulos, *Les Miniatures du Roman d'Alexandre le Grund dans le Codex de l'Institut Hellénique de Venise*, Athen/Venedig 1966, S. 157) und die osmanische Kommentare und freie Übersetzungen der griechischen Rubriken aufweist. Ich danke Anette Mazur für diesen Hinweis.

385 Vgl. Pérez-Simon, »Beyond the Template«, S. 2.

386 Ross geht davon aus, dass diesen drei Handschriften ein früheres Model zugrunde gelegen hat: »All three must be regarded as deriving independently from an earlier model«. Ross, *Alexander Historiatus*, S. 56.

387 Angelica Rieger, *Der Alexanderroman. Ein Ritterroman über Alexander den Großen. Handschrift 78. C. 1 des Kupferstichkabinetts, Preußischer Kulturbesitz Berlin*, Wiesbaden 2006, S. 175.

388 Rieger, *Der Alexanderroman*, S. 110.

389 Rieger, *Der Alexanderroman*, S. 181.

Rates, sich vor seinen späteren Mördern zu hüten – zugleich zu lernen sei.[390] Die altfranzösische Prosa-Version sei hierzu als »›bereinigte‹ und ›jugendfreie‹ Version des Alexanderstoffs«[391] samt einem entsprechenden Bildprogramm[392] besonders geeignet. Einer solchen pädagogischen Funktion, die an einen Prinzenspiegel erinnert, entspreche auch die Bedeutung, die Aristoteles als Lehrer Alexanders in Text und Illustrationen dieser Handschrift zukomme.[393]

Die Illustration der Konfrontation Alexanders mit seinem Portrait auf fol. 61v zeigt Kandake, Alexander und sein Abbild im mittleren Komplex eines weitgehend symmetrischen architektonischen Ensembles. Flankiert wird dieser Raum von zwei Türmen, aus denen »›Fenstergucker‹ [...] direkt ins Schlafzimmer der Königin [...] blicken und das Auge des Betrachters dorthin zu lenken scheinen«.[394] Der Rundbogen, durch den man in den zentralen Raum der Szene blickt, wird von zwei Maßwerkbögen unterteilt. Der rechte umfasst zwei Drittel des Raumes, in dem Alexander und Kandake – wie die Rubrik betont: Hand in Hand – stehen. Dieser Bereich (Abb. 49) hat einen rötlichen Hintergrund mit einem diagonalen Karomuster. Ein zweiter Maßwerkbogen umschreibt das linke Drittel, in dem Alexanders Abbild präsentiert wird, welches mit einem blauen Hintergrund hinterlegt ist. In narrativer Hinsicht scheint also der Moment dargestellt zu sein, in dem Kandake, nachdem Alexander seine Identität leugnet, ihn »an der rechten Hand nahm und ihn in ihr Zimmer führte«,[395] um ihn dort mit seinem Bild zu konfrontieren. Bildlich wird die Konfrontation aber schon antizipiert: Alexander wird seinem Abbild in dieser Miniatur symmetrisch gegenübergestellt. Während narrativ also der Moment der maximalen Spannung inszeniert wird, just bevor Alexander den Raum mit seinem Portrait betritt, ist es den Betrachtenden schon möglich, einen Vergleich zwischen Alexander und seinem Portrait anzustellen.

Dabei sind die Betrachtenden mit einem lebensgroßen Gegenüber Alexanders konfrontiert, das in seiner physischen Gestalt nicht von ihm selbst zu unterscheiden ist: Das Abbild hat sowohl dieselbe Größe wie er selbst als auch dieselbe Farbigkeit wie Alexander und die anderen Figuren in diesem Bild, sodass keinerlei mediale Differenz zu erkennen ist, die es als Skulptur ausweisen und von den anderen Figuren unterscheiden würde. Was dieses Abbild von Alexander abhebt, ist allein die Kleidung. Doch auch diese ist zur Unterscheidung zwischen Person und Abbild wenig hilfreich, denn Alexanders Gewand sieht nicht etwa aus wie das des beispielsweise auf fol. 57v dargestellten Antigonos, als der er sich dem Text zufolge verkleidet. Vielmehr handelt es sich bei dem goldenen Gewand mit seinem Wappenzeichen, das Angelica Rieger mit Bezug auf die Darstellung seiner Beerdigung als »Festtagsornat in Gold und Purpur«[396] beschrieben hat, um ein Gewand, das in dieser Handschrift nur Alexander auszeichnet. So wird er seiner Skulptur, die ihrerseits in einem in dieser Handschrift für Könige gebräuchlichen Gewand gekleidet ist,[397] keineswegs in der Verkleidung seines Boten ge-

390 Rieger, *Der Alexanderroman*, S. 182.
391 Rieger, *Der Alexanderroman*, S. 181.
392 Rieger, *Der Alexanderroman*, S. 182.
393 Rieger, *Der Alexanderroman*, S. 181.
394 Rieger, *Der Alexanderroman*, S. 110.
395 Rieger, *L'Ystoire du bon roi Alexandre*, S. 107.
396 Rieger, *Der Alexanderroman*, S. 149.
397 Auch im Gewand der Skulptur ist Alexander schon auf mehreren Miniaturen zuvor zu sehen – allerdings tragen es in dieser Handschrift auch andere Herrscher. Vgl. z.B. Nectebanus auf fol. 3v oder

Abb. 48 – Kandake und Alexander Hand in Hand, *Altfranzösischer Prosa-Alexanderroman*, Flandern oder Niederlande Ende 13. Jh., Berlin, Kupferstichkabinett, Ms. 78 C 1, fol. 61v.

Abb. 49 – Detail von Abb. 48.

genübergestellt, sondern eindeutig als Figur, die mit Alexander identifizierbar ist. Welche der beiden Figuren nun das Abbild und welche das Vorbild ist, ist also nicht an der Darstellung der Figuren selbst erkennbar, sondern nur im Kontext der gesamten Szene: Kandake hat Alexander, dem Text entsprechend, an die Hand genommen und sich ihm zugewendet. Zudem trennt die Rahmung ihn »noch« vom Raum mit seinem Abbild, auf das sie verweist. Unterscheidbar sind die Figuren also in ihrer Position in der Narration, nicht aber in ihrer Art der Darstellung, in der sich die beiden Figuren achsensymmetrisch gegenüberstehen. Diese spiegelsymmetrische Gegenüberstellung von Portrait und Portraitiertem provoziert einen vergleichenden Blick, der nach Differenzen zwischen Portrait und Portraitiertem sucht und dabei damit konfrontiert ist, dass keine physischen Differenzen zu erkennen und die Differenzen der Bekleidung insignifikant sind, sodass damit allein die Positionierung in der Szene eine Unterscheidung erlaubt.

Wie verhält sich dieses Bild Alexanders, das nur im Kontext der Szene von seiner Person zu unterscheiden ist, zum Text, der maximal ein halbes Jahrhundert zuvor – zwischen 1252 und 1290[398] – entstand? Hier wird das Abbild als ein »in Stein gemeißeltes *(entaillïe en un marbre)*«[399] beschrieben. Sein Produzent allerdings wird explizit als »Maler

Dareios auf fol. 32v und in dieser Miniatur eben Kandake, die zum Teil neben demselben Gewand auch das Lilienzepter tragen. Es könnte mit diesem Gewand also eher eine Darstellung im Typus des Königs angedeutet sein, während das goldene Gewand mit der spezifischen Person assoziiert sein mag.

398 Ross, *Alexander Historiatus*, S. 55.

399 Rieger, *L'Ystoire du bon roi Alexandre*, S. 106.

(paintour)« bezeichnet, was für Verwirrung gesorgt hat.[400] So merkt Rieger korrigierend an, dass dieser »Maler« »eigentlich [...] eher ein Bildhauer«[401] sein müsse.

Weniger erstaunlich ist dies, wenn man den Text mit der entsprechenden Stelle der Version J^2 der *Historia de Preliis* vergleicht. Dieser lateinische Text, auf dem der altfranzösische Prosa-Alexanderroman basiert, entstand seinerseits spätestens in der zweiten Hälfte des 12. Jahrhunderts auf der Basis der Version Leo von Neapels aus dem 10. Jahrhundert. Diese ist übrigens wiederum auf die verlorene Rezension δ* des Pseudo-Kallisthenes zurückzuführen, auf die auch die persischen Versionen zurückgehen. Jedenfalls wird im Vergleich zwischen der vorliegenden altfranzösischen Prosaversion und dem Text der *Historia de Preliis* deutlich, dass die lateinische Vorlage relativ genau übernommen wurde und es sich bei dem *paintour* um eine Übersetzung des lateinischen *pictor* handelt. Allein das folgende *pingeret* wird in der französischen Version dann als *entaillier en un marbre* wiedergegeben. So ist in der *Historia de Preliis* Folgendes zu lesen:

> Die Königin selbst befahl einem erfahrensten Maler *(pictor)*, die Figur *(figuram)* Alexanders sorgfältig zu betrachten und zu malen *(pingeret)* und ihr jene zu bringen. Das wurde gemacht.[402]

In der altfranzösischen Prosaversion lautet dieser Passus:

> Sie schickte einen ihrer Maler *(paintour)*, den sie beauftragt hatte, er solle die Gestalt *(facture)* Alexanders betrachten und dann in Marmor meißeln *(entaillier en un marbre)*. Der tat, wie sie ihm befohlen hatte.[403]

Riegers Irritation, dass hier ein Maler mit einer Skulptur beauftragt wird, kann also darauf zurückgeführt werden, dass die altfranzösische Version *pingeret* als *entaillier en un marbre* übersetzt. Diese Änderung im Text mag darauf zurückzuführen sein, dass man sich im Produktionskontext der altfranzösischen Prosaversion bei einem Bild in der Funktion des Herrscherbildnisses schlicht eine Marmorskulptur vorstellte, sodass wir es mit einer Adaption an das zeitgenössische Bildverständnis zu tun haben könnten. Zur Miniatur aber ist festzustellen, dass diese vom Übersetzer so dezidiert eingeführte

400 Der altfranzösische Prosa-Alexanderroman beschreibt die Entstehung des Portraits folgendermaßen: »Et entre les messages que elle manda a Alixandre si envoia elle un sien paintour auquel elle avoit enchargié qu'il deüist regarder la facture Aleixandre et la deüist entaillier en un marbre. Liquels fist com elle li avoit commande et li paintres li presenta la samblance d'Alixandre entaillïe en un marbre, dont la roïne fu mout lïe, car elle desiroit a veoir l'estature d'Alixandre, tout fust elle petite.« Dann rettet Alexander – dem Pseudo-Kallisthenes entsprechend – bereits als sein Feldherr Antigonos verkleidet, erst einmal Kandakes Schwiegertochter aus den Fängen eines Entführers. Gemeinsam mit Kandakes Sohn, Kandaules, und dessen Frau trifft Alexander dann – weiterhin verkleidet als Antigonos – am Hof Kandakes ein. Als Kandake ihn am zweiten Tag mit seinem Namen adressiert, versucht er seine Identität zu leugnen. Darauf sagt Kandake: »›Je te mousterai veritablement que tu es Alixandres‹. Et che disant ele le prist par la main destre et le mena en sa chambre et li moustra l'image entaillïe en marbre, si li dist: ›Vois tu cest ymage?‹ Quant Alixandres se vit, s'esmut mout durement.« Rieger, *L'Ystoire du bon roi Alexandre*, S. 106–108.

401 Rieger, *L'Ystoire du bon roi Alexandre*, S. 197.

402 Alfons Hilka (Hrsg.), *Der altfranzösische Prosa-Alexanderroman nach der Berliner Bilderhandschrift nebst dem lateinischen Original der Historia de Preliis (Rezension J^2)*, Halle 1920, S. 209.

403 Rieger, *L'Ystoire du bon roi Alexandre*, S. 106 und Hilka (Hrsg.), *Der altfranzösische Prosa-Alexanderroman*, S. 209. Der Text befindet sich auf fol. 59rb der Berliner Handschrift.

skulpturale Qualität des Abbildes dem Miniaturisten nicht wichtig gewesen zu sein scheint: Ausweise der medialen Spezifik der Skulptur sind nicht zu erkennen, in der Farbigkeit des Inkarnats ist kein Unterschied festzustellen, eine Mauer verstellt den Blick auf die Füße der Figuren, wo sonst womöglich ein Sockel zu erkennen sein könnte.

Diese Darstellungsweise könnte freilich mit einer ikonographischen Tradition zu tun haben, die älter ist als der altfranzösische Text. Das ist auch insofern denkbar, als es Ross zufolge Illustrationen der *Historia de Preliis* sind – also Illustrationen genau des Textes, auf den der altfranzösische Prosa-Alexanderroman zurückgreift –, mit denen der spätantike Bildzyklus zur Alexandergeschichte nach Westeuropa gekommen ist. Allerdings ist Ross zufolge keine Illustration der Szene, in der Kandake Alexander mit seinem Portrait konfrontiert, in den erhaltenen Handschriften der *Historia de Preliis* zu finden.[404] So lässt sich nicht mehr nachvollziehen, inwiefern die Illustrationen dieser Szene ihrerseits spätantike Vorlagen aufgreifen und transformieren – und ob die Ignoranz gegenüber der im Text beschriebenen Skulptur womöglich auf diese Tradition zurückzuführen ist.[405]

Zugleich macht es der dezidierte Verzicht auf einen Ausweis des Mediums der Skulptur, der sich beispielsweise im Verstellen der Sockelzone andeutet, sowie der Vergleich mit Abbildungen von Skulpturen der Zeit (vgl. z. B. Paris, BnF, nouv. acq. fr. 24541, fol. 67v – Abb. 107)[406] eher unwahrscheinlich, dass man es hier mit mangelnden medialen oder künstlerischen Möglichkeiten zu tun hat, eine Skulptur als solche darzustellen. Vielmehr ist ein mangelndes Interesse zu konstatieren, das Medium der Skulptur als solches auszuweisen und damit einen Unterschied zwischen Vorbild und Abbild zu markieren. Im Gegenteil: Man bekommt den Eindruck, dass die Tatsache, dass die Skulptur als gemalte kaum mehr von ihrem ebenfalls gemalten Vorbild zu unterscheiden ist, der Inszenierung einer Ununterscheidbarkeit zwischen Person und Skulptur gerade recht gewesen sein könnte. Indem sie Skulptur und Person gleichermaßen in das Medium der Malerei übersetzt, scheint die Miniatur ihre eigenen Möglichkeiten auszuschöpfen, um die Differenz zu minimieren. Die Miniatur scheint darauf angelegt zu sein, dass die Betrachtenden Vorbild und Abbild nur mithilfe des Textes unterscheiden können.

Diesen Eindruck einer spezifisch malerischen Inszenierung von Äquivalenz unterstreicht die achsensymmetrische Anordung von Bild und Vorbild auf der linken und rechten Seite Kandakes. Diese Symmetrie wird durch den Aufbau des gesamten Architekturkomplexes unterstrichen: Je zwei äußere Tortürme und zwei weiter innen

404 David J. A. Ross, *Illustrated Medieval Alexander Books in Germany and the Netherlands. A Study in Comparative Iconography,* Cambridge 1971, S. 172. Vgl. zur mittelalterlichen Rezeption des spätantiken Alexanderzyklus K. Weitzmann, *Greek Mythology in Byzantine Art,* Princeton 1951, S. 102–106 und David J. A. Ross, »Olympias and the Serpent. The Interpretation of the Baalbek Mosaic and the Date of the Illustrated Pseudo-Callistenes«, in: *Journal of the Warburg and Courtauld Institutes* 26 1/2, 1963, S. 1–21.

405 Ebenso ist nicht klar, inwiefern im Kontext der Herstellung dieser Handschrift frühere Darstellungen der Szene aus anderen Texttraditionen, wie sie beispielsweise in der Thomas-von-Kent-Handschrift in Cambridge (Trinity College, O. 9. 34, fol. 36v – Abb. 54) erhalten sind, bekannt waren.

406 Vgl. S. 302 dieser Arbeit. Francisco Prado-Vilar hat auch eine entsprechende Illustration (St. Petersburg, Nationalbibliothek, Fr. F. v. XIV. 9, fol. 103v), die die Statue ebenfalls auf einem Sockel zeigt, aus dem 13. Jahrhundert angeführt. Francisco Prado-Vilar, »The Gothic Anamorphic Gaze. Regarding the Worth of Others«, in: Cynthia Robinson (Hrsg.), *Under the Influence. Questioning the Comparative in Medieval Castile*, Leiden 2005, S. 67–100, fig. 3.

stehende Türme samt Fensteröffnungen mit Betrachterfiguren flankieren die Szene symmetrisch, und selbst die Fische im Wassergraben vor der von drei Stützen strukturierten Mauer sind achsensymmetrisch angeordnet. Damit wird das Verhältnis von Alexander und seinem Portrait als achsensymmetrische Spiegelbildlichkeit inszeniert.

Hinzu kommt, dass die Berliner Miniatur im Unterschied zu der Brüsseler und der Londoner Miniatur (Abb. 50 und 51) darauf verzichtet, eine zweite Szene in derselben Miniatur und Architektur unterzubringen: Während in den anderen beiden Miniaturen links neben der Szene der Konfrontation Alexanders mit seinem Portrait noch ein zweiter, symmetrisch platzierter Raum zu sehen ist, in dem sich Alexander sowie Kandake und ihre beide Söhne befinden, rückt die Berliner Miniatur die Gegenüberstellung von Alexander und seinem Portrait ins Zentrum.

Allerdings ist zu bemerken, dass der Architekturkomplex nicht mittig, sondern leicht nach rechts versetzt im Bildfeld platziert wurde. So nimmt die Mitte des Bildfeldes nicht etwa die mitten im Gebäude stehende Kandake ein, sondern das einzige asymmetrisch platzierte Element dieses Komplexes: die trennende Säule zwischen dem blaugrundigen Raum der Statue und dem rotgrundigen Raum von Alexander und Kandake. Damit werden die Symmetrien von Bildfeld und dem architektonischen Rahmen der Szene so gegeneinander verschoben, dass einerseits – im Rahmen der abgebildeten Architektur – Alexander und sein Ebenbild achsensymmetisch aufeinander bezogen sind. Andererseits wird im Bildfeld die Grenze zwischen dem Raum des Abbildes und dem der Personen ins Zentrum gerückt.

Während das Verhältnis zwischen Alexander und seinem Ebenbild auf der Ebene des Abgebildeten also als Spiegelbildlichkeit inszeniert wird, wird auf der Ebene des Bildfeldes, wenn auch weniger manifest, die Unterscheidung zwischen den Bereichen von Bild und Abbild betont. Auf der Ebene der Abbildlichkeit ist also eine Äquivalenz, auf der Ebene des Bildes aber durchaus eine Differenz zu erkennen. Die Differenz zwischen den Symmetrien von Bild und abgebildeten Figuren unterstreicht die Differenz zwischen Alexander und seinem Abbild. Während die mediale Spezifik des abgebildeten Mediums der Skulptur von der Darstellung ignoriert wird, werden malerische Mittel wie symmetrische Anordnungen eingesetzt, um zugleich Äquivalenz auf der Ebene des Dargestellten und mediale Differenz auf der Ebene des Bildes zu inszenieren. Damit wird den Betrachtenden vor dem Bild im Unterschied zu den Betrachtenden im Bild, die ebenso achsensymmetrisch zur Figur Kandakes angeordnet sind wie Alexander und sein Abbild, ein asymmetrischer Blick auf das Ganze angeboten, der die Differenzen zwischen Bild und Abbild betont. Der vergleichende Blick ist bezogen auf Alexander und sein Abbild mit den Schwierigkeiten konfrontiert, diese zu unterscheiden. Nimmt er jedoch auch das Verhältnis der abgebildeten Figuren und der Miniatur selbst in den Blick, dann wird der Unterschied zwischen beiden zumindest unterstrichen.

Spiegelbildliche Reaktionen

Zwei weitere, etwa zeitgleich entstandene Illustrationen der Szene aus Handschriften des altfranzösischen Alexanderromans (Brüssel, Bibliothèque royale, 11040, fol. 64v, Abb. 50 und London, BL, Harley 4979, fol. 65r, Abb. 51) verzichten auf eine Verteilung

Abb. 50 – Kandake und Alexander Hand in Hand, *Altfranzösischer Prosa-Alexanderroman*, Flandern oder Niederlande Ende 13. Jh., Brüssel, Bibliothèque royale, 11040, fol. 64v.

von Alexander und seinem Abbild auf verschiedene Räume.[407] Das könnte man der Tatsache zuschreiben, dass hier der Moment illustriert wird, in dem Alexander das Zimmer bereits betreten und sein Abbild erblickt hat. Auf dem Londoner Blatt würde das der Positionierung der Miniatur im Text nach der Beschreibung des Entsetzens Alexanders angesichts seines Portraits entsprechen; in der Brüsseler Handschrift aber ist die Miniatur deutlich vor dieser Konfrontation im Text platziert.[408] Ein weiterer Hinweis, dass gerade der Moment der Konfrontation dargestellt ist, ist in der Londoner, in Ansätzen aber auch in der Brüsseler Miniatur in einer Reaktion der Skulptur zu erkennen: Die Skulptur verharrt in den beiden Miniaturen nämlich nicht wie in der Berliner Miniatur teilnahmslos in einer königlichen Pose, in der sie mit regungsloser Miene das Zepter in den Händen hält, sondern sie streckt ihre offenen Hände in Richtung ihres Gegenübers aus, sodass die rechte Hand der Skulptur ebenso wie die linke Alexanders Kandakes Gewand berührt, während die linke Hand der Skulptur – ähnlich wie Alexanders und Kandakes rechte – zu einer hinweisenden Geste erhoben ist. Ebenso wie die Figur

407 Vgl. zu diesen Handschriften des altfranzösischen Alexanderromans der Redaktion II auch Alison Stones, »Notes on Three Illuminated Alexander Manuscripts«, in: Peter Noble, Lucie Polak, Claire Isoz (Hrsg.), *The Medieval Alexander Legend and Romance Epic. Essays in Honour of David J. A. Ross*, Millwood, 1982, S. 193–241.

408 Genau gesagt, steht sie nach Kandakes Ankündigung: »Je te mousterai veritablement que tu es Alixandres« und damit noch früher als in der Berliner Handschrift, wo sie, wie gesagt, nach dem Satz »Vois tu ceste ymage?« steht. Die in allen drei Handschriften fast identischen Rubriken »Comment la roine Candace et li rois Alixandres sont en une cambre main a main« über den Miniaturen geben auch keinen Anhaltspunkt, sondern mögen in ihrer Ignoranz in Bezug auf den Gegenstand des Portraits irritieren.

Abb. 51 – Kandake und Alexander Hand in Hand, *Altfranzösischer Prosa-Alexanderroman*, Flandern oder Niederlande Ende 13. Jh., London, BL, Harley 4979, fol. 65r.

Alexanders scheint die Statue dabei mit dem Oberkörper leicht zurückzuweichen. Man kann also nicht nur an Alexanders weit aufgerissenen Augen erkennen, dass dieser sein Abbild schon erblickt hat, sondern auch an der Reaktion der Statue. Dabei ist speziell auch angesichts der Zornesfalten auf Kandakes Gesicht festzuhalten, dass diese Miniatur der Darstellung der Emotionen besonderes Augenmerk schenkt.[409]

Die Aufhebung der räumlichen Trennung zwischen Vor- und Abbild betont also nicht nur, dass hier der folgende Moment der Konfrontation dargestellt ist, sondern erlaubt auch eine andere Inszenierung der Relation von Person und Bild. Die Unterscheidung zwischen der Person Alexanders und seinem Abbild wird in diesem Fall dadurch nivelliert, dass das Abbild ebenso wie Alexander in der Situation interagiert. Damit wird zum einen der Topos der Belebung einer Statue aufgerufen.[410] Vor allem aber wird die Statue als emotionales Spiegelbild Alexanders eingesetzt und dadurch auf einer physischen wie auf einer emotionalen Ebene eine Identifikation Alexanders mit seinem Portrait inszeniert. Es ist anzumerken, dass eine solche Darstellung eines Portraits in seiner situativen Emotionalität nicht auf das Wiedererkennen einer als dauerhaft verstandenen Physis zu reduzieren ist.

409 Vgl. zu der Spezifik der Illustrationen der Londoner Handschrift im Vergleich zu den beiden anderen illustrierten Handschriften der Redaktion II Pérez-Simon, »Beyond the Template«. Sie argumentiert, dass dieser Miniaturenzyklus den Charakter Alexanders ikonographisch ausdifferenziert, um ihn zeitgenössischen Helden in der Tradition des *roman de chevalerie* anzupassen (S. 13).

410 Corbellari hat angemerkt, dass ebenfalls Ende des 13. Jahrhunderts »Jean le Meung [...] est le premièr à réélaborer, dans la tradition médiévale, la fable ovidienne de Pygmalion«. Alain Corbellari, »De la représentation médiévale. Fantasme et ressemblance dans l'esthétique romanesque du Moyen Âge central«, in: *Poétique* 127, 2001, S. 259–279, hier S. 273.

3.2 Nichtunterscheidung als Idolatrie. Das begehrte Bild im altfranzösischen Prosa-Alexanderroman und im Alexanderroman des Alexandre de Paris

Die weitgehende Identifikation zwischen Bild und Abbild in den Illustrationen der bisher betrachteten Handschriften entspricht dem Text des altfranzösischen Prosa-Alexanderromans womöglich in einer weiteren Hinsicht: Auch im Text ist bei einigen Ausdrücken nicht ganz klar, ob sie sich auf die Person oder das Abbild Alexanders beziehen. So ist hier zu lesen:

> Die Maler präsentierten ihr die Ähnlichkeit (*samblance*) Alexanders eingemeißelt in Marmor, worüber die Königin sehr froh war, denn sie sehnte sich danach, die Statur (*estature*) Alexanders zu sehen, so klein sie auch war.[411]

Das Wort *samblance* kann sowohl »Ähnlichkeit« bedeuten als auch »Abbild« oder »Erscheinung« im Sinne von »Gestalt«,[412] und mit *estature* ist ein Wort gewählt, das primär »Statur« und »Größe« bedeutet, aber auch für »Statue« verwendet wird.[413] Zugleich impliziert die Lesart von *estature* im Sinne von »Statur«, dass die Königin mittels der *samblance*, die die Maler ihr präsentieren, die Statur Alexanders zu sehen begehrte.

Ähnliche Doppeldeutigkeiten lassen sich auch in der lateinischen Vorlage, Version J^2 der *Historia de Preliis*, vermuten, wo es heißt:

> Sie zeigten diese auf Pergament gemalte Figur (*figuram*) Alexanders. Als die Königin sie sah, war die Freude darüber groß, weil sie seine Figur (*figuram*) zu sehen begehrte.[414]

Auch in dieser Passage ist nicht ganz klar, ob es sich bei der *figura*, die Kandake zu sehen wünscht, um die gemalte Figur – *figura Alexandri depicta in membrano* – oder die *figura Alexandri* selbst handelt.[415] Wenn also davon die Rede ist, dass Kandake sich über das Bild gefreut habe, weil sie Alexanders *estature* und *figura* zu sehen begehrte, dann zeigt die Tatsache, dass sich diese Begriffe auch direkt auf Alexander selbst beziehen können, dass die Unterscheidung zwischen dem Sehen von Bild und Vorbild in diesen Texten also nicht für entscheidend erachtet wird. Dabei ist anzumerken, dass diese Unklarheiten in einem Passus auftauchen, den die *Historia de Preliis* in Abweichung von der Vorlage des Pseudo-Kallisthenes ergänzt hat, um den Wunsch Kandakes zu betonen, Alexander, beziehungsweise sein Bild, zu sehen. Die Verschleifung der Unterscheidung zwischen Portrait und Portraitiertem tritt also in einem Kontext auf, in dem das Begehren, eine Person zu sehen, unterstrichen wird.

411 Fol. 59va der Berliner Handschrift, zitiert nach Rieger, *L'Ystoire du bon roi Alexandre*, S. 106 – übersetzt von Cornelia Wild, der ich zugleich herzlich für die Diskussion zu dieser Passage danke.

412 Tobler-Lommatzsch, *Altfranzösisches Wörterbuch*, Bd. 9, Wiesbaden 1973, Sp. 386–389.

413 Tobler-Lommatzsch, *Altfranzösisches Wörterbuch*, Bd. 3,2, Wiesbaden 1952, Sp. 1364–1365.

414 Hilka (Hrsg.), *Der altfranzösische Prosa-Alexanderroman*, S. 210.

415 Zur Verwendung des Begriffes *figura* im Sinne von Gestalt und äußerer Erscheinung sowie als Bildnis und Statue vgl. *Mittellateinisches Wörterbuch bis zum ausgehenden 13. Jahrhundert*, begr. v. Paul Lehmann u. Johannes Stroux, IV. Bd., Lieferung 2, München 2009, Sp. 227–231.

»... oft küsste und umarmte sie das Bild«. Alexanders Bild im Alexanderroman des Alexandre de Paris

Um der Frage nachzugehen, ob das Begehren, eine Person zu sehen, etwas mit mangelnden Unterscheidungen zwischen Bild und Abgebildetem zu tun haben könnte, möchte ich an dieser Stelle eine weitere Version des Alexandernarrativs hinzuziehen, die im 13. Jahrhundert äußerst einflussreich wurde: den Alexanderroman des Alexandre de Paris, auch als Alexandre de Bernay bekannt, der im vorhergehenden Jahrhundert, um 1185, entstand. Denn diese Version baut das Begehren Kandakes, Alexander zu sehen – das in der *Historia de Preliis* ebenso wie im altfranzösischen Prosa-Alexanderroman nur in einem Nebensatz benannt wird –, deutlich aus. Diese Veränderungen sind im Zusammenhang mit der zunehmenden Beliebtheit des Genres des Antikenromans zu sehen: Während das *Chanson de geste* »Frauen und die Liebe als Hindernis für die Heldentaten«[416] präsentiert, entwickelt sich mit dem Genre des Antikenromans zunehmend eine Verbindung von Heldentaten und Liebesgeschichten. Daher zeugt, wie Catherine Gaullier-Bougassas dargelegt hat, auch der Alexanderroman von Alexandre de Paris, und darin »insbesondere die ganze Begegnung mit Candace, von einem lebendigen Wunsch, dem Helden Liebesabenteuer zuzuschreiben«.[417]

In diesem Kontext führt Kandakes Liebe zu Alexander dazu, dass sie auch sein Bild – das im Zuge der Antikenrezeption in diesen Romanen Apelles zugeschrieben wird[418] – verehrt:

> Sie erhält das Portrait und verehrt es
> Aus Liebe zu Alexander, dem König von Mazedonien.
> Bei seinem Anblick ist die Dame sehr glücklich,
> sie betrachtet es eingehend und verehrt das Gemälde,
> sie würde es nicht für einen Turm von reinem Gold hergeben.
> [...]
> Sie bedauert die Abwesenheit Alexanders und bewundert seine Stärke,
> oft küsst sie das Bild, umarmt und berührt es;
> sie befindet sich in großem Aufruhr.[419]

416 Gaullier-Bougassas, »Alexandre et Candace«, S. 19. Vgl. auch das Kapitel »Chanson de geste ou roman?« aus Laurence Harf-Lancners Einleitung zur französischen Übersetzung, Alexandre de Paris, *Le roman d'Alexandre* (Lettres gothiques 4542), Paris 1994, S. 27–43.

417 Gaullier-Bougassas, »Alexandre et Candace«, S. 19. Vgl. zur Figur Kandakes im Alexanderroman des Alexandre de Paris auch Martin Gosman, »L'élement féminin dans le Roman d'Alexandre. Olympias et Candace«, in: Glyn S. Burgess (Hrsg.), *Court and Poet*, Liverpool 1981, S. 167–176. Stoneman hat angemerkt, dass auch das persische *Iskandarnāmah* die »bemerkenswerte Geschlechtslosigkeit des legendären Alexander« dadurch kompensierte, dass es ihm diverse Liaisonen andichtete. Vgl. Richard Stoneman, »Introduction«, in: Richard Stoneman (Hrsg.), *The Alexander Romance in Persia and the East*, Eelde 2012, S. ix–xiv, hier S. xi.

418 In Aelians *Varia Historia* beispielsweise ist von einem von Apelles gefertigten Portrait Alexanders die Rede, vor dem sich ein Pferd verneigt. Vgl. Stewart, *Faces of Power*, S. 377.

419 Alexandre de Paris, *Le roman d'Alexandre*, S. 576, V. 4476–84. Eine vergleichbare Szene findet sich im *Tristan* in dessen Verehrung der Statue Isoldes. Vgl. Corbellari, *De la représentation médiévale*, S. 259–260.

Abb. 52 – Kandake und Alexander Hand in Hand, *Altfranzösischer Prosa-Alexanderroman*, Paris (?) ca. 1440, London, BL, Royal 20 B XX, fol. 70r.

François Suard hat konstatiert, dass das Bild: »auf einmal zu einem Objekt der Liebe [wird], das von der Frau mit Zuwendung überschüttet wird: [...] Sie küsst das Portrait oft, berührt und umarmt es«.[420] Kurz: Kandake behandelt Alexanders Abbild wie eine menschliche Person.

Als Alexander dann an ihren Hof kommt, wird explizit ausgeführt, dass sein Anblick sie an sein Bild erinnert habe und sie überzeugt war, dass dies Alexander sei, sie aber nicht gewagt habe, etwas zu sagen. Erst als sie in ihrem Zimmer »ihn und das Bild sieht, wird ihr klar, dass es Alexander ist, der bei ihr ist«[421]. Es wird also explizit der direkte Vergleich zwischen Bild und Person als Instrument der Verifizierung benannt.

Dass Alexander in dieser Konfrontation »direkt vor dem Bild in ihrem Bett«[422] platziert wird, antizipiert zugleich, dass Kandake sein Erschrecken darüber, dass er sich hier in eine potentiell tödliche Falle hat locken lassen, mit dem Vorschlag, einen Nachfolger zu zeugen, entschärfen wird, sodass es zu der ersehnten sexuellen Begegnung kommt. Im Alexanderroman des Alexandre de Paris bekommen also sowohl Kandakes Begehren als auch die Platzierung der Skulptur in ihrer Kammer – beides Elemente, die auch

420 François Suard, »Alexander's Gabs«, in: Donald Maddox, Sara Sturm-Maddox (Hrsg.), *The Medieval French Alexander*, New York 2002, S. 75–87, hier S. 78.

421 Alexandre de Paris, *Le roman d'Alexandre*, S. 594, V. 4767–68. Dabei betont Corbellari, dass die Übersetzung von »s'apercevoit« als »comprendre« im Sinne von Verstehen die visuelle Konnotation dieser Verifikation »de visu« unterschlägt. Corbellari, *De la représentation médiévale*, S. 276.

422 Alexandre de Paris, *Le roman d'Alexandre*, S. 594, V. 4766.

in der *Historia de Preliis* zu finden sind[423] – eindeutige sexuelle Konnotationen. Das Bild wird zu einem Gegenstand sexuellen Begehrens.

Es ist nicht nachzuweisen, aber auch nicht unwahrscheinlich, dass die Lesart der Szene in dieser Version, die im 13. Jahrhundert »zur volkssprachlichen Standardversion wurde«,[424] den Illuminierenden der Handschriften des altfranzösischen Prosa-Alexanderromans bekannt gewesen ist und die Wahrnehmung der Szene geprägt hat. So mögen es nicht nur die heutigen Leserinnen und Leser sein, die angesichts der über den Illustrationen des altfranzösischen Prosa-Alexanderromans stehenden Rubrik »Wie die Königin und der König Alexander Hand in Hand in einem Zimmer sind«[425] eine Liebesszene erwarten mögen, vor allem, wenn wie in einer Miniatur aus dem 15. Jahrhundert (London, BL, Royal 20 B XX, fol. 70r – Abb. 52) der Großteil ihrer Fläche darauf verwendet wird, hinter der Skulptur – die hier übrigens auf einem Sockel platziert ist – ein leeres Bett darzustellen.[426] Jedenfalls sieht sich Rieger gleich zu Beginn ihrer Beschreibung der Miniatur des Berliner Kodex bemüßigt, klarzustellen: »Es sei gleich vorausgeschickt: Wer aufgrund dieser Rubrik endlich die erste Liebesszene im Alexanderroman erwartet, wird enttäuscht.«[427]

Die Behandlung von Alexanders Abbild als Gegenstand des Begehrens, die sich im Text von Alexandre de Paris' Alexanderroman abzeichnet, kann also als möglicher Kontext einer Darstellung angesehen werden, in der Alexander und sein Abbild kaum zu unterscheiden sind. Die Ununterscheidbarkeit von Bild und Person hätte dann nicht nur mit dem Ziel zu tun, »Alexander ohne andere Hilfe zu erkennen«[428], sondern auch mit einem Kontext, in dem Kandake zugeschrieben wird, dass sie das Bild behandle, als ob es eine Person sei.

Leider ist mir keine Handschrift der Version von Alexandre de Paris bekannt, die die Konfrontation Alexanders mit seinem Portrait illustriert.[429] Eine Illustration dieser Szene findet sich allerdings in der Handschrift einer direkten Vorgängerversion dieses Textes (Venedig, Biblioteca Museo Correr, Correr 1493, fol. 73r – Abb. 53).[430] In dieser zur selben Zeit in Bologna hergestellten Handschrift allerdings ist das Portrait als

423 Alexandre de Paris' Version geht allerdings primär auf Derivate von Julius Valerius' *Res gestae Alexandri Macedonis* zurück. Vgl. Ross, *Alexander Historiatus*, S. 11.

424 Ross, *Alexander Historiatus*, S. 11.

425 Vgl. Rieger, *L'Ystoire du bon roi Alexandre*, S. 108 mit Bezug auf die Berliner Handschrift. In der Londoner und Brüsseler Handschrift lautet sie ähnlich (vgl. Abb. 50 und 51).

426 Ein solches, auch leeres Bett ist im Kontext dieser Handschrift allerdings nicht notwendig sexuell konnotiert – so ist beispielsweise auf fol. 1 ein Studierender neben einem ebenso großen Bett dargestellt. Auch die Darstellung Alexanders mit seiner Mutter Olympias auf fol. 27 weist deutliche Parallelen auf.

427 Rieger, *L'Ystoire du bon roi Alexandre*, S. 199.

428 Alexandre de Paris, *Le roman d'Alexandre*, S. 576, V. 4472.

429 Ich habe im Rahmen dieser Arbeit, wie gesagt, leider nicht alle Handschriften nach weiteren Miniaturen durchforsten können. Selbst in der Ross zufolge einzigen erhalten Handschrift der Version Alexandre de Paris' mit einem langen Bildzyklus (Oxford, Bodleian Library, Bodl. 264, 1338) mit insgesamt 110 Illustrationen ist die Szene aber nicht illustriert. Vgl. Ross, *Alexander Historiatus*, S. 12. Angelica Rieger hat argumentiert, dass mit der Prosa-Fassung »die Schwelle zur Leseliteratur überschritten« sei, d. h. der Übergang von den für den mündlichen Vortrag entwickelten Versformen zu einem Text, der für »die stille Lektüre oder allenfalls das Vorlesen im kleinen Kreis bestimmt ist« (Rieger, *Der Alexanderroman*, S. 167). Die Tatsache, dass die Rezipienten den Text nun nicht mehr nur hörten, sondern auch sahen, habe ein besonderes Interesse an seiner visuellen Gestaltung ausgelöst.

430 Ich danke Elena Koroleva für den Hinweis auf diese Miniatur.

Abb. 53 – Kandake konfrontiert Alexander mit seinem Portrait, *Roman d'Alexandre* (Version B), Bologna, um 1285, Venedig, Biblioteca Museo Correr, Correr 1493, fol. 73r.

Gemälde dargestellt, sodass hier keine Verschleifung des Unterschiedes zwischen Person und Bild zu erkennen ist. Mit der Darstellung Alexanders auf einem Bett stellt die Miniatur eher ein Modell für die Andeutung der in dieser Version folgenden Bettszene dar, die, wie eben angedeutet, auch in Illustrationen des altfranzösischen Prosa-Alexanderromans Eingang gefunden hat (Abb. 52), auch wenn dieser eine solche Bettszene gar nicht schildert. Interessant ist allerdings, dass in dieser Handschrift der früheren Version, deren Illustration keine Verwechselbarkeit von Person und Bild aufweist, auch just jene eben zitierten Passagen (V. 4477–4480 und 4483–4485)[431] noch fehlen, in denen davon die Rede ist, dass sie das Bild als Liebe zu Alexander verehrt, geküsst und umarmt, also als Ersatz für seine Person behandelt habe. Vielleicht ist das kein Zufall.

Festhalten lässt sich jedenfalls, dass sich die Version von Alexandre de Paris inklusive dieser Beschreibungen von Kandakes Liebe zum Bild im 13. Jahrhundert größter Beliebtheit erfreute und »zur volkssprachlichen Standardversion wurde«[432] – und zur gleichen Zeit mehrere Darstellungen auftauchen, in denen Bild und Person zum Verwechseln ähnlich dargestellt werden. Das führt so weit, dass auch dem Bild emotionale Reaktionen zugeschrieben werden, wie es sich insbesondere in der Miniatur in Harley 4979 der British Library (Abb. 51) abzeichnet.

431 Vgl. die Reproduktion der Handschrift in Roberto Benedetti (Hrsg.), *Le Roman d'Alexandre. Riproduzione del ms. Venezia, Biblioteca Museo Correr, Correr 1493*, Udine 1998, fol. 70r.

432 Ross, *Alexander Historiatus*, S. 11.

Die Verschleifung des Unterschiedes von Bild und Abgebildetem in der Behandlung des Bildes – sei es im Text, sei es in Illustrationen – weist so deutliche Parallelen zur Behandlung eines Idols auf, dass Michael Camille dafür votiert hat, den Begriff auch für säkulare Bildverehrung und insbesondere für die in der höfischen Liebeslyrik beschriebene Bildverehrung zu verwenden.[433] Dem entspricht es, dass auch Gaullier-Bougassas schreibt, dass Alexander »nichts fremder gewesen sei als die Idolatrie der Dame«.[434] Damit deutet sie zugleich an, dass diese Behandlung eines Bildes als Idol nicht als eigene Praxis präsentiert wird – sondern als eine fremde, von der man sich abgrenzt.

Diese Abgrenzung ist zunächst eine geschlechtliche Abgrenzung des überlegenen Mannes von einer idolatrischen Frau. Sowohl der altfranzösische Prosa-Alexanderroman als auch der Alexanderroman des Alexandre de Paris schreiben ein solches idolatrisches Verhältnis zu einem Bild aber nicht nur der Schwäche einer Frau zu, sondern belassen Kandake geographisch in weiter Ferne, auch wenn sie sie ansonsten – wohl damit sie den zeitgenössischen Erwartungen an eine Geliebte Alexanders entspricht – wie viele Texte und Bilder ihrer Zeit auf eine Orientalisierung der Figur verzichten.[435] Der altfranzösische Prosa-Alexanderroman übernimmt wie viele westeuropäische Versionen die Angabe des Pseudo-Kallisthenes, die Königin in Meroe zu verorten, und auch bei Alexandre de Paris, den Geographie wenig interessiert,[436] wird die Szene im »Orient«[437] lokalisiert.

Die Verschleifung des Unterschiedes von Bild und Abgebildetem im Zuge des Begehrens, Alexander zu sehen, wird also nicht als eigenes Problem dargestellt, sondern als ein geographisch fremdes Bildverständnis, das man weit von sich weist. Die räumliche Distanz, die durch die Verortung Kandakes im »Orient« zwischen der fiktiven Betrachterin, der Königin, und den Leserinnen und Lesern des Buches etabliert wird, wird also normativ aufgeladen und zur Distanzierung vom Blick dieser Frau auf Bilder eingesetzt. Das enspricht der erzieherischen Funktion, die Angelica Rieger der Handschrift zuschreibt.[438]

Allerdings ist das Abbild Alexanders selbst keineswegs – wie Idole sonst oft – als fremdartig markiert, sondern es sieht aus wie eine gotische Statue. Das entspricht der Tatsache, dass körperliche Ähnlichkeit im späten 13. Jahrhundert zunehmend als ein Mittel akzeptiert wird, ein Abbild mit einer Person zu identifizieren,[439] und »körperliche Ähnlichkeiten des französischen königlichen Körpers in anderen Kontexten als Begräbnissen aufzutauchen begannen«.[440] Die antike Texttradition des Pseudo-Kallisthenes-Stoffes wird hier also mit einer zeitgenössischen Bildpraxis der Demonstration von körperlicher Ähnlichkeit assoziiert, die freilich ihrerseits mit der Rezeption antiker Überlieferungen in Verbindung gebracht wurde, nämlich, so Stephen Perkinson, einerseits mit Ibn al-Haythams Vorstellung der aristotelischen Intramissionstheorie[441]

433 Camille, *The Gothic Idol*, S. 298. Vgl. zur Problematik des Idols das letzte Kapitel dieser Arbeit.

434 Gaullier-Bougassas, »Alexandre et Candace«, S. 32.

435 Gaullier-Bougassas, »Alexandre et Candace«, S. 24–26, und Jacqueline de Weever, »Candace in the Alexander Romances: Variations on the Portrait Theme«, *Romance Philology* XLIII/4, 1990, S. 529–546.

436 Gaullier-Bougassas, »Alexandre et Candace«, S. 24.

437 Alexandre de Paris, *Le roman d'Alexandre*, S. 573, V. 4429.

438 Vgl. S. 136–137 dieser Arbeit.

439 Perkinson, *The Likeness of the King*, z.B. S. 85.

440 Perkinson, *The Likeness of the King*, S. 106.

441 Perkinson, *The Likeness of the King*, S. 62–66.

und andererseits mit dem »Revival der antiken ›Wissenschaft‹ der Physiognomie«.[442] Das populärste der physiognomischen Traktate aus dem 13. Jahrhundert stammt dabei aus dem *Secretum Secretorum*, der lateinischen Übersetzung des arabischen *Sirr al-asrār*-Texts aus dem 10. Jahrhundert,[443] das man als Lehrschrift von Aristoteles für Alexander ansah. Allerdings betont Perkinson, dass dieses Verständnis, der Charakter eines Menschen könne sich in der Erscheinung seines Körpers manifestieren, in der Bildpraxis des 13. Jahrhunderts zunächst das Interesse an körperlicher Ähnlichkeit im Allgemeineren stützt, während physiognomische Ähnlichkeit im engeren Sinne erst in Bildern des 14. Jahrhunderts zu beobachten ist.[444]

Die Miniatur aus dem Berliner Alexandermanuskript jedenfalls bringt die körperliche Ähnlichkeit von Portraits, die sich zu dieser Zeit etabliert, mit der Problematik der Verwechselbarkeit von Abbild und Person in Verbindung. Der zu dieser Zeit höchst populäre Alexanderroman des Alexandre de Paris, der ausführt, dass das Bild Alexander in »Façon und Form konterfeit«[445] habe, assoziiert dies explizit mit einem idolatrischen Verhalten der Königin. So sehr ich Stephen Perkinsons – und Michael Camilles – These teile, dass die Unterscheidung zwischen Idolen und legitimen Bildern zu dieser Zeit weniger mit dem Bild selbst als mit der Art und Weise seiner Betrachtung und Präsentation zu tun hat,[446] so stellt sich mir in dieser Miniatur doch die Frage, ob die körperliche Ähnlichkeit doch vielleicht nicht ganz unschuldig an dieser Rezeption ist.

So scheint es mir kein Zufall, dass im *Roman de Hunbaut* (ca. 1250–1275), den Perkinson als »eine der frühesten Quellen [anführt], die *portraiture* in Bezug auf äußere Erscheinungen verwendet«,[447] ebenfalls von einer Frau die Rede ist, die einen Mann, in diesem Fall den Ritter Gawain, liebt, obwohl sie ihn noch nie gesehen hat und in ihrem Schlafzimmer ein Bild von ihm aufbewahrt, das »so exakt und so ähnlich war, dass keiner – egal wie aufmerksam oder weise und egal ob er Gawain kannte – der diesem Bild ins Gesicht sah, nicht glaubte, dass er eindeutig Gawain sah«.[448] Ebenso bezeichnend scheint mir, dass im zweiten Beispieltext für einen so frühen Bezug von Portrait und äußerer Erscheinung das Portraitieren, einer Alexandergeschichte innerhalb des *Renart le Contrefait*, auf eine Statue von Alexanders Vater Nectebanus verwiesen wird, die der persische König habe anfertigen lassen,[449] und welchem im übrigen auch Götzendienst und magischer Bildgebrauch zugeschrieben wurde.[450] Denn damit wird das Verständnis von Bildern als Portrait auch hier entweder einer verliebten Frau oder einem Betrachter im Nahen Osten zugeschrieben – zwei Komponenten, die sich bei Kandake verbinden und die eine geographische und im Falle männlicher Rezipienten auch eine geschlechtliche Distanz zu diesem Modus der Bildbetrachtung etablieren. So

442 Perkinson, *The Likeness of the King*, S. 68.
443 Perkinson, *The Likeness of the King*, S. 69.
444 Perkinson, *The Likeness of the King*, S. 91–98.
445 Alexandre de Paris, *Le roman d'Alexandre*, S. 574, V. 4462–4463.
446 Perkinson, *The Likeness of the King*, S. 133. Es skizziert in diesem Zusammenhang die Idolatrievorwürfe von Philipp IV. (1268–1314) gegenüber Papst Bonifazius VIII. (1235–1303). Vgl. S. 109–133.
447 Perkinson, *The Likeness of the King*, S. 74.
448 *The Romance of Hunbaut. An Arthurian Poem of the Thirteenth Century*, hrsg. u. kommentiert v. Margaret Winters, Leiden 1984, V. 3113–3119. Vgl. auch Perkinson, *The Likeness of the King*, S. 74.
449 Perkinson, *The Likeness of the King*, S. 75.
450 Vgl. Van Coolput-Storms, »Alexandre et les images«, S. 145–150. Vgl. hier auch S. 158 dieser Arbeit. Auch bei dieser Assoziation von Ägypten mit Götzenverehrung handelt es sich um einen antiken Topos (vgl. Schüppel, »›Idolatrie‹ als Denk- und Bildform religiöser Alterität«, S. 50).

wird einem die Verwechselbarkeit von Bild und Person hier nicht als westeuropäische Errungenschaft präsentiert, in der durch zunehmende körperliche Ähnlichkeit in der Gattung des Portraits ein Bild mit einer Person identifiziert werden kann. Vielmehr wird die Verwechselbarkeit von Bild und Person als ein ambivalentes Phänomen dargestellt, gegenüber dem man die eigene Fähigkeit, Person und Bild zu unterscheiden, zu beweisen hat – und sich damit von einer einem völlig fremden Sichtweise abzugrenzen, die diesen Unterschied nicht macht. Die Zuschreibung der Idolatrie scheint also wieder einmal mehr mit der eigenen Bildpraxis als mit einer fremden zu tun zu haben.

Angesichts einer derart distanzierten Präsentation des dargestellten Bildes stellt sich zudem die Frage, inwiefern auch der vergleichende Blick, den die Darstellung bei ihrem westeuropäischen Adressaten provoziert, als ein Blick zu verstehen ist, der sich in seinem Bemühen, einen Unterschied zwischen Bild und Abbild festzumachen, von Kandakes mangelnder Unterscheidung des Bildes von der abgebildeten Person abgrenzt. Der eigene vergleichende Blick der Betrachtenden würde sich so als unterscheidender Blick von idolatrischen Ansichten der dargestellten Königin Kandake distanzieren. Dem entspräche, dass die Bilder nicht nur die Ununterscheidbarkeit von Bild und Abbild – und damit die problematische Sichtweise Kandakes – darstellen, sondern den außenstehenden Betrachtenden zugleich Indizien anbieten, an denen ein vergleichender Blick die Unterschiede festmachen kann. Jedenfalls wird hiermit einmal mehr der Unterschied zwischen dem Bild und dem Abgebildeten betont, den Kandake übersieht.

3.3 Vom Idol zum Wiedererkennungswert. Illustrationen von Thomas von Kents *Roman de toute chevalerie*

Eine vergleichbare Inszenierung der Ununterscheidbarkeit von Alexander und seinem Portrait findet sich auch in zwei weiteren Illustrationen der Szene aus dem 13. Jahrhundert. Sie illustrieren allerdings einen anderen Text – nämlich Handschriften von Thomas von Kents *Roman de toute chevalerie*. Diese anglo-normannische Version entstand etwa zur selben Zeit wie die Version von Alexandre de Paris in England, wahrscheinlich in einem monastischen Kontext, und wurde womöglich am Hof Heinrichs II. rezipiert.[451] Sie zeichnet im Allgemeinen ein etwas weniger den Idealen der Zeit angepasstes Bild Alexanders als die französischen Versionen.[452] Charles Russell Stone hat diskutiert, inwiefern insbesondere die Schilderungen der Nachfolgekriege nach dem Tod Alexanders vor dem Hintergrund des englischen Bürgerkriegs des 12. Jahrhunderts zu verstehen sind.[453]

Die erste erhaltene, wenn auch fragmentarische Handschrift und die darin enthaltene Darstellung der Konfrontation Alexanders mit seinem Portrait entstand gut ein halbes Jahrhundert nach dem Text im zweiten Viertel des 13. Jahrhunderts[454] und

451 Catherine Gaullier-Bougassas u. Laurence Harf-Lancner, Introduction, in: Thomas de Kent, *Le roman d'Alexandre ou le roman de toute chevalerie,* übers. u. kommentiert v. Catherine Gaullier-Bougassas u. Laurence Harf Lancner, hrsg. v. Brian Foster u. Ian Short, Paris 2003, S. XIII–XIV.

452 Gaullier-Bougassas/Harf-Lancner, *Le roman d'Alexandre*, S. IX–X.

453 Stone, *From Tyrant to Philosopher-King*, S. 92–104.

454 Es handelt sich somit um die früheste mir bekannte Illustration der Szene. Zu einer ähnlichen Zeit entstand wahrscheinlich die Illustration der Szene in einer Handschrift der ersten Redaktion der

Abb. 54 – Kandake zeigt Alexander sein Bild, Thomas von Kent, *Roman de toute chevalerie,* England um 1240, Cambridge, Trinity College, O. 9. 34, fol. 36v.

wird heute in Cambridge aufbewahrt (Cambridge, Trinity College, O. 9. 34, fol. 36v – Abb. 54).[455] Sie wurde zunächst mit den Werkstätten von St. Albans in Verbindung gebracht, zuletzt aber eher einer säkularen Werkstatt in London zugeschrieben.[456] Die zweite Darstellung findet sich in einer Handschrift, die Anfang des 14. Jahrhunderts wahrscheinlich in London hergestellt wurde und heute in der Bibliothèque nationale in Paris liegt (Paris, BnF, fr. 24364, fol. 78r – Abb. 55).[457] Die Wappen der Schilde konnten Rittern zugeschrieben werden, die dem englischen Parlament angehörten, und die besondere Häufigkeit seines Wappens lässt Jean d'Engaigne als Auftraggeber vermuten.[458]

Histoire ancienne jusqu'à César (Den Haag, KB, 78 D 47, fol. 127r), ca. 1250–1275 in Nordfrankreich entstanden. Sie zeigt das Portrait Alexanders allerdings nicht, sondern nur die Kammer, in die Kandake Alexander hineinführen wird.

455 Ich danke Svenja Kauer, die mir diese Miniatur vorgelegt hat.

456 Stone, *From Tyrant to Philosopher-King*, S. 93.

457 Vgl. zu diesen Handschriften auch Heinrich Schneegans, »Die handschriftliche Gestaltung des Alexander-Romans von Eustache von Kent«, in: *Zeitschrift für französische Sprache und Literatur* 30, 1906, S. 240–263, David J. A. Ross, A Thirteenth Century Anglo-Norman Workshop Illustrating Secular Literary Manuscripts?, in: *Mélanges offerts à Rita Lejeune*, Gembloux 1968, S. 689–694, Brian Foster, in: Thomas of Kent, *The Anglo-Norman Alexander (Le Roman de Toute Chevalerie)*, hrsg. v. Brian Foster unter Mitarbeit v. Ian Short, London 1976, Bd. II: Introduction, Notes and Glossary, S. 6–10, und François Avril, Patricia D. Stirnemann (Hrsg.), *Manuscrits enluminés d'origine insulaire. VIIe – XXe siècle*, Paris 1987, Nr. 171, S. 126–138. Ich danke Joana Mylek für die Informationen zu dieser Handschrift.

458 Avril/Stirnemann, *Manuscrits enluminés*, S. 137.

Abb. 55 – Kandake zeigt Alexander sein Bild, Thomas von Kent, *Roman de toute chevalerie*, London ca. 1308–1312, Paris, BnF, Français 24364, fol. 78r.

Auch in diesen beiden Miniaturen lassen sich Alexander und sein Portrait, die sich wiederum linker und rechter Hand von Kandake gegenüberstehen, nur anhand der Insignien der Skulptur und anhand der Tatsache, dass Kandake Alexander an der Hand führt, unterscheiden. Nicht einmal ein Unterschied im Gewand ist zu erkennen. Dass sich zwei gleich große Figuren gegenüber stehen, mag man auf die Forderung des Textes nach einer Übereinstimmung »in Volumen und Statur«[459] zurückführen. Dass die Skulptur aber selbst in der früheren kolorierten Miniatur[460] nicht, wie vom Text beschrieben, in Gold, sondern in denselben Farben wie die Figur Alexanders erscheint, kann nur als dezidiertes Desinteresse an einer medialen Unterscheidung verstanden werden. Auch in den Illustrationen der Handschriften von Thomas von Kents *Le Roman de toute chevalerie* ist man also mit einer weitgehenden Ununterscheidbarkeit zwischen Bild und Abbild konfrontiert.

459 Thomas de Kent, *Le roman d'Alexandre ou le roman de toute chevalerie,* übers. u. kommentiert v. Catherine Gaullier-Bougassas u. Laurence Harf Lancner, hrsg. v. Brian Foster u. Ian Short, Paris 2003, S. 548, V. 7008.

460 Jonathan Alexander und Paul Binski vermuten, dass in der späteren Version »full coloring seems to have been intended rather than tinted drawing« wie in der früheren Version (Cambridge, Trinity College, O. 9. 34). Jonathan Alexander, Paul Binski (Hrsg.), *Age of Chivalry. Art in Plantagenet England. 1200–1400,* London 1987, Kat. 361, S. 357.

»Schönheit, Ähnlichkeit, Volumen und Statur mit Alexander gemein«. Zur Herstellung des Portraits in Thomas von Kents *Roman de toute chevalerie*

Im Unterschied zum altfranzösischen Prosa-Alexanderroman finden sich in Thomas von Kents Text relativ präzise Angaben zum Auftrag, auf den das Ebenbild zurückgeht: Kandake, so heißt es, habe den Auftrag gegeben,

> dass er ein Bild (*ymage*) von ebensolcher Gestalt (*faiture*) fertigen soll,
> das die Figur (*figure*) Schönheit, Ähnlichkeit (*semblant*[461]),
> Volumen und Statur mit Alexander gemein haben solle.[462]

Damit wird präzisiert, was sich der Autor unter dem »genauesten Abmalen (*diligentissime depindi*)«[463] seiner lateinischen Vorlage, in diesem Falle dem Zacher-Epitome aus dem 9. Jahrhundert – einer sehr populären gekürzten Version von Julius Valerius' *Res gestae Alexandri Macedonis*[464] – vorstellt: Kriterien einer genauen Malerei sind für Thomas von Kent die Übereinstimmung mit ihrem Vorbild hinsichtlich Schönheit, Ähnlichkeit, Volumen und Statur. Es wird also nicht nur klar, dass auch hier großer Wert auf eine genaue Entsprechung gelegt wird, sondern es wird dargelegt, dass man sich unter dieser Entsprechung neben einer Vergleichbarkeit in Schönheit und Erscheinung auch handfeste Übereinstimmungen in Volumen und Statur vorzustellen hat.

Damit ist ein signifikanter Unterschied zwischen der altfranzösischen Prosaversion und der Version Thomas von Kents in Bezug auf das Verhältnis von Person und Abbild zu erkennen: Im altfranzösischen Prosa-Alexanderroman und der *Historia de Preliis* manifestiert sich die Entsprechung von Bild und Person vor allem darin, dass angegeben wird, Kandake habe sich über das Bild gefreut, weil sie Alexanders *estature* und *figura* zu sehen begehrte. Die Nivellierung der Differenz zwischen Bild und Abbild ist also vor dem Hintergrund des Begehrens zu verstehen, die Statur (*estature*) Alexanders zu sehen. Dementsprechend ist auch in der Auftragsbeschreibung in der altfranzösischen Prosaversion gefordert, dass der Maler »die Gestalt Alexanders betrachten und dann in Marmor meißeln« solle. Dagegen ist bei Thomas von Kent explizit von einem Bild – *ymage* – die Rede, das bestimmte Aspekte – nämlich in Schönheit, Erscheinung, Größe und Statur – »mit Alexander gemeinsam hat«.

Auch Thomas von Kent macht dabei präzise Angaben zur materiellen Beschaffenheit des Bildes und auch er präsentiert das Bild letztlich als – in diesem Fall goldene – Statue. Dagegen ist auch in seiner Vorlage, dem Zacher-Epitome sowie in den *Res gestae Alexandri Macedonis* von Julius Valerius, auf die dieses zurückgreift, ebenso von »Maler (*pictor*)« und »Bild (*imago*)« die Rede wie in der *Historia de Preliis*, auf der die altfranzösische Prosaversion basiert. Das ist natürlich kein Zufall, sondern darauf zurückzuführen, dass schon in griechischen Version von einem Prozess des »Malens (ζωγραφῆσαι)« die Rede ist.

461 Vgl. zu den verschiedenen Konnotationen von *samblance* S. 146 dieser Arbeit.

462 Thomas de Kent, *Le roman d'Alexandre ou le roman de toute chevalerie*, S. 548, V. 7008–7009.

463 *... at eam iter instituisset, mox illa clam mittens unum e pictoribus suis, iussit eum diligentissime depindi, sibique eius imaginem deferri. Valerii Julii Epitome*, hrsg. v. Julius Zacher, Halle 1867, S. 55.

464 Vgl. Ross, *Alexander Historiatus*, S. 9.

Abb. 56 – Anfertigung von Alexanders Portrait, Thomas von Kent, *Roman de toute chevalerie*, London ca. 1308–1312, Paris, BnF, Français 24364, fol. 70r.

Thomas von Kent allerdings ändert in der Übersetzung seiner Vorlage nicht nur einzelne Worte. Vielmehr erklärt er, dass Kandake das Bild des Malers als Vorlage genutzt habe, um eine Statue aus Gold fertigen zu lassen, und erläutert somit, wie der Maler und die Statue zusammenhängen. Im Unterschied zum altfranzösischen Prosa-Alexanderroman macht er sich also die Mühe, die Übersetzung eines Gemäldes in eine Skulptur zu erläutern.

Angesichts dieser Präzisierung des Produktionsauftrages im Text mag es folgerichtig erscheinen, dass die Pariser Handschrift nicht nur die Konfrontation Alexanders mit seinem Portrait illustriert, sondern einige Seiten zuvor auf fol. 70r (Abb. 56) auch die Herstellung des Portraits darstellt. Ebensowenig wie in der Konfrontation Alexanders mit seinem Portrait mediale Unterschiede zwischen Alexander und der Statue zu erkennen waren, ist in der Herstellungsszene – zumindest in diesem Zustand der Handschrift[465] – markiert, dass es sich um ein Bild handelt. So ist die Darstellung des gemalten Portraits weder von der Darstellung der Statue noch von der Alexanders selbst zu unterscheiden. Dass in dieser Handschrift dezidiert Malerei und Skulptur in derselben vom Vorbild ununterscheidbaren Darstellungsweise präsentiert werden, unterstreicht, dass man es nicht einfach mit einer Verschleifung des Unterschiedes zwischen Vorbild und Abbild, sondern mit einer Inszenierung der Ununterscheidbarkeit der Ergebnisse eines Produktionsprozesses von Malerei und Skulptur zu tun hat.[466]

465 Alexander und Binski vermuten, wie gesagt, dass eine Kolorierung wie in der Handschrift in Cambridge vorgesehen war. Vgl. Anm. 265.

466 Diese Präzisierung der Angaben zur Herstellung von Ähnlichkeit, die sich bereits in der Version

Machtinstrument Bild. Zur Funktion des Portraits in Thomas von Kents *Roman de toute chevalerie*

Ein Bewusstsein vom Produktionsprozess des Bildes muss nicht davon abhalten, das Ergebnis wie die Person zu behandeln – das wird in Alexandre de Paris' Version[467] deutlich. Und auch in Thomas von Kents Alexanderroman ist es ein Topos »das Bild so zu behandeln, wie man eine Person behandelt«.[468] Colette Van Coolput-Storms hat dies insbesondere in der Praxis von Alexanders leiblichem Vater, Nectebanus, aufgewiesen, der wiederholt Wachsfiguren fertigen lässt, da sich – entsprechend einer gängigen magischen Praxis – »die Aktion gegenüber der Effigie aus Wachs unmittelbar auf die Person auswirkt, die sie substituiert«.[469] Zugleich ist im Text ein gewisses Interesse für Bildnisse mit menschenartigen Kapazitäten, sprechende Götterbilder oder Automaten, die sich bewegen, zu bemerken.[470]

Im Zusammenhang mit Kandakes Portrait von Alexander ist davon jedoch nicht die Rede: Ein Maler erstellt für sie das besagte »Bild von ebensolcher Gestalt«, sie erkennt Alexander aufgrund dieses Portraits, und die beiden landen, wie bei Alexandre de Paris, am Ende gemeinsam im Bett – von einer Verehrung des Bildes aber kein Wort. Angesichts dieses Sachverhaltes hat Catherine Gaullier-Bougassas den Unterschied in der Funktion des Alexanderportraits in den Versionen von Alexandre de Paris und Thomas von Kent unterstrichen: So konstatiert sie zu Alexandre de Paris' Version: »Tatsächlich ist es vor allem aus Liebe, dass sie die Statue von Alexander anfertigen lässt, um ihren Gefühlen freien Lauf zu lassen, lange bevor sie es benutzt, um ihn zu entlarven.«[471] Im Hinblick auf Thomas von Kents Text schreibt sie dagegen: »Die Statue von Alexander, die sie aus Misstrauen anfertigen lässt, erscheint nicht mehr in ihrer Rolle als Gegenstand der Verehrung, sie ist nur noch Instrument der List.«[472] Während in Alexandre de Paris' Version also die Verehrung des Bildes im Vordergrund steht, verliert es diese Funktion bei Thomas von Kent und wird zum Instrument der Entlarvung.

Allerdings verzichtet Thomas von Kents Version nicht vollständig darauf, das Bild mit der Liebe Kandakes zu Alexander in Verbindung zu bringen. Es heißt auch hier, Kandake habe das Portrait anfertigen lassen, »um sich der Liebe zum König Alexander zu versichern«.[473] Von einer Verehrung des Bildes ist aber, wie gesagt, nicht die Rede. Zentral aber ist, das betont Van Coolput-Storms, die Funktion des Portraits am Ende des Narrativs, in dem Kandake Alexander sein Portrait vor Augen hält und ihm damit

von Alexandre de Paris vom Ende des 12. Jahrhunderts andeutet, ist womöglich im Kontext der zunehmenden körperlichen Ähnlichkeit in der repräsentativen Herrscherplastik im 13. Jahrhundert zu betrachten. Vgl. hierzu z. B. Hans Körner, »Individuum und Gruppe. Fragen der Signifikanz von Verismus und Stilisierung im Grabbild des 13. Jahrhunderts«, in: Otto Gerhard Oexle, Andrea von Hülsen-Esch (Hrsg.), *Die Repräsentation der Gruppen. Texte – Bilder – Objekte*, Göttingen 1998, S. 89–126 sowie Perkinson, *The Likeness of the King*.

467 Alexandre de Paris, *Le roman d'Alexandre*, S. 577, V. 4468–4472.

468 »Agir sur l'image équivaut [...] à agir sur la personne«, Colette Van Coolput-Storms, »Alexandre et les images«, in: René Wetzel (Hrsg.), *Au-delà de l'illustration. Texte et image au Moyen Age, approches méthodologiques et pratiques*, Zürich 2009, S. 139–163, hier S. 145.

469 Van Coolput-Storms, »Alexandre et les images«, S. 146. Diese Szenen sind allerdings in keiner der beiden Thomas-von-Kent-Handschriften illustriert.

470 Vgl. insbesondere die Übersicht in Van Coolput-Storms, »Alexandre et les images«, S. 142–144.

471 Gaullier-Bougassas, »Alexandre et Candace«, S. 36.

472 Gaullier-Bougassas, »Alexandre et Candace«, S. 40.

473 Thomas de Kent, *Le roman d'Alexandre ou le roman de toute chevalerie*, S. 548/549, V. 7006.

deutlich macht, dass er in ihre Falle gegangen ist. Dadurch konfrontiere sie ihn auch mit seinem Bild von sich als allmächtigem Herrscher sowie den Grenzen seiner Macht und der Sterblichkeit seines Körpers.[474] Dabei erwägt Van Coolput-Storms, inwiefern die Tatsache, dass die Statue hier aus Gold gefertigt wurde, zugleich an die goldene Statue erinnern soll, die in Erinnerung an Alexanders toten Vater Philipp errichtet wurde.[475] Denn das würde unterstreichen, dass sich mit der Statue bei dieser letzten in einer Reihe von Szenen, die bei Thomas von Kent Bilder thematisieren, der Tod Alexanders andeutet.

Während die Konfrontation mit dem eigenen Portrait im Text von Alexandre de Paris also nur einen kurzen Schreck und vielleicht die nötige Erinnerung an die eigene Sterblichkeit evoziert, um schließlich mit Kandake einen Nachfahren zu zeugen, so fungiert das Bild bei Thomas von Kent als Instrument einer fundamentalen Demythifizierung: Da Alexander »nicht Candace begehrt [...], sondern ihre Reichtümer«[476], hat er versucht, eine Königin zu täuschen, die ihn nun ohne jede Waffengewalt, sondern allein mithilfe eines Portraits in eine hilflose Lage bringt. Das Portrait wird also als Instrument präsentiert, einen Menschen zu überführen, der sich von schönem Schein täuschen lässt – und seinerseits meint, täuschen zu können.

Bei Thomas von Kent scheint die *samblance* von Abbild und Vorbild also – im Unterschied zur Bildpraxis von Alexanders leiblichem Vater – nicht mehr primär auf eine idolatrische Identifikation des Bildes mit der Person zurückzuführen zu sein, sondern sie ist verstärkt im Kontext einer Funktion des Bildes als Instrument des Wiedererkennens zu verstehen. Indem das Alexandernarrativ also einen Bogen spannt – von der Produktion des Portraits Alexanders, das der Königin in dessen Abwesenheit überreicht wird und das ihr in diesem Moment als Ersatz für eine persönliche Begegnung gedient haben mag, bis zu der Möglichkeit, dieses Portrait zu nutzen, um den schließlich anwesenden Alexander zu erkennen –, bietet es die Grundlage, um die Funktion des Bildes als Idol in eine Wertschätzung seines Wiedererkennungswertes zu überführen.

Dieser veränderte Status des Bildes ist an einen veränderten Status der Frau gekoppelt: Die Betonung von Kandakes Verehrung des Bildes Alexanders in der Version von Alexandre de Paris wird mit einer anhaltenden Unterwerfung Kandakes gegenüber Alexander enggeführt. Wenn das Bild dagegen bei Thomas von Kent vom Idol zum Instrument der Entlarvung wird, dann impliziert das eine Machtposition der Besitzerin des Bildes.[477] Damit einher geht Gaullier-Bougassas zufolge eine »ironische Demythifizierung der höfischen Liebe *(fin amor)* [...], die man in bestimmten Romanen des 12. und 13. Jahrhunderts findet«.[478] Dementsprechend landet Alexandre de Paris' Kandake mit Alexander im Bett, weil sie ihm gewissermaßen zur Besänftigung nach dem Affront mit seinem Portrait einen Erben anbietet. Dagegen stellt sich das Verhältnis anders dar, wenn Kandake in Thomas von Kents Text sagt: »Alexander, da Ihr Euch in

474 Van Coolput-Storms, »Alexandre et les images«, S. 154–156. Sie rekurriert hier auf Lacans Vorstellung des Spiegelstadiums.

475 Van Coolput-Storms, »Alexandre et les images«, S. 156.

476 Gaullier-Bougassas, »Alexandre et Candace«, S. 41.

477 Zu den unterschiedlichen Positionen der weiblichen Herrscherin in diesen beiden Texten vgl. Catherine Gaullier-Bougassas, *Les romans d'Alexandre. Aux frontières de l'épique et du romanesque*, Paris 1998, S. 405–412.

478 Gaullier-Bougassas, »Alexandre et Candace«, S. 43.

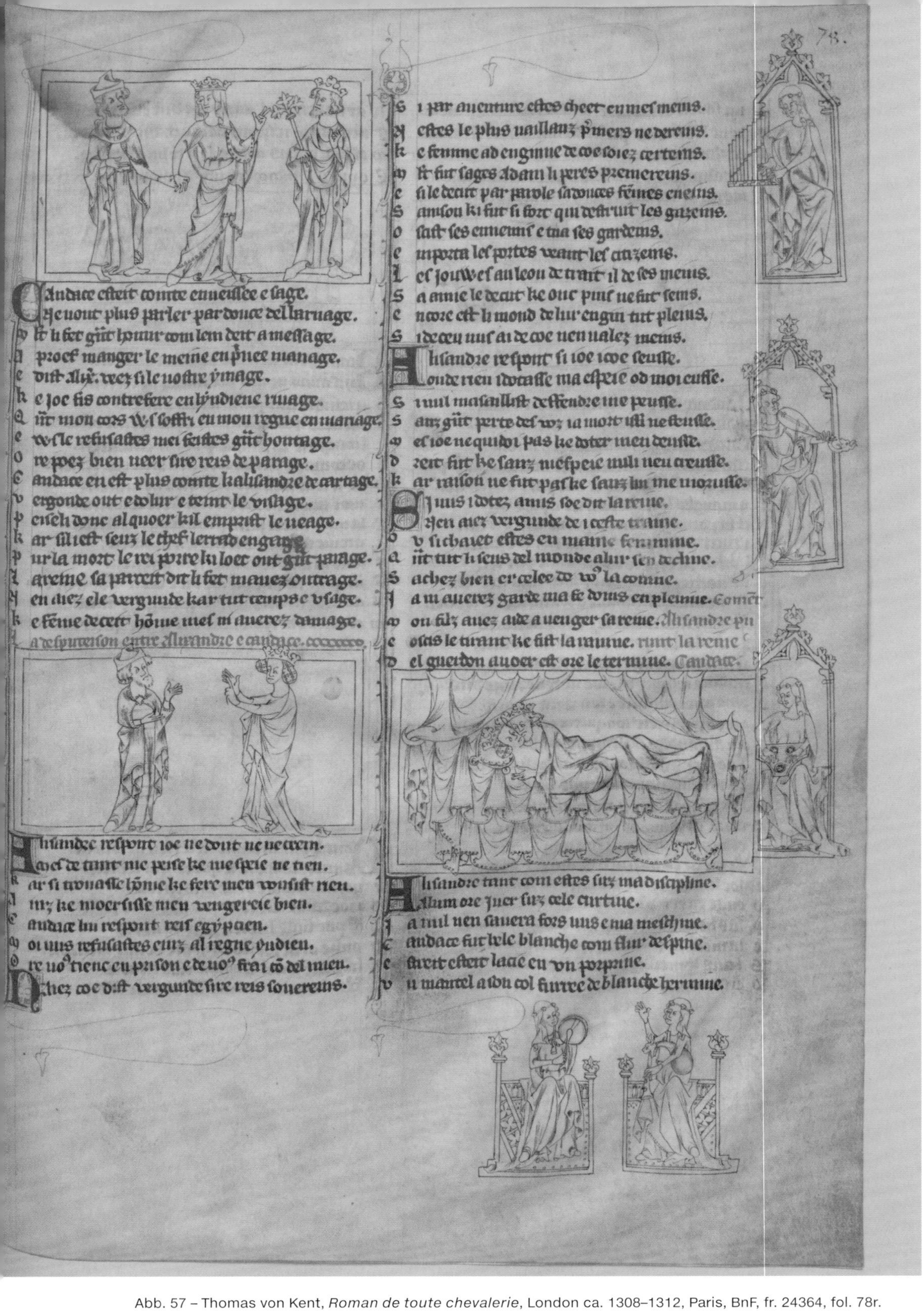

Abb. 57 – Thomas von Kent, *Roman de toute chevalerie*, London ca. 1308–1312, Paris, BnF, fr. 24364, fol. 78r.

meiner Hand befindet, lasst uns uns unter diesen Stoffen tummeln.«[479] Und an dieser Stelle werden die Betrachtenden der beiden bebilderten Thomas-von-Kent-Handschriften anders als in den Handschriften des altfranzösischen Prosa-Alexanderromans auch nicht enttäuscht: Die sexuelle Begegnung im Anschluss an die Konfrontation mit dem Portrait wird nicht nur beschrieben, sondern auch illustriert – wobei in der Pariser Handschrift die Platzierung von musizierenden Figuren im Rand den Stellenwert dieser Szene unterstreicht (Abb. 57). So kann man festhalten, dass in dem Moment, in dem Kandake von einem passiven Objekt zu einem aktiven Subjekt der Narration wird, ihr auch keine idolatrische Behandlung des Bildes mehr zugeschrieben wird, sondern eine schlaue Nutzung zum Zwecke des Wiedererkennens.

Ich hatte zu Beginn des Kapitels bereits erwähnt, dass Thomas von Kent auf eine präzise Lokalisierung der Herrscherin verzichtet. Angesichts der Umwertung der Figur Kandakes kann man nun fragen, ob das auch eine »Entorientalisierung« impliziert: Da Thomas von Kent – so Gaullier-Bougassas – ansonsten sehr genaue geographische Angaben macht, ist das Fehlen im Fall Kandakes als dezidierter Verzicht zu bewerten. Sie verweist zudem darauf, dass er Kandake explizit als »schön und weiß« beschreibt.[480] Der Verzicht auf eine Verortung, so vermutet sie daher, sei im Zusammenhang mit dem Versuch zu sehen, jegliche Assoziation Kandakes mit einer dunklen Hautfarbe und »jede Fremdheit«[481] im Allgemeineren zu vermeiden.[482] So wird in dem Moment, in dem Kandakes Blick auf das Bild nicht mehr als idolatrisch, sondern als wiedererkennender Blick charakterisiert wird, auch die Orientalisierung der Kandake stärker noch als bei Alexandre de Paris zurückgenommen.[483] Und vielleicht ist es nicht nur den stilistischen Differenzen zuzuschreiben, dass in den Handschriften, in denen der Blick Kandakes nicht mehr als fremder idolatrischer Blick charakterisiert wird, von dem man sich zu distanzieren hat, auch keine Abgrenzung von der Gegenüberstellung von Bild und Abbild in Form einer Mauer zwischen Bild- und Betrachterraum zu sehen ist. Womöglich ist es also nicht nur der Text, der einen vergleichenden Blick, welcher sich durch Differenzierung von dieser Gleichsetzung distanziert, in einen vergleichenden Blick überführt, der die Funktion der Wiedererkennbarkeit zu schätzen weiß.

479 Thomas de Kent, *Le roman d'Alexandre ou le roman de toute chevalerie*, S. 616, V. 7748–49.

480 Thomas de Kent, *Le roman d'Alexandre ou le roman de toute chevalerie*, S. 545, V. 6943, vgl. auch Gaullier-Bougassas, »Alexandre et Candace«, S. 26 sowie auch de Weever, »Candace in the Alexander Romances«, S. 537.

481 Vgl. Gaullier-Bougassas, »Alexandre et Candace«, S. 26.

482 Vgl. Gaullier-Bougassas, »Alexandre et Candace«, S. 24–25. Vgl. zu einem ähnlichen Spannungsfeld von Alterisierung und Aneignung in der Figur Alexanders selbst Catherine Gaullier-Bougassas, »L'altérité de l'Alexandre du Roman d'Alexandre, et en contrepoint, l'intégration à l'univers arthurien de l'Alexandre de Cligès«, in: *Cahiers de recherches médiévales* 4, 1997, http://journals.openedition.org/crm/948, Stand 14.7.2019.

483 Auch in der Version von Alexandre de Paris zeichnet sich, wie gesagt, beispielsweise im Verzicht auf die sonst so beliebten Schilderungen der Wunderdinge des orientalischen Palastes eine Reduktion der Orientalisierung Kandakes ab, die Jacqueline de Weever als allgemeineres Phänomen im Zuge der Sexualisierung – und der Legitimierung der Sexualisierung – der Beziehung zwischen Alexander und Kandake in westeuropäischen Versionen beschrieben hat. Zugleich wird bei ihr allerdings – ebenso wie bei Gaullier-Bougassas – deutlich, dass Thomas von Kents Version das Paradebeispiel einer Europäisierung Kandakes darstellt, indem er sie als weiß beschreibt und sie dezidiert nicht in Äthiopien verortet, das er durchaus beschreibt. Vgl. de Weever, »Candace in the Alexander Romances«, Gaullier-Bougassas, »Alexandre et Candace«, S. 25 sowie auch Akbari, »Alexander in the Orient«, S. 118.

Nun ist anzumerken, dass die eben beschriebenen Unterscheidungen in den verschiedenen Textversionen klarer zu treffen sind als in den einzelnen Handschriften. Denn hier bleibt man damit konfrontiert, dass die Konnotationen von Bildern nicht unbedingt nur von der jeweils illustrierten Version geprägt sind, sondern – wie ich hinsichtlich der Ununterscheidbarkeit von Bild und Abbild in den Illustrationen des altfranzösischen Prosa-Alexanderromans argumentiert habe – womöglich auch von anderen in dieser Zeit populären Versionen, in diesem Falle dem Alexanderroman von Alexandre de Paris. So sind auch in beiden erhaltenen bebilderten Handschriften von Thomas von Kents *Roman de toute Chevalerie* lange Passagen aus dem Alexanderroman des Alexandre des Paris eingefügt, von dem sich Autor selbst gerade in Bezug auf die Liebe zum Bild so explizit abgrenzt. Auch den Illuminierenden lag Ross zufolge eine bebilderte Handschrift von Alexandre de Paris' Version vor.[484] Darin manifestiert sich nicht nur das Nebeneinander unterschiedlicher Konzepte von Bildern in ein und derselben Handschrift. Wenn Maler zur Illustration einer Thomas-von-Kent-Handschrift eine bebilderte Version von Alexandre de Paris heranziehen, dann deutet sich zudem auch an, dass die Zirkulation der Ikonographien weitgehend unabhängig von den illustrierten Texten sein kann. So wird die *samblance* von Vorbild und Abbild, die die Miniaturen inszenieren, in den verschiedenen Kontexten der Versionen von Alexandre de Paris und Thomas von Kent mit sehr unterschiedlichen Assoziationen – vom Idol bis zum Instrument der Liste – versehen.

3.4 Wiedererkennbare Bilder. Darstellungen von Kandakes Alexanderportrait aus dem 15. Jahrhundert

Bevor ich auf die persischen Illustrationen dieser Szene zu sprechen komme, sei noch kurz auf die weitere Tradition von Darstellungen dieser Szene in Westeuropa verwiesen, denn hier zeichnet sich ab dem 14. Jahrhundert genau jenes Interesse an der Medialität des Portraits ab, das die bislang diskutierten Miniaturen des 13. Jahrhunderts vermissen ließen. So ist die Statue bereits in einer Darstellung der Szene aus einer Handschrift von Vinzenz von Beauvais' *Speculum historiale* von 1333 oder 1334 (Paris, BnF, fr. 316, fol. 202r – Abb. 58) auf einem Sockel platziert, ebenso wie in der eben erwähnten gut 100 Jahre später entstandenen Illustration des altfranzösischen Alexanderromans (Abb. 52). Damit ist zwar die Gefahr einer idolatrischen Verwechslung von Person und Skulptur gebannt, die Darstellungsweise freilich erinnert nun an jene von Idolen.[485]

In Illustrationen der Szene aus dem 15. Jahrhundert fällt zudem auf, dass Alexanders Abbild sowohl in einer Handschrift von Johann Hartliebs *Histori von dem grossen Alexander* (München, Bayerische Staatsbibliothek, Cgm. 581, fol. 80v – Abb. 59) von 1455 als auch in zwei Handschriften der *Utrechter Historienbibel* aus dem zweiten Viertel des 15. Jahrhunderts (Brüssel, Bibliothèque royale, 9018–23, fol. 9v und Den Haag, RL, 78. D. 38, fol. 78r)[486] als ein an der Wand hängendes Bild dargestellt ist.

484 Ross, *Alexander Historiatus*, S. 25.

485 Vgl. z.B. Johann Hartlieb, *Histori von dem grossen Alexander*, Augsburg 1473, Darmstadt ULB, Hs. 4256, fol. 5v. Ich danke Barbara Schellewald für diesen Hinweis.

486 Vgl. hierzu Ross, *Illustrated Medieval Alexander-Books*, S. 172.

Abb. 58 – Kandake zeigt Alexander sein Bild, Vinzenz von Beauvais, *Speculum historiale,* übers. v. Jean de Vignay, Paris 1333 oder 1334, Paris, BnF, fr. 316, fol. 202r.

Damit entspricht die Illustration – anders als manche der früheren Illustrationen – den Texten.[487] Das mag man nicht nur auf eine Verschiebung in der Bedeutung der künstlerischen Medien im Allgemeineren zurückführen. Ewa Gossart hat darin auch einen sehr frühen Bezug auf die nach Alfred Lehmann ab Mitte des 15. Jahrhunderts aufkommende Praxis gesehen, private Bildnisse an die Wand zu hängen.[488] Und es wäre zu diskutieren, inwiefern auch die Tatsache, dass in Johann Hartliebs Alexanderroman ein Gemälde statt wie in den früheren französischen Versionen eine Skulptur vorkommt, nicht nur als genauere Wiedergabe der lateinischen Vorlage zu verstehen ist, sondern dahingehend, dass sich in den Handschriften wiederum zeitgenössische Vorstellungen von Bildern niederschlagen.

Weiter ist zum Text von Johann Hartliebs Alexanderroman anzumerken, dass auch dieser schon an der Stelle, an der Kandake den Auftrag erteilt, deutlich macht, dass ihr dieses Bild »anschließend großen Ertrag und Nutzen«[489] bringen werde. Im Folgenden wird beschrieben, dass der Maler Alexander von Nahem betrachtet und sich seine »Effigie, Form und Gestalt« gemerkt sowie die Einzigartigkeit seiner »Physiognomie, Bildung und Harmonie« festgestellt und dann nach seiner Rückkehr in sein Zelt

487 Vgl. zur abgebildeten Miniatur Johann Hartlieb, *Johann Hartliebs Alexanderroman. Edition des Cgm 581,* hrsg. v. Rudold Lechner-Petri, Hildesheim 1980, S. 153.

488 Ewa Gossart, *Johann Hartliebs »Histori von dem grossen Alexander«. Zur Rezeption des Werkes am Beispiel der bebilderten Handschriften und Inkunabeln*, Korb im Remstal 2010, S. 278–279.

489 Hartlieb, *Johann Hartliebs Alexanderroman*, S. 144.

Abb. 59 – Kandake zeigt Alexander sein Bild, Johann Hartlieb, *Histori von dem grossen Alexander*, Augsburg 1455, München, Bayerische Staatsbibliothek, Cgm 581, fol. 80v.

mit scharfem Pinsel gemalt habe.[490] Als Kandake das Portrait dann erhält, wird angemerkt, dass sie ob ihres Wissens, dass ihr Maler ein rechter Meister war, keine Zweifel gehabt habe, dass die Figur »gerecht« war. Allerdings wundert sie sich, dass ein solch unscheinbarer Mensch solche Wunder vollbracht haben soll.[491]

Einzelne Aspekte der Übereinstimmung werden hier also nicht aufgeführt. Betont wird hingegen die genaue Beobachtung und Memorisierung von Charakteristika Alexanders, die es dem Maler dann erlauben, die Gestalt aus dem Gedächtnis zu malen. Die Glaubwürdigkeit des Portraits basiert auf Kandakes Wissen um das Können des Malers. Es wird zwar angemerkt, dass Kandake sich sehr über das Portrait gefreut habe, von einer Verehrung ist aber nicht die Rede. Eine Identität von Abbild und Vorbild wird hier also weder im Prozess der Herstellung noch in der Behandlung des Portraits suggeriert. Das Bildnis ist nicht »gleich«, sondern »gerecht«, was der Tatsache zugeschrieben wird, dass es ein »rechter mayster« gemalt hat.[492]

So stellt sich an dieser Stelle die Frage, inwiefern das immer häufigere Vorkommen von Darstellungen des Portraits als medial spezifiziertes und insbesondere

490 Hartlieb, *Johann Hartliebs Alexanderroman*, S. 144.
491 Hartlieb, *Johann Hartliebs Alexanderroman*, S. 145.
492 Vgl. Hartlieb, *Johann Hartliebs Alexanderroman*, S. 144–146 und 152–153.

malerisches Abbild im 15. Jahrhundert im Kontext eines Bildverständnisses zu verstehen ist, dessen Autorität weniger auf einer Ununterscheidbarkeit von Bild und Vorbild basiert als auf dem Vertrauen in die Meisterhaftigkeit des Künstlers. Dementsprechend wird es nicht als Idol behandelt, sondern über den Nutzen definiert – seinen Wiedererkennungswert. Damit deutet sich ein Kontext an, in dem es der Funktion des Portraits keinen Abbruch tut, wenn es als Bild zu erkennen und von seinem Vorbild zu unterscheiden ist. Dieser ist womöglich der Horizont eines Konzeptes wie dem Thomas von Kents, in dem der Nutzen des Wiedererkennens gegenüber der Identität mit dem Dargestellten in den Vordergrund rückt. Jedenfalls ist bemerkenswert, dass die Frau, der dieses Verhältnis zum Bild zugeschrieben wird, auch bei Hartlieb dezidiert positiv und als weise Person beschrieben wird, die Alexander mit seiner Hybris konfrontiert. Wie bei Thomas von Kent wird die Nutzung des Bildes in seinem Wiedererkennungswert also einer weisen, tugendhaften und starken Frau zugeschrieben und damit Kandake nicht als eine Figur präsentiert, von der man sich abgrenzt, sondern mit der eine Identifikation nahegelegt wird.

Das Alexandernarrativ, das den Bogen von der Produktion des Portraits eines weit entfernten Herrschers bis zur Verwendung zu dessen Identifikation bei seiner Ankunft am Hof schlägt, bietet also Texten und Illustrationen ein breites Spektrum an Möglichkeiten, unterschiedliche Funktionen und Ansichten von Bildern herauszuarbeiten: Die bildliche Ununterscheidbarkeit von Vorbild und Abbild evoziert in den verschiedenen Varianten Sichtweisen, die von der idolatrischen Verschleifung des Unterschiedes von Bild und Abbild, von der es sich mit einem differenzierenden Blick zu distanzieren gilt, bis zur vorbildlichen Grundlage eines wiedererkennenden Blickes als einem Machtinstrument reichen. Zugleich zeichnet sich in der Geschichte der Illustrationen des altfranzösischen Prosa-Alexanderromans zwischen dem 13. und dem 15. Jahrhundert eine Verschiebung von einer Ununterscheidbarkeit zwischen Portrait und Portraitiertem zu einem Augenmerk auf medienspezifische Bedingungen ab, das nicht mehr notwendig als Widerspruch zu einem wiedererkennenden Sehen zu verstehen ist.

Abb. 60 – Nūshābah erkennt Alexander, Niẓāmī, *Iskandarnāmah*, Schiras 1410/11, London, BL, Add. 27261, fol. 225v.

4 »Ich habe dir dein Bild gezeigt, damit du dein Bild von mir berichtigst!« Blick und Imagination in Handschriften von Niẓāmīs *Iskandarnāmah*

Welche Sichtweisen auf dieses Portrait Alexanders zeichnen sich in den persischen Handschriften ab? Hier sind seit dem 15. Jahrhundert Miniaturen erhalten, die Alexander und sein Portrait zeigen. Am häufigsten illustriert finden sich dabei die Texte von Niẓāmīs *Iskandarnāmah* (1204) und Firdawsīs *Shāhnāmah* (1010): Die Datenbank des *Shahnama Project* in Cambridge verzeichnet 49 Illustrationen der Szene in Handschriften Firdawsīs,[493] davon sieben aus dem 15. und 14 aus dem 16. Jahrhundert. Larisa Dodchudoeva hat 45 Illustrationen der Szene in Handschriften von Niẓāmīs *Iskandarnāmah*, genauer gesagt in deren erstem Teil, dem *Sharafnāmah*, nachgewiesen.[494] Somit ist in besonderem Maße zu betonen, dass die Miniaturen im persischen Kontext häufig deutlich später und damit in anderen historischen Kontexten entstanden sind als die Texte, die sie illustrieren. Transformationsgeschichtlich sei vorausgeschickt, dass Niẓāmīs Alexanderroman auf die Version Firdawsīs zurückgreift, welche ihrerseits wahrscheinlich auf die Rezension δ* des Pseudo-Kallisthenes rekurriert,[495] auf der auch die *Historia de Preliis* und damit der altfranzösische Prosa-Alexanderroman aufbauen.[496]

493 Vgl. die Datenbank des Shahnama Project, http://shahnama.caret.cam.ac.uk/new/jnama/index/depiction/memohl:-1432396385/cescene:-449245971#, Stand 22.11.2012. Dabei ist zu betonen, dass diese Datenbank auch indische und osmanische Handschriften umfasst.

494 Larisa N. Dodchudoeva, *Poėmy Nizami v srednevekovoj miniatjurnoj živopisi*, Moskau 1985, S. 251–253.

495 Es wird dabei kontrovers diskutiert, ob es eine Pahlavi-Version gab, auf die die persischen Versionen rekurrieren. Vgl. zu dieser Debatte z.B. Evangelos Venetis, in: *The Persian Alexander: The First Complete English Translation of the Iskandarnāma*, übers. u. kommentiert v. Evangelos Venetis, London/New York 2018, S. 3. Zu weiteren persischsprachigen Versionen vgl. Minoo S. Southgate, *Iskandarnamah. A Persian Medieval Alexander Romance* (Persian Heritage Series 31), New York 1978, und Richard Stoneman (Hrsg.), *The Alexander Romance in Persia and the East*, Eelde 2012. Einen Überblick gibt auch Stoneman, *Alexander the Great* in seinem Kapitel »Golden Vines, Golden Bowls and Temples of Fire: The Persian Versions«, S. 27–48. Zur Version Jāmīs vgl. zudem J. Christoph Bürgel, »Ǧāmī's Epic Poem on Alexander the Great. An Introduction«, in: *Oriente Moderno* 15/76 (Themenheft: La civiltą timuride come fenomeno internazionale, hrsg. v. M. Bernardini), 1996, S. 415–438, und zu jener von Amīr Khusraw-i Dihlavī Barbara Brend, *Perspectives on Persian Painting. Illustrations to Amīr Khusrau's Khamsah*, London 2003. Zu einem Vergleich des Bezugs der Versionen Niẓāmīs, Jāmīs und Amīr Khusraw-i Dihlavī auf die griechische Philosophie vgl. außerdem Bürgel, *L'attitude d'Alexandre face à la philosophie grecque*. Illustrationen der Konfrontation Alexanders mit seinem eigenen Portrait sind mir aus Handschriften von Amīr Khusraw-i Dihlavīs *Khamsah* (Topkapı H. 1008, fol. 250a, Schiras 1490) und dem frühosmanischen *Iskandarnāmah* von Aḥmadī bekannt (BnF, Suppl. turc 635, fol. 169v, Schiras 1561), die beide auf Niẓāmīs und Firdawsīs Texte zurückgreifen. Zu Aḥmadīs *Iskandarnāmah* vgl. Caroline Sawyer, »Sword of Conquest, Dove of the Soul: Political and Spiritual Values in Aḥmadī's Iskandarnāma«, in: Margaret Bridges, J. Christoph Bürgel (Hrsg.), *The Problematics of Power. Eastern and Western Representations of Alexander the Great*, Bern u.a. 1996, S. 135–147, und Serpil Bağci, »Old Images for New Texts and Contexts: Wandering Images in Islamic Book Painting«, in: *Muqarnas* 21, 2004, S. 21–32.

496 In Bezug auf die Begegnung von Alexander und Kandake ist im Vergleich – insbesondere mit dem französischen Alexanderroman – festzustellen, dass sich Firdawsīs Version deutlich stärkere Ausschmückungen erlaubt. Vgl. zur Rezeptionsgeschichte des Pseudo-Kallisthenes im persischen Kontext insbesondere Southgate, »Portrait of Alexander in Persian Alexander-Romances of the Islamic Era«. Darüber hinaus gibt sie in den Appendizes ihrer Übersetzung eines anonymen persischen Alexanderbuches einen sehr guten Überblick über die persischen Alexanderromane, die vorislamischen Tradierungen sowie die persischen und arabischen historischen Überlieferungen. Vgl. Southgate, *Iskandarnamah. A Persian Medieval Alexander-Romance*.

4.1 Identifikation im Vergleich. Eine Darstellung von Nūshābah mit dem Bild Alexanders

Die früheste mir vorliegende Illustration der Szene befindet sich in einer Anthologie, die 1410–11 in Schiras für Iskandar Sulṭān angefertig wurde, dem Statthalter in der Stadt und einem Neffen des timuridischen Herrschers Shāh Rukh (London, BL, Add. 27261, fol. 225v – Abb. 60).[497] In dieser mit 18,4 × 12,7 cm Blattgröße eher kleinformatigen Anthologie, aus der auch die eben diskutierte *miʿrāj*-Darstellung (Abb. 24) stammt, nimmt Niẓāmīs *Khamsah* den zentralen Teil der ersten knapp 300 Blätter ein. Auf weiteren knapp 150 Blättern enthält sie im Haupttext und in den Rändern zudem verschiedenste Texte poetischer, narrativer, juristischer und wissenschaftlicher Art.[498] Priscilla Soucek hat argumentiert, dass diese Zusammenstellung am besten »mit erzieherischen Anliegen im Hinterkopf zu verstehen sei – nämlich, einem Mitglied der timuridischen Familie eine grundlegende Einführung in die iranische islamische Kultur zur Verfügung zu stellen«.[499] So verortet sie die Anthologie ebenso wie jene, die sich heute in der Gulbenkian Foundation befindet, »im Zusammenhang der didaktischen Tradition der Prinzenspiegelliteratur«.[500] In einem solchen erzieherischen Anliegen weist die Handschrift Parallelen zu der pädagogischen Funktion auf, die Angelica Rieger der Berliner Handschrift des altfranzösischen Prosa-Alexanderromans zugeschrieben hat, welche im vorhergehenden Kapitel im Fokus stand.[501] Damit stellt sich die Frage, inwiefern hier auch Vergleichbares vermittelt werden soll.

In der vollformatigen Darstellung von Nūshābah mit dem Bild Alexanders ist dessen Portrait auf einem rechteckigen weißen Träger zu sehen.[502] Dieser scheint gerade

Zur Rezeptionsgeschichte des Kandake-Narrativs im Speziellen vgl. Rubanovich, »Re-writing Alexander and Candace«, die Southgates Thesen zum Teil widerspricht. Einen hilfreichen Überblick über die verschiedenen Traditionslinien und ihre Schnittstellen im Allgemeinen bietet Riegers tabellarische Übersicht über die Überlieferung des Alexanderromans des Pseudo-Kallisthenes (Rieger, *L'Ystoire du bon roi Alexandre*, S. 260/261), die im Unterschied zu den Tabellen von Ross auch die nahöstlichen Versionen einbezieht.

497 Eine digitale Reproduktion der gesamten Handschrift findet sich unter www.bl.uk/manuscripts/FullDisplay.aspx?ref=Add_MS_27261, Stand 3.12.2018.

498 Eine detaillierte Beschreibung der Inhalte findet sich unter https://britishlibrary.typepad.co.uk/files/add27261contents-1.pdf?_ga=2.79340310.366717973.1543918659-1933270492.1543918659, Stand 5.12.2018.

499 Priscilla P. Soucek, »The Manuscripts of Iskander Sultan. Structure and Content«, in: Lisa Golombek, Maria Subtelny (Hrsg.), *Timurid Art and Culture. Iran and Central Asia in the Fifteenth Century*, Leiden 1992, S. 116–131, hier S. 128. Ich danke drei anonymen Gutachtern für diesen und andere Hinweise zum Alexanderkapitel dieser Arbeit.

500 Soucek, »The Manuscripts of Iskandar Sultan«, S. 128.

501 Vgl. zu einer globalen Geschichte des Genres des Prinzenspiegels – nicht ohne Bezug auf das *Sirr al-asrār* (lat. Secretum Secretorum), das als Lehrschrift von Aristoteles für Alexander galt: Regula Forster, Neguin Yavari (Hrsg.), *Global Medieval. Mirrors for Princes Reconsidered*, Boston u. a. 2015.

502 Sämtliche mir bekannten persischen Miniaturen zeigen das Portrait als Malerei. Das entspricht nicht nur den Texten, sondern auch der Dominanz der Malerei in der persischen Bildpraxis dieser Zeit, die im Zweifelsfalle ebenso wie in den französischen Miniaturen dazu führt, dass auch im Text als plastisch beschriebene Bilder als Malerei dargestellt werden. So zeigt beispielsweise eine Darstellung der Szene, in der Sam ein Abbild seines Enkels überreicht wird, eine Malerei – und zwar genau in der Ikonographie der Alexanderszene –, obwohl im Text von einer Puppe die Rede ist. Vgl. Eleanor Sims (Hrsg.), *Peerless Imagess. Persian Painting and its Sources*, New Haven 2002, S. 319, sowie Friederike Weis, »Das Bildnis im Bild – Porträts und ihre Betrachter auf persischen

Abb. 61 – Detail aus Abb. 60.

von den Händen der Dienerin in die Hand Nūshābahs überzugehen. Damit hat Alexander – im Persischen, wie gesagt, *Iskandar* genannt – sein Bild nicht wie in späteren Miniaturen (vgl. z. B. Abb. 63) selbst in der Hand, und es ist nicht auf ersten Blick klar, wo er sich befindet. Nimmt man angesichts dieser Unklarheit sein Portrait zur Hilfe, das man frontal zu sehen bekommt (Abb. 61), so zeigt ihn dies kniend mit einem aufgestützten Bein, mit einem Oberlippenbart und einer Krone auf dem Haupt. Bekleidet ist er mit einem grünlichen Gewand und rotem Unterkleid, beide mit goldenen Punkten überzogen. Damit gleicht die Kleidung jener Nūshābahs, die ebenfalls eine Krone, ein grünliches Obergewand und roten Ärmel trägt. Zudem ähnelt diese Kleidung in der

und moghulischen Miniaturen«, in: Almut Sh. Bruckstein (Hrsg.), *Taswir. Islamische Bildwelten und Moderne*, Ausst.-Kat. Berlin, Martin-Gropius-Bau, 5.11.2009–18.1.2010, Berlin 2009, S. 175–178, hier S. 177. Weis gibt in diesem Artikel einen Überblick über die verschiedenen Narrative, in denen in der persischen Buchmalerei Bilder im Bild dargestellt werden.

Kombination von grünem Ober- und rotem Untergewand, abgesehen von der Art des goldenen Musters, jener der stehenden Figur am linken Bildrand. Auf den ersten Blick erweckt das Bild also den Eindruck, dass es sich bei dieser Figur um Alexander handeln könnte. Erst bei genauerer, besser gesagt: sehr genauer Betrachtung des nur 18,2 × 12,9 cm großen Blattes mag einem ein Detail ins Auge fallen, das einen eines Besseren belehrt: Der Schnurrbart deutet an, dass sich vielleicht eher bei der zweiten männlichen Figur im Raum, die rechts neben der stehenden Figur in Grün sitzt, um Alexander handelt. Diese trägt ein purpurnes Gewand mit goldener Stickerei. Diese Farbe wurde sowohl in persischen als auch in westeuropäischen Kontexten als zum Teil exklusive Farbe königlicher Gewänder angesehen und bereits in der syrischen Version des Pseudo-Kallisthenes-Stoffes als Farbe von Alexanders Kleidung genannt. Zudem ist Purpur auch – und das bereits in der griechischen Rezension α – die Farbe eines goldbestickten Gewandes, das Kandake Alexander beim Abschied überreicht.[503] So könnte dieses Gewand bestätigen, dass es sich bei dieser Figur um Alexander handelt – und auch die Platzierung auf einem Stuhl in nächster Nähe zur Königin entspräche dem Status Alexanders.

Allerdings ist in der Überlieferung des Pseudo-Kallisthenes-Stoffes und so auch in Niẓāmīs *Iskandarnāmah* davon die Rede, dass Alexander sich, bevor er sich an den Hof Kandakes begibt, als sein eigener Bote verkleidet. Es entspricht also keineswegs dem Text, wenn Alexander in dieser Szene im Königsgewand zu sehen ist – was allerdings auch in vielen und auch der eben diskutierten Illustration aus französischsprachigen Handschriften der Fall ist. Zudem mag man sich fragen, wer die zweite männliche Person in diesem Bild sein soll. Niẓāmīs Text zufolge begibt sich Alexander allein an den Hof Nūshābahs, die ausschließlich Frauen in ihren Diensten hat. In früheren Versionen, wie auch in Firdawsīs *Shāhnāmah*, die Niẓāmīs als Vorlage diente, ist davon die Rede, dass Alexander in einer vorhergehenden Szene umgekehrt einen seiner Minister in seine Kleidung hüllt – und die syrische Version spricht hier explizit von einem purpurnen Gewand.[504] Ziel war, Kandakes Sohn glauben zu machen, dass es dieser Minister und nicht Alexander gewesen sei, dem er Rettung in einer schwierigen Situation verdanke, und ihn seiner Mutter als seinen Retter vorzustellen. So mögen mit dem Stoff vertraute Lesende die zweite männliche Figur im purpurnen Gewand für den Minister halten – und die Figur daneben für Alexander, der dem Text zufolge ja alles tut, um mit seinem Minister verwechselt zu werden.[505] Kurzum: Es ist verwirrend. Alexander ist nicht einfach zu identifizieren, und das Bild führt auf den ersten Blick angesichts der orange-grünen Bekleidung des Portraitierten eher in die Irre. Erst ein sehr genauer Blick nämlich mag das Augenmerk auf den Schnurrbart lenken, der die sitzende Person als Alexander ausweist.

503 Ich stütze mich hier auf den Vergleich der syrischen, der armenischen und der griechischen Version α in englischen Übersetzungen auf www.attalus.org/translate/alexander3c.html, Stand 3.12.2018. Die dort nebeneinandergestellten Übersetzungen sind E. A. W. Budge, *The History of Alexander the Great, Being the Syriac Version, Edited from Five Manuscripts of the Pseudo-Callisthenes, with an English Translation*, Cambridge 1889, *The Romance of Alexander the Great by Pseudo-Callisthenes. Translated from the Armenian Version with an Introduction by Albert Mugrdich Wolohojian*, New York/London 1969, und Pseudo-Callisthenes, *The Life of Alexander the Macedon*, übers. v. E. H. Haight, New York 1955. Zum Gewand, das Kandake Alexander zum Abschied überrreicht, vgl. das Ende des Kapitels 13 der syrischen Version.

504 Vgl. Kapitel 9 der syrischen Version in: Budge, *The History of Alexander the Great*, www.attalus.org/translate/alexander3c.html, Stand 3.12.2018.

505 Ich danke Firuza und Charles Melville für die Diskussionen zu dieser Frage.

»Sie betrachtete das Gesicht Alexanders gut; sie sah keinen Unterschied zwischen ihm und dem Bild«. Rückgriffe auf Firdawsīs *Shāhnāmah*

Dass Betrachtende die Figuren beim Versuch, Alexander zu erkennen, sehr genau in den Blick nehmen müssen, mag Niẓāmīs Beschreibung entsprechen, dass Nūshābah Alexander »vom Haupt bis zu den Füßen« gemustert und geprüft habe, »wie man Gold am Prüfstein prüft«. Denn erst »nach genauer Prüfung erkannte sie ihn«.[506] Allerdings impliziert die Prüfung an einem Prüfstein normalerweise den Vergleich mit einem als Gold bekannten Element. In Niẓāmīs Text jedoch ist nicht die Rede davon, dass Nūshābah zur Identifikation Alexanders das Bild zur Hilfe nimmt. Es war bis zu dieser Szene in Niẓāmīs Text überhaupt noch nicht von einem Bild die Rede. Das Bild kommt bei Niẓāmī erst ins Spiel, als Nūshābah Alexander mit seinem Bild konfrontiert, und an dieser Stelle überlässt sie es Alexander, die Seidenrolle zu öffnen, in der sein Portrait enthalten ist.

Die Darstellung der Miniatur entspricht also, wie Priscilla Soucek betont hat, nicht Niẓāmīs Darstellung des Vorfalls.[507] Vielmehr »ähnelt diese Episode, in der Nūshābah die Rolle inspiziert, bevor sie sie Iskandar zeigt, der Episode von Iskandar und der Königin Qaydāfah von Andalusien im *Shāhnāmah* von Firdawsī. Hier inspiziert die Königin das Portrait zuerst und gibt es dann Iskandar.«[508] Auch andere Details der Miniatur lassen sich in Firdawsīs Text wiederfinden – so ist etwa davon die Rede, dass Alexander zu einem goldenen Thron geführt worden sei.[509] Die Miniatur entspricht also nicht dem Text, in dem sie sich befindet, sondern greift – was zur eben geschilderten Verwirrung beitragen mag – auf die entsprechende Schilderung der Szene in einer Vorgängerversion von Niẓāmīs Text, Firdawsīs *Shāhnāmah*, zurück.[510]

Angesichts der Tatsache, dass hier nicht Niẓāmīs Version der Szene illustriert wird, sondern Firdawsīs Text, erwägt Soucek, ob das Narrativ verwechselt wurde oder ob hier eine Miniatur aus einer *Shāhnāmah*-Handschrift kopiert worden sein könnte.[511] Robert Hillenbrand geht allerdings umgekehrt davon aus, dass Niẓāmīs Text zwar auf dem Firdawsīs aufbaut, aber »das Bild von Königin Qaydāfah mit dem Bild Iskandars in der Hand in Shāhnāmah-Illustrationen erst auftaucht, nachdem es Teil der Niẓāmī-Ikonographie wurde«.[512] Diese Annahme wird auch von Larisa Dodchudoevas

506 Nizāmī Ganǧawī, *Das Alexanderbuch*, S. 196; zum persischen Originaltext vgl. Niẓāmī, *Kullīyāt-i Khamsa-i Niẓāmī. Makhzhan al-asrār, Khusrau wa Shīrīn, Leilī wa Majnūn, Haft paykar, Iskandarnāma, Iqbālnāma*, hrsg. v. Waḥīd Dastgirdī, Bd. 2, Teheran 1993/4, S. 1044.

507 Soucek, *Illustrated Manuscripts of Nizamis's Khamseh 1386–1482*, S. 419.

508 Soucek, *Illustrated Manuscripts of Nizamis's Khamseh 1386–1482*, S. 303.

509 Abū al-Qāsim Firdawsī, *Shāhnāmah*, hrsg. v. Jalāl Khāliqī Muṭlaq, New York 2005, Bd. 6, S. 61. Vgl. auch Ferdowsi, *Shahnameh*, S. 495.

510 Vgl. zum Alexandernarrativ in Firdawsīs *Shāhnāmah* Kappler, »Alexandre dans le Shāh Nāma de Firdousi« und Haila Manteghi, »Alexander the Great in the Shānāmeh of Ferdowsī«, in: Richard Stoneman (Hrsg.), *The Alexander Romance in Persia and the East*, Eelde 2012, S. 161–174.

511 Soucek, *Illustrated Manuscripts of Nizamis's Khamseh 1386–1482*, S. 303.

512 Robert Hillenbrand, »The Iskandar Cycle in the Great Mongol Šāhnāma«, in: Margaret Bridges, J. Christoph Bürgel (Hrsg.), *The Problematics of Power. Eastern and Western Representations of Alexander the Great*, Bern u.a. 1996, S. 203–229, hier S. 210. Dabei bezieht er sich allerdings auf Darstellungen von Shīrīn, die das Portrait Khusraws in den Händen hält, das heißt auf eine Ikonographie eines anderen Epos der *Khamsah* – und nicht auf die Darstellungen der Szene, in denen Nūshābah Alexander mit seinem eigenen Portrait konfrontiert. Allerdings ist anzumerken, dass die Unterschiede – beispielsweise innerhalb der Handschriften London, BL, Add. 26171 oder St.

Zusammenstellung von Illustrationen in Niẓāmī-Handschriften gestützt, die mehrere Illustrationen von Niẓāmīs Version des Narrativs verzeichnet,[513] die früher datiert werden als die erste erhaltene Illustration dieser Szene innerhalb einer Firdawsī-Handschrift.[514] Das schließt nicht aus, macht es aber weniger wahrscheinlich, dass in der ersten erhaltenen Illustration der Szene in einer Niẓāmī-Handschrift auf eine frühere Illustration aus einer *Shāhnāmah*-Handschrift zurückgegriffen wurde. Hinzu kommt, dass in der frühesten Illustration dieser Szene aus einer *Shāhnāmah*-Handschrift (Cambridge, Harvard Art Museum, 2002.50. 21, ca. 1480)[515] sowie in den meisten anderen erhaltenen Illustrationen nicht etwa wie in der Londoner Anthologie der nur bei Firdawsī erwähnte Moment dargestellt ist, in dem Qaydāfah selbst das Portrait betrachtet, sondern der auch bei Niẓāmī geschilderte Moment, in dem Alexander selbst das Portrait zu sehen bekommt.[516] Aber selbst wenn ein Vorbild aus einer *Shāhnāmah*-Handschrift vorlag, stellt sich die Frage, ob dieses nur aus Mangel an Alternativen rezipiert wurde – oder ob spezifische Gründe zu erkennen sind, warum Firdawsīs Text für die Illuminierenden attraktiv war.

Um mögliche Gründe zu eruieren, die Firdawsīs Text für die Illuminierenden interessant machen, sei Firdawsīs Darstellung dieser Szene kurz analysiert. Sie lautet:

Petersburg, Eremitage, VR 1000 – zwischen den Darstellungen Alexanders mit seinem Portrait und derjenigen von Shīrīn mit dem Portrait Khusraws im Vergleich zu anderen ikonographischen Übernahmen im Kontext der persischen Buchmalerei dieser Zeit deutlich sind. Man denke beispielsweise an die augenfälligen Parallelen, die sich zwischen Darstellungen Alexanders und Majnūns an der Kaaba aufzeigen ließen. So ähnelt in diesen Darstellungen Qaydāfahs mit dem Bild Alexanders zwar die Darstellung des Bildes jener des Bildes Khusraws, die Konstellation der Figuren ändert sich jedoch verhältnismäßig stark.

513 Larisa Dodchudoeva zufolge gibt es vier Beispiele für diese Szene in Niẓāmī-Handschriften, die in die erste Hälfte des 15. Jahrhunderts datiert werden. Dodchudoeva, *Poėmy Nizami v srednevekovoj miniatjurnoj živopisi*, S. 251–253.

514 Die frühesten erhaltenen Miniaturen aus *Shāhnāmah*-Handschriften, in denen Alexander mit seinem Bild konfrontiert wird, werden auf das letzte Viertel des 15. Jahrhunderts datiert. Vgl. hierzu wiederum die Datenbank des Shahnama Project (http://shahnama.caret.cam.ac.uk) sowie Jill Norgren, Edward Davis, *Preliminary Index of Shah-nameh Illustrations*, Ann Arbor 1969. Das ist insofern bemerkenswert, als Handschriften von Firdawsīs *Shāhnāmah* schon seit Beginn des 14. Jahrhunderts illustriert werden – die vier sogenannten kleinen *Shāhnāmas* werden um 1300 datiert – und die sogenannte große Mongolische *Shāhnāmah* mit 12 erhaltenen Illustrationen des Alexanderstoffes auch im Vergleich zu späteren safavidischen *Shāhnāma*-Handschriften mit den insgesamt meisten Miniaturen »ein Wal unter kleinen Fischen« (Hillenbrand, »The Iskandar Cycle in the Great Mongol Šāhnāma«, S. 208) ist. Dagegen ist die erste erhaltene illustrierte Handschrift von Niẓāmīs *Khamsah* (London, BL, Or. 13297) 1386–88 entstanden (vgl. Margaret S. Graves, »Words and Pictures. The British Library's 1386–8 Khamseh of Nizami, and the Development of an Illustrative Tradition«, in: *Persica* XVIII, 2002, S. 17–54). Das heißt, die erste erhaltene Illustration der Konfrontation Alexanders mit seinem Portrait in Handschriften des *Shāhnāmah* ist erst fast 200 Jahre nach der ersten illustrierten Handschrift zu datieren, während die erste erhaltene Darstellung dieser Szene in der Tradition der illustrierten Niẓāmī-Handschriften nunmehr gut 20 Jahre nach der ersten erhaltenen illustrierten Handschrift entstanden ist.

515 Ich meine hier dezidiert die Szene der Konfrontation mit dem Bild. Darstellungen von Alexander und Qaydāfa gibt es früher. Vgl. hierzu z. B. Farhad Mehran, »The Break-Line Verse: The Link between Text and Image in the ›First Small‹ Shahnama«, in: Charles Melville (Hrsg.), *Shahnama Studies I*, Cambridge 2006, S. 156–158.

516 Vgl. auch hierzu die Datenbank des Shahnama Project http://shahnama.caret.cam.ac.uk.

> Beim Weintrinken betrachtete die edle Königin Alexander noch aufmerksamer [wörtlich: noch mehr]. Sie sagte zum Schatzmeister: »Bring mir jene glänzende Seide, auf die das liebenswürdige Bild gemalt ist, so, wie sie ist, aber berühre es [d. h. das Bild] nicht ungestüm mit der Hand!« Der Schatzmeister brachte es und legte es vor [die Königin]. Als sie es sah, schaute sie es äußerst sorgfältig [wörtlich: ohne Maß] an. Sie betrachtete das Gesicht Alexanders [dann] gut; sie sah keinen Unterschied zwischen ihm und dem Bild.[517]

Diese Szene spielt sich allerdings erst bei der zweiten Begegnung von Qaydāfah und Alexander ab, Qaydāfah erkennt Alexander also keineswegs sofort. Vor allem aber wird betont, dass Qaydāfah erst einmal Alexander genauer betrachten muss, bevor er sie überhaupt an das Portrait erinnert – und umgekehrt betrachtet sie das Portrait dann erst einmal lange, bevor sie es mit Alexander vergleicht. Ganz im Gegenteil zur Version Niẓāmīs, wo das Portrait im Zuge von Nūshābahs Identifikation Alexanders gar nicht angeführt wird, ist eine sehr eingehende Betrachtung des Portraits und ein anschließender Vergleich mit dem Gesicht Alexanders bei Firdawsī die Grundlage der Identifikation.

In dieser Beschreibung der Szene unterscheidet sich Firdawsīs Text nicht nur deutlich von Niẓāmīs späterer Version, in der das Portrait in dieser Szene keine Rolle spielt, sondern auch vom Text des Pseudo-Kallisthenes, auf den er zurückgeht:[518] Während Kandake Alexander im Pseudo-Kallisthenes ebenso wie in Niẓāmīs Version erkennt, ohne das Bild zur Hand zu nehmen, und dieses erst wieder ins Spiel kommt, als Alexander damit konfrontiert wird, wird das Bild bei Firdawsī schon herangezogen, um Alexander zu identifizieren. Zudem führt er aus, durch welche Art der Betrachtung des Portraits Qaydāfah Alexander identifiziert: Es ist kein Wiedererkennen auf den ersten Blick, sondern ein eingehendes und langes Schauen und ein direkter Vergleich von Abbild und Vorbild. Die eingehende Betrachtung des Portraits und sein Vergleich mit dem Vorbild scheint für Firdawsī also eine so bedeutsame Bedingung des Wiedererkennens zu sein, dass er eine zusätzliche Szene einfügt, bevor Qaydāfah Alexander dann – und hier kommt der Text dem Pseudo-Kallisthenes wieder sehr nahe – am nächsten Tag beim Namen nennt und ihm auf sein Leugnen hin das Bild vorlegt.

Die Beschreibung einer eingehenden Betrachtung des Portraits und des Vergleichs von Abbild und möglichen Vorbildern als Bedingung der Identifikation Alexanders, die Firdawsī im Unterschied sowohl zu Niẓāmīs Version als auch zu seiner Vorlage ergänzt, entspricht ziemlich genau dem Sehmodus, den die Miniatur verlangt: Alexander ist nicht auf den ersten Blick zu erkennen, sondern nur, wenn die Betrachtenden das Portrait eingehend ansehen und mit den verschiedenen Figuren vergleichen. Unabhängig

517 Abū al-Qāsim Firdawsī, *Shāhnāmah*, hrsg. v. Jalāl Khāliqī Muṭlaq, New York 2005, Bd. 6, S. 60, V. 802–807 – übersetzt von Gerald Grobbel. Vgl. zu einer englischen Übersetzung des Textes Abolqasem Ferdowsi, *Shahnameh. The Persian Book of Kings*, übers. v. Dick Davis, New York 2006, S. 494.

518 Ich ziehe hier zum Vergleich Krolls Edition der frühesten griechischen Handschrift der Rezension α (Paris, BnF, gr. 1711 – Pseudo-Callisthenes, *Historia Alexandri Magni: Recensio vetusta*) heran, auf der die Version δ* basiert. Denn von der Version δ*, auf welcher Firdawsīs Text wie gesagt ebenso wie der altfranzösische Prosa-Alexanderroman basiert, ist keine griechische Handschrift erhalten. Vgl. Ross, *Alexander Historiatus*, S. 6.

davon, ob ein Vorbild vorlag oder nicht, zeichnet sich hier also ab, dass der Modus des Sehens, den Firdawsī beschreibt – die eingehende Betrachtung von Bildern und der Vergleich von Bild und Vorbild im Prozess des Erkennens –, in hohem Maße dem entspricht, was die Illustration von den Betrachtenden fordert. Die Sichtweise, die die Miniatur verlangt, entspricht also recht genau jener, die Firdawsī der Königin zuschreibt. Die Illuminierenden übernehmen Firdawsīs Vorstellung von Bildbetrachtung also am Anfang des 15. Jahrhunderts für ihr eigenes Bild, es scheint für sie ein attraktives Modell für ihre Malerei gewesen zu sein. Damit bleibt die Frage, ob der Rückgriff auf Firdawsīs Text allein dem Interesse der Malenden an einem solchen Modell der eingehenden Betrachtung von Bildern zuzuschreiben ist – oder ob diesem Modell auch eine Funktion in der Illustration von Niẓāmīs Version des Narrativs zukommt.

Zum Vergleich des vergleichenden Sehens

Bevor ich jedoch auf diese Frage nach der Funktion dieses vergleichenden Sehens im Text von Niẓāmīs Alexanderroman zu sprechen komme, sei an dieser Stelle kurz ein Vergleich mit den nordalpinen Darstellungen der Szene eingeschoben – genauer gesagt, ein Vergleich der Arten und Weisen und des Sinn und Zwecks der vergleichenden Blicke,[519] die die Miniaturen in beiden Kontexten zwischen Vorbild und Abbild provozieren: War man in den französischsprachigen Handschriften des 13. Jahrhunderts angesichts der spiegelbildlichen Gegenüberstellung von Alexander und seinem Abbild damit konfrontiert, dass Vorbild und Abbild erst im genaueren Abgleich zu unterscheiden sind, stellt man in der Londoner Niẓāmī-Illustration umgekehrt fest, dass erst ein genauer Vergleich von Bild und Person die Identifikation Alexanders erlaubt. Während das vergleichende Sehen also im ersten Fall ein unterscheidendes Sehen ist, ist es im zweiten ein identifizierendes, und ich würde sagen: wiedererkennendes Sehen, das als ein vergleichendes Sehen inszeniert wird. Ein solcher wiedererkennender Blick wiederum erinnert an die Funktion des Bildes im anglo-normannischen Text Thomas von Kents sowie in den Versionen des 15. Jahrhunderts. Die Modi des wiederkennenden Sehens jedoch unterscheiden sich: Während das Wiedererkennen im persischen Fall auf einem eingehenden Vergleich von Abbild und Vorbild beruhrt, sind in den anglonormannischen ebenso wie in den französischen Handschriften die Gemeinsamkeiten so offensichtlich, dass das Bild als Grundlage eines Wiedererkennens auf den ersten Blick inszeniert wird – ohne dass besondere Bedingungen seiner Betrachtung erfüllt sein müssten.

So werden im Vergleich der verschiedenen Verfahren des vergleichenden Sehens sehr unterschiedliche Funktionen und Modi von vergleichenden Blicken deutlich: Im Fall des altfranzösischen Prosa-Alexander entspricht das Bemühen der Betrachtenden um eine Unterscheidung zwischen Bild und Vorbild einer Abgrenzung von Kandakes idolatrischer Behandlung des Bildes, in der das Bild behandelt wird wie die abgebildete

519 Diese Idee verdanke ich Joachim Rees und den Diskussionen im Rahmen der Forschergruppe *Transkulturelle Verhandlungsräume von Kunst: Komparatistische Perspektiven auf historische Kontexte und aktuelle Konstellationen.* Einen vergleichbaren Vergleich des Vergleichs hat in der Literaturwissenschaft Mireille Schnyder vorgenommen: Mireille Schnyder, *›Wunderfügnisse‹ der Welt. Zur Bedeutung von Vergleich und Metapher in der deutschen und persischen Dichtung des 17. Jahrhunderts*, Bern u.a. 1992.

Person. Die Funktion des vergleichenden Sehens ist es also, das Bild vom Vorbild zu unterscheiden und sich damit von einer Behandlung des Bildes als Idol abzugrenzen. Mit der Verschiebung von der idolatrischen Verehrung des Bildes hin zur listigen Verwendung seines Wiedererkennungswertes bei Thomas von Kents Kandake, die Gaullier-Bougassas zufolge nicht mehr als untergebene, sondern vielmehr als überlegene Figur präsentiert wird, bekommt die vergebliche Suche nach Unterschieden dann eher die Konnotation einer Bestätigung, dass das Bild tatsächlich »Schönheit, Ähnlichkeit, Volumen und Statur mit Alexander gemein«[520] hat. Für das Wiedererkennen Alexanders ist der Vergleich jedenfalls nicht nötig, hier reicht die Erinnerung. Allein im Alexanderroman des Alexandre de Paris wird zumindest gesagt, dass Kandake die Tatsache, dass Alexander sie an das Portrait erinnert habe, im direkten Vergleich mit seinem Portrait verifizierte.[521]

In den persischen Handschriften hingegen scheint die Behandlung eines Bildes als Idol kein Thema zu sein. Zwar findet sich auch im *Shāhnāmah* der Satz: »Als Qaydāfah das Gesicht Alexanders erblickte, wurde sie betrübt, versteckte es und seufzte.«[522] Doch ansonsten ist von einer begehrenden Haltung Qaydāfahs gegenüber Alexander oder gar gegenüber seinem Bild nicht die Rede.[523] Niẓāmī schließlich verzichtet völlig darauf, von der Produktion oder Rezeption des Portraits zu berichten. Die Lesenden werden hier erst im gleichen Moment wie Alexander mit der Existenz des Portraits konfrontiert. Eine vorherige Behandlung des Portraits als Ersatz für die Gegenwart Alexanders ist kein Thema mehr. Dementsprechend hat auch die vergleichende Betrachtung nicht die Funktion, zwischen Bild und Vorbild zu differenzieren. Während jeder Idolatrieverdacht außer Frage zu stehen scheint, ist es aber offenbar nicht selbstverständlich, dass man Alexander auf den ersten Blick wiedererkennt, wenn man sein Portrait besitzt. Damit bestätigt der vergleichende Blick nicht einfach nur die Entsprechung, sondern er wird zu einem Mittel der Identifikation: In Firdawsīs Text sind es die eingehende Betrachtung des Portraits und der Vergleich mit dem Vorbild, die die Identifikation Alexanders erlauben. Der vergleichende Blick hat also nicht die Funktion, die Identität zwischen Portrait und Portraitiertem zu hinterfragen, sondern er ermöglicht überhaupt erst eine Identifikation der Person durch das Portrait.

520 Vgl. Thomas de Kent, *Le roman d'Alexandre ou le roman de toute chevalerie*, S. 548, V. 7008–7009.

521 Vgl. S. 148 dieser Arbeit.

522 Firdawsī, *Shāhnāmah*, S. 52, V. 681 – übersetzt von Gerald Grobbel. Für eine englische Übersetzung des Textes siehe Ferdowsi, *Shahnameh*, S. 490.

523 Rubanovich hat aufgewiesen, dass eine Sexualisierung der Beziehung zwischen Alexander und der Königin in den islamischen Kontexten eine Ausnahme bleibt, auch wenn dieser Topos aus hebräischen oder äthiopischen Versionen bekannt gewesen sein könnte. Vgl. Rubanovich, »Re-writing Alexander and Candace«, S. 128. Sie verweist darauf, dass eine Sexualisierung in den perso-arabischen Alexandertexten nur in dem anonymen *Iskandarnāmah* erwähnt wird. Dort wird berichtet, dass die Leute sagen würden, dass Alexander mit Kandake geschlafen habe. Der Text konstatiert aber, dass das nicht wahr sei. Vgl. *The Persian Alexander: The First Complete English Translation of the Iskandarnāma*, übers. u. kommentiert v. Evangelos Venetis, London/New York 2018, S. 97.

4.2 »... um durch Vergleich ihren Charakter zu ergründen«. Alexanders Bild in Niẓāmīs *Iskandarnāmah*

Die Analyse der Darstellung Nūshābahs mit dem Bild Alexanders in der Londoner Anthologie in Bezug auf Firdawsīs Text hat deutlich gemacht, dass die Miniatur Firdawsīs Schilderung nicht einfach nur darin entspricht, dass die Königin das Bild in der Hand hält. Es ist auch der von der Miniatur geforderte Modus des eingehenden Abgleichs zwischen Portrait und Portraitiertem, der genau dem Passus entspricht, der sich bei Firdawsī im Unterschied zum Pseudo-Kallisthenes ergänzt findet. Damit hat man es in dieser Miniatur mit einer sehr präzisen Visualisierung des Textes zu tun – allerdings eben nicht des Textes Niẓāmīs, in dem sie sich befindet. Damit bleibt, wie gesagt, die Frage, ob der Rückgriff auf Firdawsīs Text allein einer Vorlage oder dem Interesse der Malenden an einer Visualisierung des Nutzens der eingehenden Betrachtung von Bildern und des Vergleichs von Bild und Vorbild im Erkenntnisprozess zuzuschreiben ist – oder ob diesem Modell auch eine Funktion in der Illustration von Niẓāmīs Version des Narrativs zukommt.

Um dem nachzugehen, sei erst einmal Niẓāmīs Schilderung der Szene genauer in den Blick genommen:[524] Auf den üblichen Bericht, wie die Königin das Portrait hat anfertigen lassen, verzichtet Niẓāmī, wie gesagt, vorerst ganz. So sind die Lesenden womöglich genauso überrascht wie Alexander, dass Nūshābah ihn nach genauer Musterung »vom Haupt bis zu den Füßen«[525] erkennt. Auf sein Leugnen hin befielt sie dann, die »Seide zu holen, die Bildnisse [*paykar*] von Königen enthielt, und gab dem Gast einen bestimmten Zipfel der Seide in die Hand, indem sie sagte: Nimm dieses Bild [*naqsh*] vor Augen, schau, wessen Züge [*nishān-i rukh*] es trägt, und denke darüber nach, zu welchem Zwecke es hier vorhanden ist!«[526] Erst nachdem Niẓāmī dann vom Erschrecken Alexanders und der strengen, aber doch gütigen Antwort Nūshābahs berichtet hat, wird den Lesenden von Nūshābah erklärt:

> Bin ich aus meiner Stadt auch nicht herausgekommen, so kenne ich doch die Könige der Welt. Von Indien bis Griechenland, von den Städten bis in die Wüste habe ich Maler und Physiognomiker [*firāsat*] in alle Reiche gesandt, mit dem Auftrag, von den Herrschern jeder Region eine Gestalt [*ṣūrat*] auf Seide zu malen. Wenn sie [*nigārandah-i ṣūrat*] das Bild [*nigār*] dann gemalt haben und es mir bringen, prüft es mein kritischer Blick. Für jedes Bild [*naqsh*] lasse ich mir bezeugen, wessen Züge es trägt. Man sagt mir: »Das ist das Bildnis [*naqsh*] des Königs Soundso!«, und ich zweifle nicht, dass es ihn so zeigt, wie er tatsächlich aussieht. Auch betrachte ich jedes

524 Es kann an dieser Stelle nur angedeutet werden, dass Niẓāmī neben Firdawsīs Text verschiedene Quellen verwendet hat – er selber verweist auf jüdische, christliche und Pahlavi-Quellen. Vgl. Niẓāmī Ganǧawī, *Das Alexanderbuch*, S. 37 sowie Rubanovich, »Re-writing Alexander and Candace«, S. 126. In Bezug auf die Kandake-Episode hat Rubanovich den Bezug auf jüdische Narrative aufgewiesen (Rubanovich, »Re-writing Alexander and Candace«, S. 134–142) und auch betont, dass Niẓāmīs Version »absorbed some themes and motifs from the β recension« (S. 126), die ihrerseits wiederum eine Affinität zu jüdischen Quellen aufweise.

525 Niẓāmī Ganǧawī, *Das Alexanderbuch*, S. 196; Niẓāmī, *Kullīyāt-i Khamsa-i Niẓāmī*, S. 1044, V. 113.

526 Niẓāmī Ganǧawī, *Das Alexanderbuch*, S. 199–200; Niẓāmī, *Kullīyāt-i Khamsa-i Niẓāmī*, S. 1046, V. 169–171.

> Bild genau vom Scheitel bis zu den Zehen, mustere Alte und Junge und prüfe ihre Maße, um durch Analogie [*qiyās*] und auf Grund meiner physiognomischen Kenntnisse ihren Charakter zu ergründen. Statt in Einsamkeit der Selbstbespiegelung oder der Resignation zu verfallen, wäge ich Tag und Nacht die Könige auf der Waage meines Urteils und erkunde ihr Gewicht, ob sie schwer oder leicht sind. Von allen für mich auf Seide gemalten Bildern [*naqsh*] hat mir deines [*khiyāl-i tu*] am besten gefallen! Es weiht die Seele in die Liebe ein, es zeugt von der Milde des Königs.[527]

Es wird also auch in Niẓāmīs Text an verschiedenen Stellen betont, dass die Königin ihre Portraits einer eingehenden und zeitlich ausgedehnten Betrachtung »vom Scheitel bis zu den Zehen« unterzieht. Allerdings hat diese eingehende Betrachtung weniger wie bei Firdawsī zum Ziel, die anwesende Person Alexanders zu identifizieren, sondern es geht ihr darum, jede Gestalt (*ṣūrat*) mit Hilfe ihrer physiognomischen Kenntnisse und durch Analogie als gut oder schlecht zu beurteilen. Es gilt also, wie Bürgel übersetzt, durch ein eingehendes Schauen den Charakter der abgebildeten Person zu ergründen.[528] Zu diesem Zweck hatte Nūshābah neben den Malern auch Physiognomen in alle Reiche geschickt.

Damit kommt hier eine Vorstellung von Physiognomie ins Spiel, die höchstwahrscheinlich auf griechische Modelle zurückgeführt werden kann. Deren Rezeption ist zu Niẓāmīs Lebzeiten im persischen Sprachraum im *Kitāb al-Firāsa* von Fakhr al-Din al-Rāzī (+ 1209) prominent dokumentiert[529] – das auch die Grundlage für die Physiognomierezeption im westeuropäischen Spätmittelalter darstellt.[530] Sie manifestiert sich aber auch im arabischen *Sirr al-asrār*, das als Lehrschrift von Aristoteles für Alexander galt und über die lateinische Übersetzung als *Secretum Secretorum* auch im westeuropäischen Kontext extrem einflussreich wurde.[531] Im Zuge dieser Physiognomierezeption, die sich in Westeuropa im 13. Jahrhundert zunächst im Texten und ab dem 14. Jahrhundert verstärkt auch in Bildern abzeichnet,[532] ist es nicht erstaunlich, dass Hartlieb anmerkt, der Maler habe die Einzigartigkeit von Alexanders Physiognomie bemerkt.[533]

527 Niẓāmī Ganǧawī, *Das Alexanderbuch*, S. 201–202; Niẓāmī, *Kullīyāt-i Khamsa-i Niẓāmī*, S. 1047–1048, V.193–207. Ich habe in Bürgels Übersetzung bei den das Bild- und Sehverständnis betreffenden Begriffen die jeweiligen persischen Begriffe ergänzt. Vgl. zu einer sehr wörtlichen Übersetzung des Textes auch Ilyās b. Yūsuf Niẓāmī, *The Sikandar nāma, e bara, or Book of Alexander the Great*, übers. v. Henry Wilberforce Clarke, London 1881, hier S. 468, sowie zu diesem Passus auch Yves Porter, »La forme et le sens. À propos du portrait dans la littérature persane classique«, in: Christophe Balaÿ, Claire Kappler, Živa Vesel Vesel (Hrsg.), *Pand-o Sokhan. Mélanges offerts à Charles-Henri de Fouchécour,* Teheran 1995, S. 219–231, hier S. 230.

528 Niẓāmī Ganǧawī, *Das Alexanderbuch*, S. 201.

529 Robert Hoyland, »The Islamic Background to Polemon's Treatise«, in: Simon Swain (Hrsg.), *Seeing the Face, Seeing the Soul. Polemon's Physiognomy from Classical Antiquity to Medieval Islam*, Oxford 2007, S. 227–280, hier S. 262–263.

530 Ulrich Reisser, *Physiognomik und Ausdruckstheorie der Renaissance*, München 1997, S. 41.

531 Vgl. zur Rezeption dieses Kompendiums Regula Forster, *Das Geheimnis der Geheimnisse. Die arabischen und deutschen Fassungen des pseudo-aristotelischen Sirr al-asra/Secretum Secretorum,* Wiesbaden 2006. Stephen Perkinson hat die Skepsis in Bezug auf die physiognomischen Passagen in diesem Kompendium herausgearbeitet, die womöglich der Grund waren, weshalb diese Passagen sowohl in der ersten lateinischen Übersetzung aus der ersten Hälfte des 12. Jahrhunderts als auch der ersten französischen Übersetzung (ca. 1270) fehlen. Perkinson, *The Likeness of the King*, S. 69–71.

532 Vgl. Perkinson, *The Likeness of the King.*

533 Vgl. das Unterkapitel III. 3.4. »Wiedererkennbare Bilder«.

Niẓāmīs muss hier freilich kein konkretes philosophisches Modell rezipiert haben. Vielmehr ist davon auszugehen, dass Physiognomie im populären Verständnis eine sehr viel breitere Bedeutung eines Weges »von der äußeren Form zur inneren Natur«[534] hatte und mit verschiedenen gesellschaftlichen Praktiken von sufistischer Spiritualität bis zur Wettervorhersage in Verbindung gebracht werden konnte.[535] Dass Niẓāmī die Rolle der Physiognomie betont, dient also wahrscheinlich primär dazu, deutlich zu machen, dass Nūshābah weniger an der äußerlichen körperlichen Erscheinung des Portraits an sich interessiert war, als daran, mithilfe der dargestellten Formen Zugang zu einer Beurteilung der inneren Werte zu bekommen.[536] Wenn Nūshābah also schließlich besonderen Gefallen an Alexander findet, so ist dies nicht in seiner Macht oder in seinem Aussehen begründet, sondern innere Werte werden als Grund angegeben, warum ihr Alexanders Portrait von allen am besten gefallen habe.

Portrait als Imagination

Um zu beschreiben, was ihr von allen Bildern an dem Alexanders am besten gefallen habe, verwendet Nūshābah den Begriff *khiyāl*: »Von allen für mich auf Seide gemalten Bildern hat mir deines [*khiyāl-i tu*, wörtl. deine *khiyāl*] am besten gefallen.«[537] Priscilla Soucek hat diesen Begriff im Kontext zeitgenössischer Theorien der Imagination gedeutet. Sie zitiert dazu die Beschreibung der *khiyāl* aus einem zeitgenössischen persischen Ibn-Sīnā-Kommentar: »Diese Fähigkeit [*khiyāl*] fungiert also als Schatzkammer (*khazīna*) sodass, wenn der wahrnehmbare Gegenstand (*maḥsūs*) selbst verschwindet, die Figur und die Form (*ān shakl u ṣūrat*) darin bestehen bleiben.«[538] *Khiyāl* – was man als Imagination übersetzen kann – ist also als Instanz der Figuren und Formen zu verstehen, die einem im Kopf bleiben. Dementsprechend führt Niẓāmī *khiyāl* an, um in seinem Epos *Khusraw u Shīrīn* die herausragenden Fähigkeiten des Künstlers Shāpūr herauszustellen, der für Shīrīn ein Bild Khusraws gefertigt hat: Er könne seine Bilder allein aus der *khiyāl* ohne Pinsel schaffen.[539] Und Soucek führt aus:

534 Hoyland, *The Islamic Background to Polemon's Treatise*, S. 257.

535 Vgl. Hoyland, *The Islamic Background to Polemon's Treatise*, S. 257–261.

536 Vgl. zur Rolle der Physiognomie in der Tradition der persischen Portraitmalerei auch Priscilla P. Soucek, »The Theory and Practice of Portraiture in the Persian Tradition«, in: *Muqarnas* 17, 2000, S. 97–108, hier S. 103–105. Kappler geht davon aus, dass sich eine solche Vorstellung auch schon in Firdawsīs Schilderung der Szene andeutet. Vgl. Kappler, »Alexandre dans le Shāh Nāma de Firdousi«, S. 173.

537 Nizāmī Ganǧawī, *Das Alexanderbuch*, S. 201–202; Niẓāmī, *Kullīyāt-i Khamsa-i Niẓāmī*, S. 1048, V. 206.

538 Priscilla Soucek, »Nizami on Painters and Painting«, in: Richard Ettinghausen (Hrsg.), *Islamic Art in The Metropolitan Museum of Art*, New York 1972, S. 9–21, hier S. 11, nach Henry Corbin, *Avicenna and the Visionary Recital*, Princeton 1960, S. 301, vgl. auch Porter, »La forme et le sens«, S. 227. Ich schließe mich hiermit Souceks und Porters Ansätzen an, einen Bezug zwischen den Miniaturen und diesen philosophischen Texten im Rekurs auf den illustrierten Text nachzuzeichnen, statt ihn – wie beispielsweise Seyyed Hossein Nasr – aufgrund bestimmter formaler Charakteristika für die persische Buchmalerei im Allgemeinen zu formulieren. Vgl. Seyyed Hossein Nasr, »›The World of Imagination‹ and the Concept of Space in Persian Miniature«, in: *Islamic Quarterly* 13 3, 1969, S. 129–134.

539 Soucek, »Nizami on Painters and Painting«, S. 11. Vgl. hierzu auch Porter, »La forme et le sens«, S. 227. Er sieht hierin einen Rekurs auf eine Passage bei Ibn Rushd: »… et cette forme réside dans l'âme de l'artiste«.

> Niẓāmī impliziert, dass ein Maler beim Malen auf Material zurückgreift, das in seiner Imagination (*khiyāl*) gespeichert ist. Man nahm an, dass diese Fähigkeit einen spezifischen Bereich des Gehirns einnahm und als Speicherort für Informationen diente, die von den äußeren Sinnen des Sehens, Hören, Tastens und Riechens aufgenommen wurden.[540]

Weiter hat Priscilla Soucek in diesem Kontext angemerkt, dass Nūshābah das Bild, das sie Alexander vor Augen hält, als *nishān* bezeichnet. Und sie erläutert auch diesen Begriff im Rückgriff auf die Psychologie Ibn Sīnās:

> Der Ursprung dieses Begriffs liegt offenbar in einem Verständnis von visueller Wahrnehmung, das in der islamischen Welt weit verbreitet war. Sehen beginnt, wenn ein Bild sich in den Kristallkörper des Auges einprägt (Verb: *intabaʿa*). Dieser Körper wird als »poliert und leuchtend«, in anderen Worten wie ein Spiegel beschrieben. Sehen findet allerdings nicht statt, bevor sich nicht die Bilder beider Augen in den Gemeinsinn (*al-ḥiss al-mushtarik*) eingeprägt haben. Vom Gemeinsinn wird es zur Speicherung in die Imagination (*khiyāl*) übertragen [...]. Die Bilder, die vom Auge und dem Gemeinsinn empfangen werden, werden »eingeprägte Bilder« (*al-ṣuwar al-munṭabiʿa*) genannt. Das persische Äquivalent für dieses Wort scheint *nishān* zu sein.[541]

Nishān bezeichnet Soucek zufolge also die Bilder, die in dem Moment entstehen, in dem sich das visuell wahrgenommene in den »Gemeinsinn (*al-ḥiss al-mushtarik*)« einprägt und die als solche in der *khiyāl* gespeichert werden können.[542]

Es ist allerdings fraglich, inwiefern Niẓāmī auf eine spezifische von diesen Theorien zurückgreift oder inwiefern hier auf eine verallgemeinerte populäre Vorstellung Bezug genommen wird. Daher scheint es mir nicht sinnvoll, an dieser Stelle zu diskutieren, welche Funktion die Imagination (*khiyāl*) und die darauf aufbauende imaginative Fähigkeit (*al-mutakhayyala*) in Ibn Sīnās Wahrnehmungspsychologie und in seiner Poetik haben und inwiefern das aristotelische Modell damit verändert wurde.[543] Es sei nur festgehalten, dass die Speicherung der Formen in der Imagination bei Ibn Sīnā die Grundlage der imaginativen Fähigkeit ist, die die gespeicherten Bilder neu kombinieren und aufteilen kann.[544] In dieser Kapazität kann die Imagination Ibn Sīnā zufolge von der Vernunft herangezogen werden, um Künste zu schaffen oder beispielsweise prophetische Inspiration in eine für alle Menschen verständliche Form zu

540 Soucek, »Nizami on Painters and Painting«, S. 11.

541 Soucek, »Nizami on Painters and Painting«, S. 14. Man mag sich angesichts von Niẓāmīs Einsatz des Begriffes *nishān* fragen, inwiefern er hier Konnotationen aufbaut, die sich womöglich bereits im griechischen Begriff χαρακτῆρα, der im Text des Pseudo-Kallisthenes an dieser Stelle steht, andeuten – nämlich die Assoziation mit dem Charakter einerseits und einem eingeprägten Zeichen andererseits.

542 Soucek, »Nizami on Painters and Painting«, S. 14.

543 Vgl. hierzu beispielsweise Deborah L. Black, »Imagination and Estimation: Arabic Paradigms and Western Transformations«, in: *Topoi* 19, 2000, S. 59–75, Salim Kemal, *The Poetics of Alfarabi and Avicenna*, Leiden 1991, oder John Peter Portelli, *The Concept of Imagination in Aristotle and Avicenna*, Montreal 1979.

544 Portelli, *The Concept of Imagination in Aristotle and Avicenna*, S. 47.

überführen.[545] Salim Kemal hat zudem unterstrichen, dass Ibn Sīnā damit »die Imitation von einer rein ikonischen Rolle befreit, in der sie darauf beschränkt ist, ›ähnlich wie‹ das Objekt auszusehen«.[546]

Auch wenn man bei Niẓāmī keine direkte Rezeption der Wahrnehmungstheorien Ibn Sīnās behaupten will, deutet sich vor diesem Hintergrund an, dass Niẓāmī mit der Bezeichnung von Alexanders Portrait als *nishān* und *khiyāl* weniger eine reine Wiedergabe seiner äußeren Erscheinung versteht als ein Produkt der Imagination, die auf zuvor eingeprägte Bilder zurückgreift.[547] Damit käme Bildern eine vergleichbare Funktion zu, wie sie Yves Porter der persischen Poesie zugeschrieben hat: »Es ist die Erkenntnis und nicht die Ähnlichkeit, die aus diesen Portraits Archetypen macht.«[548] Und es sei »in der Literatur und vor allem in der Poesie essentiell, ein Referenzobjekt nicht in Bezug auf eine realistische Sicht zu beschreiben, sondern in Bezug auf die Wirkung, die es in der Imagination haben kann.«[549]

Wieder-/Erkennen bei Firdawsī und Niẓāmī

Einem solchen Konzept der Imagination entspricht Niẓāmīs Desinteresse gegenüber dem Prozess der Herstellung einer »ähnlichen Gestalt«, dem Firdawsī so viel Aufmerksamkeit widmet: Im Unterschied zur Version des Pseudo-Kallisthenes bemerkt Firdawsī, dass schon bei der Auswahl des Malers die Fähigkeit, eine »ähnliche Gestalt« (*mānand-i ṣūrat*) zu erschaffen, entscheidend gewesen sei.[550] Zudem macht er wesentlich genauere Angaben als seine Vorlage, wie der Maler vorgehen solle: »Geh zu Alexander, doch erwähne weder dieses Land [d. h. Andalusien] noch mich! Schau ihn scharf an, wie er ist, sodass du, [...] ein Bild bringen kannst von seiner Farbe, Gesicht und Gestalt, von Kopf bis Fuß.«[551] Und er unterstreicht abschließend in der Beschreibung der Konfrontation Alexanders mit seinem Portrait: »Wenn Bewegung in dem Bild gewesen wäre, wäre es mit König Alexander identisch gewesen.«[552]

Vor dem Hintergrund einer Vorlage, die die potentielle Verwechselbarkeit von Bild und Abbild so explizit betont, wird deutlich, dass Niẓāmī dezidiert darauf verzichtet, ein solches Portraitverständnis ins Spiel zu bringen: Mit dem Verzicht auf jegliche Schilderung des Auftrags und Produktionsprozesses des Bildes im Vorfeld der Begegnung fallen die Beschreibungen der besonderen lebensechten Qualitäten des Bildes weg. Und diese holt er auch nicht nach. Ebenso fehlt die von Firdawsī ergänzte Szene, in der Qaydāfah sich das Portrait bringen lässt, um es mit dem vor ihr stehenden

545 Kemal, *The Poetics of Alfarabi and Avicenna*, S. 102–103.

546 Kemal, *The Poetics of Alfarabi and Avicenna*, S. 231.

547 Materielle Bilder optimalerweise als reine Produktion der Imagination anzusehen, heißt weder, dass sie nicht auf die Eindrücke der sinnlichen Wahrnehmung zurückgriffen, noch, dass es sich hierbei, wie Belting annimmt, um ausschließlich mentale Bilder handelt. Vgl. Belting, *Florenz und Bagdad*, S. 95.

548 Porter, »La forme et le sens«, S. 231.

549 Porter, »La forme et le sens«, S. 227.

550 Firdawsī, *Shāhnāmah*, S. 51, V. 672.

551 Firdawsī, *Shāhnāmah*, S. 51, V. 674–676 – übersetzt von Gerald Grobbel. Vgl. auch Ferdowsi, *Shahnameh*, S. 490.

552 Firdawsī, *Shāhnāmah*, S. 62, V. 846 – übersetzt von Gerald Grobbel. Vgl. auch Ferdowsi, *Shahnameh*, S. 496.

Alexander abzugleichen. Und schließlich ist in der Konfrontation Alexanders mit seinem Portrait keine Rede mehr davon, dass man Alexanders Portrait – wenn es sich nur bewegt hätte – mit ihm hätte verwechseln können. Während also Firdawsīs Text im Vergleich mit der Version des Pseudo-Kallisthenes der körperlichen Vergleichbarkeit besondere Aufmerksamkeit zollt, tritt dieser Aspekt bei Niẓāmī zurück – und zwar zugunsten eines *nishān*, das es erlaubt, den Charakter eines Menschen zu erkennen.

Dieses besondere Erkenntnispotential des *nishān* entspricht einer Funktion, die Ibn Sīnā der Imagination zugeschrieben hat. So hat Kemal, dem es ansonsten primär um die poetischen Formen der Mimesis geht, zu den Implikationen dieses Konzeptes für visuelle Repräsentation angemerkt, dass Ibn Sīnā bei Masken hervorgehoben habe, ihre »visuelle Eigenschaften [seien] symptomatisch für ein Temperament oder einen ›moralischen Charakter‹«.[553] In Ibn Sīnās Verständnis von Masken sind also ebenso wie in Nūshābahs Ansicht der Königsportraits die visuellen Charakteristika als Manifestationen eines Charakters anzusehen, dem das eigentliche Interesse gilt.[554] Ibn Sīnās Deutung ist dabei vor dem Hintergrund seines Konzeptes der inneren Sinne zu verstehen, in dem die Formen der *khiyāl* auch Grundlage der Beurteilung – *vahm* –, der Einschätzung der Intentionen eines wahrgenommenen Objektes, sind. Ibn Sīnā führt hier die Einschätzung eines Wolfes durch ein Schaf als Beispiel an.[555]

Die inneren Bilder der *khiyāl* sind also nicht nur die Basis einer Imagination, die jenseits einer Imitation äußerer Gegebenheiten auch transzendente Inhalte vermittelt, sondern sie sind auch die Grundlage einer Einschätzung des Gesehenen. Insofern entspricht Niẓāmīs Aussage, dass es Alexanders *khiyāl* ist, das Nūshābah gefällt, ebenso wie ihre physiognomischen Betrachtungen einer Vorstellung, nach der die Einschätzung eines gesehenen Objektes auf der *khiyāl*, der Repräsentation im Sinne eines inneren Bildes, basiert.

War der eingehende Blick auf das Bild bei Firdawsī noch das Instrument, das es ermöglichte, Alexander – wenn auch nicht auf den ersten Blick – wiederzuerkennen, so wird das Erkennen einer Person bei Niẓāmī deutlich stärker auf innere Aspekte bezogen: Die eingehende Betrachtung des Bildes wird zum Instrument der Erkenntnis des Wesens einer Person. Bei Niẓāmī wird also zwar nicht beschrieben, dass Nūshābah Alexander aufgrund einer »maßlosen« Betrachtung des Bildes erkennt, doch es wird erklärt, dass die genaue Betrachtung der Bilder zu einer Erkenntnis über die Person führt.

Wenn innerhalb eines Textes von Niẓāmīs *Iskandarnāmah* eine Szene aus Firdawsīs Version zu sehen ist, in der es darum geht, dass die eingehende Betrachtung des Portraits die Bedingung ist, um Alexander zu erkennen, dann wird dieses Erkennen nicht nur mit dem Wiedererkennen Alexanders assoziiert, sondern auch mit Nūshābahs Erkenntnis seines Charakters. Somit wird nicht nur die Bedeutung der eingehenden

553 Kemal, *The Poetics of Alfarabi and Avicenna*, S. 231. Er verweist hier auf Kapitel V 15 von Ibn Sīnās Kommentar zu Aristoteles' Poetik. Vgl. auch Ismail M. Dahiyat, *Avicenna's Commentary on the Poetics of Aristotle. A Critical Ctudy with an Annotated Translation of the Text*, Leiden 1974, S. 83.

554 Lameï hat angeführt, dass Niẓāmī auch in Bezug auf die Spuren der Liebeskrankheit in Farhāds Gesicht von *nishān* spricht. Vgl. Mahmoud Lameï, *La poétique de la peinture en Iran (XIVe–XVIe siècle)*, Bern u.a. 2001, S. 208–211. Eine solche Funktion scheint mir Souceks Kontextualiserung des Begriffes vor dem Hintergrund von Ibn Sīnās Wahrnehmungstheorie jedoch nicht, wie Lameï meint, zu widersprechen.

555 Portelli, *The Concept of Imagination in Aristotle and Avicenna*, S. 48. Es wäre zu diskutieren, inwiefern dieses Verständnis des Sehens auch Ibn al-Haythams kontemplativem Sehen entspricht. Vgl. hierzu z.B. Necipoğlu, »The Scrutinizing Gaze«.

Betrachtung eines Bildes für das Erkennen Alexanders betont, sondern auch das Potential angedeutet, dadurch zu einer Erkenntnis seines Charakters zu gelangen. Darüber hinaus konfrontiert die Miniatur die Betrachtenden wie eingangs beschrieben mit den Schwierigkeiten, Alexander anhand äußerlicher Merkmale zu identifizieren. Das mag damit zu tun haben, dass ohne Firdawsīs Text textuelle Hinweise, wie etwa der, dass Alexander auf einem goldenen Stuhl sitzt, fehlen und die Miniatur hier auch keine entsprechenden Bezüge auf Niẓāmīs Beschreibung einbaut – was sie in anderer Hinsicht, etwa in Bezug auf die von Niẓāmī betonte weibliche Entourage der Königin, durchaus tut. Wenn die Kleidung im Portrait Alexanders zudem gerade nicht Alexander, sondern einer zweiten Person entspricht, so könnten die Schwierigkeiten auch Niẓāmīs Vorstellung entgegenkommen, dass es nicht auf eine äußerliche Wiedererkennbarkeit ankommt.[556] Es könnte also nicht nur Zufall sein, dass zur Illustration eines Narrativs, das die Bedeutung einer eingehenden Betrachtung für das Erkennen einer Person betont, die Darstellung einer Szene gewählt wurde, die dem Betrachter einen sehr genauen Blick abverlangt, um die dargestellte Person zu erkennen. Wenn im 15. Jahrhundert allerdings auch in Handschriften des *Shāhnāmah* (vgl. z. B. Abb. 63) das Portrait Alexanders äußerlich keine Ähnlichkeiten mit seiner Person aufweist, dann stellt sich darüber hinaus die Frage, inwiefern hier nicht auch ein Portraitverständnis der timuridischen Buchmalerei demonstriert wird, das sich als Rückgriff auf das zwei Jahrhunderte ältere Portraitkonzept Niẓāmīs inszeniert.

Zugleich ist freilich die Verschiebung des Fokus auf innere Eigenschaften in Niẓāmīs Epos im Zusammenhang damit zu sehen, dass Alexander hier, wie verschiedentlich betont wurde, zu einem Vorbild – ich möchte fast sagen: Idol – zukünftiger Herrscher gemacht wird. Wenn er dabei, wie Bürgel unterstrichen hat, nicht nur als Eroberer, sondern als Philosoph und als Prophet inszeniert wird, zeichnet sich darin eine vergleichbare Verschiebung von äußeren zu inneren Charakteristika ab.[557] Zudem unterstreicht Niẓāmī mit Nūshābahs Aussage, ihr habe sein Portrait auch in dieser Hinsicht am besten gefallen, dass es nicht sein abbildbares Äußeres ist, was den Status eines Idols bekommt, sondern seine inneren Qualitäten.

Folgt man Souceks These, dass diese Anthologie als Prinzenspiegel für den jungen Iskandar Sulṭān angefertigt wurde, so bedeutet das zum einen, dass mit Niẓāmīs Text sehr dezidiert die inneren Eigenschaften Alexanders als Vorbild für einen jungen Herrscher inszeniert werden. Soucek hat in Bezug auf die anderen beiden Illustrationen des *Iskandarnāmah* in dieser Anthologie, Darstellungen von Alexanders Besuch bei einem Eremiten und seiner Beobachtung der Sirenen, erwogen, ob die recht markante Darstellung Alexanders hier Züge von Iskandar Sulṭān selber aufweist.[558] In diesem Fall könnten die Illuminierenden eine schmeichelhafte Identifikation Iskandar Sulṭāns

556 Eine vergleichbare Schwierigkeit Personen – in diesem Falle Propheten – zu identifizieren, weil kein Wert auf physische Eigenheiten gelegt wird, hat Roxburgh auch in dem im ersten Kapitel diskutierten *Mi'rājnāmah* festgestellt. Er bringt dies damit in Verbindung, dass – so der Text – im Paradies alle gleich perfekt aussähen. Vgl. Roxburgh, »Concepts of the Portrait in the Islamic Lands«, S. 24–26.

557 Bürgel, »Conquérant, philosophe et prophète«.

558 Soucek, *Illustrated Manuscripts of Nizamis's Khamseh 1386–1482*, S. 304 und 306. Eine solche mögliche Ähnlichkeit hat Soucek auch für eine Darstellung Khusraws in der ebenfalls für Iskandar Sulṭān hergestellten Anthologie diskutiert, die sich heute in der Gulbenkian Foundation in Lissabon befindet. Vgl. S. 291.

mit seinem Namensvetter angedeutet haben.[559] Darüber hinaus betont Soucek, dass der Eremit, den Alexander aufsucht, Alexander bei seiner Ankunft an seiner Höhle sofort an seiner königlichen Aura erkennt. Diese beruht üblicherweise auf königlicher Abstammung, wird von Niẓāmī hier aber auf Alexander übertragen, »der aufgrund seiner persönlichen Fähigkeiten und nicht seiner Abstammung herrscht«.[560] So können Text und Miniatur auch der Legitimation der Herrschaft Iskandar Sulṭāns dienen.

Niẓāmī gibt aber nicht nur Alexanders königliche Aura als Grund an, dass der Eremit ihn erkennt, sondern auch die Tatsache, dass auch der Eremit einen Spiegel besitze, und zwar einen Spiegel im Herzen, den er durch Askese poliert habe.[561] Damit werden auch hier die Bedingungen des Erkennens thematisiert, um die es bereits in der Darstellung von Alexanders Portrait ging. Neben der Inszenierung von Alexander als Vorbild, mit dem sich ein junger Herrscher identifizieren soll, geht es auch in dieser Szene um die Erkenntnisfähigkeit, die nötig ist, um diese Vorbildlichkeit Alexanders zu erkennen. Wieder einmal betont der Text also, dass nicht nur die inneren Eigenschaften Alexanders als Vorbild für Iskandar Sulṭān inszeniert werden, sondern auch eingehende Blicke, die eine Person nicht durch Äußerlichkeiten, sondern in ihrem Charakter identifizieren. Einen ebensolchen eingehenden Blick verlangen, so die Argumentation dieses Kapitels, auch die Miniaturen – und tragen so zu einer Erziehung zu einem eingehenden Sehen bei.

Ein Stück weit entsprechen sich also die Anliegen der Illustrationen der Szene in den Versionen Niẓāmīs und des altfranzösischen Prosa-Alexanderromans: Beiden ist es ein Anliegen, die Betrachtenden – in beiden Fällen wohl primär einen jungen Adeligen, womöglich Fulcaud de Rochechouart, mit hoher Wahrscheinlichkeit aber Iskandar Sulṭān – zu einem genauen Hinsehen zu erziehen. In den Handschriften des altfranzösischen Prosa-Alexanderromans diente dieses genaue Hinsehen allerdings primär dazu, sich von der Verwechslung von Person und Portrait und der trügerischen Wirkung eines Bildes abzugrenzen. Diese Verwechslung von Person und Portrait, die in der französischen »Standardversion«[562] des Alexandre de Paris von 1185 so plakativ geschildert wurde, wurde zugleich einer fremden Frau zugeschrieben und mit dem negativen Bild des Idols in Verbindung gebracht, von dem es sich abzugrenzen galt. Niẓāmīs Version von 1204 hingegen bringt dieses eingehende Sehen mit den idealen Bildern der Imagination in Verbindung – die, wie eingangs diskutiert, in beiden Bildkulturen zum Vorbild erklärt werden. Hier geht es darum, ein eingehendes Sehen zu vermitteln, in dem man nicht Äußerlichkeiten, sondern den Charakter einer Person erkennt. Damit wird der Königin nicht mehr eine abzulehnende Verwechslung von Bild und Person zugeschrieben, sondern die Erkenntnis des Charakters in der Physiognomie. Und mit einem derart vorbildlichen Bildverständnis wird die Königin von Niẓāmī dann bezeichnenderweise nicht mehr wie von Firdawsī in Andalusien und damit an einem der entferntesten Orte der damaligen islamischen Welt verortet, sondern in der Nachbarschaft seines Heimatortes Ganja: in Barda.[563] Bei Nūshābahs Blick auf dieses Por-

559 Soucek, *Illustrated Manuscripts of Nizamis's Khamseh 1386–1482*, S. 302.

560 Soucek, *Illustrated Manuscripts of Nizamis's Khamseh 1386–1482*, S. 305.

561 Vgl. Niẓāmī Ganǧawī, *Das Alexanderbuch*, S. 224.

562 Ross, *Alexander Historiatus*, S. 11.

563 Rubanovich argumentiert, dass auch Barda von persischen Geographen am Ende der Welt, namentlich an der Grenze zum Land der Dunkelheit lokalisiert wurde. Rubanovich, »Re-writing

trait handelt es sich auch nicht um eine fremde Bildpraxis, von der man sich abgrenzt, sondern um eine naheliegende, wenn nicht die eigene Bildpraxis, die als vorbildlich präsentiert wird – und die offenbar auch die Illustratoren im 15. Jahrhundert noch als vorbildlich ansahen. Die Umwertung der Königin – und ihres Bildgebrauchs – geht hier also mit einer Relokalisierung einher, genauer gesagt, die positive Bewertung mit einer Umsiedlung vom äußersten Ende der Welt in die nächste Nachbarschaft. Der Blick auf dieses Bild scheint also eng mit dessen Verortung zu tun zu haben – oder umgekehrt.

Dieser Konnex von Umwertung und Relokalisierung mag an die »Entorientalisierung« erinnern, die in Thomas von Kents Version mit der positiveren Bewertung Kandakes einherging. Auch hier war zu beobachten, dass in dem Moment, in dem Kandakes Blick auf das Bild nicht mehr als idolatrisch, sondern als wiedererkennender Blick charakterisiert wird, auch die Orientalisierung Kandakes zurückgenommen wird, indem auf eine Lokalisierung in Meroe oder im »Orient«, wo Alexandre de Paris sie verortet, verzichtet und Kandake explizit als weiß beschrieben wird.[564] Die Ansicht, dass einem positive Figuren – und auch ein positiv bewerteter Bildgebrauch – besonders nahe liegen, ist also keineswegs nur bei Niẓāmī anzutreffen. Was sich freilich unterscheidet, ist der Bildgebrauch, genauer gesagt: das Verständnis des Erkennens durch Bilder, das positiv bewertet wird – bei Niẓāmī verhilft das Bild zu einer Erkenntnis des Charakters, bei Thomas von Kent zur Entlarvung des Verkleideten.

Zudem ist die kulturräumliche Annäherung von Alexander und Kandake in den volkssprachlichen Versionen im westeuropäischen Kontext im Zusammenhang mit einer körperlichen Annäherung im Zuge der Sexualisierung ihrer Beziehung zu beobachten, während eine Sexualisierung Julia Rubanovich zufolge im islamischen Kontext eine absolute Ausnahme bleibt.[565] Keineswegs nur im persischen Kontext zu beobachten, das sei hier noch kurz angemerkt, ist allerdings die Relokalisierung Kandakes und auch die Verortung »am Ende der Welt«, wie man sie bei Firdawsī antrifft. In der Spanne von den griechischen Versionen der Spätantike bis zu westeuropäischen Versionen des späten Mittelalters changieren auch die Orte, vom fernen Osten bis zu mythischen Königreichen hinter »geheimnisvollen Wäldern« und »hohen Bergen« …[566]

Jedenfalls lässt sich festhalten, dass die Differenzen in den Betrachtungsweisen von Alexanders Portrait sowie in den Bewertungen des vergleichenden Sehens mit der unterschiedlichen Verortung der Königin einhergehen, die Distanz zwischen der fiktiven Betrachterin und den imaginierten Betrachtenden der Handschrift modifiziert wird, je nachdem, wie nahe man dieser Betrachtungsweise stehen sollte.

Alexander and Candace«, S. 137. Da Niẓāmī nur etwa 75 km von Barda entfernt in Ganja im heutigen Aserbaidschan geboren wurde, ist es aber meines Erachtens unwahrscheinlich, dass er diese Vorstellung teilt. Interessant scheint mir aber Rubanovichs Hinweis, dass Barda sich in der Region befindet, in der von einigen Autoren das Reich der Amazonen lokalisiert wurde (vgl. auch Adrienne Mayor, *The Amazons. Lives and Legends of Warrior Women across the Ancient World*, Princeton 2014, S. 368–369) – und die auch von Niẓāmī als das ehemalige Harum bezeichnet wird, den heute unbekannten Ort, den Firdawsī als Ort der Amazonen angibt (Rubanovich, »Re-writing Alexander and Candace«, S. 140 und S. 151, Fußnote 66).

564 Vgl. S. 161 dieser Arbeit.

565 Vgl. Rubanovich, »Re-writing Alexander and Candace«, S. 128. Siehe auch Fußnote 523.

566 De Weever, »Candace in the Alexander Romances«, S. 534 sowie 340–341 und Rubanovich, »Re-writing Alexander and Candace«, S. 142, Fußnote 5.

Selbsterkenntnis ist der erste Weg zur Besserung

Im Kontext einer solchen Verschiebung des Bildverständnisses von einem physischen Abbild zum inneren Bild, auf dem die Einschätzung einer Person basiert, scheint mir ein Satz Nūshābahs besonders bemerkenswert. Sie sagt zu Alexander, als dieser angesichts seines eigenen Portraits erschrickt: »Ich habe dir dein Bild (*naqsh*) gezeigt, damit du dein Bild (*naqsh*) von mir berichtigst!«[567] Dieser Satz ist in verschiedener Hinsicht bezeichnend: Zum einen führt Nūshābah in diesem Satz das Verständnis des Wortes *naqsh* im Sinne eines materiell vorhandenen Bildes mit einer metaphorischen Verwendung von *naqsh* im Sinne von Vorstellung eng. Und sie verdeutlicht diese Engführung, indem sie es im folgenden Satz explizit auf sein Frauenbild bezieht: »Denn wenn ich auch eine Frau bin, so bin ich doch nicht von weibischem Wandel, nicht ahnungslos in bezug auf die Welt. Ich bin eine Löwin, wenn du ein Löwe bist.«[568] Zum anderen macht sie damit deutlich, dass es ihr nicht in erster Linie darum ging, Alexander in die Falle zu locken und zu enttarnen. Ihr Anliegen sei vor allem gewesen, ihn angesichts seines Bildes zu der Erkenntnis zu bringen, dass er seine Vorstellung von ihr als sein Gegenüber zu korrigieren – und sie als ebenbürtig anzuerkennen hat.

Die Verschiebung von einer in der Fremde verorteten Bildpraxis Qaydāfahs zum naheliegenden Bildverständnis Nūshābahs impliziert also – ebenso wie es in der Version Thomas von Kents zu beobachten war – eine, hier allerdings deutlich explizitere, Aufwertung der Frauenfigur. Auch die Interpretation der entsprechenden Passage bei Thomas von Kent durch Van Coolput-Storms,[569] in der sie davon ausgeht, dass die Konfrontation Alexanders mit seinem Portrait entsprechend der psychoanalytischen Vorstellung des Spiegelstadiums zu einer Erkenntnis einer Außenperspektive auf das eigene Ich führt, weist gewisse Parallelen auf. Van Coolput-Storms hatte in Thomas von Kents Narrativ aber primär Alexanders Erkenntnis seiner Grenzen und seiner Sterblichkeit hervorgehoben. Bei Niẓāmī dagegen ist nicht zu überlesen, dass diese Selbsterkenntnis dazu führen soll, auch seine Imagination anderer Person zu überdenken – und sein weibliches Gegenüber nicht mehr als Objekt seiner Imagination, sondern als ebenbürtiges Subjekt anzuerkennen.

»Lade der Beglaubigungen«

Es ist an dieser Stelle zu betonen, dass Alexanders Portrait bei Niẓāmī kein Einzelfall ist: Niẓāmīs Nūshābah hat sich – ebenso wie Firdawsīs Qaydāfah[570] – eine Vielzahl von Bildnissen der Herrscher aller Reiche von Indien bis Griechenland schaffen lassen, um Kenntnisse über Personen zu erlangen, denen sie nie persönlich begegnet ist. Es ist also nur eines aus einer Reihe von Portraits, das nun zufällig dazu führt, dass sie Alexander erkennt. Eine solche Sammlung von Portraits wichtiger Personen erinnert an den seit dem 10. Jahrhundert belegten Topos der Truhe,[571] die Gott für Adam geschaffen hat

567 Nizāmī Ganǧawī, *Das Alexanderbuch*, S. 200; Niẓāmī, *Kullīyāt-i Khamsa-i Niẓāmī*, S. 1047, V. 181, Übersetzung leicht verändert.

568 Nizāmī Ganǧawī, *Das Alexanderbuch*, S. 200; Niẓāmī, *Kullīyāt-i Khamsa-i Niẓāmī*, S. 1047, V. 182–183.

569 Vgl. S. 159 dieser Arbeit.

570 Vgl. Kappler, »Alexandre dans le Shāh Nāma de Firdousi«, S. 173.

571 Roxburgh, *Prefacing the Image*, S. 171 und Fußnote 43.

und in der Portraits von allen zukünftigen Propheten aufbewahrt werden. Angesichts der Tatsache, dass das letzte dieser Portraits Mohammed zeigt, kann sie als Bestätigung für dessen Status als Prophet herangezogen werden.[572] Zwar ist nicht davon die Rede, dass auch ein Portrait Alexanders in dieser Truhe gewesen sei. Aber Alexander wird in verschiedenen Schilderungen als Besitzer dieser Portraits der Propheten genannt.[573] Jedenfalls könnte es sein, dass Niẓāmī auf dieses Narrativ anspielt und damit die Kapazität des Portraits unterstreicht, eine Person bereits vor ihrem historischen Auftreten zu zeigen und die wahre Natur Alexanders zu enthüllen. David Roxburgh zumindest hat verfolgt, wie Dūst Muḥammad diesen Topos der Truhe mit Portraits im 16. Jahrhundert in seinem Vorwort zu jenem Album anführt, in das auch die eingangs diskutierte Darstellung des träumenden Khvājū (Abb. 3) eingefügt wurde. Er zeigt, wie Dūst Muḥammad den Topos der »Lade der Beglaubigungen« in enger Verknüpfung mit dem des Spiegels heranzieht, um ein Konzept von Portraitmalerei zu legitimieren, das dem Verdacht einer illegitimen Verwendung von Bildern als Idolen entgeht:[574] Indem er die Portraitmalerei auf den Propheten Daniel zurückführt, der diese göttlichen *acheiropoieta* kopiert habe, begründet er eine Malerei, die etwas Unsichtbares sichtbar macht und den Blick nach innen lenkt, statt eine trügerische Illusion zu schaffen, die mit der Wirklichkeit verwechselt werden könne.[575] So deutet sich in der Assoziation von Nūshābahs Sammlung von Portraits mit dieser »Lade der Beglaubigungen« an, dass Niẓāmīs Narrativ im 15. Jahrhundert womöglich auch deshalb so attraktiv war, weil es ein Modell darstellt, um Malerei zu legitimieren.

Imagination als vergleichendes Sehen?

Es ist ausgeführt worden, welches Erkenntnispotential Niẓāmī der eingehenden Betrachtung von Bildern zuschreibt. Offen ist bislang die Frage, inwiefern eine vergleichende Betrachtung in diesem bildbasierten Erkenntnisprozess eine Rolle spielt. Ibn Sīnā vertritt Fazlur Rahman zufolge in der Frage, wie Repräsentationen dazu beitragen können, Universalien zu erkennen, folgende Ansicht: »Die Fähigkeit der Imagination hilft der Verstandestätigkeit darin, dass der Verstand die Bilder, die im Geist aufbewahrt werden, vergleicht und kontrastiert.«[576] Und er betont:

> Avicenna [Ibn Sīnā, V. B.] unterstreicht, dass das Universale nicht in den Bildern erscheint, sondern dass aufgrund der Aktivität des Vergleichens und Kontrastierens der Bilder und des Kombinierens mit den Bedeutungen, die im Geist aufbewahrt sind, das Universale vom aktiven Verstand in das menschliche Gedächtnis gelangt. Folglich ist die Aktivität des Geistes,

572 Roxburgh, *Prefacing the Image*, S. 170–174.

573 Vgl. z. B. Oleg Grabar, Mika Natif, »The Story of the Portraits of the Prophet Muhammad«, in: *Studia Islamica* 96, 2003, S. 19–38, hier S. 21.

574 Roxburgh, *Prefacing the Image*, S. 174.

575 Roxburgh, »Concepts of the Portrait in the Islamic Lands«, S. 20–22.

576 Fazlur Rahman, »Avicenna vi. Psychology«, in: *Encyclopaedia Iranica* III/1, 2011 (1987), S. 83–84, hier S. 83, www.iranicaonline.org/articles/avicenna-vi, Stand 26.3.2014. Vgl. hierzu auch Rahmans Ausführungen in *Avicenna's Psychology*, hrsg. u. kommentiert v. Fazlur Rahman, Westport, CO 1981 [1952], S. 116–118.

> die Bilder zu vergleichen und zu kontrastieren, eine Übung, die die Seele vorbereitet, um von der kosmischen Intelligenz die universelle Intelligenz zu empfangen.[577]

Rahman argumentiert also, dass es der Vergleich und die Gegenüberstellung der in der *khiyāl* gespeicherten *nishān* – insbesondere durch die Instanz des *vahm*[578] – und der dadurch ermöglichte Bezug der *nishān* auf Bedeutungen ist, der die Seele darauf vorbereitet, die Universalien aufzunehmen. Rahman sieht bei Ibn Sīnā im Vergleich und der Gegenüberstellung der Bilder also eine – wenn auch nur vorbereitende und nicht allein ausreichende – Grundlage von Erkenntnis.

Dieser von Rahman als »Übung des Vergleichens und Kontrastierens« beschriebene Prozess weist – Ibn Sīnās Vorstellung einer Entsprechung von Wahrnehmung und Denken folgend[579] – gewisse Parallelen zu Ibn Sīnās Konzept des syllogistischen Erkenntnisgewinns durch Analogie auf. Das lenkt das Augenmerk darauf, dass Nūshābah neben ihren physiognomischen Kenntnissen das Verfahren, mit dem sie in ihrer Betrachtung der Bilder den Charakter ergründet, »*qiyās*« nennt – und damit einen Begriff verwendet, der sowohl für Analogie als auch für ein syllogistisches Vorgehen als solches verwendet wird: »Auch betrachte ich jedes Bild genau vom Scheitel bis zu den Zehen, mustere Alte und Junge und prüfe ihre Maße, um durch Analogie (*qiyās*) und auf Grund meiner physiognomischen Kenntnisse ihren Charakter zu ergründen.«[580] Insofern wäre zu diskutieren, inwiefern sich in diesem Begriff von *qiyās* nicht nur ein syllogisches, sondern – entsprechend seiner Bedeutung von »Vergleich« – auch ein vergleichendes Vorgehen andeutet, welches die Übersetzung »um durch Vergleich [...] ihren Charakter zu ergründen« nahelegt. Jedenfalls stellt sich vor dem Hintergrund eines solchen Verständnisses von *qiyās* die Frage, inwiefern sich auch bei Niẓāmī ein Verständnis von vergleichendem Sehen als Grundlage von Erkenntnis andeutet, das die Illuminierenden zum Anlass nehmen, den Vergleich zwischen Portrait und Person Alexanders zu inszenieren.

Angesichts dieser Betonung des Vergleiches von Bildern als Grundlage von Erkenntnis kann man fragen, inwiefern damit ein historisches Modell des vergleichenden Sehens formuliert wird, das Parallelen zu ebender Vorstellung des vergleichenden Sehens als Hilfsmittel universeller Erkenntnis aufweist, die auch die Geschichte des kunstwissenschaftlichen Vergleichens geprägt hat – auch wenn sich die Verortung der Universalität von der Seele in die Wahrnehmung verlagert hat.

Nun ist angesichts der knappen Andeutungen Niẓāmīs zu einem vergleichenden Sehen nicht zu klären, ob er sich auf das Modell Ibn Sīnās bezog. Es ist aber festzuhalten, dass die Londoner Miniatur (Abb. 60), in der Betrachtende wie beschrieben relativ lange brauchen, um Alexander mittels des vorliegenden Portraits zu erkennen, im Kontext eines Textes zu sehen ist, in dem die eingehende Betrachtung des Portraits weniger eine reine Identifikation Alexanders zum Ziel hat als vielmehr eine Erkenntnis seines Charakters – und in dem Nūshābah hierzu vergleichend vorgeht. Die Tatsache,

577 Rahman, »Avicenna vi. Psychology«, S. 83–84.

578 *Avicenna's Psychology*, S. 81.

579 *Avicenna's Psychology*, S. 88.

580 Niẓāmī Ganǧawī, *Das Alexanderbuch*, S. 201–202; Niẓāmī, *Kullīyāt-i Khamsa-i Niẓāmī*, S. 1047–1048, V. 202–203.

Abb. 62 – Nūshābah erkennt Alexander, Niẓāmī, *Iskandarnāmah*, Herat 1445–46, Istanbul, Topkapı, H. 781, fol. 244v.

dass es dauert, bis man eine Person mithilfe eines Bildes erkannt hat, wird hier also explizit damit in Verbindung gebracht, dass es bei diesem Bild nicht um ein reines Wiedererkennen der äußeren Gestalt geht, sondern um eine Erkenntnis des Wesens einer Person. Vielleicht war es also nicht nur Zufall, sondern auch der Wunsch, diesen Prozess des Erkennens zu veranschaulichen, der die Illuminierenden veranlasst hat, auf eine Konstellation aus Firdawsīs Text zurückzugreifen, die ein derart eingehendes, genaues Schauen provoziert. Vielleicht war es darüber hinaus aber auch die Andeutung eines vergleichenden Vorgehens Nūshābahs, die die Illuminierenden interessiert hat – und dazu bewog, nicht nur ein eingehendes, sondern ein vergleichendes Sehen als Bedingung der Erkenntnis zu inszenieren.

Abb. 63 – Alexander mit seinem Portrait, Niẓāmī, *Iskandarnāmah*, Herat 1431, St. Petersburg, Staatliches Museum Eremitage, VR-1000, fol. 385v.

Zumindest, das sei abschließend noch kurz angemerkt, scheint diese Form der Darstellung der Szene so viel Gefallen gefunden zu haben, dass uns eine weitere Miniatur (Istanbul, Topkapı, H. 781, fol. 244v – Abb. 62) von 1445–46 erhalten ist, die auf sie zurückgreift, obwohl in der Zwischenzeit beispielsweise mit einer Miniatur aus der Eremitage von 1431 (Abb. 63) auch eine Ikonographie vorlag, in der Alexander selbst das Portrait in den Händen hält.

4.3 Im Vergleich mit dem Spiegelbild. Eine Darstellung von Alexander gegenüber seinem Bild

Häufiger als die bislang diskutierte Form der Darstellung ist auf Dauer allerdings eine Ikonographie, in der nicht die Königin, sondern Alexander selbst sein Portrait betrachtet. Meist hält Alexander sein Portrait dabei – wie in der frühesten erhaltenen Miniatur einer heute in St. Petersburg aufbewahrten Handschrift (St. Petersburg, Eremitage, VR-1000, 1431, fol. 385v – Abb. 63) – in beiden Händen und wirkt in dieser Hinwendung von Körper und Blick zu seinem Portrait »in sich vertieft«.[581] Während die Betrachtenden in dem Moment, in dem Nūshābah das Bild in der Hand hat, den Prozess der Identifikation nachvollziehen mussten, ist Alexander hier von vornherein am Bild in seinen Händen zu erkennen. Das Petersburger Blatt zeigt allerdings auf den ersten Blick keine Ähnlichkeit, die den grüngekleideten Alexander mit seinem weißen Turban mit der blaugekleideten Figur mit rotem Untergewand und blauer Kopfbedeckung auf dem Bild in seinen Händen verbindet. Auch ist keine entsprechende Haltung oder Größe zu vermerken, in der das stehende Abbild dem sitzenden Alexander jenseits einer möglicherweise trügerischen Verkleidung entspricht. Es ist also nicht nur so, dass man das kleinformatige Bild auf seinem weißen Träger nicht mit seinem Vorbild verwechseln kann, man würde die beiden Figuren wohl auch kaum in Verbindung bringen – wenn der Text nicht besagen würde, dass Alexander sein Portrait betrachtet. Während der Text im westeuropäischen Kontext also entscheidend dafür war, Alexander von seinem Abbild zu unterscheiden, so benötigt man ihn hier zur Identifikation des Vorbildes. Wiederum gilt das Bemühen der Betrachtenden, das im französischsprachigen Kontext der Unterscheidung galt, im persischen Kontext der Identifikation.

Es ist allerdings eine Sache, wenn Nūshābah oder die heutigen Betrachtenden Alexander nicht auf den ersten Blick erkennen – und eine andere, wenn Alexander sich selbst nicht ohne weiteres in seinem Portrait erkennt, sondern dazu ebenfalls einen Vergleich zwischen seinem Abbild und seiner eigenen Erscheinung nötig ist. Genau diesen Eindruck aber erweckt eine Illustration der Szene in Topkapı Hazine 870, fol. 235v von 1445–46 (Abb. 64). Hier nämlich bedient sich Alexander eines Spiegels, um sein Portrait mit seinem Spiegelbild vergleichen zu können: Während ihm ein Diener das Portrait vorhält, hält Alexander einen kleinen Handspiegel in der Hand – und zwar so, dass sein Blick auf das Portrait diesen streift. Damit befindet sich ein Spiegel auf der Blickachse zwischen Alexander und seinem Portrait, welches den Blick seinerseits auf Alexander gerichtet hat, sodass ein Blickkontakt zwischen Portrait und Portraitiertem zustande kommt. Alexander scheint also einen Spiegel zu benutzen, um festzustellen, ob ihm dieses Portrait gleicht. Priscilla Soucek hat betont, dass gerade in diesem Bild die Vergleichbarkeit von Alexander und seinem Bild in Physiognomie, Krone und Bart sehr stark betont wird.[582]

581 Zu dieser Handschrift, vor allem aber auch zum Modus der Wiederholung von Kompositionen in der persischen Buchmalerei, vgl. Adel T. Adamova, »Repetition of Compositions in Manuscripts: the *Khamsa* of Nizami in Leningrad«, in: Lisa Golombek, Maria Subtelny (Hrsg.), *Timurid Art and Culture. Iran and Central Asia in the Fifteenth Century*, Leiden u. a. 1992, S. 67–75.

582 Soucek, »Nizami on Painters and Painting«, S. 15.

Abb. 64 – Alexander mit seinem Portrait, Niẓāmī, *Iskandarnāmah*, Yazd (?) 1444, Istanbul, Topkapı, H. 870, fol. 235v.

Die Thematisierung der Selbstidentifikation mag die Betrachtenden der bisherigen Miniaturen insofern irritieren, als bislang – selbst angesichts der eben beschriebenen Schwierigkeiten der Identifikation – weder eine Miniatur noch ein Text Zweifel daran aufkommen ließen, dass Alexander selbst sein Portrait erkennen würde. Das setzt allerdings voraus, dass Alexander schon einmal ein Bild seiner selbst gesehen hat – was in diesem Kontext nicht selbstverständlich ist.[583] Das macht Niẓāmī deutlich, indem er Alexander die Erfindung des Spiegels zuschreibt[584] – und explizit konstatiert, dass er »froh darüber [war], sein eigenes Antlitz zu erblicken«.[585] Es ist Niẓāmī zufolge also gewissermaßen Alexanders eigene Errungenschaft, dass er nicht einfach jemand anderem glauben muss, dass dieses Portrait ihn darstellt, sondern dies mittels seines eigenen Spiegelbildes selbst verifizieren kann.

Niẓāmīs Angaben zum Produktionsprozess von Spiegeln sind dabei recht genau: Versuche mit Gold und Silber sowie mit verschiedenen Formaten scheiterten – sie zeigten verzerrte Bilder. »Erst als Eisen zur Anwendung kam, prägte sich der Substanz das Bild ein«.[586] Und: »Der Schmied, der ihn herstellte, wurde, indem er das Eisen polierte, gleichsam zum Maler, den das Wesen der Dinge entzückt, und erblickte, als das Metall erglänzte, darin alle Gestalten, so wie sie sind.«[587] Der von Alexander erfundene Spiegel wird also als Medium des perfekten Abbildes beschrieben, das die Dinge so zeigt, »wie sie sind«, wobei zu unterstreichen ist, dass dieses »so wie sie sind« mit dem »Wesen der Dinge« assoziiert wird.[588]

Malerei als Spiegelung

Wenn an dieser Stelle ein Schmied, der einen Spiegel poliert, mit einem Maler verglichen wird, dann antizipiert dies eine weitere Szene in Niẓāmīs Epos, nämlich die Schilderung des Malerwettbewerbes, wo Alexander ein Gemälde mit einem Spiegel vergleicht. Sie sei an dieser Stelle kurz rekapituliert, da sie nicht nur das Verhältnis von Malerei und Spiegel, sondern auch Alexanders Akt des Vergleichens von Spiegel und Gemälde ausführlicher thematisiert – und dadurch womöglich Rückschlüsse auf den Vergleich seines eigenen Portraits mit seinem Spiegelbild erlaubt.

583 Interessanterweise findet sich in den apokryphen Johannesakten eine sehr ähnliche Geschichte, in der Lycomedes ein Portrait von Johannes anfertigen lässt, was er dann in seinem Schlafzimmer verehrt. Als Johannes ihn dabei ertappt, verdächtigt er ihn der Götzenverehrung – da er nicht erkennt, dass er selber dargestellt ist. Erst als Lycomedes ihm einen Spiegel bringt, lässt er sich davon überzeugen. Die Verehrung des Bildes hält er allerdings weiterhin für falsch, da sie nur das darstelle, was die Augen sehen, und Entscheidendes fehle. Vgl. die Übersetzung von M.R. James, *The Apocryphal New Testament*, Oxford 1924, S. 232–233, http://gnosis.org/library/actjohn.htm, Stand 22.2.2019. Ein möglicher Bezug des Koran auf die Johannesakten wurde verschiedentlich diskutiert. Stephen Perkinson hat diese Geschichte im Kontext westeuropäischer Debatten zum Portrait im Mittelalter diskutiert. Vgl. Perkinson, *The Likeness of the King*, S. 39–40.

584 Eine doppelseitige Illustration dieser Szene aus dem Moghul-Kontext – 1595 datiert – befindet sich in der Handschrift W. 613 des Walters Art Museum auf fol. 16v.

585 Niẓāmī Ganǧawī, *Das Alexanderbuch*, S. 93; Niẓāmī, *Kullīyāt-i Khamsa-i Niẓāmī*, S. 977, V. 29.

586 Niẓāmī Ganǧawī, *Das Alexanderbuch*, S. 93; Niẓāmī, *Kullīyāt-i Khamsa-i Niẓāmī*, S. 977, V. 15.

587 Niẓāmī Ganǧawī, *Das Alexanderbuch*, S. 93; Niẓāmī, *Kullīyāt-i Khamsa-i Niẓāmī*, S. 977, V. 16–17.

588 Zum Topos von Alexander und dem Spiegel bei Niẓāmī in einem weiteren regionalen Kontext vgl. auch Müller-Wiener, »Spiegel des Alexander und Weltenbecher«.

Während eines Besuchs Alexanders des Großen in China entspinnt sich eine Debatte, in der es um die Herkunft bestimmter kultureller Errungenschaften geht. In Bezug auf die Malerei entbrennt dabei ein Streit, ob die chinesische oder die griechische Malerei höher zu bewerten sei. Deshalb lanciert man einen Wettstreit. Dazu wird ein Vorhang zwischen zwei Nischen installiert, in denen die jeweiligen Maler ihr Können unter Beweis stellen sollen. Als die Werke fertiggestellt sind, wird der Vorhang gelüftet – und das Publikum bekommt zwei völlig identische Bilder zu sehen.

> Der König setzte sich zwischen die beiden Gemälde und betrachtete sie genau; doch auch er vermochte keinen Unterschied zu erkennen.[589]

Nachdem er eine Weile überlegt hat, ordnet Alexander an, dass der Vorhang wieder gesenkt werden solle – was dazu führt, dass das chinesische Bild verschwindet. Denn während die griechischen Maler gemalt hatten, hatten die Chinesen den Palast poliert, sodass sich das griechische Bild auf der gegenüberliegenden Wand darin spiegelt.

> Daraufhin wurde das Urteil des Wettstreits gefällt; es lautete: Jede Seite hat sich durch Einsicht [*baṣar*] beraten lassen. Keiner versteht sich so auf Malerei wie der Grieche, im Glätten aber ist der Chinese Meister.[590]

Dabei ist anmerken, dass das Wort *baṣar*, das Bürgel als Einsicht übersetzt hat, sehr starke visuelle Konnotationen hat und auch als Sehkraft übersetzt werden kann.[591] Alexander urteilt also, dass beide Werke auf Sehvermögen basieren und gleichrangig zu bewerten sind.[592] Dieses Urteil ist insofern bemerkenswert, als eine frühere und mehrere spätere Versionen des Narrativs die Polierkunst höher bewerten. Priscilla Soucek hat das mit der sufistischen Vorstellung – und sie zitiert hier al-Ghazālī – in Verbindung gebracht, derzufolge das eigene Herz zu polieren, zu reinigen und zu glätten ist.[593] Damit sind die Chinesen mit Sufis zu vergleichen, die ihr Herz polieren, bis der Glanz Gottes sich darin spiegelt.[594] Soucek hat argumentiert, dass die Szene bei Niẓāmī hingegen nicht

589 Niẓāmī Ganǧawī, *Das Alexanderbuch*, S. 290; Niẓāmī, *Kullīyāt-i Khamsa-i Niẓāmī*, S. 1106, V. 29–30.

590 Niẓāmī Ganǧawī, *Das Alexanderbuch*, S. 291; Niẓāmī, *Kullīyāt-i Khamsa-i Niẓāmī*, S. 1106, V. 44–45. Zu einer Art Neuauflage einer solchen Diskussion über griechische Kunst und den Wert ihrer Reproduktion in China vgl. Minh an Szabó de Bucs Kommentar zur Debatte um einen Abguss des Pergamonfrieses. Minh an Szabó de Bucs, »Schwieriger Kulturaustausch. Ein Abguss des Pergamonfrieses soll nach China gehen. Dabei gibt es Probleme«, in: *Süddeutsche Zeitung*, 21.8.2018, www.sueddeutsche.de/kultur/pergamon-berlin-1.4262862?reduced=true, Stand 15.1.2019. Ich danke Wolfgang Kemp für diesen Hinweis.

591 Ich danke Bavand Behpoor für die ausführlichen Erläuterungen zu diesem und vielen anderen persischen Begriffen.

592 Vgl. hierzu auch Soucek, »Nizami on Painters and Painting«, S. 12. Soucek sieht dies als Metapher dafür, »that the active production of images and the passive reception of visual stimuli are both aspects of artistic activity«. Soucek, »Nizami on Painters and Painting«, S. 12.

593 Soucek, »Nizami on Painters and Painting«, S. 14. Auch in Jāmīs 1485 vollendeter Version des Alexanderstoffs, seinem *Khiradnāmah-yi Iskandarī*, das sich explizit im Rekurs aus Niẓāmīs *Iskandarnāmah* präsentiert, wird ein weiser Mann als jemand beschrieben, dessen »Herz wie ein polierter Spiegel ist, in dem die Realitäten beider Welten erscheinen«. Bürgel, *Ǧāmī's epic poem on Alexander the Great: an introduction*, S. 420. Das kann als ein Beleg dafür herangezogen werden, dass dieser Topos auch in der Entstehungszeit der Miniaturen zirkulierte.

594 Soucek, »Nizami on Painters and Painting«, S. 14. Vgl. zur Spiegelmetapher in Dūst Muḥammads Vorwort zum Bahrām Mīrzā-Album von 1544, Roxburgh, *Prefacing the Image*, S. 181–189. Teresa

Abb. 65 – Alexander beurteilt die griechische und chinesische Malerei, Niẓāmī, *Iskandarnāmah*, Yazd (?) 1449–1450, New York, Metropolitan Museum of Art, 13.228.3, fol. 322r.

nur metaphorisch als Sinnbild des Herzens zu verstehen ist, sondern auf die visuelle Wahrnehmung bezogen werden kann: In optischen Theorien nämlich finden sich Parallelen zwischen der Vorstellung des Herzens als Spiegel und dem Auge, das Impressionen aufnimmt – und hier kommt wieder der Begriff *nishān* ins Spiel. So beschreibt Ibn Sīnā Sehen, wie gesagt, als einen Prozess, in dem sich ein *nishān* in den kristallartigen Augapfel eindrückt, der als poliert, das heißt als spiegelartig beschrieben wird.[595]

Fitzherbert hat auch bei Khvājū eine Vorstellung des Menschen als Reflexion und Spiegelbild eines göttlichen Urbildes aufgezeigt und darauf hingewiesen, dass es Khvājū-yi Kirmānīs Lehrer Simnānī zufolge darum gehen muss, ein möglichst reiner Spiegel zu werden, um die höheren Dinge möglichst gut wiederzugeben. Vgl. Fitzherbert, »Khwājū Kirmānī (689–753/1290–1352)«, S. 142.

595 Soucek, »Nizami on Painters and Painting«, S. 14. Vgl. hierzu auch Michael Camille, »Before the Gaze. The Internal Senses and Late Medieval Practices of Seeing«, in: Robert S. Nelson (Hrsg.),

Jedenfalls beurteilt Niẓāmī in der Szene des Malerwettstreits die Malerei als vergleichbar und gleichwertig mit jenen Bildern, die sich in das polierte Herz oder eben auch den polierten Augapfel eindrücken. Wieder einmal wird also unterstrichen, dass – freilich nur die beste – Malerei mit einem *nishān*, wenn nicht sogar mit den idealen Bildern eines reinen Herzens verglichen werden kann.[596]

Umgekehrt wird deutlich, dass auch Spiegel bei Niẓāmī keineswegs als rein physikalische Reflexion von optischen Gegebenheiten anzusehen sind. Vielmehr ist ein Spiegelbild – ebenso wie ein Gemälde – als *nishān* anzusehen, das sich in die Erinnerung eingeprägt hat, also als Widerspiegelungen von Wesentlichem. Das entspricht auch Niẓāmīs Bemerkung im Zusammenhang mit Alexanders Erfindung des Spiegels: »weil Alexander als erstes hineinblickte, [...] ging etwas von seinem Wesen in das Wesen des Spiegels ein«. In diesem Sinne legt er dann auch den Lesenden Folgendes nahe: »Du aber kannst, wenn du in diesen Spiegel blickst, dir das Verhalten Alexanders nun zum Vorbild nehmen«.[597] Diese Empfehlung kann doppeldeutig zugleich auf das vorliegende Buch bezogen werden. Das unterstreicht, dass der Spiegel ebenso wie die vorliegende Dichtung – und, so würde ich in Bezug auf die eben angeführte Episode ergänzen: die Malerei – darauf abzielt, das Wesen Alexanders darzustellen. Wenn Alexander in der Miniatur der heute im Topkapı aufbewahrten Handschrift sein Portrait mit seinem Spiegelbild vergleicht, ist dies also nicht als Abgleich mit einem mechanischen Instrument zu verstehen, sondern als ein Vergleich – und eine Betonung der Vergleichbarkeit – von Malerei und dem *nishān*, das sich in einen Spiegel einprägt. Das Bild, mit dessen Hilfe Nūshābah das Wesen anderer Herrscher ergründet, wird also als vergleichbar mit einem Spiegel dargestellt, der das »Wesen der Dinge« zeigt.

In Bezug auf den vergleichenden Blick, den Alexander in der Illustration des Wettstreits zwischen den beiden Bildern hin- und herschweifen lässt, wird die Verwunderung (*ʿajab*)[598] angesichts der Tatsache betont, dass kein Unterschied zwischen ihnen zu erkennen ist. Dieser vergleichende Blick wird auch bei den Betrachtenden evoziert, wenn ihnen in Illustrationen der Szene zwei gleiche Bilder präsentiert werden – wie zum Beispiel in einer Handschrift, die Soucek zufolge vermutlich in derselben Werkstatt entstanden ist wie die Darstellung Alexanders mit Portrait und Spiegel (New York, Metropolitan, 13.228.3, fol. 322r – Abb. 65).[599] Die Betrachtenden haben hier ebenso wie Alexander Schwierigkeiten, im Hin- und Herblicken zwischen den beiden Bildern Unterschiede festzumachen. Allein der golden glänzende Hintergrund des linken

Visuality Before and Beyond the Renaissance. Seeing as the Others Saw, Cambridge 2000, S. 197–223, hier S. 210.

596 Ich frage mich, ob nicht in einigen Illustrationen der Szene, in denen die Produktion des Spiegels mit Polierinstrumenten gezeigt wird – wie beispielsweise Cambridge, Fitzw. Mus., Ms. 1-1969, fol. 399r –, gewisse Parallelen zum Polieren des Papiers als Grundbedingung für eine gute Aufnahme eines Bildes angedeutet werden.

597 Niẓāmī Ganǧawī, *Das Alexanderbuch*, S. 93–94; Niẓāmī, *Kullīyāt-i Khamsa-i Niẓāmī*, S. 977, V. 26–28.

598 Zum Verhältnis von Bildbetrachtung und *ʿajab* vgl. Persis Berlekamp, *Wonder, Image, and Cosmos in Medieval Islam*.

599 Vgl. zu anderen Illustrationen dieser Szene beispielsweise Lameï, *La poétique de la peinture en Iran,* Soucek, »Nizami on Painters and Painting«, Yves Porter, »L'image et son miroir: à propos de quelques illustrations de la Khamse de Nezâmi«, in: *Luqmān* IX/2, 1999, S. 62–64, Necipoğlu, »The Scrutinizing Gaze«, S. 45–49, sowie Vera Beyer, »Wenn Ornamente einem den Kopf verdrehen. Überlegungen zur Funktions- und Bedeutungs-Losigkeit von Ornamenten«, in: Henriette Hofmann, Sophie Schweinfurth, Caroline Schärli (Hrsg.), *Inszenierungen von Sichtbarkeit in mittelalterlichen Bildkulturen*, Berlin 2018, S. 289–306.

Bildes zeigt schließlich: »Es gab jedoch einen Unterschied: Das eine Bild spendete Glanz, das andere empfing ihn.«[600]

Die Miniatur aus Topkapı H. 870 (Abb. 64) schreibt Alexander auch gegenüber seinem Portrait einen vergleichenden Blick zwischen Malerei und Spiegel zu – und stellt ihn dabei in einer sehr ähnlichen Haltung dar wie der Darstellung des Wettstreits. Da der Betrachtende den Spiegel nicht sehen kann, ist allerdings nicht ganz klar, wie er sich zum gemalten Bild verhält. Zugleich ist es vielleicht kein Zufall, dass der Spiegel in seiner Position sowohl das Bild als auch das Gesicht Alexanders reflektieren könnte. Sollte Alexander im Spiegel das Spiegelbild seines Gesichtes sehen und feststellen, dass dies dem Portrait entspricht – was den Betrachtenden freilich nicht verraten wird –, dann wäre dies nicht, wie im Wettstreit, auf eine direkte Widerspiegelung der Malerei zurückzuführen, sondern darauf, dass beide ein *nishān* Alexanders zeigen. Indem die Miniatur ikonographisch und formal Rekurs auf die Inszenierung der Äquivalenz von Spiegel und Malerei in der Darstellung des Wettstreits nimmt, evoziert sie diese im Hinblick auf zwei sich entsprechende Wiedergaben desselben *nishān*.

5 Un-/Vergleichbares. Spiegelbildlichkeit im altfranzösischen Prosa-Alexanderroman, Niẓāmīs *Iskandarnāmah* und Guillaumes *Pèlerinage de la vie humaine*

Stellt man an dieser Stelle einen Vergleich zwischen den Illustrationen aus französischsprachigen und persischen Alexanderhandschriften an, dann ist erst einmal zu konstatieren, dass Spiegel als ideales Bild in den Illustrationen des Alexanderromans auf persischer Seite eine zentrale Rolle spielen. Dagegen können im westeuropäischen Kontext allenfalls Spiegelsymmetrien in Miniaturen und das Spiel mit Analogien im Text[601] festgemacht werden. Das Motiv des Spiegels selbst ist nicht zu finden – was damit zu tun haben könnte, dass Spiegel, so Christine Ferlampin-Acher, als Bedrohung für Alexander als Mann »ohne Double«[602] angesehen werden. Geht man so weit, die Funktion des Spiegels in den Handschriften des *Iskandarnāmah* mit der Spiegelsymmetrie zu vergleichen, mit der die Handschriften des altfranzösischen Prosa-Alexanderromans arbeiten, dann wird deutlich, dass der Vergleich der Malerei mit einem Spiegel in Niẓāmīs *Iskandarnāmah* als Mittel eingesetzt wird, um die Malerei mit dem Ideal des Spiegelbildes als reiner Widerspiegelung eines *nishān* gleichzusetzen. Damit unterscheidet sich Niẓāmīs Verständnis von Spiegelbildlichkeit deutlich von der Funktion von Spiegelsymmetrie in den Illustrationen des altfranzösischen Prosa-Alexanderromans, die dazu eingesetzt wurden, die Verwechselbarkeit zwischen Abbild und Vorbild zu unterstreichen. Denn damit wird nicht wie im persischen Kontext eine Entsprechung zwischen Malerei und Spiegelbild inszeniert, sondern eine Äquivalenz zwischen Abbild und Person, die zu einer idolatrischen Behandlung des Bildes als Person führen

600 Nizāmī Ganǧawī, *Das Alexanderbuch*, S. 290; Niẓāmī, *Kullīyāt-i Khamsa-i Niẓāmī*, S. 1106, V. 32.

601 Christine Ferlampin-Acher, »Alexandre et le miroir. Réflexions autour du mythe du conquérant dans le *Roman d'Alexandre en prose*«, in: Fabienne Pomel (Hrsg.), *Miroirs et jeux de miroirs dans la littérature médiévale*, Rennes 2003, S. 199.

602 Ferlampin-Acher, »Alexandre et le miroir«, S. 209–210.

kann. Jedenfalls ist in einer solchen Spiegelbildlichkeit von Abbild und Person der Wiedererkennungswert auf den ersten Blick gegeben. Dementsprechend geht es in dem eingehenden Vergleich der Betrachtenden nicht um eine Erkenntnis, sondern um eine Abgrenzung von einer Gleichsetzung von Abbild und Person durch eine als schwach und fremd charakterisierte Person.

Mit einem Problem der Unterscheidbarkeit ist man in den persischen Miniaturen nicht konfrontiert – auch wenn bei Firdawsī die Rede davon ist, dass man das Bild, wenn es sich bewegt hätte, mit Alexander hätte verwechseln können. Vielmehr verdeutlichen die Miniaturen, dass Firdawsī und Niẓāmī zufolge eine eingehende Betrachtung nötig ist, um Alexander zu erkennen. Die Miniatur aus Topkapı H. 870 geht sogar so weit, dass selbst Alexander sein Portrait nicht auf den ersten Blick erkennt, sondern gibt ihm einen Spiegel in die Hand, sodass er einen Vergleich zwischen seinem Spiegelbild und seinem Portrait anstellen kann.

Mit einem genaueren Blick auf Niẓāmīs Verständnis von Spiegeln wurde zudem deutlich, dass es sich hier nicht um ein reines Wiedererkennen Alexanders handelt, sondern um ein Erkennen seiner Person in ihrem Charakter. Der Vergleich der Malerei mit dem Spiegel dient also dazu, die Malerei mit einem Verständnis des Spiegels als *nishān* im Sinne eines inneren Bildes in Verbindung zu bringen, das sich klar von einer Behandlung des Portraits als Idol abgrenzt. Während die Spiegelbildlichkeit im französischsprachigen Kontext eine Ununterscheidbarkeit von Abbild und Person demonstrierte, die der vergleichende Blick aufzulösen versucht, wird im persischen Kontext über die Entsprechung der Malerei mit dem Spiegel das Erkenntnispotential von Bildern und deren vergleichender Betrachtung demonstriert. Dabei ist bemerkenswert, wie sich die Miniaturen zu den abgebildeten Portraits verhalten: Die Engführung von Malerei, Portrait und Spiegelbild in der persischen Buchmalerei macht es denkbar, auch die Miniatur selbst mit einem Spiegel zu vergleichen – und die Darstellung des Wettbewerbs legt dies in der Ununterscheidbarkeit der dargestellten Spiegelfläche von der Oberfläche der Miniatur mit bildlichen Mitteln nahe.[603]

Auf eine solche Identifikation der Miniatur mit dem dargestellten Abbild Alexanders deutet in den Miniaturen aus den französischsprachigen Handschriften nichts hin. Eher könnte man meinen, dass sich die Berliner Miniatur, indem sie mit ihren malerischen Mitteln der asymmetrischen Anordnung und der farbigen Anordnung der Hintergründe die Differenz zwischen Skulptur und Person betont, von einer solchen Gleichsetzung von Bild und Vorbild abgrenzt. Jedenfalls wird die Verwechslung von Abbild und Vorbild in diesem Text nicht als ein positiv konnotiertes Vorbild inszeniert, sondern der Schwäche Kandakes zugeschrieben. Während ein spiegelartiges Abbild in den persischen Versionen also als Ideal der Malerei angeführt wird, wird die Annahme einer spiegelbildlichen Entsprechung von Abbild und Vorbild in französischsprachigen Alexandermanuskripten als Schwäche dargestellt – und einer fremden Kultur zugeschrieben.

Diese Identifikation mit Nūshābahs Bild auf der persischen Seite und die Abgrenzung vom Bildgebrauch Kandakes im französischsprachigen Kontext ist in den unterschiedlichen narrativen und lokalen Kontexten zu verstehen: Bei den westeuropäischen Alexanderromanen handelt es sich um ein Genre, das Alexander primär in der Abgrenzung gegenüber als fremd inszenierten Kulturen situiert – und Kandake

603 Vgl. hierzu auch Roxburghs These, dass Dūst Muḥammad das Album als *jāmkhānah*, einen Raum mit Spiegeln, beschreibt. Roxburgh, *Prefacing the Image*, S. 189.

dementsprechend als fremde Herrscherin präsentiert und in der Ambivalenz von Begehren und Ablehnung orientalisiert.[604] Dagegen wird die Königin bei Niẓāmī dezidiert in der Nachbarschaft des Autors verortet – was es im wörtlichen Sinn nahelegt, ihr ein Bildkonzept zuzuschreiben, das sich für eine Identifikation eignet.

Vom trügerischen Potential des falschen Scheins wird der Spiegel jedoch auch im persischen Kontext nicht ohne weiteres freigesprochen. Vielmehr wird der Umgang damit, dass Spiegel beispielsweise oft verzerrte Bilder wiedergeben, in Niẓāmīs Bericht über die Erfindung des Spiegels ausführlich thematisiert. Die Lösung liegt für ihn allerdings in der korrekten Herstellung, deren Erfindung Alexander zu verdanken sei. Ob ein Bild im Spiegel wahr und nicht verzerrt erscheint, wird dabei insbesondere auf die optimale Vorbereitung der Rezeptionsfläche zurückgeführt.[605]

Diese Vorstellung einer optimal gereinigten Spiegeloberfläche, die im persischen Kontext auf den sufistischen Topos des polierten Herzens als Spiegel für den Glanz Gottes rekurriert, mag einen an die im ersten Kapitel zitierte Passage aus der *Pèlerinage de la vie humaine* erinnern, in der ein Spiegel mit Christus als Spiegel ohne Flecken verglichen wird. Auch Christus wird als reinste und von der Sünde ungetrübte Widerspiegelung Gottes auf Erden und damit als Vorbild für den Menschen angeführt.[606] Man kann dies auf das alttestamentliche Buch der Weisheit zurückführen, das die Weisheit als »Wiederschein des ewigen Lichtes« und »ungetrübte[n] Spiegel Gottes« (Weish 7,26) beschreibt.[607]

Damit deutet sich an, dass zwar französischsprachige Alexanderhandschriften Thematisierungen des Spiegels, die denen Niẓāmīs entsprechen, vermissen lassen, in anderen Texttraditionen aber sehr wohl Parallelen aufzuweisen sind. Daher will ich den Vergleich der Funktion des Spiegels in Niẓāmīs *Iskandarnāmah* und Guillaumes *Pèlerinage de la vie humaine* an dieser Stelle noch ein Stück weiter verfolgen und damit kurz auf eine Rezeptionsgeschichte eines Topos verweisen, die quer zu den Überlieferungen der hier ausgewählten Topoi und damit auch zu den Kapiteln dieser Arbeit verläuft: Vergleicht man nämlich Guillaumes Spiegeldarstellung mit der Niẓāmīs, dann ist anzumerken, dass der Spiegel zu Beginn der *Pèlerinage de la vie humaine* ein Traumbild zeigt, das heißt ebenfalls als Wiedergabe eines inneren Bildes anzusehen ist. Dabei hat Kathryn Lynch betont – wie schon in Bezug auf die eingangs diskutierten Traumkonzepte angedeutet –, dass für die Entwicklung eines Konzepts, in dem der Traum Zugang zur Erkenntnis vermitteln kann, ebenfalls Ibn Sīnās Wahrnehmungspsychologie

604 Vgl. z.B. Suzanne Conklin Akbari, »Alexander in the Orient. Bodies and Boundaries in the *Roman de toute chevalerie*«, in: Ananya Jahanara Kabir, Deanne Williams (Hrsg.), *Postcolonial Approaches to the European Middle Ages. Translating Cultures*, Cambridge 2005, S. 105–126.

605 Schon bei Platon ist die Anmerkung zu finden, dass das »Wachs der Seele« rein zu sein habe, damit sich die Abdrücke deutlich und unverfälscht abzeichnen. *Theaitētos*, 194c–e. Vgl. Platon, *Werke in acht Bänden*, S. 164–165. Ein Rekurs auf diesen Topos ist auch bei Niẓāmī zu finden, wenn Khusraw Shāpūr mit folgendem Auftrag zu *Shīrīn* schickt: »If she be like way, image [*naqsh*] accepting, strike her with our seal that she bear its imprint.« (Soucek, »Nizami on Painters and Painting«, S. 15) Soucek merkt hier an: »The image of the seal striking the wax has a close parallel in the way the image of something seen was thought to strike the eye of the beholder.« Zu dieser Metapher in der europäischen Tradition vgl. z.B. Tammen, »Sehen und Bildwahrnehmung im Mittelalter«, S. 475.

606 Legaré, Pomel, »Les miroirs du *Pèlerinage de Vie humaine*«, S. 133–134.

607 Legaré, Pomel, »Les miroirs du *Pèlerinage de Vie humaine*«, S. 133–134.

zentral war, die im Westen im 12. Jahrhundert verfügbar wurde.[608] Ibn Sīnā geht davon aus, dass im Traum der *sensus communis* und damit die Verarbeitung der Wahrnehmung ausgeschaltet ist, sodass die Imagination unabhängig von ihm operieren kann. Träume sind also sozusagen reine Imagination.

Diese Vorstellung des Traumbildes als reine Imagination weist Parallelen zu Niẓāmīs eben beschriebener Konzeption einer Malerei auf, die optimalerweise ausschließlich auf die mentalen Bilder des *khiyāl* zurückgreift.[609] Während die Funktionen von Spiegelbildlichkeit in den Alexanderromanen also nicht vergleichbar waren, scheint es zwischen der Funktion des Spiegels als *nishān* in Niẓāmīs Alexanderroman und dem Spiegel als Instanz des Traumbildes in der *Pèlerinage* gewisse Parallelen zu geben. Insbesondere lassen sich beide Modelle mit einer Rezeption der Wahrnehmungspsychologie Ibn Sīnās in Verbindung bringen, der das aristotelische Modell der Wahrnehmung mit seiner Differenzierung der inneren Sinne dahingehend umbaut, dass er die Imagination systematisch vom *sensus communis* als Instanz der Verarbeitung der Wahrnehmung unterscheidet und ihr damit eine gewisse Unabhängigkeit zuschreibt, die er dann auf den Traum überträgt.[610]

Diese Stärkung der »inneren Sinne« in der Rezeption der Wahrnehmungstheorie Ibn Sīnās geht – wie Michael Camille betont hat – nicht in einem mittelalterlichen Insistieren auf der Bedeutung geistiger Bilder auf. Vielmehr impliziert sie auch eine verstärkte Betonung der Rolle des menschlichen Subjektes in der Wahrnehmung von Bildern.[611] »Abhängig vom Zustand der Seele des Träumenden können Träume also für manche Menschen völlig bedeutungslose Illusionen darstellen, und für andere, bei denen die ›*virtus imaginativa*‹ höchst machtvoll und gefestigt ist, die höchste Wahrheit.«[612] Auch im westeuropäischen Kontext wird die Tendenz, den Wahrheitsgehalt eines Bildes zunehmend von den Betrachtenden, namentlich vom Zustand ihrer Seele, abhängig zu machen, also Ibn Sīnā zugeschrieben.

So kann man sowohl das Spiegelmotiv in Niẓāmīs Alexanderroman als auch das Spiegelmotiv in Guillaume de Deguilevilles *Pèlerinage de la vie humaine* mit einer Rezeption von Ibn Sīnās Wahrnehmungstheorie in Verbindung bringen, vielleicht sogar die zunehmende Betonung der Rolle der Betrachtenden. Jedenfalls verschränkt sich die beidseitige Assoziation der Theorie der Imagination Ibn Sīnās[613] mit dem Motiv des Spiegels mit je einem Rezeptionsstrang der hier untersuchten beidseitigen Rezeption des Alexandernarrativs und des Topos des träumenden Autors.

608 Lynch, *The High Medieval Dream Vision*, S. 28 und S. 65–69. Vgl. hierzu auch Black, *Imagination and Estimation*.

609 Vgl. S. 178 dieser Arbeit.

610 Vgl. Kemal, *The Poetics of Alfarabi and Avicenna*, S. 100–102.

611 Vgl. Camille, »Before the Gaze. The Internal Senses and Late Medieval Practices of Seeing«, hier insbesondere S. 204. Vgl. zu dieser Entwicklung auch David Summers, *The Judgment of Sense. Renaissance Naturalism and the Rise of Aesthetics*, Cambridge 1990. Vgl. zu dieser Verschiebung auch Cynthia Hahn, »Vision«, in: Conrad Rudolph (Hrsg.), *A Companion to Medieval Art. Romanesque and Gothic in Northern Europe*, Hoboken 2008, S. 44–46, hier S. 52.

612 Lynch, *The High Medieval Dream Vision*, S. 66 mit Verweis auf *Avicenna latinus. Liber de anima seu sextus de naturalibus. Edition critique de la traduction latine médiévale*, hrsg. v. Simone van Riet, eingeleitet v. Gérard Verbeke, Bd. 2, IV–V, Louvain/Leiden 1968, S. 18.

613 Zur Rezeption des Konzeptes der Imagination als einem der fünf inneren Sinne vgl. z.B. Black, *Imagination and Estimation* und Portelli, *The Concept of Imagination in Aristotle and Avicenna*.

Auch in dieser Rezeptionsgeschichte zeichnen sich wieder deutliche Transformationen von Ibn Sīnās Modell ab, die teils den Autoren selbst, teils aber auch vorhergehenden Etappen der Rezeptionsgeschichte Ibn Sīnās in den jeweiligen Kontexten zuzuschreiben sind: So hat Lynch beispielsweise angemerkt, dass Guillaume de Deguileville anstelle der bei Ibn Sīnā vorgesehenen Instanz der Vernunft die Gnade als letzte Instanz einsetzt. Und sie sieht dies als ein Beispiel der Transformationen an, die »typisch für das Spätmittelalter sind, als neue Theorien der Erkenntnis in ihrer nominalistischen Annäherung an die Realität die alten Modelle genau in ihrer Annahme [attackieren], die Vernunft könne zwischen universellen und sinnlichen Bildern unterscheiden.«[614] Niẓāmīs Engführung von Poesie, Malerei und Begriffen der Imagination ist nicht nur vor dem Hintergrund der Konzepte Ibn Sīnās selbst, sondern auch im Kontext ihrer Rezeption durch zeitgenössische Philosophen, wie beispielsweise Suhravardī oder Ibn ʿArabī, zu verstehen.[615]

Vor allem aber ist man bei den Niẓāmī-Handschriften damit konfrontiert, dass diese nicht etwa wie jene der Handschriften von Guillaume de Deguileville oder der eingangs im Vergleich diskutierten Handschrift Khvājū-yi Kirmānīs nur etwa ein knappes halbes Jahrhundert nach der Fertigstellung des Textes illustriert wurden. Die hier diskutierten Niẓāmī-Illustrationen sind etwa 250 Jahre nach dem Text aus dem Jahr 1191 entstanden – erst vom Ende des 14. Jahrhunderts sind überhaupt bebilderte Handschriften Niẓāmīs erhalten. Der Kontext der Produktion des Textes differiert also beträchtlich von dem der Produktion der Miniaturen. Damit stellt sich die Frage, warum ausgerechnet an den timuridischen Höfen ein so ausgeprägtes Interesse an Illustrationen dieses Textes aufkam. Angesichts der großen Häufigkeit der Illustration von Szenen wie den eben diskutierten, in denen Malerei eine Rolle spielt, haben Soucek und auch Mahmoud Lameï argumentiert, das Niẓāmīs Texte und seine Reflexionen über Malerei – im Unterschied beispielsweise zu dem entsprechenden Narrativ von späteren Autoren wie Rūmī oder Amīr Khusraw-i Dihlavī – ein besonderes Potential an Identifikations- und womöglich auch Legitimationsmöglichkeiten für die Malenden und die Popularität der Malerei an den timuridischen Höfen geboten haben könnte.[616]

Im Falle der eben diskutierten Darstellung Alexanders mit dem Spiegel hat Soucek, wie gesagt, aufgewiesen, dass sie wahrscheinlich in derselben Werkstatt entstand, in der kurz danach die erste erhaltene Illustration des eben zitierten Narrativs des Malerwettstreits (New York, Metropolitan, Ms. 13.228.3, fol. 322r – Abb. 65) produziert

614 Lynch, *The High Medieval Dream Vision*, S. 194. Um dem genauer nachzugehen, wäre auch der Kontext der Miniatur im Buch zu berücksichtigen, da sich in der hier diskutierten Handschrift beispielsweise auch Passagen von Boethius befinden, auf den zumindest der *Roman de la rose* explizit Bezug nimmt. Auch vom *Roman de la rose* sind in dieser Handschrift Fragmente enthalten. Vgl. zur Auswahl dieser Fragmente, die den *Roman de la rose* dem Konzept Deguilevilles anpassen, Sylvia Huot, »Authors, Scribes, Remanieurs: A Note on the Textual History of the Romance of the Rose«, in: Kevin Brownlee, Sylvia Huot (Hrsg.), *Rethinking the Romance of the Rose*, Philadelphia 1992, S. 208–225.

615 Vgl. zum Verhältnis von Niẓāmī zur Transformation antiker Denkmodelle auch J. Christoph Bürgel, »Der Wettstreit zwischen Plato und Aristoteles im Alexander-Epos des persischen Dichters Nizami«, in: Heinz Halm, Wolfgang Röllig, Wolfram von Soden (Hrsg.), *Die Welt des Orients. Wissenschaftliche Beiträge zur Kunde des Morgenlandes*, Göttingen 1986, S. 95–109, sowie zur Einordnung von Niẓāmīs gnostisch geprägter Platondarstellung in die persische Philosophiegeschichte Würsch, *Niẓāmīs Schatzkammer der Geheimnisse*, S. 328.

616 Vgl. Soucek, »Nizami on Painters and Painting« und Lameï, *La poétique de la peinture en Iran*, S. 90.

wurde.[617] Ihr folgt in der zweiten Hälfte des 15. Jahrhunderts eine ganze Reihe von Illustrationen dieser Szene. Insofern wäre es interessant, den lokalen und zeitlichen Kontext dieses spezifischen Interesses am Spiegelthema genauer zu erfassen. Leider ist allerdings nicht einmal der Produktionsort gesichert.[618]

Festzustellen ist aber im Anschluss an die Beobachtungen David Roxburghs, dass das Motiv des Spiegels und Anspielungen auf die Spiegel Alexanders im 16. Jahrhundert in den Vorworten zu Alben herangezogen werden, um Malerei zu legitimieren. Genauer wird Roxburgh zufolge ein Modell des Spiegels als Vorbild angegeben, dessen »Reflexionen im kreativen Prozess Veränderungen durch seine Imagination [d. h. des Künstlers, V. B.] unterworfen sind«.[619] Sprich, in dem Spiegel, der hier als Vorbild angegeben wird, »wird die wahrgenommene Qualität angepasst an ein Konzept oder eine universale Form einer kognitiven Operation, die in der Wahrnehmung nicht durch reine Sinneseindrücke ins Spiel kommt.«[620] Damit liegt aus dem folgenden Jahrhundert eine Quelle vor, die belegt, dass Spiegel im Sinne eines Bildes, das Zugang zu universellen Formen erlaubt, zur Legitimation von Malerei heranzogen wurden. So ist es nicht ganz unwahrscheinlich, dass Illuminierende schon zuvor mit einer gewissen Vorliebe auf ein solches Motiv Niẓāmīs zurückgegriffen haben könnten, um ihr Produkt zu legitimieren.

Zusammenfassend lassen sich also diverse Asymmetrien in den Transformationsgeschichten der diskutierten Topoi konstatieren: Im Vergleich der Autorenträume zu Anfang dieser Arbeit wurde auf der französischen Seite, nicht aber auf der persischen, ein Spiegel zur Explikation des Traumes herangezogen. Umgekehrt spielen Spiegel in den Illustrationen des Alexanderromanes auf persischer Seite eine zentrale Rolle, während im westeuropäischen Kontext allenfalls Spiegelsymmetrien in Miniaturen und Dichtung[621] festgemacht werden können. Weiter deutet sich in den Illustrationen des Alexanderstoffes an, dass die Verhandlungen von Spiegeln und gemalten Bildern in Niẓāmīs *Khamsah* im Allgemeinen und von Nūshābahs Modus der Betrachtung von Alexanders Portrait im Speziellen ein beliebtes Modell für die timuridischen Illuminierenden waren. Dagegen wird Kandakes Behandlung von Alexanders Portrait als Idol eher als abzulehnendes Modell präsentiert, an dem höchstens – wie bei Thomas von Kent – die listige Verwendung seines Wiedererkennungswertes zu bewundern ist.

Nähme man also allein die Illustrationen des Alexanderstoffes in den vergleichenden Blick, so könnte man meinen, dass die persische Buchmalerei aus dem Alexanderstoff ein Bildkonzept der Malerei als reiner Spiegel entwickelt, das die physische Realität transzendiert,[622] während die westeuropäischen Miniaturen in einer Abwehrhaltung gegenüber einer idolatrischen Behandlung von Bildern verbleiben. Wählt man

617 Soucek, »Nizami on Painters and Painting«, S. 15.

618 Soucek, »Nizami on Painters and Painting«, S. 15.

619 Roxburgh, *Prefacing the Image*, S. 188. Im Unterschied zu Soucek rekurriert er hier auf Konzepte von Ibn Sīnās Zeitgenossen Ibn al-Haytham. Auch in dessen Werk, aus dem in Bezug auf die europäische Malerei der Frühen Neuzeit meist die Überlegungen zur physischen Wahrnehmung herausgegriffen werden, scheint in der persischen Buchmalerei das Verständnis der Imagination von besonderem Interesse gewesen zu sein.

620 Roxburgh, *Prefacing the Image*, S. 188, er zitiert hier Sabras Aufführungen zu Ibn al-Haytham. Vgl. Abdelhamid I. Sabra, »Form in Ibn al-Haytham's Theory of Vision«, in: *Zeitschrift für die Geschichte der arabisch-islamischen Wissenschaften* 5, 1989, S. 115–140, hier S. 138.

621 Ferlampin-Acher, »Alexandre et le miroir«.

622 Vgl. Porter, »La forme et le sens«, S. 221.

hingegen das Motiv des Spiegels als *tertium comparationis*, dann mag man die Parallelen in der Entwicklung eines Konzeptes des Spiegels unterstreichen, das beispielsweise im Kontext der *Pèlerinage de la vie humaine* in dezidierter Abgrenzung zu dessen täuschender Funktion im *Roman de la rose* präsentiert wird und das im Kontext der Rezeption von Ibn Sīnās Wahrnehmungspsychologie ebenfalls mit einem Konzept der reinen Imagination in Verbindung gebracht werden kann.

Das unterstreicht wieder einmal, dass hinsichtlich der Kategorien des Vergleichs – in diesem Falle des Alexanderstoffes – nicht nur deren Transformationen zu betonen sind, sondern auch die unterschiedliche literarische Funktion eines Stoffes in verschiedenen Kontexten. Denn je nachdem, in welcher Funktion ein Stoff rezipiert wird – beispielsweise als »Abenteuerroman« oder Stilisierung eines idealen Herrschers –, werden bestimmte Diskurse wie jener des Idols als fremdes oder des Spiegels als ideales Bild aufgegriffen oder ausgegrenzt, während sie in anderen Texten derselben Zeit durchaus verhandelt werden. Die spezifische Funktion eines transferierten Stoffes in seinem jeweiligen Kontext generiert Ein- und Ausgrenzungen, die der Vergleich zumindest am Rande im Blickfeld behalten muss. Nur so ist nämlich zu beobachten, dass die Konfrontation Alexanders mit seinem Portrait in den westeuropäischen Alexanderromanen in einem Kontext der Abgrenzung gegenüber als fremd inszenierten Kulturen zu verstehen ist,[623] während Niẓāmī die Königin in seiner Nachbarschaft verortet, was eine Identifikation mit ihrem Bildverständnis nahelegt.

Auch wenn man also, wie in diesem Kapitel, die Rezeptionsgeschichten eines gemeinsamen Stoffes als *tertium comparationis* verwendet, um zu vermeiden, dass sich hinter der vermeintlich selben Kategorie verschiedene historische Realitäten verbergen, bleibt man nicht nur damit konfrontiert, dass in den Rezeptionsgeschichten aus ein- und demselben Vorbild sehr verschiedene Dinge – lebensgroße Skulpturen und geistige Spiegelbilder – gemacht werden. Es wird also, wenn man plakativ werden möchte, das in der gemeinsamen Vorlage beschriebene Obst nicht nur einmal als Äpfel und einmal als Birnen[624] dargestellt. Vielmehr wird man auch damit konfrontiert, dass dieses Obst, um der Metapher treu zu bleiben, einmal als negativ belegter »saurer Apfel« und einmal als begehrenswerte »Birne Helene« serviert wird.[625] Vor allem aber ist festzustellen, dass in der vermeintlich selben Sorte »Obstsalat« immer wieder unterschiedliche Mischungen von Obstsorten vorkommen: In einer Darstellung der Szene kommt neben Alexander und seinem Portrait das Motiv des Spiegels als ideales Bild vor, in einer anderen der Topos der Idolatrie. Hinzu kommen quantitative Differenzen, etwa bezüglich des Ausmaßes und der Explizitheit der Bilddiskurse, auf der französischen und persischen Seite. Deshalb gilt es, im Vergleich nicht nur Übereinstimmungen zu konstatieren, sondern auch – und auch hier erscheint mir der Rekurs auf historische anstelle von abstrakten Kategorien förderlich – Unvergleichbarkeit aufzuweisen, die ihrerseits signifikant ist.[626]

623 Vgl. z.B. Akbari, »Alexander in the Orient«.

624 Vgl. zum Spiel mit dieser Redensart sowie zum Problem der Unvergleichbarkeit in vergleichenden Ansätzen auch Helga Lutz, Jan-Friedrich Missfelder, Tilo Renz (Hrsg.), *Äpfel und Birnen. Illegitimes Vergleichen in den Kulturwissenschaften*, Bielefeld 2006.

625 Jens Baumgarten hat dieses Phänomen in seinem Vortrag »Conflict and Negotiation in Transcultural Processes in Colonial Brazil, or: Has the Holy Spirit a Face?« sehr treffend als »falsche Freunde« bezeichnet (»Transkulturelle Imaginationen des Sakralen«, Tagung der Forschergruppe *Transkulturelle Verhandlungsräume von Kunst*, FU Berlin 12.10.2012).

626 Dass Vergleiche historischer Kategorien diese Unvergleichbarkeiten meist deutlicher offenbaren

Angesichts der Tatsache, dass man sowohl im westeuropäischen als auch im persischen Kontext Alexanderdarstellungen, träumende Autoren sowie vergleichbare Spiegeldiskurse findet, im Vergleich der Darstellungen der träumenden Autoren aber eben nur auf der französischen Seite und im Vergleich der Portraits Alexanders nur auf der persischen Seite ein Spiegel zu finden ist, wird zudem deutlich, dass man die transferierten Narrative nicht als Transformationen ein- und desselben Stoffes verstehen kann. Vielmehr ist man mit Rezeptionssträngen verschiedener Motive konfrontiert, deren Fäden sich kreuzen können – oder nicht. So können sich, wie bei Niẓāmī zu sehen war, Schnittstellen ergeben, an denen die Rezeption des Pseudo-Kallisthenes-Stoffs mit jener des Imaginationskonzepts von Ibn Sīnā verbunden wird. Und es kann sich die Vergleichbarkeit ergeben, dass Darstellungen von Träumen sowohl in Handschriften Guillaume de Deguilevilles als auch in Handschriften Khvājū-yi Kirmānīs mit dem Imaginationskonzept Ibn Sīnās in Verbindung zu bringen sind.[627] Es kann aber ebensogut sein, dass ein Rezipient des Pseudo-Kallisthenes-Stoffes nicht auch noch Ibn Sīnā rezipiert hat. Zwei Illuminierende eines auf Ibn Sīnā zurückführbaren Traumkonzeptes müssen nicht unbedingt beide auf das Modell des Spiegels zurückgreifen, um das Konzept zu visualisieren. Die zu vergleichenden Stoffe werden nicht als Einheiten oder »Pakete« transferiert, sondern ihre einzelnen Aspekte und Episoden werden unabhängig voneinander rezipiert und kombiniert. So wird nicht nur Alexander, sondern ein träumender Autor mit einem Spiegel konfrontiert – und Jerusalem, das dieser darin erblickt, ist durchaus, wenn auch eher in seiner irdischen Version, ebenso ein Ziel Alexanders, welcher aber auch einmal ein Pilgergewand anlegt und ebenso wie Majnūn die Kaaba erreicht … [628]

6 »Man kann nicht jede Gestalt lieben«. Begehrte Bilder in der persischen Buchkunst

Um dieser Uneinheitlichkeit der in dieser Arbeit verglichenen Traditionen sowie der Tatsache, dass ihre Bezüge oft nicht auf die Transformationsgeschichte eines gemeinsamen Topos begrenzt sind, zumindest ein Stück weit Rechnung zu tragen, sei hier wenigstens noch ein Teilkapitel eingeschoben, das mit seinem Fokus auf begehrte Bilder

als viele Vergleiche abstrakter Kategorien, wie beispielsweise »das Bild«, mag sich darin manifestieren, dass eine der häufigsten Reaktionen auf solche Ansätze lautet, »das sei doch nicht vergleichbar«. Ich frage mich, ob diese Schwierigkeit, die die Kunstgeschichte mit dem Unvergleichbaren hat, auch mit der Rolle zusammenhängt, die der Vergleich als Instrument im Streben nach der Anerkennung der Kunstgeschichte als wissenschaftliche Disziplin innehatte (vgl. Juneja, Pernau, »Lost in Translation? Transcending Boundaries in Comparative History«, S. 106–107, sowie in allgemeinerer Hinsicht Jürgen Schriewer, »Problemdiskussion sozialwissenschaftlicher Komparatistik«, in: Hartmut Kaelble, Jürgen Schriewer (Hrsg.), *Vergleich und Transfer. Komparatistik in den Sozial-, Geschichts- und Kulturwissenschaften*, Frankfurt a. M. 2003, S. 9–52) – welche das Unvergleichbare potentiell in Frage stellt. Für einen offensiven Umgang mit Unvergleichbarkeit sowie Unübersetzbarkeit plädieren unter anderem auch Juneja, Pernau, »Lost in Translation? Transcending Boundaries in Comparative History«.

627 Vgl. meine Ausführungen auf S. 66.

628 Man könnte also beispielsweise auch einen Vergleich von Darstellungen des Eintreffens des Pilgers und Alexanders in Jerusalem – z. B. Paris, Bnf, Français 50, fol. 128v – anstellen.

– ebenso wie der eben angeführte Topos des Spiegels – die Stränge der Überlieferungen der hier gewählten Topoi und damit auch die Struktur der Hauptkapitel durchkreuzt. So soll das letzte Teilkapitel am Beispiel des Topos von Bildern als Auslöser von Begehren zunächst eine »deplatzierte« Rezeption dieses Topos innerhalb von Niẓāmīs Alexandernarrativ verfolgen und dann in dieser Hinsicht die Rezeption von Narrativen und Illustrationen Niẓāmīs fokussieren.

»... und es verlangte ihn danach, das nie geschaute Bildnis zu erblicken«. Alexanders Bild von *Nūshābah*

In den französischsprachigen Alexanderromanen wurde verschiedentlich das Begehren gegenüber einem Bild angedeutet oder gar geschildert. In Niẓāmīs Alexanderroman ist davon bei Alexanders Portrait nicht die Rede: Nūshābah wird, was Alexanders Bild anbelangt, anders als in den französischen Versionen keinerlei Begehren zugeschrieben – obwohl der Topos, dass jemand sich ein Bild von einer geliebten Person macht, um es zu verehren, bei Niẓāmī durchaus vorkommt.[629] Nūshābah betreffend aber wird umgekehrt betont, wie keusch und frei von Wollust sie und die Frauen an ihrem Hofe seien:

> Ich weiß nicht, welchen Zauber sie über sich gesprochen haben, dass sie vom Fieber der Wollust nicht befallen werden. Sie kennen unter dem blauen Himmel keine Gefährten außer Wein und Lautenklang.[630]

Zudem wird betont, dass Nūshābah sich stets hinter einem Schleier verberge und keiner ihrer Krieger ihr Antlitz je gesehen habe.[631]

Als Alexander allerdings zu hören bekommt, dass Nūshābah von jedem Begehren – das ihr in den westeuropäischen Versionen so gerne zugeschrieben wurde – frei sei, gefällt ihm das Niẓāmī zufolge so gut, sodass es ihn danach verlangt, »das nie geschaute Bildnis (*naqsh-i nādīdah*) zu erblicken«.[632] Während Niẓāmī also darauf verzichtet, im Vorfeld der Begegnung das Bild zu erwähnen, das Nūshābah sich von Alexander hat machen lassen, umschreibt er Alexanders Wunsch, ihr zu begegnen, als ein Verlangen, ein »nie geschaute[s] Bildnis zu erblicken«. Das gemalte Portrait, das die Königin sich von Alexander machen lässt, wird bei Niẓāmī also durch das imaginäre Bild ersetzt, das

629 Vgl. die Beschreibung Farhāds in: Nizami, *Chosrou und Schirin*, übers. v. Johann Christoph Bürgel, Zürich 2009, S. 166–169. Siehe auch Soucek, *Illustrated Manuscripts of Nizamis's Khamseh 1386–1482*, S. 289.

630 Niẓāmī Ganǧawī, *Das Alexanderbuch*, S. 193; Niẓāmī, *Kullīyāt-i Khamsa-i Niẓāmī*, S. 1042, V. 51–52.

631 Niẓāmī Ganǧawī, *Das Alexanderbuch*, S. 192-193; Niẓāmī, *Kullīyāt-i Khamsa-i Niẓāmī*, S. 1042. Alexander selbst blickt zumindest auf der Miniatur in Topkapı H. 870 in einen Spiegel, der zwar gewisse Parallelen zum Spiegel aus Guillaumes *Pèlerinage de la vie humaine* aufweisen mag, aber nicht etwa das heilige Jerusalem zeigt, sondern den Betrachter selbst. Das mag einen just an den Antitypus von Guillaumes Spiegel, die Quelle des Narziss, erinnern, in der der Protagonist des *Roman de la rose* das Objekt seiner Sehnsucht erblickt. Selbstverliebtheit freilich oder gar eine Suche nach dem begehrenswerten Vorbild dieses Portraits liegen angesichts von Alexanders prekärer Lage in Nūshābahs Macht allerdings nicht besonders nahe. So fungiert auch dieser Spiegel nicht als Auslöser von Begehren.

632 Niẓāmī Ganǧawī, *Das Alexanderbuch*, S. 194; Niẓāmī, *Kullīyāt-i Khamsa-i Niẓāmī*, S. 1043, V. 72.

sich Alexander aufgrund der Erzählungen von Nūshābah macht.[633] Es sei nur am Rande bemerkt, dass die Konjunktur von Imagination als Auslöser von Begehren zumindest im westeuropäischen Kontext ebenfalls mit der Rezeption der Wahrnehmungstheorie Ibn Sīnās in Verbindung gebracht wurde.[634]

Bemerkenswert ist die Verschiebung des Begehrens, den Anderen zu sehen, von der Herrscherin auf Alexander. Es ist der Mann, der die Frau zu sehen verlangt, während diese völlig frei von Begehren ist. Damit verlegt Niẓāmī die Beschreibung des Produktionsprozesses von Nūshābahs Portrait nicht nur an das Ende des Narrativs. An die Stelle, an der dieses Narrativ in den diskutierten lateinischen und französischen Versionen mehr oder weniger explizit den Wunsch der Herrscherin demonstrierte, Alexander zu sehen – im altfranzösischen Prosa-Alexanderroman ist beispielsweise davon die Rede, die Königin habe sich danach gesehnt, »die *estature* Alexanders zu sehen«[635] –, setzt er umgekehrt das Verlangen Alexanders, Nūshābah zu sehen.

Die Distanzierung des weiblichen Geschlechts vom visuellen Begehren unterstreicht ein weiterer Passus, den Niẓāmī hinzufügt: Bei dem Bankett, das Nūshābah anschließend für Alexander veranstaltet, serviert sie ihm erst Schalen voller Gold, Edelsteine und Perlen. Auf seine Empörung, wie er denn Steine verzehren solle, antwortet sie, warum er denn dann um unverdaulicher Steine wegen Dinge tue, die man nicht tun solle, und verweist ihn darauf, dass jeder diese Steine schließlich zurücklassen müsse.[636] Auch hier wird also eine Kritik am Begehren nach materieller Schönheit und Reichtum formuliert, wobei Alexander zu seiner Rechtfertigung betont, diese seien nicht der Grund für seinen Besuch gewesen.

Niẓāmīs Version des Alexandernarrativs macht Nūshābah also frei davon, Bilder als Gegenstände des Begehrens zu verwenden, und fokussiert ihren Erkenntnisgewinn durch Bilder. Umgekehrt schreibt sie aber Alexander das Begehren zu, ein »nie geschaute[s] Bildnis zu erblicken«.[637]

»Eile wie die Mönche zum Bild Jesu!«

Vor diesem Hintergrund ist es von besonderem Interesse, dass die schon im ersten Kapitel dieser Arbeit erwähnte Illustration von Khvājū-yi Kirmānīs *Humāy u Humāyūn* (Wien, Österreichische Nationalbibliothek, N. F. 382, fol. 10v – Abb. 66), die 1427 in Herat produziert wurde, in aller Deutlichkeit auf die Komposition der Darstellung von Nūshābah mit dem Portrait Alexanders in der Londoner Anthologie (Abb. 60 und 67) rekurriert.[638] Hier wird, wie gesagt, dargestellt, wie in einer Vision die Königin der

633 Im Folgenden ist zudem zu lesen: »Die männlichen Tugenden dieser Frau bewirkten, dass ihr Lob von Mund zu Mund ging; und das Verlangen des Königs, die reizende Dame zu sehen, wuchs von Stunde zu Stunde. Er wollte ihr Geheimnis ergründen«. Nizāmī Ganǧawī, *Das Alexanderbuch*, S. 195; Niẓāmī, *Kullīyāt-i Khamsa-i Niẓāmī*, S. 1043.

634 Camille, »Before the Gaze«, S. 208. Portelli führt diese Annahme auf Aristoteles zurück. Portelli, *The Concept of Imagination in Aristotle and Avicenna*, S. 40–42.

635 Vgl. S. 146 dieser Arbeit.

636 Nizāmī Ganǧawī, *Das Alexanderbuch*, S. 204–206; Niẓāmī, *Kullīyāt-i Khamsa-i Niẓāmī*, S. 1049–50.

637 Nizāmī Ganǧawī, *Das Alexanderbuch*, S. 194; Niẓāmī, *Kullīyāt-i Khamsa-i Niẓāmī*, S. 1043, V. 72.

638 Vgl. zu diesem Bezug unter anderem Soucek, *Illustrated Manuscripts of Nizamis's Khamseh 1386–1482*, S. 379–380.

Abb. 66 – Humāy und das Bild Humāyūns, Khvājū-yi Kirmānī, *Humāy u Humāyūn*, Herat 1427/28, Wien, Österreichische Nationalbibliothek, N. F. 382, fol. 10v.

Abb. 67 – Abb. 60 zum Vergleich

Feen Humāy ein Portrait der Humāyūn zeigt. In dieses Portrait verliebt sich Humāy und macht sich auf den Weg, um die Geliebte zu suchen.[639] Khvājūs Text rekurriert hier auf das Narrativ aus Niẓāmīs *Khusraw u Shīrīn*, in der Shāpūr Shīrīn das Bildnis Khusraws zeigt, was in dieser den unstillbaren Wunsch auslöst, das Vorbild dieses Bildes zu sehen.[640] Die Illuminierenden greifen jedoch zur Illustration dieser Szene nicht auf eine Miniatur Shīrīns mit dem Bild Khusraws zurück, die in der Londoner Anthologie ebenfalls zu finden ist, sondern auf eine Illustration von Nūshābah mit dem

639 Fitzherbert, »Khwājū Kirmānī (689–753 / 1290–1352)«, S. 142.

640 Vgl. zum Topos des Verliebens in Bilder im Kontext der persischen Literatur auch das Kapitel »›Love on Sight of Pictures‹. A Case Study in the Magic of Pictorial Art«, in: J. Christoph Bürgel, *The Feather of Simurgh. The »Licit Magic« of the Arts in Medieval Islam*, New York/London 1988, S. 119–137.

Abb. 68 – Shīrīn und das Bild Khusraws, Niẓāmī, *Khusraw u Shīrīn*, Schiras, 1410/11, London, BL, Add. 27261, fol. 381r.

Portrait Alexanders.[641] Warum wird dieses Vorbild gewählt – und was wird daraus gemacht? Um diesen Fragen nachzugehen, sei ein kurzer Vergleich der Miniaturen angestellt:

641 Im Anschluss an Robert Hillenbrand könnte man dies eventuell damit erklären, dass die Illustrationen des Alexandernarrativs ihrerseits womöglich auf Illustrationen von Shīrīn mit dem Portrait Khusraws zurückgriffen. Allerdings sind es primär die späteren Darstellungen Nūshābahs, die sie in einer Landschaft unter freiem Himmel zeigen, die Parallelen zu den Darstellungen Shīrīns aufweisen. Vgl. Hillenbrand, »The Iskandar Cycle in the Great Mongol Šāhnāma«, S. 210. Zudem hätte es, wenn es den Illuminierenden um einen Bezug auf die *Khusraw u Shīrīn*-Ikonographie gegangen wäre, näher gelegen, direkt auf eine Illustration dieses Textes zurückzugreifen, die in derselben Handschrift zur Verfügung steht (Abb. 68).

Abb. 69 – Humāy und das Bild Humāyūns, Khvājū-yi Kirmānī, *Humāy u Humāyūn*, Schiras 1420, Berlin, Museum für Islamische Kunst, Ms. I. 4628, fol. 629r.

Auffällig ist vor allem, dass das Portrait in der Illustration von Khvājūs Handschrift nicht mehr in der Hand des Herrschers liegt, sondern über ihm an der Wand hängt. Dabei wird durch den Faltenwurf deutlich markiert, dass es sich um ein Bild auf Seide handelt. Zudem markieren die herunterhängenden Bänder, dass es ebenso wie die Vorhänge aufgerollt werden konnte. Zugleich wird aufgrund der Rahmung durch eine blaue Linie auf der weißen Wand, die der der Fenster entspricht, markiert, dass es sich keineswegs um einen temporären Ort handelt. Durch die Platzierung oben im Bild wird das Portrait einerseits aus dem Kreis der Figuren im unteren Bildteil herausgehoben – und nicht nur Humāys Blick, sondern auch die nach oben weisende Geste genau jener Hände, die es in seinem Vorbild hielten, unterstreicht das. Zugleich ist Humāyūns Portrait aber im Unterschied zu dem Portrait Alexanders lebensgroß, sodass die dargestellte Figur verstärkt als eine anwesende Person wahrgenommen wird.

Im Format wird das Bild im Vergleich zu der Londoner Miniatur nach oben hin erweitert, um anstelle des dort zuvor zu sehenden angeschnittenen Ornamentfeldes das vollständige Bild platzieren zu können. Das zweite Ornamentfeld wird dabei in ein vergittertes Fenster transformiert, durch das – ähnlich wie in der wenige Jahre zuvor ebenfalls für Bāysunqur angefertigten Anthologie (Berlin, Museum für Islamische Kunst, Ms. I. 4628 – Abb. 69) – Betrachterinnen in den Raum schauen. Dass diese Betrachterinnen nicht etwa auf das Portrait, sondern ebenso wie die abgebildete Humāyūn nach rechts unten in den Raum schauen, trägt weiter dazu bei, dass das Portrait Humāyūns als eine Figur im Kreise anderer Betrachterinnen der Szene wahrgenommen wird.

Die signifikanteste Positionsänderung betrifft in dieser Miniatur jedoch die portraitierte Figur: Alexander war auf seinem Abbild in der Londoner Anthologie kniend dargestellt, und die Farbe seiner Kleidung wies Parallelen zu jener Figur auf, die neben der Person Alexanders links im Bild platziert war. In der Darstellung Humāyūns ist man mit einer Figur konfrontiert, die, auf einem goldenen Hocker sitzend, auffällig zum rechten Bildrand hin gewandt ist. Die Farbe ihres violetten Obergewandes gleicht dabei ebenso wie ihre Haltung und ihre Positionierung auf einem goldenen Hocker genau jener Figur, die die Position Alexanders einnimmt. Es sind hier also sehr viel deutlichere Parallelen zwischen dem Portrait und einer anwesenden Figur zu erkennen, als dies in der Illustration der Londoner Anthologie der Fall war, obwohl die portraitierte Person dem Text zufolge gar nicht im Raum ist. Oder gerade deshalb. Denn ich frage mich, ob die auffälligen Parallelen zwischen beiden Figuren, die durch die identische Größe von Humāyūns Portrait noch betont werden, nicht genau die Suche der Betrachtenden nach einer dem Abbild entsprechenden Person in Gang setzen, die das abgebildete Bild bei Humāy auslöst. Schließlich wird man bei genauerem Hinsehen feststellen, dass die Figur vorne links der im Bild nicht vollkommen gleicht – und die Suche dann fortsetzen. Indem das Portrait ausgerechnet auf die Figur beziehbar ist, die die Position Alexanders einnimmt, soll also womöglich nicht unbedingt eine Parallele zwischen Humāyūn und Alexander aufgewiesen, sondern eine entsprechende visuelle Suche nach dem Vorbild des Portraits angestoßen werden. Ebenso wie man in der Londoner Miniatur in eine Nūshābah entsprechende Position gebracht wurde, in der man das Vorbild des Portraits zu identifizieren hatte, macht man sich im vorliegenden Fall wie Humāy auf die Suche nach einer Person, die dem Portrait ähnelt.

Das Interesse der Illuminierenden, sich ausgerechnet die Alexanderdarstellung zum Vorbild zu nehmen, könnte sich also daraus erklären, dass sie hier ein Modell dafür finden, wie die Suche nach dem Vorbild eines Portraits auch in den Betrachtenden ausgelöst werden kann. So wie also die Illuminierenden von Niẓāmīs Text auf Firdawsīs Version des Narrativs zurückgegriffen haben mögen, weil sie eine Illustration, und mehr noch eine Provokation des genauen Schauens, erlaubt, das einer eingehenden und vergleichenden Betrachtung des Portraits, wie sie Nūshābah vollzieht, entspricht, so mag es hier wiederum die Eignung des Modells für ein nach dem Vorbild suchendes Sehen gewesen sein, weswegen diese Miniatur hier herangezogen wurde.

Nūshābahs Schau zeichnete sich bei Niẓāmī allerdings nicht nur durch ihre Dauer, sondern auch dadurch aus, dass sie es weniger auf die äußeren als auf die inneren Qualitäten Alexanders abgesehen hatte: Sie schickt nicht nur einen Maler, sondern auch einen Physiognomiker zu Alexander. Sie zweifelt angesichts des Bildes zwar »nicht, dass es ihn so zeigt, wie er tatsächlich aussieht«.[642] Zugleich aber gibt sie an, sie betrachte »jedes Bild genau vom Scheitel bis zu den Zehen, mustere Alte und Junge und prüfe ihre Maße, um durch Analogie und auf Grund meiner physiognomischen Kenntnisse ihren Charakter zu ergründen.«[643]

Diese Art des Schauens, die auf eine Erkenntnis des Charakters abzielt, wird dezidiert von der Haltung Shīrīns gegenüber dem Portrait Khusraws unterschieden: Während Niẓāmī betont, dass Nūshābah frei von Verlangen sei, legt er Shīrīn folgende Worte in den Mund: »Ich habe eine solche Liebe zu diesem Bilde gefasst, dass man sagen könnte, ich sei ein Bilderverehrer geworden!«[644] Und es wird angemerkt, dass nur der Anstand ihr verbot, das Bild an die Brust zu drücken.[645] Damit stellt sich die Frage, inwiefern die Illuminierenden von Khvājūs Text mit ihrer Entscheidung, auf eine Darstellung Nūshābahs zurückzugreifen, auch deren Sichtweise des Portraits im Vergleich zu der Shīrīns bevorzugt haben könnten.

Khvājūs Text zumindest legt Humāy ausdrücklich nahe, »diese Gestalt um des inneren Sinnes willen« anzusehen und so »von der Gestalt [...] zum inneren Sinn«[646] zu gelangen.[647] Niẓāmīs Shīrīn wird zwar ebenfalls von Shāpūr darauf hingewiesen, dass das Bild nur ein *nishān* sei und keine Seele (*jān*) habe.[648] Doch während hierin eher die Warnung vor einer Verwechslung des Bildes mit der Person anklingt, wird das Bild bei Khvājū explizit als Erkenntnisinstrument präsentiert.

Ein solches Konzept von Bildern entspricht der Ausrichtung von Khvājū-yi Kirmānīs Dichtung, in der es, wie Teresa Fitzherbert betont hat, weniger als bei Niẓāmī um die Schilderung einer höfischen Liebe geht, sondern um »mystische Poesie, formuliert in der Form und Sprache einer Geschichte höfischer Liebe«,[649] die aus einem Narrativ höfischer Liebe eine Allegorie der Liebe zu Gott macht.[650] Khvājū macht aus Niẓāmīs Narrativ die »Geschichte einer Seele«.[651] Dementsprechend schlägt Khvājū in seiner Figur Humāyūns eine Interpretation des Verhaltens Shīrīns vor, in der sich das Begehren weniger auf einen menschlichen Partner als auf das göttliche Urbild ihrer Seele bezieht.[652] Das mag sich bei Shīrīn schon andeuten, wenn über das Portrait Khusraws gesagt wird: »Dieses aber war wie ein Spiegel, in dem sie sich gleichsam selber

642 Nizāmī Ganǧawī, *Das Alexanderbuch*, S. 201; Niẓāmī, *Kullīyāt-i Khamsa-i Niẓāmī*, S. 1047, V. 201.

643 Nizāmī Ganǧawī, *Das Alexanderbuch*, S. 201; Niẓāmī, *Kullīyāt-i Khamsa-i Niẓāmī*, S. 1047–1048, V. 202–203.

644 Nizami, *Chosrou und Schirin*, S. 39.

645 Nizami, *Chosrou und Schirin*, S. 31/32.

646 Khvājū-yi Kirmānī, *Humāy u Humāyūn*, S. 32 – übersetzt von Gerald Grobbel. Vgl. auch Fitzherbert, *»The Life of Khwaju Kirmani (689/1290–753/1352) as Reflected in his Poetry, with Particular Reference to the Masnavi Humay u Humayun« (Teil 1) und »The Paintings in the British Library's Khwaju Kirmani Manuscript of 1396 (Add. 18113) Approached Through the Text« (Teil 2)*, Addendum, S. 10.

647 Vgl. auch meine Ausführungen auf S. 213–214 dieser Arbeit.

648 Nizami, *Chosrou und Schirin*, S. 40 und Soucek, »Nizami on Painters and Painting«, S. 18.

649 Fitzherbert, »Khwājū Kirmānī (689–753/1290–1352)«, S. 145.

650 Fitzherbert, »Khwājū Kirmānī (689–753/1290–1352)«, S. 142 und Bürgel, *Humay and Humayun*, S. 352.

651 Fitzherbert, »Khwājū Kirmānī (689–753/1290–1352)«, S. 142.

652 Fitzherbert, »Khwājū Kirmānī (689–753/1290–1352)«, S. 142. Vgl. hierzu auch Weis, »Das Bildnis im Bild – Porträts und ihre Betrachter auf persischen und moghulischen Miniaturen«, S. 175. Zu den Ansätzen dieser Vorstellung bei Niẓāmī, die Khvājūs hier aufgreift, auch Bürgel, *The Feather of Simurgh. The »Licit Magic« of the Arts in Medieval Islam*, S. 135.

Abb. 70 – Detail von Abb. 66.

erkannte.«[653] Khvājū rückt aber nicht nur in den Vordergrund, dass das Portrait weniger als Darstellung einer begehrten Person denn als Spiegelbild des Selbst zu verstehen ist – wie Fitzherbert zufolge schon in den Namen Humāy und Humāyūn deutlich wird –, sondern er versteht dieses Spiegelbild auch dezidiert als göttliches Urbild der eigenen Seele.[654]

Wenn das Bild demzufolge primär als Widerspiegelung eines göttlichen Urbildes zu verstehen ist, dann könnte es den Illuminierenden gelegen gekommen sein, mit Nūshābahs Ansicht von Bildern als Medien der Erkenntnis auf eine Sichtweise von Bildern zurückgreifen zu können, die weniger mit dem Risiko einer idolatrieverdächtigen Verehrung und Verwechslung des Bildes mit dem Original befrachtet ist als jene

653 Nizami, *Chosrou und Schirin*, S. 34–35.
654 Fitzherbert, »Khwājū Kirmānī (689–753/1290–1352)«, S. 142.

Shīrīns. So wird in einem Kontext, in dem das Bild des Geliebten vom Auslöser des Begehrens nach einer unbekannten Person in eine Allegorie eines göttlichen Urbildes umgedeutet wird, auf ein Modell von Nūshābahs Betrachtung des Bildes Alexanders zurückgegriffen und die Vorstellung eines Bildes als Instrument der Erkenntnis des Wesens einer anderen Person in ein Instrument der Erkenntnis Gottes transformiert. Es ist also nicht nur der Tatsache zuzuschreiben, dass Niẓāmī das Verlangen, ein »nie geschaute[s] Bildnis zu erblicken«,[655] hier Alexander und damit einer männlichen Figur zuschreibt, was diese Szene für die Darstellung Humāys als ein männlicher Betrachter interessant macht. Vielmehr wird hier möglicherweise aus Niẓāmīs Bildkonzepten dezidiert dasjenige ausgewählt, das Khvājūs Vorstellung am nächsten kommt.

Die Tatsache, dass – und die Art und Weise, wie – Niẓāmīs Narrativ im 15. Jahrhundert als Vorbild für die Darstellung Humāys mit dem Bild Humāyūns verwendet wird, verrät zugleich etwas über die Wahrnehmung des Textes im historischen Kontext seiner Illustrationen: Vielleicht ist es genau die in Khvājūs Text manifestierte Lesart von Liebe als Gottesliebe, die es nahelegt, Nūshābahs Betrachtung von Alexanders Bild wieder mit einer Liebe zu einem Bild zu assoziieren. Dann wäre die Tatsache, dass in Darstellungen Nūshābahs im Laufe des 15. Jahrhunderts zunehmend auf die Ikonographie von Darstellungen Shīrīns mit dem Bild Khusraws zurückgegriffen wird – wenn die Szene beispielsweise in der Natur situiert wird –, vielleicht vor einem Hintergrund zu verstehen, in dem Liebe zu Bildern verstärkt mit einer Liebe zu Gott assoziiert wird.

Jedenfalls verweist die Wiener Miniatur nicht nur ikonographisch auf Nūshābahs Verständnis des Portraits, sondern übernimmt auch eine Form des Bildaufbaus, die ein entsprechendes Sehen erfordert. Das entspricht Khvājūs Text insofern, als dieser die Art und Weise, wie man ein Bild betrachtet, als entscheidend dafür erklärt, ob man ein Götzenanbeter ist oder sich auf der Suche nach der wahren Bedeutung befindet. So empfiehlt dem Text zufolge eine Inschrift über dem Bild:

> Schau auf diese Gestalt [*ṣūrat*] um des inneren Sinnes willen! Starr vor Staunen stehen (vor ihr) die Götzenanbeter Chinas.
> […]
> Man kann nicht jede Gestalt [*ṣūrat*] lieben; schau auf dieses Bild [*naqsh*], um zu erfahren, welch innerer Sinn in ihm liegt.
> Die Gestalt des Freundes ermöglicht den Zugang zum inneren Sinn, nicht wie die Verblendeten, die Götzen anbeten [*ṣūratparast*].
> Trenne dich von der Gestalt, sodass du zum inneren Sinn gelangst.
> […]
> Wende nicht wie die Kinder dein Gesicht vom Bild Manis ab! Eile wie die Mönche zum Bild [*naqsh*] Jesu![656]

655 Niẓāmī Ganǧawī, *Das Alexanderbuch*, S. 194; Niẓāmī, *Kullīyāt-i Khamsa-i Niẓāmī*, S. 1043, V. 72.

656 Khvājū-yi Kirmānī, *Humāy u Humāyūn*, hrsg. v. Kamāl ʿAinī, Teheran 1969, S. 32–33 – übersetzt von Gerald Grobbel. Vgl. auch Fitzherbert, *»The Life of Khwaju Kirmani« und »The Paintings in the British Library's Khwaju Kirmani Manuscript of 1396«*, Addendum, S. 10 sowie Fitzherbert, »Khwājū Kirmānī (689–753/1290–1352)«, S. 149.

Khvājū betont also explizit, dass eine solche Gestalt [*ṣūrat*] auch von den Götzenanbetern [*ṣūratparast*] bewundert werde, sie aber dennoch Zugang zu Gott eröffnen könne, wenn man sie im Hinblick auf einen inneren Sinn anschaue.[657] Es ist also wieder der Modus der Betrachtung, der darüber entscheidet, ob ein Bild [*naqsh*] als Idol funktioniert oder als Ikone. Die Differenz zwischen einer als Objekt und einer im Hinblick auf das Dargestellte verehrten Gestalt [*ṣūrat*] mag sich in der Miniatur darin andeuten, dass sich die im Bild dargestellte Figur Humāyūns vom Bildträger zu lösen scheint: Insbesondere dadurch, dass ihr Kopf vor den Bändern dargestellt ist, die auf der Bildoberfläche zu liegen scheinen, hebt sich die Figur vom materiellen Träger des Bildes ab (Abb. 70).

In Khvājūs Aktualisierung von Niẓāmīs Narrativen im 14. Jahrhundert wird also explizit formuliert, dass der Modus der Betrachtung eines Bildes entscheidend dafür ist, ob die Liebe zu Bildern legitim ist oder nicht. Das entspricht dem Befund, dass sich in den Miniaturen des 14. und 15. Jahrhunderts – seien es Illustrationen von Khvājūs eigenen Texten oder früherer Autoren wie Niẓāmī – Strategien abzeichnen, die die Betrachtenden zu bestimmten Sichtweisen auffordern, etwa zu einer eingehenden oder vergleichenden Betrachtung von Bildern. Bei Khvājū, dessen Illustration nicht zufällig auch am Anfang dieser Arbeit die Ideale der persischen Buchmalerei eingeführt hat, zeichnet sich also ein Bildverständnis ab, das in seinem mystischen Verständnis von Bildern und dem Sichtbaren im Allgemeineren als Verweis auf das Unsichtbare[658] den Betrachtenden eine besondere Rolle zuschreibt. Es ist an ihnen, dies zu erkennen. So erlaubt die Analyse einer Illustration eines Textes von Khvājū an dieser Stelle eine gewisse Annäherung an ein Bildverständnis des 14. Jahrhunderts, das einen historisch zumindest etwas näherliegenden Kontext der Rezeption der wesentlich älteren Texte Niẓāmīs in den Miniaturen des beginnenden 15. Jahrhunderts darstellt.

Im Hinblick auf das Begehren, das Bilder auslösen können, sei zugleich Folgendes festgehalten: In den französischen Versionen des Alexanderromans wird die Liebe zu Bildern – die schlimmstenfalls zu einer idolatrischen Verehrung des Bildes selbst führt – als Schwäche einer orientalisierten Frau, sprich: der Anderen, präsentiert und es galt, sich – und womöglich auch die Miniatur – von dieser Bildpraxis abzugrenzen. Für die persischen Darstellungen des Themas hingegen ist zunächst einmal festzustellen, dass Niẓāmī die Herrscherin von jeglichem Begehren freispricht und ihr Verhältnis zum Bild allein von Erkenntnisinteresse bestimmt ist.

In der poetischen und visuellen Rezeption Niẓāmīs allerdings zeichnet sich ab, dass Liebe zunehmend als Weg zur spirituellen Erkenntnis inszeniert und in diesem Kontext auch die Nūshābah-Ikonographie wieder aufgegriffen wird, um ein Bild darzustellen, das eine Liebe auslöst, die zur Erkenntnis in diesem Falle nicht nur einer anderen Person, sondern des eigenen Urbildes führt. Die vergleichende Schau, die die Bilder in beiden Kontexten provozieren, dient dabei in den französischsprachigen Handschriften primär zu einer Unterscheidung von Vorbild und Abbild. Im persischen Kontext dagegen ist sie das Instrument der Suche nach dem Vorbild des Bildes. Als solches kann der vergleichende Blick im Kontext der Handschriften Niẓāmīs mit der eingehenden Schau

657 Eine weitere Bedingung ist die Selbstlosigkeit, die vor dem Hintergrund von Khvājūs sufistischer Ausrichtung zu verstehen ist.

658 Ich danke Karin Rührdanz für ihre Hinweise in dieser Sache.

als Mittel der Erkenntnis des Wesens einer Person assoziiert werden. In den Illustrationen von Khvājūs *Humāy u Humāyūn* schließlich wird dieser Modus der visuellen Suche nach einem vergleichbaren Vorbild zu dem Modus der Schau, der die Götzenanbetung von einer Verehrung der Ikone unterscheidet, die hier als Ideal angegeben wird.

Schon Niẓāmī lokalisiert seine Königin, wie gesagt, nicht mehr wie Firdawsī in Andalusien und damit an einem der entferntesten Orte der damaligen islamischen Welt, sondern siedelt sie in seiner Nachbarschaft, in Barda, an. Damit geht die Verschiebung von einer Begehrenden zu einer erkennenden weiblichen Figur mit einer Aufhebung ihrer Verortung in der Fremde einher, was die Abgrenzung aufhebt und Identifikation nahelegt.

Khvājūs grenzt seine Ansichtsweise von Bildern nun dezidiert von den chinesischen Bildanbetern ab, die zwar dieselben Bilder bestaunen, aber ohne darin den eigentlichen Sinn zu suchen. Er präsentiert seine Sicht auf Bilder also in expliziter Abgrenzung von einem idolatrischen fremden Modus der Bildbetrachtung. Das ist – darauf werde ich im letzten Kapitel dieser Arbeit nochmals zu sprechen kommen – zunächst einmal ein weit verbreiteter Topos. Außergewöhnlicher ist, dass er sich in dieser Abgrenzung explizit auf ein christliches Bildverständnis bezieht, indem er das Verhalten von Mönchen gegenüber Bildern Jesu als Vorbild empfiehlt.

Dabei ist erst einmal zu konstatieren, dass Khvājūs Bezugnahmen auf chinesische und christliche Bildkultur als solche nicht weiter erstaunlich sind. Denn das Werk entstand im Umfeld des ilkhānidischen Hofes[659] und damit zum einen im Kontext einer ilkhānidischen Bildkultur, die sich durch einen starken Rückgriff auf ostasiatische Bildkulturen auszeichnet,[660] und zum anderen an einem Hof, an dem laut Terry Allen, Sheila Blair und Marianna Shreve Simpson vor allem wohl byzantinische, womöglich aber auch westeuropäische bebilderte Handschriften sowie nestorianische Bildpraktiken präsent waren.[661] Khvājūs Vorstellung eines fremden Bildes liegt also wohl keine rein imaginäre Vorstellung zugrunde, die die Projektion einer eigenen Praxis in die Fremde erlaubt, sondern eine Praxis des Umgangs mit Bildmaterial verschiedenster Provenienz. Zudem mag die Vorgabe einer christlichen Betrachtungsweise auf Khvājūs Vorbild, Niẓāmīs *Khusraw u Shīrīn*, verweisen – denn dort steht anstelle des syrischen Prinzen Humāy vor der chinesischen Prinzessin Humāyūn die armenische Prinzessin Shīrīn dem Bild des letzten sassanidischen Herrschers, Khusraw, gegenüber.

Bemerkenswert ist, wie Khvājū in seiner Beschreibung von Humāyūns Portrait den richtigen Umgang mit Bildern gewissermaßen als Kombination eines chinesischen Bildes[662] – Humāyūn ist die Tochter des Faghfūr von China – mit einer christlichen

659 Fitzherbert, »Khwājū Kirmānī (689–753/1290–1352)«, S. 139.

660 Vgl. z. B. Sheila Blairs Ausführungen zum Produktionskontext der Handschriften von Rashīd ul-Dīns *Jāmiʿ ul-Tawārīkh,* die Anfang des 14. Jahrhunderts am ilkhānidischen Hof illustriert wurden. Blair, *A Compendium of Chronicles: Rashid-al Din's Illustrated History of the World*, S. 46–50 und 60–88.

661 Terry Allen, »Byzantine Sources for the Jāmiʿ al-Tawārīkh of Rashīd al-Dīn«, in: *Ars Orientalis* 15, 1985, S. 121–136. Blair, *A Compendium of Chronicles: Rashid-al Din's Illustrated History of the World*, S. 51–54; Marianna Shreve Simpson, »Manuscripts and Mongols: Some Documented and Speculative Moments in East-West/Muslim-Christian Relations«, in: *French Historical Studies* 30/3, 2007, S. 351–394.

662 Juliane Noth hat mich darauf aufmerksam gemacht, dass das dargestellte Bild zwar in einzelnen Aspekten – dem Medium der Hängerolle oder dem an goldgewirkte Seide erinnernden Trägerstoff – an chinesische Bilder erinnert. Im chinesischen Kontext aber wird auf einen Grund aus heller

Betrachtungsweise darstellt. Dass hiermit eine Kombination von fremden Bildern und Sichtweisen als ideal vorgestellt wird, könnte damit zu tun haben, dass die ilkhanidische Bildkultur bestrebt war, Bildelemente verschiedenster Provenienz zusammenzuführen. Dem könnte es entsprechen, die ideale Bildkultur hier weniger in der pauschalen Distanzierung von einem als fremd imaginierten Bildkonzept zu konsituieren, sondern als selektive Rezeption und partielle Abgrenzung in der faktischen Aneignung von vorliegendem Bildmaterial verschiedener Kontexte.

Nachdem Niẓāmī Nūshābah samt ihrem Bild zur Identifikation in die Nachbarschaft holte, ist bei Khvājū also nun die Legitimierung der Rezeption anderer – in diesem Fall chinesischer – Bilder mithilfe eines Betrachtungskonzeptes aus einem wiederum anderen religiösen Kontext, nämlich der christlichen Verehrung von Christusbildern, zu beobachten. Dabei lässt sich konstatieren, dass im Kontext der persischen Narrative – und für diesen Befund sprechen auch Hinweise jenseits des Alexandernarrativs – vor allem der entsprechende Betrachtungsmodus und weniger die Verfassung und Herstellung des Bildes selbst zur entscheidenden Bedingung für eine legitime Rezeption fremden Bildmaterials erklärt wird.

Während Kandakes Bild also im altfranzösischen Prosa-Alexander – entsprechend seiner Funktion als Bericht von Abenteuern in fremden Ländern – als orientalisiertes Bild der Anderen präsentiert wurde, von dem es sich abzugrenzen galt, wird hier im Zuge der Identifikation die Fremdheit nicht nur wie bei Niẓāmī – und womöglich in Thomas von Kents Verzicht auf die Verortung Kandakes[663] – aufgehoben. Khvājū verschleiert weder die Herkunft seines Bildbeispiels aus China noch das christliche Modell seines Betrachtungsmodus. Vielmehr präsentiert er die Kombination als eine Möglichkeit, die Aneignung von Bildern zu legitimieren, die man in anderen Kontexten als Idole abstempeln würde.

Khvājū stellt mit Humāyūns Portrait die Aneignung verschiedener fremder Bilder und Sichtweisen von Bildern also als konstitutiv für die eigene Bildpraxis dar. Damit unterscheidet sich die Funktion dieses Bildes deutlich von jener, die Alexanders Portrait in den französischen Alexanderromanen zukam: Kandakes Bild war in den französischen Alexanderromanen weniger im Kontext einer zeitgenössischen Bildpraxis zu verstehen als in der spezifischen Funktion des Alexanderromans, die eigene Kultur nicht in der Aneignung, sondern in der Abgrenzung zu definieren. Das betrifft nicht nur, wie insbesondere bei Alexandre de Paris, Kandakes Bildpraxis, sondern auch Alexander selbst, der beispielsweise bei Thomas von Kent »als ein stolzer Mann und unbarmherziger Eroberer, der den Exzessen des Fleisches schließlich anheim fällt [...], für den frommen Christen kein Held ist«.[664]

Jedenfalls aber zeigen beide Beispiele, dass Bildkonzepte, die in den Alexandernarrativen – und ich habe hier nur ein Beispiel herausgegriffen – vorkommen, nicht intrinsisch innerhalb der jeweiligen kulturellen Kontexte oder gar als repräsentativ

Seide oder Papier gemalt, der dann seinerseits auf eine Montierung aus gemustertem Seidenstoff aufgebracht wird, sodass die Figuren nicht wie hier vor gemustertem Grund erscheinen. Zu finden sind solche Figuren vor gemustertem Grund in *Thangkas* aus Kharakhoto, bei diesen Hintergründen allerdings handelt es sich um gemalte Imitationen von Seidenstoffen.

663 Gaullier-Bougassas, »Alexandre et Candace«, S. 24–25. Vgl. meine Anmerkungen auf S. 134–135 zu Beginn dieses Kapitels.

664 Akbari, »Alexander in the Orient«, S. 111.

für die jeweiligen Bildkulturen zu verstehen sind, sondern in Bezug auf die Funktion der jeweiligen Alexandernarrative, in denen der Alexanderstoff zu Abgrenzung und Aneignung von Anderem herangezogen wurde.

IV UNSCHULDIG SCHAUEN. BLICKE AUF JOSEFS SCHÖNHEIT

Das ambivalente Verhältnis von Blick und Begehren, das in der Produktion und Rezeption von Alexanders Portrait insbesondere in den westeuropäischen Kontexten immer wieder problematisiert wurde, wird – auch im persischen Kontext – mustergültig in einer Figur verhandelt, die Thomas von Kent im Vergleich zu Kandake anführt:

> Wurde nicht der schöne Josef ins Gefängnis geworfen
> wegen der Frau des Eunuchen, des Dieners des Pharaos?[665]

Diese Frauenfigur – die Frau Potifars, im persischen Kontext Zulaykhā genannt – steht im Mittelpunkt des folgenden Kapitels. Insbesondere geht es um ihre Sichtweisen der Schönheit Josefs, die in beiden Kontexten Thema sind, was unter anderem auf die alttestamentliche Beschreibung – »Josef war schön von Gestalt und Aussehen« (Gen 39,6) – zurückgeführt werden kann.

Gemeinsamer Bezugspunkt ist also ein Blick innerhalb des im Alten Testament aufgenommenen Narrativs von Josef, der – das sei hier in aller Kürze rekapituliert –, nachdem er von seinen eifersüchtigen Brüdern verkauft wurde, als Sklave bei einem hohen Beamten in Ägypten arbeitet. Dessen Frau »warf ihren Blick auf Josef« (Gen 39,7) und versucht ihn zu verführen. Als er flieht, packt sie seinen Mantel und erzählt ihrem Mann, Josef sei es gewesen, der sie habe verführen wollen; er kommt ins Gefängnis, macht dann aber aufgrund seiner Fähigkeit, aus Träumen die Zukunft vorherzusagen, eine steile Karriere am Hof, sodass ihn schließlich selbst seine Brüder um Hilfe bitten ... Dieses Narrativ und insbesondere das Verhältnis der Frau Potifars beziehungsweise Zulaykhās zu Josefs Schönheit wurde Gegenstand unzähliger Deutungen, Ausschmückungen, Visualisierungen und Assoziationen von moralischen Problemen bis zu spirituellen Möglichkeiten, von Verurteilungen bis zu Idealisierungen.[666]

665 Thomas de Kent, *Le roman d'Alexandre ou le roman de toute chevalerie*, S. 608.

666 In der unüberschaubaren Literatur zu diesem Thema sei hier nur auf einige vergleichende Untersuchungen zum Josefsnarrativ aus der Literatur- und Religionswissenschaft verwiesen, auf die ich in diesem Kapitel zurückgreifen kann: Shalom Goldman, *The Wiles of Women. The Wiles of Men. Joseph and Potiphar's Wife in Ancient Near Eastern, Jewish, and Islamic Folklore*, Albany 1995, Gayane Karen Merguerian, Afsaneh Najmabadi, »Zulaykha and Yusuf: Whose ›Best Story‹?«, in: *International Journal of Middle East Studies* 29/4, 1997, S. 485–508, Thalia Gur-Klein, »Potiphar's

Abb. 71 – Bihzād, Zulaykhā ergreift Josefs Gewand, Saʿdī, *Būstān*, Herat 1488, Kairo, Nationalbibliothek, adab-i fārsī 908, fol. 52v.

Im Rahmen dieser Arbeit interessiert die Frage, wie der besagte Blick auf Josefs Schönheit in Illustrationen dieses Narrativs dargestellt wird. Der Fokus wird dabei darauf liegen, inwiefern dieser Blick mit Konnotationen von Schuld aufgeladen wird und inwiefern er für unschuldig erklärt wird. Es geht also zum einen um Schuldzuschreibungen, die der Blick auf Josefs Schönheit in den unterschiedlichen Kontexten erfährt, und zum anderen um Strategien von Bildern, den Anblick von körperlicher Schönheit dennoch zu entschuldigen. Kurz: Es soll beobachtet werden, in welcher Weise die Unschuld von Blicken von den verschiedenen Bildern konstruiert wird.

1 »... so ist seine Schönheit der Beweis dafür, dass du zu entschuldigen bist«. Josefs Verführung in persischen Handschriften des 15. und 16. Jahrhunderts

Die meisten persischen Illustrationen der Josefsgeschichte befinden sich in Handschriften von Jāmīs *Yūsuf u Zulaykhā*, das 1483 entstand. Chad Kia hat 108 bebilderte Handschriften dieses Textes allein im 16. Jahrhundert gezählt;[667] die meisten sind in der zweiten Hälfte des 16. Jahrhunderts und damit etwa hundert Jahre nach dem Text entstanden. Aus dem unmittelbaren Produktionskontext des Textes ist meiner Kenntnis nach nur eine Josefsillustration erhalten[668] – und diese befindet sich nicht in einer Handschrift von Jāmīs *Yūsuf u Zulaykhā*, sondern in einer 1488 in Herat illuminierten Handschrift von Saʿdīs 1257 entstandenem *Būstān* (Kairo, Nationalbibliothek, *adab-i fārsī* 908, fol. 52v – Abb. 71).[669]

Dieses Teilkapitel zu den persischen Darstellungen von Josefs Verführung wird deshalb in drei Schritten vorgehen: Zunächst analysiert es die besagte früheste, innerhalb der persischen Kunstgeschichte sehr prominente Darstellung von Josef und Zulaykhā im Hinblick darauf, welchen Blick sie auf Josef sie den Betrachtenden vorschlägt. Dabei ist man damit konfrontiert, dass sie den Betrachtenden einen Raum zu sehen gibt, von dem im Text explizit konstatiert wird, dass niemand Einblick habe. In einem zweiten Schritt wird dieses Paradox dann in Bezug auf Jāmīs kurz zuvor niedergeschriebenes Epos *Yūsuf u Zulaykhā*, das auf dem Blatt ebenfalls zitiert wird, kontextualisiert, um anschließend in einem dritten Schritt Illustrationen dieses Epos aus dem 16. Jahrhundert zu diskutieren. Dabei steht die Frage im Zentrum, was für Sichtweisen auf die sinnliche Schönheit Josefs, die auch Jāmī betont, diese vorschlagen – und ich werde argumentieren, so viel sei vorausgeschickt, dass die Sichtweise als entscheidend dafür dargestellt wird, ob ihre Betrachtung als Idolatrie oder als Verehrung einer göttlichen Schönheit zu bewerten ist.

Wife and the Cultural Template of Sacred Sexuality«, in: *lectio difficilior. Europäische elektronische Zeitschrift für Feministische Exegese* 1, 2001, www.lectio.unibe.ch/01_1/po.pdf, Stand 26.3.2014, und Marc S. Bernstein, *Stories of Joseph. Narrative Migrations between Judaism and Islam*, Detroit 2006.

667 Chad Kia, »Jāmi and Persian Art«, in: *Encyclopaedia Iranica* XIV/5, 2008, S. 479–482, www.iranicaonline.org/articles/jami-iii, Stand 26.3.2014.

668 Eine weitere Vorzeichnung zu einer Darstellung von Zulaykhās Palast findet sich in einer 1488 entstandenen Handschrift (Wien, Österreichische Nationalbibliothek, Mixt. 1480, fol. 80a). Vgl. Dorothea Duda, *Islamische Handschriften 1: Persische Handschriften*, Bd. 1, Wien 1983, S. 211.

669 Zu dieser Handschrift soll in Kürze eine vielversprechende Monographie von Lamia Balafrei mit dem Titel *The Making of the Artist in Late Timurid Painting* erscheinen.

1.1 »Du hast dich vor dem steinernen Antlitz geschämt, ich muss mich vor Gott schämen.« Bihzāds Darstellung von Josef und Zulaykhā von 1488

Die 25,4 × 15,8 cm große Miniatur des Malers Bihzād, die am Hof Ḥusayn Bāyqarās entstand, zeigt laut dem mitten im Bild platzierten Textfeld den Moment, in dem Zulaykhā Josefs Mantel ergreift – hier steht: »Als Zulaykhā vom Wein der Liebe trunken war und den Saum Josefs packte«.[670] Das Bildfeld wird vollständig von der Darstellung von Zulaykhās Palast eingenommen. Die beiden Figuren sind im oberen rechten Viertel der Miniatur in einem als einzelner Raum gerahmten Bildfeld zu sehen – das heißt an der Stelle, wo die Lesenden des persischen Textes die Lektüre beginnen. Die architektonische Rahmung – namentlich der Bogen, durch den hindurch man auf die Szene blickt, sowie die Balustrade, die den Raum nach vorne hin abschließt – macht deutlich, dass die Betrachtenden sich außerhalb des Gebäudes befinden. Ihnen wird also die Position von Außenstehenden zugeschrieben.

Das entspricht einem der Verse Jāmīs, die zusätzlich zu dem illustrierten Gedicht Saʿdīs in dieser Miniatur als Architekturinschriften eingefügt sind.[671] So ist in den Kartuschen unterhalb der Figur Josefs zu lesen:

> In jenem (Zimmer) war niemand außer dem Liebhaber und der Geliebten;
> dort gab es weder Misshandlung durch die Polizei noch Belästigung durch die Nachtwache.[672]

Es wird also eine paradoxe Situation konstruiert, in der die Betrachtenden einen Einblick in einen Raum bekommen, von dem explizit konstatiert wird, dass niemand Zugang habe. Dieses Paradox wird von einem zweiten Vers in den Kartuschen daneben noch unterstrichen. Er beschreibt nämlich, was mit Betrachtenden passieren würde, wenn sie das Dargestellte denn sehen könnten:

> Wenn ein Zuschauer dort vorbeigegangen wäre, wäre ihm vor
> kummervoller Sehnsucht das Wasser im Mund zusammengelaufen.[673]

670 Saʿdī, *Kullīyāt*, hrsg. v. Muḥammad ʿAlī Furūġī, Teheran 1994/95, S. 372 – übersetzt von Gerald Grobbel. Vgl. auch Sádi, *The Garden of Fragrance*, übers. v. G. S. Davie, London 1882, S. 288.

671 Yumiko Kamada erwägt, dass »probably, in order to satisfy is predilection for the literature of Jāmī and commitment to Sufism, Ḥusayn Bāyqarā asked painters to use Jāmī's description rather than Saʿdī's as the basis for this illustration of Saʿdī's *Būstān*«. Yumiko Kamada, »A Taste for Intricacy. An Illustrated Manuscript of *Manṭiq al-Ṭayr* in the Metropolitan Museum of Art,« in: *Orient* 45, 2010, S. 129–175, hier S. 146.

672 Nur al-Din ʿAbd al-Raḥmān ibn Aḥmad Ǧāmi, *Haft Owrang, Bd. II: Yusof & Zoleyxā, Leylī & Maǧnūn and Xeradnāme-ye Eskandari*, hrsg. v. A. Afṣaḥzād u. Ḥ.A. Tarbiyat, Tehrān 1378/1997, S. 131, V. 2362 – übersetzt von Gerald Grobbel. Zudem ist in der letzten Kartusche die Datierung »893« angegeben, ebenso wie übrigens in der Inschrift auf der rötlichen Zwischenwand im Obergeschoss zu lesen ist, dass dies vom Diener Bihzād gemacht sei – womit der Maler sich zugleich als Architekt des gemalten Palastes inszeniert.

673 Ǧāmi, *Yusof & Zoleyxā*, S. 126, V. 2257 – übersetzt von Gerald Grobbel. Vgl. zu den Texten auf diesem Blatt auch die Deutung von Michael Barry (*Figurative Art in Medieval Islam: And the Riddle of Bizhad of Herat*, Paris 2004, S. 191–250), die allerdings die visuellen Befunde reibungslos in einer Deutung von Jāmīs Text im Rekurs auf dessen Ibn-ʿArabī-Rezeption aufgehen lässt.

Allerdings ist zu betonen, dass die Aussage, dass Zuschauern »das Wasser im Mund zusammengelaufen« wäre, innerhalb von Jāmīs Text nicht Beobachtende der Verführungsszene selbst beschreibt, sondern Betrachtende von Bildern, die Josef und Zulaykhā in Umarmung zeigen und mit denen Zulaykhā den Palast hat ausschmücken lassen. Der Illustrator greift diesen Satz heraus und präsentiert ihn losgelöst von diesen Bildern, die auf dem Blatt weder dargestellt noch im Text erwähnt werden, sodass man ihn auf die Betrachtenden der dargestellten Szene selbst beziehen kann. Der Miniaturist überträgt die Aussage, dass Betrachtenden das Wasser im Mund zusammenlaufen würde, also von Betrachtenden der im Text beschriebenen Bilder auf das eigene Bild.

Daraus ergibt sich ein Widerspruch: Einerseits wird angemerkt, dass niemand diese Szene sehen kann, weil die beiden allein im Gebäude sind. Andererseits ist zu lesen, dass Betrachtenden das Wasser im Mund zusammengelaufen wäre. Diese Spannung zwischen Annahmen des Unbeobachtet-Seins und der Imagination möglicher Betrachtender ist in Jāmīs Darstellung der Szene zentral. In dem Moment nämlich, als Josef kurz davor ist, sich Zulaykhā hinzugeben, entdeckt er einen Vorhang und fragt Zulaykhā, was sich dahinter befinde. Diese antwortet, das sei das goldene Idol mit Perlenaugen, das sie verehre, und sie habe es hinter einem Vorhang versteckt, damit es die unanständigen Handlungen zwischen ihr und Josef nicht sehen könne. Darauf ruft Josef aus:

> Dir erscheint es wichtig, dich vor den Toten [d. h. Götzen] zu schämen; in deinem Gemüt empfindest du Ehrfurcht vor diesen Nichtlebendigen.
> Soll ich mich nicht vor dem Wissenden und Sehenden [d. h. Gott] fürchten? Soll ich mich vor dem Ewigen und Mächtigen nicht fürchten?[674]

Damit betont Jāmī, dass die Abschottungsversuche Zulaykhās gegen die Blicke von menschlichen Betrachtenden – und Idolen – helfen mögen, gegen den Blick des als Sehender bezeichneten Gottes jedoch nicht.

Genau dieser Aspekt, den Jāmī hier betont, steht auch im Zentrum von Saʿdīs kurzem, nur 12 Verse langem und gut zwei Jahrhunderte früher geschriebenem Gedicht zu Josef und Zulaykhā, das die Miniatur illustriert. Es lautet:

> Als Zulaykhā vom Wein der Liebe trunken war und den Saum Josefs packte,
> Da hatte sie dermaßen dem Dämon der Begierde nachgegeben, dass sie wie der Wolf über Josef herfiel.
> Die Herrin von Ägypten [d. h. Zulaykhā] besaß ein Götzenbild aus Marmor, zu dem sie morgens und abends betete.
> In jenem Augenblick verhüllte sie sein Antlitz und seinen Kopf, damit nicht etwa sein Blick auf das Hässliche falle.
> Josef setzte sich betrübt in einen Winkel, er legte um [seiner] frevelhaften Seele willen seine Hand auf den Kopf.
> Zulaykhā küsste ihm Hände und Füße und sagte: »Komm, du Treuloser und Widerspenstiger!

674 Jāmi, *Yusof & Zoleyxā*, S. 136, V. 2474–2475 – übersetzt von Gerald Grobbel. Vgl. zu einer englischen Übersetzung des Textes auch Jami, *Yusuf and Zulaikha*, hier S. 85–86.

Runzle nicht die Stirn, als ob dein Herz ein Amboss wäre und mache nicht den frohen Augenblick durch deine Heftigkeit betrübt.«
Ein Strom floss ihm aus dem Auge auf das Gesicht und er sagte: »Weiche zurück und verlange von mir keine Unreinheit [d. h. Unzucht].
Du hast dich vor dem steinernen Antlitz geschämt; ich muss mich vor dem reinen Herrn [d. h. Gott] schämen.«
Was für einen Gewinn kann man aus der Reue ziehen, wenn du das Kapital des Lebens verschwendet hast?
Man trinkt Wein um der roten Backen willen [d. h. um des Ansehens willen]; am Ende hat man davon ein fahles [wörtlich: gelbes] Gesicht [d. h. Beschämung].
Bitte heute um Entschuldigung, denn morgen [d. h. am Jüngsten Tag] gibt es keine Gelegenheit mehr, etwas zu sagen.[675]

Saʿdī verzichtet also auf jegliche Ausführungen zur Vorgeschichte oder zur Flucht und macht die Scham, bei einer unanständigen Handlung – sei es von einem Götzen, sei es von Gott – beobachtet zu werden, zum entscheidenden Handlungsimpuls der Protagonisten. Dieser Fokus von Saʿdīs Gedicht – den Jāmī womöglich aufgegriffen hat – ist im Kontext der moralischen Narrative seines *Būstān* zu verstehen, dessen Abschrift die Miniatur ziert. Bereits das vorherige Gedicht macht darauf aufmerksam, dass man nicht erst erröten solle, wenn man von jemand anderem ertappt werde, und endet in den oberen Zeilen der hier diskutierten Seite mit den Versen: »Schäme dich so vor deinem Herren [d. h. Gott], wie du dich vor Fremden und Verwandten schämst.«[676] Wiederholt geht es in den Textpassagen des illustrierten Blattes also darum, dass man sich des Blickes Gottes in seinem Verhalten bewusst sein solle.

Die Miniatur selbst suggeriert dieses Bewusstsein eines göttlichen Blickes in einer arabischen Inschrift, die über der Tür am unteren Bildrand zu lesen ist. Sie lautet: »Gott und niemand außer ihm«.[677] An dieser Position befindet sie sich direkt unter der Passage aus Jāmīs Text, die in der mittleren Kartusche über der darüber liegenden Tür platziert ist und konstatiert: »In jenem [Zimmer] war niemand außer dem Liebhaber und der Geliebten.«[678] In der Kombination dieser Texte wird betont, dass – der oberen Inschrift zufolge – niemand anderes im Gebäude ist und – so die untere Inschrift – der einzige Betrachter dieser Szene Gott ist. Dass die zweite Aussage in unmittelbarer Nähe der Bildoberfläche platziert wird, unterstreicht, dass diese Aussage auch an die Betrachtenden der Miniatur selbst gerichtet ist und diesen deutlich macht, dass durch diese Tür und Oberfläche »Gott und niemand außer ihm« Zugang beziehungsweise Einblick hat. Den Betrachtenden wird also unmittelbar an der Bildoberfläche der

675 Saʿdī, *Kullīyāt*, S. 372–373 – übersetzt von Gerald Grobbel. Zu einer englischen Übersetzung des Textes vgl. Sádi, *The Garden of Fragrance*, S. 288–289. Vgl. zum Verhältnis der Miniatur zu Saʿdīs Text auch Zaynab Muẓafarīkhvāh, »Taṭbīq-i tasvīr-i ārāiyy-i Yūsuf u Zulaykhā tā būstān-i Saʿdī«, in: *Dūfaslnāmah-i muṭāliʿāt-i hunar-i islāmī* 7/13, 2010/2011, S. 25–36.

676 Saʿdī, *Kullīyāt*, S. 372 – übersetzt von Gerald Grobbel.

677 Aus dem Arabischen übersetzt von Isabelle Dolezalek. Vgl. zu dieser Inschrift auch Alī Aṣghar Shīrāzi, »Bihisht-i Zulaykhā, jahanam-i Yūsuf, nigāhī ba nigārihʾ Bihzād: Gurīz-i Yūsuf āz Zulaykhā«, in: *Farhang u hunar* 16, 2005, S. 150–167, hier S. 161.

678 Jāmi, *Yusof & Zoleyxā*, S. 131, V. 2362 – übersetzt von Gerald Grobbel.

Miniatur vorgehalten, dass der Blick, der ihnen hier eröffnet wird, eigentlich Gott vorbehalten ist.

Wenn die Miniatur den Betrachtenden einen Raum zu sehen gibt, von dem explizit konstatiert wird, dass niemand Einblick habe, ist das also mit den in der Miniatur zu lesenden Texten als Verhältnis zwischen einem zu verhindernden menschlichen Blick und einem unmöglich zu verhindernden göttlichen Blick zu verstehen. Das bringt freilich alle menschlichen Betrachtenden vor dem Bild in die Situation, sich fragen zu müssen, ob sie einen verbotenen menschlichen Blick auf die Szene werfen oder ob ihnen etwa eine göttliche Perspektive gewährt wird.

1.2 Annäherungen an einen gottgleichen Blick. Jāmīs *Yūsuf u Zulaykhā*

Um der Frage nachzugehen, ob und, wenn ja, unter welchen Bedingungen der Einblick Außenstehender hier legitimiert wird, soll Jāmīs Darstellung des Narrativs etwas genauer untersucht und auf ihre Vorstellung von illegitimen und legitimen Blicken auf Josefs Schönheit hin diskutiert werden. Jāmīs Text wurde 1483 in Herat geschrieben und somit nur fünf Jahre vor der ebendort entstandenen Miniatur, sodass der Text einen Einblick in eine zeitgenössische Lesart des Josefsnarratives eröffnen kann.

Es ist vorauszuschicken, dass das Narrativ von Zulaykhā und Josef, der in islamischen Kontexten als Prophet gilt, in der persischen, aber auch in der arabischen und türkischen Literatur ein ungemein beliebtes Thema war und ist. In Korankommentaren, Prophetengeschichten und poetischen Texten liegen unzählige Versionen vor, die Elemente aus dem Josefsnarrativ der zwölften Sure des Koran,[679] der Genesis, den haggadischen Midraschim[680] und volkssprachlichen Narrativen[681] kombinieren.[682] Innerhalb der persischen Poesie unterscheidet Ashgar Dadbeh dabei zwischen zwei Formen: Zum einen gibt es eine Vielzahl von Gedichten, die wie das eben zitierte Beispiel Saʿdīs Episoden des Narrativs als Metapher für die verschiedensten Themen von der Schönheit bis zur Geduld zitieren. Zum anderen gibt es Epen zu diesem Stoff, darunter das von Jāmī.[683] Ein erstes, heute verlorenes Epos ist aus dem 10. Jahrhundert bekannt,[684] das früheste erhaltene, um 1100 in Chorasan entstandene Werk wird heute meist einem Dichter namens Amānī zugeschrieben.[685] Dieses Werk wurde vereinzelt illustriert, bei-

679 Die Forschung geht davon aus, dass das Narrativ im Koran auf »eine haggadisch überformte Fassung der Josephsgeschichte [zurückgeht], die nicht direkt aus der Bibel, sondern von jüdischen und/oder christlichen Gewährsleuten stammt«. Christoph Burchard, Carsten Burfeind (Hrsg.), *Gesammelte Studien zu Joseph und Aseneth*, Leiden 1996, S. 395. Er verweist hier unter anderem auf John Macdonald, »Joseph in the Qur'an and Muslim Commentary. A Comparative Study«, in: *The Muslim World* 46/2, 1956, S. 113–131.

680 Vgl. hierzu beispielsweise Gur-Klein, »Potiphar's Wife and the Cultural Template of Sacred Sexuality«.

681 Vgl. zur Rolle der volkssprachlichen Narrative insbesondere Goldman, *The Wiles of Women. The Wiles of Men. Joseph and Potiphar's Wife in Ancient Near Eastern, Jewish, and Islamic Folklore.*

682 Vgl. Merguerian, Najmabadi, »Zulaykha and Yusuf: Whose ›Best Story‹?«.

683 Asghar Dadbeh, »Joseph in Persian Literature«, in: *Encyclopaedia Iranica* VXV/1, 2009, S. 30–44, www.iranicaonline.org/articles/joseph-i-in-persian-literature, Stand 8.5.2013, S. 30–44.

684 Dadbeh, *Joseph in Persian Literature*.

685 Jan Rypka, *Iranische Iranische Literaturgeschichte*, Wiesbaden 1959, S. 159. In älteren Editionen ist es oft Firdawsī zugeschrieben.

spielsweise in einer illuminierten Handschrift von 1416 (Berlin, Staatsbibliothek, Ms. Or. Oct. 2302), die früher entstanden ist als Jāmīs Text und als die kurz danach entstandene Miniatur des Kairoer *Būstān*.

Wenn es im Folgenden darum geht, mit Jāmīs Epos einen Kontext dieser Miniatur Bihzāds zu diskutieren, dann ist das Ziel nicht, aufzuweisen, welche aus dieser Vielzahl von Versionen der Text Jāmīs an verschiedenen Stellen aufgreift. Es interessiert vielmehr, welche Spezifika von Jāmīs Text einen Grund oder eine Ausrede liefern, um den Blick von Betrachterinnen und Betrachtern auf die Verführung Josefs zu entschuldigen – und vielleicht auch, um die Szene in der Vielzahl von Miniaturen im 16. Jahrhundert zu illustrieren. Dazu gilt es, Jāmīs Text mit früheren Versionen und, im Falle der Version Amānis, auch mit früheren Illustrationen zu vergleichen.

Träume mit Folgen

Gayane Karen Merguerian und Afsaneh Najmabadi haben die Spezifik von Jāmīs Version im Verhältnis zu früheren, ebenfalls sufistisch geprägten Versionen des Narrativs folgendermaßen beschrieben:

> Die sufistischen Beschreibungen der Liebe Zulaykhās zu Josef führten eine narrative Spannung in die Geschichte ein, in der die Autoren zwischen einer Verurteilung ihres Versuchs, Josef seine Unschuld zu nehmen, und der Bewunderung für ihre uneingeschränkte Liebe zu ihm schwanken. Indem Jāmī (1414–92) aus ihrer irdischen Liebe eine *Manifestation* der Liebe zu Gott macht, hebt er diese Spannung auf. [...] Das Begehren nach einer sexuellen Vereinigung mit Josef stellt eine vorläufige Manifestation von Zulaykhās Begehren dar, zu Gott zu gelangen. Die Versuche und Mühen, einschließlich der Verführungs- und Zurückweisungsszene, werden zum Test einer stets mehrdeutigen Liebe.[686]

Merguerian und Najmabadi unterstreichen außerdem die Besonderheit, dass es in Jāmīs Epos Zulaykhās Lebensgeschichte ist, »die die Erzählung rahmt«:[687] Nach einem kurzen Passus zu Josefs Kindheit nämlich wird erst einmal ausführlich erzählt, dass Zulaykhā schon in jungem Alter von Josef träumt und sich in dieses Traumbild verliebt. In einem zweiten Traum gesteht ihr Josef dann auch seine Liebe und fordert sie auf, unverheiratet und keusch zu bleiben. In einem dritten Traum schließlich gibt sich das Traumbild als »al-ʿAzīz von Ägypten« zu erkennen. Daraufhin gibt ihr Vater Zulaykhā dem al-ʿAzīz von Ägypten zur Frau. Als sie aus ihrer Heimat im fernen Westen nach Ägypten kommt, muss sie allerdings feststellen, dass dieser nicht ihrem Traumbild entspricht. »Hier erst führt Jāmī Yūsuf in die Narration ein, indem er die Erzählung des Korans von seinem Traum von der Sonne, dem Mond und den elf Sternen und den folgenden Ereignissen aufgreift«.[688] Erst nachdem Zulaykhā mehrere Träume zugeschrieben wurden, deren zukunftsweisende Funktion sich im Laufe der

686 Merguerian, Najmabadi, »Zulaykha and Yusuf: Whose ›Best Story‹?«, S. 487.
687 Merguerian, Najmabadi, »Zulaykha and Yusuf: Whose ›Best Story‹?«, S. 496.
688 Merguerian, Najmabadi, »Zulaykha and Yusuf: Whose ›Best Story‹?«, S. 498.

Geschichte offenbaren wird, kommt also Josefs zukunftsweisender Traum zur Sprache. Dem koranischen Narrativ, das seinerseits den Pentateuch, aber auch auf den Midrasch rezipiert,[689] wird also gewissermaßen ein Vorspann von Träumen vorangestellt, die Zulaykhās Rolle in diesem Narrativ vorherbestimmen. Soweit ich weiß, handelt es sich hierbei um ein Element, das erst Jāmī in das Narrativ einbaut – wobei er auf den Topos, sich in ein Traumbild des zukünftigen Partners zu verlieben, zurückgreift, der auch schon in Khvājū-yi Kirmānīs *Humāy u Humāyūn* eingesetzt wurde.

Auch im weiteren Verlauf der Geschichte ist Zulaykhā bei Jāmī die treibende Kraft: Sie ist es, die ihren Mann überredet, Josef, nachdem sie ihn in Ägypten entdeckt hat, zu kaufen. Sie versucht, ihn auf verschiedene Weisen zu verführen, und baut schließlich den besagten Palast, der dem Text zufolge mit Bildern geschmückt ist, die Josef und Zulaykha in intimen Umarmungen zeigen. Dort findet der beschriebene Verführungsversuch statt. Dabei ist anzumerken, dass die oben diskutierte Äußerung Josefs, seine Scham angesichts Gottes müsse unvergleichlich größer sein als die ihre gegenüber ihrem Götzenbild, nicht erst bei Saʿdī und anschließend bei Jāmī zu finden ist, sondern bereits in den Prophetengeschichten al-Thaʿlabīs aus dem 11. Jahrhundert sowie im *Midrasch Rabba Bereschit.*[690] Der Verführungsversuch endet bei Jāmī anders als im Pentateuch, aber ebenso wie im Koran nicht mit einer Verurteilung Josefs. Ein Zeuge – im Falle Jāmīs wie schon in den frühen Korankommentaren ein Baby, das noch nie zuvor ein Wort gesprochen hat[691] – weist darauf hin, dass, wenn Josef der Verführer gewesen sei, das Hemd vorne zerrissen sein müsste, wenn der Riss aber hinten sei, Zulaykhā die Schuldige gewesen sein müsse … Angesichts des folgenden Tratsches unter den Frauen Ägyptens entschließt sich Zulaykhā, die Frauen einzuladen, und bittet Josef hinzu, während diese Zitronen schälen. Beim Anblick Josefs schneiden sie sich alle in ihre Finger. Auch diese Szene findet sich in ähnlicher Form bereits im Koran (Sure 12,30) sowie im *Midrasch Tanchuma.*[692] Ebenfalls entsprechend dem koranischen Narrativ landet Josef anschließend doch noch im Gefängnis – da die Gründe im Koran nicht ganz klar werden, sind sie Gegenstand der Diskussion unter den

689 Vgl. Macdonald, »Joseph in the Qur'an and Muslim Commentary. A Comparative Study«.

690 Bernstein, *Stories of Joseph: Narrative Migrations Between Judaism And Islam*, S. 97, Fußnote 97.

691 Vgl. hierzu Merguerian, Najmabadi, »Zulaykha and Yusuf: Whose ›Best Story‹?«, S. 493.

692 Im *Midrasch Tanchuma* wird allerdings die Frucht Etrog geschält. Vgl. Gur-Klein, »Potiphar's Wife and the Cultural Template of Sacred Sexuality«. Vgl. zu dieser Szene in Midraschim und Koran auch James L. Kugel, *In Potiphar's House. The Interpretive Life of Biblical Texts,* Cambridge 1994, S. 28–65. Dabei ist nicht klar, ob der Midrasch auf den Koran zurückgreift oder der Koran auf frühere, nicht erhaltene Versionen von Midrasch. Vgl. Kugel, *In Potiphar's House*, S. 33–35. Marc S. Bernstein hat in seiner Studie zu judeo-arabischen Josefsnarrativen aber prägnant konstatiert, dass ein »search for origins is largely besides the point given the essential intertextuality inherent to all text (ancient Jewish sources included)«. Bernstein, *Stories of Joseph. Narrative Migrations between Judaism and Islam*, S. xv. Der von ihm übersetzte Text sei ein »example of this phenomenon of cultural borrowing becoming a full circle: a Jewish text has seemingly taken its form from an Islamic prototype, which in turn was revided from the Jewish literary mode of scriptural interpretation known as midrash«. Bernstein, *Stories of Joseph. Narrative Migrations between Judaism and Islam*, S. xiii. Zur Problematik der Frage nach ›Original‹ und ›Einfluss‹ in einem gemeinsamen religiösen und literarischen Diskurs vgl. auch Goldman, *The Wiles of Women. The Wiles of Men. Joseph and Potiphar's Wife in Ancient Near Eastern, Jewish, and Islamic Folklore*, S. xiv–xv. Die Verwendung des Namens Zulica in dem im 11.–12. Jahrhundert niedergeschriebenen *Sefer Ha-yashar* ist eindeutiger »derived from post-Koran literature of romantic nature«. Gur-Klein, »Potiphar's Wife and the Cultural Template of Sacred Sexuality«.

Kommentatoren.[693] Jāmī interpretiert es als Versuch, Josef »weichzuklopfen«.[694] Nicht zuletzt geht es wohl an beiden Stellen darum, im Folgenden wieder dem Narrativ des Pentateuchs folgen zu können, in dem Josef durch seine Fähigkeiten in der Traumdeutung, die er im Gefängnis demonstriert, zum al-ʿAzīz von Ägypten wird und damit zu demjenigen, als der er sich Zulaykhā in ihrem dritten Traum angekündigt hat.

Der frühere al-ʿAzīz von Ägypten, Zulaykhās Ehemann, stirbt bald darauf, sodass Zulaykhā Witwe wird und ihr luxuriöses Leben verliert. Sie altert und erblindet. Sie bittet ihr Götzenbild, ihr das Sehvermögen zurückzugeben, damit sie zumindest Josefs Gesicht weiterhin sehen könne – ohne Erfolg. Daraufhin zerschlägt sie das Idol, »wie Abraham«[695] und erkennt in diesem Moment den wahren Gott. Als Josef dann das nächste Mal in ihrer Nähe ist, ruft sie aus: »O Reiner [d. h. Gott], der den König zum Sklaven gemacht hat, und ihn durch Demütigung und Ohnmacht erniedrigt hat, und der auf den Scheitel des armen, bedürftigen Sklaven eine Krone aus königlicher Macht und Würde gesetzt hat!«[696] Daraufhin lässt Josef sie in den Palast rufen, betet auf ihre Bitte hin für die Wiederkehr ihres Sehvermögens und ihrer Schönheit und geht schließlich, mit Erlaubnis des Engels Gabriel, auch auf ihre Bitte ein, sie zu heiraten.

Verführerin und Ehefrau – Zulaykhā und Asenath?

Marc Philonenko vertritt die These, dass Jāmīs Narrativ in diesem letzten Teil, der von der biblischen und der koranischen Geschichte abweicht, auf die wahrscheinlich ursprünglich griechische Erzählung von Josef und Asenath zurückgreift, die vermutlich in den ersten Jahrhunderten nach Christus in einem jüdischen oder christlichen Kontext verschriftlicht wurde.[697] Während in der Genesis nur steht, dass Josef eine Frau namens »Asenat, die Tochter Potiferas, des Priesters von On, zur Frau« nahm (Gen 41,45), die ihm später zwei Söhne gebar (Gen 41,50), wird die Geschichte ihrer Liaison in diesem Narrativ ausgebaut. Dabei wird unter den verschiedenen zirkulierenden Möglichkeiten,[698] die Heirat Josefs mit der Tochter eines ägyptischen Priesters zu legitimieren, jene ausgewählt, in der Asenath vor der Heirat mit Josef ihre Götzenbilder zerstört und sich Josefs Gott zuwendet. Philonenko zufolge macht Jāmī also aus zwei Protagonistinnen der Genesis – der Frau des Potifar, die ihn zu verführen versucht, und der Tochter Potipheras, die er später heiratet – eine Figur.[699]

693 Vgl. Rudi Paret, *Der Koran. Kommentar und Konkordanz*, Stuttgart 2012 [1971], S. 250 zu Sure 12,35.

694 Jāmi, *Yusof & Zoleyxā*, S. 150. Vgl. auch Jami, *Yusuf and Zulaikha*, S. 97.

695 Jāmi, *Yusof & Zoleyxā*, S. 179. Vgl. auch Jami, *Yusuf and Zulaikha*, S. 121.

696 Jāmi, *Yusof & Zoleyxā*, S. 180, Vers 3405–3406 – übersetzt von Gerald Grobbel. Vgl. auch Jami, *Yusuf and Zulaikha*, S. 122.

697 Marc Philonenko, *Joseph et Aséneth*, Leiden 1968, S. 122.

698 Vgl. z. B. Christoph Burchard, Carsten Burfeind, »Nachlese zur Überlieferungs- und Wirkungsgeschichte von Joseph und Aseneth«, in: Manuel Baumbach, Helga Köhler, Adolf Martin Ritter (Hrsg.), *Mousopolos Stephanos. Festschrift für Herwig Görgemanns*, Heidelberg 1998, S. 474–497, hier S. 474.

699 Philonenko, *Joseph et Aséneth*, S. 122. Er führt die Parallelen im Detail auf. Zur Figur der Asenath in der jüdischen und islamischen Tradition vgl. auch Goldman, *The Wiles of Women. The Wiles of Men. Joseph and Potiphar's Wife in Ancient Near Eastern, Jewish, and Islamic Folklore*, S. 106–111. Er verweist hier unter anderem auf ein Midrasch, in dem Asenath mit dem Kind gleichgesetzt wird, das Josefs Unschuld bezeigt (S. 110).

Unabhängig davon, wie man den Bezug zwischen Jāmī und dem Asenath-Narrativ beurteilt,[700] ist festzuhalten, dass die Idee, die einstige Verführerin zur Ehefrau Josefs zu machen, schon in al-Ṭabarīs *Taʾrīkh al-Rusul wa l-Mulūk Waʾl-Khulafāʾ* vom Anfang des 10. Jahrhunderts und verschiedenen Korankommentaren zu finden ist.[701] Jāmī nutzt diese Fusion zwischen der Verführerin und der ehrenwerten Ehefrau nun, um einen Übergang zwischen dem verwerflichen sinnlichen Begehren einer Götzenverehrerin und der ehrenwerten Liebe einer Rechtgläubigen zu schaffen: Indem er Zulaykhās Liebe zu Josef als Liebe zu einer göttlichen Schönheit darstellt, die nur lernen muss, sich von den physischen Gegebenheiten unabhängig zu machen, ist das Begehren Zulaykhās als Vorstufe einer geistigen Liebe anzusehen.

Im Vergleich mit den Darstellungen der Genesis und des Koran als keineswegs einzigen, vielleicht aber meistzitierten Referenzen in den Transformationsgeschichten dieses Narrativs kann man also festhalten, dass die Darstellung der Genesis die Frau Potifars klar als negative Gestalt präsentiert, die sich ihren körperlichen Begierden ohne jede Skrupel hingibt. Im Koran wird durch ergänzende Szenen deutlich gemacht, dass dieses Verhalten auch Josefs übermenschlicher Schönheit zuzuschreiben ist.[702] In der im sufistischen Kontext Herats am Ende des 15. Jahrhunderts zu verortenden Deutung Jāmīs schließlich wird Zulaykhās Liebe zu dieser Schönheit, verkürzt gesagt, zur Metapher der Gottesliebe – die jedoch erst lernen muss, von der physischen Ebene der Schönheit zu abstrahieren, bevor sie Erfüllung finden kann.[703]

Transformationen des Blicks

Am Ende der Analyse der Miniatur aus dem Kairoer *Būstān* (Abb. 71) stand die Frage im Raum, wie es zu verstehen ist, dass – wie Jāmī in der im Bild zitierten Passage annimmt: von Neid erfüllten – Betrachtenden vor der Miniatur ein Einblick gewährt wird, der zugleich nur Gott zugeschrieben wird. Der illustrierte Text Saʿdīs gibt nur

700 Burchard hat zu Philonenko moniert, dass der Forschungsstand zur Traditionsgeschichte von *Yūsuf u Zulaykhā* nicht ausreiche, um dies zu belegen, und macht deutlich, dass Philonenko in seiner Argumentation nicht klar zwischen der Version Jāmīs und späteren Versionen unterscheidet. Burchard, Burfeind, *Gesammelte Studien zu Joseph und Aseneth*, S. 397.

701 Vgl. Merguerian, Najmabadi, »Zulaykha and Yusuf: Whose ›Best Story‹?«, S. 493.

702 Josefs Schönheit wird auch in der jüdischen Auslegung immer wieder betont. Vgl. hierzu z.B. Kugel, *In Potiphar's House*, S. 66–93. Dabei sind sehr unterschiedliche Bewertungen dieser Schönheit zu finden. Insbesondere in griechisch geprägten Schriften wie dem *Testament des Simeon* wird diese äußere Schönheit mit innerer Tugend assoziiert, was gewisse Parallelen zu Jāmīs Deutung aufweist (Kugel, *In Potiphar's House*, S. 66–67). In der *Genesis Rabba* aber finden sich auch Hinweise auf eine Eitelkeit Josefs, aus der man eine Mitschuld Josefs herauslesen kann (Kugel, *In Potiphar's House*, S. 76–79). Umgekehrt finden sich in den Midraschim auch Ansätze zu einer positiveren Bewertung der Frau Potifars. Vgl. z.B. Goldman, *The Wiles of Women. The Wiles of Men. Joseph and Potiphar's Wife in Ancient Near Eastern, Jewish, and Islamic Folklore*, S. 38.

703 Karin Rührdanz hat in einem ›innerpersischen‹ Vergleich zwischen Niẓāmī-Illustrationen, die Ende des 15. Jahrhunderts in Herat und Täbris entstanden sind, prägnant herausgestellt, dass der hier diskutierte Herater Stil mit seinem starken erzieherischen Interesse bei aller Prominenz, die der Bihzād-Schule im Nachhinein zugeschrieben wurde, keineswegs ein allgemeiner »persischer« Stil ist. Vgl. Karin Rührdanz, »Zwischen Botschaft und Kommerz: zum geistig-kulturellen Hintergrund persischer Illustrationsstile im späten 15. und frühen 16. Jahrhundert«, in: Markus Ritter, Ralph Kauz, Birgitt Hoffmann (Hrsg.), *Iran und iranisch geprägte Kulturen. Studien zum 65. Geburtstag von Bert G. Fragner*, Wiesbaden 2008, S. 377–388 und Pl. 6–8.

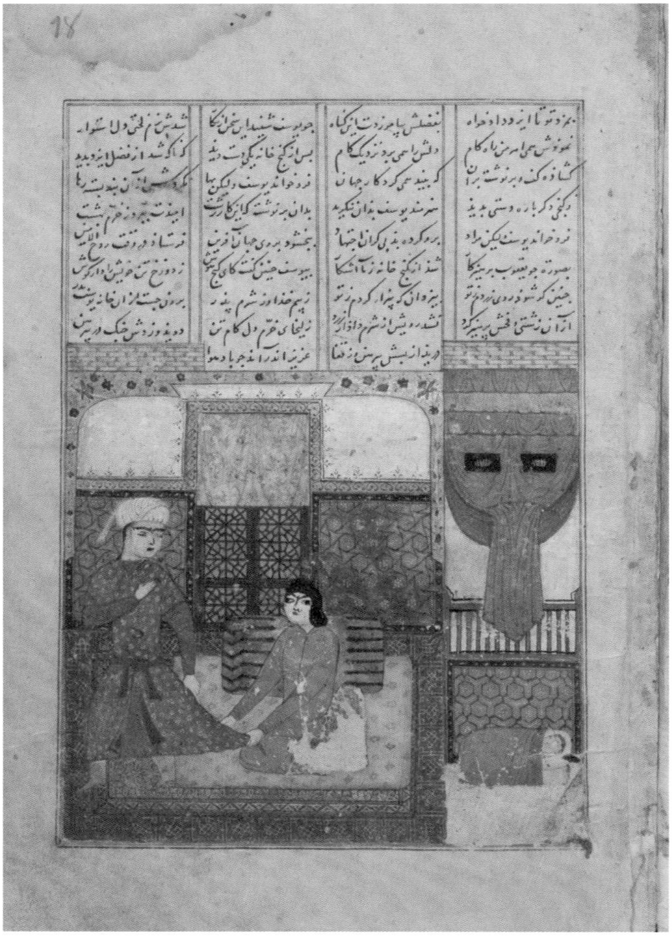

Abb. 72 – Zulaykhā ergreift Josefs Gewand, Amānī, *Yūsuf u Zulaykhā*, Herat (?) 1416, Berlin, Staatsbibliothek, Ms. or. oct. 2302, fol. 18r.

zu verstehen, dass man den göttlichen Blick in seinem Handeln nicht außer Acht lassen solle. Jāmīs auf dem Blatt zitierter Text, der nur wenige Jahre vor der Miniatur entstand und somit eine zeitgenössische Lesart des Narrativs darstellt, macht aber nun deutlich, dass man die Geschichte von Josef und Zulaykhā als Lehrstück für die Transformation eines Blickes, der physische Gegebenheiten begehrt, in eine Liebe zur göttlichen Schönheit verstehen kann. Wenn die Miniatur also einen Blick ausschließt, der einem das Wasser im Mund zusammenlaufen lässt, und stattdessen einen Blick vorsieht, der dem Blick Gottes gleicht, dann entspricht das Jāmīs Ziel, ein physisches in ein geistiges Begehren zu transformieren. Oder umgekehrt formuliert: Unter der Bedingung einer solchen Transformation können Betrachterinnen und Betrachter anstelle eines verbotenen Blickes die von der Miniatur vorgesehene legitime, gottgleiche Perspektive einnehmen.

Wie aber vollbringen die Betrachtenden diese Transformation? Weist den Weg allein die Lektüre von Jāmīs Text oder gibt die Miniatur dazu ebenfalls Hinweise? Um dies zu klären, ist der Vergleich mit einer Darstellung derselben Szene aus einer Handschrift von 1416 hilfreich, die eine etwa 400 Jahre frühere, meist Amānī zugeschriebene Version der Josefsgeschichte illustriert (Berlin, Staatsbibliothek, Ms. Or. Oct. 2302, fol. 19r – Abb. 72). Hier blicken die Betrachtenden unmittelbar durch einen Bogen in den Raum, in dem Zulaykhā das Gewand Josefs erfasst und dieser, ebenfalls in Leserichtung, zum Bildrand schreitet. Die Darstellung der Figuren entspricht sich also weitgehend. Die Differenzen sind in anderen Bildteilen zu erkennen: In der Amānī-Illustration ist nur auf der rechten Seite in einem Streifen von der Breite einer Textspalte ein weiterer Raum dargestellt, in dem eine kleine liegende Figur – wohl ein Kind – zu sehen ist. Da es in der Erzählung zu einem späteren Zeitpunkt ein Baby sein wird, das den Mann Zulaykhās von Josefs Unschuld überzeugen wird, wird hiermit womöglich das Urteil antizipiert. Damit wird Josef in dieser Amānī-Handschrift in der Tradition des Josefsnarrativs der Prophetenerzählungen[704] als ein Vorbild an Unverführbarkeit inszeniert. Die Darstellung in einem einzigen Raum entspricht dabei der Tatsache, dass bei Amānī im Unterschied zu dem siebenräumigen Palast, den Jāmī Ende des 15. Jahrhunderts beschreibt, nur von einem mit Spiegeln ausgekleideten Raum die Rede ist.[705]

Wenn die Kairoer Miniatur im Unterschied dazu nur einen Bruchteil ihrer Fläche auf die Darstellung der Figuren verwendet und den größten Teil für die Darstellung der Architektur, so entspricht dies nicht nur Jāmīs Beschreibung des siebenräumigen Palastes; es erlaubt auch die Imagination von Josefs Flucht: Dargestellt ist Josef genau in dem Moment, in dem er die Flucht ergreift. Während sein von einem Flammennimbus gerahmtes, heute beschädigtes[706] Gesicht noch Zulaykhā anblickt, streben seine Füße und vor allem seine rechte Hand in Leserichtung von ihr weg nach links. Diese Fluchtbewegung führt also erst einmal nicht, wie man vielleicht erwarten könnte, auf der nach rechts hin aufgebrochenen Seite aus dem Palast heraus, sondern in Leserichtung in ihn hinein. Der Ausweg ist damit auf den ersten Blick keineswegs offensichtlich: In der Wand, die den Raum nach links hin begrenzt, ist keine Tür und damit keine Fluchtmöglichkeit zu erkennen, und die Türen im Hintergrund sind ebenso wie alle anderen Türen des Palastes geschlossen. Ein Kenner von Jāmīs *Yūsuf u Zulaykhā* wird sich angesichts dieser Darstellung aber daran erinnern, dass Jāmī, wie Lisa Golombek betont hat,[707] nicht nur eine ausführliche Beschreibung der architektonischen Pracht von Zulaykhās Palast liefert, sondern auch detailliert beschreibt, wie Zulaykhā Josef durch seine sechs Räume bis in den letzten, siebten Raum führt, zu dem niemand anders Zugang hat. Dabei wird betont, dass sie jede Tür mit einem eisernen Schloss versieht. Doch als Josef ihrer Verführung widersteht, sich auf Gott besinnt und die Flucht

704 Vgl. Merguerian, Najmabadi, »Zulaykha and Yusuf: Whose ›Best Story‹?«, S. 493–497.

705 Vgl. *Yusuf and Zalikha. The Biblical Legend of Joseph and Potiphar's Wife in the Persian Version Ascribed to Abul-Mansur Quasim, Called Firdausi, ca. 932–1021 A. D.*, hrsg. v. Hermann Ethé, Oxford 1908, S. 369.

706 Vgl. zum ikonoklastischen Akt des Zerkratzens von Gesichtern meine Ausführungen auf S. 315 dieser Arbeit.

707 Lisa Golombek, »Towards a Classification of Islamic Painting«, in: Richard Ettinghausen (Hrsg.), *Islamic Art in The Metropolitan Museum of Art*, New York 1972, S. 23–34, hier S. 28.

antritt, da öffnen sich diese Türen auf seinen Fingerzeig hin.[708] Mit Jāmīs Narrativ im Hinterkopf deutet sich also ein Ausweg an, wenn Josefs ausgestreckte Hand eine der Türen im Hintergrund in der Mitte berührt. Mehr noch, es findet sich in den sieben verschlossenen Türen der Weg vorgezeichnet, der sich Josef auf seiner Flucht eröffnen wird: Die Betrachtenden können antizipieren, dass er zuerst durch die verschlossenen Türen in den linken oberen Raum treten, dann die Tür zur Treppe passieren und im Zick-Zack die Treppe herunter laufen wird, um durch weitere Türen in den Hof zu gelangen. Über der Tür am unteren Ende der Treppe befindet sich eine arabische Inschrift, die nicht wie sonst häufig einen Koranvers wiedergibt, sondern einen der Gottesnamen anführt, der unterstreicht, wem die Öffnung der Türen zuzuschreiben ist: »Oh, du Öffner der Türen.«[709] Vor dieser Tür ist es nur noch eine dunkelgraue ornamentierte Mauer, die die Türöffnung vom Raum des Betrachters trennt. Und in dieser Mauer befindet sich schließlich die letzte Tür, die direkt hinter der Oberfläche des Blattes zu liegen scheint, auf der sich die Schrift befindet. Die Flucht führt Josef also – dadurch, dass Gott ihm die Türen öffnet – aus den Armen Zulaykhās zu der Tür, die mit »Gott und niemand außer ihm« überschrieben ist. Die Miniatur präsentiert Josef also nicht nur als vorbildliche Schönheit, sondern vermittelt auch eine Vorstellung davon, auf welchem Weg man vom körperlichen Begehren und zu einer gottgleichen Sicht auf diese Schönheit gelangen kann, wenn man Josef – wie Zulaykhā – folgt.

Auf diesem Weg, den die Miniatur vorsieht, lösen die Betrachtenden ihren Blick zugleich von der Interaktion der Figuren und nehmen zunehmend den gesamten, wesentlich umfassenderen Raum der Miniatur in den Blick. Dabei rücken die verschiedenen ornamentierten Flächen in den Blick, mit denen der Palast geschmückt ist. Hier stellt sich die Frage, inwiefern nicht nur Jāmīs Beschreibung des Palastes illustriert wird,[710] sondern die Ornamente auch in ihrem oft proklamierten Potential angeführt werden, auf eine jenseits des Materiellen liegende Schönheit zu verweisen[711] und das Auge dementsprechend zu erziehen.[712]

So ist es nicht nur der explizite Bezug auf Jāmīs Text, sondern auch die visuelle Gestaltung des Bildfeldes, in der Bihzād Saʿdīs 1257 entstandene Lesart der Josefsgeschichte einschließlich ihres moralischen Appells mit deren zeitgenössischen sufistischen Deutungen verbindet. Damit entspricht die Miniatur dem, was Karin Rührdanz zur Malerei von Bihzād und seiner Schule konstatiert hat: Die »Bihzad-Schule [befindet sich] in perfekter Übereinstimmung mit den Prinzipien des Naqshbandiya-Sufismus, wie er im späten 15. Jahrhundert in Herat von einer gebildeten, im städtischen

708 Vgl. J̌āmi, *Yusof & Zoleyxā*, S. 136, V. 2480–81, vgl. auch Jami, *Yusuf and Zulaikha*, S. 86.

709 Aus dem Arabischen übersetzt von Isabelle Dolezalek. Vgl. zu dieser Inschrift auch Shīrāzī, »Bihisht-i Zulaykhā, jahanam-i Yūsuf, nigāhī ba nigārih' Bihzād«, S. 161. Barry hat angemerkt, dass dieses Kalligramm bei Bihzād und in seinem Umfeld immer wieder – und beispielsweise auch im Frontispiz der Kairoer Handschrift – über Türen eingesetzt wird, sodass die Kairoer Miniatur ein gängiges Motiv aufgreift und narrativ auflädt. Barry, *Figurative Art in Medieval Islam: And the Riddle of Bizhad of Herat*, S. 193.

710 Sims, *Peerless Images. Persian Painting and its Sources*, S. 326.

711 Vgl. hierzu z.B. Gülru Necipoglu-Kafadar, *The Topkapi Scroll. Geometry and Ornament in Islamic Architecture*, Oxford 1995, insbesondere Kapitel 10.

712 Vgl. zur Erziehung des Auges durch Ornamente z.B.: Claus-Peter Haase, »Erziehung des Auges. Die Umdeutung von Ornamentsystemen bei anatolischen Teppichen«, in: Birgit Schneider (Hrsg.), *Diagramme und bildtextile Ordnungen*, Berlin 2005, S. 48–58.

Abb. 73 – Zulaykhā ergreift Josefs Gewand, Jāmī, *Yūsuf u Zulaykhā*, Buchara 1523–24, New York, Metropolitan Museum of Art, 13.228.5.4.

Milieu verankerten Oberschicht vertreten wurde.«[713] Diese »intellektuelle Sonderform der Naqshbandiya im von Mir Ali Shir Nawa'i und Jami geprägten kulturellen Klima des spättimuridischen Herat [nahm] eine besondere Färbung an, indem die spekulative Theologie auf der Linie Ibn Arabis mit einer diesseitig orientierten praktischen Ethik verbunden wurde. Der Weg zur Vollendung im sufistischen Sinne fand als Prozess der Erziehung und Selbsterziehung« mit dem »Ziel der Gottesnähe« statt.[714]

Zu betonen ist, dass es sich bei Josefs Flucht hier um eine »Flucht nach vorne« handelt, die nicht etwa einen räumlichen Fluchtpunkt hat, sondern ganz im Gegenteil genau an der Bildoberfläche den Ausweg aus dem irdischen Palast erreicht. Josefs Fluchtweg passiert also zuerst die Tür, die menschliche Betrachtende ausschließt, um abschließend die Tür zu erreichen, die einen göttlichen Betrachtenden preist. Damit weist die Miniatur in der Flucht Josefs einen Weg vom sehnsüchtigen Blick, bei dem einem das Wasser im Munde zusammenläuft, zu einer Annäherung an eine göttliche Perspektive auf das Geschehen; sie weist einen Weg zur Entschuldigung des Blicks. Sie inszeniert sich selbst als ein Medium, das einen körperlichen in einen geistigen und mithin einen schuldbehafteten in einen unschuldigen Blick zu transformieren vermag.

713 Rührdanz, »Zwischen Botschaft und Kommerz«, S. 380.
714 Rührdanz, »Zwischen Botschaft und Kommerz«, S. 380–381.

1.3 Zwischen Traumbild und Idol. Illustrationen des 16. Jahrhunderts

Selbstverständlich handelt es sich bei der Kairoer Saʿdī-Illustration um nur eine Möglichkeit, in der Darstellung einer einzelnen Szene auf das Grundanliegen Bezug zu nehmen, das Jāmīs Text in seiner Ausarbeitung der Figur Zulaykhās in ihren Träumen, ihrem Begehren und Leiden verfolgt. Es sei kurz angemerkt, dass die Miniatur zugunsten der Inszenierung der anstehenden Flucht in Kauf nimmt, von Jāmīs Text abzuweichen, denn dieser gibt an, dass Zulaykhā Josef erst im letzten und nicht, wie hier dargestellt, schon im ersten der Räume am Rock zu fassen bekommen habe.

Viele der späteren Illustrationen dieser Szene in Handschriften von Jāmīs Text selbst erlauben sich solche Ausflüchte dagegen nicht und bleiben deutlich näher an Amānīs Ikonographie. So weist beispielsweise eine Miniatur von 1523 deutliche Parallelen zu der Illustration der Amānī-Handschrift auf, auch wenn sie auf den kindlichen Zeugen zugunsten der alleinigen Zeugenschaft Gottes verzichtet (New York, Metropolitan, 13.228.5.4. – Abb. 73). Generell wird in den Illustrationen der Jāmī-Handschriften aus dem 16. Jahrhundert zwar die Haltung der Figuren aus der Miniatur Bihzāds aus dem Kairoer *Būstān* aufgegriffen, eine entsprechende Darstellung des Fluchtweges aber nicht. Zwei andere Elemente aus Jāmīs Text scheinen für die Illuminierenden in dieser Szene von größerem Interesse gewesen zu sein: die Bilder, mit denen Zulaykhā den Palast dekorieren lässt, um Josef zu verführen, und das Idol, das Zulaykhā neben Josef verehrt. Angesichts dieses Augenmerks auf die Funktion von Bildern innerhalb von Jāmīs Narrativs in Darstellungen der Verführung Josefs soll im Folgenden ein genauerer Blick auf das Bildverständnis dieser Handschriften geworfen werden.[715]

Der Glanz des Idols

Vielleicht hat der Stellenwert, den Saʿdīs Gedicht dem Idol einräumt, zur Beliebtheit entsprechender bildlicher Darstellungen beigetragen. Zumindest ist die erste mir bekannte Darstellung von Zulaykhās Idol wiederum in einem *Būstān* Saʿdīs zu finden, der 1527 illuminiert wurde und heute in der Walters Gallery aufbewahrt wird (Baltimore, Walters, 617, fol. 173v – Abb. 74). Hier ist keine Verführung oder Flucht mehr dargestellt, sondern Zulaykhā, die ein gemustertes Tuch in der Hand hält, das einen Gegenstand verhüllt, während Josef nachdenklich den Finger in den Mund steckt. Es scheint also der Moment illustriert zu sein, in dem Zulaykhā ihr Idol abdeckt, damit es sie in ihrem Akt der Schande nicht sehen kann. Genau wie in Saʿdīs Gedicht wird das Zudecken des Idols als Schlüsselmoment inszeniert.

Ab der zweiten Hälfte des 16. Jahrhunderts finden sich dann in Handschriften Jāmīs Kombinationen der Fluchtdarstellung mit einer Darstellung des Idols. So weist

715 In diesem Fokus auf die beiden Szenen ist auch die – freilich weiterhin kontingente – Auswahl der Handschriften begründet und der Verzicht beispielsweise darauf, andere Josefsdarstellungen aus prominenten Kodizes wie der *Haft Aurang*-Handschrift der Freer Gallery hinzuzuziehen. Vgl. zu den Josefsdarstellungen im Freer *Haft Aurang* Simpson, *Sultan Ibrahim Mirza's* Haft Awrang, S. 117–151.

Abb. 74 – Zulaykhā versteckt ihr Idol, Saʿdī, *Būstān*, Schiras 1527, Baltimore, Walters Art Museum, 617, fol. 173v.

die Komposition einer heute in der Chester Beatty Library aufbewahrten und vermutlich um die Mitte des 16. Jahrhunderts in Buchara entstandenen Miniatur (Dublin, Chester Beatty, Per 238, fol. 20v – Abb. 75) deutliche Parallelen zu der Miniatur des New Yorker Metropolitan von 1523 (Abb. 73) auf. Allerdings ist die Position der Figuren spiegelverkehrt: Während Josef auf den früheren Darstellungen in Leserichtung floh, läuft er nun nach rechts aus dem Rahmen des Raumes hinaus. Zudem ist im Hintergrund keine verschlossene Tür mehr zu sehen, sondern ein gemusterter Vorhang, der an der linken unteren Ecke geöffnet ist, sodass er den Blick auf eine kleine, sitzende, goldene Figur freigibt, die durch die Öffnung hervorzuschauen scheint.

Abb. 75 – Zulaykhā ergreift Josefs Gewand, Jāmī, *Yūsuf u Zulaykhā*, Buchara ca. 1560, Dublin, Chester Beatty Library, Per 238, fol. 20v.

Eine andere Miniatur in einer New Yorker Privatsammlung (Sammlung Elghanayan, fol. 99v – Abb. 76)[716] zeigt das Götzenbild in einer Nische genau oberhalb des Ausgangs, durch den Josef gerade entflieht, als ihn Zulaykhā am Gewand fasst. Bezeichnend ist hier, dass Josefs Blick dabei nicht auf Zulaykhā gerichtet ist, sondern nach oben auf das Götzenbild – was dem Narrativ zwar nicht in seiner zeitlichen Folge, wohl aber in seiner Kausalität entspricht: Der Auslöser für Josefs Flucht ist das Idol. Zugleich wird mit der Platzierung des Idols über dem Ausgang des Palastes deutlich gemacht, dass Josef hier einem *butkhānah*, einem Götzentempel, entflieht.

716 Vgl. zu dieser Handschrift Na'ama Brosh, Rachel Milstein (Hrsg.), *Biblical Stories in Islamic Painting*, Jerusalem 1991, S. 72–74, sowie zu Josefsdarstellungen im Allgemeinen S. 54–81.

Abb. 76 – Zulaykhā ergreift Josefs Gewand, Jāmī, *Yūsuf u Zulaykhā*, Maschhad (?) 16. Jh., New York, Sammlung Elghanayan, fol. 99v.

Wie ist dieses Interesse an Darstellungen des Idols zu verstehen? Peter Bürgel hat angemerkt, dass in der persischen Literatur »der oder die Geliebte oft mit einem Bild oder einer Statue, einem ›Idol‹ im Tempel der Idole verglichen wurde«.[717] Damit kann man sich die Frage stellen, inwiefern Zulaykhās Verehrung des Götzenbildes ihrer Verehrung Josefs als einem physischen Körper entspricht. Dass Josef sich in dem Moment von Zulaykhā abwendet, in dem er ihr Idol entdeckt, mag ihn dann nicht nur an Gottes Blick erinnert haben, sondern auch daran, dass Zulaykhā eine rein physische Schönheit anbetet, ohne diese mit einer göttlichen Schönheit in Verbindung zu bringen.

717 Bürgel, *The Feather of Simurgh. The »Licit Magic« of the Arts in Medieval Islam*, S. 121. Zum Konnex von Idolatrie und Ehebruch vgl. Moshe Halbertal, Avishai Margalit, *Idolatry*, übers. v. Naomi Goldblum, Cambridge 1992, S. 23–25.

Wer jedoch davon ausgeht, dass das Interesse der Illuminierenden an diesem Idol als Inszenierung eines falschen Bildes zu verstehen ist, der wird in Jāmīs Text damit konfrontiert, dass das Idol nicht einfach nur zerstört wird, als Zulaykhā schließlich den wahren Gott erkennt. Vielmehr formuliert sie in diesem Moment die Erkenntnis, dass auch das Idol als Reflexion göttlicher Schönheit zu verstehen ist:

> Zu den Untertanen der Liebe zu dir [d. h. Gott] zählen die Götzen, die Götzenbildner und die Götzenverehrer.
> Wenn nicht ein Reflex von dir auf das Götzenbild fiele, wie könnte dann irgendjemand sich vor dem Götzenbild niederwerfen?
> Du zerkratzt das Herz des Götzenbildners durch die Liebe zu dir und wirfst Feuer auf das Götzenschnitzen.[718]

Es geht also weniger darum, dass Zulaykhā ein materielles Objekt angebetet habe, sondern darum, dass sie nicht erkannt habe, dass auch die Verehrung eines Götzenbildes auf der Verehrung der göttlichen Schönheit basiert, die es reflektiert, und dass es letztlich die Liebe zu Gott ist, die Menschen veranlasst, Götzenbilder herzustellen. Erst als ihr das Götzenbild ihr Augenlicht nicht wiederzugeben vermag, gelangt sie zu der Erkenntniss, dass auch seine Schönheit als Widerspiegelung der göttlichen Schönheit zu verstehen ist.[719]

In dieser Bewertung des Götzenbildes zeichnet sich ein grundlegender Unterschied zwischen dem Text Jāmīs und der Schilderung dieser Szene im Text Amānīs ab: Dort nämlich geht es um die Erkenntnis, dass das Idol der »unrichtige Gott«[720] war, und das Zugeständnis, dass Josefs Gott »der Eine«[721] ist. Dagegen geht es bei Jāmī darum, die Schönheit des Idols als Reflex Gottes zu erkennen.

Eine vergleichbare Aussage wird zu Beginn von Jāmīs Epos über die Schönheit Josefs getroffen: Josef wird als Mond beschrieben, dem sein Glanz von der Sonne verliehen wird, auch wenn man das im Mondschein vergessen mag.[722] Auch Josefs Schönheit wird also als unerkannte Reflexion von Gottes Schönheit erklärt. Dementsprechend verehrt Zulaykhā sowohl das Götzenbild als auch Josef, ohne sich nach der Quelle der Schönheit umzudrehen. Dementsprechend konstatiert Pendlebury: »Ihre Liebe zu Josef ist ebenso reine Idolatrie«.[723] In dieser Hinsicht ist die Schönheit Josefs Jāmī zufolge mit der eines Idols vergleichbar. Das Götzenbild ist also ebensowenig wie Josef per se der falsche Gegenstand der Verehrung, entscheidend ist die Erkenntnis, dass es sich letztlich nicht um eine physische Schönheit, sondern um den Reflex einer

718 J̌āmi, *Yusof & Zoleyxā*, S. 179, V. 3395–3397 – übersetzt von Gerald Grobbel.

719 Barry hat ein Verständnis von Josef als Spiegel Gottes auf die Funktion der Josefsfigur in den Josefsnarrativen von Suhravardīs *Mu'nis al-'Ushshāq* und insbesondere von Ibn 'Arabīs *Fuṣūṣ al-Ḥikam*, zu dem Jāmī einen Kommentar verfasste, zurückgeführt. Barry, *Figurative Art in Medieval Islam: And the Riddle of Bizhad of Herat*, S. 215 und 223–227. Wichtiger als eine Bestimmung der Quellen und Kontinuitäten im Transfer solcher oft weit zirkulierenden Topoi scheint mir aber die Analyse ihrer Funktion in einem spezifischen Kontext zu sein.

720 Firdawsī, *Yūsuf u Zulaykhā*, Mumbai 1925, S. 345. Vgl. auch *Jussuf und Suleicha. Romantisches Heldengedicht von Firdussi*, übers. v. Ottocar Maria Schlechta von Wschehrd, Wien 1889, S. 259.

721 Firdawsī, *Yūsuf u Zulaykhā*, S. 345. Vgl. auch *Jussuf und Suleicha*, S. 260.

722 J̌āmi, *Yusof & Zoleyxā*, S. 44, V. 506–511, vgl. auch *Yúsuf and Zulaikha. A Poem*, übers. v. Ralph T.H. Griffith, London 1882, S. 37–38.

723 David Pendlebury, »Afterword«, in: Jami, *Yusuf and Zulaikha*, S. 147–185, hier S. 172.

göttlichen handelt. Selbst im Diskurs über Idole geht es bei Jāmī also weniger um die Frage des richtigen Bildes als um die richtige Betrachtungsweise.

Vor diesem Hintergrund wird umso klarer, warum Bihzāds Miniatur die Betrachtungsweise nicht dem Zufall überlässt, sondern den Betrachtenden eine bestimmte, in diesem Fall gottgleiche Perspektive nahelegt. Denn wenn dem in Herat am Ende des 15. Jahrhunderts höchst einflussreichen Jāmī zufolge die richtige Betrachtungsweise entscheidend dafür ist, ob ein Bild als Idol oder als moralisch legitimes Bild anzusehen ist, dann ist es für Malende von größer Bedeutung, diese Sichtweise den Betrachtenden zu vermitteln. Dass die richtige Betrachtung als entscheidend dafür angesehen wird, ob die Liebe zu Bildern legitim ist oder nicht, zeichnete sich allerdings, wie im vorherigen Kapitel aufgewiesen wurde, bereits in den Beschreibungen begehrter Bilder in Khvājūs *Humāy u Humāyūn* sowie in Illustrationen der ersten Hälfte des 15. Jahrhunderts ab, auf die Jāmī womöglich zurückgreifen konnte.

Die Ansicht, dass man bei der richtigen Betrachtungsweise auch in physischen Körpern göttliche Schönheit verehren könne, taucht in Jāmīs Werk nicht nur an dieser Stelle auf. Besonders prägnant ist sie beispielsweise in Jāmīs Bewertung des Verhaltens von Iblīs zu erkennen, der sich Gottes Aufforderung widersetzt, Adam zu verehren. In seinem Kommentar zu Ibn ʿArabīs Ausführungen zu Adam nämlich schließt sich Jāmī Michael Barry zufolge dessen Einschätzung an, dass Iblīs Adam nicht habe verehren wollen, weil er »Gott im Spiegelbild des Menschen«[724] nicht erkannt habe. Damit unterscheidet sich Jāmīs Bewertung von Iblīs' Verhalten von der früheren sufistischen Tradition,[725] denn diese bewertete, wie ich im ersten Kapitel dieser Arbeit zur Verehrung der Kaaba angemerkt habe,[726] den Ungehorsam von Iblīs positiv, da sie ihn als Weigerung interpretierte, jemand anderen als Gott zu verehren. Jāmī wirft Iblīs im Anschluss an Ibn ʿArabīs Überlegungen nun umgekehrt vor, Gott in seinem menschlichen Abbild nicht zu erkennen – was seinem Vorwurf an Zulaykhā entspricht, die die göttliche Schönheit in Josef ebenso wie in ihrem Götzenbild nicht erkannt habe.[727]

So signifikant sich Jāmī in seiner Bewertung des Verhaltens von Iblīs von früheren sufistischen Positionen unterscheiden mag, so vorbehaltlos teilt er jedoch ihr Ideal: Als vorbildliches Bild präsentiert auch er das Traumbild Josefs, nach dem Zulaykhā strebt, und auch bei ihm stellt dieses Traumbild als ein immaterielles Bild etwas in Aussicht, was gegenwärtig noch nicht zu erreichen ist, und löst damit eine Sehnsucht und Suche nach dem Gegenstand des Bildes aus. Damit erinnert es an das eingangs diskutierte Verständnis von Traumbildern als Verweis auf ein ideales göttliches Urbild,

724 Barry, *Figurative Art in Medieval Islam: And the Riddle of Bizhad of Herat*, S. 243.

725 Zur Positionierung Jāmīs im Sufismus und zu seinem Verhältnis zu Ibn ʿArabī vgl. auch Sajjad H. Rizvi, »The Existential Breath of al-raḥmān and the Munificent Grace of al-raḥīm: The Tafsīr Sūrat al-Fātiḥa of Jāmī and the School of Ibn ʿArabī«, in: *Journal of Qur'anic Studies* 8/1, 2006, S. 58–87.

726 Vgl. S. 111 dieser Arbeit.

727 Diese Parallele zwischen der Verehrung Adams und Josefs unterstreicht dann Jāmīs Schüler Gāzurgāhī, indem er Josef direkt nach Adam als zweiten in seiner Sammlung von Biographien von idealen Liebenden einreiht – und die Illuminierenden nehmen dies zum Anlass, um eine Ikonographie der Verehrung Adams durch die Engel und deren Ablehnung durch Iblīs zu etablieren. Vgl. Uluç, *Turkman Governors, Shiraz Artisans and Ottoman Collectors*, S. 198–201. Eine Darstellung der Verehrung Adams findet sich auch in einer Handschrift von Jāmīs *Nafaḥāt al-uns* aus dem 17. Jahrhundert. Vgl. Abolala Soudavar (Hrsg.), *Art of the Persian Courts. Selections from the Art and History Trust Collection*, New York 1992, S. 220–221. Ich danke Ilse Sturkenboom für diesen Hinweis.

Abb. 77 – Zulaykhā ergreift Josefs Gewand, Saʿdī, *Būstān*, Tabriz (?) Mitte 16. Jh., Wien, Österreichische Nationalbibliothek, A. F. 103, fol. 73r.

das sich in dieser Welt in ihnen andeutet.[728] Anders als beispielsweise in Khvājū-yi Kirmānīs *Humāy u Humāyūn* ist die liebende Person allerdings noch nicht am Ziel, wenn sie der geliebten Person gegenüber steht, denn Josef entzieht sich auch dann noch Zulaykhās Begehren. Insofern zeigt das Traumbild Josef nicht nur, sondern entspricht ihm auch in seinem Modus als sich entziehendes und auf ein jenseits der Präsenz verweisendes Bild. Erst als Zulaykhā versteht, dass Schönheit – ebenso wie ein Traumbild – als Verweis auf eine jenseitige Schönheit statt als materielle Präsenz zu verstehen ist, erlaubt Josef eine Annäherung. Es wird in Jāmīs Epos also ein Spannungsverhältnis aufgebaut zwischen dem Götzenbild und dem Traumbild, die Zulaykhā beide verehrt: Während das Götzenbild ein Bild darstellt, das Zulaykhā zerstören muss, um zu erkennen, dass es

728 Vgl. Kapitel I.1 »Entgrenzte Blicke« dieser Arbeit.

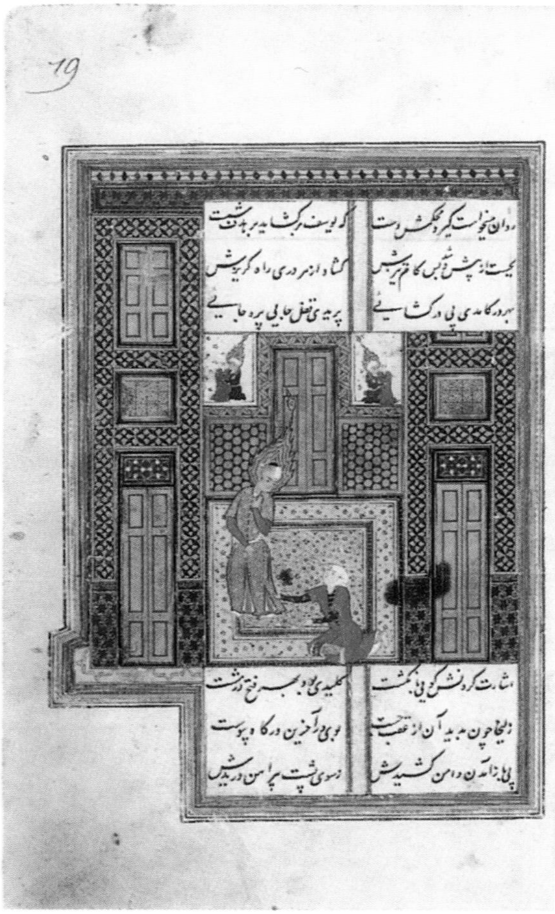

Abb. 78 – Zulaykhā ergreift Josefs Gewand, Gāzurgāhī, *Majālis ul-ʿUshshāq*, Schiras 1581, Paris, BnF, Suppl. pers. 1150, fol. 19r.

nur göttliche Schönheit reflektiert, wird ihr mit dem Traumbild von vorneherein nicht nur der Gegenstand ihrer Liebe, sondern auch ein Bildverständnis vor Augen gestellt, das in verschiedener Hinsicht als vorbildlich anzusehen ist.

Dass Zulaykhā von Jāmī dabei als Identifikationsfigur für die Lesenden gedacht ist, macht er auch darin deutlich, dass er – das hat David Pendlebury unterstrichen[729] – Zulaykhās Haltung gegenüber ihren Träumen zu Beginn des Narrativs explizit auf die Lesenden überträgt, wenn er im Anschluss an die Beschreibung ihrer Verzweiflung schreibt:

729 David Pendlebury, »Afterword«, in: Jami, *Yusuf and Zulaikha*, S. 147–185, hier S. 172.

> Wir alle sind in der Fessel des Meinens stecken geblieben; wir sind Gefangene der Gestalten geblieben.
> Wenn der innere Sinn nicht aus der Gestalt heraus sein Gesicht zeigt, warum sollte ein einziges Herz sich der Gestalt zuneigen?[730]

Verführerische Bilder

Die Frage bleibt, inwiefern sich auch Miniaturen in Handschriften Jāmīs als Bilder verstehen, die in ihrer Schönheit auf eine göttliche Kraft hinter den Erscheinungen verweisen und für die Betrachtenden, vergleichbar mit einem Traumbild, ein Vorbild auf dem Weg der Überwindung der Verehrung von Götzenbildern als solchen darstellen.[731] Hier ist zunächst anzumerken, dass mir bislang aus dem 15. und 16. Jahrhundert keine Darstellung des Traumbildes von Josef bekannt ist, sondern nur von Zulaykhās Liebeskrankheit, nachdem sie Josef im Traum gesehen hat (vgl. z. B. Abb. 81). Häufiger noch als das Idol sind in den Miniaturen jedoch jene Bilder dargestellt, mit denen Zulaykhā den Palast Jāmī zufolge hat dekorieren lassen, um Josef durch diese Bilder zu verführen (vgl. z. B. Abb. 77, 78, 86 und 87). So stellt sich auch bei diesen Bildern die Frage, inwiefern hier nur abzulehnende Bilder präsentiert werden oder ob eine Identifikation der Miniaturen mit diesen Bildern denkbar ist. Jāmī beschreibt die Bilder im Palast folgendermaßen:

> In jenem Haus brachte der Maler überall das Abbild Josefs und das Gemälde Zulaykhās an,
> Zusammen sitzend wie eine Geliebte und ein Liebhaber, wegen der Liebe der Seele und des Herzens einander umarmend.
> An einer Stelle küsste sie seine Lippe, an einer anderen löste er ihren Gürtel.
> Wenn ein Zuschauer dort vorbeigegangen wäre, wäre ihm vor kummervoller Sehnsucht das Wasser im Mund zusammengelaufen.
> [...]
> Mit einem Wort: In jenem Haus gab es keinen einzigen Ort, der frei war von jenen beiden, dem Herzerquickenden und der Herzerfreuenden.
> In jeder Richtung, wenn das Auge sein Auge öffnete, erschien von Neuem ihr Bild.[732]

730 Jāmi, *Yusof & Zoleyxā*, S. 50, V. 639–640 – übersetzt von Gerald Grobbel. Vgl. auch Jami, *Yusuf and Zulaikha*, S. 15.

731 Auf die Anbetung von Götzenbildern als Vorstufe einer Erkenntnis Gottes komme ich im folgenden Kapitel zurück.

732 Jāmi, *Yusof & Zoleyxā*, S. 126–127, Vers 2254–57 und 2263–64 – übersetzt von Gerald Grobbel. Vgl. auch Jami, *Yusuf and Zulaikha*, S. 78. Bürgel bemerkt hierzu, es sei »remarkable how the art of painting is closely linked here to seduction and idolatry«. Bürgel, *The Feather of Simurgh. The »Licit Magic« of the Arts in Medieval Islam*, S. 121. Vgl. zur Rolle von Bildern in Jāmīs *Yūsuf u Zulaykhā* im Allgemeineren auch S. 131–133.

Die Bilder verfehlen ihre Wirkung nicht:

> Aber Josef hielt seinen Blick zurück; aus Angst vor der Versuchung senkte er seinen Kopf.
> Auf den Teppich des Zimmers beugte er seinen Kopf; da sah er sein Bild zusammen mit ihr gemalt.
> Ein Bett von Brokat und Seide war [auf dem Bild] ausgebreitet, sie umarmten einander eng.
> Von jenem Bild wandte er schnell den Blick ab, er schaute auf eine andere Stelle hin.
> Ob er nun die Tür oder die Wand anschaute, immer sah er jene beiden Rosenwangigen miteinander vereint.
> Er wandte sein Gesicht dem Herrn des Himmels zu; unter dem Dach erblickte er dasselbe [Bild].
> Dadurch nahm seine Neigung zu Zulaykhā zu; er schaute auf das Gesicht Zulaykhās.[733]

Jāmīs Narrativ weist hier – wie an einigen Stellen, die die Beziehung zwischen Josef und Zulaykhā betreffen – deutliche Parallelen zum Text Amānīs auf, auch wenn die Figur Zulaykhās bei Jāmī, wie gesagt, einen ganz anderen Stellenwert bekommt. So steht bei Amānī beispielsweise:

> Der glaubensreine Josef wandte sich davon ab; rasch senkte er den Blick auf den Boden.
> Auf dem Boden sah er denselben Mond, von dem man hätte sagen können, Gott habe ihn aus Licht erschaffen.
> Dasselbe Gesicht und derselbe bezaubernde Körper, sie hatte weder ein Kopftuch noch einen Schleier für den Körper.
> Er wandte seine Augen von der Erde zur Wand; er sah Zulaykhā an der Wand.
> Überall, wo er auf die Wände schaute, sah er das Bild [wörtlich: Zeichen] der mondgesichtigen Zulaykhā.
> Absichtlich blickte er an die Decke, er sah dieselbe Herzensbrecherin [schön] wie Sonne und Mond.
> Links und rechts, vorne und hinten, unten und oben: Überall war die götzengesichtige Zulaykhā.[734]

Bei allen Parallelen der Narration ist aber zu betonen, dass Josefs Blick bei Amānī nicht wie bei Jāmī auf gemalte Bilder von ihm und Zulaykhā trifft, sondern der Raum ist bei Amānī als ein vollständig mit Spiegeln ausgekleidetes Zimmer beschrieben, die Zulaykhās Bild überall reflektieren. Es ist also festzustellen, dass Jāmī Spiegelbilder,

733 Jāmi, *Yusof & Zoleyxā*, Bd. II, S. 131–132; Vers 2372–2378 – übersetzt von Gerald Grobbel. Vgl. auch Jami, *Yusuf and Zulaikha*, S. 82.

734 *Yusuf and Zalikha. The Biblical Legend of Joseph and Potiphar's Wife in the Persian Version Ascribed to Abul-Mansur Quasim, Called Firdausi, ca. 932–1021 A. D.*, S. 361–362, V. 3580–3586 – übersetzt von Gerald Grobbel. Zu einer Übersetzung des gesamten Textes vgl. auch *Jussuf und Suleicha*, hier S. 143.

Abb. 79 – Die Frauen schneiden sich angesichts Josefs Schönheit in die Hände, Jāmī, *Yūsuf u Zulaykhā*, Iran frühes 16. Jh., Baltimore, Walters Art Museum, W. 808, fol. 105r.

die die anwesende Person reflektieren, durch eine Vielzahl an Gemälden ersetzt, die die Personen statt in ihrer gegenwärtigen in der von Zulaykhā ersehnten Haltung zeigen. Die Bilder führen also nicht nur die tatsächliche Schönheit von Zulaykhās Körper unausweichlich vor Augen, sondern sie stellen etwas in Aussicht, visualisieren einen Wunsch – den sie auch in Josef auslösen sollen. Bilder werden hier also dazu eingesetzt, eine Wunschvorstellung zu vermitteln. Es war in dieser Arbeit bereits bei Khusraw oder Humāy von Portraits als Auslösern von Begehren die Rede, und ich erwähnte in diesem Zusammenhang, dass die Vorstellung von Imagination als Auslöser von Begehren zumindest im westeuropäischen Kontext in Verbindung mit der Rezeption der

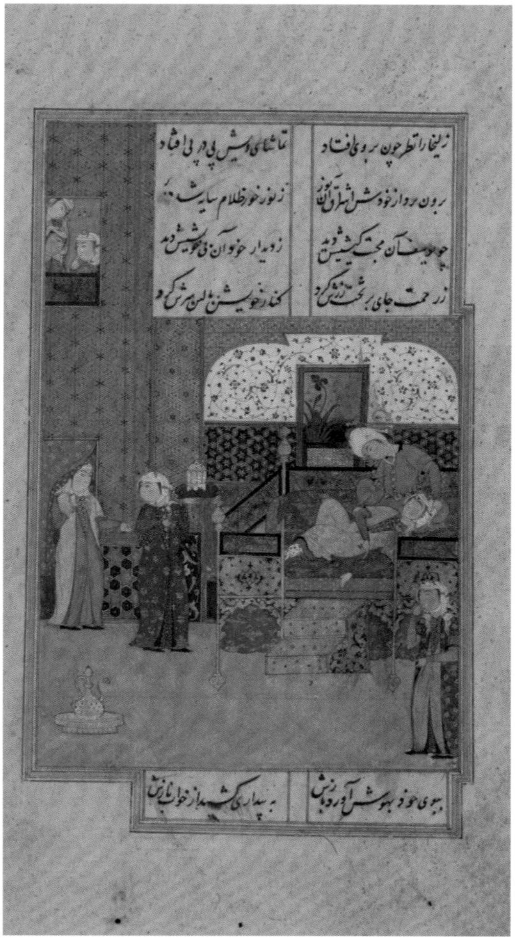

Abb. 80 – Josef und Zulaykhā nach ihrer Hochzeit, Jāmī, *Yūsuf u Zulaykhā*, Iran frühes 16. Jh., Baltimore, Walters Art Museum, W. 808, fol. 136r.

Wahrnehmungstheorie Ibn Sīnās gebracht wurde.[735] Jāmī aber geht einen Schritt weiter und inszeniert die gemalte Darstellung von Imagination als Instrument, die eigene Imagination dem anderen vor Augen zu stellen und damit auch in ihm diesen Wunsch auszulösen.

Der Maler des Kairoer *Būstān* hatte den von Jāmī beschriebenen Effekt dieser Bilder zitiert, eine Sehnsucht auszulösen, die einem »das Wasser im Mund zusammenlaufen« lässt. Da er die Bilder selbst jedoch nicht darstellte, schrieb man den Effekt dem Bild selbst zu. In den Jāmī-Handschriften des 16. Jahrhunderts werden die Bilder als

735 Vgl. z. B. Camille, »Before the Gaze. The Internal Senses and Late Medieval Practices of Seeing«, S. 208, zitiert auf S. 205 dieser Arbeit.

Abb. 81 – Liebeskranke Zulaykhā, nachdem sie Josef im Traum gesehen hat, Jāmī, *Yūsuf u Zulaykhā*, Schiras (?) ca. 1570, Oxford, Bodleian Libraries, University of Oxford, Ms. Elliot 149, fol. 179r.

solche abgebildet. Damit stellt sich, wie gesagt, die Frage, ob sich auch diese Miniaturen mit der Funktion der abgebildeten Bilder identifizieren, die Betrachtenden zu verführen. Zumindest ist anzumerken, dass Zulaykhās Versuch, Josef durch diese Bilder zu verführen, als ein Schritt anzusehen ist, der letztlich zur Erfüllung ihrer Sehnsucht in der legitimen Ehe mit Josef führen wird. In Bezug auf die Illustrationen dieses Narrativs im persischen Kontext ist dabei festzustellen, dass nach der Verführungsszene – wenn diese überhaupt illustriert wird – meist die Szene dargestellt wird, in der Zulaykhā Josef herbeiruft, während die von ihr eingeladenen Frauen Zitronen schälen und sich angesichts seiner Schönheit allesamt in die Finger schneiden (Baltimore, Walters, W. 808, fol. 105r – Abb. 79). Diese Szene ist mit Abstand die am häufigsten

Abb. 82 – Zulaykhā begegnet dem al-ʿAzīz, Jāmī, *Yūsuf u Zulaykhā*, Schiras (?) ca. 1570, Oxford, Bodleian Libraries, University of Oxford, Ms. Elliot 149, fol. 182v.

illustrierte des Josefsnarrativs im persischen Kontext.[736] Wurde die Szene aus dem Koran in den Prophetengeschichten vor allem dazu genutzt, Zulaykhās individuelle Schuld in eine Schuldhaftigkeit von Frauen im Allgemeinen zu überführen,[737] der der Prophet in seiner Prüfung zu widerstehen hat,[738] so wird sie in Jāmīs Text dazu verwendet, die Wirkmächtigkeit von Josefs Schönheit zu verallgemeinern und Zulaykhā gewissermaßen ihrer persönlichen Schuld zu entheben:

736 Kia, »Jāmi and Persian Art«.

737 Merguerian, Najmabadi, »Zulaykha and Yusuf: Whose ›Best Story‹?«, S. 495.

738 Merguerian, Najmabadi, »Zulaykha and Yusuf: Whose ›Best Story‹?«, S. 489.

Abb. 83 – Josef im Brunnen, Jāmī, *Yūsuf u Zulaykhā*, Schiras 2. Hälfte 16. Jh., New York, Metropolitan Museum of Art, sf57-51-39, fol. 137r.

> Wenn der Kummer um ihn die Ursache deiner Betrübtheit ist, so ist seine Schönheit der Beweis dafür, dass du zu entschuldigen bist.
> Unter dem Himmel gibt es niemanden [und hiermit schließt Jāmī auch Männer ein, V. B.], der sein Gesicht sehen könnte, ohne verrückt zu werden.
> Du bist eine Liebende geworden, deshalb kann man dich nicht tadeln; in dieser Leidenschaft musst du keine Buße zahlen.[739]

Anschließend folgt oft eine Darstellung der Hochzeit von Josef und Zulaykhā (z. B. Baltimore, Walters, W. 808, fol. 136r – Abb. 80). Darstellungen von Josef im Gefängnis

739 Jāmi, *Yusof & Zoleyxā*, S. 148, V. 2723–2725 – übersetzt von Gerald Grobbel. Vgl. auch Jami, *Yusuf and Zulaikha*, S. 95.

dagegen, die die negativen Folgen von Zulaykhās Tun vor Augen führen würden, sind in diesen Programmen selten.[740] Vor der Verführung finden sich Darstellungen der liebeskranken Zulaykhā nach ihrem ersten Traum von Josef (z.B. Oxford, Bodleian Libraries, Elliot 149, 179r – Abb. 81), Darstellungen ihrer Begegnung mit ihrem zukünftigen Ehemann, dem damaligen al-ʿAzīz von Ägypten, bei der sie erkennt, dass er nicht der Mann ihrer Träume ist (z.B. Oxford, Bodleian Library, Elliot 149, fol. 182v – Abb. 82), Darstellungen Josefs im Brunnen (z.B. New York, Metropolitan, sf57-51-39, fol. 137r – Abb. 83) und seines Verkaufs als Sklaven – bei dem Zulaykhā ihn oft entdeckt (z.B. Oxford, Bodleian Library, Elliot 149, 190r – Abb. 84). Somit führt die Reihe der Bilder – selten allerdings in allen Etappen innerhalb einer Handschrift – von der Illustration der Wirkmacht von Josefs Traumbild, der enttäuschenden Suche nach dessen Vorbild und Josefs Auftauchen im Sklavenhandel über Zulaykhās Verführungsversuch und ihre Entlastung in der Zitronenszene bis zu ihrer Heirat. In dieser Reihe von Darstellungen stellt die Verführung – unter der Bedingung, dass man kein Götzenbild verehrt – eher einen Fortschritt als ein Hindernis auf dem Weg zur Vereinigung mit Josef dar.

Was das hier wiederholt herangezogene Programm der Handschrift der Bodleian Library (Abb. 81, 82, 84–86) in diesem Zusammenhang auszeichnet, ist ein Spiel mit Wiederholungen und unterschiedlichen Besetzungen von Positionen. So erinnert beispielsweise die Darstellung von Zulaykhā als alte Frau, die wie eine Bettlerin am Rande der Straße versucht, Josef auf sich aufmerksam zu machen (Oxford, Bodleian Library, Elliot 149, fol. 212r – Abb. 86), an die Miniatur auf fol. 182b (Abb. 82). Hier ist es Zulaykhās erster Mann, der ihr auf einer sehr ähnlich dargestellten Straße entgegengeritten kommt: In beiden Fällen wird die Miniatur nach oben hin über den Schriftspiegel um eine zweite Reihe von Betrachterinnen über der von Betrachtern gefüllten Straßenfront der Gebäude erweitert.[741] Die Darstellung Josefs kommt der des vorherigen al-ʿAzīz in Haltung, Position und einer nur in Nuancen abweichenden Farbigkeit ebenso nahe wie die des Pferdes. Damit mag nicht nur unterstrichen werden, dass Josef nun die Position des al-ʿAzīz innehat, sondern womöglich auch Zulaykhās zukünftige Eheschließung mit Josef visuell antizipiert werden. Zudem wird in der Wiederholung der Szenen der Moment der Enttäuschung, dass das Gegenüber dem Traumbild nicht entspricht, durch die erträumte Begegnung mit Josef ersetzt. Was sich dabei allerdings verändert, ist die Position Zulaykhās – während sie im ersten Fall auf einem Kamel auf Augenhöhe auf den al-ʿAzīz zureitet, ist sie nun am untersten Rand der Miniatur positioniert, von wo aus sie zu Josef aufblickt. Dies ist wohl als Darstellung ihrer Demut zu verstehen, welche die Grundlage zur Erkenntnis des wahren Gottes ist. So zerstört sie in der folgenden Passage ihr Idol und zieht daraufhin Josefs Aufmerksamkeit auf sich, was letztlich zu ihrer Hochzeit führt.

Die Darstellung von Josef und Zulaykhā in deren Palast (Abb. 85) spielt ebenfalls mit der Wiederholung und Variation einer Konstellation. Zwölfmal sind Josef und

740 Eine Darstellung von Josef im Gefängnis (Schiras, ca. 1589/90, Topkapı, H. 1084, fol. 149v) findet sich in Uluç, *Turkman Governors, Shiraz Artisans and Ottoman Collectors*, Abb. 250.

741 Vgl. zur Entwicklung dieser stark von städtischen Szenen geprägten Darstellung Lâle Uluç, »The Majālis ul-ʿUshshāq. Written in Herat, Copied in Shiraz, Read in Istanbul«, in: Irvin Cemil Schick (Hrsg.), *M. Uğur Derman Festschrift. Papers Presented on the Occasion of his Sixty-Fifth Birthday*, Istanbul 2000, S. 569–602.

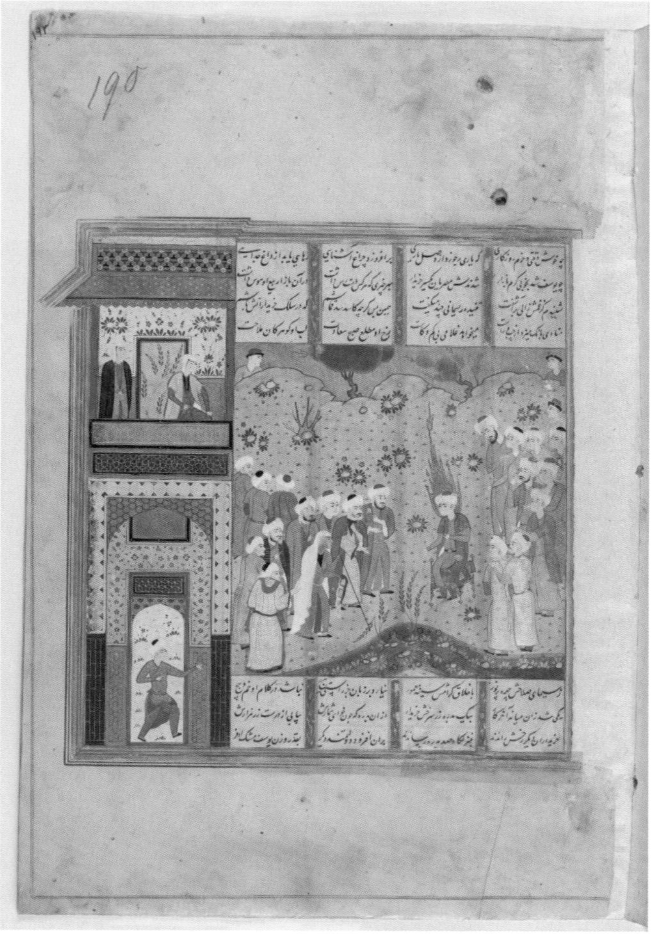

Abb. 84 – Josef wird verkauft, Jāmī, *Yūsuf u Zulaykhā*, Schiras (?) ca. 1570, Oxford, Bodleian Libraries, University of Oxford, Ms. Elliot 149, fol. 190r.

Zulaykhā hier abgebildet: In achsensymmetrischer Entsprechung stehen sie sich auf jeweils einem Flügel einer Tür gegenüber, in den Wandfeldern oberhalb knien sie Arm in Arm voreinander, darüber kniet Zulaykhā vor dem stehenden Josef, während sie sich auf den weiter innen liegenden Bildern stehend umarmen – wobei Zulaykhā meist der aktivere Part zukommt. Bemerkenswert ist dabei, dass die Farben der Gewänder wechseln, sodass Zulaykhā auf einem Bild in einer Farbe gekleidet sein kann, die auf einem anderen Josef trägt. Dadurch entsteht der Eindruck, die Positionen seien austauschbar.

Zudem ist zu beobachten, wie auf der Mittelachse der Miniatur in der Reihe dieser Bilder eine Szene zu sehen ist, in der Zulaykhā den Mantel Josefs zu ergreifen scheint, welcher seinerseits nach links aus dem Bildfeld tritt, während er über die Schulter auf Zulaykhā zurückblickt. An zentraler und singulärer Stelle wird also die Ikonographie der Fluchtszene eingesetzt – und so Josefs Entkommen antizipiert. In der

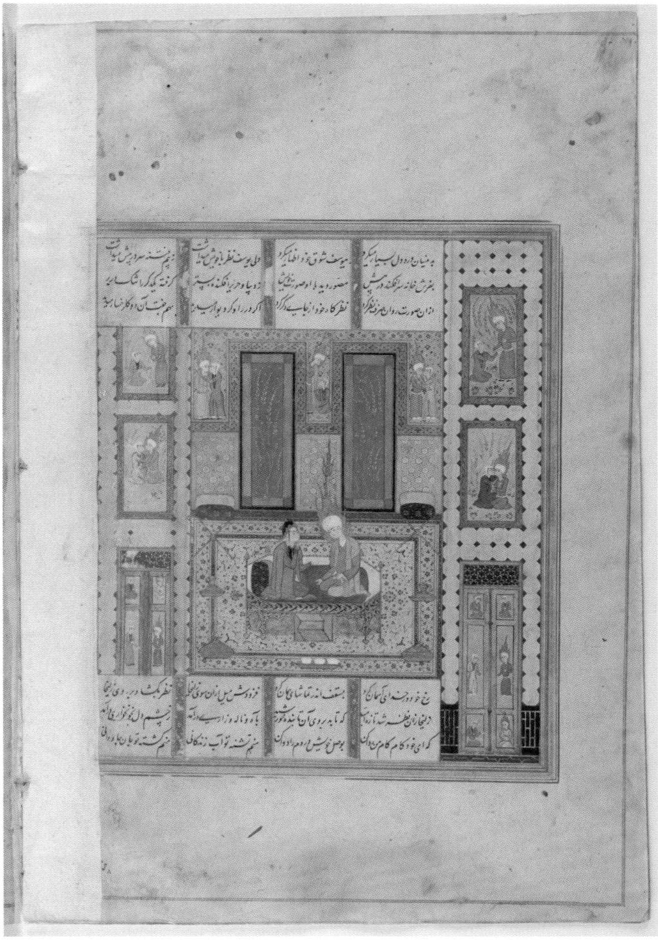

Abb. 85 – Zulaykhā versucht, Josef zu verführen, Jāmī, *Yūsuf u Zulaykhā*, Schiras (?) ca. 1570, Oxford, Bodleian Libraries, University of Oxford, Ms. Elliot 149, fol. 199v.

Interaktion der Protagonisten darunter ist hiervon noch nichts zu erkennen. Anders als in anderen Miniaturen, wo die dargestellten Bilder direkt die Fluchtszene rahmen (Wien, Österreichische Nationalbibliothek, Cod. A. F. 103, fol. 73 – Abb. 77 und Paris, BnF, Suppl. pers. 1150, fol. 19 – Abb. 78), knien Josef und Zulaykhā voreinander, ohne sich zu berühren. Ihre Gesten deuten auf eine Konversation hin. Dadurch, dass die beiden Figuren etwas größer dargestellt sind und den Rahmen ihres Hintergrundes überschneiden, sind sie zwar von ihren sie umgebenden Bildern zu unterscheiden. Doch bleibt dieser Unterschied ein gradueller. Da die Figuren weder in der Farbigkeit noch in der Perspektive von ihren Abbildungen unterschieden werden, scheint das Bild den Betrachtenden deutlich zu machen, dass es mit den abgebildeten Bildern vergleichbar ist. Das vorliegende Bild ist nicht kategorisch von den Bildern in Zulaykhās Palast zu unterscheiden.

Abb. 86 – Die gealterte Zulaykhā begegnet Josef, Jāmī, *Yūsuf u Zulaykhā*, Schiras (?) ca. 1570, Oxford, Bodleian Libraries, University of Oxford, Ms. Elliot 149, fol. 212r.

Dieses Spiel mit der Ununterscheidbarkeit von abgebildeten Figuren und den abgebildeten Bildern von Figuren treibt eine im Topkapı aufbewahrte Miniatur (Istanbul, Topkapı, H. 1084, fol. 119r – Abb. 87) noch weiter: Sie platziert – wie im Text beschrieben – ein weiteres Paar auf dem Teppich vor den Protagonisten. Damit ist dieses ebenso wie die Protagonisten auf einer vermeintlich schräg in den Raum führenden Fläche zu sehen, was einer gewissen Aufsicht auf die liegend dargestellten Figuren entspricht. Selbst in ihrer Positionierung im Raum unterscheiden sich die auf den abgebildeten Bildern dargestellten Figuren also nicht mehr von den »realen« Figuren. Damit wird sehr deutlich, dass sich die Miniaturen mit den von Jāmī beschriebenen verführerischen Darstellungen identifizieren.[742] Auch auf eine kategorische Abgren-

742 Die Darstellungen von Josef und Zulaykhā können dabei unter Verwendung der von Sussan Babaie

Abb. 87 – Zulaykhā versucht, Josef zu verführen, Jāmī, *Yūsuf u Zulaykhā*, Schiras ca. 1585–90, Istanbul, Topkapı, H. 1084, fol. 119r.

zung vom Idol scheint die Miniatur des Topkapı keinen Wert zu legen, da sie auch die verführerischen Bilder und das Idol auf eine sehr ähnliche Weise abbildet.

Die Legitimität einer Austauschbarkeit der Positionen von Josef und Zulaykhā und eines solchen Einsatzes von Bildern bestätigt sich wieder einmal, wenn sich am Ende von Jāmīs Epos die Szene der Verführung wiederholt. Nach ihrer Hochzeit nämlich zerreißt nun Josef Zulaykhā das Kleid. Und nun ist es Josef, der Zulaykhā einen Palast baut, der mit Hunderten von Miniaturen geschmückt ist:

formulierten Kategorien als »sexually charged, but not explicit« im Gegensatz zu »pornographic for the explicit imagery of love-making« beschrieben werden. Sussan Babaie, »Visual Vestiges of Travel: Persian Windows on European Weaknesses«, in: *Journal of Early Modern History* 13/2–3, 2009, S. 105–136 , hier S. 112.

> Eines Nachts flüchtete sie vor der Hand Josefs, sie suchte sich von ihm stolpernd zu befreien.
> Als er ihren Saum im Nacken ergriff, wurde durch seine Hand ihr Hemd zerrissen.
> Zulaykhā sagte: »Wenn ich einst dein Hemd auf deinem Leib zerrissen habe,
> so hast du jetzt auch mein Hemd zerrissen und hast Vergeltung für meine Sünde erlangt.
> In dieser Angelegenheit brauchen wir keine Angst mehr wegen eines Unterschieds zu haben:
> Im Hemdzerreißen steht es jetzt bei uns Kopf um Kopf« [d. h. sind wir gleich].
> Als Josef ihr Gesicht in Unterwürfigkeit sah, und sah, dass ihr Herz Leben aus jener Absicht [sich zu bekehren] gewann,
> baute er aus Gold in ihrem Namen ein Häuschen; nicht ein Häuschen, vielmehr ein Gebetshaus.
> [...]
> Zweihundert noch nie dagewesene Bilder brachte er an ihm an; tausend Schmuckanhängsel hängte er daran.[743]

Diese Szene ist nicht nur geeignet, eine Vertauschbarkeit der Positionen von Josef und Zulaykhā zu rechtfertigen. In dieser Wiederholung wird auch deutlich, dass weder die Verführung noch die Bemalungen des Palastes an sich abzulehnen sind. Wenn selbst Josef diese Bilder nutzt, um Zulaykhā zu verführen, ist es also nicht abwegig, wenn auch die Miniaturen sich mit dem Mitteln der Verführung identifizieren. Vielmehr scheint es bei der Verehrung von Menschen ebenso wie von Bildern und Götzen darauf anzukommen, ob man sie mit einem Blick betrachtet, der deren »Glanz auf die Lichtquelle zurückzuführen« vermag. Vor allem aber geht es darum, dass Josef am Ende angesichts der von Gott zurückgegebenen Schönheit Zulaykhās nun selbst zum Liebenden wird – sodass, wie Marianna Shreve Simpson schreibt, »beide Helden das Ziel der perfekten Liebe als Selbstverleugnung im Geliebten erreichen«.[744] Und man kann sich fragen, inwiefern die sufistische Prämisse der Selbstaufgabe, die Simpson hierbei als Charakteristikum der perfekten Liebe anführt, der Negation des Betrachtenden, oder genau gesagt, dem Aufgehen der Betrachterposition im Blick Gottes, in der zu Beginn dieses Kapitels diskutierten Kairoer Miniatur entspricht.

Schöne Handschriften

Nun mag man in Frage stellen, ob Jāmīs Geschichte der Transformation einer physischen in eine spirituelle Perspektive auf Schönheit der Grund für die Herstellung und

743 Jāmi, *Yusof & Zoleyxā*, S. 187–189, Vers 3569–3575 und 3584 – übersetzt von Gerald Grobbel. Vgl. auch Jami, *Yusuf and Zulaikha*, S. 129–130.

744 Simpson, *Sultan Ibrahim Mirza's* Haft Awrang. *A Princely Manuscript from Sixteenth-Century Iran*, S. 116.

Rezeption dieser verführerischen Bilder war – oder ihr Alibi.[745] Auch ist nicht geklärt, welche gesellschaftliche Akzeptanz die sufistische Verehrung sinnlicher Schönheit erfahren hat – Almut von Gladiß hat in ihren Ausführungen zu Gāzurgāhīs *Majālis ul-ʿUshshāq* unterstrichen, welchen »Zündstoff für Konflikte mit den Orthodoxen und der Staatsmacht« sie bot.[746] Festzuhalten ist jedenfalls, dass ein großer Teil der illuminierten Handschriften von Jāmīs *Yūsuf u Zulaykhā* im späten 16. Jahrhundert in Schiras produziert wurde. Damit sind sie Produkte der sogenannten »kommerziellen« Schiraser Handschriftenproduktion. Das Adjektiv »kommerziell« bezieht sich zum einen auf die enorme Menge der zu dieser Zeit in Schiras hergestellten Handschriften und zum anderen auf die Tatsache, dass in den meisten Büchern kein Auftraggeber genannt ist. Es darf jedoch, wie Lâle Uluç betont hat, nicht als Urteil über deren Qualität verstanden werden.[747] Es werden weder Kosten noch Mühen gescheut, um die Handschriften ebenso kostbar auszustatten wie diejenigen aus den höfischen *kitābkhānah*. Uluç hat zudem darauf hingewiesen, dass diese Kodizes wahrscheinlich sehr wohl im höfischen Kontext rezipiert und vermutlich auch vom Hof mitfinanziert wurden. Die fehlenden Nennungen der Auftraggeber könnten ihr zufolge auch darauf zurückzuführen sein, dass sie diese Bücher anfertigen ließen, um sie weiterzuschenken.[748] Simon Rettig geht allerdings davon aus, dass in Schiras schon ab dem Ende des 15. Jahrhunderts zunehmend Handschriften auch ohne Aufträge für den Markt produziert wurden.[749] Im Kontext eines zunehmend verbreiteten Wunsches, prachtvoll illuminierte Handschriften zu besitzen, ist nachvollziehbar, dass ein Text beliebt war, der die Verehrung von Schönheit und die Verführung durch Bilder thematisiert – und legitimiert. Neben der Option, die Lektüre einer Liebesgeschichte als Suche nach Gott zu deklarieren, bietet das Narrativ also auch Ansätze, den Genuss visueller Schönheit zu legitimieren.

Darstellungen der Verführung Josefs durch Zulaykhā mithilfe von Bildern sind aber nicht nur aus Handschriften von Jāmīs *Yūsuf u Zulaykhā* erhalten. Die Ikonographie wird ihrerseits auf Handschriften von Saʿdīs *Būstān* übertragen, auch wenn hier von verführerischen Bildern keine Rede ist (vgl. z. B. Wien, Österreichische Nationalbibliothek, A. F. 103 – Abb. 77). Zudem entstehen in diesem Zeitraum in Schiras bebilderte Versionen der Prophetengeschichten, die auch Josefsdarstellungen enthalten.[750] Weiter sind Josefsdarstellungen in Handschriften von Gāzurgāhīs *Majālis ul-ʿUshshāq* zu finden, die oft ebenfalls Ende des 16. Jahrhunderts in Schiras produziert wurden (vgl. Paris, BnF, Suppl. pers. 1150, fol. 19 – Abb. 78).[751] Es handelt sich dabei um den Text ei-

745 Vgl. zu einer Kritik daran, die Funktion von Darstellungen von Liebenden in einer metaphorischen Darstellung der sufistischen Gottesliebe aufgehen zu lassen, auch Babaie, »Visual Vestiges of Travel: Persian Windows on European Weaknesses«, S. 113.

746 Almut von Gladiß, *Die Freunde Gottes. Die Bilderwelt einer persischen Luxushandschrift des 16. Jahrhunderts*, Berlin 2005, S. 11–12.

747 Lâle Uluç, »Selling to the Court. Late-Sixteenth-Century Manuscript Production in Shiraz«, in: *Muqarnas* 17, 2000, S. 73–96, hier S. 73.

748 Uluç, »Selling to the Court. Late-Sixteenth-Century Manuscript Production in Shiraz«, S. 90–91. Als wichtigen Faktor dieser steigenden Produktion von Handschriften nennt Uluç zudem die osmanische Nachfrage (S. 89).

749 Vgl. Simon Rettig, *La production manuscrite à Chiraz sous les Aq-Qoyûnlû entre 1467 et 1503*, unpublizierte Dissertation, Université Aix-Marseille 1, 2010, Bd. 1, S. 155–158 und 202–206.

750 Vgl. Rachel Milstein, Karin Rührdanz, Barbara Schmitz (Hrsg.), *Stories of the Prophets. Illustrated Manuscripts of ›Qiṣaṣ al-Anbiyā‹*, Costa Mesa 1999.

751 Vgl. hierzu Uluç, *Turkman Governors, Shiraz Artisans and Ottoman Collectors*, S. 183–223, sowie von Gladiß, *Die Freunde Gottes*.

Abb. 88 – Josef und Zulaykhā, Niẓāmī, *Makhzan ul-Asrār*, Schiras ca. 1570, London, British Museum, 1941,0619,0.10.

nes Schülers Jāmīs am Hofe Ḥusayn Bāyqarās, der das Narrativ von Josef und Zulaykhā an den Anfang einer Sammlung von Biographien von idealen Liebenden stellt, in der, ebenso wie bei Jāmī, »die Notwendigkeit von menschlicher Liebe als Auftakt zur göttlichen Liebe verteidigt wird«.[752]

Ebenfalls aus dem Schiraser Kontext Ende des 16. Jahrhunderts ist eine Darstellung Josefs und Zulaykhās innerhalb eines *Makhzan ul-Asrār* von Niẓāmī erhalten (London, British Museum, 1941,0619,0.10 – Abb. 88). Niẓāmīs Text zieht an dieser Stelle »Josef im Schöpfeimer«[753] heran, um in seiner Beschreibung von Mohammeds Reise durch

752 Shahzad Bashir, *Sufi Bodies. Religion and Society in Medieval Islam*, New York 2011, S. 131.
753 *Makhzan ul-Asrār*, übersetzt in: Würsch, *Niẓāmīs Schatzkammer der Geheimnisse*, V. 21, S. 183.

Abb. 89 – Albumblatt, Mann mit Portrait in einer Rahmung mit Texten aus Jāmīs *Yūsuf u Zulaykhā*, Iran ca. 1590, Toronto, The Aga Khan Museum, AKM426.

den Tierkreis während seiner *miʿrāj* die Sonne im Sternbild des Wassermanns zu umschreiben.[754] Die Miniatur ihrerseits ist so frei, diese Metapher in einer Darstellung Josefs gegenüber Zulaykhā zu visualisieren. War die Figur Josefs in der persischen Poesie schon lange herangezogen worden, um die verschiedensten positiven Eigenschaften von Schönheit über Güte bis zum Scharfsinn zu veranschaulichen,[755] ebenso wie im eingangs angeführten Zitat aus Thomas von Kents Alexanderroman die Frau Potifar eine negative Eigenschaft, so wird die Josefsikonographie nun entsprechend variabel eingesetzt.

754 Würsch, *Niẓāmīs Schatzkammer der Geheimnisse*, S. 183.
755 Dadbeh, *Joseph in Persian Literature*.

Eine Zeichnung von 1590 (Aga Khan Museum, AKM426 – Abb. 89) demonstriert darüber hinaus, dass umgekehrt auch Jāmīs Josefsnarrativ auf Bilder bezogen wurde, die nicht die Geschichte, sondern allein die Bewunderung des Bildes eines schönen Menschen darstellen. Das Blatt, das nicht für eine Handschrift, sondern als einzelne Zeichnung für ein Album gefertigt wurde, zeigt einen Mann, der das Portrait einer Frau in seinen Händen betrachtet – eine Konstellation, die bei Jāmī nicht vorkommt und eher an Niẓāmīs *Khusraw u Shīrīn* erinnert. Gleichwohl sind in den Kartuschen am Rand, wie Antony Welch angemerkt hat, Zeilen aus Jāmīs *Yūsuf u Zulaykhā* zu lesen.[756] Es ist also nicht mehr nur die Figur Josefs, die zur Exemplifikation verschiedenster Tugenden herangezogen wird, sondern auch der Text Jāmīs selbst scheint zu einem Paradigma der Verehrung von Schönheit geworden zu sein, das unabhängig von seinem Narrativ in Bezug auf andere Konstellationen der Verehrung von Schönheit angeführt wird.[757]

2 Flüchtige Blicke. Josefs Verführung in deutschen Graphiken des 16. Jahrhunderts

Im persischen Kontext ist, wie zu sehen war, ab der Mitte des 16. Jahrhunderts eine sprunghafte Zunahme von Illustrationen des Josefsnarrativs im Rahmen von Handschriften Jāmīs zu verzeichnen, während Josefsdarstellungen aus dem Zeitraum zuvor nur sehr vereinzelt erhalten sind. Auch im nordwesteuropäischen Kontext ist zu dieser Zeit eine Häufung von Josefsdarstellungen und insbesondere von der Verführung Josefs festzustellen, speziell im Kontext der Reformation in Deutschland, der hier deshalb fokussiert werden soll, und insbesondere im Medium der Druckgraphik. Diese übernimmt dort seit dem 15. Jahrhundert immer mehr Funktionen der Buchillustration[758] und lässt ebenfalls beobachten, dass Bilder zunehmend unabhängig vom Text zirkulieren, worauf ich noch zu sprechen kommen werde. Die Geschichte der Darstellung des gemeinsamen Topos von Josef und der Frau des Potifar in beiden Bildkulturen lenkt das Augenmerk also auch auf eine mediale Differenz zwischen den persischen und den westeuropäischen Bildkulturen.

Die Vorgeschichte der Illustrationen des Josefsnarrativs ist im westeuropäischen Kontext allerdings eine längere, weshalb sie zunächst kurz skizziert werden soll. Anschließend soll wiederum am Beispiel einer einzelnen Darstellung der Verführung Josefs, nämlich Sebald Behams Einzelblatt, das 1544 in Frankfurt am Main entstand, verfolgt werden, inwiefern der Blick auf die körperliche Schönheit mit Konnotationen

756 Antony Welch, »Worldly and Otherworldly Love in Safavi Painting«, in: Robert Hillenbrand (Hrsg.), *Persian Painting from the Mongols to the Qajars*, London 2000, S. 301–317, hier S. 302.

757 Sussan Babaie argumentiert: »these single-folio paintings seem to have operated in a cultural zone, a mental world of pictorial, poetic and musical allusions and similes that were perfectly and wholly accessible and legible to their audiences«. Babaie, *Visual Vestiges of Travel: Persian Windows on European Weaknesses*, S. 120.

758 Vgl. zu dieser medialen Verschiebung und den Veränderungen in der Rezeption, die damit einhergehen und die ich hier nicht weiterverfolgen kann: Peter Schmidt, *Gedruckte Bilder in handgeschriebenen Büchern. Zum Gebrauch von Druckgraphik im 15. Jahrhundert*, Köln u.a. 2003; Ursula Weekes, *Early Engravers and Their Public. The Master of the Berlin Passion and Manuscripts from Convents in the Rhine-Maas Region, ca. 1450–1500*, London/Turnhout 2004, und David S. Areford, *The Viewer and The Printed Image in Late Medieval Europe*, Farnham/Burlington 2010.

der Schuld versehen ist und mit welchen Mitteln das Blatt den Blick der Betrachtenden entschuldigt. Dabei bekommt man es ebenfalls mit einer paradoxen Konstruktion zu tun, in der einem aber, so die These, keine Transformation des sinnlichen Begehrens vorgeschlagen wird, sondern eine Distanzierung in einem flüchtigen Blick zur Bedingung der Entschuldigung des Blicks erklärt wird.

2.1 Typus, Vorbild, Leib und Seele. Optionen der westeuropäischen Darstellungstraditionen

Spätestens seit dem 11. Jahrhundert liegen in der westeuropäischen Buchmalerei umfangreiche Josefszyklen vor.[759] Immer wieder sind in diesen Handschriften Rückgriffe auf byzantinische Traditionen zu bemerken: Die Millstädter Genesis beispielsweise rekurriert auf byzantinische Transformationen des alttestamentlichen Josefsnarrativs im Rückgriff auf jüdische Überlieferungen,[760] wie sie beispielsweise in der Wiener Genesis erhalten sind.[761] Die Darstellung der Verführungsszene in der Merseburger Bibel (Abb. 90) weist im Typus der sitzenden, den Mantel des fliehenden Josef mit beiden Händen erfassenden Frau, der sich in der Neuzeit als dominanter Typus etablieren wird,[762] deutliche Parallelen zur Darstellung der Szene in der Wiener Genesis auf (Abb. 91).[763] Die Popularisierung der Josefsgeschichte durch volkssprachliche Versionen geht also mit einem zunehmenden Interesse an der Illustration des Narrativs einher, wobei sowohl für die Dichtung als auch für die Illustration byzantinische Modelle herangezogen werden.[764]

Manfred Derpmann hat für diesen Zusammenhang betont, dass sich in der Rezeption der Wiener Genesis vor allem ein tropologisches Verständnis von Josef als *exemplum* abzeichnet, das »Josephs Schönheit nach dem Vorbild der frühen mittelalterlichen Exegese mit seiner Tugendhaftigkeit verknüpft, insofern die äußere Schönheit Ausdruck der inneren Haltung ist«.[765] Diese tropologische Auslegung tritt im exegetischen

759 Vgl. hierzu sowie zu einem Überblick über die spätantike und mittelalterliche Darstellungstradition Ursula Nilgen, »Joseph von Ägypten«, in: Engelbert Kirschbaum, Günter Bandmann, Wolfgang Braunfels, Johannes Kollwitz, Wilhelm Mrazek, Alfred A. Schmid, Hugo Schnell (Hrsg.), *Lexikon der christlichen Ikonographie*, Rom/Freiburg/Basel/Wien 1968–76, S. 424–434, hier S. 430. Frühere Beispiele finden sich in Fresken und Skulpturen. Annemarie Wengenmayr sieht den heute zerstörten Zyklus von St. Paul vor den Mauern in Rom, der in Kopien aus dem 17. Jahrhundert überliefert ist (Vatikan, Vatikanische Apostolische Bibliothek, Barb. lat. 4406), als frühestes westeuropäisches Beispiel eines Josefszylus sowie einer Darstellung der Verführungs Josefs an. Vgl. Annemarie Wengenmayr, *Die Darstellung der Geschichte und Gestalt des ägyptischen Joseph in der bildenden Kunst*, Dissertation, München 1952, S. 37–38.

760 Vgl. z.B. Michael D. Levin, »Some Jewish Sources for the Vienna Genesis«, in: *The Art Bulletin* 54/3, 1972, S. 241–244.

761 Manfred Derpmann, *Die Josephgeschichte. Auffassung und Darstellung im Mittelalter*, Ratingen 1974, S. 256.

762 Elke Ullrich, *Das Laszive der Keuschheit in der europäischen Kunst. Die Frau des Potiphar und Joseph von Ägypten. Eine Kulturgeschichte der versuchten Verführung*, Kassel 2009, S. 56.

763 Als Vorgänger der Wiener Genesis sowie der Mosaiken in San Marco in Venedig wird die heute schwer beschädigte Cotton Genesis diskutiert. Für die Darstellung von »Joseph und der Frau des Potiphar trifft dies [aber nur] bedingt zu«. Ullrich, *Das Laszive der Keuschheit in der europäischen Kunst*, S. 56.

764 Derpmann, *Die Josephgeschichte*, S. 255.

765 Derpmann, *Die Josephgeschichte*, S. 257.

Abb. 90 – Die Frau des Potifar ergreift Josefs Gewand, *Merseburger Bibel*, Kloster Posa um 1200, Merseburg, Domstiftsbibliothek, Ms. 1, fol. 8r.

Schrifttum außerhalb[766] und um 1100 zunehmend auch innerhalb der Genesiskommentare neben die typologische Auslegung, die die Josefsgeschichte primär als Präfiguration der Heilsgeschichte Christi liest.

In dieser typologischen Deutung der Josefsgeschichte wird beispielsweise das Kleid, das Josef von seinem Vater erhalten hat, auf das Kleid der Menschlichkeit bezogen, mit dem Christus »die Göttlichkeit umkleidet«.[767] Die Frau des Potifar wird schon im Kommentar des Ambrosius aus dem 4. Jahrhundert als Synagoge gedeutet, die Christus am Kleide berührt, woraufhin er am Kreuz das Kleid des Fleisches ablegt.[768]

766 Derpmann, *Die Josephgeschichte*, S. 263.
767 Derpmann, *Die Josephgeschichte*, S. 74.
768 Derpmann, *Die Josephgeschichte*, S. 46.

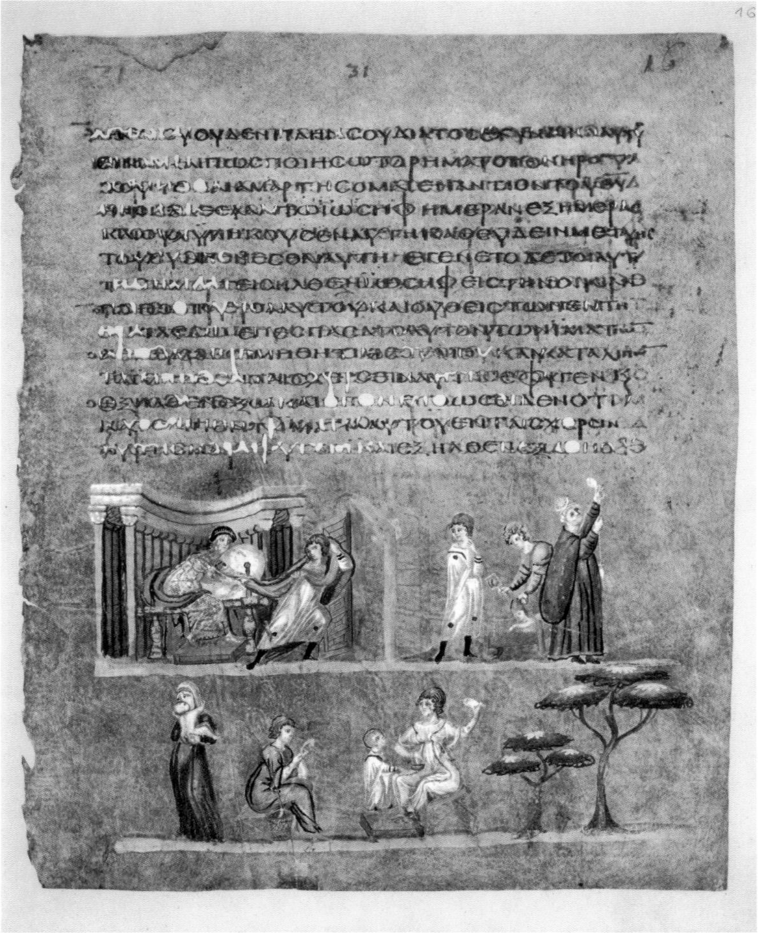

Abb. 91 – Die Frau des Potifar ergreift Josefs Gewand, *Wiener Genesis*, Syrien (?) 6. Jh., Wien, Österreichische Nationalbibliothek, theol. gr. 31, fol. 16r.

In dieser Tradition typologischer Deutungen der Josefsgeschichte ist es zu verstehen, dass die Maximianskathedra aus dem 6. Jahrhundert ebenso wie viele folgende Programme[769] Darstellungen des Josefsnarrativs und des Neuen Testaments kombiniert.[770]

Zu der Verführungsszene betont Guibert von Nogents Kommentar aus dem 12. Jahrhundert: »Durch das Zurücklassen des Kleides wird in der Gefahr der Versuchung der innere Mensch herausgekehrt«.[771] Diese Deutung ist im Kontext eines gegen Ende

769 Ullrich, *Das Laszive der Keuschheit in der europäischen Kunst*, S. 37–44, vgl. zu typologischen Verwendungen von Josefsdarstellungen auch Annemarie Wengenmayr, *Die Darstellung der Geschichte und Gestalt des ägyptischen Joseph in der bildenden Kunst*, S. 119–167.

770 F. Rupprecht, *Die Ikonographie der Josephsszenen auf der Maximianskathedra in Ravenna*, Bd. 2, Dissertation, Heidelberg 1969.

771 Derpmann, *Die Josephgeschichte*, S. 48.

IX. vnd X. Gepots. XXXIIII

aus dem rechten gezogen/thuren vns darauff kecklich berůffen vnd trotzen/vnd wöllen solchs nicht schalckheit/sondern gescheidickeit vnd fürsichtigkeit genennet habē. Dazu helffen auch Juristen vnd Rechtsprecher / so das Recht lencken vn̄ denen / wie es zur sache helffen wil/ die wort zwacken vnd zu behelff nemen/ vnangesehen billickeit vnd des nehistē notdurfft. Vn̄ Summa/ wer ynn solchen sachen der geschickste vn̄ gescheydeste ist / dem hilfft das recht am besten/wie sie auch sprechen/ Vigilantibus iura subueniunt.

Darumb ist d.s letzte gepot nicht für die böse buben für der welt/ sondern eben für die frömsten gestellet/die da wöllen gelobt sein/redliche vnd auffrichtige leute heissen/als die widder die vorige gepot nichts verschulden / wie fürnemlich die Jüden sein wolten/vnd noch viel grösser Junckern/Herrn vnd Fürsten. Denn der ander gemein hauffe/gehöret noch weit herun-

B ij ter ynn

Abb. 93 – Lucas Cranach d. Ä., Die Frau des Potifar ergreift Josefs Gewand, Wittenberg 1527 (?), in: Martin Luther, *Deudsch Catechismus*, Wittenberg 1530 [1529], Berlin, Staatsbibliothek, Luth. 5510 <quater>, S. 34r.

die 1529 Luthers »Deudsch Catechismus« illustrierte (Abb. 93),[780] nachdem sie wahrscheinlich 1527 von Melanchthon zur Illustration des 10. Gebotes auf seiner Katechismustafel in Auftrag gegeben wurde.[781] Ullrich betont, dass die Szene in einen für die Betrachtenden alltäglichen Rahmen verlegt und auf jede Darstellung des Zweifels oder des Zögerns verzichtet wurde. Josef hat den Türgriff schon in der Hand.[782] So wird den Betrachtenden die Identifikation nahegelegt und zugleich jeglicher Zweifel an der Vorbildlichkeit von Josefs Verhalten ausgeräumt. Die »Ent-Erotisierung« dieser Version

780 Ullrich, *Das Laszive der Keuschheit in der europäischen Kunst*, S. 120–121.

781 Veronika Thum, *Die Zehn Gebote für die ungelehrten Leut'. Der Dekalog in der Graphik des späten Mittelalters und der frühen Neuzeit*, München 2006, S. 80–83.

782 Ullrich, *Das Laszive der Keuschheit in der europäischen Kunst*, S. 118.

von Lucas Cranach d. Ä. – der in anderen Bildern »durchaus nicht an erotischen Elementen und nackten Damen gespart hat«[783] – macht das Bild Ullrich zufolge zu einem »beispielhaft pädagogischen Bild«,[784] das einem lutherischen Verständnis der symbolischen Funktion von Merkbildern entspricht.[785]

2.2 Distanzierte Blicke. Sebald Behams Darstellung von Josef und der Frau des Potifar von 1544

Vor einem solchen Hintergrund erscheint eine stark erotisierende Darstellung wie diejenige auf einem Kupferstich Sebald Behams (Abb. 96), die »einen lasziven Akt beider Protagonisten zeigt«, als ein »Sonderfall«, auch wenn »die zugefügte Inschrift Joseph theoretisch als ›Überwinder der Begierden‹ lobt.«[786] Ullrich zufolge steht der Darstellungsmodus der Szene – namentlich die erotisierte Präsentation der Akte durch die Entblößung der Geschlechter[787] – im Widerspruch zum Postulat der Inschrift, die Josef als Bändiger der Lust beschreibt, sowie zum protestantischen Bildverständnis.

Entblößte Scham. Behams Darstellung der nackten Frau des Potifar

Diese Ansicht entspricht der Annahme, dass der biblische Topos hier nur als Alibi für eine erotische Darstellung gedient habe,[788] auf der auch die These fußt, Sebald Beham sei wegen pornographischer Darstellungen aus Nürnberg verbannt worden. Nun ist nicht zu leugnen, dass sich im 16. Jahrhundert namentlich »Erasmus und Joachim Camerarius klar gegen unsittliche Bilder ausgesprochen haben, (im Falle von Erasmus) insbesondere, wenn sie die Autorität der Bibel als Vorwand benutzten«.[789] Peter Parshall geht davon aus, dass sich die diesbezüglichen Bemerkungen von Camerarius in seiner Dürer-Biographie auf Sebald Beham beziehen.[790] Auch ist nicht von der Hand zu weisen, welche Rolle die Druckgraphik für die Popularisierung und Kommerzialisierung pornographischer Darstellungen gespielt hat – und zwar gerade im Zuge der Erschließung eines bürgerlichen Kunstmarktes, in dem sich eine private Rezeption

783 Ullrich, *Das Laszive der Keuschheit in der europäischen Kunst*, S. 118.

784 Ullrich, *Das Laszive der Keuschheit in der europäischen Kunst*, S. 118.

785 Ullrich, *Das Laszive der Keuschheit in der europäischen Kunst*, S. 119–120.

786 Ullrich, *Das Laszive der Keuschheit in der europäischen Kunst*, S. 113.

787 Ullrich, *Das Laszive der Keuschheit in der europäischen Kunst*, S. 354.

788 Vgl. z.B. Heiner Borggrefe, »Anatomie, Erotik, Dissimulation. Nackte Körper von Dürer, Baldung Grien und den Kleinmeistern«, in: Andreas Tacke, Ingrid-Sibylle Hoffmann (Hrsg.), *Menschenbilder. Beiträge zur Altdeutschen Kunst*, Petersberg 2011, S. 33–55. Er spricht von einem »dissimulativen Moment [...] welches ihnen die Darstellung und den Käufern ihrer Blätter die Betrachtung ermöglichte« (S. 45).

789 Stephen H. Goddard, »The Origin, Use, and Heritage of the Small Engraving in Renaissance Germany«, in: Stephen H. Goddard, Patricia A. Emison, Henry Fullenwider (Hrsg.), *The World in Miniature. Engravings by the German Little Masters, 1500–1550*, Ausst.-Kat. Lawrence, Spencer Museum of University of Kansas, 4.9.–23.10.1988, Lawrence 1988, S. 13–29, hier S. 18.

790 Peter Parshall, »Camerarius on Dürer – Humanist Biography as Art Criticism«, in: Frank Baron (Hrsg.), *Joachim Camerarius (1500–1574). Beiträge zur Geschichte des Humanismus im Zeitalter der Reformation*, München 1978, S. 11–29, hier S. 16–17. Vgl. hierzu auch Goddard, »The Origin, Use, and Heritage of the Small Engraving in Renaissance Germany«, S. 18.

Abb. 94 – Heinrich Aldegrever, Die Frau des Potifar ergreift Josefs Gewand, Soest 1532, B 19, London, British Museum, Inv.-Nr. 1853,0709.152.

von Bildern ausweitet.[791] So hat beispielsweise Marcantonio Raimondi nicht nur Raffaels Josefsdarstellung bekannt und zum Vorbild einiger nordalpiner Josefsdarstellungen gemacht,[792] sondern auch Giulio Romano zugesprochene Darstellungen erotischer Stellungen.[793] Insofern wird der Bezug von Behams Josefsdarstellungen zur Entwicklung erotischer Darstellungsformen zu diskutieren sein.[794]

Bezüglich der Gründe für die Ausweisung der Brüder Beham aus Nürnberg im Jahr 1525 allerdings ist anhand der Quellen verschiedentlich aufgewiesen worden, dass diese vielmehr in ihrer Nähe zu einer nicht opportunen Gruppe von Reformatoren zu suchen

791 Paula Findlen, »Humanismus, Politik und Pornographie im Italien der Renaissance«, in: Lynn A. Hunt (Hrsg.), *Die Erfindung der Pornographie. Obszönität und die Ursprünge der Moderne*, Frankfurt a. M. 1994 [1993], S. 44–114, hier S. 108.

792 So lässt beispielsweise die Art und Weise, wie Pencz in seiner Verführungsszene von 1546 den zurückgewendeten Kopf Josefs darstellt, oder die Geste, mit der die Frau nach Josefs Gewand greift, vermuten, dass er auf einen Kupferstich Marcantonio Raimondis zurückgegriffen haben könnte.

793 Findlen, »Humanismus, Politik und Pornographie im Italien der Renaissance«, S. 108.

794 Wenn die Josefsgeschichte im westeuropäischen Kontext mit erotischen Darstellungsformen in Verbindung gebracht wird und im persischen nicht, so impliziert das freilich nicht, das sei vorsichtshalber betont, dass es im persischen Kontext keine erotischen Darstellungen gegeben hat – oder dass diese immer als Vorstufe einer geistigen Vereinigung zu verstehen wären. Vgl. hierzu Francesca Leoni, Mika Natif (Hrsg.), *Eros and Sexuality in Islamic Art*, Farnham/Burlington 2013.

Abb. 95 – Lucas van Leyden, Die Frau des Potifar ergreift Josefs Gewand, Leiden 1512, B 20, Wien, Albertina, Graphische Sammlung.

sind.[795] Der Vorwurf von Pornographie[796] – im Sinne des modernen Verständnisses – ist historisch nicht dokumentiert, sondern findet sich erst als spätere Zuschreibung,[797] ebenso wie die Bezeichnung der Brüder Beham und Georg Pencz als »gottlose Maler«.

Neuere Forschungsansätze – insbesondere die Ausstellung und der Katalog von Jürgen Müller und Thomas Schauerte aus dem Jahr 2011[798] – haben deshalb argumentiert, dass die verführerische Darstellung der Frau Potifars, die darauf abzielte, das Begehren des Betrachters zu erwecken, letztlich zum Ziel habe, ihm zu demonstrieren,

795 Vgl. hierzu Gerd Schwerhoff, »Wie gottlos waren die ›gottlosen Maler‹?«, in: Jürgen Müller, Thomas Schauerte (Hrsg.), *Die gottlosen Maler von Nürnberg. Konvention und Subversion in der Druckgraphik der Beham-Brüder*, Ausst.-Kat. Nürnberg, Albrecht-Dürer-Haus, 31.3.–2.7.2011, Emsdetten 2011, S. 33–44.

796 Lynn Hunt hat aufgewiesen, dass sich dieser Begriff erst im 19. Jahrhundert verbreitete, seine Vorgeschichte in Europa aber bis ins 16. Jahrhundert zurückverfolgt werden kann. Hunt (Hrsg.), *Die Erfindung der Pornographie*, S. 10.

797 In einem Inventar des Nürnberger Sammlers Paul Behaim von 1619 findet sich zu Behams Darstellung des Todes mit einem lasziven Paar von 1529 der Vermerk, dass dies der Grund für die Ausweisung aus der Stadt gewesen sei. Goddard, »The Origin, Use, and Heritage of the Small Engraving in Renaissance Germany«, S. 16.

798 Jürgen Müller, Thomas Schauerte (Hrsg.), *Die gottlosen Maler von Nürnberg. Konvention und Subversion in der Druckgraphik der Beham-Brüder*, Ausst.-Kat. Nürnberg, Albrecht-Dürer-Haus, 31.3.–2.7.2011, Emsdetten 2011.

Abb. 96 – Sebald Beham, Die Frau des Potifar ergreift Josefs Gewand, Frankfurt a. M. 1544, B 14, P 15, Berlin, Kupferstichkabinett, Inv.-Nr. 424-4.

wie schwierig es sei, einem solchen zu widerstehen. Dabei wird insbesondere betont, dass die Frau so ins Bild gedreht wird, dass der Betrachter kaum umhin kann, ihr in den Schoß zu blicken. So wird der Betrachter »[i]n seiner Augenlust [...] Teil der verbotenen Handlung«.[799] Auf diese Weise demonstriert das Bild dem Betrachter am eigenen Körper, wie bewunderswert es ist, dass Josef dieser Verführung widerstand.

In der Rezeptionsgeschichte dieses Blattes ist also die gesamte Spannbreite von Beurteilungen von der Verurteilung als Pornographie bis zur Vermittlung der Tugendhaftigkeit Josefs am eigenen Körper des Betrachters zu finden. Nicht zuletzt angesichts der Vermittlungsoptionen, welche die Analyse der persischen Miniaturen zwischen den Polen der sinnlichen und der geistigen Wahrnehmung von Schönheit aufgewiesen hat, ist die Frage von Interesse, wie diese Dualität zu verstehen ist. Wenn Behams Graphik im Fokus dieses Kapitels stehen soll, dann also weniger als ein Sonderfall, sondern als womöglich extremes Exemplum, das sich als erotisierte Darstellung in einem stark moralisierenden Kontext auf besondere Weise zu eignen scheint, das Verhältnis zwischen den verschiedenen Wahrnehmungsoptionen der Szene zu diskutieren.

Behams Stich misst winzige 8,1 × 5,6 cm. Das zwingt die Betrachtenden, mit dem Gesicht nahe heranzugehen. An der oberen Bildkante hängt der Baldachin des Bettes herunter, ebenso wie in der gut zehn Jahre früheren Darstellung der Szene von Aldegrever (Abb. 94), auf die Beham womöglich zurückgriff.[800] In ihrer Platzierung am oberen Bildrand und als Träger von Monogramm und Datierung wird die Borte des Baldachins mit der Bildfläche enggeführt und als Rahmen inszeniert, durch den die Betrachtenden in den – das macht die Vertäfelung der Decke deutlich: zentralperspektivisch konstruierten – Bildraum schauen. Irritiert wird dieser Durchblick allerdings an der Stelle, wo Josefs Kopf die Fransen des Baldachins an der Bildoberfläche – und nicht wie bei Aldegrever jene im Hintergrund – überlagert. Denn damit tritt er in den Raum der Betrachtenden vor dieser Fläche. Eine solche Überschreitung der als Bildfläche markierten Ebene ist auch am unteren Rand des Bildes festzustellen: Hier ist ein Schild mit der Inschrift *IOSEPH FIDELIS SERVUS ET DOMITOR LIBIDINIS* angebracht, das in seiner Inszenierung auf der Bildoberfläche ebenfalls in den Raum der Betrachtenden vor der Bildoberfläche vorzustoßen scheint. Sowohl der Kopf als auch die Betitelung Josefs werden also so inszeniert, dass der Eindruck entsteht, die Bildoberfläche werde in Richtung der Betrachtenden durchbrochen. Dabei nähert

799 Jürgen Müller, Kerstin Küster, »Der Prediger als Pornograf? Konvention und Subversion in der Bildpoetik Sebald und Barthel Behams«, in: Jürgen Müller, Thomas Schauerte (Hrsg.), *Die gottlosen Maler von Nürnberg. Konvention und Subversion in der Druckgraphik der Beham-Brüder*, Ausst.-Kat. Nürnberg, Albrecht-Dürer-Haus, 31.3.–2.7.2011, Emsdetten 2011, S. 20–32, hier S. 25. Vgl. hierzu auch den Katalogeintrag der Autoren auf S. 156.

800 Levy hat argumentiert, dass Sebald Beham zugleich auf Aldegrevers Darstellung von Tarquinius und Lucretia von 1539 zurückgriff, die deutliche Parallelen in der Darstellung der Figuren aufweist. Er sieht hierin ein Beispiel für Sebald Behams Bestreben, italianisierende Bildmodelle in eine nordalpine Ikonographie zu übertragen, was er in den Kontext eines aufkommenden deutschen Nationalismus im 16. Jahrhundert stellt. Janey L. Levy, »The Erotic Engravings of Sebald and Barthel Beham: A German Interpretation of a Renaissance Subject«, in: Stephen H. Goddard, Patricia A. Emison, Henry Fullenwider (Hrsg.), *The World in Miniature. Engravings by the German Little Masters, 1500–1550,* Ausst.-Kat. Lawrence, Spencer Museum of University of Kansas, 4.9.–23.10.1988, Lawrence 1988, S. 40–53, hier S. 48–49. Zum Verhältnis der Kleinmeister zu Italien vgl. auch Particia A. Emisons Aufsatz »The Little Masters, Italy, and Rome« in demselben Katalog, S. 30–39.

sich dem Betrachtenden nicht etwa das Gesicht, sondern der Hinterkopf Josefs. Dieser Vorstoß ist somit nicht konfrontativ, sondern eher als Angebot der Identifikation zu verstehen. In der Rückenansicht Josefs könnte dem Betrachter also eine Identifikation mit Josefs Blick auf die Figur der Frau Potifars nahegelegt werden. Neben dem in der Genesis erwähnten Blick der Frau auf Josefs Schönheit wird hier offenbar auch derjenige Josefs auf die Frau des Potifar zum Thema.

Dabei ist zu betonen, dass Josef der Frau Potifars, soweit man dies in seinem verlorenen Profil erkennen kann, ins Gesicht schaut. Dagegen können die Betrachtenden, wie gesagt, kaum umhin, ihr in ihrer Ausrichtung ihres Körpers nach vorne hin auch in den Schoß zu schauen. Zwar ist eine partielle Enthüllung des weiblichen Körpers in Darstellungen der Szene zu dieser Zeit in der westeuropäischen Bildkunst – und vor allem im Zuge der Erotisierung der Szene im italienischen Kontext[801] – keine Seltenheit mehr, doch Beham geht in der Entblößung der Scham besonders weit. In der Ausrichtung dieser Entblößung auf die Betrachtenden unterscheidet sich Behams Darstellung der Frau Potifars von früheren Graphiken etwa von Aldegrever (Abb. 94). Selbst im Vergleich zur Darstellung Lucas van Leydens (Abb. 95), der die Haltung der Frau in vielen Aspekten ähnelt, ist, abgesehen von der Entkleidung der Protagonisten, eine weitere Drehung des Oberschenkels zu den Betrachtenden hin festzustellen, die genau diesen Blick eröffnet.

Vor allem aber unterscheidet sich Behams Stich von 1544 in der Positionierung seiner Figuren von seiner Darstellung der Szene aus dem Jahr 1526 (Abb. 97): Während die Reste der Kleidung, die den Figuren noch bleiben, kaum anders dargestellt sind, ist Josef hier hinter dem Bett positioniert – was eine Funktion als Identifikationsfigur ausschließt. Dementsprechend wenden sich Blick und Gesten der Frau von den Betrachtenden ab, obwohl die Figur auf der vorderen Bettkante sitzt. Das macht freilich umso offensichtlicher, dass der Blick in den Schoß auf den Betrachter ausgerichtet ist. Allerdings ist festzustellen, dass auch Josef seinen Blick in diesem Stich nicht unbedingt auf das Gesicht seines Gegenübers, sondern weiter nach unten gerichtet hat – mit dem entsprechenden Effekt. Die Sexualisierung seiner Figur ist mit dem erigierten Glied noch expliziter.

Während Sebald Beham in seinem früheren Blatt (Abb. 97) die Verführbarkeit noch an Josef selbst demonstriert, präsentiert die spätere Darstellung Josefs (Abb. 96) ihn als Identifikationsfigur, die den Blick auf das Gesicht richtet. Es ist also eine Verschiebung festzustellen von einer Darstellung Josefs als Exemplum der sexuellen Verführbarkeit hin zu einer stärkeren Vorbildhaftigkeit Josefs, in der er dem Betrachter in seiner Positionierung am vorderen Bildrand als Identifikationsfigur nahegelegt wird und dabei womöglich einen anderen Blickwinkel auf das zu Sehende bietet.

Zudem ist zu konstatieren, dass durch die Überschreitung der Bildränder in beiden Fällen unterstrichen wird, dass Josef bestrebt ist, sich dem Zugriff der Frau des Potifar zu entziehen. Schon Cranach setzte durch die Platzierung des Türgriffs an der Bildgrenze das Verlassen des Raumes mit dem Verlassen des Bildfeldes gleich, und schon bei Aldegrever antizipierte das starre Zusteuern auf die Bildgrenze das Verschwinden aus dem Bildfeld. Doch wenn bei Beham die Arme die Bildgrenze kreuzen, so wird unübersehbar, dass eine Flucht vor der Frau des Potifar auch die Flucht vor den Blicken der Betrachtenden bedeutet. Darauf komme ich noch zurück.

801 Vgl. Ullrich, *Das Laszive der Keuschheit in der europäischen Kunst*, S. 108–111.

Abb. 97 – Sebald Beham, Die Frau des Potifar ergreift Josefs Gewand, Nürnberg 1526, B 13, P 14, Braunschweig, Herzog Anton Ulrich-Museum, HSBeham AB 3. 13, Inv.-Nr. 1155.

Vorerst sei festgehalten, dass man bei Beham konfrontiert ist mit einer Gegenüberstellung zwischen der verführerischen Darstellung der Frau des Potifar und der Maxime, Josef sei der Überwinder der Begierden. Die Positionierung der Figur Josefs in diesem Spannungsfeld verschiebt sich dabei zwischen den beiden Darstellungen Behams – von einer Figur, die man in ihrem offenkundigen Begehren eher distanziert zu betrachten hat, zu einem Vorbild, mit dem man sich identifizieren kann.

Es ist also einerseits nicht zu leugnen, dass der von Ullrich konstatierte Widerspruch zwischen der visuellen Darstellung der Körper und der Inschrift besteht. Zugleich aber legt die genauere Analyse nahe, dass Josefs Vorbildcharakter hier nicht nur, in Ullrichs Worten, »theoretisch«[802] umgesetzt wird, sondern es dem Betrachter auch visuell nahegelegt wird, sich in Josefs Position hineinzuversetzen. Das entspricht Müllers und Küsters These: »Der Betrachter wird in die Situation Josephs versetzt und erhält auf paradoxe Weise eine Vorstellung der Tugendhaftigkeit des alttestamentlichen Helden.«[803]

Paradoxe Bilder

Dass Betrachtende in eine derart paradoxe Position versetzt werden, ist im nordalpinen Kontext des 16. Jahrhunderts kein Einzelfall. Anne-Marie Bonnet hat angemerkt, dass Lucas Cranach schon zu Beginn des 16. Jahrhunderts eine »paradoxe Malerei« entwickelt hat: »Etwas Reizvolles wird dargeboten und warnt zugleich vor den eigenen

802 Ullrich, *Das Laszive der Keuschheit in der europäischen Kunst*, S. 113.

803 Müller, Küster, »Der Prediger als Pornograf? Konvention und Subversion in der Bildpoetik Sebald und Barthel Behams«, S. 25.

Reizen!«[804] Und Jürgen Müller hat herausgearbeitet, welche Bedeutung das »Paradox als Bildform« bei Pieter Bruegel d. Ä. bekommt.[805] An der Graphik Sebald Behams, genauer gesagt, an seinem Kupferstich »Impossibile« von 1549, hat Mitchell B. Merback das Prinzip des Paradoxes diskutiert: Dabei rekurriert er nicht nur auf Positionen, die das Paradox als »paradigmatisch für eine frühneuzeitliche *mentalité*, die ›die simultane Erfahrung gegensätzlicher Befindlichkeiten‹ umfasst«,[806] ansehen. Vielmehr diskutiert er auch die Funktion des Paradoxes im Werk eines protestantischen Denkers, den auch Jürgen Müller als »entscheidende Quelle«[807] für das Verständnis der Malerei Bruegels angeführt hat und zu dem Sebald Beham wahrscheinlich engeren Kontakt hatte: Sebastian Franck, der 1528 eine Ottilie Beham heiratete, vermutlich Sebald Behams Schwester.[808] In seinen *Paradoxa* (1534) präsentiert Franck Paradoxien ebenso wie Parabeln, Rätsel, Hieroglyphen und *Impossibilia* als »bevorzugte Formen der Vermittlung«.[809]

Dieses Verständnis von Paradoxien als Erkenntnisinstrument ist Merback zufolge vor dem Hintergrund der Diskussion um die Willensfreiheit im 16. Jahrhundert zu verstehen, in der es – von besonderer Prominenz ist hier die Kontroverse zwischen Luther und Erasmus – um die Freiheit menschlicher Entscheidungen und ihre heilsgeschichtliche Relevanz ging. Dabei ist erst einmal zu konstatieren, dass Franck in der aktiven Auseinandersetzung mit weltlichen Lastern eine Glaubenserfahrung sieht:

> Für den Sozialkritiker Franck hieß »erfahrender Glaube« auch eine aktive Konfrontation mit den Torheiten, Nichtigkeiten, Dummheiten und Lastern der Welt. Sie zu enthüllen und im Laufe des alltäglichen Lebens sowie in der Geschichte der Welt etwas vom angestrebten Ziel des göttlichen Wollens zu erkennen, lag ebenso in der Verantwortung des Individuums wie die Suche nach Gott in sich selbst. Beide Bemühungen stellten den geistlich Gesinnten vor beängstigende Herausforderungen, da beide eine Kapazität erfordern, die Bereiche des Sinnlichen und Fleischlichen – seien es die wörtlichen Formulierungen der Schrift oder die weltlichen

804 Anne-Marie Bonnet, »Der Akt im Werk Lucas Cranachs. Bedeutung und Spezifität der ›nacketen Bilder‹ innerhalb der deutschen Renaissance-Malerei«, in: Claus Grimm, Johannes Erichsen, Evamaria Brockhoff, Lucas Cranach (Hrsg.), *Lucas Cranach. Ein Maler-Unternehmer aus Franken*, Regensburg 1994, S. 139–149, hier S. 142.

805 Jürgen Müller, *Das Paradox als Bildform. Studien zur Ikonologie Pieter Bruegels d. Ä.*, München 1999.

806 Mitchell B. Merback, »Nobody Dares. Freedom, Dissent, Self-Knowing, and Other Possibilities in Sebald Beham's Impossible«, in: *Renaissance Quarterly* 63/4, 2010/12/01, S. 1037–1105, hier S. 1054.

807 Müller, *Das Paradox als Bildform*, S. 22.

808 David P. Kilpatrick, *Paradoxes of the German Small Engraving in the Reformation*, Dissertation, New Haven 2002, S. 68.

809 Merback, »Nobody Dares. Freedom, Dissent, Self-Knowing, and Other Possibilities in Sebald Beham's Impossible«, S. 1088: »Looking to the chronicle of one's own life, and attempting to read its pages with the eyes of the inner man, one will encounter nothing that is literally true, nothing illuminated by a clear light, no words or images that are unequivocal in their meaning, no easily discernable truths. Instead, the inner word will be concealed behind visible signs, that, like the flesh, point to false meanings – the same meanings given them by a corrupt world – to be deciphered. Only by ›judging according to the opposite,‹ Franck writes, will one discover the true spiritual meaning of things.«

> Gegebenheiten der eigenen sozialen und politischen Welt – auf ein inneres Wort hin zu durchschauen, das ansonsten verborgen bleibt. Im Reich der Sprache waren Paradoxa und Rätsel die primären Formen der Hülle, der sinnlichen äußeren Umhüllung dieses inneren Wortes.[810]

Im Zuge dieser Ausführungen wird aber auch deutlich, dass es hier nicht nur um die Relevanz einer moralischen Haltung gegenüber weltlichen Verführungen geht, sondern auch um ein aktives Verhältnis zum Medium der Schrift. Es sind nämlich die Paradoxien der Heiligen Schrift, angesichts derer die Lesenden die Erfahrung machen, dass die wahrnehmbare Schrift nicht mit dem inneren Wort übereinstimmen muss.

In diesem Verständnis von Paradoxie greift Franck wohl auf Hans Dencks »Gegenschriften«, eine Zusammenstellung widersprüchlicher Bibelstellen, zurück.[811] Das ist insofern bemerkenswert, als Hans Denck 1525 mit den Brüdern Sebald und Barthel Beham sowie Georg Pencz aufgrund seiner religiösen Haltung aus Nürnberg ausgewiesen wurde, weshalb davon auszugehen ist, dass Sebald Beham auch zu ihm einen engeren Kontakt hatte.

Jedenfalls geht es Franck zum einen um einen »erfahrenen Glauben, der aus seinen eigenen ethischen Verpflichtungen ebenso viel lernt wie durch Doktrin und Schrift«,[812] also um eine Betonung der Bedeutung der Lehrhaftigkeit eigener ethischer Erfahrung im Verhältnis zur passiven Lektüre. Zum anderen sieht er in der Paradoxie einen Modus der aktiven Erfahrung des Mediums der Schrift als zu überwindender Oberfläche. Jürgen Müller hat zudem unterstrichen, dass Franck direkt »im ersten Paradoxon die Überwindung der Bilder« fordert und die »Unerkennbarkeit Gottes« betont.[813]

Merback hat dieses Verständnis von Paradoxie auf die Erfahrung übertragen, die Betrachtende von Sebald Behams Stich »Impossibile« machen, wenn die dargestellte Handlung nicht nur als »Impossibile« betitelt, sondern zudem noch in der Beischrift gefordert wird: »Niemand solle sich an große Dinge wagen, die unmöglich zu schaffen sind.« Abschließend merkt er dabei an: »Wie diese Haltung sich in anderen Modi äußert, in denen diese Männer gearbeitet haben – dem Erotischen, dem Makabren, dem Satirischen – ist noch adäquat zu untersuchen.«[814]

Zur Funktion der Darstellung von Erotik in Behams Josefsstich zumindest kann man konstatieren, dass sie Francks Forderungen insofern entspricht, als sie eine aktive Konfrontation mit weltlichen Lastern ermöglicht und es damit erlaubt, eigene moralische Erfahrungen zu machen. Damit unterscheidet sie sich signifikant von Cranachs Illustration von Luthers Katechismus, die den Betrachtenden eine solche aktive Haltung zum Dargestellten nicht abverlangt, sondern eine rein passive Rezeption erlaubt.

810 Merback, »Nobody Dares. Freedom, Dissent, Self-Knowing, and Other Possibilities in Sebald Beham's Impossible«, S. 1086.

811 Kilpatrick, *Paradoxes of the German Small Engraving in the Reformation*, S. 69.

812 Merback, »Nobody Dares. Freedom, Dissent, Self-Knowing, and Other Possibilities in Sebald Beham's Impossible«, S. 1045.

813 Müller, *Das Paradox als Bildform*, S. 26. Er verfolgt bei Bruegel die These, dass das Aufgreifen einer derart bilderfeindlichen Position in der Malerei selber »natürlich geradewegs in den Selbstwiderspruch [führt], denn die Malerei muss nun zeigen, was sie nicht mehr zeigen kann, und gelingt gerade dann am besten, wenn sie ihr eigenes Scheitern offenbart, sodass das Paradox zur eigentlichen Bildform wird« (S. 28).

814 Merback, »Nobody Dares. Freedom, Dissent, Self-Knowing, and Other Possibilities in Sebald Beham's Impossible«, S. 1101.

Weiter wäre zu diskutieren, inwiefern das Bild auch ein kritisches Verhältnis zu seiner eigenen Medialität vermittelt. Indem die schriftlichen Forderungen auf der Bildoberfläche angebracht scheinen, warnen sie nicht nur auf inhaltlicher Ebene, sondern unterstreichen auch, dass es sich bei dem zu Sehenden um ein Bild handelt, dessen Oberfläche im wörtlichen, aber vielleicht auch übertragenen Sinne, zu durchschauen ist.

David Kilpatrick hat zudem argumentiert, dass das kleine Format der Stiche – Behams Stich von 1526 (Abb. 97, S. 271) ist zur Veranschaulichung in Originalgröße abgebildet – zu einer paradoxen Erfahrung im Sinne Francks beitrage: Im Gegensatz zu den großen Bildern, mit denen die Kirchen den Gläubigen heilige Figuren in der Öffentlichkeit nahebringen, »könne ein kleines [...] Objekt zeigen, dass Gott nicht nur in der Welt präsent ist, sondern auch individuell, privat und von Nahem erfahren werden kann«. Während die großen Bilder »die Tendenz haben, eine Illusion eines kontinuierlichen Raumes aufrecht zu erhalten, der die Idee einer verbindlichen und umfassenden Sicht fördert«, unterstreichen kleine Bilder die Differenz: »Kleine Drucke betonen die Deplatzierung und die Entfremdung des Individuums vor Gott, indem sie unterstreichen, dass es sich um ein entferntes Bild handelt, auch wenn es Gegenstand der akribischsten menschlichen Untersuchung war«.[815] Diese Distanzierung wird Kilpatrick zufolge insbesondere durch Differenz zwischen dem Maßstab des Dargestellten und der Größe der Graphik evoziert. Einerseits suggeriere die im Verhältnis zum Bildfeld große Darstellung der Figuren den Betrachtenden eine Nahsicht. Andererseits wird durch das kleine Format klar gemacht, dass die Betrachtenden nicht in das Bild eintreten können. So schreibt Kilpatrick über die Darstellung der Madonna mit Kind und Vase von Barthel Beham von etwa 1530:

> Der Raum adressiert den Betrachter, der sich den Bedingungen des Druckes fügen muss, ohne je vollständig Zutritt zu bekommen. Der kleine Rahmen funktioniert wie ein Rasiermesser. Die fragmentarische Natur der Sicht produziert nicht nur die Vorstellung der Nähe, sondern paradoxerweise auch die der Flüchtigkeit. Egal, wie lange man schaut, das Bild bietet einem einen flüchtigen Blick.[816]

Diese Beschreibung trifft sehr genau die Beobachtung, dass die Figur Josefs in Sebald Behams Stich dem Betrachter einerseits an der Bildgrenze als Identifikationsfigur zur Verfügung gestellt wird,[817] sich andererseits aber in seinem Arm andeutet, dass er im nächsten Augenblick in einen Raum entfliehen wird, wo er sich dem Blick des Betrachters entzieht. So operiert auch die Figur Josefs im paradoxen Wechselspiel der Evokation von individueller Wahrnehmung und medialer Distanzierung.

815 Kilpatrick, *Paradoxes of the German Small Engraving in the Reformation*, S. 26.
816 Kilpatrick, *Paradoxes of the German Small Engraving in the Reformation*, S. 78.
817 Einen ähnlichen Effekt beschreibt Kilpatrick in Barthel Behams Rückenansicht eines Soldaten von 1520, Kilpatrick, *Paradoxes of the German Small Engraving in the Reformation*, S. 81–82.

Offenere Märkte

Merback hat betont, dass die beschriebenen Parallelen zwischen der Funktion von Behams Graphik und den Vorstellungen Francks nicht notwendig implizierten, dass das gesamte Leben und Werk der Behambrüder von den radikalen religiösen und politischen Vorstellungen dominiert sei, die aus den dokumentierten Aussagen im Prozess von 1525 herausgelesen werden können. Damit schließt er sich der Kritik an Herbert Zschelletzschkys Ansatz an, die Brüder als Sozialrevolutionäre zu betrachten.[818] Anders als Müller und Küster[819] erwägt er auch nicht, dass die Brüder ihre radikalen religiösen Einstellungen nach ihrer Verurteilung 1525 im Verborgenen weiter ausübten. Stattdessen sieht er die Motive für die Kritik der jungen Brüder Beham an der Obrigkeit in der prekären wirtschaftlichen Situation der Künstler aufgrund des Einbruchs des religiös dominierten Kunstmarktes im Zuge der Reformation: Es könnte ihre schwierige finanzielle Situation gewesen sein, die sie offen für sozialkritische Positionen machte. Derentwegen wurden Kunsthandwerker und weniger erfolgreiche Künstler jedenfalls besonders häufig angeklagt.[820] Versteht man die reformatorischen Positionen der Behams in einem solchen ökonomischen Kontext, ohne sie darauf zu reduzieren, dann ist es weniger erstaunlich, dass Sebald Beham schon 1531 für den katholischen Gegenspieler der Reformation, Kardinal Albrecht von Brandenburg, arbeitet.[821]

Auch die Produktion von paradoxen Bildformen stellt Merback in den Kontext der Erschließung neuer Märkte, insbesondere im bürgerlichen Segment, nach dem Einbruch des traditionellen Kunstmarktes.[822] Dort sieht er die Möglichkeit einer »progressiven Liberalisierung des Bildes«.[823] Diese Liberalisierung impliziert nicht nur einen freien Kunstmarkt, sondern eine veränderte Rezeption des Bildes, nicht als autorisierte Vermittlungsinstanz von Religion – wie man sie beispielsweise in einer Katechismusillustration vorliegen hat –, sondern als Gegenstand bürgerlichen intellektuellen Austausches:

> Die Graphiker der Renaissance waren erpicht darauf, das Potential einer neuen Art von Bild auszuschöpfen, das nicht so sehr ein säkularer Ersatz für das diskreditierte mittelalterliche Kultbild war, sondern eher ein Bezugspunkt für den intellektuellen Austausch [...]. Um diesem Paradigma zu entsprechen und an der Kultur, die es repräsentiert, teilzuhaben, kultivierten

818 Vgl. Herbert Zschelletzschky, *Die drei gottlosen Maler von Nürnberg. Sebald Beham, Barthel Beham und Georg Pencz. Historische Grundlagen und ikonologische Probleme ihrer Graphik zur Reformations- und Bauernkriegszeit*, Leipzig 1975.

819 Müller, Küster, »Der Prediger als Pornograf? Konvention und Subversion in der Bildpoetik Sebald und Barthel Behams«, S. 23.

820 Merback, »Nobody Dares. Freedom, Dissent, Self-Knowing, and Other Possibilities in Sebald Beham's Impossible«, S. 1098.

821 Merback, »Nobody Dares. Freedom, Dissent, Self-Knowing, and Other Possibilities in Sebald Beham's Impossible«, S. 1095.

822 Vgl. hierzu Goddard, »The Origin, Use, and Heritage of the Small Engraving in Renaissance Germany« sowie Martin Knauer, »Kupferstiche der deutschen Kleinmeister. Zur Erforschung eines Bildmediums in einer Epoche kulturellen Umbruchs«, in: Karl Möseneder, Stefanie Csincsura (Hrsg.), *Zwischen Dürer und Raffael. Graphikserien Nürnberger Kleinmeister*, Petersberg 2010, S. 9–16, hier S. 12–13.

823 Merback, »Nobody Dares. Freedom, Dissent, Self-Knowing, and Other Possibilities in Sebald Beham's Impossible«, S. 1100.

> die *Kleinmeister* eine Haltung, die das Paradox gegenüber der Moralisierung, das Spiel gegenüber dem Dekor und die Ethik gegenüber der Theologie favorisierte.[824]

Paradoxien in den Blättern Sebald Behams sind also – und hier bietet Merback ein wichtiges Korrektiv zum Ansatz Kilpatricks[825] – nicht nur vor dem Hintergrund religiöser Positionen der Reformation zu verstehen, sondern auch vor dem der Funktion insbesondere kleiner Drucke als Gesprächsanlass bürgerlicher Rezipienten. Damit bot »diese neue Konzeption des Bildes [...] ein flexibles Vehikel, um einzelne Elemente der subversiven Ansichten weiterzutragen, die sie als nicht linientreue Protestanten während der frühen Reformation bewegt hatten«.[826] Wenn Sebald Beham also seine Josefsdarstellung von 1526 im Jahr 1544 wieder aufgreift und das Paradox zwischen der dargestellten Verführung und der geforderten Enthaltsamkeit in der ambivalenten Positionierung Josefs als Identifikationsfigur zuspitzt, dann wohl auch, weil sie einen willkommenen Anlass zu »moralisch-rhetorischen Manövern« und »dialektischen Aktionen«[827] bot.

Kultiviertes Vorbild. Behams Darstellung des nackten Josef

Es war nun ausführlich die Rede von der Verführungskraft der Darstellung der Frau des Potifar und der Forderung, ihr zu widerstehen. Dabei ist jedoch nicht zu übersehen, dass auch Josef in Behams Stich nackt dargestellt ist. Allerdings wird diesem Aspekt in der kunsthistorischen Literatur deutlich weniger Aufmerksamkeit geschenkt als der Nacktheit der Frau.[828] Warum? Dass man angesichts Josefs Nacktheit nicht ebenso schnell mit der Verführungsmacht des nackten Körpers bei der Hand ist wie bei der Darstellung der Frau des Potifar, mag nicht nur daran liegen, dass man nicht von einem weiblichen Käufer ausgeht. Es könnte auch der Popularität des Topos der Weibermacht zuzuschreiben sein.[829] Zudem könnte eine Rolle gespielt haben, dass Josef in der Dre-

824 Merback, »Nobody Dares. Freedom, Dissent, Self-Knowing, and Other Possibilities in Sebald Beham's Impossible«, S. 1101.

825 Martin Knauer hat es als Verkennen von materiellen Zwängen kritisiert, dass Kilpatrick der paradoxen Funktion dieser Bilder ein kritisches Potential zuschreibt. Knauer, »Kupferstiche der deutschen Kleinmeister. Zur Erforschung eines Bildmediums in einer Epoche kulturellen Umbruchs«, S. 12. Merback beleuchtet nun genau diese Funktion paradoxer Bilder in der Entwicklung der neuen Märkte.

826 Merback, »Nobody Dares. Freedom, Dissent, Self-Knowing, and Other Possibilities in Sebald Beham's Impossible«, S. 1100.

827 Merback, »Nobody Dares. Freedom, Dissent, Self-Knowing, and Other Possibilities in Sebald Beham's Impossible«, S. 1089.

828 Müller und Küster beispielsweise thematisieren dies nicht weiter, für Ullrich erweckt Josefs Nacktheit den Eindruck, »der *Akt* könne bereits vollzogen« sein. Ullrich, *Das Laszive der Keuschheit in der europäischen Kunst*, S. 354.

829 Vgl. hierzu Jutta Held, »Die ›Weibermacht‹ in Bildern der Kunst von der frühen Neuzeit bis zum Beginn des 20. Jahrhunderts«, in: *Tendenzen* 152, 1985, S. 45–56, die allerdings nicht auf die Josefsikonographie eingeht, sowie Claudia Schnitzer, Cordula Bischoff (Hrsg.), *Mannes Lust & Weibes Macht. Geschlechterwahn in Renaissance und Barock*, Ausst.-Kat. Dresden, Dresdner Schloss, 26.2.–11.7.2005, Dresden 2005, wo Behams Darstellung als Beispiel der Weibermacht abgebildet ist (Bd. 1, Abb. 109). In diesem Kontext ist die Ikonographie der Verführung Josefs auch als Beispiel für eine Darstellung einer Frau als Vergewaltigerin diskutiert worden. Vgl. Diane Wolfthal, *Images of*

Abb. 98 – Cornelis Cort, Die Frau des Potifar ergreift Josefs Gewand (»nach Tizian«), Venedig (?) ca. 1560–65, B 17, Amsterdam, Rijksmuseum, Rijksprentenkabinett.

hung seines Kopfes als Identifikationsfigur fungiert, über deren Nacktheit man weniger gerne spricht. Es könnte aber auch damit zu tun haben, dass insbesondere die Rückenansicht, die man durch diese Drehung zu sehen bekommt, die Figur in der Darstellung der Muskeln in Bezug zu anatomischen Studien setzt, die im 16. Jahrhundert in Deutschland aufkommen.[830] Damit wird eine Tradition der Aktdarstellung aufgerufen, in der, wie Anne-Marie Bonnet Dürer betreffend aufgewiesen hat, »Nacktheit, die bislang vornehmlich Blöße war, Zeichen des Verfalls in Endlichkeit und Geschlechtlichkeit, [...] umgekehrt Signum einer neuen Würde des Menschen [wird], und dies eben

Rape. The ›Heroic‹ Tradition and its Alternatives, Cambridge 1999, S. 161–179. Hammer-Tugendhat hat darauf verwiesen, dass nicht nur die Frau Potifars »zur Kronzeugin für die Lasterhaftigkeit und Falschheit aller Frauen« herangezogen wurde, sondern die Ikonographie innerhalb des Vergewaltigungsdiskurses als Beispiel dafür gedeutet wurde, »dass es die Frauen sind, die Männern sexuelle Gewalt antun wollen und vor allem, dass Frauen aus verschmähter Liebe Männer fälschlicherweise der Vergewaltigung bezichtigen.« Daniela Hammer-Tugendhat, *Das Sichtbare und das Unsichtbare. Zur holländischen Malerei des 17. Jahrhunderts*, Köln 2009, S. 102. In der Nacktheit Josefs und insbesondere in der Darstellung der Erregung in Sebald Behams Darstellungen der Szene sieht sie zumindest einen Ansatz zur Thematisierung männlichen Begehrens (S. 104).

830 Vgl. Anne-Marie Bonnet, »Anfänge des Aktstudiums in Deutschland und seine italienischen Voraussetzungen. Natur und Kunst, Nackt und Akt«, in: Bodo Guthmüller (Hrsg.), *Deutschland und Italien in ihren wechselseitigen Beziehungen während der Renaissance*, Wiesbaden 2000, S. 363–386.

durch ihre Idealität, i. e. Künstlichkeit, gleichsam ›Akthaftigkeit‹.«[831] Während man die Darstellung der Frau Potifars primär mit dem »kunstvolle[n] Zur-Schau-Stellen reizvoller Nacktheit expressis verbis [...] und d[er] Kategorie der ›Schau-Lust‹«[832] in Verbindung gebracht hat, die Cranach in die Malerei einführte, könnte hier also eine andere Konnotation der Aktdarstellung des 16. Jahrhunderts evoziert sein, die Bonnet für Dürer stark gemacht hat: Der Akt sei »Erkenntnismittel und, im Hinblick auf Kunst, programmatisch für die humanistische Bildung und den Entwurf eines neuen Menschenbildes«.[833] Dabei hat Bonnet unterstrichen, wie bei Dürer Aspekte der »gottgegebenen Sinnlichkeit und Geschlechtlichkeit«[834] mit der »Definition als Gottesebenbild«[835] verbunden werden. So steht die Frage im Raum, inwiefern in Behams Stich neben der Assoziation der sexualisierten Darstellung des weiblichen Aktes als Objekt der Verführung durch die Darstellung Josefs ein Verständnis des Aktes als Ideal evoziert wird, das im humanistischen Kontext auf ein Verständnis des Menschen als Abbild Gottes zurückzuführen ist.[836] Jedenfalls wird die Schönheit, die Josef im Text der Bibel zugeschrieben wird, hier als Akt visualisiert.

Unabhängig von den theologischen Konnotationen ist anzunehmen, dass das Schönheitsideal des anatomisch korrekten Körpers den Geschmack des humanistisch geprägten Bürgertums getroffen hat. Assoziationen mit der Antike mögen dabei eine Rolle gespielt haben. Direkter aber ist der Bezug der Kleinmeister zur italienischen Kunst, insbesondere in Form graphischer Reproduktionen.[837] So ist denkbar, dass Behams Josefsdarstellung auf ein prominentes italienisches Vorbild zurückgegriffen hat, das leider nicht erhalten ist: Ein Kupferstich von Cornelis Cort (Abb. 98), der allerdings erst nach dem Stich Behams entstanden ist, gibt an, auf ein Vorbild Tizians zurückzugehen.[838] Und die Haltung, in der er Josef auf der Flucht vor der Frau Potifars zeigt, weist dabei in der Schrittstellung, der Rückenansicht, dem zurückgewendeten Blick und dem über den Bildrand hinausgreifenden vorderen Arm frappierende Parallelen zu der Sebald Behams auf. Allein ein Tuch ist Josef noch zusätzlich zu dem über die Schulter rutschenden Mantel um die Taille geschlungen. Es könnte also sein, dass Beham dieses Darstellungsmodell bekannt war. Doch auch Rekurse auf zeitgenössische nordalpine Graphiken – wie beispielsweise die Raumkonstellation von Bett, Vorhang und Baldachin bei Aldegrever (Abb. 94) – mögen ein Reiz für die Kennerschaft der Sammler gewesen sein.[839] Jedenfalls hat man es hier im Sinne Bonnets keinesfalls nur mit einem Nackt-Bild, sondern mit einem Akt zu tun,[840] der sowohl das biblische Nar-

831 Anne-Marie Bonnet, *»Akt« bei Dürer*, Köln 2001, S. 374.

832 Bonnet, »Der Akt im Werk Lucas Cranachs«, S. 147.

833 Bonnet, »Der Akt im Werk Lucas Cranachs«, S. 147.

834 Bonnet, *»Akt« bei Dürer*, S. 198.

835 Bonnet, *»Akt« bei Dürer*, S. 194.

836 Vgl. zur Bedeutung der Gottesebenbildlichkeit im Zusammenhang mit der Antikenrezeption bei humanistischen Denkern auch Charles Edward Trinkaus, *In Our Image and Likeness. Humanity and Divinity in Italian Humanist Thought*, Notre Dame 2012 [1970].

837 Vgl. Emison, »The Little Masters, Italy, and Rome«.

838 Vgl. zu diesem Blatt Ullrich, *Das Laszive der Keuschheit in der europäischen Kunst*, S. 364. Zu den Bezügen der Kleinmeister zur italienischen Kunst im Allgemeineren vgl. Emison, »The Little Masters, Italy, and Rome«.

839 Vgl. zum Spiel mit Zitaten verschiedener als bekannt vorausgesetzter Ikonographien als Vergnügen für ein visuell gebildetes Publikum bei den Kleinmeistern Levy, *The Erotic Engravings of Sebald and Barthel Beham*.

840 Bonnet, »Anfänge des Aktstudiums in Deutschland und seine italienischen Voraussetzungen.

rativ als auch kulturelle Vorbilder heranzieht, um die Betrachtung des nackten Körpers zu »kultivieren«.[841]

Auffällig bleibt jedoch, wie diese Rollen auf die beiden Figuren verteilt bleiben: Während die Frau des Potifar die reizvolle Nacktheit zur Schau stellt, demonstriert die Figur Josefs insbesondere in seiner Darstellung als Rückenakt die anatomische Korrektheit. Während man die Darstellung Josefs also im Sinne von Dürers Verständnis des Aktes als »idealer Mensch«[842] betrachten mag, ist Dürers Verzicht auf Erotisierung[843] im Hinblick auf die Darstellung der Frau des Potifar bei Beham nicht erkennbar. Vielmehr greift er in der Darstellung der Frau auf die Inszenierung von »Schau-Lust«[844] in der Tradition Cranachs zurück.[845] Man könnte also in Behams Blatt geradezu eine Zusammenführung der reizvollen Nacktheit und Schaulust der Bilder Cranachs und der anatomischen Korrektheit sehen, die Dürer zum Programm erhoben, wenn auch nicht immer umgesetzt hat.[846]

Versteht man den anatomisch korrekten Akt in Dürers Sinne als Schönheitsbild, das »programmatisch für die humanistische Bildung und den Entwurf eines neuen Menschenbildes«[847] ist, dann stellt sich die Frage, ob Beham der negativ konnotierten Nacktheit der Frau in der Figur Josefs eine positiv konnotierte Nacktheit gegenüberstellt, die im humanistischen Kontext mit Gottesebenbildlichkeit in Verbindung gebracht werden kann. Damit könnte man Josefs Schönheit nicht nur, wie im persischen Kontext, als eine göttliche Schönheit verstehen. Eine solche Gegenüberstellung zweier Konnotationen von Nacktheit in der Opposition von körperlicher Schuld und geistiger Schönheit käme auch der Darstellung von Josef als Identifikationsfigur und der Frau als Gegenbild entgegen.[848]

Natur und Kunst, Nackt und Akt«, S. 374.

841 In welchem Maße es in Behams Druck um eine »kultivierte Erotik« geht, wird besonders deutlich, wenn man sie mit Rembrandts Version von 1634 vergleicht: Während Beham die Verführbarkeit durch das zeitgenössische Ideal eines anatomisch korrekten nackten Körpers thematisierte, werden von Rembrandt mit dem Schambereich der Frau dezidiert sexuelle Aspekte des weiblichen Körpers in den Vordergrund gerückt. Die Attraktivität wird weniger der Schönheit des menschlichen Körpers als proportionalem Ganzem zugeschrieben, sondern dezidiert dessen sexuellen Aspekten. Zudem wird die Interaktion der Protagonisten stark dramatisiert – während Josef bei Beham in einem den humanistischen Idealen der Antike entsprechenden Ausfallschritt aus dem Bild strebt, wirkt Josefs Bemühen, sich aus der Affaire zu ziehen, in Rembrandts Graphik deutlich angestrengter. Wenn zudem auf den mahnenden Text verzichtet wird, könnte man meinen, dass Josefs Unschuld auf dem Spiel steht. Allerdings unterscheidet Rembrandts Blatt klar zwischen dem dunklen Bereich der verführenden Frau und dem hellen Raum, in den Josef flieht – eine Schwarz-Weiß-Zeichnung, in der Gut und Böse nicht zu verkennen sind.

842 Bonnet, *»Akt« bei Dürer*, S. 207.

843 Bonnet betont, dass Dürer »[i]m Gegensatz zu seinen Konkurrenten [...] nie einen rein sinnlichen Akt gestaltet [hat], dessen Funktion die künstlerische Gestaltung von Nacktheit zum Zweck rein ästhetischen Genusses gewesen wäre.« Bonnet, *»Akt« bei Dürer*, S. 170.

844 Bonnet, »Der Akt im Werk Lucas Cranachs«, S. 147.

845 Cranach beherrschte seinerseits zwar ebenfalls anatomische Studien, wie eine erhaltene Federzeichnung eines Rückenaktes belegt, übertrug sie Bonnet zufolge aber nicht in die Malerei, weil es ihm dort nicht um anatomische Korrektheit, sondern um »Bildschönheit« ging. Bonnet, »Der Akt im Werk Lucas Cranachs«, S. 147.

846 Bonnet, »Der Akt im Werk Lucas Cranachs«, S. 147.

847 Bonnet, »Der Akt im Werk Lucas Cranachs«, S. 147.

848 Eine solche Aufladung der Schönheit Josefs widerspricht theologischen Deutungen wie jener Claus Westermanns, die argumentieren, »das Schönsein Josephs [sei] an und für sich nicht wichtig«, sondern nur »zum Verständnis der mit diesem Satz eingeleiteten Episode notwendig«. Claus

Das entspräche den Unterschieden in der Bewertung weiblicher und männlicher Körper, die Bonnet bei Dürer beschrieben hat:

> Der weibliche Körper ist erstens ungewöhnlicher, neuartiger, zweitens inkriminierter und drittens, da stets mit der Voluptas der Fleischlichkeit verbunden, erotischer als der männliche und deshalb moralischen Bedenken ausgesetzt. Seine Darstellung wird verstärkter Legitimierung bedürfen, um bildlich akzeptabel zu werden. Das männliche Pendant wird zudem stets mit dem menschlichen Körper schlechthin [...] gleichgesetzt, während der weibliche stets geschlechtlich polarisiert ist.[849]

Wenn Beham diese Gegenüberstellung eines negativ konnotierten weiblichen und eines positiv konnotierten männlichen Körpers in seinem Blatt zur Darstellung der Josefsgeschichte heranzieht, dann ergibt sich daraus eine gewisse Kontinuität zu der eingangs erwähnten Tradition, die die Josefsgeschichte in Bezug auf den Gegensatz von Körper und Geist deutet. Diese Tradition reicht weit zurück. So hat Ullrich schon zu Augustinus konstatiert, dass dieser das Narrativ im Sinne seines Verständnisses der zweigeteilten Seele interpretiert, nach dem Josef als männlicher, spiritueller »innerer Mensch« zu verstehen ist und die Frau des Potifar als weiblicher und lediglich auf die körperliche Schönheit ausgerichteter »äußerer« Mensch.[850] Dabei könne letztere »nur als Ebenbild Gottes angesehen werden, wenn sie in Übereinstimmung mit einem männlichen Teil handle«.[851]

Flucht aus dem Bild

Die einseitige Sexualisierung des weiblichen Körpers in der bildenden Kunst, wie sie sich in Behams Darstellung der Frau Potifars andeutet, versteht Daniela Hammer-Tugendhat als Ergebnis einer Privatisierung des Aktbildes seit dem 15. Jahrhundert, die sie am Beispiel von van Eycks Darstellung Adams und Evas im Genter Altar festmacht:

> Mit der Privatisierung des Aktbildes ging offenbar eine weitgehende Reduktion auf die Darstellung des weiblichen Körpers einher, also: In dem Augenblick, in dem Nacktheit aus dem kirchlichen und öffentlichen Zusammenhang herausgelöst und für den privaten, das heißt männlichen Auftraggeber konzipiert wurde, wurde sie am weiblichen Körper beschrieben. Diese Tendenz verschärfte sich im Laufe der Jahrhunderte bis zum fast gänzlichen Verschwinden des nackten männlichen Körpers aus erotischen Szenen. In der Renaissance kommt dem männlichen Akt eine große Bedeutung zu, aber er steht auch da im Allgemeinen in der Öffentlichkeit, ist

Westermann, *Die Joseph-Erzählung. Elf Bibelarbeiten zu Genesis 37–50*, Stuttgart 1990, S. 36. Vgl. hierzu auch Ullrich, *Das Laszive der Keuschheit in der europäischen Kunst*, S. 41.

849 Bonnet, *»Akt« bei Dürer*, S. 37.

850 Hammer-Tugendhat hat diese Opposition auch in Rembrandts Josefsdarstellung konstatiert: »Entscheidend ist nun aber, dass [...] der Körper mit Weiblichkeit, der Geist hingegen mit Männlichkeit identifiziert wird.« Hammer-Tugendhat, *Das Sichtbare und das Unsichtbare*, S. 105.

851 Ullrich, *Das Laszive der Keuschheit in der europäischen Kunst*, S. 41.

Abb. 99 – Sebald Beham, Die Frau des Potifar versucht Josef zu verführen und die Frau des Potifar ergreift Josefs Gewand, Nürnberg 1525–30, Holzschnittfolge zum 1. Buch Mose, P 471–472, Dresden, Kupferstichkabinett, Inv.-Nr. A 1886-54-57 (Detail).

> kein erotisches Kabinettstück. Von Anfang an scheint in der Aktmalerei somit die prinzipielle geschlechtsspezifische Problematik enthalten. Alles, was mit Körper, Sexualität, Erotik und Natur verbunden ist, wird mit der Frau identifiziert. Der Mann (der männliche Künstler, Auftraggeber und Betrachter) sieht diese von sich abgespaltenen Bereiche in seinem Spiegelbild des weiblichen Aktes thematisiert. In mittelalterlichen Bildern fand er sich noch eher in erotischen Spielen integriert dargestellt, mit der beginnenden Neuzeit wird ihm verstärkt sein Ort vor dem Bild zugewiesen.[852]

Hammer-Tugendhat beschreibt also zum einen den Zusammenhang zwischen einer zunehmenden Privatisierung der Bildbetrachtung und einer einseitigen Sexualisierung des weiblichen Körpers. Zum anderen aber betont sie, dass die Sexualisierung des weiblichen Körpers mit einer Verschiebung des männlichen Körpers in die Betrachterposition einhergeht,[853] das heißt, mit einer Distanzierung zwischen dem betrachteten Objekt und dem betrachtenden Subjekt jenseits und diesseits der Bildfläche.

Nun ist Josef in Sebald Behams Stich durchaus noch dargestellt. Es konnte jedoch gezeigt werden, wie er insbesondere durch seine Rückenansicht im Vergleich

852 Daniela Hammer-Tugendhat, »Jan van Eyck – Autonomisierung des Aktbildes und Geschlechterdifferenz«, in: Detlef Hoffmann (Hrsg.), Themenheft: *Der nackte Mensch, kritische berichte* 17/3, 1989, S. 78–99, hier S. 91–92.

853 Vgl. zum »Auszug des männlichen Protagonisten aus dem erotischen Bild« in allgemeinerer Hinsicht auch das entsprechende Unterkapitel in: Daniela Hammer-Tugendhat, »Erotik und Geschlechterdifferenz. Aspekte zur Aktmalerei Tizians«, in: Daniela Erlach (Hrsg.), *Privatisierung der Triebe? Sexualität in der frühen Neuzeit*, Frankfurt a. M. 1994, S. 367–446, hier S. 394–401.

zu Behams Stich von 1526, aber auch zu seinem Vorbild, dem Stich Aldegrevers, von einem Gegenstand der Schau zu einer Identifikationsfigur des Betrachters wird. Wenn sich sein Kopf dabei, wie bereits angemerkt, vor den Baldachin schiebt, der die Bildoberfläche markiert, dann wird umso deutlicher, dass diese Figur im Sinne von Hammer-Tugendhat in den Raum vor dem Bild versetzt wird und nicht mehr als Objekt, sondern als Subjekt der Schau zu verstehen ist. Hinzu kommt, dass sich in seiner Fluchtbewegung, in der die Arme schon hinter dem Bildrand verschwinden, andeutet, dass er im nächsten Moment aus dem Bild verschwinden wird. Damit manifestiert sich in Sebald Behams Josefsdarstellung aber nicht allein das Ergebnis, sondern der von Hammer-Tugendhat beschriebene Prozess selbst: Wenn Behams Josefsfigur genau in dem Moment zum Betrachter wird und aus dem Bild verschwindet, in dem er der sexuellen Interaktion entflieht, dann entspricht das sehr genau dem Prozess des Rückzugs des Betrachters aus der sexuellen Interaktion aus dem Bild in den Raum davor, der sich bei der Etablierung dieses Blickdispositivs vollzieht. Sebald Behams Druck visualisiert also eine Veränderung im Verhältnis von betrachtetem Objekt und betrachtendem Subjekt, die sich zu dieser Zeit im Zuge der Privatisierung des Aktbildes in Bezug auf die Darstellung menschlicher Körper abzeichnet.[854]

Behams Druck reflektiert diesen Prozess der Veränderung aber nicht nur bildlich. Indem er ihn mit der Flucht Josefs vor der Frau des Potifar in Verbindung bringt, schreibt er ihn zugleich in ein normatives Narrativ ein, das die Flucht vor der Interaktion als moralisches Ideal darstellt. In der Darstellung Behams wird der erotisierte Blick dem moralischen Narrativ also als flüchtiger Blick einbeschrieben.[855] Das entspricht Konrad Hoffmanns Überlegungen zu den normativen Implikationen der Distanzierung des begehrenden männlichen Subjektes vom Objekt der Begierde und der Identifikation mit dem Betrachter vor dem Bild in der Antikenrezeption. So konstatiert er beispielsweise zu Dürers Darstellung einer Quellnymphe nach einer Illustration der *Hypnerotomachia Poliphili*, dass hier anstelle des »begehrlichen Satyrs« eine Beischrift zu finden sei, »die sich mahnend an den Betrachter wendet«.[856] Die Verlegung des männlichen Betrachters in den Raum vor dem Bild geht also wie in Behams Josefsdarstellung mit einer schriftlichen Anweisung an den Betrachter einher, wie er das Dargestellte anzusehen habe. Hoffmann versteht dies im Kontext einer zunehmenden Affektkontrolle im Zuge der von Norbert Elias beschriebenen »Verwandlung von Fremdzwängen

854 Dabei sei kurz am Rande bemerkt, dass weder der Kopf Josefs noch das Ziel dieser Flucht sich in diesem Fall mit dem Betrachterstandpunkt der zentralperspektivischen Konstruktion decken, der hier zwischen den Köpfen der beiden Figuren liegt und der so oft mit einem voyeuristischen Blick in Verbindung gebracht wurde. Der zentralperspektivischen Konstruktion scheint in Behams Visualisierung der Veränderungen von betrachtetem Objekt und betrachtendem Subjekt also keine zentrale Rolle zugeschrieben zu werden.

855 Es wäre zu diskutieren, inwiefern bei Beham in der sehr momenthaften Darstellung von Josefs Blick auf die Frau auch ein flüchtiger Blick im Sinne eines zeitlich auf einen kurzen Moment begrenzten Blickes zum Ideal erklärt wird. Thomas Kleinspehn hat einen als »flüchtig« verstandenen Blick für so bezeichnend für die neuzeitliche europäische Sehkultur erachtet, dass er seine epochenübergreifenden Überlegungen danach benannte. Er versteht »flüchtig« allerdings eher im Sinne von nicht mehr greifbar. Vgl. Thomas Kleinspehn, *Der flüchtige Blick. Sehen und Identität in der Kultur der Neuzeit*, Reinbek bei Hamburg 1989. So weit möchte ich nicht gehen.

856 Konrad Hoffmann, »Antikenrezeption und Zivilisationsprozeß im erotischen Bilderkreis der frühen Neuzeit«, in: *Antike und Abendland. Beiträge zum Verständnis der Griechen und Römer und ihres Nachlebens* 24, 1978, S. 146–158, hier S. 151.

in Selbstzwänge«[857] zu Beginn der frühen Neuzeit:

> Das humanistische Aktbild abstrahiert von der Individualität der – fast ausschließlich als erotisches Objekt dargestellten – Frau, richtet sich dagegen an den betrachtenden Mann als ein Individuum, das sich vor dem Werk einübt in die von ihm mehr und mehr geforderte Beherrschung von Körper und Affekt.[858]

So zeichnet sich in Behams Graphik zum einen das »potentiell unbegrenzte« »Verwendungsspektrum« erotischer Darstellungen von der »sexuellen Stimulation« bis zum »Tugendappell«[859] ab, das Ulrich Pfisterer Aktdarstellungen des 16. Jahrhunderts zugeschrieben hat und in dem sich die Akzente ihm zufolge zwischen »privatem und öffentlichem Betrachten«[860] und zwischen erotischem Genuss und moralischer Legitimation verschieben können – was einem zunehmenden Bewusstsein verschiedener Rezeptionsmöglichkeiten eines Bildes in der frühen Neuzeit entspricht.[861] Zugleich verkörpert die Josefsfigur in ihrer Flucht das Verschwinden des Subjektes aus dem Bild und erklärt damit den distanzierten voyeuristischen Blick auf den weiblichen Körper zum Ideal, der mit diesem Rückzug des Betrachters aus dem Bild entsteht und nicht zuletzt vor dem Hintergrund der Privatisierung des Bildgebrauchs gerade auch durch das Medium der Graphik in der frühen Neuzeit zu verstehen ist.

Im Hinblick auf diese Liaison von erotischen und moralischen Aspekten ist allerdings anzumerken, dass »erst, als die Kultur der Druckgraphik die Möglichkeit eröffnete, der breiten Masse Zugang zu Schrift und Bildern zu gewähren, die Pornographie als separates Genre der Repräsentation entstand«.[862] Die Isolierung von erotischen Aspekten ist eine Entwicklung der Neuzeit – sodass die Untrennbarkeit von erotischen und moralischen Aspekten, mit der wir in Behams Graphik konfrontiert sind, womöglich eher als Normalfall denn als künstlerische Errungenschaft anzusehen ist. Die Debatten der Forschung, ob man es hier mit einer pornographischen oder moralisierenden Darstellung zu tun hat, basieren also womöglich auf einer modernen Unterscheidung.

857 Hoffmann, *Antikenrezeption und Zivilisationsprozeß im erotischen Bilderkreis der frühen Neuzeit*, S. 158. Es kann an dieser Stelle nicht diskutiert werden, wann genau sich die Polarisierung und die damit einhergehende Hierarchisierung der Geschlechtscharaktere in Gesellschaft oder Kunst etabliert haben und inwiefern die von Norbert Elias formulierte These einer zunehmenden Selbstkontrolle der Affekte in der frühen Neuzeit haltbar ist. Vgl. hierzu zum Beispiel Thomas Kleinspehn, »Schaulust und Scham. Zur Sexualisierung des Blickes«, in: Detlef Hoffmann (Hrsg.), Themenheft: *Der nackte Mensch, kritische berichte* 17/3, 1989, S. 29-48 sowie Detlef Hoffmann, »Der nackte Mensch. Zur aktuellen Diskussion über ein altes Thema«, in: Detlef Hoffmann (Hrsg.), Themenheft: *Der nackte Mensch, kritische berichte* 17/3, 1989, S. 5–28.

858 Hoffmann, *Antikenrezeption und Zivilisationsprozeß im erotischen Bilderkreis der frühen Neuzeit*, S. 151.

859 Ulrich Pfisterer, »Bildbegehren und Texterotik. Ambivalente Lektüren weiblicher Aktdarstellungen in der Frühen Neuzeit«, in: Doris Guth, Elisabeth Priedl (Hrsg.), *Bilder der Liebe. Liebe, Begehren und Geschlechterverhältnisse in der Kunst der Frühen Neuzeit*, Bielefeld 2012, S. 191–217, hier S. 210.

860 Pfisterer, »Bildbegehren und Texterotik«, S. 211.

861 Vgl. hierzu Ulrich Pfisterer, »Akt und Ambiguität: 1552, 1559, 1640«, in: Valeska von Rosen (Hrsg.), *Erosionen der Rhetorik? Strategien der Ambiguität in den Künsten der Frühen Neuzeit*, Wiesbaden 2012, S. 29–60, hier S. 51–52 sowie im Allgemeineren Summers, *The Judgment of Sense*.

862 Hunt, *The Invention of Pornography*, S. 13.

Abb. 100 – Georg Pencz, Die Frau des Potifar ergreift Josefs Gewand, Nürnberg 1546, B 12, Berlin, Kupferstichkabinett, Inv.-Nr. 939-3.

Die Problematik einer systematischen Trennung von religiösen und erotischen Darstellungen wird auch im Kontext der zeitgenössischen nordalpinen Graphiken deutlich: Denn in diesem Zusammenhang ist zu erkennen, dass Behams Stich nicht nur auf Aldegrevers eher ent-erotisierte Josefsdarstellung zurückgreift, sondern, wie Janey L. Levy gezeigt hat, auch auf dessen Darstellung von Tarquinius und Lucretia.[863] Elemente aus religiösen Darstellungen werden also mit Elementen einer antikisierenden erotisierenden Graphik kombiniert. Dass Aldegrever seinerseits in seinem Œuvre über beide Bildmodelle verfügt, unterstreicht wieder einmal, dass an diesen Bildmodellen keine moralische Grundeinstellung, sondern eine funktionsorientierte Auswahl festzumachen ist. Umgekehrt ist die Spannbreite möglicher Darstellungsmodi, die bei Cranach von erotisierenden Darstellungen beispielsweise Adams und Evas zu dessen eingangs angeführter Katechismusillustration reicht, auch in Sebald Behams Werk zu finden, denn auch er hat ebenso Katechismusillustrationen[864] wie auch eine Reihe von Illustrationen der Genesis angefertigt, unter denen auch zwei Darstellungen der Verführung Josefs durch die Frau des Potifar zu finden sind (Abb. 99).[865] Das erinnert an Keith Moxeys

863 Levy, *The Erotic Engravings of Sebald and Barthel Beham*, S. 49. Sie betont: »As this examination of the erotic engravings of Sebald and Barthel Beham indicates, the prints are characterized not only by their often explicit sexual imagery but also by the way in which the artists play with their subjects, reinterpreting conventional themes and self-consciously ›quoting‹ familiar images in new contexts.«

864 Vgl. Thum, *Die Zehn Gebote für die ungelehrten Leut'*, S. 104–106.

865 Vgl. Gustav Pauli, *Hans Sebald Beham. Ein kritisches Verzeichnis seiner Kupferstiche, Radierungen*

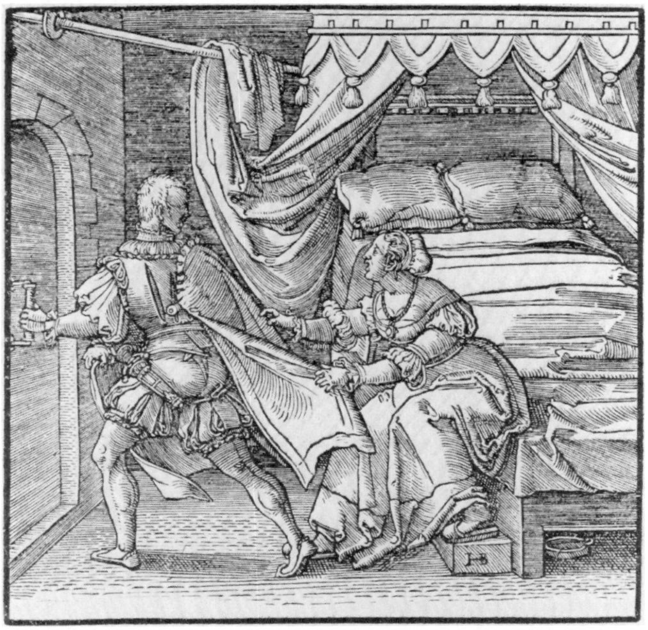

Abb. 101 – Hans Brosamer, Die Frau des Potifar ergreift Josefs Gewand, Martin Luther, *Catechismus für die gemeine Pfarrherr und Prediger*, Frankfurt a. M. 1550, Braunschweig, Herzog Anton Ulrich-Museum, HBrosamer AB 3. 10H, Inv.-Nr. 2761.

These, dass die Darstellungsmodi weniger als Reflexionen der persönlichen Einstellung der Brüder Beham zu verstehen seien denn als »Konstruktion sozialer Bedeutung«.[866] Dabei werden Darstellungsmodi und Motive profaner und religiöser Art je nach Zweck der Graphik sehr unterschiedlich kombiniert. So mag Behams Josefsdarstellung ein Extremfall der Erotisierung dieses Motivs sein, nicht aber ein Sonderfall.

Die Graphik scheint auch nicht als solcher wahrgenommen worden zu sein. Behams Darstellungen werden, was naheliegend ist, in Georg Penczs Graphik von 1546 (Abb. 100) rezipiert, in der er den Oberkörper der Frau aus dem Stich von 1526 kopiert, während der Baldachin aus der späteren Version hinzukommt. Auch Brosamers Holzschnitt von 1550 (Abb. 101), der wie zuvor derjenige Cranachs zur Illustration von Luthers Catechismus hergestellt wurde, rekurriert nicht nur in der Gestaltung des Raumes und von Josefs Hand am Türgriff auf Cranachs Modell und kombiniert sie mit dem Typus der auf der Bettkante sitzenden Frau. Auch die Rückenansicht Josefs und der zurückgewendete Blick in das Gesicht der Frau des Potifar sind womöglich auf Behams

und Holzschnitte, mit Nachtr. sowie Ergänzungen u. Berichtigungen v. Heinrich Röttinger, Baden-Baden 1974 [1901], S. 294–295 (Nr. 471–472) sowie F.W.H. Hollstein, *German Engravings, Etchings and Woodcuts ca. 1400–1700, Bd. III: Hans Sebald Beham,* Amsterdam 1954, S. 167. Vgl. zu den Josefsdarstellungen in dieser Reihe auch Wengenmayr, *Die Darstellung der Geschichte und Gestalt des ägyptischen Joseph in der bildenden Kunst*, S. 52.

866 Keith P. F. Moxey, »The Beham Brothers and the Death of the Artist«, in: *Register of the Spencer Museum of Art* 6/6, 1989, S. 25–29.

Stich zurückzuführen. Die Idee, Josef als Identifikationsfigur zu inszenieren, scheint also selbst im Rahmen der Katechismusillustrationen Anklang gefunden zu haben. Maarten van Heemskercks Illustrationen der Zehn Gebote von etwa 1566, die allerdings keinen Katechismus bebildern, stellen die Frau des Potifar dann auch nackt dar.[867] Damit wird deutlich, dass eine klare Trennung zwischen religiöser Moralvermittlung und erotisierter Verkaufsgraphik, die die anfängliche Gegenüberstellung von Cranachs Katechismusillustration und Behams Einzelblattdruck evoziert haben mag, nicht möglich ist.

Gegenreformatorische Imagination

Die Form des paradoxen Bildes ist, wie Jürgen Müller dargelegt hat, als protestantisches Gegenmodell zur kritisierten katholischen Bildpraxis zu verstehen.[868] Insofern kann man Behams Graphik als exemplarisch für eine protestantische Tradition von Josefsdarstellungen in Deutschland zur Zeit der Reformation ansehen. Ein kurzer Seitenblick auf ein Beispiel aus dem gegenreformatischen, genauer: dem jesuitischen französischen Kontext – nämlich auf die Josefsdarstellung in Claude-François Ménestriers *L'art des emblèmes ou s'enseigne la morale par les figures de la fable, de l'histoire & de la nature* (Paris 1684 – Abb. 102)[869] – soll an dieser Stelle zumindest die Frage aufwerfen, inwiefern die bildliche Praxis nicht nur die Unterscheidung von religiöser Moralvermittlung und erotisierter Verkaufsgraphik unterläuft, sondern auch die Differenz von reformatorischen und gegenreformatorischen Bildkonzepten: Mit dem Motto *FUGIENDO VINCIT* wird deutlich gemacht, dass auch hier das Ideal die Flucht ist. Offen bleibt, ob die »Flucht vor der Unzucht« wiederum zugleich eine Skepsis gehenüber dem Bild impliziert. Ménestriers Erläuterungen zur Verwendung von Emblemata in diesem Buch legen, wie Elke Ullrich unterstrichen hat, ein anderes Verständnis von Bild nahe, denn bei ihm »gewinnen Embleme einen Status, der einem Idealzustand gleicht, den der Mensch sich [...] aneignet. So ist Joseph, bzw. seine Flucht, das Ideal, das es anzustreben gilt; man soll das Bild selbst im Kopf ›malen‹.«[870] Dieser Vorstellung des Bildes als geistigem Ideal liegt ein Vergleich der Bildproduktion mit der menschlichen Wahrnehmung zugrunde:

> Die Augen empfangen wie ein Spiegel, die Einbildungskraft (*imagination*) graviert die empfangenen Bilder in die Seele, das Gedächtnis (*mémoire*) druckt und ordnet sie, das Urteilsvermögen (*jugement*) lässt im Abwägen der Bilder die richtigen hervortreten, der Verstand (*entendement*) endlich malt oder skulpiert gemäß seiner Aufgabe, zusammenzufassen oder durch Analyse zu trennen.[871]

867 Thum, *Die Zehn Gebote für die ungelehrten Leut'*, S. 134.

868 Müller, *Das Paradox als Bildform*.

869 Claude-François Ménestrier, *L'art des emblèmes ou s'enseigne la morale par les figures de la fable, de l'histoire [et] de la nature*, hrsg. v. Karl Möseneder, Mittenwald 1981 [1684], S. 68. Vgl. zur Josefsdarstellung in diesem Buch Ullrich, *Das Laszive der Keuschheit in der europäischen Kunst*, S. 127–130 sowie zur gegenreformatorischen Verwendung des Josefsmotivs im Allgemeineren auch S. 222–224.

870 Ullrich, *Das Laszive der Keuschheit in der europäischen Kunst*, S. 129.

871 Ullrich, *Das Laszive der Keuschheit in der europäischen Kunst*, S. 129.

Abb. 102 – »Fugiendo vincit«, Claude-François Ménestrier, *L'art des emblèmes ou s'enseigne la morale par les figures de la fable, de l'histoire & de la nature*, Paris 1684, S. 68.

Das Bild wird hier also nicht als Auslöser von Begehren mit der Ebene der sinnlichen Wahrnehmung assoziiert, sondern als geistiges Bild und Ergebnis des Verstandes angesehen. Ménestriers Theorie unterscheidet sich also vom protestantischen Modell eines paradoxen Bildes und ruft, um das Bild als ein geistiges zu erklären, einen Topos der Wahrnehmungstheorie auf, auf den auch Niẓāmīs Verständnis des Portraits als *khiyāl* zurückgeführt werden konnte. Nimmt man das Bild genauer in den Blick, so wird man allerdings feststellen, dass es in der visuellen Gestaltung diverse Gemeinsamkeiten mit den protestantischen Josefsdarstellungen gibt: Die kompositionellen Bezüge zur Katechismusillustration Brosamers (Abb. 101) sind nicht zu übersehen, und die entblößten Brüste der Frau erinnern an die Darstellung von Pencz. Während die Rollen der Warnung vor der Verführungsmacht des Bildes und der Betonung seiner Erkenntniskapazität im westeuropäischen Kontext also theoretisch gerne auf die Positionen von Reformatoren und Gegenreformatoren verteilt werden, ist festzustellen, dass die bildlichen Darstellungsmodi weniger trennscharf funktionieren. Dementsprechend, das sei abschließend angemerkt, mag auch auf Behams Stich selbst zutreffen, dass das Bestreben, unterschiedlichen Positionen verschiedene Assoziationen zuzuschreiben – der Frau des Potifar die Verführung, Josef das schöne Ideal der Keuschheit –, damit konfrontiert bleibt, dass die Dinge im Bilde meist deutlich näher beieinander liegen.

3 Gottgleicher Blick oder Flucht. Bedingungen der Entschuldigung von Blicken in deutschen und persischen Josefsdarstellungen im Vergleich

Vergleicht man abschließend die Betrachterperspektiven in den beiden Blättern, die in diesem Kapitel im Fokus standen, dann fällt auf, dass sowohl in der Graphik Behams als auch in der Miniatur Bihzāds die Position der Betrachtenden in den Raum vor dem Bild verlegt wird. So sind auf beiden Seiten Parallelen zu einem Blickdispositiv zu beobachten, das von feministischer und postkolonialer Seite als männliches, westliches Machtdispositiv beschrieben wurde: ein aus der Repräsentation ausgeklammerter, unsichtbarer und als »unschuldig« inszenierter Blick.[872] Damit stellt sich die Frage, inwiefern die Analysen der Konstitution dieses Blickes in diesem Kapitel auch als Beitrag zur Historisierung und Kontextualisierung eines zumindest für die westeuropäische Neuzeit als dominant beschriebenen Blickdispositivs zu verstehen sind.

Die große Beliebtheit von Josefsdarstellungen im 16. Jahrhundert, aber auch die beschriebenen Strategien der »Entschuldigung von Blicken«, fallen in beiden Kontexten in eine Phase, in der sich der Markt der Bilder zunehmend nicht-höfischen oder -klerikalen Käufern öffnet. Im westeuropäischen Kontext sind die Josefsdarstellungen dabei häufig im Medium von Graphiken zu finden, die hier für diese neuen Märkte verstärkt produziert wurden. Deshalb erlaubt sich diese Arbeit an dieser Stelle in medialer Hinsicht einen Exkurs aus dem Feld der Buchmalerei in das Medium der Graphik. Bei allem Augenmerk auf die mediale Differenz ist jedoch nicht zu übersehen, dass die sozialen Funktionen der beiden Medien, in denen die Josefsdarstellungen so populär werden, Parallelen aufweisen: Auch im persischen Kontext ist die »Entschuldigung des Blicks« auf Josefs Schönheit in einem historischen Moment zu beobachten, in dem zunehmend unabhängig vom Auftraggeber produzierte Bilder zum Kauf angeboten werden.

Hinzu kommt, dass auch im persischen Kontext die Bilder nicht mehr nur als Illustrationen von Handschriften fungieren, sondern auch als Einzelbilder – wie die mit Jāmī-Zitaten versehene Darstellung des Jünglings mit dem Bild (Abb. 89) –, die in Alben eingeklebt wurden.[873] Auch hier besteht eine Parallele zur nordalpinen Bildpraxis, denn das auffallend kleine Format der Graphiken mit Josefsdarstellungen wurde von der Forschung ebenfalls nicht nur mit einem neuen Interesse an kleinen Objekten erklärt, sondern auch mit der Praxis, diese Drucke entweder als Illustrationen in Bücher oder aber unabhängig von Texten in Alben einzukleben.[874] Diese Parallelen der Bildpraxis mögen auch die gegenseitige Rezeption kanalisiert haben – zumindest finden sich Graphiken Sebald Behams in einem Moghulalbum eingeklebt.[875]

872 Vgl. hierzu z.B. Irit Rogoff, »›Deep Space‹«, in: Annegret Friedrich, Birgit Haehnel (Hrsg.), *Projektionen. Rassismus und Sexismus in der visuellen Kultur*, Marburg 1997, S. 52–60, hier S. 58.

873 Vgl. S. 257 dieser Arbeit.

874 Vgl. Goddard, »The Origin, Use, and Heritage of the Small Engraving in Renaissance Germany«, S. 18–23, Justine und Oliver Nagler, »Die Kleinmeister und die Folgen – Aspekte des Gebrauchs von Druckgraphik«, in: Karl Möseneder, Stefanie Csincsura (Hrsg.), *Zwischen Dürer und Raffael. Graphikserien Nürnberger Kleinmeister*, Petersberg 2010, S. 203–215, hier S. 214, sowie die Anmerkungen von Knauer: Knauer, »Kupferstiche der deutschen Kleinmeister. Zur Erforschung eines Bildmediums in einer Epoche kulturellen Umbruchs«, S. 13–14.

875 Vgl. Goddard, »The Origin, Use, and Heritage of the Small Engraving in Renaissance Germany«, S. 19–20.

Die Attraktivität der Josefsdarstellung in beiden Kontexten mag dann auch damit zusammenhängen, dass sie als Modell zum Umgang mit sinnlicher Schönheit geeignet war, die Rezeption von schönen Bildern zu legitimieren. Zumindest im persischen Kontext thematisiert Jāmīs Text die Vergleichbarkeit der Verehrung von Josefs Schönheit und der eines schönen Bildes explizit. Zudem werden in beiden Fällen mystisch geprägte Diskurse herangezogen, die dem Individuum unabhängig von Institutionen einen Zugang zur spirituellen Wahrheit versprechen. Dabei zeichnen sich in Francks Konzepten des »inneren Menschen«, aber auch der Zielvorgabe der Gelassenheit im Sinne einer Aufgabe des eigenen Wollens,[876] Parallelen zu Jāmīs Prämisse der Selbstaufgabe ab, auch wenn diese weniger als Aufgabe des eigenen Begehrens denn als Aufgehen in einem geistigen Begehren zu verstehen ist. In beiden Kontexten mögen dabei konfessionelle Veränderungen im Hintergrund stehen – im deutschen Kontext sind die individualisierenden und moralisierenden Tendenzen im Kontext der Reformation in Abgrenzung zum Katholizismus und zu dessen Umgang mit sinnlicher Verführung zu verstehen; im persischen Kontext sind sie mit sufistischen Modellen in Verbindung zu bringen, die dem Einzelnen – zunächst vor dem Hintergrund des Einflusses des Naqshbandīya-Sufismus im spättimuridischen Herat[877] zu Beginn des 16. Jahrhunderts, dann vielleicht auch im Zuge der Erklärung des Shiismus zur Staatskonfession durch die Safaviden – Alternativen zu den orthodoxen Verhaltensmodellen insbesondere im Verhältnis zu sinnlichen Erfahrungen anbieten.

Jenseits dieser kontextuellen Parallelen scheint mir für die Frage nach Dispositiven des Blickes von besonderem Interesse, dass die Prozeduren der »Entschuldigung des Blickes« in beiden Fällen an der Bildoberfläche ausgehandelt werden: Im persischen Kontext wird die Bildoberfläche dadurch, dass die letzte Tür mit ihrer Inschrift »Gott und niemand außer ihm« direkt an der Bildoberfläche platziert ist, als eine Ebene inszeniert, die die Transformation des menschlichen in einen göttlichen Blick verlangt. In Behams Druck wird die Bildfläche von einer gemeinsamen Ebene der Dargestellten zu einer Fläche, die sich wie ein Vorhang zwischen Josef und die Frau des Potifar schiebt: Die Bildoberfläche etabliert sich als Ebene der Projektion, die körperlich nicht zu überschreiten ist. Bedingung und Entschuldigung für die Schau ist eine unüberschreitbare Grenze zwischen Bildraum und Betrachtenden, auf der dementsprechend die schriftliche Mahnung angebracht ist, dass dem Dargestellten zu widerstehen sei. So kann man festhalten, dass sich in den unterschiedlichen Funktionen der Bildoberfläche in den beiden Darstellungen die unterschiedlichen Formen der Blicke manifestieren, die hier favorisiert werden. Die Bildoberflächen fungieren als Blickdispositive und eröffnen zwei unterschiedliche Optionen der Entschuldigung von Blicken.

Zugleich zeigen die unterschiedlichen Funktionen der Bildfläche, dass sich die Verhältnisse, die als erstrebenswert präsentiert werden, unterscheiden. Im persischen Kontext wurde deutlich, dass die Verführung durch schöne Körper und Bilder schöner Körper eher als ein Fortschritt denn als Hindernis auf dem Weg zum Ziel, in diesem Falle der Vereinigung mit Josef, zu verstehen ist. Im deutschen Kontext des 16. Jahrhunderts war die Bewunderung schöner Körper in Bezug auf die Heilsgeschichte

876 Merback, »Nobody Dares. Freedom, Dissent, Self-Knowing, and Other Possibilities in Sebald Beham's Impossible«, S. 1087.

877 Vgl. hierzu z.B. Rührdanz, »Zwischen Botschaft und Kommerz«.

des Menschen als Inszenierung des Widerspruchs zu verstehen, der es dem Betrachter erlaubt, auf der Basis eigener moralischer Erfahrung zur Erkenntnis zu gelangen. In der persischen Buchmalerei wird also ein Übergang vom körperlichen zum geistigen Begehren inszeniert, in dem Bilder eine Mittlerrolle einnehmen. Zu diesem Ziel wird die Bildfläche parallel zu einer Tür präsentiert, die nur ein göttlicher Blick zu passieren vermag. In der Graphik Behams besteht zwischen körperlichem Begehren und moralischer Norm ein Paradox, welches das Bild vor Augen führt. Im Gegensatz zum persischen Kontext sind körperliches Begehren und lustvolle Schau nicht in geistiges Begehren oder Sehen überführbar. Verlangt wird eine Distanzierung vom eigenen Begehren, legitim ist allenfalls ein flüchtiger Blick. Dementsprechend wird die Bildfläche hier mit einem opaken Vorhang enggeführt, der sich zwischen den Betrachter und den Gegenstand seiner Schau schiebt.

In den beiden Darstellungen des vom Pentateuch beschriebenen begehrlichen Blicks auf Josef zeigt sich also im Sinne der *histoire croisée*, wie sich das *tertium comparationis* selbst verändert: wie dieser begehrliche Blick im persischen Kontext in einen gottgleichen Blick transformiert wird und im deutschen Kontext in einen flüchtigen männlichen Blick. Deutlich wird dabei einmal mehr, dass die westeuropäische Zentralperspektive keineswegs die einzige Möglichkeit ist, »den Blick ihrer Betrachter abzubilden und ihm eine sichtbare Existenz«[878] zu verleihen, »dem Betrachter und dessen eigener Weltsicht einen Spiegel vorhalten zu können«[879] – womit dies auch keine Besonderheit der »westlichen Kunst der Neuzeit« ist.[880]

Mit diesen Kontextualisierungen rücken aber nicht nur die Veränderungen des *tertium comparationis* in den Blick. Es wird auch das von feministischer und postkolonialer Seite als für die westeuropäische Kultur dominant beschriebene Dispositiv eines aus der Repräsentation ausgeklammerten, ortlosen und als »unschuldig« inszenierten Blickes, das mit dem im Anschluss an John Ruskin entwickelten Paradigma des »unschuldigen Auges« zumindest die Annahme einer Neutralität des eigenen kulturellen Standpunktes teilt,[881] damit konfrontiert, in welch unterschiedliche Diskurse der Schuld es im 15. und

878 Belting, *Florenz und Bagdad*, S. 282.

879 Belting, *Florenz und Bagdad*, S. 282.

880 Belting, *Florenz und Bagdad*, S. 282. Die Tatsache, dass Belting dies allein der westeuropäischen Kunst der Neuzeit zuschreibt, scheint damit zu tun zu haben, dass er unter »dem Blick«, der hier abgebildet wird, versteht, »die natürliche Wahrnehmung ins Bild zu setzen« (S. 24). Damit ist wohl weniger eine Naturalisierung der Zentralperspektive gemeint, die er dezidiert als symbolische Form adressiert, als die Vorstellung einzelner Perspektivtheoretiker und insbesondere Biagio Pelacanis, den er als zentrale Figur anführt, die Körperwelt existiere »ebenso, wie wir sie wahrnehmen. [...] In seiner Geometrie versichert das perspektivische Bild dem Blick, dass alles tatsächlich so ist, wie er es sieht.« (S. 164) »Der Blick«, den die westliche Kunst der Neuzeit Belting zufolge abbildet, ist also ein sehr spezifischer – aber wohl nicht zufällig einer, der in der Teleologie der westeuropäischen Kunstgeschichte immer wieder als »Fluchtpunkt« und Maßstab der Dinge fungiert hat, an dem andere Bildkulturen gemessen wurden.

881 Es wäre genauer zu verfolgen, wie sich diese beiden Vorstellungen eines unschuldigen Blickes zueinander verhalten. Jenseits der Gemeinsamkeit der Vorstellung eines neutralen und von persönlichen Interessen unabhängiges Sehen wären dabei unter anderem die Unterschiede im Umgang mit der körperlichen Wahrnehmung zu diskutieren. Zum Topos des unschuldigen Auges im 19. Jahrhundert vgl. Wolfgang Ullrich, »Das unschuldige Auge. Zur Karriere einer Fußnote«, in: *Neue Rundschau* 114/4, 2003, S. 9–26, das Kapitel »Das ›unschuldige Auge‹ in kunstgeschichtlicher und theoretischer Perspektive«, in: Heinz Brüggemann, *Walter Benjamin: Über Spiel, Farbe und Phantasie*, Würzburg 2007, sowie Annika Lamer, *Die Ästhetik des unschuldigen Auges. Merkmale*

16. Jahrhundert eingebettet war – und wie dabei die »Unschuld« dieses Blickes etabliert wurde. Damit kann der Vergleich der Funktionen der Bildfläche der Annahme eines »unschuldigen Auges« – vor allem auch in der vergleichenden Kunstgeschichte – nicht nur entgegensetzen, dass die hier inszenierten Blicke keineswegs per se unschuldig sind. Er kann auch aufzeigen, wie die Unschuld eines Blickes jeweils konstruiert wird. So kann man die Konstruktionen von »unschuldigen Blicken« historisieren und zugleich die Bedingungen ihrer Entschuldigung differenzieren: Während die Entschuldigung im deutschen Kontext eine Distanzierung vom eigenen Begehren erfordert, wird im persischen Fall eine Transformation des begehrenden Blickes verlangt.[882]

Vor allem aber divergieren schließlich die Konstellationen der Blicke zwischen Frau und Mann: Während sich der Fokus im deutschen Kontext vom begehrenden Blick der Frau auf denjenigen Josefs verschoben hatte, bleibt im persischen Kontext der begehrende Blick Zulaykhās zentral. Umstritten ist allerdings, ob hier tatsächlich eine weibliche Rezipientin adressiert wird, ob es sich nicht vielmehr um eine männliche Wunschvorstellung einer begehrenden Frau handelt[883] oder ob Zulaykhā als Identifikationsfigur für jeden – »Mann, Frau und Kind«[884] – fungiert. Auch wurde unterschiedlich bewertet – als Darstellung der Geschlechter auf Augenhöhe und als erneute Darstellung der Frau als Objekt des Begehrens[885] –, dass Zulaykhās Blick nach ihrer Bekehrung durch einen entsprechenden Blick Josefs auf Zulaykhās Schönheit komplementiert wird, sodass es zu einer reziproken Gegenüberstellung kommt, in der auch Josef Zulaykhā schließlich durch sinnliche Bilder zu verführen versucht – und ihr am Ende ebenfalls das Gewand zerreißt. Doch unabhängig von diesen Bewertungen unterscheiden Begegnung und Rollentausch zwischen beiden Seiten Jāmīs Modell von dem Behams, bei dem die Opposition zwischen Josef als männlichem Subjekt und der Frau des Potifar als weiblichem Objekt keine Annäherung zulässt.

Man könnte an dieser Stelle weiter diskutieren, ob es mehr als ein Zufall ist, dass es genau jene Position eines als fremd ausgegrenzten weiblichen Körpers ist, an der ein gutes Jahrhundert später Grimmelshausen in der Figur der »Selicha« Saʿdīs Version des Narrativs aufgreift[886] und damit den männlichen Blick mit einem orientalistischen

impressionistischer Wahrnehmung in den Kunstkritiken von Émile Zola, Joris-Karl Huysmans und Félix Fénélon, Würzburg 2009.

882 Eine solche Geschichte der Entschuldigung von Blicken historisch weiter zurückzuverfolgen, könnte womöglich auch der nostalgischen Rückprojektion eines unschuldigen Sehens auf frühere Epochen, auf die Jacqueline Rose verwiesen hat, entgegenarbeiten. Vgl. Jacqueline Rose, »Sexuality and Vision. Some Questions«, in: Hal Foster (Hrsg.), *Vision and Visuality*, Seattle 2009 [1988], S. 115–130, hier S. 117.

883 Vgl. hierzu z. B. Merguerian, Najmabadi, »Zulaykha and Yusuf: Whose ›Best Story‹?«, S. 499–500.

884 David Pendlebury, »Afterword«, in: Jami, *Yusuf and Zulaikha*, S. 172.

885 Vgl. hierzu z. B. Merguerian, Najmabadi, »Zulaykha and Yusuf: Whose ›Best Story‹?«, S. 500.

886 Hans Jacob Christoffel von Grimmelshausen, *Des vortrefflich keuschen Josephs in Egypten erbauliche, recht ausführliche und vielvermehrte Lebensbeschreibung*, New Haven 1969 [Nürnberg 1671]. Grimmelshausen bezieht sich hier, wie er selber in seiner Reaktion auf Philipp von Zesens Kritik an der Verwendung dieses nicht biblisch überlieferten Namens angibt, auf Adam Olearius' Übersetzung von Saʿdī. Dieter Breuer, »Grimmelshausen als Literaturkritiker«, in: *Simpliciana. Schriften der Grimmelshausen-Gesellschaft* XXVIII, 2006, S. 101–114, hier S. 109. Vgl. *Persianischer Rosenthal. In welchem viel lustige Historien, scharffsinnige Reden und nützliche Regeln. Vor 400. Jahren von einem sinnreichen Poeten Schich Saadi in Persischer Sprach beschrieben*, übers. v. Adam Olearius, Hamburg 1654, S. 40.

Abb. 103 – Zwei Portugiesen und eine schlafende Frau, Isfahan ca. 1640–45, Teheran, Reza Abbasi Museum.

Blick verbindet. Und es ist wohl bezeichnend, dass, wie Firuza Abdullaeva angemerkt hat, keiner der englischen Übersetzer von Jāmīs Text im 19. Jahrhundert dessen detaillierte Schilderung der sexuellen Begegnung von Josef und Zulaykhā in ihrer Hochzeitsnacht wiedergibt.[887]

Auf der anderen Seite wäre zu beobachten, dass die Kombination aus begehrenden Blicken und normativ proklamierter Enthaltsamkeit von männlichen Europäern gegenüber schönen Frauen im persischen Kontext als pervers wahrgenommen wurde. Sussan Babaie hat in ihrer Analyse safavidischer Albumblätter mit Darstellungen von europäischen Männern und weiblichen Akten (vgl. z. B. Abb. 103) verfolgt, wie die italienische Ikonographie des männlichen Blickes auf den Körper einer Frau so umgedeutet wird, dass das safavidische Unverständnis gegenüber den europäischen Enthaltsamkeitsvorstellungen deutlich wird.[888] Diese Darstellungen zeigen, wie ein Blickkonzept, das sich im westeuropäischen Kontext in den Josefsdarstellungen manifestiert, im persischen Kontext wahrgenommen wird. Amy S. Landau allerdings hat auch aufgewiesen, dass das Bildmodell des weiblichen Aktes im persischen Kontext des 17. Jahrhunderts durchaus auch für okzidentalisierende Phantasien von exotisierten und erotisierten europäischen Frauen herangezogen wurde.[889] Hiermit mag sich andeuten, wie eine vergleichende Analyse der historischen Konstitution kultureller Differenzen

887 Firuza Abdullaeva, »From Zulaykha to Zuleika Dobson: The Femme Fatale and her Ordeals in Persian Literature and Beyond«, in: Robert Hillenbrand, A. C. S. Peacock, Firuza Abdullaeva, Charles Melville (Hrsg.), *Ferdowsi, the Mongols and the History of Iran. Art, Literature and Culture from Early Islam to Qajar Persia. Studies in Honour of Charles Melville*, London 2013, S. 235–244, hier S. 242.

888 Babaie, »Visual Vestiges of Travel: Persian Windows on European Weaknesses«.

889 Amy S. Landau, »Visibly Foreign, Visibly Female: The Eroticization of *zan-i farangī* in Seventeenth-Century Persian Painting«, in: Francesca Leoni, Mika Natif (Hrsg.), *Eros and Sexuality in Islamic Art*, Farnham/Burlington 2013, S. 99–129.

einen Verständnishorizont für transregionale Transferprozesse beispielweise in der persischen und westeuropäischen Kunst des 17. Jahrhunderts eröffnen kann, denen ich im Rahmen dieser Arbeit leider nicht nachgehen konnte.

Weiter ist anzumerken, dass diese Arbeit hier nicht zum ersten Mal die Tendenz aufweist, dass im westeuropäischen Kontext eine Opposition zwischen sinnlicher und geistiger Liebe aufgebaut wird, während im persischen Kontext ein Übergang zwischen sinnlicher und geistiger Liebe inszeniert wird. Schon in der Analyse der Traumkonzepte im einleitenden Kapitel wurde deutlich, dass sich Guillaume de Deguilevilles *Pèlerinage de la vie humaine* als geistiger Gegenentwurf zu Jean le Meuns Träumen von leiblicher Liebe inszeniert, welcher seinerseits in seiner Überarbeitung des Romans das Liebeskonzept höfischer Minne in den Hintergrund drängt, das an dieser Stelle eine Mittlerposition einnahm. Khvājū-yi Kirmānīs Epen dagegen bauen ein ebensolches, auf Läuterung abzielendes Konzept menschlicher Liebe aus und etablieren es im mystischen Sinne als Mittler zwischen körperlicher und geistiger Liebe.[890] Dabei wird das Traumbild des Geliebten ebenso wie in der Josefsgeschichte mit einem Idol verglichen, dessen Verehrung als materielles Objekt es zwar zu überwinden gilt, dessen Betrachtung aber durchaus den Weg dahin weisen kann. Sinnliche und geistige Wahrnehmung werden also nicht in gegensätzlichen normativen Kategorien gegenübergestellt, sondern es ist ein Übergang zwischen ihnen vorstellbar. So ist im persischen Kontext nicht nur denkbar, dass auch sinnliche Liebe letztlich zum Ziel spiritueller Vereinigung führt, sondern auch, dass Bilder als Mittler zwischen sinnlicher und geistiger Schönheit fungieren. Im westeuropäischen Kontext dagegen bleiben es – zumindest in Bezug auf Bilder – jeweils zwei Geschichten. Entweder man gibt sich der Verführung hin oder man bleibt tugendhaft – und: Entweder man sucht mit dem Amant des *Roman de la rose* die Geliebte oder mit dem Pilger Guillaumes das heilige Jerusalem.

Zwei verschiedene Geschichten. Asenath und die Frau des Potifar

Angesichts dieser Polarisierung der Narrationen von Begehren und Tugend ist es wenig erstaunlich, dass auch die beiden Geschichten der Frau des Potifar und der späteren Ehefrau Josefs, Asenath, im westeuropäischen Kontext nicht in Verbindung gebracht werden. Während der Übergang von sinnlicher und geistiger Liebe deren Verschmelzung im persischen Kontext denkbar machte, bleiben es im westeuropäischen Kontext zwei Figuren, die oft als entgegengesetzte Optionen des negativen und positiven Verhaltens gegenüber Josef präsentiert werden.

Dabei deuten sich in frühen byzantinischen Beispielen wie der Wiener Genesis durchaus Bezüge zwischen den beiden Frauenfiguren an: Karl Clausberg zumindest hat die These vertreten, dass direkt neben der Darstellung der Verführung Josefs durch die Frau des Potifar Asenath als Kind dargestellt ist. Die Frau des Potifar versuche hier entsprechend der jüdischen Auslegung mit astrologischen Instrumenten herauszufinden, ob die Weissagung, dass sie ein Kind von Josef haben solle, durch sie oder ihre Tochter Asenath erfüllt werde. Unterhalb sei dann der Ausgang der Prophezeiung zu

890 Vgl. Fitzherbert, »Khwājū Kirmānī (689–753/1290–1352)«.

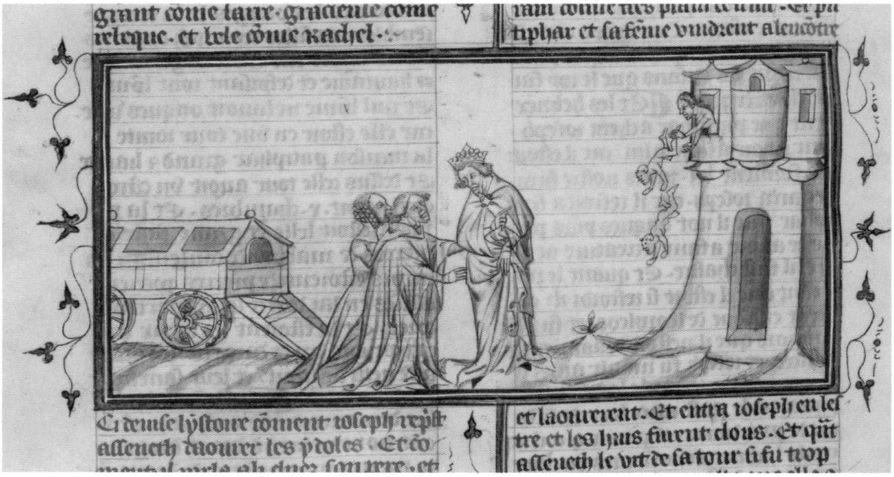

Abb. 104 – Asenath schwört ihren Göttern ab, Vinzenz von Beauvais, *Speculum historiale*, übers. v. Jean de Vignay, Paris 1396, Paris, BnF, fr. 312, fol. 66v.

sehen: Asenath mit einem Kind.[891] Abweichend vom biblischen Text, in dem Asenath als Josefs spätere Ehefrau und Mutter seiner Söhne nur kurz genannt wird, stellen die Illustrationen dieser Seite hier also im Rückgriff auf den Midrasch einen Bezug zwischen der Frau des Potifar und Asenath her.[892]

Dieser Konnex wird im westeuropäischen Kontext aber nicht weiterverfolgt – auch wenn das Asenath-Narrativ als solches durchaus populär wird: Entscheidend für die Popularität des Josef-und-Asenath-Narrativs war Burchard zufolge, dass es in einer verkürzten Form im Anschluss an die Josefsgeschichte in Vinzenz von Beauvais' *Speculum historiale*[893] aufgenommen wurde. Dieser Text wurde zur Grundlage diverser Adaptionen – beispielsweise im *Großen Seelentrost*, einer katechetischen Beispielsammlung zu den Zehn Geboten, aber auch in Philipp von Zesens Asenath-Roman[894] aus dem 17. Jahrhundert.[895]

891 Karl Clausberg, *Die Wiener Genesis. Eine kunstwissenschaftliche Bilderbuchgeschichte*, Frankfurt a. M. 1984, S. 7–8.

892 In späteren byzantinischen Handschriftenn, in denen sich Beschreibungen der Figur Asenaths befinden, ist das Narrativ von Josef und Asenath zwar oft mit Versionen des Lebens Josefs zusammengebunden worden, doch es wird keine Verbindung zwischen den beiden Narrativen und ihren Illustrationen hergestellt. Vgl. Burchard, Burfeind, *Gesammelte Studien zu Joseph und Aseneth*, S. 408–412 und Jeanne Pächt, Otto Pächt, »An Unknown Cycle of Illustrations of the Life of Joseph«, in: *Cahiers Archéologiques* VII, 1954, S. 35–49. In armenischen Handschriften finden sich »Vignetten, die Joseph und/oder Asenath zeigen«. Burchard, Burfeind, *Gesammelte Studien zu Joseph und Aseneth*, S. 412.

893 Burchard, Burfeind, *Gesammelte Studien zu Joseph und Aseneth*, S. 397.

894 Filip von Zesen, *Assenat, das ist, Derselben und des Josefs heilige Staths- Lieb- und Lebens-Geschicht*, Woodbridge 1969 [Amsterdam 1670].

895 Burchard, Burfeind, *Gesammelte Studien zu Joseph und Aseneth*, S. 398–401.

Abb. 105 – Asenath schwört ihren Göttern ab, Vinzenz von Beauvais, *Speculum historiale*, übers. v. Jean de Vignay, Paris 1463, Paris, BnF, fr. 50, fol. 49r.

In der Ikonographie dieses Narrativs ist im westeuropäischen Kontext ein besonderes Interesse an der Darstellung Asenaths als Zerstörerin von Götzenbildern erkennbar. Während die byzantinische Miniatur der von Jeanne und Otto Pächt beschriebenen Handschrift[896] zeigt, wie Asenath ihre königlichen Kleider auf die Straße wirft, nachdem sie ihr Trauergewand angelegt hat, ist beispielsweise in zwei Handschriften von Vinzenz von Beauvais' *Speculum historiale* (Paris, BnF, fr. 312 – Abb. 104 und fr. 50 – Abb. 105) an dieser Position zu sehen, wie Asenath ihre Götzenfiguren aus dem Turmfenster wirft, die, wie in der westeuropäischen Tradition häufig, nackt dargestellt sind.[897] Die zweite Miniatur gewährt den Betrachtenden zudem einen Blick auf die leeren Sockel im Innenraum.

896 Pächt, Pächt, *An Unknown Cycle of Illustrations of the Life of Joseph*, S. 44 und Pl. XVI.
897 Vgl. Nikolaus Himmelmann, *Ideale Nacktheit*, Wiesbaden 1985, S. 97.

Diese Darstellungen von Asenath als Götzenzerstörerin sind im Kontext des Diskurses über die Götzenanbetung in Vinzenz von Beauvais' *Speculum historiale* zu verstehen, der in der Handschrift von 1396 (BnF, fr. 312) bereits durch eine Miniatur auf fol. 17v zu Beginn des Kapitels zur Einheit Gottes mit der Anbetung eines Idols illustriert wird. Auch die Handschrift von 1463 (BnF, fr. 50) enthält eine Darstellung von Ninus, den Vinzenz von Beauvais zum Erfinder der Idolatrie erklärt. Die Ikonographie Asenaths entwickelt sich also in der Abgrenzung von der Idolatrie zu einem Beispiel für eine Konvertitin, die ihre Götzen zerstört.

So ist im Umfeld der Josefsgeschichte auch im westeuropäischen Kontext ein Narrativ der Bekehrung zu finden, das – ebenso wie bei Jāmīs Zulaykhā – eine Zerstörung von materiellen Bildern in Form von Götzen impliziert.[898] Nur wird es einer anderen Frau als der Potifars zugeschrieben. Damit findet sich auch im westeuropäischen Kontext eine Frau, die als Vorbild für eine Abwendung von materiellen Bildern zugunsten einer geistigen Erkenntnis in Frage kommt, nur die vielleicht auch deswegen durchgehend namenlose Frau des Potifar ist es nicht. Dadurch, dass die beiden Frauen nicht weiter in Verbindung gebracht werden, bleiben fleischliche Lust und spirituelle Erkenntnis Gegenstand zweier verschiedener Geschichten, und die Schönheit Josefs, die die Blicke der Frau auf sich zieht, wird nicht mit einem Idol in Verbindung gebracht, das zugunsten des rechten Glaubens zu zerstören wäre.

Wieder einmal muss man sich freilich fragen, inwiefern diese narrative Unterscheidung gerade vor dem Hintergrund zu verstehen ist, dass sie in der Praxis kaum anzutreffen ist. Michael Camille zumindest hat die Darstellungen nackter Figuren in der Renaissance als »Wiedergeburt paganer Idole im Kleid alttestamentlicher Helden und Heiliger«[899] charakterisiert. Demzufolge wäre der nackte Körper des alttestamentlichen Josef, den die Frau des Potifar begehrt, nicht mehr ganz so scharf von den paganen Idolen abzugrenzen, die Asenath verehrt – und die Wertschätzung von Behams Josefsdarstellung vielleicht auch nicht von der von Jāmī als idolatrisch beschriebenen Verehrung Josefs durch Zulaykhā zu unterscheiden.

898 Vgl. zur Zerstörung von Idolen in Prozessen der Konversion auch Beate Fricke, »Fallen Idols and Risen Saints: Western Attitudes Towards the Worship of Images and the ›Cultura Veterum Deorum‹«, in: Anne L. McClanan (Hrsg.), *Negating the Image. Case Studies in Iconoclasm*, Aldershot 2005, S. 67–59.

899 Camille, *The Gothic Idol*, S. 346. Er verweist beispielsweise auf H.W. Jansons Argumentation, dass Donatellos David als erster freistehender Bronzeakt seit der Antike anstelle von dessen *Dovizia* in deren Funktion als talismanartiges Idol aufgestellt werden sollte (S. 343–344). Zur Problematisierung des Verhältnisses von Idol und heiligem Bild in der Kunst der italienischen Renaissance vgl. auch Philine Helas, Gerhard Wolf, »The Shadow of the Wolf. The Survival of an Ancient God in the Frescoes of the Strozzi Chapel (S. Maria Novella, Florence) or Filippino Lippi's Reflection on Image, Idol and Art«, in: Michael Wayne Cole, Rebecca Zorach (Hrsg.), *The Idol in the Age of Art. Objects, Devotions and the Early Modern World*, Farnham 2009, S. 133–157, sowie in allgemeinerer Hinsicht diesen Band als Ganzen.

V IDOLE DER ANDEREN. ABSCHLIESSENDE BETRACHTUNGEN ZU FREMDEN BILDERN – UND KONVERSIONEN

In den Diskursen um die Legitimität von Blicken tauchte zuletzt sowie bereits zuvor an verschiedenen Stellen dieser Studie ein Gegenbild zum Ideal des geistigen Sehens auf: Idolatrie. Sei es eine Mohammedfigur, die die Figur des Geizes in der *Pèlerinage de la vie humaine* auf dem Helm trägt und die damit als Gegenbild zum Spiegel am Knauf des Pilgers inszeniert wird (Abb. 106), sei es die Verehrung des Bildes Alexanders als Idol, von der sich die Betrachtenden in einem vergleichenden Blick abgrenzen, sei es das Idol Zulaykhās, das sie erst bei ihrer Bekehrung als Reflex der Schönheit Gottes erkennt und das somit als paradigmatisch für ein falsches Verständnis auch der Schönheit Josefs anzusehen ist: Immer wieder wird ein Blick problematisiert, der nicht zwischen Bild und Dargestelltem unterscheidet und deshalb der materiellen Ebene von Bildern verhaftet bleibt. Und immer wieder wird dieser Blick dem jeweils Anderen zugeschrieben.

Den jeweils eigenen Bildern hingegen schreibt man die Kapazität zu, zwischen materiellen und geistigen Aspekten zu vermitteln. Die Vermittlung zwischen materiellen und geistigen Aspekten exklusiv für die eigene Bildkultur zu reservieren, ist ein verbreiteter Topos,[900] der in der Geschichte der Abgrenzung einer westeuropäischen Bildkultur immer wieder aufgerufen wurde – beispielsweise auch, wenn es um die Abgrenzung des protestantischen vom katholischen Bildgebrauch ging.[901] Im Hinblick auf die Verwendung dieses Topos zur Abgrenzung christlicher von islamischen Bildkulturen hat beispielsweise Avinoam Shalem darauf verwiesen, dass Carl Schnaase zur »muhamedanischen Kunst« schrieb: »Es sind dies die Völker, bei denen sinnliches und geistiges Leben sich wie durch eine scharfe Kluft trennen, wo dann die Phantasie statt die Sinnlichkeit zu gestalten und veredeln, sich des geistigen Lebens bemächtigt. [...] Für die bildenden Künste sind diese Völker weniger geschaffen«.[902] Auch Belting geht

900 Herbert L. Kessler, *Seeing Medieval Art*, Peterborough 2004, S. 165–167.

901 Vgl. z.B. Thomas Lentes, »›As Far as the Eye can See...‹ Rituals of Gazing in the Late Middle Ages«, in: Jeffrey F. Hamburger, Anne-Marie Boucher (Hrsg.), *The Mind's Eye. Art and Theological Argument in the Middle Ages*, Princeton 2006, S. 360–373, hier S. 360.

902 Carl Schnaase, *Geschichte der bildenden Künste im Mittelalter. Bd. 1: Altchristliche und muhamedanische Kunst*, Düsseldorf 1844, S. 321. Nach einer anderen Ausgabe zitiert auch bei Avinoam Shalem, »Dangerous Claim. On the ›Othering‹ of Islamic Art History and How It Operates Within Global Art History«, in: Elke Anna Werner, Monica Juneja, Matthias Bruhn (Hrsg.), *Themenheft: Universalität der Kunstgeschichte? kritische berichte* 40/2, 2012, S. 69–86, hier S. 74 und 85. Für

Abb. 106 – Der Pilger und die Allegorie des Geizes, Guillaume de Deguileville, *Pèlerinage de la vie humaine*, Nordfrankreich ca. 1400, Arras, Bibliothèque municipale, Ms. 845, fol. 128v.

davon aus, dass in der arabischen Sehtheorie »Bilder allein in den mentalen Bereich verwiesen wurden, woraus sich ergibt, dass man sie nicht in physischen Abbildern vergegenständlichen oder verdoppeln konnte«.[903] So ist der Topos, dass nur die eigene Bildkultur geistige und materielle Aspekte zu verbinden vermöge, vom Mittelalter bis heute anzutreffen – auch wenn dem Anderen zuletzt Bilderfeindlichkeit statt Bildanbetung zugeschrieben wird.

Mit diesem Topos der mangelnden Verbindung materieller und geistiger Bilder und der darin begründeten Zuschreibung der Idolatrie[904] will ich hier auf die beiden Darstellungen des Blickes auf Idole aus dem persischen und aus dem französischen Kontext zurückkommen, die eingangs den Fragehorizont dieser Arbeit andeuteten: die eine aus einer Handschrift von Gautier de Coincys *Miracles de Nostre Dame* aus dem 14. Jahrhundert, die sich heute in der Bibliothèque nationale de France befindet und einen »*sarrazin*« vor einer Marienstatue zeigt (Paris, BnF, Nouv. acq. fr. 24541, fol. 67v – Abb. 107), die andere aus einer Handschrift von ʿAṭṭārs *Manṭiq ul-Ṭayr* aus der Zeit um 1500, heute in der British Library (London, BL, Add. 7735, fol. 75v – Abb. 109). Hier stammt der Bildverehrer aus einem Kloster in »*Rūm*«, das heißt, es handelt sich um einen byzantinischen Mönch.

Zu zeigen ist, dass in beiden Fällen die Verehrung des Bildes als rein materieller Gegenstand einem Anhänger des jeweils »anderen« Glaubens zugeschrieben wird. Nachdem diese Arbeit mit Überlegungen zum träumenden Sehen begonnen hat, das den Betrachtenden als Ideal der Schau nahegelegt wird, wird in diesen abschließenden

Diskussionen zum Topos des zur Kunst nicht fähigen Semiten danke ich Sabine Mangold-Will und den Studierenden unseres gemeinsamen Seminars.

903 Belting, *Florenz und Bagdad*, S. 11–12.

904 Zu Implikationen der Zuschreibung von Idolatrie im Allgemeineren vgl. beispielsweise Halbertal, Margalit, *Idolatry*.

Bemerkungen zur Idolatrie das Gegenmodell thematisiert, von dem man den eigenen Blick auf Bilder abgrenzt.

Allerdings wird – und auch das deutete sich spätestens im Idol Zulaykhās an – deutlich werden, dass die Miniaturen nicht nur Idole darstellen, sondern auch Bilder, die die Kapazität haben, die Verehrung eines materiellen Objektes in eine Erkenntnis des Göttlichen zu überführen, und somit als Mittler zwischen materialverhafteten fremden und den eigenen geistigen Sichtweisen fungieren. Idole werden also nicht nur als Instrumente der Abgrenzung[905] betrachtet, sondern auch als Instrumente der Bekehrung.

Indem ich den Akt der Konversion zum Thema dieser abschließenden Bemerkungen mache, fokussiere ich einen Moment, der nicht nur in seiner Tradierung von der Verflechtungsgeschichte der verglichenen Kulturen zeugt, sondern in dem auch aktuell die Machtverhältnisse zwischen verschiedenen religiösen Gruppen ausagiert werden.[906] Mit einer dritten Miniatur, einer spanischen Miniatur aus einer Handschrift der *Cantigas de Santa Maria* aus dem 13. Jahrhundert, heute im Escorial (Ms. T. I. 1, fol. 68v – Abb. 111), erlaube ich mir zudem, den Raum nördlich der Alpen für einen kurzen Seitenblick zu verlassen. Denn im Kontext dieser Miniatur steht die Funktion von Bildern als Instrumente der Bekehrung in besonders engem Zusammenhang mit einer politischen Agenda, nämlich der »nationalen Utopie«[907] einer gewaltfreien Bekehrung der muslimischen Minderheit unter Alfons X. Die zu bekehrenden Betrachtenden rücken damit aus der geographischen Distanz, in der sie der Text ebenso wie in den beiden anderen Handschriften verortet, in das aktuelle Umfeld der Handschrift.

Den Abschluss dieser Studie von Bildern als Dispositiven der Veränderung von Blickweisen soll also ein Ausblick auf Beispiele bilden, in denen Transformationen von Blicken als Instrumente der Etablierung religiöser Hegemonien präsentiert werden.

905 Vgl. hierzu z. B. Suzanne Conklin Akbari, *Idols in the East*, insbesondere das Unterkapitel »The Broken Idol« sowie von kunsthistorischer Seite das Kapitel »Idols of the Saracens«, in: Camille, *The Gothic Idol*, Saurma-Jeltsch, »Saracens. Opponents to the Body of Christianity«, und Silke Tammen, »Disput und Triumph. Zum Bild des Häretikers in der mittelalterlichen Kunst«, in: *Frühmittelalterliche Studien* 2001/35, 2003, S. 407–430, sowie in der frühen Neuzeit und in allgemeinerer Hinsicht Maria Effinger, Cornelia Logemann, Ulrich Pfisterer (Hrsg.), *Götterbilder und Götzendiener in der Frühen Neuzeit. Europas Blick auf fremde Religionen*, Ausst.-Kat. Heidelberg, Universitätsbibliothek, 15.2.2012–25.11.2012, Heidelberg 2012, und darin insbesondere der Beitrag »›Idolatrie‹ als Denk- und Bildform religiöser Alterität« von Katharina Ch. Schüppel. Der Band Cole, Zorach, *The Idol in the Age of Art* zeigt dabei – das ist bislang trotz zunehmender Forschung zum Status von Idolen selten – auch nicht-europäische Perspektiven auf europäische Idole auf.

906 »Conversion, by its very nature is a case in which religion operates in a context of entanglement«. Juneja, Pernau, »Lost in Translation? Transcending Boundaries in Comparative History«, S. 121.

907 Prado-Vilar, »The Gothic Anamorphic Gaze«, S. 74.

Il faut que sages qui la sert
Si mait dieu tout son tens pert
Qui ne la sert de cuer entier
Sorions tres tuit si droit entier
Sorions tres tuit si secretain.
Sorions tres tuit vs lui enclin
Face enclin parfont enclin
Et ploit son cuer et son courage
Quant il passe devant s'ymage
Saluons la a nuz genouz
Mult en est li saluz plus douz
Quant li genoil un peu se duelent
Cil qui leur ames sauver veulent
Cest usage doivent aprenre
Nest nus si mole ne si tenre
La charoigne quamolir nel face.
La mere dieu donne sa grace.
Tost a celui qui si le fait
Nus pechieres tant na meffait
Sa nuz genouz souvent la prie
Que nel retrait de vilanie
Tant par est plaine damuistie
Que de celui a lors pitie
Que nuz genouz a terre voist
Je cognois tel qui mult avoit
Le cuer saillant fol et volage
Quant a usa cest bon usage
Et cist us la tel atourne
Que retrait la et retourne
Des mauvais tours ou il tournoit
Et meismes si le bestornoit
Que touz estoit a mal tournez
Mais par cele est il retournez
Qui theophilum retourna
Du mauvais tour ou il tourna
Bien est tournez a droit sentier
Cil qui la sert de cuer entier
Servons la tuit sanz nul sejour
Et tempre et tart et nuit et jour
Si com li bons moines fesoit
Cui ses servises
Tant plaisoit

Sorions trestuit si chaplai

Onques ne puet recreanz estre
Et la puissanz dame celestre
Por ce que le out en tel memoire
Coronna same et mist en gloire
Quant il parti de ceste vie
Quar durement l'avoit servie
Tant com vesqui tant com dura
Penitances tant endura
Que merveille iert comment duroient
Si genoil qui tant enduroient
Por la douce dame endurerent
Mainte durte tant com durerent
Agenoillier bien s'en durent
A nuz genouz sus pierre dure
Cil qui bien l'aiment durement
Certes tout dur endurement
Sont por lui bon a endurer
Touz ceus fera vivre et durer
En joies qui sanz fin durront
Qui a servir bien l'enduront.
Le miracle du sarrazin qui aouroit
l'ymage nostre dame.

Duquel dont estes en grant
Des un miracle mult grant
Ce dit mes livres et
ma page
Uns sarrazins out
un ymage.

Abb. 107 – »Sarazene« verehrt ein Marienbild, Gautier de Coincy, *Les Miracles de Nostre Dame*, Paris 1. Hälfte 14. Jh., Paris, BnF, Nouv. acq. fr. 24541, fol. 67v.

1 Von den Meriten der Betrachtung eines Stückes Holz. Ein »Sarazene« verehrt ein Marienbild

In einer Handschrift der *Miracles de Nostre Dame* von Gautier de Coincy aus dem Umfeld von Jean Pucelles Werkstatt in Paris von etwa 1330 bis 1340[908] befindet sich in der rechten Spalte des Textes die eingangs angeführte Miniatur (Abb. 107 und 108), die dem Text zufolge einen »*sarrazin*« gegenüber einem »*ymage a la semblance nostre dame*« zeigt. »*Sarrazin*« kann, wie gesagt, alle Arten von Häretikern bezeichnen.[909] Hier aber wird die Figur insbesondere durch den Turban klar als Muslim präsentiert. Sie kniet frontal vor einem Bild Marias mit Kind, das – im Unterschied zum Text, in dem von einer gemalten »Tafel [*tavlete*]« die Rede ist – als Statue in einer Nische dargestellt ist. Bild und »Sarazene« befinden sich in einem architektonisch gestalteten Raum, der vor einen Rastergrund gesetzt ist. Er ist nach zwei Seiten offen für den Blick der Betrachtenden, sodass diese durch zwei Rundbögen von außen in den Raum des »Sarazenen« hineinblicken.[910] Unterhalb der Miniatur beginnt folgender Text:

> Da ihr gewillt seid zuzuhören, hört ein sehr großes Wunder. Mein Buch und meine Seite sagen, dass ein Sarazene [*sarrazins*] ein Bildnis besaß, das unserer Lieben Frau ähnelt [*A la samblance Nostre Dame*]. Bei meiner Seele kann ich euch nicht sagen, wo er es gefunden hatte oder woher es zu ihm kam, aber es war ihm sehr teuer, und er hielt es sehr sauber. Es war ansehnlich auf eine Tafel gemalt, mit üppigen Farben. Der Sarazene erwies diesem Bildchen große Ehre und er hatte die Gewohnheit, es jeden Tag wenigstens einmal kniend und mit zusammengelegten Händen anzubeten, weil es so schön und anmutig war. Er hatte dieses Bild so lieb, dass er niemals geduldet hätte, dass ein anderer als er es berührte oder dass es schmutzig würde oder dass eine Spinne oder Ameise sich um das Bild herum einrichten. So Gott wollte, kam ein Tag, an dem er vor dieses Gemälde trat. Er hatte es sehr lange betrachtet und, tief in Gedanken versunken, fragte er sich, ob es wahr sein konnte, dass diejenige auf diesem Bildnis die Mutter des himmlischen Königs sei. Tief in seinem Herzen staunte er und wunderte sich darüber. »Meiner Treu«, sagte er, »es wäre ein Wunder, wenn der Allmächtige, der alles geschaffen hat, sich für den Menschen so erniedrigt hätte, dass er ein sterblicher Mann hätte werden wollen! Aber es kann niemals sein, so scheint es mir, dass er ein Mensch und Gott zugleich ist. Und überdies: Wenn Gott für den Menschen zum Menschen geworden wäre, kann ich weder glauben, noch ist es möglich, dass er von einer Jungfrau geboren wurde. Denn schlussendlich kann eine Frau ohne den Samen des Mannes kein Kind empfangen, genauso wenig wie es ein Holzstück kann. Wenn ich wüsste, dass es wahr ist, dass Gott von einer Jungfrau geboren wurde, dann wäre ich ein Christ. Gleich hier und jetzt

908 Vgl. zu dieser Handschrift Henri Focillon, *Le Peintre des Miracles Notre-Dame*, Paris 1950.

909 Vgl. Saurma-Jeltsch, »Saracens. Opponents to the Body of Christianity«.

910 Andere Illustrationen dieser Szene finden sich beispielsweise in Ms. Fr. F. v. XIV. p, fol. 103v der Russischen Nationalbibliothek in St. Petersburg oder Ms. 0551, fol. 58 der Stadtbibliothek von Besançon, beide aus dem 13. Jahrhundert.

> und ohne noch zu zögern. Aber ich kann mir weder vorstellen noch verstehen, wie das passieren könnte. Also weiß ich nicht, woran ich mich halten soll.« Während er so hin und her überlegte und in seinem Herzen zu begreifen suchte, sah er plötzlich zwei Brüste aus diesem Bild entspringen und hervortreten, so prächtig und so schön, so klein und wohlgeformt, als ob sie eine Jungfrau just hervor geholt hätte. Und er sah klares Öl aus ihnen entspringen und fließen, wie aus einem Brünnlein. Die Mutter Gottes, die Gutmütige, wirkte dieses Wunder, um ihn von seinem Irrglauben abzuwenden. Denn er hatte ihr Bildnis sehr verehrt und es lange bewahrt. Sogleich schwor der Sarazene seiner Religion und seinem Glauben ab. Er wurde getauft und nach ihm sein gesamter Haushalt, dank des Wunders, das sie deutlich gesehen hatten. Viele Sarazenen und viele Heiden schworen ihrer Religion und ihren Gesetzen ab.[911]

Diese Passage der *Miracles de Nostre Dame*, die Gautier de Coincy im frühen 13. Jahrhundert zusammenstellte,[912] beschreibt zunächst einen »Sarazenen«, der ein Marienbild aufgrund seiner Schönheit verehrt, ohne daran zu glauben, dass die Dargestellte die Mutter Gottes sei. Diese Beschreibung entspricht dem in verschiedenen Texten der Zeit gängigen Stereotyp, dass »Sarazenen« Bilder aufgrund ihrer materiellen Schönheit verehren und nicht aufgrund des Dargestellten, während die Christen zwischen dem materiellen Bild und dem zu verehrenden Prototypen zu unterscheiden wissen. Die Bildverehrung des »Sarazenen« wird hier mit dem antijüdischen Stereotyp eines buchstäblichen Verständnisses der Heiligen Schrift assoziiert, das oft mit dem folgenden Pauluszitat in Verbindung gebracht wird: »Er hat uns fähig gemacht, Diener des neuen Bundes zu sein, nicht des Buchstabens, sondern des Geistes. Denn der Buchstabe tötet, der Geist aber macht lebendig.« (2 Kor 3,6) So verweist beispielsweise Suzanne Conklin Akbari darauf, dass Juden und Muslime in Mandevilles *Livre des merveilles* aus dem 14. Jahrhundert mit Verweis auf dieses Zitat als diejenigen charakterisiert sind, »die Buchstaben nicht geistig, sondern körperlich verstehen«.[913] Sie konstatiert, dass der »christliche Leser dieser anti-muslimischen Polemiken explizit beschrieben wird als jemand, der die buchstäbliche Oberfläche des Wortes durchschaut, ebenso wie er die materielle Oberfläche von Bildern durchschaut«.[914] Ähnliches hat Michael Camille in Bezug auf das um 1200 entstandene *Jeu de Saint Nicolas* konstatiert, wo die Idole der »Sarazenen« »die Tatsache verschleiern, dass nichts hinter ihnen steckt, während die gemalte Ikone des Christen ein Schlüssel zur *potentia* des Heiligen auf Erden ist«.[915]

911 Gautier de Coincy, *Les miracles de Nostre Dame*, Bd. III, I Mir 32, V. 1–77 – übersetzt von Isabelle Dolezalek.

912 Sie findet sich in ähnlicher Form auch in anderen Sammlungen des 13. Jahrhunderts, beispielsweise bei Vinzenz von Beauvais und Johannes von Garland. Vgl. *The Oxford Cantigas de Santa Maria Database*, http://csm.mml.ox.ac.uk/index.php?p=poemdata_view&rec=46, Stand 31.1.2014.

913 Jean de Mandeville, *Le Livre des merveilles du monde*, hrsg. v. Christiane Deluz, Paris 2000, Kapitel 15, S. 278, zitiert bei: Suzanne Conklin Akbari, »The Other's Images. Christian Iconoclasm and the Charge of Muslim Idolatry in Medieval Europe«, in: Anja Eisenbeiß, Lieselotte E. Saurma-Jeltsch (Hrsg.), *Images of Otherness in Medieval and Early Modern Times. Exclusion, Inclusion and Assimilation*, Berlin 2012, S. 121–132, hier S. 128.

914 Akbari, »The Other's Images. Christian Iconoclasm and the Charge of Muslim Idolatry in Medieval Europe«, S. 129.

915 Camille, *The Gothic Idol*, S. 134.

Abb. 108 – Detail von Abb. 107.

Es geht hier jedoch nicht allein um die Abgrenzung des eigenen durchschauenden Blickes von den oberflächlichen Blicken anderer, sondern um Bilder als Auslöser der Konversion. Diesbezüglich hat Peggy McCracken unterstrichen, dass das Gedicht Maria mit einem Stück Holz vergleicht, wenn es argumentiert: »eine Frau [kann] ohne den Samen des Mannes kein Kind empfangen, genauso wenig wie es ein Holzstück kann«.[916] Sie verfolgt die These, dass die Skepsis des »Sarazenen« gegenüber der jungfräulichen Geburt hier mit seinem Missverständnis des Bildes als einem Stück Holz in Verbindung gebracht wird.[917] Jedenfalls überzeugt den »Sarazenen« die Tatsache, dass dem Bild Brüste wachsen, aus denen Öl tropft, davon, dass auch eine jungfräuliche Geburt denkbar ist. Die Erkenntnis, dass ein Bild mehr ist als ein besonders schön bemaltes Stück Holz, wird also zur Grundlage der Anerkennung des christlichen Dogmas.

Die Beschreibung der von Christen verehrten Bilder als »Stück Holz« ist dabei ebenfalls kein Einzelfall. Gautier legt sie, wie McCracken anmerkt, an anderer Stelle auch einem Juden in den Mund.[918] Und auch im *Le jeu de Saint Nicolas* fragt ein muslimischer Herrscher einen Christen: »An dieses Stück Holz glaubst Du?« Dieser

916 Gautier de Coincy, *Les miracles de Nostre Dame*, Bd. III, I Mir 32, V. 45–47 – übersetzt von Isabelle Dolezalek.

917 »The terms of the Saracen's skepticism about the virgin may be seen to question not only Christian doctrine, but also the status of images in Christianity.« Peggy McCracken, »Miracles, Mimesis, and the Efficacy of Images«, in: *Yale French Studies* 110 (Meaning and Its Objects. Material Culture in Medieval and Renaissance France) 2006, S. 47–57, hier S. 55.

918 Gautier de Coincy, *Les miracles de Nostre Dame*, Bd. II, I Mir 13, V. 32–39, vgl. McCracken, »Miracles, Mimesis, and the Efficacy of Images«, S. 53 und 55.

antwortet: »Mein Herr, es ist gefertigt in der Ähnlichkeit [*sanlanche*] des Heiligen Nicolas, den ich sehr liebe.«[919] Die Wortwahl dieser Antwort ist Michael Camille zufolge »sehr bedacht gewählt, um die Abgrenzung des Bildes vom Prototyp zu erklären. Zugleich demonstriert das Gelächter der Sarazenen über das Bild ihr ignorantes Missverstehen von dessen Status als Zeichen. Für sie fehlt ihm Gold, Opulenz und die Materialität ihres Idols«.[920]

So kann man festhalten, dass das Bild Mariens selbst im Entstehungskontext der Handschrift zwar nicht als Götzenbild galt, eine bestimmte – nämlich allein auf das materielle Objekt ausgerichtete – Sichtweise solcher Bilder aber als idolatrisch charakterisiert wird. Idolatrie ist hier also nicht allein eine Frage des richtigen Bildes, sondern der richtigen Ansicht von Bildern. Eine ähnliche Aussage findet sich auch in einem Pilgerbericht des Johannes von Würzburg vom Ende des 12. Jahrhunderts, den Camille anführt und der erklärt, die Verehrung des Felsendomes durch die Muslime »müsse als Idolatrie angesehen werden in Berufung auf die Autorität des heiligen Augustinus, der erklärt habe, dass alles Idolatrie sei, was ohne den Glauben an Christus geschehe«.[921] Das heißt, die von Gautier beschriebene Verehrung des Marienbildes durch den »Sarazenen« ist als Idolatrie zu verstehen, auch wenn das Bild im christlichen Kontext nicht als Idol angesehen wird.

Zugleich allerdings betont das Gedicht, dass die Mutter Gottes dieses Wunder gewirkt habe, weil er »ihr Bildnis sehr verehrt und es lange bewahrt«[922] habe. Und es ist weiter zu lesen:

> Die Liebe Frau hat große Freude, wenn ihr aus ganzem Herzen gedient wird und wenn man ihr Bildnis ehrt. Wir müssen uns gut betragen, ihr Bildnis so zu ehren, wie es ein Heide tat.[923]

Während bislang die Abgrenzung des christlichen Bildverständnisses von andersgläubigen Verehrungen von Bildern als materielle Objekte unterstrichen wurde, wird hier betont, dass die Heilige eine Verehrung ihres Bildes schätze, auch wenn ihr Status als Mutter Gottes nicht anerkannt wurde. Der Akt der Verehrung wird also unabhängig vom Verständnis des Dargestellten positiv bewertet und als möglicher Auslöser eines Wunders betrachtet, das den wahren Status von Bild und Mutter Gottes vor Augen führt und ihn dann zur Konversion veranlasst.[924] Damit wird hier McCracken zufolge

919 Jean Bodel, *Le jeu de saint Nicolas*, Genf 1981, S. 68, V. 32–33 zitiert auch bei Camille, *The Gothic Idol*, S. 132.

920 Camille, *The Gothic Idol*, S. 132.

921 John of Würzburg, *Description of the Holy Land (A. D. 1160–1170)*, übers. v. Aubrey Stewart, London 1890, S. 18, zitiert bei Camille, *The Gothic Idol*, S. 137.

922 Gautier de Coincy, *Les miracles de Nostre Dame*, Bd. III, I Mir 32, V. 69–70 – übersetzt von Isabelle Dolezalek.

923 Gautier de Coincy, *Les miracles de Nostre Dame*, Bd. III, I Mir 32, V. 86–91 – übersetzt von Isabelle Dolezalek.

924 Innerhalb der *Miracles de Nostre Dame* ist – abgesehen von diversen Schilderungen wunderwirkender Bilder – innerhalb des Narrativs »De l'ymage Nostre Dame de Sardanei« noch ein weitere Szene zu finden, in der ein in diesem Falle blinder Sarazene ein Marienbild, das von einer Nonne in der Nähe von Damaskus aufbewahrt wird, aufsucht, weil der davon gehört hat, »Que li hauz diex as crestïenz, / [...] Por l'ymage sa douce mere / Faisoit myracles si tres granz« (Gautier de Coincy,

deutlich, dass

> Gautier sie [jüdische und muslimische Charaktere] heranzieht, um eine Lektion über die Macht christlicher Bilder zu erteilen, nicht über die Ohnmacht paganer Idole, und diese Lektion über die Macht christlicher Bilder ist schlussendlich eine Lektion über die Bedeutung von materiellen Bildern in der spirituellen Verehrung.[925]

Eine solche Verschiebung des Fokus von der Degradierung paganer Idole, die Muslime beispielsweise dem *Chanson de Roland* zufolge nach ihrer Niederlage gegen die Christen zerstören,[926] auf die wundersame Macht der eigenen Bilder hat auch Akbari in den Beschreibungen von Idolen im Laufe des 12. Jahrhunderts beobachtet. Dabei hat sie die Frage in den Raum gestellt, inwiefern diese Verlagerung im Kontext der »zunehmenden Hoffnungslosigkeit in Bezug auf das Unternehmen der Kreuzzüge«[927] zu verstehen sei, in dem – so John Tolan – »Wunder der Konversion vielleicht plausibler erschienen als Kreuzfahrersiege«.[928] Die Inszenierung einer Macht des Bildes, die über seine physische Beschaffenheit hinausgeht, könnte man dann als Kompensation eines faktischen Machtverlusts verstehen. Jedenfalls aber wird dem Bild die Macht zugeschrieben, die Verehrung seiner Schönheit zu honorieren, indem es den Blick auf eine Macht lenkt, die die eines Stückes Holzes übersteigt.

2 Ignorante Blicke, wegweisende Antworten. Ein Mönch aus »*Rūm*« adressiert ein Idol

Die bislang diskutierte Darstellung des »Sarazenen« in der *Miracles-de-Nostre-Dame*-Handschrift aus dem Umfeld Jean Pucelles weist gewisse formale Parallelen zu jener persischen Miniatur auf, die auch bereits am Anfang dieser Studie zu sehen war: Die Miniatur zeigt ebenfalls einen Betenden, der mit erhobenen Händen vor einem, so der Text, Idol *(but)* in einer Nische kniet.[929]

Diese Darstellung stammt aus einer Handschrift von Farīd ul-Dīn ʿAṭṭārs *Manṭiq ul-Ṭayr* von 1177, die Ende des 15. Jahrhunderts am Hof Ḥusayn Bāyqarās in Herat

Les miracles de Nostre Dame, Bd. IV, II Mir 30, V. 495–500, vgl. hierzu auch McCracken, »Miracles, Mimesis, and the Efficacy of Images«, S. 47). Als er daraufhin sein Augenlicht wiederbekommt, konvertiert auch er. Dass es sich hier um einen blinden Sarazenen handelt, mag unterstreichen, dass ein Bild die Augen öffnen kann.

925 Vgl. McCracken, »Miracles, Mimesis, and the Efficacy of Images«, S. 57.

926 Akbari, *Idols in the East*, S. 212.

927 Akbari, *Idols in the East*, S. 213.

928 John V. Tolan, *Saracens. Islam in the Medieval European Imagination*, New York 2002, S. 129, zitiert bei Akbari, *Idols in the East*, S. 213.

929 Vgl. zu dieser Miniatur, der Tradition von Illustrationen von ʿAṭṭārs *Manṭiq ul-Ṭayr* und insbesondere zum Kontext der Rezeption und Illustration dieses Textes in Herat im späten 15. Jahrhundert Marie Lukens Swietochowski, »The Historical Background and Illustrative Character of the Metropolitan Museum's Mantiq al-Tayr of 1483«, in: Richard Ettinghausen (Hrsg.), *Islamic Art in The Metropolitan Museum of Art*, New York 1972, S. 39–72.

illustriert wurde.[930] Damit stammt die Miniatur aus demselben Kontext wie die Josefsdarstellung Bihzāds und zeigt wiederum eine Deutung eines wesentlich älteren Textes im Kontext des spättimuridischen Herat.

Illustriert ist hier das folgende Narrativ:

> Eines Nachts war der Engel Gabriel im Ziziphusbaum. Er hörte von Gott den Ruf »Hier bin ich!«
> Er sagte: »Zu dieser Zeit ruft ihn ein Diener. Ich weiß nicht, ob jemand ihn kennt.
> Soviel weiß ich, dass er ein hoher Diener ist. Seine Seele ist tot und er hat ein lebendiges Herz.«
> Er wollte ihn kennenlernen zu jener Zeit, aber in den sieben Himmeln erfuhr er nichts von ihm.
> Er wandelte auf der Erde und im Meer; ein weiteres Mal umrundete er die Welt.
> Doch sah er jenen Diener nicht. Er sagte: »O Gott, zeig mir endlich den Weg zu ihm!«
> Gott sagte: »Geh nach Rūm, geh ins Kloster und entdecke ihn!«
> Gabriel ging und sah ihn mit Augen, wie er zu jener Zeit das Götzenbild [*but*] jammernd anrief.
> Gabriel empörte sich über diesen Zustand und kam unter Geschrei zu Gott zurück.
> Er erhob seine Stimme und sagte: »O du, der du nichts bedarfst, öffne den Vorhang dieses Geheimnisses vor mir!
> Jenem, der in einem Kloster das Götzenbild anredet, dem gibst du in deiner Güte Antwort!«
> Gott sagte: »Er hat ein schwarzes Herz und weiß nicht Bescheid, deshalb hat er den Weg verfehlt.
> Wenn jener Abschaum aus Nachlässigkeit den Weg verfehlt hat, so habe ich, der ich Bescheid weiß, [deshalb] nicht den falschen Weg einzuschlagen.
> Auch jetzt noch gebe ich ihm den Weg zum Ehrenplatz frei; meine Güte wird für ihn um Entschuldigung bitten.«
> So sprach er und öffnete den Weg für seine Seele; er löste seine Zunge, sodass sie »Gott« sagen konnte.[931]

Es weisen also nicht nur die Illustrationen der Gedichte Gautiers und ʿAṭṭārs gewisse Parallelen auf, sondern auch die Narrative selbst: In beiden Fällen führt die Verehrung

930 Vgl. zu dieser Handschrift Muhammad Isa Waley, »›The Speech of the Birds‹: an Illustrated Persian Manuscript«, http://blogs.bl.uk/asian-and-african/2013/11/the-speech-of-the-birds.html, 22.11.2013, Stand 15.1.2019.

931 Farīd ud-Dīn Muḥammad ʿAṭṭār-i Nīšābūrī, *Manṭiq uṭ-ṭair*, hrsg. v. Ṣādiq Gawharīn, Teheran 1989/90, S. 102–103, V. 1842–1856 – übersetzt von Gerald Grobbel. Eine Übersetzung des gesamten Werkes liegt auch in englischer Sprache vor: Farídu'd-Dín ʿAttár, *The Speech of the Birds. Concerning Migration to the Real. The Mantiqu't-Tair*, übers. v. Peter W. Avery, Cambridge 1998. Auf der illustrierten Seite sind die Verse 1849–1853 zu lesen.

eines materiellen Bildes durch einen Andersgläubigen zu einer positiven Reaktion Gottes beziehungsweise der Mutter Gottes, die den Bildverehrer zur Konversion veranlasst. Dabei formuliert auch der persische Text die Erwartung, dass bei einem »hohen Diener« die Seele, die in diesem Fall für die Begierden steht, tot sei und das Gott zugewandte Herz lebendig.[932] Die Affinität zu sinnlichen Genüssen wird also auch hier als dem eigenen Glauben im wörtlichen Sinne fremd erklärt. Dennoch wird die Verehrung des materiellen Bildes ebenso wie im Narrativ Gautiers entschuldigt, in diesem Fall wird mangelnde Kenntnis als Grund angegeben, und die Verehrung des Bildes provoziert eine Antwort Gottes. In beiden Fällen also grenzt man sich einerseits von der Verehrung eines materiellen Bildes durch einen Andersgläubigen ab und präsentiert die Verehrung eines Bildes zugleich als den Moment, in dem der Andersgläubige seine Beschränkung auf die materielle Welt überwindet. Die Parallelen sind deutlich. So deutlich, dass sie an Beate Frickes Argumentation erinnern, die das Bedürfnis, andere – in ihrem Fall insbesondere pagane – Praktiken der Bildverehrung als idolatrisch darzustellen, darauf zurückgeführt hat, dass die eigene Bildpraxis sich kaum von der anderen unterscheidet.[933]

Bei allen Parallelen sind jedoch die Differenzen nicht zu übersehen: Zunächst ist auf quantitativer Ebene anzumerken, dass die Szene aus Gautiers *Miracles de Nostre Dame* sehr häufig illustriert wurde, während die Miniatur der ʿAṭṭār-Handschrift die einzige mir bekannte Illustration dieser Szene ist.[934] Das entspricht der Tendenz, dass Andersgläubige, die Idole anbeten, in der westeuropäischen Buchmalerei wesentlich häufiger dargestellt sind als in der persischen. Vor allem aber ist zu dem dargestellten Idol festzustellen, dass Gautiers »Sarazene« mit dem Marienbild ein Bild aus dem religiösen Kontext des Textes anbetet, es sich also im Sinne des Textes um ein »wahres« Bild handelt, das im falschen Glauben angebetet wird. In ʿAṭṭārs Text hingegen betet der Mönch ein Bild aus seinem eigenen religiösen Umfeld an. Dementsprechend kann in Gautiers Text der wahre Glaube vom Bild selbst vermittelt werden; es spielt eine aktive Rolle dabei, die Ansicht des »Sarazenen« nicht nur von der dargestellten Maria, sondern auch von sich als Bild zu verändern. In ʿAṭṭārs Text dagegen ist und bleibt das Idol schlicht der falsche Adressat des Gebets, welches aber dennoch beim wahren Gott ankommt.

So zumindest schildern die Texte die Verhältnisse. Die Frage bleibt, wie die Miniaturen diese darstellen – und welches Verhältnis sie zu den dargestellten Bildern einnehmen. Zu dem dargestellten Bild ist in der persischen Miniatur erst einmal anzumerken, dass das Idol aus heutiger Sicht weniger wie eine Ikone aussieht, die man einem byzantinischen Mönch zuschreiben mag, sondern in Form einer sitzenden goldenen Statue eher an eine Buddhafigur erinnert. Nun geht das persische Wort *but*, das ʿAṭṭār für Idol benutzt, vermutlich auf das Sanskritwort Buddha zurück und wird zum Teil

932 Ich danke Gerald Grobbel für seine Erläuterung dieses Verses.

933 Fricke, »Fallen Idols and Risen Saints«, insbesondere S. 69, sowie Beate Fricke, *Ecce fides. Die Statue von Conques, Götzendienst und Bildkultur im Westen*, München 2007. Zu der aus dieser Ähnlichkeit resultierenden Angst vor der Idolatrie vgl. Josh Ellenbogen, Aaron Tugendhaft (Hrsg.), *Idol Anxiety*, Stanford 2011.

934 Auch Ilse Sturkenboom hat in ihrem Promotionsprojekt zu illustrierten Handschriften des *Manṭiq ul-Ṭayr* bisher keine weiteren Illustrationen dieser Szene gefunden. Ich danke ihr für diese und andere Informationen und spannende Diskussionen zu diesem Thema.

auch für Buddha verwendet.[935] Zugleich wird es aber als Bezeichnung vor- oder nicht-islamischer Bilder jeglicher Herkunft verwendet, sowie als Metapher für die ideale menschliche Schönheit.[936] Ebenso wird die Ikonographie einer sitzenden goldenen[937] Figur für Idole verschiedenster Provenienz verwendet: Sie stellt die Idole in der Kaaba ebenso dar wie beispielsweise das Idol Zulaykhās oder eben dasjenige dieses Christen.

Jenseits des bislang beschriebenen Rahmens ist zudem gegenüber dem Idol hinter dem Rücken des Betenden rechts oben im Rand der Engel Gabriel dargestellt. Durch diese Platzierung Gabriels wird mit der Unterscheidung zwischen zwei Räumen gespielt: einem Innenraum im Rahmen des Schriftspiegels, in dem das Verhältnis zwischen Idol und Anbetendem dargestellt ist, welches vom verehrenden Blick geprägt ist, und einem Raum jenseits dieser Grenzen, aus dem Gabriel die Szene betrachtet.[938] Dass der Betende Gabriel offenbar nicht bemerkt, kann man daher dem Rahmen zuschreiben, der sein Sichtfeld begrenzt. Man könnte dieses eingeschränkte Blickfeld mit der Unkenntnis assoziieren, mit der der Text den Akt der Idolatrie erklärt, während sich der vermutlich als Muslim adressierte Lesende von dieser Sichtweise abhebt, indem er das gesamte Feld des Blattes inklusive der Position Gabriels überblickt. Wird hier also eine Unterscheidung etabliert zwischen dem ignoranten christlichen Protagonisten, der nur den physischen Raum innerhalb des Rahmens wahrnimmt, und muslimischen Lesenden, die auch die Perspektive Gabriels auf die Dinge sehen?[939] Entspricht die Option, das Bild ohne oder mit Rand zu betrachten, der beschriebenen christlichen und der erwünschten muslimischen Weise der Schau?[940]

Um diesen Fragen nachzugehen, sei der Kontext der Miniatur etwas umfassender in den Blick genommen. Hierzu ist erst einmal festzuhalten, dass es sich bei der zitierten Passage um eines von vielen Narrativen handelt, die ʿAṭṭār in folgende Rahmenerzählung einfügt: Eine Gruppe von Vögeln macht sich auf die Suche nach dem höchsten und unsterblichen Vogel *Sīmurgh* – und wird am Ende damit konfrontiert, dass

935 Mostafa Vaziri, *Buddhism in Iran. An Anthropological Approach to Traces and Influences*, New York 2012, S. 37.

936 William L. Hanaway, Jr., »Bot«, in: *Encyclopædia Iranica* IV/4, 1989, S. 389–390, www.iranicaonline.org/articles/bot-idol, Stand 30.1.2014.

937 Zum Status des Goldes in der Funktion von Idolen vgl. Finbarr Barry Flood, »From Icon to Coin: Potlatch, Piety, and Idolatry in Medieval Islam«, in: Gerhard Jaritz (Hrsg.), *Ritual, Images, and Daily Life. The Medieval Perspective*, Münster 2012, S. 163–171.

938 Das Handschrift spielt generell mit der Überschreitung zwischen Schriftspiegel und Rändern. Meist allerdings wird der Rahmen der Miniatur über den Schriftspiegel hinaus erweitert. Nur in einem weiteren Fall, einer Illustration der Geschichte der zwei Füchse, sind die beiden Füchse, die in dieser Szene gejagt werden, ebenfalls als einzelne Figuren im Rand platziert. Sie sind hier in goldener Farbe gezeichnet und ordnen sich damit stärker als Gabriel in die ebenfalls goldene Fleckung der Ränder ein. Vgl. zu Abbildungen weiterer Seiten Swietochowski, »The Historical Background and Illustrative Character of the Metropolitan Museum's Mantiq al-Tayr of 1483«, sowie für eine digitale Reproduktion der gesamten Handschrift www.bl.uk/manuscripts/FullDisplay.aspx?ref=Add_MS_7735, Stand 15.1.2014.

939 Barbara Brend verweist darauf, dass die Ränder von Koranmanuskripten voll von verschiedensten Signifikanten sind, und sie vermutet, dass »this tradition must encourage the painters to locate in the margin a visual gloss on the picture«. Barbara Brend, »Beyond the Pale. Meaning in the Margin«, in: Robert Hillenbrand (Hrsg.), *Persian Painting from the Mongols to the Qajars*, London 2000, S. 39–55, hier S. 40.

940 Vgl. zu einer Analyse dieser Seite in Bezug auf die Frage, inwiefern Bild und Rand hier als ein oder zwei Bilder anzusehen sind, meinen Aufsatz »Signifikante Uneinheitlichkeit«.

رفت جبریل و بدید یکش آشکار | کان زمان سخی آمدست راز زار

جبریل آمد از جا است بجوش | سوی حضرت باز آمد در خروش

بس زبان بگشاد و گفتی بی نیاز | پرده کن از پیش من این راز

آنکه در دیری کند بت را خطاب | تو ملطف خود دلی و در جواب

حق تعالی گفت سیت او دل سیا | می ندارند زان عطا که دست را

Abb. 109 – Ein Mönch aus »Rūm« adressiert ein Idol, ʿAṭṭār, *Manṭiq ul-Ṭayr*, Herat Ende 15. Jh. (?), London, BL, Add. 7735, fol. 75v.

»*Sīmurgh*« sie selbst sind: die dreißig Vögel (*sī murgh*), die das Ziel erreicht haben. Dieses Narrativ entspricht ʿAṭṭārs sufistischer Vorstellung, dass man Gott in sich selbst zu finden habe.[941] Inhaltlich greift es dabei auf das Vogeltraktat *Risālat al-Ṭayr* von Aḥmad oder Muḥammad Ghazālī[942] zurück, vielleicht auch auf den gleichnamigen Text Ibn Sīnās.[943] Der Titel jedenfalls geht auf einen Satz aus dem Vers 16 der Sure 27 zurück:[944] »Man hat uns die Sprache der Vögel [*manṭiq ul-ṭayr*] gelehrt«. Auf der in dieser Rahmenerzählung beschriebenen Reise erzählt ihr Anführer, der Wiedehopf, den Vögeln diverse belehrende Geschichten, wie die zitierte, in denen wiederum verschiedenste Narrative herangezogen werden. So erzählt der Wiedehopf den Vögeln beispielsweise zu Beginn der Reise davon, dass auch Alexander als Bote verkleidet von niemandem erkannt worden sei, weil keiner ein erkennendes Auge gehabt habe und man gedacht habe, der König sei »ein Fremdling fern dem Haus«,[945] während er im eigenen Haus anwesend war. Auch Elemente der Josefsgeschichte werden wiederholt aufgegriffen – so wird beispielsweise unmittelbar vor der Erkenntnis, dass die verbleibenden Vögel selbst »*Sīmurgh*« sind, die Erkenntnis formuliert, dass sie »ihren eigenen Josef«[946] in den Brunnen geworfen und verkauft haben. Diese Geschichten enden jeweils mit einer moralischen Botschaft – im Fall der hier illustrierten Passage wird am Ende darauf verwiesen, dass man unbesorgt auch mit »nichts« an den Hof Gottes kommen könne, da nicht jeder fromme Akt, aber durchaus auch ein Nichts angenommen werde, was ʿAṭṭārs Idee entspricht, dass der Weg zum göttlichen Anteil des Selbst in der Negation der Existenz liege.[947] Im Anschluss an eine Schilderung, in der Gott einem Andersgläubigen antwortet, der ein Götzenbild adressiert, wird also unterstrichen, dass nicht fromme Akte, sondern »nichts« Bedingung sei, um an den Hof Gottes zu kommen.

Auffällige Parallelen weist das Narrativ des Götzenanbeters dabei zu der vorhergehenden, wesentlich längeren Geschichte von Shaykh Ṣanʿān auf, die der Wiedehopf den Vögeln anfangs erzählt, um sie zur Abreise zu motivieren. Hier geht es um einen hochverehrten Shaykh, der eines Tages träumt, ein byzantinisches Idol zu verehren. Daraufhin macht er sich auf den Weg nach Byzanz, wo er sich in eine schöne junge Christin verliebt, die er auf einem Balkon erblickt und die im Folgenden wiederholt als Idol im besagten Sinne einer zu verehrenden Schönheit bezeichnet wird. Die Frau verlangt von ihm unter anderem, ein Idol zu verehren und den christlichen Glauben anzunehmen. Am Ende allerdings kehrt er zum Islam zurück und auch die Christin konvertiert.

941 Swietochowski, »The Historical Background and Illustrative Character of the Metropolitan Museum's Mantiq al-Tayr of 1483«, S. 40.

942 Hellmut Ritter, *Das Meer der Seele. Mensch, Welt und Gott in den Geschichten des Fariduddin ʿAttar*, Leiden 1955, S. 8.

943 Benedikt Reinert, »Aṭṭār, Farīd-al-Dīn«, *Encyclopædia Iranica* III/1, 2011 (1987), S. 20–25, www.iranicaonline.org/articles/attar-farid-al-din-poet, Stand 30.1.2014.

944 Vgl. Ritter, *Das Meer der Seele. Mensch, Welt und Gott in den Geschichten des Fariduddin ʿAttar*, S. 9.

945 Farīd-ad-Dīn ʿAṭṭār, *Vogelgespräche und andere klassische Texte*, hrsg. u. übers. v. Annemarie Schimmel, München 1999, S. 173.

946 ʿAttár, *The Speech of the Birds*, S. 376–377.

947 Swietochowski, »The Historical Background and Illustrative Character of the Metropolitan Museum's Mantiq al-Tayr of 1483«, S. 40.

Abb. 110 – Shaykh Ṣan'ān erblickt die Christin, ʿAṭṭār *Manṭiq ul-Ṭayr*, Herat Ende 15. Jh., London, BL, Add. 7735, fol. 49r.

In der vorliegenden Handschrift ist der Moment, in dem Shaykh Ṣanʿān sein Idol, die schöne Christin, erblickt, auf fol. 49r (Abb. 110) ebenfalls illustriert.[948] Und auch hier überschreitet die Miniatur die Grenzen des Schriftspiegels: Während Shaykh Ṣanʿān mit seinem Gefolge innerhalb des Schriftspiegels platziert ist, ist die Christin auf ihrem Balkon links im Rand platziert. Hier allerdings ist der Rahmen zwischen den beiden Bildfeldern nicht eingetragen, sondern das Gebäude, in dem sich die Frau befindet, grenzt unmittelbar an das Feld des Schriftspiegels, und die blauen und goldenen

948 Während mir von der Szene des Christen vor seinem Idol nur diese Illustration bekannt ist, sind Darstellungen Shaykh Ṣanʿāns und der Christin sehr häufig. Vgl. Swietochowski, »The Historical Background and Illustrative Character of the Metropolitan Museum's Mantiq al-Tayr of 1483«, S. 48–52.

Randlinien der Miniatur umfassen das Gebäude an zwei Seiten, während sie nach oben hin von dem Stockwerk, in dem sich die Frau befindet, verdeckt werden. Auch hier wird also mit den Grenzen des Schriftspiegels gespielt; in diesem Fall ist es das Idol – das hier ebenfalls unter einem Bogen hinter einer Brüstung zu sehen ist –, das das Blickfeld des Shaykhs entgrenzt und nach oben hin öffnet.

Diese Verehrung eines Idols, in diesem Fall insbesondere die Liebe zu einer schönen Frau, wird dabei auch in diesem Narrativ nicht nur entschuldigt und beispielsweise als ein zwischenzeitlicher Umweg beschrieben. Es wird auch nicht einfach nur im sufistischen Sinne die Liebe als entscheidender als der wahre Glaube präsentiert. Die Verse vor dem Beginn der Geschichte betonen vielmehr explizit, dass die Bedingung des beschriebenen Weges ist, die Unterscheidung von Glauben und Unglauben aufzugeben.[949] Insbesondere ist dabei der Gegenstand der Verehrung irrelevant, entscheidend ist die innere Haltung und Sichtweise der Dinge. Ähnliche Aussagen finden sich auch an anderen Stellen des Textes – so wird beispielsweise im Tal der Erkenntnis deutlich gemacht, dass es verschiedene Wege zur Erkenntnis gebe: »Und da die Wege unterschiedlich sind, so können Vögel nicht zusammen fliegen, denn die Erkenntnis ist ja ganz verschieden: *der* findet die Moschee, *der* Götzentempel.«[950]

Berücksichtigt man diesen Zusammenhang, dann wird deutlich, dass es auch auf fol. 75v nicht nur darum geht, zwischen einer christlichen und einer muslimischen Art der Schau zu unterscheiden, sondern diese Unterscheidung zugleich in Frage zu stellen und Gabriel – und durch ihn den Lesenden – nahezubringen, dass auch die Anbetung eines Idols ein Weg zu Gott sein kann. Zugleich wird mit dem Blick auf die Figur Gabriels selbst ein Blick über die materielle Welt hinaus eröffnet – und es ist anzumerken, dass ʿAṭṭār in seinem *Asrārnāmah* Mohammed als jemanden charakterisiert, der bereits zu Lebzeiten ein sehendes Auge gehabt habe und damit Gabriel bereits auf Erden sehen konnte.[951] Gabriel wird also als vermittelnde Instanz inszeniert, die einerseits die Lesenden auf eine christliche Götzenanbetung als möglichen Weg zu Gott aufmerksam macht, andererseits aber den Blick auf eine Sphäre jenseits der materiellen Welt eröffnet, die der Christ bei seiner Konversion erkennt. Bemerkenswert ist dabei die Geste Gabriels: Er führt seinen Finger an den Mund. Alberto Saviello hat argumentiert, dass diese Geste, die bereits in der Antike verwendet wurde, um Erstaunen und Kontemplation zu visualiseren, in der persischen Buchmalerei mit einer Vorsicht gegenüber dem Augenfälligen und einem Streben nach einer Wahrheit jenseits des Sichtbaren assoziiert werden könne.[952]

949 Vgl. Muhammad Isa Waley, »Mantiq al-tayr (›the Speech of Birds‹)«, http://britishlibrary.typepad.co.uk/asian-and-african/2013/12/mantiq-al-tayr-the-speech-of-birds-part-2.html, 23.12.2013, Stand 30.1.2014.

950 ʿAṭṭār, *Vogelgespräche und andere klassische Texte*, S. 213.

951 Vgl. Ritter, *Das Meer der Seele. Mensch, Welt und Gott in den Geschichten des Fariduddin ʿAttar*, S. 187.

952 Alberto Saviello, »See and Be Amazed! Spectator Figures in Persian Manuscript Painting«, in: Fricke/Krass (Hrsg.), *Public in the Picture/Das Publikum im Bild*, S. 231–248. Dass diese Geste die volle Bandbreite von ehrfürchtigem bis zu skeptischem Erstaunen visualiseren kann, mag sich in dieser Arbeit in der Spannbreite der Szenen andeuten, in denen sie zwischen dem Engel gegenüber Adam (Abb. 17c), der auch auf dem Umschlag zu sehen ist, und dem Engel gegenüber dem Götzenbild zu finden ist. Zu diesem Gestus vgl. auch Avinoam Shalem, »Amazement. The Suspended Moment of the Gaze«, in: Olga Bush, Avinoam Shalem (Hrsg.), *Themenheft: Gazing*

Die Miniatur selbst bildet also nicht nur ein Bild ab, dessen Verehrung eine Antwort Gottes hervorruft, sondern sie inszeniert sich selbst als ein Medium, das die Abgrenzung von einer christlichen Art der Schau in Frage stellt und genau in dieser Entgrenzung einen Blick eröffnet, der jenseits der materiellen Welt Gabriel erkennt und damit dem Sehen Mohammeds nahekommt. Während die abgebildete Skulptur also seitens der Miniatur als irrelevantes materielles Objekt präsentiert wird, inszeniert sich die Miniatur selbst als ein Medium, das dem Betrachter die richtige Sichtweise vermittelt. Hier besteht ein Unterschied zu der französischen Miniatur: Während es in beiden Fällen einem Angehörigen der jeweils anderen Religion zugeschrieben wird, ein rein materielles Bild zu verehren, ist es hier im Unterschied zur Miniatur der Gautier-Handschrift nicht das abgebildete Bild, sondern die Miniatur selbst, der die Kapazität zukommt, die Sichtweise des Betrachters zu verändern und zwischen materiellen und geistigen Aspekten zu vermitteln.

Just im Gesicht Gabriels trifft diese Arbeit aber auch auf den vielzitierten Ikonoklasmus: Das Gesicht und insbesondere die Augen Gabriels sind beschädigt, ebenso wie dies bereits am Gesicht Josefs in Bihzāds Darstellung (Abb. 71) festzustellen war. Auch die Augen des Idols in dieser Miniatur wurden ausradiert, ebenso wie ein Auge des Christen. Barry Flood hat diese Praxis, die Gesichter und insbesondere Augen von Figuren auszuradieren, als instrumentellen Ikonoklasmus beschrieben, dem es nicht um eine Zerstörung der Bilder geht, sondern darum, ihnen die Möglichkeit der Verlebendigung zu nehmen. Denn das Risiko der Idolatrie und mithin die vielzitierte »›Verwechslung‹ von Signifikant und Signifikant [ist] auf die universelle Tendenz zurückzuführen, dem Bild die Möglichkeit der Verlebendigung zuzuschreiben«, darauf also, dass »Ikonoklasten mit dem Bild umgehen, als ob es lebendig sei«.[953] Nun sind die Spuren dieser ikonoklastischen Akte nicht repräsentiv für die Rezeption dieser Miniaturen, da die Bewunderung von Bildern ebensowenig Belege hinterlässt wie ihre vollständige Zerstörung. Aber es wird in diesen Spuren der Rezeption der Miniatur doch deutlich, dass es oberflächlich wäre, christliche Bildanbetung und muslimischen Ikonoklasmus gegenüberzustellen. Vielmehr wird dem Christen hier genau jene idolatrische Adressierung des Idols als lebendiges Gegenüber zugeschrieben, die auch dem ikonoklastischen Auskratzen der Augen zugrunde liegt. Was zumindest insofern den Tatsachen entspricht, als diese Praxis nicht nur in muslimischen Kontexten verbreitet ist, sondern auch in römischen, frühchristlichen, byzantinischen, prostestantischen und aufgeklärten Ikonoklasmen.[954]

Otherwise: Modalities of Seeing In and Beyond the Lands of Islam, Muqarnas 32, 2015, S. 8–10.

953 Flood, »Between Cult and Culture«, S. 648.

954 Flood, »Between Cult and Culture«, S. 647. Vgl. hierzu auch David Freedberg, *The Power of Images. Studies in the History and Theory of Reponse*, Chicago 1989, S. 415. Im Kontext der hier diskutierten Handschriften wäre etwa auf die Tilgung eines Drachenkopfes im Berliner Alexanderroman zu verweisen. Vgl. Rieger, *Der Alexanderroman*, S. 180 und Fußnote 58, S. 185.

3 Fremdes Idol und familiäre Imagination. Ein »Maure« verehrt ein Marienbild

Abschließend sei nun, wie gesagt, eine spanische Miniatur in den Blick genommen, um mit diesem geographischen Abstecher einen Kontext zu fokussieren, in dem der zu bekehrende Betrachter nicht mehr, wie die Texte behaupten, in der Ferne zu verorten ist, sondern Subjekt aktueller Bekehrungsbestrebungen im Herrschaftsbereich von Alfons X. ist.

Genauer gesagt, soll hier eine Illustration des Liedes 46 der in den 1270er Jahren am Hof von Alfons X. in Sevilla in galicisch-portugiesischer Sprache zusammengestellten *Cantigas de Santa Maria* fokussiert werden, und zwar aus dem sogenannten *Códice Rico* (Escorial, Biblioteca del Real Monasterio, Ms. T. I. 1, fol. 68v – Abb. 111). Wiederum sei zuerst der illustrierte Text vorgestellt und anschließend der Frage nachgegangen, wie die Miniatur, die in diesem Fall im Unterschied zu den bislang diskutierten Bildern sehr kurz nach dem Text entstand, die beschriebene Funktion des Bildes umsetzt. Das Lied lautet:

> *Dieses Lied handelt davon, wie bei einem Bild der Heiligen Maria, das ein Maure bei sich zu Hause in Ehren hielt, Milch aus den Brüsten floss.*
>
> [Refrain:] *Denn der Jungfrau Wundertaten sollen in die Welt getragen werden. Sie vollbringt sie vor Ungläubigen.*
>
> Folgendermaßen trug es sich zu: Von einem Mauren will ich Euch
> hier erzählen, der – wie ich hörte – mit einem großen Heer ins Heilige
> Land zog. Dort wollte er – so erfuhr ich – gegen die ahnungslosen
> Christen kämpfen und auf Beutezug gehen.
> *Denn der Jungfrau Wundertaten …*
>
> Wo er nur hinkam, hinterließ der Maure Schutt und Asche. Ließ als Beute
> fortschleppen, was er nur konnte. Frohgemut kehrte er heim, versammelte
> die geraubten Schätze um sich und teilte die Beute.
> *Denn der Jungfrau Wundertaten …*
>
> Von der Beute nahm er für sich ein Bild der unvergleichlichen Jungfrau,
> das seinen Gefallen gefunden hatte. Es war so wunderschön wie kein
> Zweites. Und nachdem er es sich genau angeschaut hatte, ließ er es erhöht
> aufstellen und in goldbesticktes bestickte Tuch hüllen.
> *Denn der Jungfrau Wundertaten …*
>
> Häufig strich er daran vorbei und schaute es eindringlich an. Alsbald
> begann er zu räsonieren und sagte bei sich, er könne weder glauben, dass
> Gott Mensch werden, noch dass er von einer Frau geboren werden wolle.
> »Es irren […]«
> *Denn der Jungfrau Wundertaten …*
>
> »[Es irren] die, die dem Glauben schenken,« sagte er, »denn es ist doch
> nicht anzunehmen, dass Gott solch ein Mühsal auf sich nehmen und sich

selbst derart erniedrigen würde. Dass er, der doch so groß ist, sich in einen Körper einschließen und sich unter das einfache Volk mischen würde.
Denn der Jungfrau Wundertaten …

Man erzählt sich, er sei gekommen, um die Welt zu retten. Würde er mir nur eine seiner Wundertaten zeigen, würde ich unverzüglich Christ und mit diesen bärtigen Mauren zusammen konvertieren.«
Denn der Jungfrau Wundertaten …

Kaum hatte der Maure das gesagt, sah er wie die Brüste des Bildes zu Fleisch und Blut wurden, sich alsbald öffneten und Bäche von Milch ausgossen.
Denn der Jungfrau Wundertaten …

Als der Maure das sah – ich schwöre, das ist die Wahrheit – begann er, sehr zu weinen und ließ einen Geistlichen kommen, auf dass er ihn taufe. Und hernach ließ er unverzüglich die Seinigen taufen und bekehrte dazu noch seine Bekannten.
Denn der Jungfrau Wundertaten …[955]

Im Unterschied zu der eben diskutierten französischen Version des Narrativs, auf die die galicisch-portugiesische Version zurückgeführt werden kann,[956] wird hier ausführlich erklärt, wie der »*mouro*« in den Besitz des Bildes gekommen ist: Er habe es nämlich als Kriegsbeute aus dem Heiligen Land zurück in seine Heimat Konstantinopel[957] mitgebracht. Weiter ist zwar von den Zweifeln des »Mauren« an der Inkarnation die Rede; ein Zweifel an der Jungfrauengeburt, der in der Version Gautiers so entscheidend war, wird dagegen nicht mehr erwähnt. Das ist vor dem Hintergrund zu verstehen, dass in den Cantigas – beispielsweise in Cantiga 329 – sehr deutlich wird, dass man sich im Kontext dieser Handschrift bewusst war, dass die »Mauren« gemäß dem Koran sehr wohl an die jungfräuliche Geburt Jesu glauben.[958]

Damit fällt freilich das zentrale Argument des französischen Textes. Schließlich war die Aussage, dass eine Frau ebensowenig ohne den Samen eines Mannes schwanger werden kann wie ein Stück Holz, der Ausgangspunkt dafür, den »Sarazenen« mittels der wundersamen Kapazitäten des Bildes als einem Stück Holz auch von der jungfräulichen Geburt Marias zu überzeugen. Eine solche Begründung, warum die wundersamen Kapazitäten des Bildes den Besitzer zur Konversion bewegen, fehlt im galicisch-portugiesischen Text.

955 Alfonso X, el Sabio, *Cantigas de Santa Maria*, hrsg. v. Walter Mettmann, Madrid 2004 [1986], Bd. 1, S. 171–173 – übersetzt von Dorothea Köhler. Zu einer englischen Übersetzung vgl. *Songs of Holy Mary of Alfonso X, the Wise: A Translation of the Cantigas De Santa Maria*, übers. v. Kathleen Kulp-Hill, Tempe 2000, S. 62.

956 Walter Mettmann, »Die Quellen der ältesten Fassung der ›Cantigas de Santa María‹«, in: Arnold Arens (Hrsg.), *Text-Etymologie. Untersuchungen zum Textkörper und Textinhalt. Festschrift für Heinrich Lausberg zum 75. Geburtstag*, Wiesbaden 1987, S. 177–182.

957 Vgl. zur Lokalisierung der Szene in Konstantinopel Rocío Sánchez Ameijeiras, »Imaxes et Teoría da Imaxe nas Cantigas de Santa María«, in: Elvira Fidalgo (Hrsg.), *As Cantigas de Santa María*, Vigo 2002, S. 247–330, hier S 285.

958 Prado-Vilar, »The Gothic Anamorphic Gaze«, S. 78.

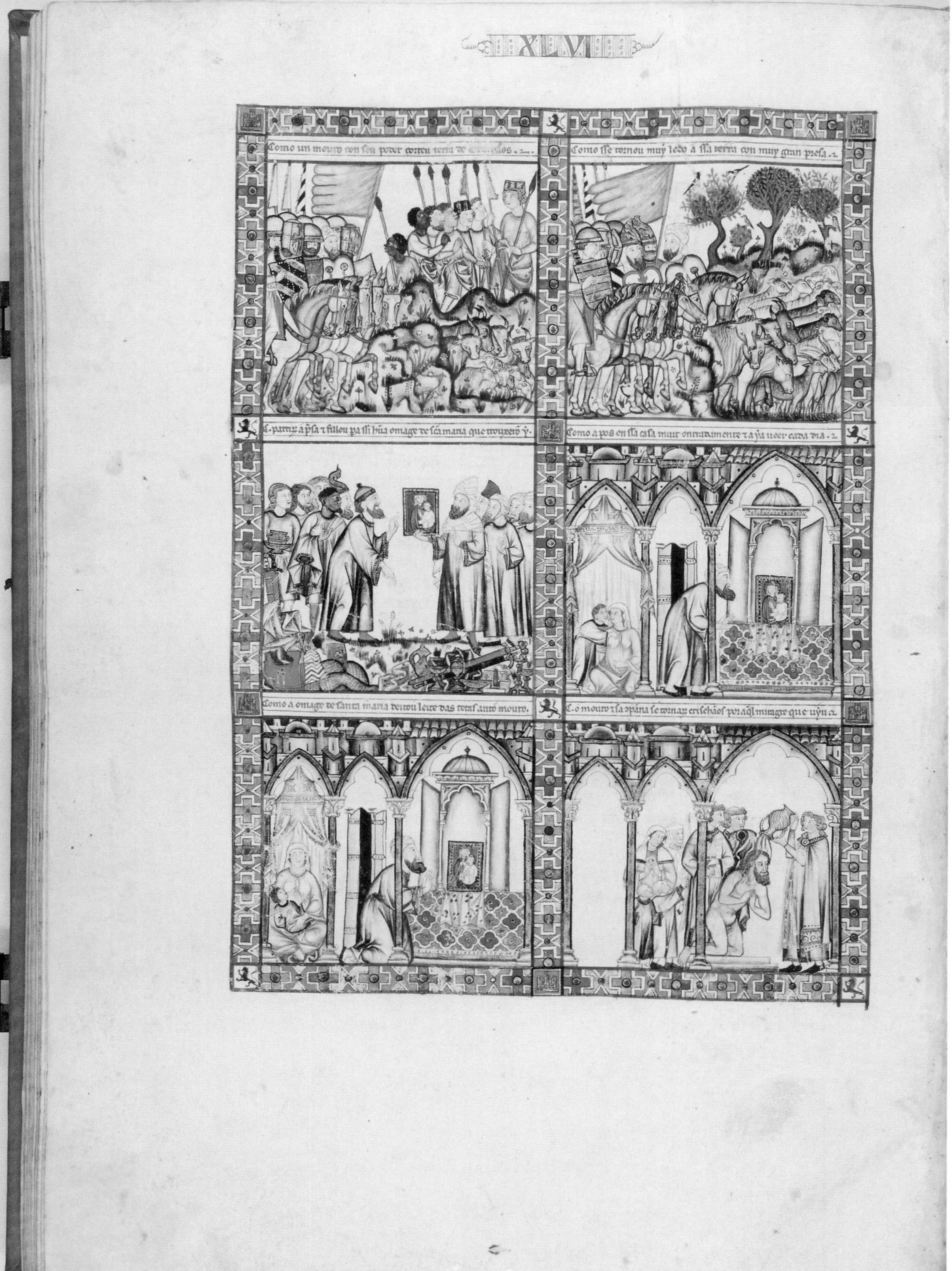

Abb. 111 – Illustrationen zu Lied 46, *Cantigas de Santa Maria*, Sevilla Ende 13. Jh., Escorial, Biblioteca del Real Monasterio, Ms. T. I. 1, fol. 68v.

Abb. 112 – Detail von Abb. 111.

Im *Códice Rico* wird dieses Lied auf einer Seite illustriert, die in sechs Felder mit verschiedenen Szenen aufgeteilt ist: Der Aufenthalt des »Mauren«, der jeweils mit einem weißen Turban dargestellt ist, im Heiligen Land, seine Rückkehr, die Verteilung der Kriegsbeute – bei der er sich das Bild herausgreift –, wie er das Bild in seinem Haus in Ehren hält und jeden Tag anschauen geht, wie dem Bild Milch aus den Brüsten fließt, und wie der »Maure« schließlich getauft wird. Dabei ähneln sich die Darstellung der Verehrung und des Milchwunders weitgehend, was den Fokus auf die Unterschiede lenkt. So fällt ins Auge, dass im fünften Feld, in dem der Überschrift zufolge das Wunder dargestellt ist, im Unterschied zum vierten Feld, das die Verehrung zeigt, zwei schmale Linien von Marias Brust auf die Hände des »Mauren« zulaufen, die die Milch – die der galicisch-portugiesische Text hier anstelle des Öls nennt – darstellen könnten (Abb. 112). Vor allem aber fällt die Veränderung in der Haltung jener Figuren auf, die die Illustrationen jenseits der üblichen Darstellung des »Mauren« vor dem Bild im linken Bogen der Rahmenarchitektur zeigen: Hier nämlich ist in dieser Handschrift – unter einem Baldachin mit pseudo-kufischer Schrift – eine Frau mit einem Kind zu sehen. Während die Mutter das Kind im vierten Feld in den Arm nimmt, liegt es im fünften Feld an ihrer Brust und trinkt. Schon im vierten Feld nehmen diese Figuren eine spiegelbildliche Position zu der von Maria mit dem Kind innerhalb des Bildes ein. Im fünften nun entspricht das Stillen der fließenden Milch des Marienbildes. Francisco Prado-Vilar hat argumentiert, dass hier ein inneres Bild des »Mauren« gezeigt wird, ein Bild, das ihm vertraut ist und das er mit der Jungfrau assoziiert.[959] Das führt ihm zufolge dazu, dass sich »der Ort der Repräsentation vom Pergament in das subjektive Bewusstsein des Betrachters verschiebt, wo die innere Erfahrung des ›Mauren‹ aktiv rekonstruiert werden kann«.[960] Daraus zieht Prado-Vilar folgenden Schluss:

> Die subtile Inszenierung der Illumination suggeriert, dass der Auslöser der Konversion nicht die wunderwirkende Kraft des Bildes war, wie der Text behauptet, sondern eher die Kapazität des intendierten Betrachters, die perfekte Mimesis zwischen dem seltsamen externen und dem vertrauten inneren Bild zu beobachten.[961]

Prado-Vilar sieht in diesem »anamorphen Blick«, wie er ihn nennt, ein Instrument, um das Fremde und das Eigene in Verbindung zu bringen.

Während der Text im Vergleich zu seiner französischen Vorlage auf einen zentralen Aspekt, nämlich den Zweifel an der Kapazität von Maria und Bild, Wunder zu wirken, verzichtet und damit ein entscheidendes Argument für die Überzeugungskraft des Bildes in Bezug auf den richtigen Glauben aufgibt, betont die Illustration eine andere Kapazität von Bildern, nämlich die, die inneren Bilder des »Mauren« aufzurufen. Angesichts der Tatsache, dass sich die Zweifel des »Mauren« in der galicisch-portugiesischen Version von der Frage der jungfräulichen Geburt auf die Frage verschoben haben, ob Gott überhaupt als Mensch geboren werden kann, erscheint es dabei durchaus sinnvoll, die Aufmerksamkeit von der Darstellung der Wundertätigkeit des Bildes auf das Wunder des Lebens selbst zu lenken. Statt der Parallele zwischen der jungfräulichen Geburt Marias und einem milchgebenden Stück Holz wird hier also die milchgebende Maria mit ihrem Kind mit dem ebenso erstaunlichen Phänomen einer stillenden Mutter verglichen. Die Miniatur betont also neben der wundersamen Kapazität des Bildes, Öl beziehungsweise Milch austreten zu lassen, die Kapazität, den Betrachter an das »natürliche Wunder« der Geburt und des Stillens eines Kindes zu erinnern.

Eine solche Verschiebung des Fokus vom Wunder zur Belebung zeichnet sich, wie wiederum Prado-Vilar unterstrichen hat, auch in der Cantiga 297 ab, wo Alfons sich gegen den Vorwurf, ein geschnitztes Stück Holz anzubeten, wehrt, indem er argumentiert, dass Bilder ihre Kraft von den Heiligen auf ebenso unsichtbare Weise bekämen wie ein lebendes Wesen durch den Atem.[962] Jenseits dieses Vergleichs von Bildern

959 Francisco Corti hat diese Szene nicht als Bild interpretiert, sondern als Darstellung der Frau des Mauren, sieht aber ebenfalls in den Paralellen zwischen dem Marienbild und der Frau des Mauren eine Ankündigung und Legitimation der Konversion. Francisco Corti, »Iconos dentro de la miniaturas de las Cantigas de Santa María«, in: Joaquín Bérchez u.a. (Hrsg.), *El Mediterráneo y el arte español*, Valencia 1998, S. 8–13, hier S. 11. Mir scheint jedoch weniger entscheidend, ob in der Illustration ein inneres Bild oder eine reale Szene dargestellt ist, sondern der Umstand, dass die Illustration die Kapazität demonstriert, im Betrachter vertraute innere Bilder zu evozieren.

960 Prado-Vilar, »The Gothic Anamorphic Gaze«, S. 69.

961 Prado-Vilar, »The Gothic Anamorphic Gaze«, S. 70.

962 Francisco Prado-Vilar, »The Parchment of the Sky: Poiesis of a Gothic Universe«, in: Alfonso X El Sabio (Hrsg.), *Las Cantigas de Santa María. Códice Rico, Ms. T-I-1, Real Biblioteca del Monasterio de San Lorenzo de El Escorial*, hrsg. v. Laura Fernández Fernández u. Juan Carlos Ruiz Souza,

und Lebewesen konstatiert Prado-Vilar insbesondere für Cantiga 39 eine »Frömmigkeit des inneren Bildes«.[963] Die »Verinnerlichung des Bildes«, die damit einhergeht, beschreibt er dabei als »einen Prozess der Projektion eines inneren Bildes auf einen materiellen Träger und der Anpassung von dessen physischer Erscheinung an bestehende Erwartungen«.[964] In diesem Kontext kann man die Darstellung der stillenden Mutter wohl als eine »Projektion eines inneren Bildes auf einen materiellen Träger« verstehen. Zu diskutieren wäre dann, inwiefern das Idol als ein materieller Träger zu verstehen ist, der bestehenden Erwartungen angepasst wird. Prado-Vilar zumindest argumentiert, dass muslimische Auffassungen von Maria und Jesus bei der Produktion der Cantigas eine Rolle spielten.[965] Jedenfalls kann man festhalten, dass dem materiellen Bild, das der »Maure« in der Illustration der Cantiga 46 verehrt, das Ideal der Projektion eines inneren Bildes zur Seite gestellt wird – und diese Assoziation von Idol und innerem Bild als Moment der Konversion inszeniert wird.

Räumlich erscheint dieses innere Bild hinter dem Rücken des »Mauren« in einem separaten Bogen jenseits der beiden Bögen, durch die man den »Mauren« vor dem Bild sieht. Diese Anordnung der Elemente weist Parallelen zur Position Gabriels hinter dem Rücken des Christen im Rand der ʿAṭṭār-Handschrift auf. Dabei ist die Mutter im Unterschied zum »Mauren« ebenso wie das Bild frontal auf den Betrachter ausgerichtet, sodass sie den Betrachter als Schauenden direkt adressiert. Vor allem wird in beiden Fällen – im Unterschied zur französischen Miniatur, die nur das wundersame Bild Mariens abbildet – der Blick vom materiellen Gegenstand der Anbetung auf ein Bildelement gelenkt, das man einer geistigen Ebene zuordnen kann.

Rocío Sánchez Ameijeiras schreibt dem Bildverständnis der Cantigas starke Rückgriffe auf byzantinische Bildtheorien zu, besonders die Idee der Menschwerdung Christi als Rechtfertigung der Verehrung von Bildern sei hier virulent.[966] Auch in der Darstellungsweise des Bildes werde deutlich, dass die Illuminierenden byzantinische Bilder im Hinterkopf hatten: »Der Text der Cantigas gibt nicht an, um was für ein Bild es sich handelt, aber der Miniaturist hat erneut eine Ikone der Panagia favorisiert«.[967] Damit unterscheidet sich die Illustration der Cantigas von jener des Textes Gautiers, die umgekehrt eine Statue zeigt, während im Text von einer bemalten Tafel die Rede ist.[968] Zudem betont Sánchez Ameijeiras, dass die Szene in Pera, dem Handelsviertel von Konstantinopel, verortet sei.[969] Insofern hat man es in der spanischen Miniatur ebenso wie im persischen Text mit Darstellungen byzantinischer Ikonen zu tun, die in dieser Arbeit damit ein weiteres Mal als *tertium comparationis* fungieren.[970]

Bd. II: Estudios, Madrid 2011, S. 473–520, hier S. 509.

963 Prado-Vilar, »The Parchment of the Sky: Poiesis of a Gothic Universe«, S. 501.

964 Prado-Vilar, »The Parchment of the Sky: Poiesis of a Gothic Universe«, S. 502.

965 Prado-Vilar, »The Gothic Anamorphic Gaze«, S. 74–83.

966 Vgl. Sánchez Ameijeiras, »Imaxes et Teoría da Imaxe nas Cantigas de Santa María«, insbesondere S. 289–290.

967 Sánchez Ameijeiras, »Imaxes et Teoría da Imaxe nas Cantigas de Santa María«, S. 285. Vgl. zur Darstellung von Ikonen auf insgesamt vier Seiten des *Códice Rico* auch Corti, »Iconos dentro de la miniaturas de las Cantigas de Santa María«.

968 Sánchez Ameijeiras, »Imaxes et Teoría da Imaxe nas Cantigas de Santa María«, S. 285.

969 Sánchez Ameijeiras, »Imaxes et Teoría da Imaxe nas Cantigas de Santa María«, S. 285.

970 Leider kann ich nicht genauer verfolgen, wie genau sich die Darstellungen und ihre Funktionen zu diesem Vorbild verhalten. Vgl. auch Fußnote 62.

In Bezug auf dieses gemeinsame Vorbild werden die Unterschiede im Verständnis der Rolle materieller Bilder im Prozess der Konversion umso deutlicher: Während im westeuropäischen Kontext das Marienbild selbst eine aktive Rolle in der Veränderung der Sichtweise seines Verehrers spielt, kommt es im persischen Kontext allein der Miniatur selbst zu, den Betrachtenden eine andere Sichtweise der Dinge anzubieten. Das hat freilich damit zu tun, dass man sich dieses Bild im westeuropäischen Kontext als eigenes religiöses Bild aneignet, während es im persischen Kontext als ein fremdes Bild präsentiert wird. Es entspricht aber auch der bisherigen Beobachtung hinsichtlich der Darstellungen von Idolen im persischen Kontext: So war beispielsweise in den Darstellungen von Bildern in Jāmīs Josefsgeschichte festzustellen, dass dem Glauben an die Macht eines Bildes die Aussage entgegengesetzt wird, dass allein die Sichtweise darauf entscheidend dafür sei, ob ein Bild als Idol oder als Reflexion Gottes verstanden wird.[971] Auch hier inszenierte sich die Miniatur als ein Weg, um die Betrachtung eines Bildes von einer zu unterbindenden menschlichen in eine legitime gottgleiche Perspektive zu transformieren. In beiden Fällen ist also nicht das dargestellte Bild, sondern die Sichtweise des Betrachters entscheidend für die Bewertung – und die Miniatur nutzt ihre Möglichkeiten, um dem Betrachter eine bestimmte Sichtweise nahezulegen. Diese Tendenz, die Schuldigkeit vom Bild auf den Betrachter zu verlegen – die beispielsweise auch über protestantische Positionen formuliert worden ist –, kann man dabei als Ansatz verstehen, Idolen jene beängstigende Macht abzusprechen, die ihre Zerstörung erst nötig macht, und so umgekehrt den Bildgebrauch zu legitimieren.

Doch nicht nur in den Idolen selbst, sondern auch in den geistigen Perspektiven, die sie eröffnen, sind Unterschiede festzustellen: Die Darstellung der Mutter mag zwar einen Blick in die Imagination des Malers, und Prado-Vilar zufolge auch des »Mauren«, eröffnen, doch ist diese Imagination eine diesseitige, die die Weltlichkeit der Geburt Christi betont. Der Engel hingegen ist im Text bereits vorgesehen und damit keine zusätzliche Imagination des Malers oder gar des Betenden, sondern »imaginär« höchstens im Sinne von Henry Corbins Verwendung dieses Begriffes für eine Sphäre jenseits der wahrnehmbaren Welt.[972] Dem entspricht die Tatsache, dass diese Sphäre in der persischen Miniatur jenseits des Rahmens des Bildes visualisiert ist, während sie in der spanischen Miniatur innerhalb des Rahmens, wenn auch in einem separaten Teil, dargestellt ist – jedenfalls aber so, dass nicht klar ist, ob es sich um eine anwesende oder um eine imaginierte Person handelt.

Es mag naheliegen, die Verortung des Geistigen im Diesseits in einem christlichen Kontext gegenüber der Verortung im Jenseits in einem islamischen Kontext in Bezug auf die unterschiedlichen Ansichten von Islam und Christentum zur Frage der Inkarnation zu erklären. Eine solche Deutung überliest aber nicht nur ʿAṭṭārs Verortung des Göttlichen im Menschen selbst, sondern kommt auch in der französischen Miniatur an ihre Grenzen, die die geistige Dimension des Bildes schlicht gar nicht visualisiert. Weiter hilft ein Bezug auf den jeweiligen Kontext der Handschriften: So mag der Verzicht auf eine Visualisierung der angestrebten Perspektive in der

971 Man könnte hier die Parallelen zu protestantischen Strategien diskutieren, nicht die Bilder, sondern ihre Verwendung der Idolatrie zu beschuldigen.

972 Vgl. z.B. Henry Corbin, *L'imagination créatrice dans le Soufisme d'Ibn Arabi*, Paris 1958. Dabei bliebe zu untersuchen, ob und, wenn ja, in welchem Sinne dieser Begriff bei ʿAṭṭār verwendet werden kann.

diskutierten Gautier-Handschrift vor dem Hintergrund zu verstehen sein, dass das Interesse innerhalb des französischen Kontextes weniger der Vermittlung galt als der Legitimation und womöglich auch kompensativen Inszenierung der eigenen Bilder in der Abgrenzung von einer Inszenierung des falschen Bildverständnisses eines Anderen – der zum Zeitpunkt der Zusammenstellung militärisch zunehmend den Kreuzfahrern überlegen war.

Die Illustration der ʿAṭṭār-Handschrift entstand im Zuge der ʿAṭṭār-Rezeption ebenso wie Bihzāds Darstellung von Josef und Zulaykhā am Hof Ḥusayn Bāyqarās in Herat in den letzten zwei Jahrzehnten des 15. Jahrhunderts. Dass fast alle erhaltenen illuminierten ʿAṭṭār-Handschriften in diesem Kontext entstanden sind, ist vermutlich der Förderung von Mīr ʿAlī Shīr Navāʾī zuzuschreiben, der selbst einen Text namens *Lisān al-Ṭayr, Sprache der Vögel* verfasste[973] und eng mit seinem Zeitgenossen Jāmī zusammenarbeitete.[974] Marie Lukens Swietochowski zufolge ist es »wohl nicht zu weit hergeholt zu spekulieren, dass die Gelehrten Jāmī und Mīr ʿAlī Shīr Navāʾī den Sufismus zurück ins Zentrum des intellektuellen und kulturellen Lebens brachten und diese Verschmelzung von Mystik und geistigem Raffinement den Anstoß für den Aufschwung von illuminierten mystischen Texten wie ʿAṭṭārs ›Sprache der Vögel‹ gab.«[975] Die Funktion der Miniatur, den Blick des Betrachters von der Verehrung eines materiellen Bildes auf den Engel Gabriel zu lenken, lässt sich in diesem Kontext in Verbindung bringen mit Jāmīs Vorstellung von Bildern als Instrumenten, die als Abglanz göttlicher Schönheit physische in geistige Verehrung zu überführen vermögen – wobei es auf die richtige Sichtweise ankommt.[976]

Die Darstellung des »Mauren« vor einer Darstellung von Maria mit Kind in den *Cantigas* ist Francisco Prado-Vilar zufolge hinsichtlich der Funktion der *Cantigas*-Handschriften als Inszenierung einer »nationalen Utopie«[977] zu verstehen, in der die muslimische Minderheit gewaltfrei vom christlichen Glauben überzeugt werden soll.[978] Neben der Bedeutung Marias im Islam im Allgemeinen und der Bedeutung Jesu im andalusischen Sufismus im Speziellen[979] ist ein entscheidendes Element dabei der

973 Dieser Text böte, ebenso wie Jāmīs Aktualisierung des Josefsnarrativs Saʿdīs, eine Möglichkeit für einen Einblick in eine Lesart von ʿAṭṭārs Narrativ im historischen Umfeld der Illustration der Miniatur, was ich allerdings Philologen überlassen muss. Ähnliches gilt in Bezug auf Mīrʿ Alī Shīr Navāʾīs Khamsah in Anlehnung an Niẓāmī.

974 Swietochowski, »The Historical Background and Illustrative Character of the Metropolitan Museum's Mantiq al-Tayr of 1483«, S. 41. Vgl. zum Kontext der illustrierten ʿAṭṭār-Handschriften am Hof Ḥusayn Bāyqarās auch Yumiko Kamada, »A Taste for Intricacy. An Illustrated Manuscript of *Manṭiq al-Ṭayr* in the Metropolitan Museum of Art«, S. 145–149.

975 Swietochowski, »The Historical Background and Illustrative Character of the Metropolitan Museum's Mantiq al-Tayr of 1483«, S. 41. Durch diese Popularisierung sufistischen Gedankengutes wird es noch problematischer, bestimmte Topoi auf spezifische Autoren zurückzuführen.

976 Vgl. Kapitel IV. 1.3 »Zwischen Traumbild und Idol«.

977 Prado-Vilar, »The Gothic Anamorphic Gaze«, S. 74.

978 Er zitiert folgende Passage aus Alfonsos *Siete Partidas*: »Christians should endeavor to convert the Moors by causing them to believe in our religion, and bring them into it by kind words and suitable discourse, and not by violence and compulsion«. Part. Vii, Tit. XXV, Gesetz II. *Les siete partidas*, übers. v. S. Parsons Scott, hrsg. v. Robert I. Burns, Bd. 5, Philadelphia 2001, S. 1438–1439, zitiert bei Prado-Vilar, »The Gothic Anamorphic Gaze«, S. 72. Cynthia Robinson hat eine vergleichbare Funktion von Darstellungen von Maria und Christus für die frühe Neuzeit zur Diskussion gestellt. Vgl. Cynthia Robinson, *Imagining the Passion in a Multiconfessional Castile. The Virgin, Christ, Devotions, and Images in the Fourteenth and Fifteenth Centuries*, University Park 2013.

979 Prado-Vilar, »The Gothic Anamorphic Gaze«, S. 78.

> anamorphische Blick – ein Blick, der eher von der Erfahrung und der unmittelbaren Kenntnis der kulturellen Diversität geprägt ist als von Dogmen und eingefleischten Stereotypen von Alterität. [...] Dieser Blick manifestiert sich besonders in der visuellen Matrix der Cantigas, die den Text – der der christlichen Tradition und den gemeinsamen Topoi, die die mittelalterliche europäische Kultur durchziehen, stärker verbunden bleibt – einer beträchtlichen Revision unterwirft.[980]

Die Funktion, den Blick des Betrachters vom materiellen Objekt auf eine geistige Ebene zu lenken, welche dem Marienbild in Gautiers Sammlung zukommt, wird im spanischen Kontext und speziell in den spanischen Illustrationen also verwendet, um »zwischen einem seltsamen äußeren Bild und einem vertrauten inneren« zu vermitteln. Und diese Vermittlung zwischen fremden und eigenen Bildern steht im Kontext einer »nationalen Agenda der Integration«.[981] Im spanischen Kontext wird der transkulturelle Topos der Bekehrung im Anschluss an die idolatrische Verehrung eines Bildes und das Bild als Dispositiv eines veränderten Blickes also für das politische Ziel der »Integration« eingesetzt.[982] Damit rückt der zu bekehrende Betrachter aus der Ferne, in der ihn die Texte lokalisieren, in die Gegenwart der Handschrift.

Zusammenfassend kann man festhalten, dass die Verehrung eines Bildes als rein materielles Objekt in allen drei Beispielen als der eigenen Bildpraxis fremd dargestellt wird. Das eigene Bild hingegen – sei es wie im französischen Fall das Dargestellte, wie im persischen die Miniatur selbst oder wie im spanischen Falle wohl beide – zeichnet aus, dass es die Aufmerksamkeit vom materiellen Gegenstand auf eine geistige Ebene lenkt, die jenseits des Bildes zu imaginieren ist.

Bilder demonstrieren hier also einmal mehr die Kapazität, den Blick des Betrachters zu transformieren und damit selbst der Betrachtung eines Bildes als Idol einen anderen Blick entgegenzusetzen. Sie widersprechen der Annahme, dass sie nur Gegenstände der Projektion seien – und setzen dem ihre eigenen Möglichkeiten entgegen, Blicke zu verändern. Damit geht es in den so häufig inszenierten Differenzen religiöser Unterschiede in der Betrachtung von Bildern nicht mehr nur um Abgrenzung, sondern um die Verschiebung dieser Grenzen: Wenn Betrachter konvertieren, sind Bilder nicht mehr nur Anhaltspunkte für religiöse Differenz, sondern Mittel der Bekehrung. Sie fungieren nicht etwa als Vermittler einer anderen Religion im Sinne einer Utopie religionenübergreifender Transkulturalität, für die der spanische Kontext immer wieder herangezogen wurde,[983] sondern als machtpolitische Instrumente. Bilder dienen nicht nur zur Abgrenzung von anderen kulturellen Gruppen, sondern sie werden in der Etablierung von hegemonialen Verhältnissen auch als Vermittler von Blicken, als Blickdispositive, eingesetzt.

980 Prado-Vilar, »The Gothic Anamorphic Gaze«, S. 72.

981 Prado-Vilar, »The Gothic Anamorphic Gaze«, S. 72.

982 Prado-Vilar hat zudem in den Raum gestellt, dass die Illustrationen dieser Handschrift auf Illustrationen von arabischen Maqāmat-Handschriften zurückgreifen könnten. Prado-Vilar, »The Parchment of the Sky: Poiesis of a Gothic Universe«, S. 491–497.

983 Das mag als exemplarisch für das in der Einleitung benannte Risiko einer »Idyllisierung« »alternativer« Visualitäten gelten, der in einem Verständnis einer »Politik der Schau« entgegenzuarbeiten ist. Vgl. Norman Brysons Diskussionsbeitrag in Hal Foster (Hrsg.), *Vision and Visuality*, Seattle 2009 [1988], S. 129.

ZUM SCHLUSS – DISPOSITIVE DER TRANSFORMATION, ODER: ZUR RELATIONALITÄT VON BLICKEN

Am Anfang dieser Arbeit stand die Frage, inwiefern Bilder anderer historischer und regionaler Kontexte mit ihren Blickdispositiven die eigenen Blickdispositive konterkarieren können. An ihrem Ende wurde deutlich, dass Bilder zumindest immer wieder von sich behauptet haben, nicht nur Gegenstände von Projektionen zu sein, sondern Blicke Anderer verändern zu können. Dazwischen habe ich versucht, in *close readings* von Blickdispositiven, die Bilder in westeuropäischen und persischen Bildkulturen auf dieselben Topoi – den Vorhang vor dem Thron Gottes, das Portrait Alexanders und den schönen Körper Josefs – vorschlagen, zu verfolgen, »mit welchen Augen« dieser Topos in einem bestimmten regionalen, historischen und sozialen Kontext gesehen und transformiert wird.

Diese Transformationen von gemeinsamen Topoi des Sehens haben deutlich gemacht, dass die Blickdispositive, die in den westeuropäischen Bildkulturen mit einem Topos in Verbindung gebracht wurden – das Durchschauen der Bildoberfläche im Falle des Vorhanges vor dem Thron Gottes, das vergleichende Sehen als Idolatriekritik gegenüber dem Portrait Alexanders oder die Entschuldigung des begehrenden Blicks in der Distanzierung Josefs –, jeweils nur eine Sichtweise auf diese Topoi bieten und dass diese in ihren spezifischen lokalen und historischen Kontexten zu verstehen sind. Im Vergleich mit anderen Transformationen desselben Topos rücken die Differenzen dieser etwas (keineswegs ganz) anderen Möglichkeiten in den Blick, sodass die Spezifik einer Sichtweise nicht nur kontextualisiert, sondern auch relativiert werden kann.

So wurde in der Analyse der Darstellungen der Vorhänge vor dem Thron Gottes deutlich, dass die westeuropäische und die persische Buchmalerei nicht nur das Interesse am Vorhang vor dem Thron Gottes teilen, sondern auch die Strategie, diesen Vorhang mit der Oberfläche des Bildes selber engzuführen und damit an der Oberfläche des Bildes den Blick einzufordern, der die Gottesschau erlaubt. Damit funktioniert die Bildoberfläche in beiden Fällen als Dispositiv. Zugleich sind aber Unterschiede in den Modalitäten zu beobachten, in denen die Oberfläche auf etwas an sich Unsichtbares hin durchquert werden kann: In der flämischen Miniatur gilt es, sie zu durchschauen, in der persischen gilt es, ihre Flächigkeit als Weg zur Raumlosigkeit zu verstehen.

Da sich dieses Durchschauen, diese Perspektive im wörtlichen Sinne, in der flämischen Miniatur mit einer Darstellung Gottvaters verbindet, kommen hier zwei

Phänomene zusammen, die immer wieder angeführt wurden, um die westeuropäische Malerei von persischen und anderen Malereien abzugrenzen: Perspektive und Darstellung Gottes. Versteht man die Inszenierung der Perspektive allerdings als bildliche Legitimationsstrategie, die im Zuge der Etablierung einer figürlichen Darstellung Gottvaters im 15. Jahrhundert eingesetzt wird, dann eignet sie sich nicht mehr dazu, essentialisierende Thesen von christlichen oder westlichen und islamischen Bildkonzepten zu stützen. Mit diesem Einsatz der Perspektive können vielmehr die Maßstäbe und Fluchtpunkte der Kunstgeschichte historisiert werden: Es wird klar, dass es sich bei der heute oft für das Christentum als normal angesehenen Darstellung Gottvaters um ein relativ neues Phänomen der westeuropäischen Kunst handelt, das es zunächst aufwendig zu legitimieren galt. Zugleich wird im Vergleich mit der persischen Darstellung des Vorhangs deutlich, dass die Perspektive, die in der Teleologie der westeuropäischen Kunstgeschichtsschreibung zum Ideal wurde, nur ein Weg durch den Vorhang zum Heil ist – und auch nicht die einzige Option, Blicke im Bild darzustellen. Damit erscheinen – das sei aus gegebenem Grund betont, so trivial es im Rahmen dieser Arbeit auch sein mag – weder die persische noch die flämische Miniatur, die das italienische Ideal der Kunstgeschichte auch nur begrenzt interessiert, als defizitär, sondern sie tragen dazu bei, Vorstellungen und Ideale der Kunstgeschichte wie jene der Perspektive zu historisieren und zu relativieren. So kann der explizite Vergleich implizite Vorstellungen und Normen des – womöglich immer auch vergleichenden – kunst- und bildwissenschaftlichen Sehens offensichtlich machen.

Zugleich wurde deutlich, dass der Rekurs auf den gemeinsamen Topos des Vorhangs vor dem Thron Gottes womöglich nicht nur als Bezug auf eine gemeinsame Texttradition zu verstehen ist, sondern auch im Zusammenhang einer geteilten Geschichte. Er wurde im flämischen Kontext genutzt, um, womöglich im Zusammenhang mit der antisemitischen Politik um 1400, in der Öffnung dieses im Judentum angeblich geschlossenen Vorhangs die Abgrenzung von jüdischen Vorstellungen zu demonstrieren. Im persischen Kontext diente der Rekurs auf die jüdische Vorstellung eines Vorhangs vor dem Thron Gottes vielleicht einer Annäherung im Zuge von Bekehrungsversuchen gegenüber persischsprachigen Juden. Transkulturelle Bezüge sind demnach nicht nur als Folgen gemeinsamer kultureller Vorgeschichten zu verstehen, sondern auch als politische Instrumente in einer geteilten Gegenwart.

Mit dem Blick Kandakes, die das Bild Alexanders mit diesem selbst vergleicht, wurde im folgenden Kapitel ein vergleichender Blick thematisiert – der zumindest für diese Arbeit zentralste Modus kunsthistorischen Sehens. Dabei wurde zunächst deutlich, welche unterschiedlichen Funktionen dem vergleichenden Blick zukommen können: So ist er im französischsprachigen Kontext gefordert, um Unterschiede zwischen dem zum Verwechseln ähnlichen Bild und seinem Vorbild zu erkennen – und sich damit vom idolatrischen Blick einer als fremd dargestellten Königin abzugrenzen, die Abbild und Vorbild nicht zu unterscheiden scheint. Im persischen Kontext hingegen ist der vergleichende Blick nötig, um den verkleideten Alexander zu identifizieren, was im Kontext von Niẓāmīs *Iskandarnāmah* eine physiognomische Erkenntnis seines Charakters impliziert. Von diesem Verständnis von Kandakes Blick hat man sich nicht mehr wie zuvor zu distanzieren, sondern man kann sich damit identifizieren: Die Königin residiert nicht in der Ferne, sondern wird in die Nachbarschaft Niẓāmīs versetzt. Damit wird deutlich, dass vergleichende Blicke als Instrumente der Abgrenzung und der Identifikation und damit der Definition von kulturellen Verhältnissen eingesetzt werden.

Bei genauerem Hinsehen stellte sich bei der persischen Handschrift zudem die Frage, welche Rolle das vergleichende Sehen nicht nur für die Identifikation einer anwesenden Person, sondern auch für die Erkenntnis ihres Charakters spielt. Denn Nūshābah gibt Niẓāmī zufolge an, dass sie Alexanders Charakter neben ihren physiognomischen Kenntnissen durch *qiyās*[984] ergründet habe, was als »Analogie«, aber auch als »Vergleich« übersetzt werden kann. Das hat womöglich mit der Vorstellung zu tun, dass man Bilder zu ihrer Beurteilung mit inneren Bildern abgleicht, womit freilich jedes Sehen ein vergleichendes Sehen wäre. Ein solches Verständnis des vergleichenden Sehens weist gewisse Gemeinsamkeiten mit der Vorstellung vom vergleichenden Sehen als Hilfsmittel universeller Erkenntnis auf, die auch die Geschichte des kunstwissenschaftlichen Vergleichens geprägt hat.

Damit scheint auf der französischen Seite die lange Geschichte des Vergleichs als Instrument der Alterisierung auf – und zwar nicht nur in der Unterscheidung von Kulturen, sondern auch in der Abgrenzung von denjenigen, die den Unterschied zwischen Person und Bild nicht erkennen. In den persischen Handschriften deutet sich an, welche Rolle inneren Bildern für ein vergleichendes und auch für jedes Sehen zugeschrieben wird – und wie dies ebenso wie Vorstellungen von einem »unschuldigen Auge« zu Universalisierung führen kann. Im Vergleich der verschiedenen Formen von vergleichendem Sehen wird aber auch deutlich, dass beides nicht immer der Fall sein muss. Wenn Nūshābah Alexander sein Bild zeigt, damit er sein Bild von ihr berichtigt,[985] dann deutet sich an – und diese Hoffnung teilt diese Arbeit –, dass nicht nur innere Bilder die Beurteilung der Äußeren prägen, sondern die eingehende Betrachtung äußerer Bilder, die Niẓāmī so nachdrücklich fordert, auch innere Bilder korrigieren möge.

In den Analysen der Verführung Josefs war zu beobachten, wie sich der vom Pentateuch beschriebene begehrliche Blick auf Josefs Schönheit als *tertium comparationis* – im Sinne der *histoire croisée* – verändert: Im persischen Kontext wird dieser begehrliche Blick in einen gottgleichen Blick transformiert, im deutschen Kontext dagegen in einen flüchtigen männlichen Blick. Dabei wurde deutlich, dass die Position des Betrachters – sowohl in der Graphik Behams als auch in der Miniatur Bihzāds – dezidiert in den Raum vor dem Bild verlegt wurde. Damit waren auf beiden Seiten Parallelen zu einem Blickdispositiv zu beobachten, das von feministischer und postkolonialer Seite als männliches, westliches Machtdispositiv beschrieben wurde: ein aus der Repräsentation ausgeklammerter, unsichtbarer und als »unschuldig« inszenierter Blick.[986] In den Analysen der Konstitution dieser »unschuldigen« Blicke konnte also zugleich ein zumindest für die westeuropäische Neuzeit als dominant beschriebenes Blickdispositiv historisiert und kontextualisiert und die Bedingungen der Entschuldigung differenziert werden: Im deutschen Kontext des 16. Jahrhunderts wird dem Betrachter die paradoxe Konstruktion eines flüchtigen Blickes angeboten, die eine Distanzierung vom körperlichen Begehren zur Bedingung der Schau erklärt, während vom Betrachter

984 Nizāmī Ganǧawī, *Das Alexanderbuch*, S. 201–202; Niẓāmī, *Kullīyāt-i Khamsa-i Niẓāmī*, S. 1047–1048, V. 202–203. Vgl. S. 190.

985 Vgl. S. 185 dieser Arbeit.

986 Vgl. S. 280–288 dieser Arbeit.

im persischen Kontext mit dem Vorbild Zulaykhās die Transformation eines physischen in ein geistiges Sehen verlangt wird. Dabei verschieben sich auch die Verhältnisse zwischen Frau und Mann: Während im persischen Kontext der Blick Zulaykhās zum Vorbild für alle Betrachter wird, verschiebt sich der Fokus im deutschen Kontext vom begehrenden Blick der Frau auf denjenigen Josefs – und auf den begehrenden Blick eines männlichen Betrachters auf die nackte Frau des Potifar.

Die Entschuldigung des Blickes wird dabei – hier liegen Parallelen zur Legitimation der Gottesschau – an der Bildoberfläche ausgehandelt. Wo in der persischen Buchmalerei der Übergang vom körperlichen zum geistigen Begehren inszeniert wird, in dem Bilder eine Mittlerrolle einnehmen, da wird die Bildfläche mit einer Tür enggeführt, die ein entsprechender Blick zu passieren vermag. Wo die Graphik Behams ein Paradox zwischen körperlichem Begehren und moralischer Norm etabliert, in dem körperliches Begehren und lustvolle Schau anders als im persischen Kontext nicht in geistiges Begehren oder Sehen überführbar sind, sondern die Distanzierung vom eigenen Begehren verlangt wird, da wird die Bildfläche mit einem opaken Vorhang enggeführt, der sich zwischen den Betrachter und den Gegenstand seiner Schau schiebt. Es wird deutlich, dass das Durchschauen der Bildoberfläche zumindest in diesem Zusammenhang auch in Westeuropa im 15. und 16. Jahrhundert nicht einfach zum Ideal wird, sondern sich als eine vielleicht begehrte, aber normativ durchaus heikle Perspektive darstellt. Die Bildoberflächen fungieren auch hier als Blickdispositive und eröffnen zwei unterschiedliche Optionen der Entschuldigungen von Blicken.

Mit der westeuropäischen Ambivalenz gegenüber sinnlicher Wahrnehmung, die sich in den Josefsdarstellungen abzeichnet, wiederholt sich die Tendenz, die bereits im ersten Kapitel zu beobachten war: Dort schienen persische und westeuropäische Miniaturen einerseits das Ideal des Traumbildes als geistiges Bild zu teilen – was womöglich auch vor dem Hintergrund der Rezeption der Schriften Ibn Sīnās auf beiden Seiten zu verstehen ist. Zugleich scheint die Skepsis gegenüber der sinnlichen Wahrnehmung – und eine gewisse Sorge, dass diese den geistigen Idealen nicht entsprechen mag – im westeuropäischen Kontext deutlich größer zu sein, was freilich auch damit zu tun haben könnte, dass der sinnlichen Wahrnehmung im 13. und 14. Jahrhundert in der französischen Bildkultur eine zunehmend größere Rolle zugeschrieben wurde. Jedenfalls differieren die Vorstellungen, wie sich diese idealen Bilder zur sinnlichen Wahrnehmung verhalten sollen. Im französischen Kontext wird, womöglich vor dem Hintergrund einer zunehmenden Diskussion der äußeren Wahrnehmung im Zuge der Rezeption optischer Theorien aus dem arabischen Sprachraum, eine wesentlich schärfere Abgrenzung postuliert als im persischen. Dort wird in diesem Zeitraum, der sich in der persischen Kunstgeschichte durch eine zunehmende Bildproduktion auszeichnet, nämlich gerade die Liaison von sinnlicher und geistiger Wahrnehmung betont.

Abschließend wurde im letzten Kapitel zu den »Idolen der Anderen« deutlich, dass es nicht nur der alte Topos des materialverhafteten Blicks ist, der in beiden Kontexten dem jeweils Anderen zugeschrieben wird. Vielmehr ist auch der Anspruch, den abzulehnenden Modus eines materialverhafteten Blicks in das Ideal einer geistigen Schau zu transformieren, Darstellungen der Idolatrie in beiden Kontexten eigen: Das eigene Bild reklamiert für sich jeweils die Kapazität, den Blick dementsprechend zu transformieren. In dieser Funktion wurden Bilder als Instrumente der Bekehrung inszeniert. Das unterstreicht, dass Bilder in dem Moment, in denen ihnen das Potential zukommt, Blicke zu transformieren, die Etablierung kultureller Hegemonien nicht nur darstellen, sondern als Instrumente in diesen Prozessen eingesetzt werden. Die Funktionen von Bildern als Dispositiven der Veränderungen von Blicken sind also ebenso deutlich von bestimmten macht- und bildpolitischen Interessen geprägt wie der eigene Blick.

Die hier diskutierten Bilder reklamieren also verschiedentlich die Kapazität, Blicke – durchaus auch Anderer – zu transformieren. Wenn man ihnen das glaubt, dann haben sie auch das Potential, den eigenen – historisch und regional anderen – Blick zu verändern. Und dann kann ein Verständnis von Bildern als Provokationen veränderter Blicke sowohl dazu beitragen, die Modalitäten des Blickes der westlichen Kunstgeschichte auf Bilder anderer kultureller Kontexte zu relativieren, als auch, zumindest am Rande, auf die Funktion von Blickdispositiven in der Etablierung kultureller Hegemonien aufmerksam zu machen.

Indem die Arbeit Darstellungen des Sehens verglichen hat, die auf gemeinsame Überlieferungen rekurrieren, konnte sie beobachten, wie diese historischen Topoi von Blicken in der persischen und westeuropäischen Buchmalerei des 13. bis 16. Jahrhunderts aufgegriffen und transformiert werden. Diese kontextspezifischen Transformationsgeschichten der *tertia comparationis* widersprechen einer Universalisierung der Vergleichskategorien ebenso wie jener der eigenen Blickdispositive. Damit tragen sie im Sinne einer transkulturellen Kunstgeschichte, die »die Frage der Relationalität in den Mittelpunkt [stellt]«,[987] zu einer Relativierung von Blickdispositiven und entsprechenden kunstgeschichtlichen Konzepten bei. Die Differenzen und Interferenzen der Rezeptionsgeschichten dieser gemeinsamen Topoi in den unterschiedlichen regionalen und historischen kulturellen Kontexten haben aber auch eine Verflochtenheit aufgewiesen, die sich nicht in eine Alterität oder Identität der Kulturen auflösen lässt. So unterlaufen die Transformationsgeschichten auch Essentialisierungen, etwa eines bilderfeindlichen Islam gegenüber einem bilderfreundlichen Christentum. Die differierenden und interferierenden Transformationen gemeinsamer Topoi von Blicken in unterschiedlichen regionalen und historischen Kontexten konterkarieren sowohl Universalisierungen als auch Alterisierungen von Blicken.

Im Vergleich der Transformationen von Blickdispositiven schlägt diese Arbeit somit einen bildwissenschaftlichen Ansatz zur Entgrenzung der Kunstgeschichte vor und nutzt umgekehrt das blickkritische Potential von Bildern differierender kultureller Kontexte für die Bildwissenschaft. Sie erprobt in der Verbindung von transkultureller Kunstgeschichte und Bildwissenschaft eine transkulturelle Blickkritik.

987 Juneja, »Kunstgeschichte und kulturelle Differenz«, S. 11.

BIBLIOGRAPHIE

Firuza Abdullaeva, »Kingly Flight Nimrūd, Kay Kāvūs, Alexander, or Why the Angel has the Fish«, in: *Persica* 23, 2009/2010, S. 1–29.

Firuza Abdullaeva, »From Zulaykha to Zuleika Dobson. The Femme Fatale and her Ordeals in Persian Literature and Beyond«, in: Robert Hillenbrand, A.C.S. Peacock, Firuza Abdullaeva, Charles Melville (Hrsg.), *Ferdowsi, the Mongols and the History of Iran. Art, Literature and Culture from Early Islam to Qajar Persia. Studies in Honour of Charles Melville*, London 2013, S. 235–244.

Karin Ådahl, *A Khamsa of Nizami of 1439. Origin of the Miniatures – A Presentation and Analysis*, Uppsala 1981.

Adel T. Adamova, »Repetition of Compositions in Manuscripts. the *Khamsa* of Nizami in Leningrad«, in: Lisa Golombek, Maria Subtelny (Hrsg.), *Timurid Art and Culture. Iran and Central Asia in the Fifteenth Century*, Leiden u.a. 1992, S. 67–75.

Adel T. Adamova, »The Hermitage Manuscript of Nizami's Khamza Dated 835/1431«, in: *Islamic Art* 5, 2001, S. 53–132.

Nadia Al-Bagdadi, Aziz Al-Azmeh (Hrsg.), Themenheft: *Le Regard dans la Civilisation Arabe Classique / Mapping the Gaze: Considerations from the History of Arab Civilization Introduction, The Medieval History Journal* 9/1, 2006.

Nadia Al-Bagdadi, »Introduction«, in: Nadia al-Bagdadi, Aziz Al-Azmeh (Hrsg.), Themenheft: *Le Regard dans la Civilisation Arabe Classique / Mapping the Gaze: Considerations from the History of Arab Civilization Introduction, The Medieval History Journal* 9/1, 2006, S. 1–16.

Suzanne Conklin Akbari, *Seeing Through the Veil. Optical Theory and Medieval Allegory*, Toronto 2004.

Suzanne Conklin Akbari, »Alexander in the Orient. Bodies and Boundaries in the *Roman de toute chevalerie*«, in: Ananya Jahanara Kabir, Deanne Williams (Hrsg.), *Postcolonial Approaches to the European Middle Ages. Translating Cultures*, Cambridge 2005, S. 105–126.

Suzanne Conklin Akbari, *Idols in the East. European Representations of Islam and the Orient, 1100–1450*, Ithaca 2009.

Suzanne Conklin Akbari, »The Other's Images. Christian Iconoclasm and the Charge of Muslim Idolatry in Medieval Europe«, in: Anja Eisenbeiß, Lieselotte E. Saurma-Jeltsch (Hrsg.), *Images of Otherness in Medieval and Early Modern Times. Exclusion, Inclusion and Assimilation*, Berlin 2012, S. 121–132.

Jonathan Alexander, Paul Binski (Hrsg.), *Age of Chivalry. Art in Plantagenet England. 1200–1400*, London 1987.

Alexandre de Paris, *Le roman d'Alexandre*, Paris 1994.

Alfonso X El Sabio, *Cantigas de Santa Maria*, hrsg. v. Walter Mettmann, 3 Bde., Madrid 2004 [1986].

Alfonso X El Sabio, *Las Cantigas de Santa María. Códice Rico, Ms. T-I-1, Real Biblioteca del Monasterio de San Lorenzo de El Escorial*, hrsg. v. Laura Fernández Fernández u. Juan Carlos Ruiz Souza, Madrid 2011.

Songs of Holy Mary of Alfonso X, the Wise: A Translation of the Cantigas De Santa Maria, übers. v. Kathleen Kulp-Hill, Tempe 2000.

Terry Allen, »Byzantine Sources for the Jāmiʿ al-Tawārīkh of Rashīd al-Dīn«, in: *Ars Orientalis* 15, 1985, S. 121–136.

Svetlana Alpers, *Kunst als Beschreibung. Holländische Malerei des 17. Jahrhunderts*, Köln 1985 [1983].

Abbas Amanat, Farzin Vejdani (Hrsg.), *Iran Facing Others. Identity Boundaries in a Historical Perspective*, New York 2012.

Daniel Arasse, *L'annonciation italienne. Une histoire de perspective*, Paris 1999.

David S. Areford, *The Viewer and The Printed Image in Late Medieval Europe*, Farnham / Burlington 2010.

John Arthur Arberry, B. W. Robinson, E. Blochet, J. V. S. Wilkinson (Hrsg.), *The Chester Beatty Library. A Catalogue of the Persian Manuscripts and Miniatures*, 3 Bde., Dublin 1962.

Aleida und Jan Assmann (Hrsg.), *Schleier und Schwelle. Bd. 2: Geheimnis und Offenbarung*, München 1998.

Farídu'd-Dín ʿAttár, *The Speech of the Birds. Concerning Migration to the Real. The Mantiqu't-Tair*, übers. v. Peter W. Avery, Cambridge 1998.

Farīd-ad-Dīn ʿAṭṭār, *Vogelgespräche und andere klassische Texte*, hrsg. u. übers. v. Annemarie Schimmel, München 1999.

Farīd ud-dīn Muḥammad ʿAṭṭār-i Nīšābūrī, *Manṭiq uṭ-ṭair*, hrsg. v. Ṣādiq Gawharīn, Teheran 1989/90.

Avicenna latinus. Liber de anima seu sextus de naturalibus. Edition critique de la traduction latine médiévale, hrsg. v. Simone van Riet, eingeleitet v. Gérard Verbeke, 2 Bde., Louvain / Leiden 1968.

Avicenna's Psychology, hrsg. u. kommentiert v. Fazlur Rahman, Westport, CO 1981 [1952].

François Avril, Patricia D. Stirnemann (Hrsg.), *Manuscrits enluminés d'origine insulaire. VIIe–XXe siècle*, Paris 1987.

Sussan Babaie, »Visual Vestiges of Travel. Persian Windows on European Weaknesses«, in: *Journal of Early Modern History* 13/2–3, 2009, S. 105–136.

Hannah Baader, »Universen der Kunst, künstliche Paradiese der Universalität. Florenz, seine Sammlungen und Global Art History«, in: Elke Anna Werner, Monica Juneja, Matthias Bruhn (Hrsg.), *Universalität der Kunstgeschichte? kritische berichte* 2/2012, S. 48–59.

Lena Bader, *Vergleichendes Sehen – Zu den Anfängen der Doppelprojektion und den Fragen der Kunstgeschichte heute*, Magisterarbeit, Berlin 2004.

Lena Bader, »›die Form fängt an zu spielen …‹ Kleines (wildes) Gedankenexperiment zum vergleichenden Sehen«, in: *Bildwelten des Wissens. Kunsthistorisches Jahrbuch für Bildkritik* 7/1, 2009, S. 35–44.

Lena Bader, Martin Gaier, Falk Wolf (Hrsg.), *Vergleichendes Sehen*, München 2010.

Serpil Bağci, »A New Theme of the Shirazi Frontispiece Miniatures: The Dīwān of Salomon«, in: *Muqarnas* 12, 1995, S. 101–111.

Serpil Bağci, »Old Images for New Texts and Contexts: Wandering Images in Islamic Book Painting«, in: *Muqarnas* 21, 2004, S. 21–32.

Moshe Barasch, »Der Schleier. Das Geheimnis in den Bildvorstellungen der Spätantike«, in: Aleida und Jan Assmann (Hrsg.), *Schleier und Schwelle. Bd. 2: Geheimnis und Offenbarung*, München 1998, S. 179–201.

Michael Barry, *Figurative Art in Medieval Islam: And the Riddle of Bizhad of Herat*, Paris 2004.

Gabriele Bartz, Angelo Giaccaria, François Huot, Eberhard König (Hrsg.), *Die Blätter im Louvre und das verlorene Turiner Gebetbuch*, Luzern 1994.

Shahzad Bashir, *Sufi Bodies. Religion and Society in Medieval Islam*, New York 2011.

Irene Below, Beatrice von Bismarck (Hrsg.), *Globalisierung – Hierarchisierung. Kulturelle Dominanzen in Kunst und Kunstgeschichte*, Marburg 2005.

Hans Belting, *Florenz und Bagdad. Eine westöstliche Geschichte des Blicks*, München 2008.

Hans Belting, Heinrich Dilly, Wolfgang Kemp, Willibald Sauerländer, Martin Warnke (Hrsg.), *Kunstgeschichte. Eine Einführung*, Berlin 2008 [1985].

Barbara Bender, »Subverting the Western Gaze. Mapping Alternative Worlds«, in: Robert Layton, Peter Ucko (Hrsg.), *The Archaeology and Anthropology of Landscape. Shaping Your Landscape*, London 2004, S. 31–45.

Roberto Benedetti (Hrsg.), *Le Roman d'Alexandre. Riproduzione del ms. Venezia, Biblioteca Museo Correr, Correr 1493*, Udine 1998.

Klaus Bergdolt, »Bacon und Giotto. Zum Einfluß der franziskanischen Naturphilosophie auf die Bildende Kunst am Ende des 13. Jahrhunderts«, in: *Medizinhistorisches Journal* 24, 1989, S. 25–41.

Lutz Bergemann, Martin Dönike, Albrecht Schirrmeister, Georg Toepfer, Marco Walter, Julia Weitbrecht, »Transformation. Ein Konzept zur Erforschung kulturellen Wandels«, in: Hartmut Böhme, Lutz Bergemann, Martin Dönike, Albrecht Schirrmeister, Georg Toepfer, Marco Walter, Julia Weitbrecht (Hrsg.), *Transformation. Ein Konzept zur Erforschung kulturellen Wandels*, München 2011, S. 39–56.

Persis Berlekamp, *Wonder, Image, and Cosmos in Medieval Islam*, New Haven 2011.

Marc S. Bernstein, *Stories of Joseph. Narrative Migrations between Judaism and Islam*, Detroit 2006.

Peter Bexte, *Blinde Seher. Wahrnehmung von Wahrnehmung in der Kunst des 17. Jahrhunderts*, Dresden / Basel 1999.

Andreas Beyer, Horst Bredekamp, Uwe Fleckner, Gerhard Wolf (Hrsg.), *Bilderfahrzeuge. Aby Warburgs Vermächtnis und die Zukunft der Ikonologie*, Berlin 2018.

Vera Beyer, »Signifikante Uneinheitlichkeit. Verhältnisse von Bildfeld und Randillustration in persischen und niederländischen Manuskripten«, in: David Ganz, Felix Thürlemann (Hrsg.), *Das Bild im Plural. Mehrteilige Bildformen zwischen Mittelalter und Gegenwart*, Berlin 2010, S. 67–86.

Vera Beyer, Christian Spies (Hrsg.), *Ornament. Motiv – Modus – Bild*, München 2012.

Vera Beyer, »Wenn Ornamente einem den Kopf verdrehen. Überlegungen zur Funktions- und Bedeutungs-Losigkeit von Ornamenten«, in: Henriette Hofmann, Sophie Schweinfurth, Caroline Schärli (Hrsg.), *Inszenierungen von Sichtbarkeit in mittelalterlichen Bildkulturen. Festschrift zu Ehren von Barbara Schellewald*, Berlin 2018, S. 289–306.

Die Bibel. Altes und Neues Testament, Einheitsübersetzung, hrsg. im Auftrag der Bischöfe Deutschlands u. a., Freiburg i. Br. u. a. 1980.

Carol Bier, »Art and *Mithāl*: Reading Geometry as Visual Commentary«, in: *Iranian Studies* 41/4, 2008, S. 491–509.

Suzannah Biernoff, *Sight and Embodiment in the Middle Ages,* Basingstoke u. a. 2002.

Deborah L. Black, »Imagination and Estimation. Arabic Paradigms and Western Transformations«, in: *Topoi* 19, 2000, S. 59–75.

Sheila Blair, *A Compendium of Chronicles. Rashid-al Din's Illustrated History of the World*, London 1995.

Kalman P. Bland, *The Artless Jew. Medieval and Modern Affirmations and Denials of the Visual*, Princeton 2000.

Sarah Blick, Laura D. Gelfand (Hrsg.), *Push Me, Pull You. Imaginative and Emotional Interaction in Late Medieval and Renaissance Art*, Leiden / Boston 2011.

Claudia Blümle, »Das Bild als Vorhang«, in: dies. / Beat Wismer (Hrsg.), *Hinter dem Vorhang. Verhüllung und Enthüllung seit der Renaissance – von Tizian bis Christo*, München 2016, S. 30–39.

Claudia Blümle, Beat Wismer (Hrsg.), *Hinter dem Vorhang. Verhüllung und Enthüllung seit der Renaissance – von Tizian bis Christo*, Ausst.-Kat. Düsseldorf, Museum Kunstpalast 1.10.2016–22.1.2017, München 2016, S. 124–131.

Jean Bodel, *Le jeu de saint Nicolas*, Genf 1981.

Gottfried Boehm, »Sehen. Hermeneutische Reflexionen«, in: Ralf Konersmann (Hrsg.), *Kritik des Sehens*, Leipzig 1999 [1997], S. 272–298.

Gottfried Boehm, »Zwischen Auge und Hand. Bilder als Instrumente der Erkenntnis«, in: ders. (Hrsg.), *Wie Bilder Sinn erzeugen. Die Macht des Zeigens*, Berlin 2007, S. 94–113.

Gottfried Boehm (Hrsg.), *Wie Bilder Sinn erzeugen. Die Macht des Zeigens*, Berlin 2007.

Inge E. Boer, *After Orientalism. Critical Entanglements, Productive Looks*, Amsterdam 2003.

François Boespflug, »… Du père au fils ne doit avoir nulle différence … A propos du christomorphisme de la représentation de dieu a la renaissance«, in: Alain Girard, Daniel Le Blévec (Hrsg.), *Les Charteux et l'art. XIVe–XVIIIe siècle*, Paris 1989, S. 326–345.

Steffen Bogen, *Träumen und Erzählen. Selbstreflexion in der Bildkunst vor 1300*, München 2001.

Steffen Bogen, »Schattenriss und Sonnenuhr. Überlegungen zu einer kunsthistorischen Diagrammatik«, in: *Zeitschrift für Kunstgeschichte* 68, 2005, S. 153–176.

Hartmut Böhme, Lutz Bergemann, Martin Dönike, Albrecht Schirrmeister, Georg Toepfer, Marco Walter, Julia Weitbrecht (Hrsg.), *Transformation. Ein Konzept zur Erforschung kulturellen Wandels*, München 2011.

Anne-Marie Bonnet, »Der Akt im Werk Lucas Cranachs. Bedeutung und Spezifität der ›nacketen Bilder‹ innerhalb der deutschen Renaissance-Malerei«, in: Claus Grimm, Johannes Erichsen, Evamaria Brockhoff, Lucas Cranach (Hrsg.), *Lucas Cranach. Ein Maler-Unternehmer aus Franken*, Regensburg 1994, S. 139–149.

Anne-Marie Bonnet, »Anfänge des Aktstudiums in Deutschland und seine italienischen Voraussetzungen. Natur und Kunst, Nackt und Akt«, in: Bodo Guthmüller (Hrsg.), *Deutschland und Italien in ihren wechselseitigen Beziehungen während der Renaissance*, Wiesbaden 2000, S. 363–386.

Anne-Marie Bonnet, *»Akt« bei Dürer*, Köln 2001.

Heiner Borggrefe, »Anatomie, Erotik, Dissimulation. Nackte Körper von Dürer, Baldung Grien und den Kleinmeistern«, in: Andreas Tacke, Ingrid-Sibylle Hoffmann (Hrsg.), *Menschenbilder. Beiträge zur Altdeutschen Kunst*, Petersberg 2011, S. 33–55.

Anne-Marie Bouly de Lesdain, Géraldine Veysseyre, »Arras, Bibliothèque municipale, 0532 (0845)«, in: *Jonas. Répertoire des textes et manuscrits médiévaux en langue d'oc et d'oïl*, http://jonas.irht.cnrs.fr/manuscrit/3328, Stand 2.1.2014.

Herman Braet, »Les images inaugurales dans les manuscrits enluminés du *Pèlerinage de vie humaine* en vers«, in: Frédéric Duval (Hrsg.), *Guillaume de Digulleville. Les pèlerinages allégoriques,* Rennes 2008, S. 43–52.

Uta Brandes (Hrsg.), *Sehsucht. Über die Veränderung der visuellen Wahrnehmung*, Göttingen 1995.

Horst Bredekamp, John M. Krois (Hrsg.), *Sehen und Handeln*, Berlin 2011.

Barbara Brend, »Beyond the Pale. Meaning in the Margin«, in: Robert Hillenbrand (Hrsg.), *Persian Painting from the Mongols to the Qajars,* London 2000, S. 39–55.

Barbara Brend, *Perspectives on Persian Painting. Illustrations to Amīr Khusrau's Khamsah,* London 2003.

Dieter Breuer, »Grimmelshausen als Literaturkritiker«, in: *Simpliciana. Schriften der Grimmelshausen-Gesellschaft* XXVIII, 2006, S. 101–114.

Margaret Bridges, J. Christoph Bürgel (Hrsg.), *The Problematics of Power. Eastern and Western Representations of Alexander the Great,* Bern u.a. 1996.

Na'ama Brosh, Rachel Milstein (Hrsg.), *Biblical Stories in Islamic Painting*, Jerusalem 1991.

Matthias Bruhn, Kai-Uwe Hemken (Hrsg.), *Modernisierung des Sehens. Sehweisen zwischen Künsten und Medien*, Bielefeld 2008.

Matthias Bruhn, Monica Juneja, Elke Anna Werner (Hrsg.), Themenheft: *Universalität der Kunstgeschichte? kritische berichte* 40/2, 2012.

Matthias Bruhn, Gerhard Scholtz (Hrsg.), *Der vergleichende Blick. Formanalyse in Natur- und Kulturwissenschaften*, Berlin 2017.

Heinz Brüggemann, *Walter Benjamin. Über Spiel, Farbe und Phantasie*, Würzburg 2007.

Norman Bryson, *Vision and Painting. The Logic of the Gaze*, New Haven 1983.

Christoph Burchard, Carsten Burfeind (Hrsg.), *Gesammelte Studien zu Joseph und Aseneth*, Leiden 1996.

Christoph Burchard, Carsten Burfeind, »Nachlese zur Überlieferungs- und Wirkungsgeschichte von Joseph und Aseneth«, in: Manuel Baumbach, Helga Köhler, Adolf Martin Ritter (Hrsg.), *Mousopolos Stephanos. Festschrift für Herwig Görgemanns*, Heidelberg 1998, S. 474–497.

Anne H. van Buren, »Die Entstehung des eyckschen Gebet- und Messbuchs«, in: Anne H. van Buren (Hrsg.), *Heures de Turin-Milan. Inv. No. 47 Museo Civico d'Arte Antica, Turino*, Bd. 2, Luzern 1996, S. 37–216.

Anne H. van Buren (Hrsg.), *Heures de Turin-Milan. Inv. No. 47 Museo Civico d'Arte Antica, Turino*, Luzern 1996.

J. Christoph Bürgel, »Nizami über Sprache und Dichtung. Ein Abschnitt aus der ›Schatzkammer der Geheimnisse‹ eingeleitet, übertragen und erläutert«, in: Richard Gramlich (Hrsg.), *Islamwissenschaftliche Abhandlungen. Fritz Meier zum sechzigsten Geburtstag*, Wiesbaden 1974, S. 9–28.

J. Christoph Bürgel, »Der Wettstreit zwischen Plato und Aristoteles im Alexander-Epos des persischen Dichters Nizami«, in: Heinz Halm, Wolfgang Röllig, Wolfram von Soden (Hrsg.), *Die Welt des Orients. Wissenschaftliche Beiträge zur Kunde des Morgenlandes*, Göttingen 1986, S. 95–109.

J. Christoph Bürgel, *The Feather of Simurgh. The »Licit Magic« of the Arts in Medieval Islam,* New York / London 1988.

J. Christoph Bürgel, »Humay and Humayun. A Medieval Persian Romance«, in: Gherando Gnoli (Hrsg.), *Proceedings of the First European Conference of Iranian Studies in Turin 1987,* Rom 1991, S. 346–357.

J. Christoph Bürgel, »Conquérant, philosophe et prophète. L'image d'Alexandre le Grand dans l'épopée de Nezâmi«, in: Christophe Balaÿ, Claire Kappler, Živa Vesel Vesel (Hrsg.), *Pand-o Sokhan. Mélanges offerts à Charles-Henri de Fouchécour,* Teheran 1995, S. 65–78.

J. Christoph Bürgel, »Ǧāmī's Epic Poem on Alexander the Great. An Introduction«, in: *Oriente Moderno* 15/76 (Themenheft: La civiltà timuride come fenomeno internazionale, hrsg. v. M. Bernardini), 1996, S. 415–438.

J. Christoph Bürgel, »Krieg und Frieden im Alexander-Epos Nizāmīs«, in: Margaret Bridges, J. Christoph Bürgel (Hrsg.), *The Problematics of Power. Eastern and Western Representations of Alexander the Great,* Bern u. a. 1996.

J. Christoph Bürgel, »L'attitude d'Alexandre face à la philosophie grecque dans trois poèmes épiques persans: le Roman d'Alexandre de Nizâmî, l'A'ina-Iskandarî de Amîr Khusraw Dihlawî et le Khiradnâma-i Iskandarî de Djâmî«, in: Laurence Harf-Lancner, Claire Kappler, François Suard (Hrsg.), *Alexandre le Grand dans les littératures occidentales et proche-orientales,* Nanterre 1999, S. 53–59.

Olga Bush, Avinoam Shalem (Hrsg.), Themenheft: *Gazing Otherwise: Modalities of Seeing In and Beyond the Lands of Islam, Muqarnas* 32, 2015.

Frank Büttner, »Die Macht des Bildes über den Betrachter. Thesen zu Bildwahrnehmung, Optik und Perspektive im Übergang von Mittelalter zur Frühen Neuzeit«, in: Wulf Oesterreicher, Gerhard Regn, Winfried Schulze (Hrsg.), *Autorität der Form – Autorisierungen – institutionelle Autoritäten,* Münster 2003, S. 17–36.

Frank Büttner, »Der Blick auf das Bild. Betrachter und Perspektive in der Renaissance«, in: Michael Neumann (Hrsg.), *Anblick, Augenblick,* Würzburg 2005, S. 131–163.

Frank Büttner, Rezension von Hans Belting, Florenz und Bagdad. Eine westöstliche Geschichte des Blicks, in: *Kunstchronik* 2/2009, S. 82–89.

Anna Caiozzo, *Réminiscences de la royauté cosmique dans les représentations de l'Orient médiéval,* Kairo 2011.

Michael Camille, *The Illustrated Manuscripts of Guillaume de Digulleville's »Pèlerinages« 1330–1426,* Dissertation, Cambridge 1984.

Michael Camille, *The Gothic Idol. Ideology and Image Making in Medieval Art,* Cambridge 1990.

Michael Camille, »Before the Gaze. The Internal Senses and Late Medieval Practices of Seeing«, in: Robert S. Nelson (Hrsg.), *Visuality Before and Beyond the Renaissance. Seeing as the Others Saw,* Cambridge 2000, S. 197–223.

Madeline Caviness, »Images of Divine Order and the Third Mode of Seeing«, in: *Gesta* 22/2, 1983, S. 99–120.

Dipesh Chakrabarty, »Europa provinzialisieren. Postkolonialität und die Kritik der Geschichte«, in: Dipesh Chakrabarty (Hrsg.), *Europa als Provinz. Perspektiven postkolonialer Geschichtsschreibung,* übers. v. Robin Cackett, Frankfurt a. M. 2010.

Michel Chodkiewicz, »Le Paradoxe de la Ka'ba«, in: *Revue de l'Histoire des Religions* 222/IV, 2005, S. 435–461.

Robert L. A. Clark, Pamela Sheingorn, »Were Guillaume de Digulleville's Pèlerinages ›Plays‹? The Case for Arras Ms. 845 as Performative Anthology«, in: *European Medieval Drama* 12, 2008, S. 109–147.

Robert L. A. Clark, Pamela Sheingorn, »Encounterin a Dream-Vision: Visual and Verbal Glosses to Guillaume de Digulleville's Pelerinage de Jhesuchrist«, in: Sarah Blick, Laura D. Gelfand (Hrsg.), *Push Me, Pull You. Imaginative and Emotional Interaction in Late Medieval and Renaissance Art*, Leiden/Boston 2011, S. 3–38.

Stuart Clark, *Vanities of the Eye. Vision in Early Modern European Culture*, Oxford/New York 2009.

Karl Clausberg, *Die Wiener Genesis. Eine kunstwissenschaftliche Bilderbuchgeschichte*, Originalausgabe, Frankfurt a. M. 1984.

Gautier de Coincy, *Les miracles de Nostre Dame*, 4. Bd., Genf 1955–1970.

Michael Wayne Cole, Rebecca Zorach (Hrsg.), *The Idol in the Age of Art. Objects, Devotions and the Early Modern World*, Farnham 2009.

Colette Van Coolput-Storms, »Alexandre et les images«, in: René Wetzel (Hrsg.), *Au-delà de l'illustration. Texte et image au Moyen Age, approches méthodologiques et pratiques*, Zürich 2009, S. 139–163.

Alain Corbellari, »De la représentation médiévale Fantasme et ressemblance dans l'esthétique romanesque du Moyen-Age central«, in: *Poétique* 127, 2001, S. 259–279.

Henry Corbin, *L'imagination créatrice dans le Soufisme d'Ibn Arabi*, Paris 1958.

Henry Corbin, *Avicenna and the Visionary Recital*, Princeton 1960.

Francisco Corti, »Iconos dentro de la miniaturas de las Cantigas de Santa María«, in: Joaquín Bérchez u. a. (Hrsg.), *El Mediterráneo y el arte español*, Valencia 1998, S. 8–13.

Jonathan Crary, *Techniken des Betrachters. Sehen und Moderne im 19. Jahrhundert*, Dresden / Basel 1996 [1990].

Catherine Croizy-Naquet, »Darius ou l'image du potentat perse dans *Le roman d'Alexandre* de Paris«, in: Laurence Harf-Lancner, Claire Kappler, François Suard (Hrsg.), *Alexandre le Grand dans les littératures occidentales et proche-orientales*, Nanterre 1999, S. 161–172.

Mark Cruse, *Illuminating the Roman d'Alexandre. Oxford, Bodleian Library, MS Bodley 264. The Manuscript as Monument,* Cambridge 2011.

Asghar Dadbeh, »Joseph in Persian Literature«, in: *Encyclopaedia Iranica* VXV/1, 2009, S. 30–44, www.iranicaonline.org/articles/joseph-i-in-persian-literature, Stand 8.5.2013.

Ismail M. Dahiyat, *Avicenna's Commentary on the Poetics of Aristotle. A Critical Ctudy with an Annotated Translation of the Text*, Leiden 1974.

Hubert Damisch, *L'origine de la perspective*, Paris 1989 [1987].

Wilfried van Damme, »World Art Studies and World Aesthetics: Partners in Crime?«, in: Lauren Golden (Hrsg.), *Raising the Eyebrow: John Onians and World Art Studies. An Album Amicorum in His Honor,* Oxford 2001, S. 309–319.

Wilfried van Damme, »Introducing World Art Studies«, in: Kitty Zijlmans, Wilfried van Damme (Hrsg.), *World Art Studies. Exploring Concepts and Approaches*, Amsterdam 2008, S. 23–61.

Olga M. Davidson, »Dream as a Narrative Device in the Shāhnāma«, in: Louise Marlow (Hrsg.), *Dreaming across Boundaries. The Interpretation of Dreams in Islamic Lands*, Boston u. a. 2008.

Manfred Derpmann, *Die Josephgeschichte. Auffassung und Darstellung im Mittelalter*, Ratingen 1974.

Heinrich Dilly, »Lichtbildprojektion – Prothese der Kunstbetrachtung«, in: Irene Below (Hrsg.), *Kunstwissenschaft und Kunstvermittlung*, Gießen 1975, S. 153–172.

Heinrich Dilly, »Einführung«, in: Hans Belting, Heinrich Dilly, Wolfgang Kemp, Willibald Sauerländer, Martin Warnke (Hrsg.), *Kunstgeschichte. Eine Einführung*, Berlin 2008 [1985].

Larisa N. Dodchudoeva, Poėmy *Nizami v srednevekovoj miniatjurnoj živopisi,* Moskau 1985.

Dorothea Duda, *Islamische Handschriften 1: Persische Handschriften*, 2 Bde., Wien 1983.

Frédéric Duval (Hrsg.), *Guillaume de Digulleville. Les pèlerinages allégoriques*, Rennes 2008.

Patricia J. Eberle, »The Lovers' Glass. Nature's Discourse on Optics and the Optical Design of the *Romance of the Rose*«, in: *University of Toronto Quarterly* XLVI/3, 1977, S. 241–262.

Johann Konrad Eberlein, *Apparitio regis – revelatio veritatis. Studien zur Darstellung des Vorhangs in der bildenden Kunst von der Spätantike bis zum Ende des Mittelalters*, Wiesbaden 1982.

Maria Effinger, Cornelia Logemann, Ulrich Pfisterer (Hrsg.), *Götterbilder und Götzendiener in der Frühen Neuzeit. Europas Blick auf fremde Religionen*, Ausst.-Kat. Heidelberg, Universitätsbibliothek, 15.2.2012–25.11.2012, Heidelberg 2012.

Anja Eisenbeiß, Lieselotte E. Saurma-Jeltsch (Hrsg.), *Images of Otherness in Medieval and Early Modern Times. Exclusion, Inclusion, and Assimilation*, Berlin 2012.

Robert Eisler, *Weltenmantel und Himmelszelt. Religionsgeschichtliche Untersuchungen zur Urgeschichte des antiken Weltbildes*, München 1910.

Jamal J. Elias, *The Throne Carrier of God. The Life and Thought of ʿAlāʾ ad-dawla as-Simnānī,* Albany 1995.

James Elkins, »Rezension zu David Summers, *Real Spaces. World Art History and the Rise of Western Modernism*, London 2003«, in: *Art Bulletin* LXXXVI/2, 2004, S. 373–381.

James Elkins (Hrsg.), *Is Art History Global?*, New York 2007.

James Elkins, »The End of the Theory of the Gaze«, unpublizierter Essay, 2009, www.jameselkins.com/images/stories/jamese/pdfs/the-visual-gaze.pdf, Stand 31.3.2014.

Josh Ellenbogen, Aaron Tugendhaft (Hrsg.), *Idol Anxiety*, Stanford 2011.

Jaś Elsner (Hrsg.), *Comparativism in Art History*, Abingdon 2017.

Patricia A. Emison, »The Little Masters, Italy, and Rome«, in: Stephen H. Goddard, Patricia A. Emison, Henry Fullenwider (Hrsg.), *The World in Miniature. Engravings by the German Little Masters, 1500–1550,* Ausst.-Kat. Lawrence, Spencer Museum of University of Kansas, 4.9.–23.10.1988, Lawrence 1988, S. 30–39.

Johannes Endres, Barbara Wittmann, Gerhard Wolf (Hrsg.), *Ikonologie des Zwischenraums. Der Schleier als Medium und Metapher*, München 2005.

Angelika Epple, Walter Erhart (Hrsg.), *Die Welt beobachten. Praktiken des Vergleichens*, Frankfurt a. M. 2015.

Daniela Erlach (Hrsg.), *Privatisierung der Triebe? Sexualität in der frühen Neuzeit*, Frankfurt a. M. 1994.

Michel Espagne, »Sur les limites du comparatisme en histoire culturelle«, in: *Genèses* 17, 1994, S. 112–121.

Michel Espagne, »Transferanalyse statt Vergleich. Interkulturalität in der sächsischen Regionalgeschichte«, in: Hartmut Kaelble, Jürgen Schriewer (Hrsg.), *Vergleich und Transfer. Komparatistik in den Sozial-, Geschichts- und Kulturwissenschaften*, Frankfurt a. M. 2003, S. 419–438.

Richard Ettinghausen, »Die bildliche Darstellung der Kaʿba im islamischen Kulturkreis«, in: *Zeitschrift der deutschen morgenländischen Gesellschaft ZDMG* 87, 1934, S. 111–137.

Susanne von Falkenhausen, *Jenseits des Spiegels. Das Sehen in Kunstgeschichte und Visual Culture Studies*, München 2015.

Frank Fehrenbach, »Fürst der Sinne. Macht und Ohnmacht des Sehens in der italienischen Renaissance«, in: Horst Bredekamp, John M. Krois (Hrsg.), *Sehen und Handeln*, Berlin 2011, S. 141–154.

Rita Felski, Susan Stanford Friedman (Hrsg.), *Comparison. Theories, Approaches, Uses*, Baltimore 2013.

Abolqasem Ferdowsi, *Shahnameh. The Persian Book of Kings*, übers. v. Dick Davis, New York 2006.

Christine Ferlampin-Acher, »Alexandre et le miroir. Réflexions autour du mythe du conquérant dans le *Roman d'Alexandre en prose*«, in: Fabienne Pomel (Hrsg.), *Miroirs et jeux de miroirs dans la littérature médiévale*, Rennes 2003.

Elvira Fidalgo (Hrsg.), *As Cantigas de Santa María*, Vigo 2002.

Elena Filippi, Harald Schwaetzer (Hrsg.), *Spiegel der Seele. Reflexionen in Mystik und Malerei*, Münster 2012.

Paula Findlen, »Humanismus, Politik und Pornographie im Italien der Renaissance«, in: Lynn A. Hunt (Hrsg.), *Die Erfindung der Pornographie. Obszönität und die Ursprünge der Moderne*, Frankfurt a. M. 1994 [1993], S. 44–114.

Erna Fiorentini, »Modus Videndi. Ein historischer Versuch zwischen Sehen und Verbildlichen, in drei Akten«, in: Matthias Bruhn, Kai-Uwe Hemken (Hrsg.), *Modernisierung des Sehens. Sehweisen zwischen Künsten und Medien*, Bielefeld 2008, S. 125–139.

Yusuf and Zalikha. The Biblical Legend of Joseph and Potiphar's Wife in the Persian Version Ascribed to Abul-Mansur Quasim, Called Firdausi, ca. 932–1021 A. D., hrsg. v. Hermann Ethé, Oxford 1908.

Firdawsī, *Yūsuf u Zulaykhā*, Mumbai 1925.

Abū al-Qāsim Firdawsī, *Shāhnāmah*, hrsg. v. Jalāl Khāliqī Muṭlaq, 8 Bde., New York 2005.

Jussuf und Suleicha. Romantisches Heldengedicht von Firdussi, übers. v. Ottocar Maria Schlechta von Wschehrd, Wien 1889.

Teresa Fitzherbert, *»The Life of Khwaju Kirmani (689/1290–753/1352) as Reflected in His Poetry, with Particular Reference to the Masnavi Humay u Humayun« (Teil 1) und »The Paintings in the British Library's Khwaju Kirmani Manuscript of 1396 (Add. 18113) Approached Through the Text« (Teil 2),* Masterarbeit, Edinburgh 1980.

Teresa Fitzherbert, »Khwājū Kirmānī (689–753 / 1290–1352) An *Éminence Grise* of Fourteenth Century Persian Painting«, in: *Iran* XXIX, 1991, S. 137–151.

Finbarr Barry Flood, »Between Cult and Culture: Bamiyan, Islamic Iconoclasm, and the Museum«, in: *The Art Bulletin* 84/4, 2002, S. 641–659.

Finbarr Barry Flood, »From Prophet to Postmodernism? New World Orders and the End of Islamic Art«, in: Elisabeth Mansfield (Hrsg.), *Making Art History. A Changing Discipline and its Institutions*, London 2007, S. 31–53.

Finbarr Barry Flood, »From Icon to Coin: Potlatch, Piety, and Idolatry in Medieval Islam«, in: Gerhard Jaritz (Hrsg.), *Ritual, Images, and Daily Life. The Medieval Perspective*, Münster 2012, S. 163–171.

Henri Focillon, *Le Peintre des Miracles Notre-Dame*, Paris 1950.

Regula Forster, *Das Geheimnis der Geheimnisse. Die arabischen und deutschen Fassungen des pseudo-aristotelischen Sirr al-asra / Secretum Secretorum,* Wiesbaden 2006.

Regula Forster, Neguin Yavari (Hrsg.), *Global Medieval. Mirrors for Princes Reconsidered*, Boston / Washington 2015.

Hal Foster, »Preface«, in: ders. (Hrsg.), *Vision and Visuality*, Seattle 2009 [1988], S. ix–xiv.

Hal Foster (Hrsg.), *Vision and Visuality*, Seattle 2009 [1988].

Michel Foucault, *Die Ordnung der Dinge. Eine Archäologie der Humanwissenschaften*, Frankfurt a. M. 1999 [1966].

Michel Foucault, *Überwachen und Strafen. Die Geburt des Gefängnisses*, Frankfurt a. M. 1976 [1975].

Michel Foucault, *Dispositive der Macht. Michel Foucault über Sexualität, Wissen und Wahrheit,* Berlin 1978.

Emilie Fréger, Anne-Marie Legaré, »Le manuscrit d'Arras (BM, ms 845) dans la tradition des manuscrits enluminés du Pèlerinage de l'Ame en vers : spécificité iconographique et milieu de production«, in: Frédéric Duval (Hrsg.), *Guillaume de Digulleville. Les pèlerinages allégoriques*, Rennes 2008, S. 331–347.

Marion Frenger, Martina Müller-Wiener (Hrsg.), *Von Gibraltar bis zum Ganges: Studien zur Islamischen Kunstgeschichte in memoriam Christian Ewert*, Berlin 2010.

Dagobert Frey, *Grundlegung zu einer vergleichenden Kunstwissenschaft*, Wien 1949.

Beate Fricke, »Fallen Idols and Risen Saints: Western Attitudes Towards the Worship of Images and the ›Cultura Veterum Deorum‹«, in: Anne L. McClanan (Hrsg.), *Negating the Image. Case Studies in Iconoclasm*, Aldershot 2005, S. 67–59.

Beate Fricke, *Ecce fides. Die Statue von Conques, Götzendienst und Bildkultur im Westen*, München 2007.

Beate Fricke / Urte Krass (Hrsg.), *The Public in the Picture / Das Publikum im Bild. Involving the Beholder in Antique, Islamic, Byzantine, Western Medieval and Renaissance Art / Beiträge aus der Kunst der Antike, des Islam, aus Byzanz und dem Westen,* Berlin 2015.

David Freedberg, *The Power of Images. Studies in the History and Theory of Reponse*, Chicago 1989.

Susanne Friede, *Die Wahrnehmung des Wunderbaren. Der Roman d'Alexandre im Kontext der französischen Literatur des 12. Jahrhunderts*, Tübingen 2003.

Annegret Friedrich, Birgit Haehnel (Hrsg.), *Projektionen. Rassismus und Sexismus in der visuellen Kultur*, Marburg 1997.

Hans Fuhs, »ra'ah«, in: Heinz-Josef Fabry, Helmer Ringgren (Hrsg.), *Theologisches Wörterbuch zum Alten Testament* 1973–2000, S. 225–266.

Thomas W. Gaehtgens (Hrsg.), *Künstlerischer Austausch. Akten des XXVIII. Internationalen Kongresses für Kunstgeschichte*, Berlin 1993.

David Ganz, »Oculus interior. Orte der inneren Schau in mittelalterlichen Visionsdarstellungen«, in: Katharina Philipowski, Anne Prior (Hrsg.), *Anima und sêle. Darstellungen und Systematisierungen von Seele im Mittelalter*, Berlin 2006, S. 113–144.

David Ganz, *Medien der Offenbarung. Visionsdarstellungen im Mittelalter*, Berlin 2008.

David Ganz, »Einführung«, in: David Ganz, Thomas Lentes (Hrsg.), *Sehen und Sakralität in der Vormoderne*, Berlin 2011, S. 8–19.

David Ganz, Thomas Lentes (Hrsg.), *Sehen und Sakralität in der Vormoderne*, Berlin 2011.

Catherine Gaullier-Bougassas, »Alexandre et Candace dans le Roman d'Alexandre de Paris et le Roman de toute Chevalerie de Thomas de Kent«, in: *Romania* 112, 1991, S. 18–44.

Catherine Gaullier-Bougassas, »L'altérité de l'Alexandre du Roman d'Alexandre, et en contrepoint, l'intégration à l'univers arthurien de l'Alexandre de Cligès«, in: *Cahiers de recherches médiévales* 4, 1997, http://crm.revues.org/948, Stand 28.2.2014.

Catherine Gaullier-Bougassas, *Les romans d'Alexandre. Aux frontières de l'épique et du romanesque*, Paris 1998.

Peter Geimer, »Vergleichendes Sehen oder Gleichheit aus Versehen. Analogie und Differenz in kunsthistorischen Bildvergleichen«, in: Lena Bader, Martin Gaier, Falk Wolf (Hrsg.), *Vergleichendes Sehen*, München 2010, S. 45–70.

Daniel Gimaret, »Ru'yāt Allāh«, in: *Encyclopaedia of Islam* 2, hrsg. von P. Baerman u. a., Leiden / Boston 1960–2007, www.brillonline.nl/subscriber/entry?entry=islam_SIM-6353, Stand 11.2.2008.

Almut von Gladiß, *Die Freunde Gottes. Die Bilderwelt einer persischen Luxushandschrift des 16. Jahrhunderts*, Berlin 2005.

Stephen H. Goddard, »The Origin, Use, and Heritage of the Small Engraving in Renaissance Germany«, in: ders., Patricia A. Emison, Henry Fullenwider (Hrsg.), *The World in Miniature. Engravings by the German Little Masters, 1500–1550,* Ausst.-Kat. Lawrence, Spencer Museum of University of Kansas, 4.9.–23.10.1988, Lawrence 1988, S. 13–29.

Stephen H. Goddard, Patricia A. Emison, Henry Fullenwider (Hrsg.), *The World in Miniature. Engravings by the German Little Masters, 1500–1550,* Ausst.-Kat. Lawrence, Spencer Museum of University of Kansas, 4.9.–23.10.1988, Lawrence 1988.

Shalom Goldman, *The Wiles of Women. The Wiles of Men. Joseph and Potiphar's Wife in Ancient Near Eastern, Jewish, and Islamic Folklore*, Albany 1995.

Lisa Golombek, »Towards a Classification of Islamic Painting«, in: Richard Ettinghausen (Hrsg.), *Islamic Art in The Metropolitan Museum of Art*, New York 1972, S. 23–34.

Ernst Hans Gombrich, *Bild und Auge. Neue Studien zur Psychologie der bildlichen Darstellung*, Stuttgart 1984 [1982].

Ernst Hans Gombrich, *Kunst und Illusion. Zur Psychologie der bildlichen Darstellung*, Berlin 2002 [1959].

Julia Gonnella, Christoph Rauch (Hrsg.), *Heroische Zeiten. Tausend Jahre persisches Buch der Könige*, Ausst.-Kat. Berlin, Museum für Islamische Kunst, Staatliche Museen zu Berlin, 19.3.–3.7.2011, Berlin 2011.

Andreas Gormans, »*Visus perfectus* – oder die Kunst, den Sündenfall vergessen zu machen«, in: David Ganz, Thomas Lentes (Hrsg.), *Sehen und Sakralität in der Vormoderne*, Berlin 2011, S. 240–265.

Martin Gosman, »L'élement féminin dans le Roman d'Alexandre Olympias et Candace«, in: Glyn S. Burgess (Hrsg.), *Court and Poet*, Liverpool 1981, S. 167–176.

Ewa Gossart, *Johann Hartliebs ›Histori von dem grossen Alexander‹. Zur Rezeption des Werkes am Beispiel der bebilderten Handschriften und Inkunabeln*, Korb im Remstal 2010.

Oleg Grabar, Mika Natif, »The Story of the Portraits of the Prophet Muhammad«, in: *Studia Islamica* 96, 2003, S. 19–38.

Erich Grässer, »An die Hebräer« in: Norbert Brox u. a. (Hrsg.), *Evangelisch-katholischer Kommentar zum Neuen Testament*, Bd. VVII/3, Zürich / Neukirchen-Vluyn 1997, S. 11–19.

Johannes Grave, »Vergleichen als Praxis. Vorüberlegungen zu einer praxistheoretisch orientierten Untersuchung von Vergleichen«, in: Angelika Epple, Walter Erhart (Hrsg.), *Die Welt beobachten. Praktiken des Vergleichens*, Frankfurt a. M. 2015, S. 135–159.

Margaret S. Graves, »Words and Pictures. The British Library's 1386–8 Khamseh of Nizami, and the Development of an Illustrative Tradition«, in: *Persica* XVIII, 2002, S. 17–54.

Hans Jacob Christoffel von Grimmelshausen, *Des vortrefflich keuschen Josephs in Egypten erbauliche, recht ausführliche und vielvermehrte Lebensbeschreibung*, New Haven 1969 [Nürnberg 1671].

Christiane J. Gruber, *The Prophet Muhammad's Ascension (Miʿrāj) in Islamic Art and Literature, ca. 1300–1600*, Dissertation, University of Pennsylvania, 2005.

Christiane J. Gruber, *El »Libro de la Ascension« (Miʿrajnama) Timurida / The Timurid Book of Ascension (Miʿrajnama)*, Valencia 2008.

Christiane J. Gruber, »Between Logos (Kalima) and Light (Nūr): Representations of the Prophet Muhammad in Islamic Painting«, in: *Muqarnas* 26, 2009, S. 229–262.

Christiane J. Gruber, »Realabsenz. Gottesbilder in der islamischen Kunst zwischen 1300 und 1600«, in: Eckhard Leuschner, Mark R. Hesslinger (Hrsg.), *Das Bild Gottes in Judentum, Christentum und Islam. Vom AltenTestament bis zum Karikaturenstreit,* Petersberg 2009.

Christiane J. Gruber, Frederick S. Colby (Hrsg.), *The Prophet's Ascension. Cross-Cultural Encounters with the Islamic Miʿrāj Tales*, Bloomington 2010.

Guillaume de Digulleville, *Pèlerinage de vie humaine 1*, transkribiert v. Béatrice Stumpf nach der Handschrift BnF fr. 1818, www.cnrtl.fr/corpus/digulleville/VieHumaine.pdf, Stand 7.1.2014.

Thalia Gur-Klein, »Potiphar's Wife and the Cultural Template of Sacred Sexuality«, in: *lectio difficilior. Europäische elektronische Zeitschrift für Feministische Exegese* 1, 2001, www.lectio.unibe.ch/01_1/po.pdf, Stand 26.3.2014.

Doris Guth, Elisabeth Priedl (Hrsg.), *Bilder der Liebe. Liebe, Begehren und Geschlechterverhältnisse in der Kunst der Frühen Neuzeit*, Bielefeld 2012.

Joseph Gutmann, »On Biblical Legend in Medieval Art«, in: *Artibus et Historiae* 19/38, 1998, S. 137–142.

Claus-Peter Haase, »Erziehung des Auges. Die Umdeutung von Ornamentsystemen bei anatolischen Teppichen«, in: Birgit Schneider (Hrsg.), *Diagramme und bildtextile Ordnungen*, Berlin 2005, S. 48–58.

Susan K. Hagen, *Allegorical Remembrance. A Study of The Pilgrimage of the Life of Man as a Medieval Treatise on Seeing and Remembering*, Athens, GA 1990.

Cynthia Hahn, »Visio Dei. Changes in Medieval Visuality«, in: Robert S. Nelson (Hrsg.), *Visuality Before and Beyond the Renaissance. Seeing as the Others Saw*, Cambridge 2000, S. 169–196.

Cynthia Hahn, »Vision«, in: Conrad Rudolph (Hrsg.), *A Companion to Medieval Art. Romanesque and Gothic in Northern Europe*, Chichester 2010 [2006], S. 44–46.

Moshe Halbertal, Avishai Margalit, *Idolatry*, übers. v. Naomi Goldblum, Cambridge 1992.

Jeffrey F. Hamburger, »Seeing and Believing: The Suspicion of Sight and the Authentication of Vision in Late Medieval Art«, in: Alessandro Nova, Klaus Krüger (Hrsg.), *Imagination und Wirklichkeit: Zum Verhältnis von mentalen und realen Bildern in der Kunst der frühen Neuzeit*, Mainz 2000, S. 47–70.

Jeffrey F. Hamburger, Anne-Marie Boucher (Hrsg.), *The Mind's Eye. Art and Theological Argument in the Middle Ages*, Princeton 2006.

Daniela Hammer-Tugendhat, »Jan van Eyck – Autonomisierung des Aktbildes und Geschlechterdifferenz«, in: Detlef Hoffmann (Hrsg.), Themenheft: *Der nackte Mensch, kritische berichte* 17/3, 1989, S. 78–99.

Daniela Hammer-Tugendhat, »Erotik und Geschlechterdifferenz. Aspekte zur Aktmalerei Tizians«, in: Daniela Erlach (Hrsg.), *Privatisierung der Triebe? Sexualität in der frühen Neuzeit*, Frankfurt a. M. 1994, S. 367–446.

Daniela Hammer-Tugendhat, *Das Sichtbare und das Unsichtbare. Zur holländischen Malerei des 17. Jahrhunderts*, Köln 2009.

William L. Hanaway, Jr., »Bot«, in: *Encyclopædia Iranica* IV/4, 1989, S. 389–390, www.iranicaonline.org/articles/bot-idol, Stand 30.1.2014.

Craig Harbison, »Visions and Meditations in Early Flemish Painting«, in: *Simiolus* 15/2, 1985, S. 87–117.

Laurence Harf-Lancner, Claire Kappler, François Suard (Hrsg.), *Alexandre le Grand dans les littératures occidentales et proche-orientales*, Nanterre 1999.

Johann Hartlieb, *Johann Hartliebs Alexanderroman. Edition des Cgm 581, hrsg. v. Rudold Lechner-Petri,* Hildesheim 1980.

Heinz-Gerhard Haupt, Jürgen Kocka (Hrsg.), *Comparative and Transnational History: Central European Approaches and New Perspectives*, Oxford / New York 2009.

Heinz-Gerhard Haupt, Jürgen Kocka (Hrsg.), *Geschichte und Vergleich. Ansätze und Ergebnisse international vergleichender Geschichtsschreibung*, Frankfurt a. M. 1996a.

Heinz-Gerhard Haupt, Jürgen Kocka, »Historischer Vergleich: Methoden, Aufgaben, Probleme. Eine Einleitung«, in: Heinz-Gerhard Haupt, Jürgen Kocka (Hrsg.), *Geschichte und Vergleich. Ansätze und Ergebnisse international vergleichender Geschichtsschreibung*, Frankfurt a. M. 1996b, S. 9–45.

Anselm Haverkamp, »Als der Krieg zuende war. Dekonstruktion als Provokation der Rezeptionsästhetik«, in: Dorothee Kimmich, Bernd Stiegler (Hrsg.), *Zur Rezeption der Rezeptionstheorie*, Berlin 2003, S. 39–62.

Christian Heck, *L'échelle céleste dans l'art du Moyen Âge. Une image de la quête du ciel*, Paris 1997.

Philine Helas, Gerhard Wolf, »The Shadow of the Wolf. The Survival of an Ancient God in the Frescoes of the Strozzi Chapel (S. Maria Novella, Florence) or Filippino Lippi's Reflection on Image, Idol and Art«, in: Michael Wayne Cole, Rebecca Zorach (Hrsg.), *The Idol in the Age of Art. Objects, Devotions and the Early Modern World*, Farnham 2009, S. 133–157.

Jutta Held, »Die ›Weibermacht‹ in Bildern der Kunst von der frühen Neuzeit bis zum Beginn des 20. Jahrhunderts«, in: *Tendenzen* 152, 1985, S. 45–56.

John Hendrix, Charles H. Carman (Hrsg.), *Renaissance Theories of Vision*, Farnham 2010.

Thomas Hensel, »Aby Warburg und die ›Verschmelzende Vergleichsform‹«, in: Lena Bader, Martin Gaier, Falk Wolf (Hrsg.), *Vergleichendes Sehen*, München 2010, S. 469–490.

Thomas Hensel, *Wie aus der Kunstgeschichte eine Bildwissenschaft wurde. Aby Warburgs Graphien*, Berlin 2011.

Alfons Hilka (Hrsg.), *Der altfranzösische Prosa-Alexanderroman nach der Berliner Bilderhandschrift nebst dem lateinischen Original der Historia de Preliis (Rezension J²)*, Halle 1920.

Robert Hillenbrand, »The Iskandar Cycle in the Great Mongol Šāhnāma«, in: Margaret Bridges, J. Christoph Bürgel (Hrsg.), *The Problematics of Power. Eastern and Western Representations of Alexander the Great*, Bern u. a. 1996, S. 203–229.

Robert Hillenbrand (Hrsg.), *Persian Painting from the Mongols to the Qajars*, London 2000.

Robert Hillenbrand, »Erudition Exalted: The Double Frontispiece to the Epistles of the Sincere Brethren«, in: Linda Komaroff (Hrsg.), *Beyond the Legacy of Genghis Khan*, Leiden / Boston 2006, S. 183–212.

Robert Hillenbrand, »The Classical Author Portrait Islamicized«, in: Thomas F. Madden, James L. Naus, Vincent Ryan (Hrsg.), *Crusades – Medieval Worlds in Conflict*, Farnham / Burlington 2010, S. 47-74.

Robert Hillenbrand, A. C. S. Peacock, Firuza Abdullaeva, Charles Melville (Hrsg.), *Ferdowsi, the Mongols and the History of Iran. Art, Literature and Culture from Early Islam to Qajar Persia. Studies in Honour of Charles Melville,* London 2013.

Nikolaus Himmelmann, *Ideale Nacktheit*, Wiesbaden 1985.

Marshall G. S. Hodgson, *The Venture of Islam*, Chicago 1974.

Almut Höfert, »Europa und der Nahe Osten. Der transkulturelle Vergleich in der Vormoderne und die Meistererzählungen über den Islam«, 2008, revidiertes Manuskript des Aufsatzes, in: *Historische Zeitschrift* 287/3, 2007, S. 561–597.

Detlef Hoffmann, »Der nackte Mensch. Zur aktuellen Diskussion über ein altes Thema«, in: ders. (Hrsg.), Themenheft: *Der nackte Mensch, kritische berichte* 17/3, 1989, S. 5–28.

Detlef Hoffmann (Hrsg.), Themenheft: *Der nackte Mensch, kritische berichte* 17/3, 1989.

Konrad Hoffmann, »Antikenrezeption und Zivilisationsprozeß im erotischen Bilderkreis der frühen Neuzeit«, in: *Antike und Abendland. Beiträge zum Verständnis der Griechen und Römer und ihres Nachlebens* 24, 1978, S. 146–158.

Otfried Hofius, *Der Vorhang vor dem Thron Gottes. Eine exegetisch-religionsgeschichtliche Untersuchung zu Hebräer 6,19f. und 10,19f*, Tübingen 1972.

F. W. H. Hollstein, *German Engravings, Etchings and Woodcuts ca. 1400–1700, Bd. III: Hans Sebald Beham,* Amsterdam 1954.

Hans Christian Hönes, »Bloß zufällig. Kritik und Selbstkritik des Bildvergleichs bei Wölfflin«, in: Matthias Bruhn / Gerhard Scholtz (Hrsg.), *Der vergleichende Blick. Formanalyse in Natur- und Kulturwissenschaften*, Berlin 2017, S. 55–68.

Colum Hourihane (Hrsg.), *Looking beyond. Visions, Dreams, and Insights in Medieval Art and History*, Princeton 2010.

Robert Hoyland, »The Islamic Background to Polemon's Treatise«, in: Simon Swain (Hrsg.), *Seeing the Face, Seeing the Soul. Polemon's Physiognomy from Classical Antiquity to Medieval Islam*, Oxford 2007, S. 227–280.

Lynn Hunt (Hrsg.), *The Invention of Pornography. Obscenity and the Origins of Modernity, 1500–1800*, New York 1993.

François Huot, Gisela Kluitmann, »Die Texte. Transkriptionen und Übersetzung«, in: Gabriele Bartz, Angelo Giaccaria, François Huot, Eberhard König (Hrsg.), *Die Blätter im Louvre und das verlorene Turiner Gebetbuch,* Luzern 1994.

Sylvia Huot, »Authors, Scribes, Remanieurs: A Note on the Textual History of the Romance of the Rose«, in: Kevin Brownlee, Sylvia Huot (Hrsg.), *Rethinking the Romance of the Rose*, Philadelphia 1992, S. 203–233.

Yúsuf and Zulaikha. A Poem by Jámi, übers. v. Ralph T. H. Griffith, London 1882.

Hakim Nuruddin Abdurrahman Jami, *Yusuf and Zulaikha*, übers. v. David Pendlebury, London 1980.

Nur al-Din ʿAbd al-Raḥmān ibn Aḥmad J̌āmi, *Haft Owrang, Bd. 2: Yusof & Zoleyxā, Leylī & Maǰnūn and Xeradnāme-ye Eskandari*, hrsg. v. A. Afṣaḥzād u. Ḥ. A. Tarbiyat, Teheran 1997.

Parivash Jamzadeh, *Alexander Histories and Iranian Reflections. Remnants of Propaganda and Resistance*, Leiden / Boston 2012.

Martin Jay, *Downcast Eyes. The Denigration of Vision in Twentieth-Century French Thought*, Berkeley 1994 [1993].

John of Würzburg, *Description of the Holy Land (A. D. 1160–1170)*, übers. v. Aubrey Stewart, London 1890.

Ines Jucker, *Der Gestus des Aposkopein. Ein Beitrag zur Gebärdensprache in der antiken Kunst*, Zürich 1956.

Monica Juneja, »Kunstgeschichte und kulturelle Differenz. Eine Einleitung«, in: Elke Anna Werner, Monica Juneja, Matthias Bruhn (Hrsg.), Themenheft: *Universalität der Kunstgeschichte? kritische berichte* 40/2, 2012, S. 6–12.

Monica Juneja, Michael Falser, »Kulturerbe – Denkmalpflege: transkulturell. Eine Einleitung«, in: dies. (Hrsg.), *Kulturerbe und Denkmalpflege transkulturell. Grenzgänge zwischen Theorie und Praxis*, Bielefeld 2013, S. 17–34.

Monica Juneja, Margit Pernau, »Lost in Translation? Transcending Boundaries in Comparative History«, in: Heinz-Gerhard Haupt, Jürgen Kocka (Hrsg.), *Comparative and Transnational History: Central European Approaches and New Perspectives*, Oxford / New York 2009, S. 105–132.

Ananya Jahanara Kabir, Deanne Williams (Hrsg.), *Postcolonial Approaches to the European Middle Ages. Translating Cultures*, Cambridge 2005.

Djelal Kadir, »Comparative Literature in an Age of Terrorism«, in: Haun Saussy (Hrsg.), *Comparative Literature in an Age of Globalization*, Baltimore 2006, S. 68–77.

Hartmut Kaelble, Jürgen Schriewer (Hrsg.), *Vergleich und Transfer. Komparatistik in den Sozial-, Geschichts- und Kulturwissenschaften*, Frankfurt a. M. 2003.

Yumiko Kamada, »A Taste for Intricacy. An Illustrated Manuscript of *Manṭiq al-Ṭayr* in the Metropolitan Museum of Art«, in: *Orient* 45, 2010, S. 129–175.

E. Ann Kaplan, *Looking for the Other. Feminism, Film, and the Imperial Gaze*, New York 1997.

Claude-Claire Kappler, »Alexandre dans le Shāh Nāma de Firdousi. De la conquête du monde à la découverte de soi«, in: Margaret Bridges, J. Christoph Bürgel (Hrsg.), *The Problematics of Power. Eastern and Western Representations of Alexander the Great*, Bern u. a. 1996, S. 165–190.

Salim Kemal, *The Poetics of Alfarabi and Avicenna*, Leiden 1991.

Wolfgang Kemp, *Der Anteil des Betrachters. Rezeptionsästhetische Studien zur Malerei des 19. Jahrhunderts*, München 1983.

Wolfgang Kemp (Hrsg.), *Der Betrachter ist im Bild. Kunstwissenschaft und Rezeptionsästhetik*, Berlin 1992 [1985].

Wolfgang Kemp, »Augengeschichten und skopische Regime. Alois Riegls Schrift ›Das Holländische Gruppenporträt‹«, in: *Merkur* 513, 1991, S. 1162–1167.

Thomas de Kent, *Le roman d'Alexandre ou le roman de toute chevalerie,* übers. u. kommentiert v. Catherine Gaullier-Bougassas u. Laurence Harf Lancner, hrsg. v. Brian Foster u. Ian Short, Paris 2003.

Thomas of Kent, *The Anglo-Norman Alexander (Le Roman de Toute Chevalerie),* hrsg. v. Brian Foster unter Mitarbeit v. Ian Short, London 1976.

Herbert L. Kessler, »Through the Temple Veil: The Holy Image in Judaism and Christianity«, in: *Kairos. Zeitschrift für Judaistik und Religionswissenschaft* XXXII/ XXXIII, 1990, S. 53–77.

Herbert L. Kessler, *Spiritual Seeing. Picturing God's Invisibility in Medieval Art,* Philadelphia 2000.

Herbert L. Kessler, *Seeing Medieval Art*, Peterborough 2004.

Khvājū-yi Kirmānī, *Humāy u Humāyūn*, hrsg. v. Kamāl ʿAinī, Teheran 1969.

Khvājū-yi Kirmānī, »Rawẓat ul-Anvār«, in: *Khamsah-yi Khvājū-yi Kirmānī*, hrsg. v. Saʿīd Niyāz-i Kirmānī, Kirman 1991.

Chad Kia, »Jāmi and Persian Art«, in: *Encyclopaedia Iranica* XIV/5, 2008, S. 479–482, www.iranicaonline.org/articles/jami-iii, Stand 26.3.2014.

David P. Kilpatrick, *Paradoxes of the German Small Engraving in the Reformation*, Dissertation, New Haven 2002.

Dorothee Kimmich, Bernd Stiegler (Hrsg.), *Zur Rezeption der Rezeptionstheorie*, Berlin 2003.

Theodor Klauser, »Der Vorhang vor dem Thron Gottes«, in: *Jahrbuch für Antike und Christentum* 3/4, 1960, S. 141–142.

Peter K. Klein, »Visionary Experience and Corporeal Seeing in Thirteenth-Century English Apocalypses. John as External Witness and the Rise of Gotic Marginal Images«, in: Colum Hourihane (Hrsg.), *Looking beyond. Visions, Dreams, and Insights in Medieval Art and History*, Princeton 2010, S. 177–201.

Thomas Kleinspehn, »Schaulust und Scham. Zur Sexualisierung des Blickes«, in: Detlef Hoffmann (Hrsg.), Themenheft: *Der nackte Mensch, kritische berichte* 17/3, 1989, S. 29–48.

Thomas Kleinspehn, *Der flüchtige Blick. Sehen und Identität in der Kultur der Neuzeit*, Reinbek bei Hamburg 1989.

Deborah E. Klimburg-Salter, »A Sufi Theme in Persian Painting: The Diwan of Sultan Ahmad Jalayir«, in: *Kunst des Orients* XI, 1977, S. 44–84.

Martin Knauer, »Kupferstiche der deutschen Kleinmeister. Zur Erforschung eines Bildmediums in einer Epoche kulturellen Umbruchs«, in: Karl Möseneder, Stefanie Csincsura (Hrsg.), *Zwischen Dürer und Raffael. Graphikserien Nürnberger Kleinmeister*, Petersberg 2010, S. 9–16.

Ralph Köhnen, *Das optische Wissen. Mediologische Studien zu einer Geschichte des Sehens*, Paderborn 2009.

Ralf Konersmann (Hrsg.), *Kritik des Sehens*, Leipzig 1999 [1997].

Eberhard König, *Die Très Belles Heures von Jean de France, Duc de Berry. Ein Meisterwerk an der Schwelle zur Neuzeit*, München 1998.

Eberhard König, Gabriele Bartz, »Die erhaltenen Blätter und der verbrannte Kodex«, in: dies., Angelo Giaccaria, François Huot (Hrsg.), *Die Blätter im Louvre und das verlorene Turiner Gebetbuch*, Luzern 1994, S. 11–60.

Hans Körner, »Individuum und Gruppe. Fragen der Signifikanz von Verismus und Stilisierung im Grabbild des 13. Jahrhunderts«, in: Otto Gerhard Oexle, Andrea von Hülsen-Esch (Hrsg.), *Die Repräsentation der Gruppen. Texte – Bilder – Objekte*, Göttingen 1998, S. 89–126.

Der Koran, übers. v. Rudi Paret, Stuttgart 2012 [1966].

Der Koran, übers. u. kommentiert v. Adel Theodor Khoury, Gütersloh 1998.

Jens Kröger (Hrsg.), *Islamische Kunst in Berliner Sammlungen. 100 Jahre Museum für Islamische Kunst in Berlin*, unter Mitarbeit v. Désirée Heiden, Berlin 2004.

Steven F. Kruger, *Dreaming in the Middle Ages*, Cambridge 2005 [1992].

Klaus Krüger, *Das Bild als Schleier des Unsichtbaren. Ästhetische Illusion in der Kunst der frühen Neuzeit in Italien*, München 1997.

James L. Kugel, *In Potiphar's House. The Interpretive Life of Biblical Texts*, Cambridge, Mass. 1994.

Mahmoud Lameï, *La poétique de la peinture en Iran (XIVe–XVIe siècle)*, Bern u.a. 2001.

Annika Lamer, *Die Ästhetik des unschuldigen Auges. Merkmale impressionistischer Wahrnehmung in den Kunstkritiken von Émile Zola, Joris-Karl Huysmans und Félix Fénélon*, Würzburg 2009.

Amy S. Landau, »Visibly Foreign, Visibly Female: The Eroticization of *zan-i farangī* in Seventeenth-Century Persian Painting«, in: Francesca Leoni, Mika Natif (Hrsg.), *Eros and Sexuality in Islamic Art*, Farnham / Burlington 2013, S. 99–129.

Robert Layton, Peter Ucko (Hrsg.), *The Archaeology and Anthropology of Landscape. Shaping Your Landscape*, London 2004.

Susanne Leeb, »Weltkunstgeschichte und Universalismusbegriffe: 1900/2010«, in: Elke Anna Werner, Monica Juneja, Matthias Bruhn (Hrsg.), Themenheft: *Universalität der Kunstgeschichte? kritische berichte* 40/2, 2012, S. 13–25.

Anne-Marie Legaré, Fabienne Pomel, »Les miroirs du *Pèlerinage de Vie humaine.* Le texte et l'image«, in: Fabienne Pomel (Hrsg.), *Miroirs et jeux de miroirs dans la littérature médiévale*, Rennes 2003, S. 125–155.

Thomas Lentes, »Inneres Auge, äußerer Blick und Heilige Schau«, in: Klaus Schreiner (Hrsg.), *Frömmigkeit im Mittelalter. Politisch-soziale Kontexte, visuelle Praxis, körperliche Ausdrucksformen*, München 2002, S. 179–220.

Thomas Lentes, »›As Far as the Eye Can See…‹ Rituals of Gazing in the Late Middle Ages«, in: Jeffrey F. Hamburger, Anne-Marie Boucher (Hrsg.), *The Mind's Eye. Art and Theological Argument in the Middle Ages*, Princeton 2006, S. 360–373.

Thomas W. Lentz, Glenn D. Lowry, *Timur and the Princely Vision. Persian Art and Culture in the Fifteenth Century,* Washington / Los Angeles 1989.

Francesca Leoni, Mika Natif (Hrsg.), *Eros and Sexuality in Islamic Art*, Farnham / Burlington 2013.

Eckhard Leuschner, Mark R. Hesslinger (Hrsg.), *Das Bild Gottes in Judentum, Christentum und Islam. Vom Alten Testament bis zum Karikaturenstreit*, Petersberg 2009.

Michael D. Levin, »Some Jewish Sources for the Vienna Genesis«, in: *The Art Bulletin* 54/3, 1972, S. 241–244.

Janey L. Levy, »The Erotic Engravings of Sebald and Barthel Beham: A German Interpretation of a Renaissance Subject«, in: Stephen H. Goddard, Patricia A. Emison, Henry Fullenwider (Hrsg.), *The World in Miniature. Engravings by the German Little Masters, 1500–1550,* Ausst.-Kat. Lawrence, Spencer Museum of University of Kansas, 4.9.–23.10.1988, Lawrence 1988, S. 40–53.

David C. Lindberg, *Theories of Vision from al-Kindi to Kepler*, Chicago 1996.

Wolfgang Lochner, *Fliegen. Das große Abenteuer der Menschheit*, München 1970.

Cornelia Logemann, *Heilige Ordnungen. Die Bild-Räume der »Vie de Saint Denis« (1317) und die französische Buchmalerei des 14. Jahrhunderts*, Köln u. a. 2009.

Guillaume de Lorris, Jean de Meun, *Der Rosenroman*, übers. u. eingeleitet v. Karl August Otto, 3 Bde., München 1976.

Oliver Lubrich, »Comparative Literature – in, from and Beyond Germany«, in: *Comparative Critical Studies* 3/1–3, 2006, S. 47–67.

Karin Luck-Huyse, *Der Traum vom Fliegen in der Antike*, Stuttgart 1997.

Helga Lutz, Jan-Friedrich Missfelder, Tilo Renz (Hrsg.), *Äpfel und Birnen. Illegitimes Vergleichen in den Kulturwissenschaften*, Bielefeld 2006.

Kathryn L. Lynch, *The High Medieval Dream Vision. Poetry, Philosophy, and Literary Form,* Stanford 1988.

Anne L. McClanan (Hrsg.), *Negating the Image. Case Studies in Iconoclasm,* Aldershot 2005.

Peggy McCracken, »Miracles, Mimesis, and the Efficacy of Images«, in: *Yale French Studies* 110, 2006, S. 47–57.

John Macdonald, »Joseph in the Qur'an and Muslim Commentary. A Comparative Study«, in: *The Muslim World* 46/2, 1956, S. 113–131.

Donald Maddox, Sara Sturm-Maddox (Hrsg.), *The Medieval French Alexander*, New York 2002.

Haila Manteghi, »Alexander the Great in the Shānāmeh of Ferdowsī«, in: Richard Stoneman (Hrsg.), *The Alexander Romance in Persia and the East*, Eelde 2012, S. 161–174.

Kristin Marek, Raphaèle Preisinger, Marius Rimmele, Katrin Kärcher (Hrsg.), *Bild und Körper im Mittelalter*, München 2008 [2006].

Louis Marin, »Figures de la réception dans la représentation moderne de peinture«, in: ders., *De la représentation*, hrsg. v. Daniel Arasse, Alain Cantillon, Giovanni Careri, Danièle Cohn, Pierre-Antoine Fabre u. Françoise Marin, Paris 1994, S. 313–328.

Louise Marlow (Hrsg.), *Dreaming Across Boundaries. The Interpretation of Dreams in Islamic Lands*, Boston u. a. 2008.

Tomoko Masuya, »The Miʿrādj-nāma Reconsidered«, in: *Artibus Asiae* LXVII/1, 2007, S. 39–53.

Adrienne Mayor, *The Amazons, The Amazons. Lives and Legends of Warrior Women across the Ancient World*, Princeton 2014.

Farhad Mehran, »The Break-Line Verse: The Link between Text and Image in the ›First Small‹ Shahnama«, in: Charles Melville (Hrsg.), *Shahnama Studies I*, Cambridge 2006, S. 156–158.

Fritz Meier (Hrsg.), *Die Fawāʾiḥ al-ǧamāl wa-fawātiḥ al-ǧalāl des Naǧm ad-Dīn al-Kubrā. Eine Darstellung mystischer Erfahrungen im Islam aus der Zeit um 1200 n. Chr.*, Wiesbaden 1957.

Fritz Meier, »ʿAlāʾ al-Dawla al-Simnānī«, in: *Encyclopaedia of Islam* 2, hrsg. von P. Baerman u. a., Leiden / Boston 1960–2007, www.encquran.brill.nl/entries/encyclopaedia-of-islam-2/ala-al-dawla-al-simnani-SIM_0493, Stand 26.3.2014.

Julie Scott Meisami, *Medieval Persian Court Poetry*, Princeton 1987.

Natalie Melas, *All the Difference in the World. Postcoloniality and the Ends of Comparison*, Stanford 2006.

Claude-François Ménestrier, *L'art des emblèmes ou s'enseigne la morale par les figures de la fable, de l'histoire [et] de la nature*, hrsg. v. Karl Möseneder, Mittenwald 1981 [1684].

Mitchell B. Merback, »Nobody Dares. Freedom, Dissent, Self-Knowing, and Other Possibilities in Sebald Beham's Impossible«, in: *Renaissance Quarterly* 63/4, 2010, S. 1037–1105.

Gayane Karen Merguerian, Afsaneh Najmabadi, »Zulaykha and Yusuf: Whose ›Best Story‹?«, in: *International Journal of Middle East Studies* 29/4, 1997, S. 485–508.

Margit Mersch, Ulrike Ritzerfeld (Hrsg.), *Lateinisch-griechisch-arabische Begegnungen. Kulturelle Diversität im Mittelmeerraum des Spätmittelalters*, München 2010.

Birgit Mersmann, »Bildkulturwissenschaft als Kulturbildwissenschaft. Von der Notwendigkeit eines inter- und transkulturellen Iconic Turn«, in: *Zeitschrift für Ästhetik und allgemeine Kunstwissenschaft* 49/1, 2004, S. 91–109.

Birgit Mersmann, *Schriftikonik. Bildphänomene der Schrift in kultur- und medienkomparativer Perspektive*, München 2015.

Dorothee Metlitzki, *The Matter of Araby in Medieval England*, New Haven 2005 [1977].

Walter Mettmann, »Die Quellen der ältesten Fassung der ›Cantigas de Santa María‹«, in: Arnold Arens (Hrsg.), *Text-Etymologie. Untersuchungen zum Textkörper und Textinhalt. Festschrift für Heinrich Lausberg zum 75. Geburtstag*, Wiesbaden 1987, S. 177–182.

Matthias Middell, »Kulturtransfer und Historische Komparatistik – Thesen zu ihrem Verhältnis«, in: *Comparativ* 10/1, 2000, S. 7–41.
Rachel Milstein, *La Bible dans l'art islamique*, Paris 2005.
Rachel Milstein, Karin Rührdanz, Barbara Schmitz (Hrsg.), *Stories of the Prophets. Illustrated Manuscripts of ›Qiṣaṣ al-Anbiyā‹*, Costa Mesa 1999.
Mittellateinisches Wörterbuch bis zum ausgehenden 13. Jahrhundert, begr. v. Paul Lehmann u. Johannes Stroux, IV. Bd., Lieferung 2, München 2009.
Karl Möseneder, Stefanie Csincsura (Hrsg.), *Zwischen Dürer und Raffael. Graphikserien Nürnberger Kleinmeister*, Petersberg 2010.
Keith P. F. Moxey, »The Beham Brothers and the Death of the Artist«, in: *Register of the Spencer Museum of Art* 6/6, 1989, S. 25–29.
Zaynab Muẓafarīkhvāh, »Taṭbīq-i tasvīr-i ārāiyy-i Yūsuf u Zulaykhā tā būstān-i Saʿdī«, in: *Dūfaslnāmah-i muṭāliʿāt-i hunar-i islāmī* 7/13, 2010/2011, S. 25–36.
Jürgen Müller, *Das Paradox als Bildform. Studien zur Ikonologie Pieter Bruegels d. Ä.*, München 1999.
Jürgen Müller, Kerstin Küster, »Der Prediger als Pornograf? Konvention und Subversion in der Bildpoetik Sebald und Barthel Behams«, in: Jürgen Müller, Thomas Schauerte (Hrsg.), *Die gottlosen Maler von Nürnberg. Konvention und Subversion in der Druckgraphik der Beham-Brüder*, Ausst.-Kat. Nürnberg, Albrecht-Dürer-Haus, 31.3.–2.7.2011, Emsdetten 2011, S. 20–32.
Jürgen Müller, Thomas Schauerte (Hrsg.), *Die gottlosen Maler von Nürnberg. Konvention und Subversion in der Druckgraphik der Beham-Brüder*, Ausst.-Kat. Nürnberg, Albrecht-Dürer-Haus, 31.3.–2. 7.2011, Emsdetten 2011.
Monika E. Müller, »Sarazenen und andere Orientalen – Differenz und Gegen-Identität als Gestaltungsprinzipien in der apulischen Konsolplastik (12.–15. Jahrhundert)«, in: Peter Bell, Dirk Suckow, Gerhard Wolf (Hrsg.), *Fremde in der Stadt. Ordnungen, Repräsentationen und soziale Praktiken (13.–15. Jahrhundert)*, Frankfurt a. M. 2010, S. 63–87, 435, 456–464.
Martina Müller-Wiener, »›Spiegel des Alexander und Weltenbecher‹. Der Spiegel des Artuq Šāh und die Attribute des idealen Herrschers«, dies., Marion Frenger (Hrsg.) in: *Von Gibraltar bis zum Ganges: Studien zur Islamischen Kunstgeschichte in memoriam Christian Ewert*, Berlin 2010, S. 173–197.
Martina Müller-Wiener, *Die Kunst der islamischen Welt*, Stuttgart 2012.
Justine und Oliver Nagler, »Die Kleinmeister und die Folgen – Aspekte des Gebrauchs von Druckgraphik«, in: Karl Möseneder, Stefanie Csincsura (Hrsg.), *Zwischen Dürer und Raffael. Graphikserien Nürnberger Kleinmeister*, Petersberg 2010, S. 203–215.
Seyyed Hossein Nasr, »›The World of Imagination‹ and the Concept of Space in Persian Miniature«, in: *Islamic Quarterly* 13/3, 1969, S. 129–134.
Gülru Necipoğlu, »Framing of the Gaze in Ottoman, Safavid and Mughal Palaces«, in: *Ars Orientalis* 23, 1993, S. 303–342.
Gülru Necipoğlu, *The Topkapi Scroll. Geometry and Ornament in Islamic Architecture*, Oxford 1995.
Gülru Necipoğlu, »The Scrutinizing Gaze in the Aesthetics of Islamic Visual Cultures: Sight, Insight, and Desire«, in: Olga Bush, Avinoam Shalem (Hrsg.), Themenheft: *Gazing Otherwise: Modalities of Seeing In and Beyond the Lands of Islam, Muqarnas* 32, 2015, S. 23–61.

Gülru Necipoğlu, »Persianate Images between Europe and China: The ›Frankish Manner‹ in the Diez and Topkapı Albums, ca. 1350–1450«, in: Friederike Weis, Julia Gonnella, Christoph Rauch (Hrsg.), *The Diez Albums. Contexts and Contents*, Berlin 2017, S. 529–591.

Robert S. Nelson, »Descartes's Cow and Other Domestications of the Visual. Introduction«, in: Robert S. Nelson (Hrsg.), *Visuality Before and Beyond the Renaissance. Seeing as the Others Saw*, Cambridge 2000, S. 1–21.

Robert S. Nelson (Hrsg.), *Visuality Before and Beyond the Renaissance. Seeing as the Others Saw,* Cambridge 2000.

Robert S. Nelson, »The Slide Lecture, or the Work of Art History in the Age of Mechanical Reproduction«, in: *Critical Inquiry* 26/3, 2000, S. 414–434.

Susanne Neubauer, »Sehen im Dunkeln – Diaprojektion und Kunstgeschichte«, in: *Georges-Bloch-Jahrbuch des Kunsthistorischen Instituts der Universität Zürich* 9–10, 2002–2003, http://doi.org/10.5169/seals-720047, Stand 12.2.2019.

Michael Neumann (Hrsg.), *Anblick, Augenblick*, Würzburg 2005.

Angelika Neuwirth, *Der Koran als Text der Spätantike. Ein europäischer Zugang*, Berlin 2011 [2010].

Ursula Nilgen, »Joseph von Ägypten«, in: Engelbert Kirschbaum u. a. (Hrsg.), *Lexikon der christlichen Ikonographie*, Rom / Freiburg / Basel / Wien 1968–1976, S. 424–434.

Ilyās b. Yūsuf Niẓāmī, *The Sikandar nāma, e bara, or Book of Alexander the Great*, übers. v. Henry Wilberforce Clarke, London 1881.

Ilyās Ibn-Yūsuf Nizāmī Ganǧawī, *Das Alexanderbuch. Iskandarname*, übers. v. Johann Christoph Bürgel, Zürich 1991.

Niẓāmī, *Kulliyāt-i Khamsa-i Niẓāmī. Makhzhan al-asrār, Khusrau wa Shīrīn, Leīlī wa Majnūn, Haft paykar, Iskandarnāma, Iqbālnāma*, hrsg. v. Waḥīd Dastgirdī, 2 Bde., Teheran 1993/4.

Nizami, *Chosrou und Schirin*, übers. v. Johann Christoph Bürgel, Zürich 2009 [1980].

Peter Noble, Lucie Polak, Claire Isoz (Hrsg.), *The Medieval Alexander Legend and Romance Epic. Essays in Honour of David J. A. Ross*, Millwood 1982.

Hanna Nohe, *Fingierte Orientalen erschaffen Europa. Zur Konstruktion kultureller Identitäten in Reisebriefromanen der Aufklärung*, München 2018.

Thomas Noll, *Alexander der Große in der nachantiken bildenden Kunst*, Mainz 2005.

Eckhard Nordhofen (Hrsg.), *Bilderverbot. Die Sichtbarkeit des Unsichtbaren*, Paderborn 2001.

Jill Norgren, Edward Davis, *Preliminary Index of Shah-nameh Illustrations*, Ann Arbor 1969.

Alessandro Nova, Klaus Krüger (Hrsg.), *Imagination und Wirklichkeit. Zum Verhältnis von mentalen und realen Bildern in der Kunst der frühen Neuzeit*, Mainz 2000.

Tobias Nünlist, *Himmelfahrt und Heiligkeit im Islam. Eine Studie unter besonderer Berücksichtigung von Ibn Sīnās* Miʿrāǧ-nāmeh, Bern 2002.

Margaret Rose Olin, »Gaze«, in: Robert S. Nelson, Richard Shiff (Hrsg.), *Critical Terms for Art History,* Chicago 2003 [1996], S. 208–219.

Margaret Rose Olin, *The Nation Without Art. Examining Modern Discourses on Jewish Art*, Lincoln 2001.

Jeanne Pächt, Otto Pächt, »An Unknown Cycle of Illustrations of the Life of Joseph«, in: *Cahiers Archéologiques* VII, 1954, S. 35–49.

Erwin Panofsky, »Die Perspektive als ›symbolische Form‹ [1924/25]«, in: Erwin Panofsky, *Deutschsprachige Aufsätze*, hrsg. v. Karen Michels u. Martin Warnke, Berlin 1998, S. 664–757.

Rudi Paret, *Der Koran. Kommentar und Konkordanz*, Stuttgart 2012 [1971].

Peter Parshall, »Camerarius on Dürer – Humanist Biography as Art Criticism«, in: Frank Baron, (Hrsg.), *Joachim Camerarius (1500–1574). Beiträge zur Geschichte des Humanismus im Zeitalter der Reformation*, München 1978, S. 11–29.

Véronique Pasche, Clelia Paravicini Bagliani, Catherine Chêne (Hrsg.), *La visione e lo sguardo nel Medio Evo / View and Vision in the Middle Ages II.* Micrologus. Natura scienze et società medievali / Nature, Sciences and Medieval Societies VI, Turnhout 1998.

Gustav Pauli, *Hans Sebald Beham. Ein kritisches Verzeichnis seiner Kupferstiche, Radierungen und Holzschnitte*, mit Nachtr. sowie Ergänzungen u. Berichtigungen v. Heinrich Röttinger, Baden-Baden 1974 [1901].

Abel Pavet de Courteille, *Mirādj-nāmeh. Récit de l'ascension de Mahomet au ciel composé A. H. 840 (1436/1437). Texte turk-oriental, publié pour la première fois d'après le manuscript ouïgour de la Bibliothèque National et traduit en français*, Paris 1882.

Maud Pérez-Simon, »Beyond the Template. Aesthetics and Meaning in the Images of the *Roman d'Alexandre en prose* in Harley MS. 4979«, in: *Electronic British Library Journal*, 3.11.2011, www.bl.uk/eblj/2011articles/pdf/ebljarticle32011.pdf, Stand 26.3.2014.

Steven Perkinson, *The Likeness of the King. A Prehistory of Portraiture in Late Medieval France*, Chicago 2009.

The Persian Alexander. The First Complete English Translation of the Iskandarnāma, übers. u. kommentiert v. Evangelos Venetis, London / New York 2018.

Ursula Peters, »Werkauftrag und Buchübergabe. Textentstehungsgeschichten in Autorbildern volkssprachiger Handschriften des 12. bis 15. Jahrhunderts«, in: Gerald Kapfhammer, Wolf-Dietrich Löhr, Barbara Nitsche (Hrsg.), *Autorbilder. Zur Medialität literarischer Kommunikation in Mittelalter und Früher Neuzeit*, Münster 2007.

Ursula Peters, *Das Ich im Bild. Die Figur des Autors in volkssprachigen Bilderhandschriften des 13. bis 16. Jahrhunderts*, Köln 2008.

Ulrich Pfisterer, »Origins and Principles of World Art History: 1900 (and 2000)«, in: Kitty Zijlmans, Wilfried van Damme (Hrsg.), *World Art Studies. Exploring Concepts and Approaches*, Amsterdam 2008, S. 69–89.

Ulrich Pfisterer, »Akt und Ambiguität: 1552, 1559, 1640«, in: Valeska von Rosen (Hrsg.), *Erosionen der Rhetorik? Strategien der Ambiguität in den Künsten der Frühen Neuzeit*, Wiesbaden 2012, S. 29–60.

Ulrich Pfisterer, »Bildbegehren und Texterotik. Ambivalente Lektüren weiblicher Aktdarstellungen in der Frühen Neuzeit«, in: Doris Guth, Elisabeth Priedl (Hrsg.), *Bilder der Liebe. Liebe, Begehren und Geschlechterverhältnisse in der Kunst der Frühen Neuzeit*, Bielefeld 2012, S. 191–217.

Marc Philonenko, *Joseph et Asénet*, Leiden 1968.

Wolfram Pichler, Ralph Ubl, »Vor dem ersten Strich. Dispositive der Zeichnung in der modernen und vormodernen Kunst«, in: Werner Busch, Oliver Jehle, Carolin Meister (Hrsg.), *Randgänge der Zeichnung*, München 2007, S. 231–255.

Platon, *Werke in acht Bänden. Griechisch und deutsch*, hrsg. v. Gunther Eigler, Bd. 6: Theaitētos. Sophistēs [u. a.], bearb. v. Peter Staudacher, griech. Text v. Auguste Diès, dt. Übers. v. Friedrich Schleiermacher, Darmstadt 1990.

François de Polignac, »Cosmocrator L'Islam et la légende antique du souverain universel«, in: Margaret Bridges, J. Christoph Bürgel (Hrsg.), *The Problematics of Power. Eastern and Western Representations of Alexander the Great,* Bern u. a. 1996, S. 149–164.

Fabienne Pomel (Hrsg.), *Miroirs et jeux de miroirs dans la littérature médiévale*, Rennes 2003.

John Peter Portelli, *The Concept of Imagination in Aristotle and Avicenna*, Montreal 1979.

Yves Porter, »L'image et son miroir: à propos de quelques illustrations de la Khamse de Nezâmi«, in: *Luqmān* IX/2, 1999, S. 53–66.

Yves Porter, »La forme et le sens. À propos du portrait dans la littérature persane classique«, in: Christophe Balaÿ, Claire Kappler, Živa Vesel Vesel (Hrsg.), *Pand-o Sokhan. Mélanges offerts à Charles-Henri de Fouchécour,* Teheran 1995, S. 219–231.

Yves Porter, »La réglure *(mastar):* de la ›formule d'atelier‹ aux jeux de l'esprit«, in: *Studia Islamica* 96, 2003, S. 55–74.

Yves Porter, »The Illustration of the *Three Poems* of Khwājū Kirmānī: A Turning Point in the Composition of Persian Painting«, in: Francis Richard, Maria Szuppe (Hrsg.), *Écrit et culture en Asie Centrale et dans le monde turco-iranien, Xe–XIXe siècles,* Paris 2009, S. 359–374.

Francisco Prado-Vilar, »The Gothic Anamorphic Gaze. Regarding the Worth of Others«, in: Cynthia Robinson (Hrsg.), *Under the Influence. Questioning the Comparative in Medieval Castile,* Leiden 2005, S. 67–100.

Francisco Prado-Vilar, »The Parchment of the Sky: Poiesis of a Gothic Universe«, in: Alfonso X El Sabio (Hrsg.), *Las Cantigas de Santa María. Códice Rico, Ms. T-I-1, Real Biblioteca del Monasterio de San Lorenzo de El Escorial,* hrsg. v. Laura Fernández Fernández u. Juan Carlos Ruiz Souza, Bd. II: Estudios, Madrid 2011, S. 473–520.

Rudolf Preimesberger, »Zu Jan van Eycks Diptychon der Sammlung Thyssen-Bornemisza«, in: *Zeitschrift für Kunstgeschichte* LIV, 1991, S. 459–489.

Verna Prentice, »A Detached Miniature from the *Masnavis* of Khwaju Kermani«, in: *Oriental Art* 27/1, 1981, S. 60–66.

Sophia Prinz, *Die Praxis des Sehens. Über das Zusammenspiel von Körpern, Artefakten und visueller Ordnung*, Berlin 2014.

Pseudo-Callisthenes, *Historia Alexandri Magni: Recensio vetusta*, hrsg. v. Guilelmus Kroll, Berlin 1958 [1926].

Pseudo-Callisthenes, *Le roman d'Alexandre. La vie et les hauts faits d'Alexandre de Macédoine,* übers. u. kommentiert v. Gilles Bounoure u. Blandine Serret, Paris 1992.

Fazlur Rahman, »Avicenna vi. Psychology«, in: *Encyclopaedia Iranica* III/1, 2011 (1987), S. 83–84, www.iranicaonline.org/articles/avicenna-vi, Stand 26.3.2014.

Ulrich Raulff, »Nachwort«, in: Aby Moritz Warburg, *Schlangenritual. Ein Reisebericht,* Berlin 1996 [1988], S. 59–95.

Joachim Rees, »Vergleichende Verfahren – verfahrene Vergleiche. Kunstgeschichte als komparative Kunstwissenschaft – eine Problemskizze«, in: Elke Anna Werner, Monica Juneja, Matthias Bruhn (Hrsg.), Themenheft: *Universalität der Kunstgeschichte? kritische berichte* 40/2, 2012, S. 32–47.

Benedikt Reinert, »Aṭṭār, Farīd-al-Dīn«, *Encyclopædia Iranica* III/1, 2011 (1987), S. 20–25, www.iranicaonline.org/articles/attar-farid-al-din-poet, Stand 30.1.2014.

Ulrich Reisser, *Physiognomik und Ausdruckstheorie der Renaissance*, München 1997.

Simon Rettig, *La production manuscrite à Chiraz sous les Aq-Qoyûnlû entre 1467 et 1503*, unpublizierte Dissertation, Université Aix-Marseille 1, 2010.

Francis Richard, *Splendeurs persanes. Manuscrits du XIIe au XVIIe siècle*, Paris 1997.

Angelica Rieger, *L'Ystoire du bon roi Alexandre. Der Berliner ›Alexanderroman‹: Handschrift 78 C 1 des Kupferstichkabinetts Preußischer Kulturbesitz Berlin*, Stuttgart u.a. 2002.

Angelica Rieger, *Der Alexanderroman. Ein Ritterroman über Alexander den Großen. Handschrift 78 C 1 des Kupferstichkabinetts, Preußischer Kulturbesitz Berlin*, Wiesbaden 2006.

Marius Rimmele, »Der verhängte Blick. Meister Franckes Hamburger Schmerzensmann und das Motiv des zweiten Vorhangs«, in: David Ganz, Thomas Lentes (Hrsg.), *Sehen und Sakralität in der Vormoderne*, Berlin 2011, S. 164–181.

Marius Rimmele, Bernd Stiegler, *Visuelle Kulturen – Visual Culture zur Einführung*, Hamburg 2012.

Hellmut Ritter, *Das Meer der Seele. Mensch, Welt und Gott in den Geschichten des Fariduddin ʿAttar*, Leiden 1955.

Sajjad H. Rizvi, »The Existential Breath of al-raḥmān and the Munificent Grace of al-raḥīm: The Tafsīr Sūrat al-Fātiḥa of Jāmī and the School of Ibn ʿArabī«, in: *Journal of Qurʾanic Studies* 8/1, 2006, S. 58–87.

Cynthia Robinson (Hrsg.), *Under the Influence. Questioning the Comparative in Medieval Castile*, Leiden 2005.

Cynthia Robinson, *Imagining the Passion in a Multiconfessional Castile. The Virgin, Christ, Devotions, and Images in the Fourteenth and Fifteenth Centuries*, University Park 2013.

Irit Rogoff, »›Deep Space‹«, in: Annegret Friedrich, Birgit Haehnel (Hrsg.), *Projektionen. Rassismus und Sexismus in der visuellen Kultur*, Marburg 1997, S. 52–60.

Floridus Röhrig, »Rota in medio rotae. Ein typologischer Zyklus aus Österreich«, in: *Jahrbuch des Stiftes Klosterneuburg* 5, 1965, S. 7–113.

The Romance of Hunbaut. An Arthurian Poem of the Thirteenth Century, hrsg. u. kommentiert v. Margaret Winters, Leiden 1984.

Jacqueline Rose, »Sexuality and Vision. Some Questions«, in: Hal Foster (Hrsg.), *Vision and Visuality*, Seattle 2009 [1988], S. 115–130.

Valeska von Rosen (Hrsg.), *Erosionen der Rhetorik? Strategien der Ambiguität in den Künsten der Frühen Neuzeit*, Wiesbaden 2012.

David J. A. Ross, »Olympias and the Serpent. The Interpretation of the Baalbek Mosaic and the Date of the Illustrated Pseudo-Callistenes«, in: *Journal of the Warburg and Courtauld Institutes* 26 1/2, 1963, S. 1–21.

David J. A. Ross, A Thirteenth-Century Anglo-Norman Workshop Illustrating Secular Literary Manuscripts?, in: *Mélanges offerts à Rita Lejeune*, Gembloux 1968, S. 689–694.

David J. A. Ross, *Illustrated Medieval Alexander Books in Germany and the Netherlands. A Study in Comparative Iconography*, Cambridge 1971.

David J. A. Ross, *Alexander Historiatus. A Guide to Medieval Illustrated Alexander Literature*, Frankfurt a. M. 1988 [1963].

Bret Rothstein, »Vision and Devotion in Jan van Eyck's Virgin and Child with Canon Joris van der Paele«, in: *Word & Image* 15/3, 1999, S. 262–276.

David J. Roxburgh, *Prefacing the Image. The Writing of Art History in Sixteenth-Century Iran*, Leiden 2001.

David J. Roxburgh, »The Aesthetics of Aggregation. Persian Anthologies of the Fifteenth Century«, in: *Princeton Papers: Interdisciplinary Journal of Middle Eastern Studies* 8, 2001, S. 119–142.

David J. Roxburgh, »Concepts of the Portrait in the Islamic Lands, ca. 1300–1600«, in: Elizabeth Cropper (Hrsg.), *Dialogues in Art History, from Mesopotamian to Modern: Readings for a New Century*, New Haven 2009, S. 118–137.

David J. Roxburgh, »Two-Point Perspective. Review of Hans Belting, Florence and Baghdad: Renaissance Art and Arab Science«, in: *Art Forum* 50/8, 2012, S. 61–64.

Julia Rubanovich, »Re-writing Alexander and Candace in Medieval Persian Literature«, in: Markus Stock (Hrsg.), *Alexander the Great in the Middle Ages. Transcultural Perspectives*, Toronto / Buffalo / London 2016, S. 123–152.

Jens Ruchatz, *Licht und Wahrheit. Eine Mediumgeschichte der fotografischen Projektion*, München 2003.

Karin Rührdanz, »Zwischen Botschaft und Kommerz: zum geistig-kulturellen Hintergrund persischer Illustrationsstile im späten 15. und frühen 16. Jahrhundert«, in: Markus Ritter, Ralph Kauz, Birgitt Hoffmann (Hrsg.), *Iran und iranisch geprägte Kulturen. Studien zum 65. Geburtstag von Bert G. Fragner*, Wiesbaden 2008, S. 377–388 und Pl. 6–8.

F. Rupprecht, *Die Ikonographie der Josephsszenen auf der Maximianskathedra in Ravenna*, 2 Bde., Dissertation, Heidelberg 1969.

Maria Ruvoldt, *The Italian Renaissance Imagery of Inspiration. Metaphors of Sex, Sleep, and Dreams*, Cambridge 2004.

Jan Rypka, *Iranische Literaturgeschichte*, Wiesbaden 1959.

Abdelhamid I. Sabra, »Form in Ibn al-Haytham's Theory of Vision«, in: *Zeitschrift für die Geschichte der arabisch-islamischen Wissenschaften* 5, 1989, S. 115–140.

Persianischer Rosenthal. In welchem viel lustige Historien, scharffsinnige Reden und nützliche Regeln. Vor 400. Jahren von einem sinnreichen Poeten Schich Saadi in Persischer Sprach beschrieben, übers. v. Adam Olearius, Hamburg 1654.

Sádi, *The Garden of Fragrance,* übers. v. G. S. Davie, London 1882.

Saʿdī, *Kullīyāt*, hrsg. v. Muḥammad ʿAlī Furūgī, Teheran 1994/95.

Rocío Sánchez Ameijeiras, »Imaxes et Teoría da Imaxe nas Cantigas de Santa María«, in: Elvira Fidalgo (Hrsg.), *As Cantigas de Santa María*, Vigo 2002, S. 247–330.

Alexa Sand, »The fairest of them all. Reflections on Some Fourteenth-Century Mirrors«, in: Sarah Blick, Laura D. Gelfand (Hrsg.), *Push Me, Pull You. Imaginative and Emotional Interaction in Late Medieval and Renaissance Art*, Leiden / Boston 2011, S. 529–559.

Lieselotte E. Saurma-Jeltsch, »Saracens.Opponents to the Body of Christianity«, in: *The Medieval History Journal* 13/1, 2010, S. 55–95.

Haun Saussy (Hrsg.), *Comparative Literature in an Age of Globalization*, Baltimore 2006.

Alberto Saviello, »See and Be Amazed! Spectator Figures in Persian Manuscript Painting«, in: Beate Fricke / Urte Krass (Hrsg.), *The Public in the Picture / Das Publikum im Bild. Involving the Beholder in Antique, Islamic, Byzantine, Western Medieval and Renaissance Art / Beiträge aus der Kunst der Antike, des Islam, aus Byzanz und dem Westen,* Berlin 2015, S. 231–248.

Caroline Sawyer, »Sword of Conquest, Dove of the Soul: Political and Spiritual Values in Aḥmadī's Iskandarnāma«, in: Margaret Bridges, J. Christoph Bürgel (Hrsg.), *The Problematics of Power. Eastern and Western Representations of Alexander the Great,* Bern u. a. 1996, S. 135–147.

Meyer Schapiro, »The Angel with the Ram in Abraham's Sacrifice: A Parallel in Western and Islamic Art«, in: ders. (Hrsg.), *Late Antique, Early Christian and Medieval Art. Selected Papers,* London 1980, S. 288–318.

Barbara Schellewald, »Im Licht der Sichtbarkeit. Mosaik und Bildtheorie in Byzanz. Die Wirkung des Mosaiks und seine Domestizierung«, in: *Newsletter des NCCR ›Mediality. Medienwandel – Medienwechsel – Medienwissen. Historische Perspektiven‹ der Universität Zürich* 5, 2011, S. 10–17.

Barbara Schellewald, »Der Traum vom Sehen«, in: Sebastian Egenhofer, Gottfried Boehm (Hrsg.), *Was ist ein Bild? Antworten in Bildern. Gottfried Boehm zum 70. Geburtstag,* München 2012, S. 184–187.

Barbara Schellewald, »Hinter und vor dem Vorhang. Bildpraktiken der Enthüllung und des Verbergens im Mittelalter«, in: Claudia Blümle, Beat Wismer (Hrsg.), *Hinter dem Vorhang. Verhüllung und Enthüllung seit der Renaissance – von Tizian bis Christo,* Ausst.-Kat. Düsseldorf, Museum Kunstpalast 1.10.2016–22.1.2017, München 2016, S. 124–131.

Max Scherberger, *Das Miʿrāǧnāme. Die Himmel- und Höllenfahrt des Propheten Muhammed in osttürkischer Überlieferung,* Würzburg 2003.

Annemarie Schimmel, *Calligraphy and Islamic Culture,* New York / London 1984.

Gudrun Schleusener-Eichholz, *Das Auge im Mittelalter,* 2 Bde., München 1985.

Peter Schmidt, *Gedruckte Bilder in handgeschriebenen Büchern. Zum Gebrauch von Druckgraphik im 15. Jahrhundert,* Köln u. a. 2003.

Victor M. Schmidt, *A Legend and Its Image. The Aerial Flight of Alexander the Great in Medieval Art,* Groningen 1995.

Victoria Schmidt-Linsenhoff, »Das koloniale Unterbewußte in der Kunstgeschichte«, in: Irene Below, Beatrice von Bismarck (Hrsg.), *Globalisierung – Hierarchisierung. Kulturelle Dominanzen in Kunst und Kunstgeschichte,* Marburg 2005, S. 52–60.

Jean-Claude Schmitt, »Les dimensions multiples du voir. Les rêves et l'image dans l'autobiographie de conversion d'Hermann le Juif au XIIe siècle«, in: Véronique Pasche, Clelia Paravicini Bagliani, Catherine Chène (Hrsg.), *La visione e lo sguardo nel Medio Evo / View and Vision in the Middle Ages II.* Micrologus. Natura, scienze et società medievali / Nature, Sciences and Medieval Societies VI, Turnhout 1998, S. 1–27.

Carl Schnaase, *Geschichte der bildenden Künste im Mittelalter. Bd. 1: Altchristliche und muhamedanische Kunst,* Düsseldorf 1944.

Heinrich Schneegans, »Die handschriftliche Gestaltung des Alexander-Romans von Eustache von Kent«, in: *Zeitschrift für französische Sprache und Literatur* 30, 1906, S. 240–263.

Marlen Schneider, Christiane Solte-Gresser (Hrsg.), *Traum und Inspiration. Transformationen eines Topos in Literatur, Kunst und Musik*, München 2018.

Wolfgang Christian Schneider (Hrsg.), *»Videre et videri coincidunt«. Theorien des Sehens in der ersten Hälfte des 15. Jahrhunderts*, Münster 2011.

Claudia Schnitzer, Cordula Bischoff (Hrsg.), *Mannes Lust & Weibes Macht. Geschlechterwahn in Renaissance und Barock*, Ausst.-Kat. Dresden, Dresdner Schloss, 26.2.–11.7.2005, Dresden 2005.

Mireille Schnyder, *»Wunderfügnisse« der Welt. Zur Bedeutung von Vergleich und Metapher in der deutschen und persischen Dichtung des 17. Jahrhunderts*, Bern u.a. 1992.

Klaus Schreiner (Hrsg.), *Frömmigkeit im Mittelalter. Politisch-soziale Kontexte, visuelle Praxis, körperliche Ausdrucksformen*, München 2002.

B. Schrieke, J. E. Bencheikh, J. Knappert, Ch. H. de Fouchécour u. a., »Miʿrādj«, in: Encyclopaedia of Islam 2, hrsg. v. P. Baerman u. a., Leiden / Boston 1960–2007, www.brillonline.nl/subscriber/entry?entry=islam_COM-0746 und www.brillonline.nl/subscriber/entry?entry=islam_COM-1432, Stand 12.2.2008.

Jürgen Schriewer, »Problemdiskussion sozialwissenschaftlicher Komparatistik«, in: Hartmut Kaelble, Jürgen Schriewer (Hrsg.), *Vergleich und Transfer. Komparatistik in den Sozial-, Geschichts- und Kulturwissenschaften*, Frankfurt a. M. 2003, S. 9–52.

Katharina Ch. Schüppel, »›Idolatrie‹ als Denk- und Bildform religiöser Alterität: Europas Blick auf das Fremde im Mittelalter«, in: Maria Effinger, Cornelia Logemann, Ulrich Pfisterer (Hrsg.), *Götterbilder und Götzendiener in der Frühen Neuzeit. Europas Blick auf fremde Religionen*, Ausst.-Kat. Heidelberg, Universitätsbibliothek, 15.2.2012–25.11.2012, Heidelberg 2012, S. 48–57.

Gerd Schwerhoff, »Wie gottlos waren die ›gottlosen Maler‹?«, in: Jürgen Müller, Thomas Schauerte (Hrsg.), *Die gottlosen Maler von Nürnberg. Konvention und Subversion in der Druckgraphik der Beham-Brüder*, Ausst.-Kat. Nürnberg, Albrecht-Dürer-Haus, 31.3.–2.7.2011, Emsdetten 2011, S. 33–44.

Susan Scollay (Hrsg.), *Love and Devotion. From Persia and Beyond*, Ausst.-Kat. Oxford, Bodleian Library, 29.11.2012–28.4.2013, Oxford 2012.

Salvatore Settis, »Kunstgeschichte als vergleichende Kulturwissenschaft. Aby Warburg, die Pueblo-Indianer und das Nachleben der Antike«, in: Thomas W. Gaehtgens (Hrsg.), *Künstlerischer Austausch. Akten des XXVIII. Internationalen Kongresses für Kunstgeschichte,* Bd. 1, Berlin 1993, S. 139–158.

Chiara Settis Frugoni, *Historia Alexandri elevati per griphos ad aerem. Origine, iconografia e fortuna di un tema*, Rom 1973.

Ali Asghar Seyed-Gohrab, *Laylī and Majnūn. Love, Madness and Mystic Longing in Niẓāmī's Epic Romance*, Leiden / Boston 2003.

Avinoam Shalem, »Dangerous Claim. On the ›Othering‹ of Islamic Art History and How It Operates Within Global Art History«, in: Elke Anna Werner, Monica Juneja, Matthias Bruhn (Hrsg.), Themenheft: *Universalität der Kunstgeschichte? kritische berichte* 40/2, 2012, S. 69–86.

Avinoam Shalem, »Amazement. The Suspended Moment of the Gaze«, in: Olga Bush, Avinoam Shalem (Hrsg.), Themenheft: *Gazing Otherwise: Modalities of Seeing In and Beyond the Lands of Islam, Muqarnas* 32, 2015, S. 3–12.

Avinoam Shalem, »Intersecting historiographies. Henri Pirenne, Ernst Herzfeld, and the Myth of Origin«, in: Jaś Elsner (Hrsg.), *Comparativism in Art History*, Abingdon 2017, S. 109–129.

Sunil Sharma, *Amir Khusraw. The Poet of Sufis and Sultans*, Oxford 2005.
Shu-Mei Shih, »Global Literature and the Technologies of Recognition«, in: *PMLA* 119/1, 2004, S. 16–30.
Alī Aṣghar Shīrāzi, »Bihisht-i Zulaykhā, jahanam-i Yūsuf, nigāhī ba nigārih-yi Bihzād: Gurīz-i Yūsuf āz Zulaykhā«, in: *Farhang u hunar* 16, 2005, S. 150–167.
Ella Shohat, Robert Stam, »Narrativizing Visual Culture. Towards a Polycentric Aesthetics«, in: Nicholas Mirzoeff (Hrsg.), *The Visual Culture Reader*, London 2013 [1998], S. 37–59.
Margaret A. Shortle, *Illustrated Divans of Hafiz. Islamic Aesthetics at the Intersection of Art and Literature*, 1450–1550, Dissertation Boston University 2018.
Les siete partidas, übers. v. S. Parsons Scott, hrsg. v. Robert I. Burns, 5 Bde., Philadelphia 2001.
Gabriela Signori, »Bildung, Schmuck oder Meditation. Bücher, Seidenhüllen und Frauenhände in der flämischen Tafelmalerei des 15. Jahrhunderts«, in: Andrea Löther u. a. (Hrsg.), *»Mundus in imagine«. Festschrift für Klaus Schreiner zum 65. Geburtstag*, München 1996, S. 125–168.
Gabriela Signori (Hrsg.), *Die lesende Frau*, Wiesbaden 2009.
Marianna Shreve Simpson, *Sultan Ibrahim Mirza's* Haft Awrang. *A Princely Manuscript from Sixteenth-Century Iran*, New Haven / London 1997.
Marianna Shreve Simpson, »In the Beginning. Frontispieces and Front Matters in Ilkhanid and Injuid Manuscripts«, in: Linda Komaroff (Hrsg.), *Beyond the Legacy of Genghis Khan*, Leiden / Boston 2006, S. 248–268.
Marianna Shreve Simpson, »Manuscripts and Mongols: Some Documented and Speculative Moments in East-West / Muslim-Christian Relations«, in: *French Historical Studies* 30/3, 2007, S. 351–394.
Marianna Shreve Simpson, »From Tourist to Pilgrim. Iskandar at the Kaʿba in Illustrated Shahnama Manuscripts«, in: *Iranian Studies* 43/1, 2010, S. 127–146.
Eleanor Sims (Hrsg.), *Peerless Images. Persian Painting and its Sources*, New Haven 2002.
Christiane Solte-Gresser, Hans-Jürgen Lüsebrink, Manfred Schmeling (Hrsg.), *Zwischen Transfer und Vergleich. Theorien und Methoden der Literatur- und Kulturbeziehungen aus deutsch-französischer Perspektive*, Stuttgart 2013.
Priscilla P. Soucek, »Nizami on Painters and Painting«, in: Richard Ettinghausen (Hrsg.), *Islamic Art in The Metropolitan Museum of Art*, New York 1972, S. 9–21.
Priscilla P. Soucek, *Illustrated Manuscripts of Nizamis's Khamseh 1386–1482*, New York 1971.
Priscilla P. Soucek, »The Manuscripts of Iskander Sultan. Structure and Content«, in: Lisa Golombek, Maria Subtelny (Hrsg.), *Timurid Art and Culture. Iran and Central Asia in the Fifteenth Century*, Leiden 1992, S. 116–131.
Priscilla P. Soucek, »The Theory and Practice of Portraiture in the Persian Tradition«, in: *Muqarnas* 17, 2000, S. 97–108.
Abolala Soudavar (Hrsg.), *Art of the Persian Courts. Selections from the Art and History Trust Collection*, New York 1992.
Minoo S. Southgate, »Portrait of Alexander in Persian Alexander-Romances of the Islamic Era«, in: *Journal of the American Oriental Society* 97/3, 1977, S. 278–284.
Minoo S. Southgate, *Iskandarnamah. A Persian Medieval Alexander-Romance*, New York 1978.
Gayatri Chakravorty Spivak, *Death of a Discipline*, New York 2003.

Gayatri Chakravorty Spivak, *Can the Subaltern Speak? Postkolonialität und subalterne Artikulation*, hrsg. v. Hito Steyerl, übers. v. Alexander Joskowicz u. Stefan Nowotny, Wien 2011 [1988].

Susan Stanford Friedman, »Why Not Compare?«, in: Rita Felski, Susan Stanford Friedman (Hrsg.), *Comparison. Theories, Approaches, Uses*, Baltimore 2013, S. 34–45.

Thomas Sternberg, »Bilderverbot für Gott, den Vater?«, in: Eckhard Nordhofen (Hrsg.), *Bilderverbot. Die Sichtbarkeit des Unsichtbaren*, Paderborn 2001, S. 59–115.

Sara Stevenson, »The Empire Looks Back: Subverting the Imperial Gaze«, in: *History of Photography* 35/2, 2011, S. 142–156.

Andrew Stewart, *Faces of Power. Alexander's Image and Hellenistic Politics*, Berkeley 2007.

Markus Stock (Hrsg.), *Alexander the Great in the Middle Ages. Transcultural Perspectives*, Toronto / Buffalo / London 2016.

Markus Stock, »The Medieval Alexander. Transcultural Ambivalences«, in: ders. (Hrsg.), *Alexander the Great in the Middle Ages. Transcultural Perspectives*, Toronto / Buffalo / London 2016, S. 3–12.

Richard Stoneman, *Alexander the Great. A Life in Legend*, New Haven / London 2010.

Richard Stoneman (Hrsg.), *The Alexander Romance in Persia and the East*, Eelde 2012.

Alison Stones, »Notes on Three Illuminated Alexander Manuscripts«, in: Peter Noble, Lucie Polak, Claire Isoz (Hrsg.), *The Medieval Alexander Legend and Romance Epic. Essays in Honour of David J. A. Ross*, Millwood 1982, S. 193–241.

François Suard, »Alexander's Gabs«, in: Donald Maddox, Sara Sturm-Maddox (Hrsg.), *The Medieval French Alexander*, New York 2002, S. 75–87.

Maria E. Subtelny, »The Jews at the Edge of the World in a Timurid-era *Miʿrājnāma*. The Islamic Ascension Narrative as Missionary Text«, in: Christiane J. Gruber, Frederick S. Colby (Hrsg.), *The Prophet's Ascension. Cross-Cultural Encounters with the Islamic Miʿrāj Tales*, Bloomington 2010, S. 50–77.

David Summers, *The Judgment of Sense. Renaissance Naturalism and the Rise of Aesthetics*, Cambridge 1990.

David Summers, *Real Spaces. World Art History and the Rise of Western Modernism*, London 2003.

Simon Swain (Hrsg.), *Seeing the Face, Seeing the Soul. Polemon's Physiognomy from Classical Antiquity to Medieval Islam*, Oxford 2007.

Marie Lukens Swietochowski, »The Historical Background and Illustrative Character of the Metropolitan Museum's Mantiq al-Tayr of 1483«, in: Richard Ettinghausen (Hrsg.), *Islamic Art in The Metropolitan Museum of Art*, New York 1972, S. 39–72.

Marie Lukens Swietochowski, Stefano Carboni, *Illustrated Poetry and Epic Images. Persian Painting of the 1330 and 1340s*, New York 1994.

Minh an Szabó de Bucs, »Schwieriger Kulturaustausch. Ein Abguss des Pergamonfrieses soll nach China gehen. Dabei gibt es Probleme«, in: *Süddeutsche Zeitung*, 21.8.2018, www.sueddeutsche.de/kultur/pergamon-berlin-1.4262862?reduced=true, Stand 15.1.2019.

Andreas Tacke, Ingrid-Sibylle Hoffmann (Hrsg.), *Menschenbilder. Beiträge zur Altdeutschen Kunst*, Petersberg 2011.

Silke Tammen, »Disput und Triumph. Zum Bild des Häretikers in der mittelalterlichen Kunst«, in: *Frühmittelalterliche Studien* 2001/35, 2003, S. 407–430.

Silke Tammen, »Sehen und Bildwahrnehmung im Mittelalter«, in: Ulrich Pfisterer (Hrsg.), *Metzler-Lexikon Kunstwissenschaft. Ideen, Methoden, Begriffe*, Stuttgart 2003, S. 380–385.

Silke Tammen, »Blick und Wunde – Blick und Form. Zur Deutungsproblematik der Seitenwunde Christi in der spätmittelalterlichen Buchmalerei«, in: Kristin Marek, Raphaèle Preisinger, Marius Rimmele, Katrin Kärcher (Hrsg.), *Bild und Körper im Mittelalter*, München 2008, S. 85–114.

Silke Tammen, »Ornamentgitter und Christuskörper«, in: Vera Beyer, Christian Spies (Hrsg.), *Ornament. Motiv – Modus – Bild*, München 2012, S. 212–225.

Veronika Thum, *Die Zehn Gebote für die ungelehrten Leut'. Der Dekalog in der Graphik des späten Mittelalters und der frühen Neuzeit*, München 2006.

Felix Thürlemann, »Bild gegen Bild. Für eine Theorie des vergleichenden Sehens«, in: Aleida Assmann, Ulrich Gaier, Gisela Trommsdorff (Hrsg.), *Zwischen Literatur und Anthropologie. Diskurse, Medien, Performanzen*, Tübingen 2005, S. 163–174.

Adolf Tobler, Erhard Lommatzsch, *Altfranzösisches Wörterbuch*, Bd. 3,2, Wiesbaden 1952.

John V. Tolan, *Saracens. Islam in the Medieval European Imagination*, New York 2002.

Charles Edward Trinkaus, *In Our Image and Likeness. Humanity and Divinity in Italian Humanist Thought*, 2 Bde., Notre Dame 2012 [1970].

Eva Troelenberg, »Arabesques, Unicorns, and Invisible Masters: The Art Historian's Gaze as Symptomatic Action«, in: Olga Bush, Avinoam Shalem (Hrsg.), Themenheft: *Gazing Otherwise: Modalities of Seeing In and Beyond the Lands of Islam, Muqarnas* 32, 2015, S. 213–232.

Christian Trottmann, *La vision béatifique. Des disputes scolastiques à sa définition par Benoît XII*, Rom 1995.

A.K. Tuft, »The Ru'yā Controversy and the Interpretation of Qur'ān«, in: *Hamdard Islamicus* 3, 1983, S. 3–41.

Rosemond Tuve, *Allegorical Imagery.* Some Mediaeval Books and Their Posterity, Princeton 1974 [1966].

Elke Ullrich, *Das Laszive der Keuschheit in der europäischen Kunst. Die Frau des Potiphar und Joseph von Ägypten. Eine Kulturgeschichte der versuchten Verführung*, Kassel 2009.

Wolfgang Ullrich, »Das unschuldige Auge. Zur Karriere einer Fußnote«, in: *Neue Rundschau* 114/4, 2003, S. 9–26.

Lâle Uluç, *Turkman Governors, Shiraz Artisans and Ottoman Collectors. Sixteenth Century Shiraz Manuscripts*, Istanbul 2006.

Lāle Uluç, »Selling to the Court. Late-Sixteenth-Century Manuscript Production in Shiraz«, in: *Muqarnas* 17, 2000, S. 73–96.

Lāle Uluç, »The Majālis ul-ʿUshshāq. Written in Herat, Copied in Shiraz, Read in Istanbul«, in: Irvin Cemil Schick (Hrsg.), *M. Uğur Derman Festschrift. Papers Presented on the Occasion of his Sixty-Fifth Birthday*, Istanbul 2000, S. 569–602.

Valerii Julii Epitome, hrsg. v. Julius Zacher, Halle 1867.

Mostafa Vaziri, *Buddhism in Iran. An Anthropological Approach to Traces and Influences*, New York 2012.

Evangelos Venetis, »The Portrait of Alexander the Great in Pseudo Callisthenes' Romance in the Codex of Venice and in some Persian Miniatures«, in: *Graeco-Arabica* 7–8, 1999, S. 543–554.

Muhammad Isa Waley, »›The Speech of the Birds‹: an Illustrated Persian Manuscript«, http://blogs.bl.uk/asian-and-african/2013/11/the-speech-of-the-birds.html, 22.11.2013, Stand 15.1.2019.

Muhammad Isa Waley, »Mantiq al-tayr (›the Speech of Birds‹)«, http://britishlibrary.typepad.co.uk/asian-and-african/2013/12/mantiq-al-tayr-the-speech-of-birds-part-2.html, 23.12.2013, Stand 30.1.2014.

Aby Moritz Warburg, *Schlangenritual. Ein Reisebericht*, Berlin 1996 [1988].

Ursula Weekes, *Early Engravers and Their Public. The Master oft he Berlin Passion and Manuscripts from Convents in the Rhine-Maas Region, ca. 1450–1500*, London / Turnhout 2004.

Jacqueline de Weever, »Candace in the Alexander Romances: Variations on the Portrait Theme«, in: *Romance Philology* XLIII/4, 1990, S. 529–546.

Friederike Weis, »Christian Iconography Disguised: Images of Nativity and Motherhood in Mer'āt al-Qods and Akbarnāme Manuscripts of 1595-1605«, in: *South Asian Studies* 24, 2008, S. 109–118.

Friederike Weis, »Das Bildnis im Bild – Porträts und ihre Betrachter auf persischen und moghulischen Miniaturen«, in: Almut Sh. Bruckstein (Hrsg.), *Taswir. Islamische Bildwelten und Moderne*, Ausst.-Kat. Berlin, Martin-Gropius-Bau, 5.11.2009–18.1.2010, Berlin 2009, S. 175–178.

Friederike Weis, Julia Gonnella, Christoph Rauch (Hrsg.), *The Diez Albums. Contexts and Contents*, Berlin 2017, S. 529–591.

Kurt Weitzmann, *Greek Mythology in Byzantine Art*, Princeton 1951.

Antony Welch, »Worldly and Otherworldly Love in Safavi Painting«, in: Robert Hillenbrand (Hrsg.), *Persian Painting from the Mongols to the Qajars*, London 2000, S. 301–317.

Barbara Welzel, »Vor den Bildern und in den Bildern. Die Gemälde von Jacques Daret in Arras 1435«, in: Frank Büttner, Gabriele Wimböck, *Das Bild als Autorität – Die normierende Kraft des Bildes*, Münster 2004, S. 103–128.

Annemarie Wengenmayr, *Die Darstellung der Geschichte und Gestalt des ägyptischen Joseph in der bildenden Kunst*, Dissertation, München 1952.

Silke Wenk, »Zeigen und Schweigen. Der kunsthistorische Diskurs und die Diaprojektion«, in: Sigrid Schade (Hrsg.), *Konfigurationen: Zwischen Kunst und Medien*, München 1999, S. 292–305.

Michael Werner, Bénédicte Zimmermann, »Vergleich, Transfer, Verflechtung. Der Ansatz der Histoire croisée und die Herausforderung des Transnationalen«, in: *Geschichte und Gesellschaft. Zeitschrift für Historische Sozialwissenschaft* 28/1, 2002, S. 607–636.

Claus Westermann, *Die Joseph-Erzählung. Elf Bibelarbeiten zu Genesis 37–50*, Stuttgart 1990.

Wilhelm Wilmanns, »Alexander und Candace«, in: *Zeitschrift für deutsches Altertum und deutsche Literatur* 45/3, 1901, S. 229–244.

Jessica Winegar, »The Humanity Game: Art, Islam, and the War on Terror«, in: *Anthropological Quarterly* 81/3, 2008, S. 651–681.

Michael Wintle, *The Image of Europe: Visualizing Europe in Cartography and Iconography throughout the Ages*, New York 2009.

Gerhard Wolf, *Schleier und Spiegel. Traditionen des Christusbildes und die Bildkonzepte der Renaissance*, München 2002.

Gerhard Wolf, »Alexandria aus Athen zurückerobern? Perspektiven einer mediterranen Kunstgeschichte mit einem Seitenblick auf das mittelalterliche Sizilien«, in: Margit Mersch, Ulrike Ritzerfeld (Hrsg.), *Lateinisch-griechisch-arabische Begegnungen. Kulturelle Diversität im Mittelmeerraum des Spätmittelalters*, München 2010.

Gerhard Wolf, »Kunstgeschichte, aber wo? Florentiner Perspektiven auf das Projekt einer Global Art History II«, in: Elke Anna Werner, Monica Juneja, Matthias Bruhn (Hrsg.), Themenheft: *Universalität der Kunstgeschichte? kritische berichte* 40/2, 2012, S. 60–68.

Heinrich Wölfflin, *Kunstgeschichtliche Grundbegriffe. Das Problem der Stilentwicklung in der neueren Kunst*, Basel 2004 [1915].

Diane Wolfthal, *Images of Rape. The ›Heroic‹ Tradition and its Alternatives*, Cambridge 1999.

Christopher S. Wood, »Strzygowski und Riegl in den Vereinigten Staaten«, in: Maria Theisen (Hrsg.), Themenheft: *Wiener Schule. Erinnerung und Perspektiven, Wiener Jahrbuch für Kunstgeschichte* 53/2004, S. 217–233.

Christopher S. Wood, »Art History Reviewed VI: E. H. Gombrich's Art and Illusion: A Study in the Psychology of Pictorial Representation, 1960«, in: *The Burlington Magazine*, 12/2009, S. 836–839.

Renate Würsch, *Niẓāmīs Schatzkammer der Geheimnisse. Eine Untersuchung zu Maḫzan ul-asrār*, Wiesbaden 2005.

André Xyngopoulos, *Les Miniatures du Roman d'Alexandre le Grund dans le Codex de l'Institut hellénique de Venise*, Athen / Venedig 1966.

Yuriko Yamanaka, »From Evil Destroyer to Islamic Hero. The Transformation of Alexander the Great's Image in Iran«, in: *Annals of Japan Association for Middle East Studies* 8, 1993, S. 55–87.

Filips von Zesen, *Assenat, das ist, Derselben und des Josefs heilige Staths- Lieb- und Lebens-Geschicht*, Woodbridge 1969 [Amsterdam 1670].

Kitty Zijlmans, Wilfried van Damme (Hrsg.), *World Art Studies. Exploring Concepts and Approaches*, Amsterdam 2008.

Herbert Zschelletzschky, *Die drei gottlosen Maler von Nürnberg. Sebald Beham, Barthel Beham und Georg Pencz. Historische Grundlagen und ikonologische Probleme ihrer Graphik zur Reformations- und Bauernkriegszeit*, Leipzig 1975.

ABBILDUNGSNACHWEIS

Abb. 1, 6, 8, 9, 17, 19, 20–23, 27–33, 39, 42, 44, 55–58, 78, 104, 105, 107 – © Bibliothèque nationale de France; Abb. 2, 10, 24, 34, 35, 41, 51, 52, 60, 61, 68, 88, 94, 109, 110 – © bpk / British Library; Abb. 3, 36, 62, 64, 87 – © Topkapı Palace Museum; Abb. 4, 5, 11–16, 106 – © Médiathèque d'Arras; Abb. 7 – © The University of Edinburgh; Abb. 18, 25, 26 – Eberhard König, *Die Très Belles Heures von Jean de France Duc de Berry. Ein Meisterwerk an der Schwelle zur Neuzeit*, München 1998, S. 102, 118; Abb. 37, 63 – © The State Hermitage Museum / Photo: Vladimir Terebenin; Abb. 38, 69 – © bpk / Museum für Islamische Kunst, SMB; Abb. 40, 75 – © The Trustees of the Chester Beatty Library, Dublin; Abb. 41, 46, 48, 49, 96, 100 – © bpk / Kupferstichkabinett, SMB / Photos: Abb. 41: Jörg P. Anders, Abb. 96: Volker-H. Schneider; Abb. 43, 92 – © Fitzwilliam Museum, Cambridge; Abb. 45, 65, 73, 83 – The Metropolitan Museum of Art, New York www.metmuseum.org; Abb. 47, 72, 93 – © bpk / Staatsbibliothek zu Berlin; Abb. 50 – David J. A. Ross, *Illustrated Medieval Alexander-Books in Germany and the Netherlands. A Study in Comparative Iconography*, Cambridge 1971, Abb. 420; Abb. 53 – Roberto Benedetti (Hrsg.), *Le Roman d'Alexandre. Riproduzione del ms. Venezia, Biblioteca Museo Correr, Correr 1493*, Udine 1998, fol. 73r; Abb. 54 – © Master and Fellows of Trinity College; Abb. 59 – Ewa Gossart, *Johann Hartliebs »Histori von dem grossen Alexander«. Zur Rezeption des Werkes am Beispiel der bebilderten Handschriften und Inkunabeln*, Korb im Remstal 2010, Tafel 18; Abb. 66, 70, 77, 91 – © Österreichische Nationalbibliothek, Wien; Abb. 71 – Eleanor Sims (Hrsg.), *Peerless Images. Persian Painting and its Sources*, New Haven 2002, Abb. 248; Abb. 74, 79, 80 – The Walters Art Museum, Baltimore; Abb. 76 – Na'ama Brosh, Rachel Milstein (Hrsg.), *Biblical Stories in Islamic Painting*, Jerusalem 1991, S. 74; Abb. 81, 82, 84–86 – © The Bodleian Libraries, The University of Oxford; Abb. 88, 95 – © bpk / The Trustees of the British Museum; Abb. 89 – © The Aga Khan Museum; Abb. 90 – Walter Cahn, *Die Bibel in der Romanik*, München 1982, Abb. 142; Abb. 95 – Ellen S. Jacobowitz, Stefanie Loeb Stepanek, *The Prints of Lucas van Leyden & His Contemporaries*, Washington / Boston, 1983, Abb. 31; Abb. 97 – Jürgen Müller, Thomas Schauerte (Hrsg.), *Die gottlosen Maler von Nürnberg. Konvention und Subversion in der Druckgraphik der Beham-Brüder*, Emsdetten 2011, Abb. 1.2; Abb. 101 – © Herzog Anton Ulrich-Museum, http://kk.haum-bs.de/?id=h-brosamer-ab3-h0010, CC BY-NC-ND 4.0, https://creativecommons.org/licenses/by-nc-nd/4.0/deed.de, unverändert; Abb. 98 – Rijksmuseum, http://hdl.handle.net/10934/RM0001.collect.98854; Abb. 99 – © bpk / Staatliche Kunstsammlungen Dresden / Photo: Dirk Gedlich; Abb. 102 – Claude-Francois Ménestrier, *L'art des emblèmes ou s'enseigne la morale par les figures de la fable, de l'histoire & de la nature*, Paris 1684, S. 68; Abb. 103 – Sussan Babaie, »Visual Vestiges of Travel. Persian Windows on European Weaknesses«, in: *Journal of Early Modern History* 13/2–3, 2009, Abb. 1; Abb. 111, 112 – © PATRIMONIO NACIONAL.